Li Dialoge Gregoire lo Pape 1162

Li
Dialoge Gregoire lo Pape

Les dialogues du pape Grégoire traduits en français du XIIe siècle
accompagnés du texte latin

suivis

du Sermon sur la Sapience et des fragments de Moralités sur Job,
d'une Etude sur la langue du texte, d'un Commentaire
et d'un Glossaire

publiés pour la première fois

par

WENDELIN FOERSTER,
Docteur en philosophie, Professeur de langues romanes à l'Université Impériale et Royale
de Prague.

Première Partie: Textes

HALLE ᵃ/S.	PARIS
LIBRAIRIE LIPPERT	LIBRAIRIE H. CHAMPION
Max Niemeyer Propriétaire.	15 Quai Malaquais 15.

1876.

Li
Dialoge Gregoire lo Pape

Altfranzösische Uebersetzung des XII. Jahrhunderts
der Dialogen des Papstes Gregor, mit dem lateinischen Original,

einem Anhang:

Sermo de Sapientia und Moralium in Iob Fragments,
einer grammatischen Einleitung, erklärenden Anmerkungen und
einem Glossar

Zum ersten Male herausgegeben

von

Dr. WENDELIN FOERSTER,
Professor der romanischen Philologie an der k. k. Universität Prag.

Erster Theil: Text

HALLE A/S.	PARIS
LIPPERT'SCHE BUCHHANDLUNG	LIBRAIRIE H. CHAMPION
(Max Niemeyer).	15 Quai Malaquais 15.

1876.

(La suite de cet ouvrage ne paraitra pas.)
— note 15119.

ADOLF MUSSAFIA

verehrungsvoll

gewidmet

Vorbemerkung.

Indem ich den ersten Band des vorliegenden Werkes der Oeffentlichkeit übergebe, verweise ich wegen aller Fragen, welche das Studium eines so wichtigen Sprachdenkmals, wie es die hier zum ersten Mal veröffentlichte älteste französische Uebersetzung der Dialogen des Papstes Gregor ist, betreffen, auf die grammatische Einleitung und die Anmerkungen, die nebst einem Glossar den zweiten Band ausmachen und nicht lange auf sich warten lassen werden. Hiermit eröffne ich zugleich eine Reihe von altfranzösischen Publicationen, die ein Beitrag sein sollen zur altfranzösischen Dialectologie und die in ähnlicher Ausführung nach einander erscheinen werden. Es handelt sich dabei um dialectisch merkwürdige Denkmäler, durch deren Bearbeitung das noch ziemlich im Dunkeln liegende Studium der altfranzösischen Dialecte in einer Beziehung wenigstens gefördert werden soll. Freilich so lange die in den Archiven Frankreichs aufgespeicherten Urkundenschätze nicht gehoben sind, wird eine ganz genaue Begrenzung nach Zeit und Ort in den meisten Fällen unmöglich bleiben. Zu diesen soeben erwähnten und von mir gesammelten Texten gehören vornehmlich folgende: 1) Die im Cod. Par. fr. 24768 erhaltene Uebersetzung der Predigten des Abtes *Bernhard*, von denen etwas mehr als ein fünftel bisher abgedruckt worden ist. Dieselben gehören nicht, wie man allgemein annimmt (so zuletzt noch Gessner, z. Lehre v. franz. Pron. I, 20) dem XII. Jahrhundert, sondern bestimmt dem XIII., wie denn auch Le Roux de Lincy die Handschrift mit Recht der zweiten Hälfte des XIII. Jahrhunderts zuweist. Ebensowenig sind sie ein rein burgundisches Sprachdenkmal, wie bis jetzt allgemein (der einzige P. Meyer erhob einen Zweifel in der Revue des Sociétés Savantes des Départements 1873 S. 240) angenommen wird, sind vielmehr lothringischen Ursprungs, wobei nur zu bemerken ist, dass hervorstechende Eigenthümlichkeiten des Dialectes meistens vermieden werden, weil der Uebersetzer einem grösseren Kreis leicht verständlich sein wollte. 2) Der *Lyoner Ysopet*, eine freie Bearbeitung der lateinischen Fabelsammlung Galfreds, die unter dem Namen des sogenannten Anonymus Neveletti bekannter ist, in paarweise reimenden Achtsilbnern. Für den lateinischen Text habe ich die ältesten Handschriften gleichfalls collationirt und wird eine kritische Ausgabe desselben dem Werke beigegeben. Dieser Ysopet ist ein kostbares Denkmal des Dialectes der Franche-Comté, ebenso wie 3) die von *Pricraz* aus Besançon in paarweise reimende Achtsilbner gebrachte Uebersetzung, welche Johann von Meun von der Epitoma rei militaris des Vegetius angefertigt hat. 4) Ein gereimtes Katharinaleben in reinster poitevinischer Mundart nach der einzigen Handschrift in Tours. Dieser Text ist für die Phonetik des bis jetzt so wenig durchforschten Dialectes ein ungleich wichtigeres Denkmal, als die uns erhaltenen Prosadenkmäler, von denen eines — eine Uebersetzung der Predigten des Moriz von Sully — jüngst an A. Boucherie seinen Herausgeber gefunden. Möchte doch die Société des Langues Romanes in Montpellier ihr in der Revue derselben (II, S. 118) gegebenes Versprechen, die poitevinische Uebersetzung des Turpin und der Gesta Francorum herauszugeben, baldigst einlösen.

Hier glaube ich über die vorliegende Ausgabe wenigstens folgendes, es der Einleitung vorwegnehmend, bemerken zu müssen. Die Handschrift der Pariser Nationalbibliothek, die durch den vorliegenden Band vollständig zum Abdruck gelangt, Msc. fç. N°. 24764, alt Notre Dame 210 bis, ist spätestens zu Anfang des XIII. Jahrhunderts geschrieben, mithin entschieden älter als Le Roux in der Einleitung zu den Quatre Livres des Rois (S. CXXIII. appartenant ... à la première moitié du XIII° siécle) zugibt. Sie dürfte noch gen Ende des XII. geschrieben sein, wenn man die Handschrift auch nur rein paläographisch untersucht und von der Sprache des Denkmals abstrahirt.

Die Dialogen sind im Lütticher Dialect, einer Unterabtheilung der pikardischen Mundart, die heute verhältnismässig am besten bekannt ist, geschrieben, nicht wie Le Roux und nach ihm Diez (Rom. Gram. I³ S. 125) annehmen, im burgundischen. Freilich lag die Verwechselung nahe genug. Bilden doch die östlichen Dialecte von der Franche-Comté angefangen nach Lothringen hinauf und von dort westlich in die Pikardie hinein eine grosse Familie, im Gegensatz zu den westlichen Dialecten, die mit dem poitevinischen beginnend durch die Normandie bis an die Grenze der Pikardie reichen. Der französische Dialect steht dann für sich in der Mitte und hat mit dem burgundischen, als dessen Unterdialect man ihn gern bezeichnen möchte, nur wenig gemein.

Dabei zerfallen diese grossen zwei Familien in kleinere Gruppen, die sich durch kleinere Abweichungen, bald im Consonantismus, bald im Vocalismus, unterscheiden. So hat das burgundisch-pikardische Sprachgebiet im Grossen und Ganzen denselben Vocalismus und Consonantismus. So ist beiden gemeinsam ei = oi, und eine wahrscheinlich durch die Aussprache des oi nahe gelegte häufige Vermengung von oi und ai, ó = ou, iée = ie, -abilem = aule, -aticum = aige, das Retten des auslautenden t in gewissen Endungen, deutsches w = w oder gu u. s. f., (sogar manche Eigenheiten der Formenlehre, so Impf. auf eve, veir, seir, siece, Conj. Plusqpf. aisse u. s. f.), aber so dass gewisse Bezirke des einen oder andern in der einen oder andern Einzelnheit abweichen. Sogar é = ei (nur nicht, wenn ein i vorausgeht, s. Oesterr. Gym. Zeitschrift 1874 S. 137, Anm. 4), das als burgundische Eigenthümlichkeit betrachtet wurde, findet sich ebenso im Lothringischen, Pikardischen (Lüttich) und reicht bis in die Normandie hinein (s. den Roman du Mont saint Michel). Dabei hat das Pikardische Eigenheiten des Consonantismus, c + a = k statt ch, und ç = ch, von denen die erste wieder in die Normandie noch eingreift, dagegen gegen Osten zu abnimmt (in unserm Denkmal nicht mehr streng durchgeführt), so dass dem Burgundisch-lothringischen das parasitische i des auslautenden a und die Wandlung des a in unbetonter Silbe zu e und umgekehrt als eigenthümlich zu bezeichnen sind.

Unser Text jedoch zeigt Erscheinungen, die ihn auf den ersten Blick dem Pikardischen zuweisen müssen. Es ist dies ol + Cons = al + Cons, wie z. B. sauz (solidus), valdroie (Cond. von voloir); ie = i wie celir, denir, i = ie in taisieble u. s. f., der weibliche Artikel le, dessen Genitiv del neben dele, der Conj. Plusqpf. auf isse der halbstarken Verba (z. B. eu-ist), das Erhalten des e in der dem Accent vorausgehenden Silbe des Futurs (z. B. auera, metera), Vocabeln, die dem pikardischen Gebiet eigenthümlich sind, wie tammaint u. s. f. Zwar konnte das Imperfect der 1. lateinischen Conjugation auf éve oder eive stuzig machen, wenn man dies als eine Eigenheit des Burgundischen betrachtet. Allein das Fragment von Valenciennes (auardeuet) zeigt zur Genüge, dass diese Form ursprünglich sich ebenso im Pikardischen fand, die uns daher noch im lütticher Dialect erhalten ist.

Nachdem mir gleich bei der ersten Bekanntschaft unseres Textes sein pikardischer Charakter sofort klar geworden war, konnte ich gleichwohl keine nähere Ortsdefinition wagen und versetzte einfach das Denkmal ganz allgemein in eine Gegend, wo der pikardische Dialect mit dem ersten Vorstoss der burgundisch-lothringischen Gruppe zusammentrifft. Darauf führte vor allem astoit (st. estoit), die 3. Plur. Pfti. auf -arent, und das schon erwähnte Imperfect auf éve. Die Veröffentlichung einiger religiösen Gedichte in lütticher Mundart durch P. Meyer in der Revue des Sociétés Savantes des Départements 1873, S. 241—249 (ihre erste Publicirung durch Schirmer in Herrig's Archiv 1865 war mir entgangen) bewog mich zu einer Untersuchung der zahlreichen in der Collection de Chroniques belges inédites abgedruckten lütticher Denkmäler (diese sind Johann Stavelot, Johann des Preis, die Geste de Liéges und zahlreiche Urkunden), welche die Gregorschen Dialogen mit voller Sicherheit der lütticher Mundart zuwiesen.

Die durchaus wörtliche und daher oft dunkle Uebersetzung der Dialogen lässt eine eingehende und fruchtbare Beschäftigung mit unserm Texte nur bei gleichzeitiger Vergleichung des lateinischen Originals zu, welches ich denn mit Zustimmung meines Herrn Verlegers, dem ich zu grösstem Dank verpflichtet bin und dessen uneigennütziges Streben die grösste Anerkennung verdient, am Fusse des französischen Textes abgedruckt habe.

Welchen Text des lateinischen Originals aber sollte ich zu diesem Behufe auswählen? Selbstverständlich wäre der Abdruck derjenigen Handschrift, aus der unser Text übersetzt worden ist, das gerathenste gewesen. Diesem zunächst käme es, wenn ein anderer, derselben handschriftlichen Familie angehörender Codex ausgesucht und abgedruckt worden wäre. Das erstere war, wenn auch nicht geradezu unmöglich — er kann sich ja unter den zahllosen noch erhaltenen Handschriften irgendwo finden — doch jedenfalls unausfürbar, das zweite lag durchaus in der Möglichkeit, erforderte aber einen ungemeinen Zeitaufwand und noch grössere Mühe, nemlich eine genaue Untersuchung der handschriftlichen Ueberlieferung der Dialogen, welche — der Eine wird sagen, glücklicher, der Andere vielleicht, unglücklicher Weise — uns in einer ganz bedeutenden Menge von Handschriften aller Länder erhalten sind. Ich hatte es aber nicht mit einer kritischen Bearbeitung der Dialogen des lateinischen Kirchenvaters Gregorius, sondern mit einer kritischen Ausgabe der altfranzösischen Uebersetzung einer seiner zahlreichen Schriften, welche das Material abgeben sollte für eine dialectische Specialuntersuchung, zu thun. Es blieb demnach nichts anderes übrig, als eine von den gedruckten Ausgaben heranzuziehen. Hier gab es nur eine Wahl und diese musste auf die jüngste und beste aller Ausgaben, die der Benedictiner vom heiligen Maurus (Paris 1705) — die späteren drucken nur diese, meist mit zahlreichen Druckfehlern ab — fallen.

Mit diesem Texte erlaubte ich mir aber gewisse Freiheiten, die mir ohne Weiteres durch die Natur der Sache geboten zu sein schienen und von denen ich hier Rechenschaft lege. Es ist nemlich bekannt, dass die Benedictiner ihrer Ausgabe eine kleine Auswahl der wichtigsten Varianten, die sie aus der grossen Zahl der von ihnen benutzten Handschriften ausgesichtet haben, hinzugefügt haben. Ich habe nun jedesmal, wenn die Uebersetzung und der Pariser Text auseinandergingen, und die Varianten die Original-Wendung der französischen Uebersetzung boten, dieselbe in den Text aufgenommen, im gegentheiligen Falle aber, wenn mich die Varianten im Stiche liessen, durch Sterne (*) stärkere Abweichungen, sei es des Ausdrucks oder der Construction, durch eckige Klammern [ ] Wörter, die die französische Uebersetzung auslässt, und durch Punkte (...) solche, die sie mehr hatte, ausgezeichnet. Weiter zu gehen schien mir nicht rathsam, selbst wenn durch eine geringe Aenderung der lateinische Text mit der Uebersetzung sich in Einklang bringen liess. Freilich bleibt bei manchen dieser Abweichungen letzterer Art immer noch die Möglichkeit offen, dass der französische Uebersetzer Wörter, die in der Handschrift standen, entweder übersehen oder verlesen hatte. Der Gedanke an absichtliche Aenderung muss sofort abgewiesen werden, wenn man die Aengstlichkeit betrachtet, mit der der lateinische Text, wo möglich Wort für Wort, selbst mit den unfranzösischsten Wendungen wiedergegeben wird, daher denn unser Text beispielsweise für die altfranzösische Syntax eine gar trübe Quelle bieten würde. — Andererseits habe ich lateinische Wörter, die im französischen Text fehlten, nur in den seltensten Fällen, bloss wenn mich dazu zwingende Gründe bewogen, selbst ergänzt und diese in runde Klammern ( ) gesetzt, sonst aber durch Puncte angedeutet. Durch diese Behandlung des lateinischen Originals erreichte ich noch obendrein den Vortheil, dass manche Anmerkung, die sonst auf die Abweichung hätte aufmerksam machen müssen, ohne Schaden wegfallen konnte.

Den Dialogen, deren erste zwei Capitel du Méril abgedruckt hatte, liess ich die zwei andern in derselben Handschrift stehenden Stücke, nemlich den sogenannten Sermo de Sapientia und die Fragmente der Gregor'schen Moralia in Iob, zwei Unica, die ihrem Werthe nach den Dialogen in nichts nachstehen und eine unläugbare Sprachverwandschaft mit denselben aufweisen, folgen.

Der erstere, hier zum ersten Male edirte Text, den die Handschrift mit dem nicht sonderlich passenden Titel Sermo de Sapientia bezeichnet, besteht aus zwei Predigten, die ihrem Inhalt und ihrer Zeit nach zu dem bedeutendsten gehören, was uns an mittelalterlichen Denkmälern dieser Art erhalten ist. Ob dieselben Originalien oder Uebersetzungen seien, konnte ich nicht entscheiden. Hoffentlich wird der Abdruck derselben genügen, um die Frage auszutragen. Hier bemerke ich nur, dass die zweite in einigen Dingen eine auffallende Aehnlichkeit mit der fünften Predigt des Abtes Bernhard (fol. 16ᵇ f. der oben berührten Pariser Uebersetzung) aufweist. Ferner wird 286, 32 Isidor citirt. Die fliessende

und, ich möchte gern sagen, elegante Diction dieser zwei Predigten kann die Frage nicht entscheiden, wenn sie auch bei dem Umstande, dass die Uebersetzungen jener Zeit meist sehr getreu, dadurch aber auch sehr unbeholfen sind, eine Uebersetzung nicht gerade wahrscheinlich macht. Freilich konnte der Uebersetzer eine ganz andere Meisterschaft besitzen, als jener der Dialogen, wie denn auch der an letzter Stelle veröffentlichte Text, eine französische Uebersetzung der Gregor'schen Moralia in Iob, auf einer höheren Stufe steht und von den Dialogen vortheilhaft absticht. Freilich bleiben auch hier genug Sätze übrig, die man dann am besten versteht, wenn man dieselben Wort für Wort ins Latein übersetzt. — Derselbe ist schon früher einmal, nämlich von Le Roux in der bereits erwähnten Edition der Quatre Livres des Rois (Paris 1841 S. 441—518) veröffentlicht worden. Dass ich trotzdem denselben meiner Ausgabe einverleibt habe, dazu bewog mich vor allem die sprachliche Verwandschaft des Hiob mit den zwei vorerwähnten Texten, wenn auch die Moralien einige Einzelnheiten (so besonders in den Verbalflexionen) aufweisen, die den beiden andern fremd sind; ferner die Erwägung, dass die im Ausland erschienene französische Ausgabe bei uns nicht gerade häufig und zudem so manches zu wünschen übrig lasse. Dass ich Alles, was für diesen überaus wichtigen Text geleistet werden kann, in vollem Umfang wirklich gethan, dafür kann mein guter Wille allein nicht sichere Bürgschaft sein. Doch wird eine noch so flüchtige Vergleichung der beiden Ausgaben zeigen, dass ich an vielen Stellen die richtige Leseart der Handschrift, die bei Le Roux oft stark verderbt war, eingeführt und obendrein eine Reihe selbständiger und wohl sicherer Emendationen (die meisten schliessen sich genau an den Buchstaben der Handschrift an) beigebracht habe.

Dieser Text besteht aus einer Reihe bunt zusammengewürfelter Fragmente, die aus dem Latein übersetzt sind und die ich mit der entsprechenden Numerirung des lateinischen Originals versehen habe. Ich sage „übersetzt," weil Le Roux den französischen Text für eine freie Bearbeitung des Lateins ansieht. „Ce fragment (sic) de Moralité sur Job n'est, comme l'a remarqué M. Méon, qu'une imitation du grand ouvrage de saint Grégoire sur le même sujet. En lisant avec attention cet ouvrage, j'ai cherché à séparer les parties traduites par l'auteur français et celles qu'il avait ajoutées (!). Mais j'ai dû bientôt renoncer à ce travail, car, dès la quatrième page, je me suis aperçu que l'auteur français se contentait d'imiter saint Grégoire, sans s'astreindre à une traduction littérale. Il n'en faut pas moins considérer cet ouvrage comme une imitation de celui de saint Grégoire; seulement le traducteur, sans suivre aucun ordre, a mêlé les différentes parties du livre qui lui servait de modèle (a. a. St. S. CXXVII. f.)." Dies beweist

nur, dass der französische Herausgeber nicht die Geduld hatte, sich der freilich nicht sonderlich anziehenden Arbeit zu unterziehen, die 35 Bücher lateinischen Textes, die in der grossen Folioausgabe der Benedictiner nicht weniger als 1168 vollgedruckte Spalten ausmachen, vorzunehmen und behufs der Bestimmung der französischen Fragmente durchzuarbeiten. — Ich habe dem Hiob, um das Buch nicht zu vertheuern, den lateinischen Text nicht beigegeben. Es sind daher durch .... ausgefallene Wörter bezeichnet, und mit einem * Stellen, die augenscheinlich verdorben sind oder vom Original ganz abweichen, versehen worden. Wichtigere Unterschiede behandeln die Anmerkungen.

Der den Hiob umfassende Theil der Handschrift (für den übrigen Theil ist die Beantwortung dieser Frage nicht so leicht und bündig zu geben, daher sie in die Einleitung verwiesen ist) ist sicher nicht Original, sondern aus einer älteren Vorlage abgeschrieben. Der Text ist in unserer Handschrift ziemlich verderbt, wobei sich viele Fehler durch Verlesung erklären lassen, z. B. 300, 13 paien für plain; 301, 33 u. 39 les piez für les spies oder espies (dass diese Femininform, welche den Lesefehler recht augenscheinlich macht, berechtigt ist, darüber s. Anmerkung.) 302, 8 iuste für uisce; 303, 1 lapoisent für la possient; 306, 26 plaie für plante (d. h. plate statt plāte); 312, 7 moinet für nomet; 319, 22 tresplaisant für trespassant; 339, 13 rapelet für raparellet (d. h. rapellet) u. s. f. Diese Fehler können aber nicht von den zwei Schreibern des Hiob herrühren, sondern müssen schon in der Vorlage gestanden haben. Des ersten Copisten Ehrenrettung wäre uns nun freilich unmöglich gemacht, wenn derselbe den Hiob allein und der zweite Copist das übrige geschrieben hätte. Die Handschrift [sie besteht aus 184 numerirten 8°-Blättern, wobei jedoch folgende Irrungen unterlaufen: Blatt 26. 127. 163 ist doppelt, d. h. je ein Blatt bei der Foliirung ausgelassen worden, Blatt 152 fehlt, d. h. es wurde bei der Zählung diese Ziffer ausgelassen. 1) Die Moralia stehen Blatt 1ᵛ—57ᵛ Mitte. Den übrigen Raum der Seite nimmt das Fragment einer Gregorschen Homilie (II, xxxviii, 16) ein, das sich unmittelbar an Hiob anschliesst und bloss mit einer gewöhnlichen Initiale unterschieden wird. Ich habe es (zum ersten Male) abgedruckt Seite 371, 372 des vorliegenden Buches. 2) Die Dialogen 58ʳ—173ʳ. 3) Sermo de Sapientia 173ᵛ—184ᵛ.] ist nun von zwei (kaum drei) Händen ausgeführt. Die erste grosse und dicke Schrift umfasst 2ʳ—27ʳ, eine zweite, kleinere, die sehr fein und zierlich ist, 27ᵛ bis Schluss. Dieselbe Hand kann auch Blatt 1ᵛ geschrieben haben, nur ist die Schrift etwas nachlässiger. Der zweite Schreiber nun bewährt sich im Hiob und im Sermo als einen ungewöhnlich verlässlichen und sorgfältigen Copisten, der sogar einem jeden der drei Texte seine eigene Orthographie gewahrt, und dem Fehler wie die oben berührten nicht nachzuweisen sind. Wenn nun sein Theil des Hiob ebenso corrumpirt ist, wie der des ersten Schreibers, zu dessen Gunsten wir gar nichts anführen können, so erhellt daraus, dass die Fehler bereits in der Vorlage standen, da es undenkbar wäre, dass der zweite Copist auf den ersten 62 Seiten sich so oft verlesen, während ihm solches bei den übrigen 255 Seiten nicht widerfahren ist.

Was die Zuverlässigkeit meines Textes anlangt, so begünstigte dieselbe die schöne deutliche Schrift des Codex, die Verlesungen selten zuliess. An eine absolute Sicherheit glaube ich freilich nicht; denn die ist doch nur zu erreichen, wenn der Codex selbst während der Textbearbeitung und besonders während der Revision des Druckes bei der Hand ist. Doch wurde durch glückliche Umstände auch hier das mögliche gethan. Gelegentlich meiner diesjährigen Pariser Reise, während welcher die Sammlung des handschriftlichen Materials für eine kritische Ausgabe Christian's von Troyes (mit Ausschluss Percivals, welcher von anderer Seite bereits in Angriff genommen worden ist) abgeschlossen worden, konnte ich Aushängebogen 1—16 mit der Handschrift vergleichen, Bogen 17—19 übernahm gütigst Herr G. Baist und für den Rest konnte ich die bewährte Gefälligkeit meines Freundes Herrn Morel-Fatio in Anspruch nehmen, der durch nochmaliges Nachschlagen der vielen in meiner Collation corrumpirten Stellen, die mich an der Genauigkeit meiner Vergleichung beinahe zweifeln machten, mich beruhigte, da er deren Vorkommen in der Handschrift selbst bestätigte.

Was die äussere Herrichtung des Textes anlangt, so folgte ich beinahe in allen Dingen der Handschrift, so meistens auch in der Interpunction; die zwar oft von unseren Gewohnheiten abweicht, aber an Deutlichkeit wenig vermissen lässt. Ein Zweifel blieb mir übrig für das Trennen oder Verbinden gewisser Wörter, bei denen die Handschrift schwankt, so parmi, par|tant, a|tant, ia|dis, poruec, tres und andere. Ferner trennt die Handschrift in der weitaus grösseren Zahl der Fälle den Artikel im Genitiv und Dativ vom Substantiv der mit einem Vocal anlautenden Masculina, verbindet ihn dagegen meist bei Femininis dieser Art. Dies glaubte ich durchführen zu sollen, wobei nach der von Boucherie beobachteten orthographischen Regel das anlautende h gewisser Wörter bald zu streichen, bald zu ergänzen war. Ich brauche wohl nicht eigens zu erwähnen, dass ich auf diese Art der Behandlung des Artikels, die keinem phonetischen Vorgange entspricht, sondern rein äusserlich ist, gar kein Gewicht lege. Kleine Inconsequenzen in einer so kleinlichen und an und für sich gleichgültigen Sache wird der wohlwollende Leser ruhig in den Kauf nehmen. So ist im 1. und 2. Bogen tres nicht verbunden, während im Folgenden dies geschieht; das erwähnte h ist hier gleichfalls noch nicht supplirt, andrerseits blieb es im Hiob auch bei Femininis stehen, um der Handschrift noch näher zu kommen u. s. f. Eine Erwähnung verdient die Auflösung der Abkürzung p. Diese bedeutet in französischen Handschriften sowohl per als par und es giebt Wörter, wo die Entscheidung nicht so leicht ist. Das sicherste Mittel, Stellen, an denen das Vorwort ausgeschrieben ist, einzusehen, wurde natürlich nicht vernachlässigt. So wurde bestimmt, dass die Praeposition par, und nicht wie in östlichen (so immer im Bernhard) und südlichen Texten, per aufzulösen sei. In der Composition wurde in volkstümlichen Wörtern immer par, in solchen, die dem Latein direct entlehnt sind, per gelesen. Doch behielt auch aus der ersteren Reihe pertuis u. s. f. ihr e. Doch blieben auch so Zweifel. So kommt im Hiob das Zeitwort pforer auf einer Seite häufig vor, aber immer gekürzt. Trotz der neufranzösischen Form perforer habe ich nicht gezögert, das Compositum eines im Romanischen durchaus volkstümlichen Wortes mit par zu schreiben. Manchmal schwankt jedoch die Handschrift, so steht einmal ausgeschrieben perpoise neben sonstigem parpoise u. s. f.

Was meine Zuthaten, die den 2. Band ausmachen, betrifft, so bestehen dieselben in einer grammatischen Einleitung, die eine genaue Darstellung der Phonetik und Flexion unserer Texte gibt, erklärenden Anmerkungen, die keiner Schwierigkeit aus dem Wege gehen und, falls keine beruhigende Lösung zu geben, sich zufrieden stellen, auf die Frage hingewiesen zu haben, und einem Glossar, das den reichlichen Schatz an Vocabeln, von denen nur Roquefort einige wenige aus den Dialogen, Burguy — dieser reichlicher — aus dem Hiob hervorgeholt haben, allgemein zugänglich machen soll.

Zum Schluss sei es mir gestattet, Seiner Excellenz dem k. k. Unterrichtsminister Dr. Karl von Stremayr meinen tiefst gefühlten Dank für die vielfache Förderung meiner Studien auszusprechen. Derselben danke ich nicht nur die Gelegenheit, diesen sowie die vielen andern Texte, die in meiner Lade der baldigen Herausgabe harren, mir zu verschaffen, sondern überhaupt Zeit und Mittel, meine romanischen Studien mit grösserm Nachdruck betreiben zu können. Mein Dank gebührt ferner Herrn Léopold Delisle, oberstem Leiter der grossen Pariser Bibliothek, der mit einer dem wahren Gelehrten ziemenden Liberalität und nie ermüdenden Bereitwilligkeit meinen Wünschen stets entgegenkam, endlich Léopold Pannier von derselben Bibliothek, der Arbeiten seiner Fachgenossen zu den eigenen machte und dem gemäss förderte. Leider wird er diese Zeilen nicht mehr lesen. Der Tod hat ihn zu früh seinen Freunden, zu früh der Wissenschaft im Augenblicke, wo er eine wichtige Arbeit vollendete, entrissen.

Prag, Anfang December 1875.

W. Foerster.

Ici sont

li quatre liure des dialoges

Gregoire ló pape del borc de Romme

des miracles des peres de Lumbardie.

(Par. B. N. 24764. fol. 56r.)

Ici comencent li capitel del premerain liure.

I. De Honoreit l'abeit del monstier Fundense. II. De Libertin lo prouost del monstier Fundense. III. Del moine cortelier del monstier de cui ci dessoure nos souint. IIII. Del abeit Equitio de la contreie Valeire. V. De Constantio lo mansiaire de la glise saint Steueuon. VI. De Marcelin lo ueske de la citeit Aconitane. VII. De Nonnoso lo prouost del monstier el mont ki est dis Soractis. VIII. Del abeit Anastaise del monstier ki est uochiez Subpentonia. VIIII. De Boneface lo ueske de la citeit Preferentis. X. De Fortuneit lo ueske de la citeit de Tudertine. XI. De Martirio lo moine de la contreie de Valeire. XII. De Seueir lo preste de la contreie de cui ci dessoure.

Ici finent li capitel.

LIBER PRIMVS.

I. De Honorato abbate monasterii Fundensis. II. De Libertino praeposito eiusdem monasterii. III. De monacho hortulano monasterii eiusdem. IV. De Equitio abbate Valeriae prouinciae. V. De Constantio mansionario ecclesiae sancti Stephani. VI. De Marcellino Anconitanae ciuitatis episcopo. VII. De Nonnoso praeposito monasterii in monte qui Soractis dicitur. VIII. De Anastasio abbate monasterii quod Suppentonia uocatur. IX. De Bonifacio Ferentinae ciuitatis episcopo. X. De Fortunato Tudertinae ciuitatis episcopo. XI. De Martyrio monacho prouinciae Valeriae. XII. De Seuero presbytero eiusdem prouinciae.

Ici comencet li promerains liures des dialoges saint Gregoire.

En un ior ge depresseiz de mult grandes noises des alquanz seculeirs, az queiz en lur negosces a la foiz sumes destraint solre meismes ce ke certe chose est nos nient deuoir, ge requis un secreit liu ki est amis a dolor, u tot ce ke (de) la moie occupation desplaisoit a moi, ouuertement soi demosterroit, et totes les choses ki soloient en moi mettre lo dolor, assembleies loisablement uenroient deuant mes oez. Gieres cant ge mult afffiz et longement taux seoi ilokes, dunkes fut auoc moi mes tres ameiz filz Pieres li diakenes, ki des la promiere flor de iuuente a moi est astrainz en amistieis, et mes compains a enquerre la sainte parole. Li queiz moi esgardanz estre dequit de grief [58ᵛ] dolor del cuer dist: Auint dunkes a toi alcune chose de chose nouele, ke dolors toi tient plus ke soloit? A cui ge dis: Li dolors, Pierres, cui ie soffre cascun ior, et toz tens par usage est a moi uiez et toz tens par aoisement noueaz. Quar mes maleurous corages hurteiz par la plaie de sa occupation, ramenbret, queiz il fut iadis el monstier; coment astoient dessoz lui totes choses loneirianz; en combien il apparoit dessoure totes choses ki soi torment; ke il auoit acoustumeit nule chose penseir se celestienes non; ke il encor retenuz en cors, la meismes les enclostres de la char trespassoit par contemplation; ke il alsiment la mort ki anaises a trestoz est poine ameuet alsi com entreie de uie et lowier de son trauailh. Mais

Quadam die nimiis quorundam saecularium tumultibus depressus, quibus in suis negotiis plerumque cogimur soluere etiam quod nos certum est non debere, secretum locum petii amicum moeroris, ubi omne quod de mea mihi occupatione displicebat, se patenter ostenderet, et cuncta quae infligere dolorem consueuerant, congesta ante oculos licenter uenirent. Ibi itaque cum afflictus ualde et diu tacitus sederem, dilectissimus filius meus Petrus diaconus adfuit, mihi a primaeuo iuuentutis flore amicitiis familiariter obstrictus, atque ad sacri uerbi indagationem socius. Qui graui exsequi cordis languore me intuens, ait: Num quidnam noui tibi aliquid accidit, quod plus te solito maeror tenet? Cui inquam: Maeror, Petre, quem quotidie patior, et semper mihi per usum uetus est, et semper per augmentum nouus. Infelix quippe animus meus occupationis suae pulsatus uulnere, meminit qualis aliquando in monasterio fuit; quomodo ei labentia cuncta subter erant; quantum rebus omnibus quae uoluuntur eminebat; quod nulla nisi caelestia cogitare consueuerat; quod etiam retentus corpore, ipsa iam carnis claustra contemplatione transibat; quod mortem quoque, quae paene cunctis poena est, uidelicet ut ingressum uitae et laboris sui praemium amabat. At nunc ex

or por l'occasion de la cure pastorale soffret il les negosces des hommes seculeirs, et apres si bele forme de son repos par la purriere del terrien fait est il laidoiez. Et quant il soi por lo condescendement des pluisors az deforienes choses espart, meismes cant il desiret les deuentrienes, a
5 iceles senz dotance repairet il menres. Gieres ge parzoi ce ke ie soffre, ge parzoi ce ke ie ai perdut. Et quant ie esgarde cele chose cui ge ai perdue, si deuient ceste plus greualz cui ie porte. Elleuoz certes or sui horteiz des fluez de la grande meir, et en la neif de ma pense par les turbilhons d'une forte tempeste sui deboteiz. Et quant moi souient de
10 ma promiere uie, alsi com meneiz mes oez derriere mon dos ueue la riue sospire. Et ke encor plus gries chose est, quant ge turbleiz des granz fluez sui porteiz, auisonkes pois ge ia ueoir lo port cui ie ai laissiet; car et ensi sont les auentures de la pense, k'ele certes anzois perdet la bone chose cui ele tient, nekedent si souient soi auoir perdut. Et
15 quant plus lonz s'en est aleie, si obliet encor del meisme bien cui ele at perdut; et auient chose k'ele nes par ramenbrance uoit en apres ce k'ele tenoit anzois par fait. De ce est fait ce ke ie ci deuant ai mis: car cant nos nauions plus lonz, ia ne [59ʳ] ueons nos pas lo port de repos cui nos laissiet auons. Et a la foie a l'aoisement de mon dolor ce est aloint,
20 ke la uie des alcanz ki lo present secle de tote lur pense deguerpirent, a memoire a moi est rapeleie. La halteace des queiz cant ie regarde, si conois com bien ge meismes gis en tres basses choses. Des (queiz) li pluisor en plus secreie uie plaurent a lur faiteor, li queil par ke il par les humains faiz ne uieziroient de la nouelerie de lur pense, si ne uolt
25 li tot poissanz deus iceaz estre occupeiz des traualz de cest mont. Mais

occasione curae pastoralis saecularum hominum negotia patitur, et post tam pulchram quietis suae speciem, terreni actus puluere foedatur. Cumque se pro condescensione multorum ad exteriora sparserit, etiam cum interiora appetit, ad haec procul dubio minor redit. Perpendo itaque quid tolero, perpendo quod
5 amisi. Dumque intueor illud quod perdidi, fit hoc grauius quod porto. Ecce etenim nunc magni maris fluctibus quatior, atque in naui mentis tempestatis ualidae procellis illidor. Et cum prioris uitae recolo, quasi post tergum ductis oculis uiso litore suspiro. Quodque adhuc grauius est, dum immensis fluctibus turbatus feror, uix iam portum uidere ualeo quem reliqui, quia et ita sunt casus mentis,
10 ut prius quidem perdat bonum quod tenet, si tamen se perdidisse meminerit; cumque longius recesserit, etiam boni ipsius quod perdiderat obliuiscatur; fitque ut post neque per memoriam uideat, quod prius per actionem tenebat. Vnde hoc agitur quod praemisi, quia cum nauigamus longius, iam nec portum quietis quem reliquimus uidemus. Nonnunquam uero in augmentum mei doloris ad-
15 iungitur, quod quorumdam uita qui praesens saeculum tota mente reliquerunt, mihi ad memoriam reuocatur. Quorum dum culmen aspicio, quantum ipse in infimis iaceam agnosco; quorum plurimi conditori suo in secretiori uita placuerunt, qui ne per humanos actus a nouitate mentis ueterascerent, eos omnipotens Deus huius mundi laboribus noluit occupari. Sed iam quae prolata sunt, melius

ia les choses ki parleies sunt miez demosterrai, se ge les choses ki sont
dites par demandise et par responsion deuise par lo soul deuant escrise-
ment des nons. **Pirres.** Ge ne conu pas en Itaile la uie des alcans mult
auoir luisit de uertuz. Gieres de cui comparement tu es espris ge non
sai. Et certes ie ne dote pas buens hommes auoir esteit, nekedent ensenges et uertuz quide ie d'eax u nient estre faites u eles sont ioakes a
or ensi par silence taues, ke nos ne sauons, se eles faites sont u non.
Gregoires. Se ge soules les choses, Pieres, reconte, cui ge uns homme-
le[i]x des parfiz et des aloseiz hommes ai conues, u tesmoniax les bons
et les feoz hommes, u cui ge apris par moi meismes: aisi com ge haisme
li iors cesserat anzois ke li sermons. **Pirres.** Ge uoiroi ke tu racontasses
a moi demandant d'eax alcunes choses. Et por ceste chose ne toi semble
pesanz chose, entrerumpre l'estuide de l'esposition; car nient dessemblanz
edifications naist de la ramenbrance des uertuz. Quar en l'esposition
conoist l'om, coment l'om doit trouer et tenir la uertut; mais en lo
racontement des signes conissons nos, coment la uertuz trouele et retenue
soi demostret. Et sont li alcant cui plus ensprendent li exemple al amor
del celeste pais, ke li preechement. Et faite est a la fois doble aiue des
exemples des peres el corage del oant, car se il est espris al amor de la
uie ki est a uenir del comparement des deuant alanz, meismes [59ᵛ] se
il soi quidet estre alcune chose, quant il conoist mieldres choses des
altres, si en est humilies. **Gregoires.** Ces choses cui ie ai parceues par
lo racontement des honorables barons, ie les raconte sens dotance par
l'exemple de la sainte auctoriteit, quant ce estat a moi plus cleir ke la
lumiere, ke Marcus et Lucas n'aprisent pas par ueue, mais par oie

insinuo, si es quae per inquisitionem ac responsionem dicta sunt, sola nominum
praenotatione distinguo. **Petr.** Non ualde in Italia aliquorum uitam uirtutibus
fulsisse cognoui; ex quorum igitur comparatione accenderis ignoro. Et quidem
bonos uiros [in hac terra] fuisse non dubito, signa tamen atque uirtutes aut ab eis
nequaquam facta existimo, aut ita sunt hactenus silentio suppressa, ut utrumne
sint facta nesciamus. **Gregor.** Si sola, Petre, referam, quae de perfectis probatis-
que uiris unus ego homuncio, uel bonis ac fidelibus uiris attestantibus, agnoui,
uel per memetipsum didici; dies, ut opinor, ante quam sermo, cessabit. **Petr.** Vellem
quaerenti mihi de eis aliqua narrares. Neque pro hac re interrumpere expositionis
studium graue uideatur, quia non dispar aedificatio oritur ex memoria uirtutum.
In expositione quippe qualiter inuenienda atque tenenda sit uirtus, agnoscitur;
in narratione uero signorum cognoscimus inuenta ac retenta qualiter declaretur.
Et sunt nonnulli, quos ad amorem patriae caelestis plus exempla, quam prae-
dicamenta succendunt. Fit uero plerumque audientis animo duplex adiutorium in
exemplis patrum, quia si ad amorem uenturae uitae ex praecedentium comparatione accenditur, etiam si se esse aliquid existimat, dum meliora de aliis cogno-
uerit, humiliatur. **Gregor.** Ea quae mihi sunt uirorum uenerabilium narratione
comperta, incunctanter narro sacrae auctoritatis exemplo, cum mihi luce clarius
constet quia Marcus et Lucas Euangelium quod scripserunt, non uisu, sed auditu

l'euangile cui il descrissent. Mais par ke ie as lisans sostraie l'ochison de dotance, par chascunes choses cui ge descrirai, par queiz auctors les ai parceues manifesterai. Mais ce toi conuoite ge sauoir, ke ie en alcunes choses tan solement lo sens, en alcunes choses et les paroles tieng auoc
5 lo sens; car se ie de totes persones specialment et les paroles uolsisse tenir, celes racontees par uilain us ne receueroit pas couenablement li grefes del escrisant. Ge ai apris par lo racontement de mult honorables uielhars ce ke ie raconte.

I. Del abeit Honoreit.

10 Il fut une uile Venantii ki iadis fut patrices es contreies de Samnii, en la queile uile ses ahaneires ot un filh Honoreit par nom, ki des enfantilz ans arst par abstinence al amor del celeste pais. Et quant il ualoit de si grande conuersation, et soi la restraindoit meismes d'oisouse parole, et mult sa char dontoit par abstinence alsi com ge ci deuant ai
15 parleit: en un ior ses peires et sa mere fisent un conuiue a lur uoisins, el quell conuiue chars astoit apparelhie a mangier. La queile char quant icil refusoit atochier a mangier por l'amor de l'abstinence, dunkes lo comencierent ses peres et sa mere a eschernir et dire: Manioue! Aporterons nos dunkes a toi peissors en icez monz? Et en icel liu
20 soloient li peisson estre oit, nient ueut. Mais quant Honoreiz astoit escherniz de cez paroles, manes el conuiue defalit aigue al seruise. Et uns serians auoc une selge de fust alsi com ilokes est coustume s'en alat a la fontaine. Et quant il puiseuet l'aigue, si entrat uns peissons en la selge. Et retorneiz li ser-[60ʳ]ianz deuant les boches des seanz un

didicerunt. Sed ut dubitationis occasionem legentibus subtraham, per singula quae describo, quibus haec auctoribus mihi comperta sint manifesto. Hoc uero scire te cupio, quia in quibusdam sensum solummodo, in quibusdam uero et uerba cum sensu teneo; quia si de personis omnibus ipsa specialiter uerba tenere
5 noluissem, haec rusticano usu prolata stylus scribentis non apte susciperet. Seniorum ualde uenerabilium didici relatione quod narro.

I. De Honorato abbate monasterii Fundensis.

Venantii quondam patricii in Samnii partibus uilla fuit, in qua colonus eius filium Honoratum nomine habuit, qui ab annis puerilibus ad amorem
10 coelestis patriae per abstinentiam exarsit. Cumque magna conuersatione polleret, seque iam ab otioso quoque sermone restringeret, multumque, ut praefatus sum, per abstinentiam carnem domaret, die quadam parentes eius uicinis suis conuiuium fecerunt, in quo ad uescendum carnes paratae sunt: quas dum ille ad esum contingere pro abstinentiae amore recusaret, coeperunt eum
15 parentes eius irridere, ac dicere: Comede; nunquid piscem in his montibus tibi allaturi sumus? Illo uero in loco pisces audiri consueuerant, non uideri. Sed cum his sermonibus Honoratus irrideretur, repente in conuiuio aqua ad ministerium defuit; et cum situla lignea, sicut illic moris est, mancipium ad fontem perrexit. Dumque hauriret aquam, piscis situlam intrauit. Reuersumque mancipium

peisson espandit auoc l'aigue, ki al uiure de tot lo ior a Honoreit poist
estre asseiz. Tres tot soi meruilh(i)erent et toz icil eschernissemenz de
son pere et de sa mere cessat. Quar il comencierent en Honoreit meruilhier l'abstinence cui il anzois degabeuent. Et ensi terst ius del omme
de deu les laidenges del eschernissement li paissons del mont. Li queiz 5
cant il creissoit de grandes uertuz, de son deuant dit sanior prist il en
don la franchise, si estorat en icel liu ki est diz Fundiz une abie, en cui
il estint peres anaises de dous cenz moines, et la donat la uie de celui
d'une part et d'altre exemples de mult halte conuersation. Quar a un
ior[t] de cel mont, en cui ses monstiers dessoure apeirt en halt, uns fais 10
d'une grande pierre rumpit fors, ki uenanz par lo pendant del mont,
manecieuet trebuchement de tote la cele et la mort de toz les freres.
Lo queil fais de dessoure uenant quant li sainz hom ot ueut, il apelanz
par souentine uoiz lo nom de Crist enhelement estendit sa destre, si mist
encontre lui l'ensenge de la croiz, et si fichat cel meisme fais cheant en 15
meisme lo leiz del mont pendant, aisi com dist Laurenz li religious hom.
Et par tant ke lius n'i astoit pas, en cui li fais poist ahordre, om lo uoit
ensi nekedent ke il ioskes a or a ceaz ki regardent lo mont semblet
pendre a cheir. **Pirres.** Quidons nos cilz si nobles heir et il promiers
maistre, ke il en apres fut maistres de disciples? **Gregoires.** Ge n'oi 20
pas cestui auoir esteit disciple [auoir esteit] d'alcunui, mais li dons del
saint espir n'est pas constrainz par loi. Certes usages est de droite conuersation, ke cil n'oset pas estre dessoure ki n'aurat apris estre dessuz;
et cil ne comandet pas obedience az sogez, la queile il ne conut pas
doneir az prelaz. Mais nekedent sont a la foie ki parmei lo magisteire 25

ante ora discumbentium piscem cum aqua fudit, qui ad totius diei uictum potuisset Honorato sufficere. Mirati omnes, totaque illa parentum irrisio cessauit.
Coepere namque in Honorato uenerari abstinentiam, quam ante deridebant; sicque
a Dei homine irrisionis detersit opprobria piscis de monte. Qui cum magnis uirtutibus cresceret, a praedicto domino suo libertate donatus est, atque in eo loco 5
qui Fundis dicitur, monasterium construxit, in quo ducentorum ferme monachorum
pater exstitit, ibique uita illius circumquaque exempla eximiae conuersationis
dedit. Nam quadam die ex eo monte qui eius monasterio in excelso prominet
ingentis saxi moles erupta est, quae per deuexum montis latus ueniens, totius
ruinam cellae, omniumque fratrum interitum minabatur. Quam cum uenientem 10
desuper uir sanctus uidisset, frequenti uoce nomen Christi inuocans, extensa mox
dextera signum ei crucis opposuit, eamque in ipso deuexi montis latere cadentem
fixit, sicut religiosus uir Laurentius perhibet. Et quia locus ei non fuerat quo
inhaerere potuisset, aspicitur ita ut hucusque montem cernentibus casura pendere
uideatur. **Petr.** Putamus, hic tam egregius uir, ut post magister discipulorum 15
fieret, prius habuit magistrum? **Gregor.** Nequaquam hunc fuisse cuiusquam discipulum audiui, sed lege non constringitur sancti Spiritus donum. Vsus quidem
rectae conuersationis est, ut praeesse non audeat, qui subesse non didicerit; nec
obedientiam subiectis imperet, quam praelatis non nouit exhibere. Sed tamen

del espir par deuenz ensi sont apris, ke la soit cè ke defors lur failhet discipline d'umaine maistrie, nekedent la droiture del deuentrien maistre ne lur falt mie. [60ᵛ] La uoie nekedent de lur franchise des enfers en exemple ne doit pas estre traite, par ke alcuns, quant il soi semblanment
5 presumet estre raemplit del saint espir, ne despitet estre disciples d'alcun homme, et soit falz maistres d'error. Mais la pense ki est emplie del diuin espir, ele at tres aouertement ses ensenges, ce est cariteit et humiliteit. Les quelles ambedous uertuz se eles en une pense uinent ensemble, cleire chose est, k'eles de la presence del saint espir portent
10 tesmoin. Quar ensi encor Iohans li Baptistes n'est pas liuz auoir eut maistre, ne meisme la ueriteiz ki par corporal presence apriat les apostles et li sainz espirs l'assemblat entre les disciples corporalment. Mais cui il douenz ensengieuet, celui laissat defors alsi com en sa franchise. Ensi Moyses el desert ensengiez del angele aprist lo comandement, lo queil il
15 ne conut pas parmei homme. Mais cez choses alsi com deuant auons dit des enfers doiuent estre honoreies, nient sewies. **Pirres.** A moi plaist ce ke tu dis. Mais ie toi proi, ke tu dies a moi, se icis si granz peires laissat alcun disciple siwor de soi.

II. De Libertin lo prouost.

20 **Gregoires.** Li tres redotables beirs Libertins, ki el tens lo roi Totyle fut prouoz de cele meisme abie Fundense, il conuersat el discipulage de celui et fut nurriz. De cui ia soit ce ke pluisors uertuz certains racontemenz des pluisors ait depuliet, nekedent Laurenz li religious beirs, ki ci deuant fut nomeiz, ki or uit et en cel meisme tens a lui fut tres

sunt nonnulli qui ita per magisterium Spiritus intrinsecus docentur, ut etsi eis exterius humani magisterii disciplina desit, magistri intimi censura non desit. Quorum tamen *libertas uitae ab infirmis in exemplum non est trahenda, ne dum se quisque similiter sancto Spiritu impletum praesumit, discipulus hominis esse
5 despiciat, et magister erroris fiat. Mens autem quae diuino spiritu impletur, habet euidentissima signa sua; uirtutes scilicet et humilitatem, quae si utraque perfecte in una mente conueniunt, liquet quod de praesentia sancti Spiritus testimonium ferunt. Sic quippe etiam Ioannes Baptista magistrum habuisse non legitur, neque ipsa ueritas, quae corporali praesentia apostolos docuit,* eum cor-
10 poraliter inter discipulos aggregauit; sed quem intrinsecus docebat, extrinsecus quasi in sua libertate reliquerat. Sic Moyses in eremo edoctus mandatum ab angelo didicit, quod per hominem non cognouit. Sed haec, ut praediximus, infirmis ueneranda sunt, non imitanda. **Petr.** Placet quod dicis; sed peto ut mihi dicas, si tantus hic pater aliquem sui imitatorem discipulum reliquit.

II. De Libertino praeposito eiusdem monasterii.

15 **Gregor.** Vir reuerentissimus Libertinus, qui tempore Totilae regis eiusdem Fundensis monasterii praepositus fuit, in discipulatu illius conuersatus atque eruditus est. De quo quamuis uirtutes multas plurimorum narratio certa uulgauerit, praedictus tamen Laurentius religiosus uir, qui nunc superest, et ei

priueis, il aconstumat pluisors choses a moi dire de celui, des queiles
celes dont moi souient poi raconterai. En cele meisme contreie de Samnii,
cui ge ci dessoure ramenbrai, cis meismes beirs Libertins por la utiliteit
de l'abie prendoit uoie. Et quant Darida li dux des Gothes auoc son
ost deuenist en cel liu, li sers de deu de son cheual sur cui il seoit fut 5
ius getteiz des homes de celui. Li queiz uolentiers soffranz lo damage
de son perdut iument, auoc lo flael cui il tenoit offrit a ceaz ki lui tolirent, disanz: Prendeiz par ke [61ʳ] uos aiez coment uos cest iument
puissiez meneir. Quant il cez choses ot dit, manes soi donat en orison.
Et li oz del duc ci deuant dit par enhel curs paruint al fluet Vulturnum 10
par nom. La comenc(i)erent cascun lur cheualz a ferir de(s) hanstes, a
sanglenteir des esporons. Mais nekedent li cheual batut de coz, sanglen-
teiͥf des esporons, il pourent estre lasseit, ne soi pourent pas mouoiͥ˙; et
ensi soi cremirent atochier l'aigue del fluet alsi com un morteil trebuchement. Et quant longement ferant cascun des seors astoient lasseit, 15
dunkes dist li uns d'eaz, ke por la culpe cui auoient fait al serf deu en
la uoie, soffroient il cel detriement de lur uoie. Li queil manes retorneit
derriere soi, trouerent Libertin gisant en orison. A cui quant il disoient:
Lieue sus, pren ton cheual! icil respondit: Aleiz en bien, ge n'ai pas
mestier de cheual. Mais il descendirent, si lo leuerent encontre sa 20
uolenteit el cheual, dont il l'auoient ius mis, et isnelement s'en alerent.
Li queil en cheualchant icel fluet cui il anzois ne porent trespasseir,
curranment trespasserent, alsi com cil canauz del fluet n'euist pas d'aigue.
Et ensi fut fait, ke quant uns siens cheuaz al serf de deu est renduz,
tres tot reprisent toz lur cheualz. En icel meisme tens essiment uint Bu- 25

ipso in tempore familiarissimus fuit, multa mihi dicere de illo consueuit, ex
quibus quae recolo, pauca narrabo. In eadem prouincia Samnii, quam supra
memoraui, idem uir pro utilitate monasterii carpebat iter. Dumque Darida Gothorum dux cum exercitu in loco eodem uenisset, Dei seruus ex caballo in quo
sedebat, ab hominibus eius proiectus est. Qui iumenti perditi damnum libenter 5
ferens, etiam flagellum quod tenebat, diripientibus obtulit dicens: Tollite, ut
habeatis qualiter hoc iumentum minare possitis; quibus dictis protinus se in
orationem dedit. Cursu autem rapido praedicti ducis exercitus peruenit ad
fluuium, nomine Vulturnum, ibique equos suos coeperunt singuli hastis tundere
et calcaribus cruentare; sed tamen equi uerberibus caesi, calcaribus cruentati, 10
fatigari poterant, moueri non poterant; sicque aquam fluminis tangere quasi mortis praecipitium pertimescebant. Cumque diu caedendo seasores singuli fatiga-
rentur, unus eorum intulit, quia ex culpa quam seruo Dei in uia fecerant, illa sui
itineris dispendia tolerabant. Qui statim reuersi, post se Libertinum reperiunt in
oratione postratum. Cui cum dicerent: Surge, tolle caballum tuum; ille respondit: 15
Ite cum bono, ego caballo opus non habeo. Descendentes uero inuitum eum in
caballum de quo deposuerunt leuauerunt, et protinus abscesserunt. Quorum equi
tanto cursu illud quod prius non poterant transire flumen, transierunt, ac si ille
fluminis alueus aquam minime haberet. Sicque factum est ut cum seruo Dei unus

oillenus auoc les Franzois es contreies de Campangne. Et de l'able fut
eissue la nouele del seriant dou ci deuant parleit, ke il auoit mult
d'auoir. Dunkes entrerent li Franc l'oratoire, si comenc(i)erent forsenant
a querre Libertin, a crieir Libertin, la u il gisoit ius esterneiz en orison.
5 Merueilhouse est ceste chose. Li Franzois querant et forsenant quant il
entrerent, si horterent a lui, et si ne porent pas lui meisme ueoir. Et
ensi deceut de lur auoglement, uuit s'en ralerent del monstier. A un
altre tens altressi por une cause del monstier par lo comant del abeit, ki
uint apres son maistre Honoreit, s'en alat Libertins a Rauenne. Et por
10 l'amor de cel meisme honorable Honoreit, u ke il unkes aloit, auoit il
aconstumeit a porteir [61^v] toz tens en son sain une chalcette de son
maistre Honoreit. Gieres quant il s'en aloit, si auint chose ke une femme
aportat lo corselet de son filh ki astoit estinz. La queile cant ele ot
esgardeit lo serf de deu, ele esprise par l'amor de son filh tint par lo
15 frain lo iument de Libertin, et si dist a serement: En nule maniere ne
t'en iras, se tu n'auras susciteit mon filh. Et il nient aianz useit iteil
miracle, espaurit lo serement de sa demandise. Il uolt soi destorneir de
la femme, mais cant il ne pout, si dotat en son corage. Il plaist esgardeir, queile et com grande bataiIhe fut el piz de celui. Quar comba-
20 toient entre soi la humiliteiz de conuersation et la pieteiz de la mere.
Cremors, par ke il ne presumeroit les choses nient useies; dolors, ke
il ne soccurroit a la femme ueueie. Mais a la plus grande gloire de deu
si uenkit la pieteiz icel piz de uertut. Li queiz piz por ice fut forz,
quar il fut uencuz. Quar ne fust pas piz de uertut, se pieteiz nel eust

caballus suus redditur, omnes a singulis reciperentur. Eodem quoque tempore
in Campaniae partibus Buccellinus cum Francis uenit. De monasterio uero prae-
fati famuli Dei rumor exierat, quod pecunias multas haberet. Ingressi oratorium
Franci coeperunt saeuientes Libertinum quaerere, Libertinum clamare, ubi in
5 oratione ille prostratus iacebat. Mira ualde res: quaerentes saeuientesque Franci
ingredientes in ipso impingebant, et ipsum uidere non poterant; sicque sua caecitate frustrati, a monasterio sunt uacui regressi. Alio quoque tempore pro causa
monasterii, abbatis iussu, qui Honorato eius magistro successerat, Rauennam
pergebat. Pro amore uero eiusdem uenerabilis Honorati, quocunque Libertinus
10 ibat, eius semper caligulam in sinu portare consueuerat. Itaque dum pergeret,
accidit ut quaedam mulier exstincti filii corpusculum ferret. Quae dum seruum
Dei fuisset intuita, amore filii succensa, iumentum eius per frenum tenuit atque
cum iuramento dixit: Nullatenus recedes, nisi filium meum suscitaueris. At ille
inusitatum habens tale miraculum, expauit petitionis illius iuramentum: declinare
15 mulierem uoluit, sed nequaquam praeualens, animo haesit. Considerare libet
quale quantumque in eius pectore certamen fuerit. Ibi quippe pugnabat inter se
humilitas conuersationis, ac pietas matris: timor ne inusitata praesumeret, dolor
ne orbatae mulieri non subueniret. Sed ad maiorem Dei gloriam uicit pietas illud
pectus uirtutis, quod ideo fuit ualidum, quia deuictum; uirtutis enim pectus non

uencut. Gieres descendit, les genoz flechit, les mains al ciel tendit, la
chalcette trast fors de son sain, si la mist sor lo pis del enfant ki astoit estinz. Et quant il orat, li anrme al cors repairat. Lo queil il prist
par la main, si lo rendit a la mere plorant, et si parfist la uoie cui il
auoit comencie. **Pirres.** Ke disons nos ce estre? la uertut de si grand 5
miracle, fist la li merites Honoreit u la proiere de Libertin? **Gregoires.** En
la demonstrance de si meruilhous signe auoc la foid de la femme soi
assemblat la uertuz del un et del altre; et poruec acsme ge ke Libertins
pot cez choses, car il auoit apris plus auoir fiance de la uertut son
maistre, ke de la sue. Quar cui chalcette il mist sor lo pis del corselet 10
estint, senz meruellhe il quidat ke li anrme de celui prendereit ce k'ele
proieuet. Car Helyseus essiment portanz lo mantel de son maistre et
uenanz al Iordain ferit une fie, si ne departit pas les aigues. Mais cant
il hastiuement disoit: V est meismes or li deus Helyas? [^3ʳ] il
ferit lo fluet del mantel son maistre, si fist uoie entre les aigues. Perzois 15
tu, Pieres, com bien ualt la humiliteiz es uertuz ki sont a faire? Dunkes
pot il demostreir la uertut del maistre, quant il remenat a sa memoire lo
nom de son maistre. Quar par tant ke il repairat a humiliteit dessoz son
maistre, si fist il meismes ce ke ses maistres auoit fait. **Pirres.** Cleire
chose est ce ke tu dis. Mais ge te proi, est encor alcune chose cui tu 20
racontes de lui a nostre edification? **Gregoires.** Est senz dotance, mais
si est ki lo uuilhet siure. Quar ie croi la uertut de patience estre plus
grande des signes et des miracles. Quar en une nuit cil ki apres l'eissue
del honorable Honoreit tenoit lo gouernement de l'abie, il arst de grief

esset, si hoc pietas non uicisset. Itaque descendit, genua flexit, ad caelum manus
tetendit, caligulam de sinu protulit, et super exstincti pueri pectus posuit. Quo
orante, anima pueri ad corpus rediit: quem manu comprehendit, ac flenti matri
uiuentem reddidit, atque iter quod coeperat peregit. **Petr.** Quidnam hoc esse
dicimus? uirtutem tanti miraculi Honorati egit meritum, an petitio Libertini? 5
Gregor. In ostensione tam admirabilis signi cum fide feminae uirtus conuenit utrorumque; atque ideo Libertinum existimo ista potuisse, quia plus didicerat de
magistri, quam de sua uirtute confidere. Cuius enim caligulam in pectore exstincti corpusculi posuit, eius nimirum animam obtinere quod petebat aestimauit.
Nam Elissaeus quoque magistri pallium ferens, atque ad Iordanem ueniens, per- 10
cussit semel, et aquas minime deuisit. Sed cum repente diceret: *Vbi est Deus
Eliae etiam nunc?* percussit fluuium magistri pallio, ac iter inter aquas
fecit. Perpendis, Petre, quantum in exhibendis uirtutibus humilitas ualet?
Tunc exhibere magistri uirtutem potuit, quando magistri nomen ad memoriam
reduxit. Quia enim ad humilitatem sub magistro rediit, quod magister fecerat et 15
ipse fecit. **Petr.** Libet quod dicis; sed, quaeso te, estne aliquid aliud quod adhuc
de ipso ad nostram aedificationem narres? **Gregor.** Est plane, sed si sit qui uelit
imitari. Ego enim uirtutem patientiae signis et miraculis maiorem credo. Quadam namque die is qui post uenerabilis Honorati exitum monasterii regimen tene-

corocement encontre cest meisme honorable Libertin, ensi ke il lo ferit
de ses mains. Et par tant ke il ne trouat pas la uerge dont il poist
ferir, il priat un escamel de dessoz les piez, se li ferit son chief et sa
face, et si rendit tot lo uiaire de celui enfleit et sanglent. Li queix cant
5 il fut feruz forment, a son propre lit s'en ralat taisanz. Mais en l'altre
ior astoit por la utiliteit del mostier uns plaiz establiz. Gieres cant
paremplies furent les hymnes matineiles, dunkes uint Libertins al lit del
abeit, si proiat a soi l'orison humlement. Et li abes sachanz en combien
il astoit honoreiz de trestoz, et combien ameiz, por lo tort cui il auoit
10 fait a lui, lo quidat noloir soi departir del monstier, et si demandat a
lui disanz: V uues tu aleir? A cui respondit icil: Pere, li cause de
l'abie est establie, cui ie ne puis pas eschiweir, car el ior d'ier promis
ge moi ui cest ior deuoir aleir la u ge uuilh aleir. Dunkes icil del funs
de son cuer esgardanz sa aspreteit et sa durteit, la humiliteit et la
15 suableteit de Libertin, sailhit ius de son lit, les piez de Libertin tint, soi
auoir pechiet, soi estre culpable tesmoniat, ke il a si grant et a iteil
baron si crueile laidenge faire [62ᵛ] presumat. Mais la encontre Libertins soi ius esternanz en terre et abaissiez a ses piez disoit ce estre de
sa culpe, nient auoir esteit de la crue(l)teit del abeit ce ke il auoit
20 soffert. Et ensi fut fait, ke li peires fut parmeneiz a grande suableteit,
et ke la humiliteiz del disciple fut faite maistre del maistre. Et quant
il por la utiliteit del monstier fut eissuz al establissement del plait, dunkes
pluisor baron conut et noble ki toz tens mult l'onoreuent, forment soi
meruilhieuent, si demandoient sonionsement, ke ce astoit, ke il auoit la
25 face si enflant et si sanglente. A(s) queix disoit icil: Hier al soir, por

bat, contra eundem uenerabilem Libertinum graui iracundia exarsit, ita ut eum
manibus caederet. Et quia uirgam qua eum ferire posset, minime inuenit, com-
prehenso scabello suppedaneo, ei caput ac faciem tutudit, totumque illius uultum
tumentem ac liuidum reddidit: qui uehementer caesus, ad stratum proprium
5 tacitus recessit. Die uero altera erat pro utilitate monasterii causa constituta.
Expletis igitur hymnis matutinalibus, Libertinus ad lectum abbatis uenit, orationem sibi humiliter petiit. Sciens uero ille quantum a cunctis honoraretur, quantumque diligeretur, pro iniuria quam ei ingesserat, recedere eum a monasterio
uelle putabat, atque requisiuit dicens: Vbi uis ire? Cui ille respondit: Mo-
10 nasterii causa constituta est, Pater, quam declinare nequeo, quia hesterno die me
hodia iturum promisi, illuc ire disposui. Tunc ille a fundo cordis considerans
asperitatem et duritiam suam, humilitatem ac mansuetudinem Libertini, ex lecto
prosiliit, pedes Libertini tenuit, se peccasse, seque reum esse testatus est, qui
tanto talique uiro tam crudelem facere contumeliam praesumpsisset. At contra
15 Libertinus sese in terram prosternens, eiusque pedibus prouolutus, suae culpae,
non illius saeuitiae fuisse referebat quod pertulerat. Sicque actum est ut ad
magnam mansuetudinem perduceretur pater, et humilitas discipuli magistra fieret
magistri. Cumque pro utilitate monasterii ad constitutionem causae egressus
fuisset, multi uiri noti ac nobiles qui eum ualde honorabant, uehementer admirati,

mea pechiez ki ce faisoient, moi hortoi a un escamel de dessoz les piez, et si soffri ceste chose. Et ensi li sainz hom gardanz en son piz l'onor de la ueriteit et de son maistre, n'acusat pas lo uisce del pere de l'able, et si ne corrut pas en pechiet de falseteit. **Pirres.** Quides tu icils honorables beirs Libertins, de cui tu as raconteit tant pluisors signes et miracles, en si ample congregation ne laissat il en uertus ses ensiwors? **Gregoires.** Feliz ki astoit apeleiz Corbeas, cui tu meismes bien conus, ki nouelement fut prouoz de cele meisme abie, il racontat a moi des freres de cel meisme monstier pluisors choses ki mult font a meruilhier. Des queiz ge tais alcunes choses ki uinent a nostre memoire, car ge moi haste a altres. Mais une chose dirai, la queile de Feliz racontoie ge quide k'en nule maniere la doiuet l'om trespasseir.

III. Del moine cortelier.

En cele meisme abie astoit uns moines corteliers de grande uie. Et li lerres auoit aconstumeit uenir et par la soif monteir, et repunsement les iotes en uoies porteir. Et quant icil planteuet mult de iotes et moins en trouoit, et les altres defoleies, les altres regardeuet tolues, il alanz enuiron tot lo cortil, trouat la uoie dont li lerres auoit acconstumeit uenir. Li queiz alanz par cel meisme cortil, trouat meismes un serpent. A cui il comandat, si dist: Siu moi! Et il [68ʳ] paruenans a l'entreie del larron, comandat al serpent disanz: Ge comande a toi el nom Ihesu, ke tu gardes ceste entreie, et si ne soffre pas za entreir lo larron. Enhelement li serpens soi estendit en la uoie tot en trauers, et li moines repairat a sa cele. Et quant al tens de miedi tot li frere reposerent,

sollicite requirebant quidnam hoc esset, quod tam tumentem ac liuidam haberet faciem. Quibus ille dicebat: Hesterno die sero, peccatis meis facientibus, in scabello suppedaneo impegi, atque hoc pertuli. Sicque uir sanctus seruans in pectore honorem ueritatis et magistri, nec patris prodebat uitium, nec falsitatis incurrebat peccatum. **Petr.** Putasne uir iste uenerabilis Libertinus, de quo tot signa et miracula retulisti, in tam ampla congregatione imitatores suos in uirtutibus non reliquit?

III. De hortulano monacho monasterii eiusdem.

Gregor. Felix qui appellatur Coruus, quem ipse bene nosti, qui eiusdem monasterii nuper praepositus fuit, multa mihi de fratribus eiusdem monasterii admiranda narrabat: ex quibus aliqua quae ad memoriam ueniunt supprimo, quia ad alia festino. Sed unum dicam, quod ab eo narratum praetereundum nullo modo aestimo. In eodem monasterio quidam magnae uitae monachus erat hortulanus. Fur uero uenire consueuerat, per saepem ascendere, et occulte olera auferre. Cumque ille multa plantaret, quae minus inueniret, et alia pedibus conculcata, alia direpta conspiceret; totum hortum circumiens, inuenit iter unde fur uenire consueuerat. Qui in eodem horto deambulans, reperit etiam serpentem, cui praecipiens dixit: Sequere me; atque ad aditum furis perueniens, imperauit serpenti, dicens: In nomine Iesu praecipio tibi ut aditum istum custodias, ac furem huc ingredi non permittas. Protinus serpens totum se in itinere

dunkes uint li lerres solunc la constume cui il soloit, si montat la soif,
et quant il mettoit lo piet el cortil, si uit sodainement, ke li serpens
tenduz auoit la uoie close. Et il espouriz derriere soi meisme chait, et
ses piez aerst par lo chalcement en une stache de la soif, et ensi pendit
ius lo chief iuskes a tant ke li corteliers repairat. A hore aconstumeie
uint li corteliers, si trouat lo larron en la soif pendant. Et al serpent
dist il: Ge fai grasces a deu, tu as aemplit ce ke ie toi comandai; or
t'en reua. Li queiz s'en alat en ellepas. Et il paruint al larron, si
dist: Ke est ce, freres? Deus toi at doneit a moi. Por coi presumas
tu tantes foiz faire larrecin el labor des moines? Et il ces choses
disanz, lo piet de celui deliurat de la soif en cui cil aherdoit, si lo mist
ius senz blezure. Dunkes dist a lui: Siu moi. Lo quell soi siwant
menat a l'entreie del cortil, et les iotes cui cil desiroit par larrecin en
uoies porteir, donat a lui od grande dulzor disanz: Va t'en, et ci apres
ne faces mie larrecin; mais cant tu as mestier, dunkes entre za a moi, et
les iotes cui tu trauilhoies a pechiet tolir, ge les donrai a toi deuotement. **Pirres.** Alsi com ge troue, ioskes a or en pardons quidieue ie en
Lumbardie nient auoir esteit peires ki signes feissent. **Gregoires.** Ge ai
apris par lo racontement del honorable homme Fortuneit l'abeit del
monstier ki est apeleiz li bains de Ciceron, et encor d'altres honorables
hommes ce ke ie or raconterai.

IIII. Del abeit Equice.

Li saintismes hom Equices par nom, es parties de la contreie
Valeire, par lo merite de sa uie ahier tres toz ilokes astoit euz de grand

in transuersum tetendit, et ad cellam monachos rediit. Cumque meridiano tempore
cuncti fratres quiescerent, more solito fur aduenit, ascendit saepem; et cum in
hortum pedem deponeret, uidit subito quia tensus serpens clausisset uiam; et
tremefactus post semetipsum concidit, eiusque pes per calceamentum in sude
saepis inhaesit, sicque usque dum hortulanus rediret, deorsum capite pependit.
Consueta hora uenit hortulanus, pendentem in saepe furem reperit, serpenti autem
dixit: Gratias Deo, implesti quod iussi; recede modo. Qui statim abscessit. Ad
furem uero perueniens, ait: Quid est, frater? Tradidit te mihi Deus. Quare in
labore monachorum furtum toties facere praesumpsisti? Et haec dicens, pedem
illius a saepe in qua inhaeserat, soluit, cumque sine laesione deposuit. Cui dixit:
Sequere me. Quem sequentem duxit ad horti aditum, et olera quae furto appetebat auferre, ei cum magna dulcedine praebuit, dicens: Vade, et post haec furtum
non facias; sed cum necesse habes, huc ad me ingredere, et quae tu cum peccato
laboras tollere, ego tibi deuotus dabo. **Petr.** Nunc usque, ut inuenio, incassum ego
non fuisse patres in Italia qui signa facerent aestimabam.

IIII. De Equitio abbate prouinciae Valeriae.

Gregor. Fortunati uiri uenerabilis abbatis monasterii quod appellatur Balneum
Ciceronis, aliorumque etiam uirorum uenerabilium didici relatione quod narro.
Vir sanctissimus Equitius nomine, in Valeriae prouinciae partibus, pro uitae

ammiration, a cui cils meismes Fortu-[63ᵛ]neiz fut conus princielement.
Li queiz Equices n'est pas merueilhe por la graudece de sa sainteit estiut
peres de pluisors abies en cele meisme contreie. Cestui quant el tens
de sa iuuente par aegre bataille lasseuent li eschalfement de la char,
si lo fisent les angoisses de sa temptation estre plus ententiu al estuide 5
d'orison. Et quant il en ceste chose par continueies proieres queroit
aiue de deu ki est tot poissanz, par une nuit uit il soi estre castreit d'un
angele ki esteuet deuant lui. Et ce apparut a sa uision, ke li angeles
tot lo mouement trenzat ius de ses engenranz menbres. Et des icel tens
estiut il ensi estranges de temptation, alsi com il n'eust pas de sex nature 10
en son cors. De la queile uertut il estisanz fi[l]z par l'aiue del tot
poissant deu, alsi com il anzois astoit dessoure les hommes, ensi comenzat
en apres alsiment (estre) dessoure les femmes. Et nekedent ne cessoit
il de somunre ses disciples, ke il par son exemple ne creissent a soi
legierement en ceste chose, et il ki deuoient chaoir, ne temptassent lo 15
don cui il n'auoie(nt) mie pris. Mais en icel tens quant li enchanteor en
icest Romain borc furent depris, Basiles ki es oeures des enchanteors fut
promerains, il requist Valeire en habit de moine fuia(n)z. Li queiz s'en
alans al tres redotable homme Castorium, ki astoit eueskes de la citeit
d'Amiternine, proiat lui ke il soi donast al abeit Equice, si lo comandast 20
a l'abie de celui por guarir. Dunkes uint li ueskes a l'abie, si amenat
auoc soi lo moine Basile, et si proiat lo seriant deu Equice, ke il cel
meisme moine receueroit en la congregation. Lo queil esgardat manes li
sains hom et si dist: Cestui cui tu moi comandes, pere, ie ne uoi pas
estre moine, mais un diable. A cui respondit icil: Tu quiers occasion, 25

suae merito apud omnes illic magnae admirationis habebatur, cui Fortunatus
idem familiariter notus fuit. Qui nimirum Equitius pro suae magnitudine
sanctitatis multorum in eadem prouincia monasteriorum pater exstitit. Hunc
cum iuuentutis suae tempore acri certamine carnis incentiua fatigarent, ipsae
suae tentationis angustiae ad orationis studium solertiorem fecerunt. Cumque 5
hac in re ab omnipotenti Deo remedium continuis precibus quaereret, nocte
quadam assistente angelo eunuchizari se uidit, eiusque uisioni apparuit, quod
omnem motum ex genitalibus eius membris abscideret; atque ex eo tempore ita
alienus exstitit a tentatione, ac si sexum non haberet in corpore. Qua uirtute
fretus ex omnipotentis Dei auxilio, ut uiris ante praeerat, ita coepit postmodum 10
etiam feminis praeesse; nec tamen discipulos suos admonere cessabat, ne se eius
exemplo in hac re facile crederent, et casuri tentarent donum quod non accepis-
sent. Eo autem tempore quo malefici in hac sunt Romana urbe deprehensi,
Basilius, qui in magicis operibus primus fuit, in monachico habitu Valeriam
fugiens petiit. Qui ad uirum reuerentissimum Castorium Amiterninae ciuitatis 15
episcopum pergens, petiit ab eo ut eum Equitio abbati committeret, ac sanandum
monasterio illius commendaret. Tunc ad monasterium uenit episcopus, secumque
Basilium monachum deduxit, et Equitium Dei famulum rogauit, ut eundem
monachum in congregationem susciperet. Quem statim uir sanctus intuens, ait:

par ke tu ne doiues presteir a moi ce ke ie toi proi. A cui manes
dist li serianz de deu: Ge certes denunce celui estre ce ke ie uoi,
nekedent par ke tu ne quides moi nient uoloir obeir a toi, [64ʳ] ge
ferai ce ke tu comandes. Gieres fut il receuz en l'abie. [Quant] nient
5 apres pluisors iors cil meismes serianz de deu s'en alat fors un poi long
de la cele, por enhorteir los feoz az sourains desiers. Li queiz cant il
s'en fut aleiz, si auint chose k'el mostier des uirgenes en cui la cure de
cel meisme peire ueilhieuet, une d'eles ki solunc la purreture de ceste
char sembleuet estre bele, comenzat a fleurier et deuenir forment angois-
10 souse, et de granz nient ia de uoiz, mais de straindors a crieir: Or
endroit morrai, se Basiles li moines ne uient, et il par l'estude de sa
guarison rendet a moi la salut. Mais quant li si granz peires ne fut pas
presenz, si n'oseuet alcuns des moines uenir en l'assembleie des uirgines,
en combien icil ki noueaz estoit uenuz, et cui uie li assembleie des freres
15 encor ne conissoit mie! Dunkes fut enhelement enuoiet et al seriant
de deu Equice nunciet, ke cele nonains astoit eschalfeie de grandes
fieures, si demandoit angoissousement lo uisitement del moine Basile.
Quant ce ot oit li sainz hom, si rist en desdeniant et si dist: Ne dis
ge dunkes ke ciz fust diables et nient moines? Aleiz, si lo boteiz fors
20 de la cele. Et de l'ancele deu ki est destrainte de l'angoisse des fieures
ne soiez pas sonious, car des iceste hore n'aurat ele pas trauail des
fieures, et si ne querrat pas Basile. Li moines s'en ralat, et en icele
hore conut la uirgene de deu estre restablie a salut, en cui cele meisme
salut de celei li serianz deu Equitius la dist lonz poseiz; loist a sauoir

Hunc quem mihi commendas, pater, ego non uideo monachum esse, sed diabolum.
Cui ille respondit: Occasionem quaeris ne debeas praestare quod peto. Ad quem
mox Dei famulus dixit: Ego quidem hoc eum esse denuntio, quod uideo; ne
tamen nolle me obedire existimes, facio quod iubes. Susceptus itaque in mo-
5 nasterio est. Non post multos dies idem Dei famulus pro exhortandis ad desideria superna fidelibus paulo longius a cella digressus est. Quo discedente contigit
ut in monasterio uirginum, in quo eiusdem patris cura uigilabat, una earum quae
iuxta carnis huius putredinem speciosa uidebatur, febricitare inciperet, et uehementer anxiari, magnisque iam non uocibus, sed stridoribus clamare: Modo mori-
10 tura sum, nisi Basilius monachus ueniat, et ipse mihi per suae curationis studium
salutem reddat. Sed in tanti Patris absentia accedere quisquam monachorum in
congregationem uirginum non audebat; quanto minus ille qui nouus aduenerat,
cuiusque adhuc uitam congregatio fratrum nesciebat. Missum repente est, et Dei
famulo Equitio nuntiatum, quod sanctimonialis illa immensis febribus aestuaret,
15 et Basilii monachi uisitationem anxie quaereret. Quo audito uir sanctus dedi-
gnando subrisit atque ait: Numquid non dixi quod diabolus esset iste, non monachus? Ite et eum de cella expellite. De ancilla autem Dei, quae anxietate
febrium urgetur, nolite esse solliciti, quia ex hac hora neque febribus laboratura
est, neque Basilium quaesitura. Regressus est autem monachus, et ea hora saluti
20 restitutam Dei uirginem agnouit, qua eandem salutem illius Dei famulus Equitius

en la uertut del miracle tenanz l'exemple del maistre, ki enuieiz al filh del roi par sa soule parole lo restablit a salut, ke li peires retornanz en cele meisme hore conut son filh estre restoreit a uie, en cui il oit la uie de celui de la boche de ueriteit. Dunkes tot li moine emplirent lo comant de lur pere, et cel Basile boterent fors de la manandise del monstier. Li queiz boteiz fors del monstier dist ke il souentes foiz par ars enchanteresses [64ᵛ] auoit la cele Equice sorleueit en air, et nekedent ne pot il nului de la cele malmettre. Li queiz Basiles nient apres long tens en icest Romain borc fut ars de fou, quant li desiers del crestien pople fut eschalfeiz.

De l'ancele deu ki morst la laitue. Mais une ancele de deu de cel meisme monstier des uirgenes entrat el cortil. La queile uit une laitue, si la conuoitat et ele l'obliat a benir, si morst celei conuoitousement. Mais ele porprise del diable chait isnelement. Et quant ele astoit tormenteie, dunkes fut ceste chose isnelement nuncie a cel meisme pere Equice ke il uenist tost, se la defendist en orant. Icil corut. Et manes ke cil peres entrat la porte del monstier, si comenzat il meismes li diables ki celei auoit prise parmei la boche de celei alsi com asseiz faisanz crieir disanz: Ge ke fis? ge ke fis? Ge me sis sor la laitue, ele uint et si me morst. A cui comandat li hom deu a grant airement ke il s'en alast, et si n'eust liu en l'ancele de deu ki est tot poissans.

Mais uns hom, Felix par nom, nobles de la contreie Nursie, li peres de cest Castoire, ki or ensemble nos demoret en cest borc de Romme, quant il uit cest meisme honorable homme Equice nient auoir lo saint

longe positus dixit; in uirtute scilicet miraculi exemplum tenens magistri, qui inuitatus ad filium reguli, eum solo uerbo restituit saluti, ut reuertens pater ea hora filium restitutum uitae cognosceret, qua uitam illius ex ore ueritatis audisset. Omnes autem monachi iussionem patris sui implentes, eundem Basilium ex monasterii habitatione repulerunt. Qui repulsus dixit frequenter se cellulam Equitii magicis artibus in aera suspendisse, nec tamen eius quempiam laedere potuisse. Qui non post longum tempus, in hac Romana urbe, exardescente zelo christiani populi, igne crematus est. [Quadam uero die] una Dei famula ex eodem monasterio uirginum hortum ingressa est: quae lactucam conspiciens concupiuit, eamque signo crucis benedicere oblita, auide momordit; sed arrepta a diabolo protinus cecidit. Cumque uexaretur, eidem patri Equitio sub celeritate nuntiatum est, ut ueniret concitus, et orando protegeret... Moxque portam idem pater ut ingressus est, coepit ex eius ore quasi satisfaciens ipse qui hanc arripuerat diabolus clamare dicens: Ego quid feci? ego quid feci? Sedebam mihi super lactucam; uenit illa, et momordit me. Cui cum graui indignatione uir Dei praecepit ut discederet, et locum in omnipotentis Dei famula non haberet. [Qui protinus abscessit, nec eam ultra contingere praeualuit.]

Quidam uero, Felix nomine, Nursiae prouinciae nobilis, pater huius Castorii qui nunc nobiscum in Romana urbe demoratur, cum eundem uenerabilem uirum Equitium sacrum ordinem non habere conspiceret, et per singula loca discurrere

ordene, et par cascuns lius discurre et studiousement preechier, en un ior
alat a lui por l'osement de priuance disanz: Tu qui n'as pas ordene et
ki n'as pas pris conglet de preechement del Romain eueske, dessoz cui tu
uis, coment oses tu preechier? Par la queile demandise de celui li sainz
5 hom destrainz enseniat coment il prist lo congiet de son preechement
disanz: Les choses, cui tu paroles a moi, ge meismes les pense auoc moi
altressi. Mais par une nuit uns bealz iouenceaz par uision estiut deuant
moi, et si mist en ma lengue un ferement de medicine, ce est un flieme
disanz: Elleuos ge ai mis mes paroles en ta boche, eis fors por preechier.
10 Et des icel ior meismes quant ge uuelh, ne pois ge pas de deu taisir.
Pirres. Ge uolroie l'oeure de cest peire auoc conoistre, [65ʳ] ki est diz teiles
dones auoir pris. **Gregoires.** Pirres, l'oeure est del don, nient li dons de
l'oeure. Se ce non, la grasce ia n'est pas grasce. Quar li don deuan-
cissent tote oeure, ia soit ce ke de l(a) siwant oeure meisme li don auoc
15 croissent. Nekedent ke tu ne soies boisiez de la conissance de sa uie, li
tres redotables hom Albins, li ueskes de la glise Reatine, il conut bien
cestui, et encor niuent li pluisor ki conoistre lo pourent. Mais por coi
demandes plus d'oeure, quant la netteiz de sa uie concordat al estuide
de son preechement? Car si granz desiers por assembleir anrmes a deu
20 auoit celui espris, ke il ensi fut dessoure az abies, ke il eorut par glises,
par chasteaz, par uiles et par les maisons des cascuns feoz, et les cuers
des ascutanz encitat al amor del celeste pais. Et il astoit mult uilz en
uestures et ensi despitiez, ke se alcuns par auenture nel conust mie, si
de lui fust salueiz, et resalueir lo despitast. Et quantes foies il aleuet a

atque studiose praedicare, eum quadam die familiaritatis ausu adiit dicens: Qui
sacrum ordinem non habes, atque a Romano pontifice sub quo degis praedicationis
licentiam non accepisti, praedicare quomodo praesumis? Qua eius inquisitione
compulsus uir sanctus indicauit praedicationis licentiam qualiter accepit, dicens:
5 Ea quae mihi loqueris ego quoque mecum ipse pertracto. Sed quadam nocte
speciosus mihi per uisionem iuuenis adstitit, atque in lingua mea medicinale ferramentum, id est phlebotomum posuit, dicens: Ecce posui uerba mea in ore tuo;
egredere ad praedicandum. Atque ex illo die etiam cum uoluero, de Deo tacere
non possum. **Petr.** Vellem etiam patris huius opus agnoscere, qui fertur talia
10 dona percepisse. **Gregor.** Opus, Petre, ex dono est, non donum ex opere, alioquin
gratia iam non est gratia. Omne quippe opus dona praeueniunt, quamuis ex
subsequenti opere ipsa etiam dona succrescunt; ne tamen uitae eius cognitione
frauderis, bene hunc reuerentissimus uir Albinus Reatinae antistes Ecclesiae
cognouit, et adhuc supersunt multi qui scire potuerunt. Sed quid plus quaeris
15 operis, quando concordabat uitae munditia cum studio praedicationis? Tantus
quippe illum feruor ad colligendas Deo animas accenderat, ut sic monasteriis
praeesset, quatenus per ecclesias, per castra, per uicos, per singulorum quoque
fidelium domos circumquaque discurreret et corda audientium ad amorem patriae
caelestis excitaret. Erat uero ualde uilis in uestibus atque ita despectus, ut si
20 quis illum fortasse nesciret, salutatus etiam resalutare despiceret, et quoties alia

altres lius, si auoit il aconstumeit a seoir sor cel iument ki poist estre
trouciz en la cele plus despitables de toz les iumenz. El queil iument il
usoit essiment d'un cheuestre por frain et d'unes pealz de moltons por
la sele. Par soi meismes portoit il les sainz liures el destre leiz et el
senestre mis en sacheaz de cuir, et u ke il unkes uenist, si aouroit il la 5
fontaine des escritures et si arosouet les preiz des penses. La fame altresi
del preechement de cestui paruint a la conissance de(l) borc de Romme; et
alsi com est la lengue des losengeors enbrachant ochisanz lo coraige de
son ascolteor, en icel tens li clerc de cest sege apostolal en loseniant al
apostoile soi. plainssent disant: Ki est cis hom uilains, ki a soi rauit 10
l'auctoriteit de preechement, et l'office de nostre sanior l'apostoile a soi
meisme saisir nient apris presumet? Gieres soit enuoiez, si ce nos plaist,
ki za celui presentet, par ke il conoisset queis soit li uigors ecclesiauz.
Et alsi com est constume, l'ocupeit corage en pluisors choses, ke adula-
tions mult supprent, se ele n'est del uiz del cuer mult tost ariere boteie, 15
por [65ᵛ] les clers enhortanz li apostoiles i donat consentement, ke il
deuroit estre ameneiz al borc de Romme, et conistroit queile fust la sue
mesure. Nekedent il enuoianz Iulien dunkes defendeor, ki en apres en la
ueschiet fut dessoure la glise Sabinense, ce comandat, ke il l'amenast a
grand honor, et ke li sers deu nient ne sentist de tort por cele con- 20
uention. Li queix Iuliens de cele chose tost uoilhanz obeir as desiers
des clers, hastinement corut al monstier d'Equice, et la trouat lui defail-
hant les antiquaires escrisanz, si demandat u li abes astoit. Et cil dissent:
En iceste ual ki gist dessoz l'abie soiet il fain. Et icil Iuliens auoit un

tendebat ad loca, iumentum sedere consueuerat, quod despicabilius omnibus
iumentis in cella potuisset reperiri; in quo etiam capistro pro freno, et ueruecum
pellibus pro sella utebatur. Per semet ipsum sacros codices in pelliceis sacculis
missos dextro laeuoque portabat latere, et quocumque peruenisset, scripturarum
aperiebat fontem, et rigabat prata mentium. Huius quoque opinio praedicationis 5
ad Romanae urbis notitiam peruenit; atque (ut est lingua adulantium auditoris
sui animam amplectendo necans), eodem tempore clerici huius apostolicae sedis
antistiti adulando questi sunt dicentes: Quis est iste uir rusticus, qui auctoritatem
sibi praedicationis arripuit, et officium apostolici nostri domini sibimet indoctus
usurpare praesumit? Mittatur ergo, si placet, qui huc eum exhibeat, ut quis sit 10
ecclesiasticus uigor agnoscat. Sicut autem moris est ut occupato in multis animo
adulatio ualde subrepat, si ab ipso cordis ostio nequaquam fuerit citius repulsa,
suadentibus se clericis consensum pontifex praebuit, ut ad Romanam urbem
deduci debuisset, et quaenam sua esset mensura cognosceret. Iulianum tamen
tunc defensorem mittens, qui Sabinensi ecclesiae postmodum in episcopatu prae- 15
fuit, hoc praecepit, ut magno cum honore eum deduceret, nec quidquam Dei
famulus ex conuentione eadem iniuriae sentiret. Qui parere de eo clericorum
uotis concitus uolens, festine ad eius monasterium cucurrit, ibique absente illo
antiquarios scribentes repperit, ubi abbas esset inquisiuit. Qui dixerunt: In ualle
hac quae monasterio subiacet, faenum secat. Idem uero Iulianus superbum ualde 20

seriant molt orgailhous et enfleit, a cui il meismes a poines pout estre
sires. Gieres il enuoiat cestui, par ke il l'amenroit isnelement a soi. Li
serianz s'en alat, et par enfleit espir enhelement lo preit entrat. Et quant
il les uit tres toz iloc fain soianz, si demandat li queiz astoit Equices. Et
manes cant il ot oit li queiz ce astoit, si lo regardat encor lonz estisanz,
et il depris de grande cremor, comenzat a defalir por lo cremor, et soi
meisme par crollant alement a poines pooir porteir. Li queiz serianz
tremblanz paruint al homme de deu, et en ses braces les genoz de celui
humlement debaisanz les estrainst, se li nunzat son sanior auoir corut
encontre lui. A cui comandat li serianz de deu, quant il l'ot resalueit,
disanz: Prent uerd fain, porte pasture az iumenz sor cui uos uenistes.
Elleuos ie toi siurai, quant ge aurai l'oeure emplie, car un poi i remaint.
Mais icil Iuliens li defenderes ki astoit enuoiez, il soi merueilhieuet durement queiz chose ce astoit ke ses serianz demoreuet a repairier: quant
elleuos il uoit retornaṇt son seriant, en son col foin del preit aportant.
Li queiz Iuliens forment corrociez, comenzat a crieir disanz: Ke est ce?
Ge toi enuoiai por ameneir l'omme, nient por foin porteir. A cui respondit
li serianz: Cil cui tu demandes, elleuos il siut ci apres. Dunkes elleuos
li hom de deu chalciez d'unes chalces fereies uenoit aportanz une faz
faine-[66ʳ]rece sor son col. Lo queil encor lonz estisant li serianz
enseniat a son sanior, ke ce astoit icil cui il queroit. Mais il meismes
Iuliens isnelement quant il ot ueut lo deu seriant, si lo despitat por son
habit, et si porpenseuet par enfleie pense, coment il aparleir lo deuoit.
Mais manes quant li sers de deu fut pres, si enuait lo corage de cel
meisme Iulien nient soffrables paors ensi ke il tremblat, et ke sa lengue

atque contumacem puerum habuit, cui uix poterat uel ipse dominari. Hunc ergo
misit, ut ipsum ad se sub celeritate perduceret. Perrexit puer, et proteruo
spiritu pratum uelociter ingressus, omnesque illic intuens faenum secantes, requisiuit quisnam esset Equitius. Moxque ut audiuit quis esset, eum adhuc longe
positus aspexit, et immenso timore correptus coepit tremere, lassescere, seque
ipsum nutanti gressu uix posse portare. Qui tremens ad Dei hominem peruenit,
atque ulnis humiliter eius genua deosculans strinxit, suumque dominum ei occur-
risse nuntiauit. Cui resalutato Dei famulus praecepit dicens: Leua faenum uiride,
porta pabulum iumentis in quibus uenistis; ecce ego, quia parum superest, opere
expleto te subsequor. Is autem qui missus fuerat, Iulianus defensor mirabatur
ualde quidnam esset quod redire moraretur puer: cum ecce reuertentem puerum
conspicit, atque in collo faenum ex prato deferentem; qui uehementer iratus coepit
clamare dicens: Quid est hoc? Ego te misi hominem deducere, non faenum portare. Cui puer respondit: Quem quaeris, ecce subsequitur. Tum ecce uir Dei,
clauatis calceatus caligis, falcem faenariam in collo deferens, ueniebat; quem adhuc longe positum puer suo domino quia ipse esset quem quaereret indicauit.
Idem uero Iulianus repente ut uidit Dei famulum, ex ipso habitu despexit, eumque qualiter deberet alloqui proterua mente praeparabat. Mox uero ut seruus
Dei comminus adfuit, eiusdem Iuliani animum intolerabilis pauor inuasit, ita ut

a poines pot suffire a parleir cele chose por cui il uenuz astoit. Li queiz
cant ses espirs fut humiliez, manes corut az genoz d'Equice, et proiat ke
l'om por soi fesist orisons, et si enseniat ke ses peres li apostolauz
eueskes lo uoloit ueoir. Dunkes comenzat li honorables Equices grandes
grasces rendre al tot poissant deu, affermanz ke la souraine grasce l'auoit 5
uisiteit parmi lo sourain eueske. Ellepas apelat les freres, si comandat
en cele meisme hore ke l'om appareilhast les iumenz, et si comenzat son
messagier mult forment angoissier, ke il manes deussent eissir. A cui
dist Iuliens: Ce ne puet estre fait en nule maniere, car ge lasseiz de la
uoie hui cest ior non puis pas eissir. Dunkes respondit icil: Filz, tu moi 10
fais dolant, car se nos n'eissons hui cest ior, ia demain n'eisserons nos
mie. Gieres li serianz de deu destrainz del lassement de son messagier,
demorat cele meisme nuit en son monstier. Et elleuos el siwant ior
dessuz meisme l'albe del ior, uint uns serianz a Iulien auoc une epistele
a un cheual forment lasseit de curs, en la queile epistele a lui fut coman- 15
deit, ke il lo serf de deu n'osast pas atochier u mouoir de son monstier.
Lo queil cant icil demandat, por coi la sentence astoit cangie, il conut
k'en cele meisme nuit en cui il fut enuoiez ilokes messagiers, ke li ueskes
forment fut espawenteiz par uision, por coi il presumat enuoier por pre-
senteir a soi l'omme de deu. Li queiz Iuliens isnelement soi leuat sus, 20
si soi comandat az orisons del honorable homme, et si dist: Nostre peres
rouet, ke uos ne doiuiez estre lasseiz. Et quant ce ot oit li ser-[66ᵛ]ianz
de deu, il fut contristeiz et si dist: Nel dis ge dunkes el ior d'ier, ke se
nos n'alons manes, ke ia (ne) nos loiroit pas aleir? Dunkes por l'exibi-
tion de cariteit retint il son executor ke ke soit en la cele, et si donat 25

tremeret atque ad insinuandum hoc ipsum* quod uenerat, uix sufficere lingua potuisset. Qui humiliato mox spiritu ad eius genua cucurrit, orationem pro se fieri
petiit, et quia pater eius apostolicus pontifex eum uidere uellet indicauit. Vir
autem uenerandus Equitius coepit immensas gratias omnipotenti Deo agere, asse-
rens quod se per summum pontificem gratia superna uisitasset. Illico uocauit 5
fratres, praecepit hora eadem iumenta praeparari, atque exsecutorem suum coepit
uehementer urgere ut statim exire debuissent. Cui Iulianus ait: Hoc fieri nullatenus potest, quia lassatus ex itinere hodie non ualeo exire. Tunc ille respondit:
Contristas me, fili, quia si hodierna die non egredimur, iam crastina non exibimus.
Dei itaque famulus exsecutoris sui lassitudine coactus in monasterio suo eadem 10
nocte demoratus est. Cum ecce sequenti die sub ipso lucis crepusculo uehementer
equo in cursu fatigato ad Iulianum puer cum epistola peruenit, in qua praeceptum
est ei ne seruum Dei contingere uel mouere de monasterio auderet. Quem cum
ille requireret cur sententia esset mutata, cognouit, quia nocte eadem, in qua ipse
exsecutor illuc missus est, per uisum pontifex fuerat uehementer exterritus, cur 15
ad exhibendum Dei hominem mittere praesumpsisset. Qui protinus surrexit,
seque uenerandi uiri commendans orationibus, ait: Rogat pater noster ne fatigari
debeatis. Cumque hoc Dei famulus audisset, contristatus ait: Nunquid non die
hesterno dixi tibi, quia si statim non pergeremus, iam pergere minime liceret?

a lui destraint et reluitant l'aise de son trauail. Gieres conois, Pieres, en
com grande garde de deu cil sont, ki en ceste uie soi meismes seuent despitier;
auoc queiz citains deuenz en honor cil sont conteit, ki n'ont pas de honte
par defors estre despitiet az hommes; quar ci encontre gisent il es oez de
5 deu, cil ki ahier les siens et ahier les oez des proimes sont enfleit par lo
desier de uaine gloire. De ce est ke la ueriteiz dist az alcanz: Vos estes ki
iustifiez uos meismes deuant les hommes, mais deus conoist uoz
cuers. Quar ce ke az hommes est halte chose, ce est escom-
mengie chose deuant deu. **Pirres.** Molt m'esmerueilh, ke d'un teil
10 homme losenge pot soprendre si grant eueske. **Gregoires.** Por coi toi
merueilhes tu, Pieres, ke nos sumes deceut ki homme sumes? Chait ce
dunkes de ta pense, ke Dauid ki soloit auoir lo spir de prophetie, donat
la sentence contre lo nient culpable filh de Ionathas, quant il oit les
paroles del seriant ki li mentit? La queile chose nekedent par tant
15 k'ele fut faite par Dauid nos la creons estre iuste, alsi com del repuns
iugement de deu; et nekedent ne ueons pas coment ce fust iuste chose
par humaine raison. Gieres est ce merueilhe, se nos par la boche des
mentanz sumes meneit a la fie en altre chose, ki ne sumes pas prophete?
Mais mult est ke la pense d'un alcun eueske deguastet la spessece des
20 cures. Et quant li corages est departiz a pluisors choses, si est faiz
menres a cascunes; et tant est il plus tost sopris en une alcune chose,
en combien en pluisors plus leiement est occupeiz. **Pirres.** Cez choses sunt
mult uraies cui tu dis. **Gregoires.** Ge ne doi pas taisir ce ke ie sai de
cest homme, racontant lo tres redotable Valencinien ki iadiz fut mes abes.
25 Quar il dist, ke li cors de celui cant [67ʳ] il fut enterreiz en l'oratoire

Tunc pro caritatis exhibitione aliquantulum exsecutorem suum in cella detinuit,
eique laboris sui commodum coacto renitentique dedit. Cognosce igitur, Petre, in
quanta Dei custodia sunt qui in hac uita se ipsos despicere nouerunt; cum quibus intus
ciuibus in honore numerantur, qui despecti foris hominibus esse non erubescunt; quia
5 econtra in Dei oculis iacent, qui apud suos et proximorum oculos per inanis gloriae
appetitum tument. Vnde et quibusdam ueritas dicit: *Vos estis qui iustificatis uos*
coram hominibus, Deus autem nouit corda uestra: quia quod hominibus altum est,
abominabile est ante Deum. **Petr.** Miror ualde quod de tali uiro subripi pontifici tanto
potuerit. **Gregor.** Quid miraris, Petre, quia fallimur qui homines sumus? An mente
10 excidit quod Dauid, qui prophetiae spiritum habere consueuerat, contra innocentem
Ionathae filium sententiam dedit, cum uerba pueri mentientis audiuit? Quod tamen
quia per Dauid factum est, et occulto Dei iudicio iustum credimus, et tamen humana
ratione qualiter iustum fuerit, non uidemus. Quid ergo mirum si ore mentientium
aliquando in aliud ducimur, qui prophetae non sumus? Multum uero est quod
15 unius cuiusque praesulis mentem curarum densitas deuastat. Cumque animus
diuiditur ad multa, fit minor ad singula: tantoque ei in una qualibet re subripitur,
quando latius in multis occupatur. **Petr.** Vera sunt ualde quae dicis. **Gregor.** Silere
non debeo, quod de hoc uiro abbate quondam meo reuerentissimo* Valentino narrante agnoui. Aiebat namque quia corpus eius dum in beati Laurentii martyris

del bieneurous Laurent lo martre, ke uns uilains mist sor son sepulcre
une arche auoc frument, si n'eut pas cure de penseir et de redoteir com
grans et queix beirs gisoit ilokes. Dunkes uns turbeilhons [sai] faiz del
ciel sodainement, manans totes les choses ki iloc astoient en lur stabiliteit,
portat fors l'arche ki astoit mise dessoure lo sepulcre, si la gettat mult 5
lons, par tant ke tuit conistroient ouertement de com grand merite fust
icil cui cors ilokes gisoit. — Ces choses alsiment cui ge ioing apres sai
ge par lo racontement del ci deuant dit Fortuneit l'onorable baron, ki
par eage, par oeure et par simpliciteit mult plaist a moi. Quant li
Lumbar entrerent en cele meisme contreie de Valeire, dunkes fuirent li 10
moine de l'abie del tres redotable baron Equice en l'oratoire ci deuant dit
a son sepulcre. Et quant li Lumbar forsenant furent entreit en l'oratoire,
dunkes comenc(i)erent il ceaz meismes moines a traire, par ke il les
demanderoient u par tormenz, u ociroient des espeies. Des queiz li uns
gemit et mouz de grief dolor criat: Ei, sainz Equices! plaist ice a toi, ke 15
nos sumes trait, et si ne nos defens mie? A la uoiz del queil enhelement li hors espirs enuait les forsenanz Lumbars. Li queil cheant en
terre si longement furent trauilhiet, des a tant ke ceste chose conurent
encor tot cil Lumbar ki defors astoient, par ke il n'osassent des en auant
lo saint liu uioleir. Et ensi li sainz hom quant il ses disciples defendit, 20
auoc ax pluisors fuianz iloc prestat en apres aiue.

V. De Constance lo costor.

Ge apris par lo racontement d'un mien ueske ce ke ie raconte,
ki ueskit par pluisors ans el borc d'An(chon)e en habit de moine,

oratorio esset humatum, super supulcrum illius rusticus quidam arcam cum frumento posuit, nec quantus qualisque uir illic iaceret, perpendere ac uereri curauit.
Tunc repente turbo caelitus factus, rebus illic omnibus in sua stabilitate manentibus, arcam, quae superposita sepulcro eius fuerat, extulit longeque proiecit, ut
palam cuncti cognoscerent quanti esset meriti is cuius illic corpus iaceret. — Etiam 5
ea quae subiungo, praedicti uenerabilis uiri Fortunati, qui ualde mihi aetate, opere
et simplicitate placet, relatione cognoui. Eandem Valeriae prouinciam Langobardis
intrantibus, ex monasterio reuerentissimi uiri Equitii in praedicto oratorio ad sepulcrum eius monachi fugerunt. Cumque Langobardi saeuientes oratorium intrassent,
coeperunt eosdem monachos foras trahere, ut eos aut per tormenta discuterent 10
aut gladiis necarent. Quorum unus ingemuit atque acri dolore commotus clamauit:
Heu, heu, sancte Equiti, placet tibi quod trahimur, et nos non defendis? Ad cuius
uocem protinus saeuientes Langobardos immundus spiritus inuasit. Qui corruentes
in terram tandiu uexati sunt, quousque hoc cuncti, etiam qui foris erant, Longobardi
cognoscerent, quatenus locum sacrum temerare ulterius non auderent. Sicque uir san- 15
ctus dum discipulos defendit, etiam multis post remedium illuc fugientibus praestitit.

V. De Constantio mansionario ecclesiae sancti Stephani.

Cuiusdam coepiscopi mei didici relatione quod narro: qui in Anconitana
urbe per annos multos in monachico habitu deguit, ibique uitam non mediocriter

et la menat uie nient moienement religiouse. A cui portent tesmoin alsiment li alcant des nostres de plus grand eage, ki sont de ces meismes contreies. Quar deioste cele citeit la glise del bieneurous martre Steuenon est poseie, en cui uns hom d'onorable uie, Constances [67ᵛ] par nom, seruoit tenanz l'office de mansionaire. La fame de cui sainteit a la conissance des hommes long et leit soi estendit, car ciz hom del funz despitanz les terrienes choses, de tot l'efforcement de sa pense ardoit az soules celestienes. Mais en un ior quant en cele meisme glise falit oiles, et li deuant diz serianz del sanior en totes manieres n'auoit mie dont il esprenderoit les lampes, dunkes emplit d'aigue totes les lampes de la glise, et si mist lo ionc en mei solunc sa constume. Les queiles il esprist, quant il auoit aporteit del fou, et li aigue arst ensi es lampes, alsi com ce fust oiles. Gieres pense, Pieres, de cui merite fut ciz hom, ki destrainz par besonge muat la nature del element. **Pirres.** Mult meruilhouse chose est ce ke ie oi; mais ie ualdroie conoistre de queile humiliteit iciz pout estre deuenz alner soi, ki de si grande excellence fut defors. **Gregoires.** Entre les uertuz demandes tu couenablement lo corage, car mult souent est, ke de lur temptation la pense lassent deuenz les merueilhes ki sont faites defors. Mais se tu os une chose de cest honorable Constance cui il fist, si conistras mult tost de queile humiliteit il fut. **Pirres.** Apres ce ke tu as dit teil miracle del fait de celui, or remaint ke tu moi auoc edifies de la humiliteit de sa pense. **Gregoires.** Par tant ke mult fors criut la fame de la sainteit de celui, si auoient soit angoissousement li pluisor de diuerses contreies de lui ueoir. En un ior uint uns uilains d'un lontain liu, por lui ueoir. Et en icele hore auint

religiosam duxit; cui etiam quidam nostri iam prouectioris aetatis, qui ex eisdem sunt partibus, attestantur. Iuxta eam namque ciuitatem ecclesia beati martyris Stephani sita est, in qua uir uitae uenerabilis, Constantius nomine, mansionarii functus officio deseruiebat; cuius sanctitatis opinio sese ad notitiam hominum longe lateque tetenderat, quia idem uir funditus terrena despiciens toto annisu mentis ad sola coelestia flagrabat. Quadam uero die dum in eadem ecclesia oleum deesset, et praedictus Dei famulus unde lampades accenderet omnino non haberet, omnes lampades ecclesiae impleuit aqua, atque ex more in medio papyrum posuit; quas allato igne succendit, sicque aqua arsit in lampadibus ac si oleum fuisset. Perpende igitur, Petre, cuius meriti uir iste fuerit, qui necessitate compulsus elementi naturam mutauit. **Petr.** Mirum est ualde quod audio; sed nosse uellem cuius humilitatis apud se esse intus potuit iste, qui tantae excellentiae foris fuit. **Gregor.** Inter uirtutes animum congrue requiris, quia multum ualde est quod tentatione sua intus mentem lacessunt mira quae foris fiunt. Sed si huius Constantii uenerabilis unum quod fecit audis, cuius humilitatis fuerit, citius agnosces. **Petr.** Postquam facti illius tale miraculum dixisti, superest etiam ut me de humilitate mentis eius aedifices. **Gregor.** Quia ualde opinio sanctitatis eius excreuerat, multi hunc ex diuersis prouinciis anxie uidere sitiebant. Quadam uero die ex longinquo loco ad uidendum eum quidam rusticus uenit. Eadem uero hora casu contigerat, ut sanctus uir stans in ligneis

par auenture ke li sainz hom estanz sor graeas de /ust seruit az lampes
r(a)parelhier. Mais il astoit mult petiz, aianz delie forme et despitie. Et
quant icil ki astoit uenuz por lui ueoir demandeuet li queiz ce fust, et
angoissousement proieuet ke il deust estre mostreiz a soi, icil ki lo conis-
soient mostrerent a lui li queiz ce astoit. Mais alsi com li homme de 5
fole pense mesurent lo merite de le qualiteit del cors, quant il [68ʳ] l'ot
ueut petit et despitiet, dunkes comenzat del tot en tot nient croire ke ce
fust il. Quar en la uilaine pense entre ce ke il auoit oit et ce ke il
ueoit, alsi com une batailhe fut faite, et il aesmeuet lui non pooir estre
si cort par ueue, lo queil il auoit si grant par opinion. Al queil uilain 10
quant d'eaz pluisors fut confermeit ke ce astoit il meismes, dunkes lo
despitat et si lo degabat disanz: Gel crei estre un grant homme, mais
iciz d'omme n'at nule chose. Quant ce ot oi li hom de deu Constantius,
enhelement liez laissat les lampes cui il rapareilhieuet, si corut tost en-
bracier cel meisme uilain, si lo comenzat de mult grant amor a straindre 15
de ses bras et baisier, et a rendre grandes grasces ke il telles choses
auoit iugiet de soi, disanz: Tu souz es, ki les oez euis ouerz en moi.
De la queile chose doit l'om penseir, de queile humiliteit il fut ahier soi,
ki lo uilain soi despitant plus amat. Quar com faiz cascuns ahier soi
meismes atapist, ce proeuent les aporteies laidenges. Quar ensi com li 20
orgailhous des honors, ensi s'esioissent a la foiz li humle de lur despite-
ment. Et cant il uoient soi estre uilz et en estranges cuers, porueo ont
il ioie, car il entendent cest iugement estre confermeit, cui de soi et il
ourent ahier soi meismes. **Pirres.** Alsi com ge conois, ciz hom fut granz
defors en miracles, mais plus granz deuenz en humiliteit. 25

gradibus, reficiendis deseruiret lampadibus. Erat autem pusillus ualde, exili forma
atque despecta. Cumque is qui ad uidendum eum uenerat quisnam esset inquireret, atque obnixe peteret ut sibi debuisset ostendi, hi qui illum nouerant mon-
strarunt quis esset. Sed sicut stultae mentis homines merita ex qualitate corporis
metiuntur, eum paruulum atque despectum uidens, ipsum hunc esse coepit omnino 5
non credere. In mente etenim rustica inter hoc quod audierat et uidebat, quasi
facta fuerat quaedam rixa; et aestimabat tam breuem per uisionem esse non posse,
quem tam ingentem habuerat per opinionem. Cui ipsum esse dum a pluribus fuisset
assertum, despexit et coepit irridere dicens: Ego grandem hominem credidi, iste autem
de homine nihil habet. Quod ut uir Dei Constantius audiuit, lampades quas reficie- 10
bat protinus laetus relinquens concitus descendit, atque in eiusdem rustici amplexum
ruit, eumque ex amore nimio constringere coepit brachiis et osculari, magnasque
gratias agere quod is de se talia iudicasset, dicens: Tu solus in me apertos oculos
habuisti. Qua ex re pensandum est cuius apud se humilitatis fuerit, qui despicien-
tem se rusticum amplius amauit. Qualis enim quisque apud se lateat, contumelia 15
illata probat. Nam sicut superbi honoribus, sic plorumque humiles sua despectione
gloriantur. Cumque se et in alienis oculis uiles aspiciunt, idcirco gaudent, quia hoc
iudicium confirmari intelligunt, quod de se et ipsi apud semetipsos habuerunt. Petr. Vt
agnosco, uir iste magnus foris fuit in miraculis, sed maior intus in humilitate cordis.

VI. De Marcellin lo ueske.

Gregoires. Marcellins alsiment hom d'onorable uie, il fut eueskes de cele meisme glise Anchonitane, cui alement li malz des piez de mult grant dolor auoit contrait, et cil de sa maihnie lo porteuent entre lur
5 mains, se en alcun liu mestiers astoit. Mais en un ior cele meisme citeis Anchonitane fut esprise par la colpe de non caloir. Et quant ele forment ardoit, dunkes corurent il tres tot par ke il lo fou estainderoient. Mais cant il a tenzon gettoient l'aigue, la flamme creissoit ensi k'ele ia astoit ueue manacier lo destruisement de tot lo borc. Et quant li fous enuais-
10 soit cascuns lius plus [68ᵛ] prochiens a soi, et ia ot deguasteit nient petite partie del borc, et nuz n'i pout encontre steir, dunkes uint li ueskes ameneiz entre mains, et il destrainz de si grande necessiteit de perilh, comandat a ceaz de sa maihnie ki lo porterent, disanz: Metteiz moi en-contre lo fou. La queile chose fut faite ensi. Et il fut mis en icel
15 liu, u tote la force de la flamme sembleuet encontre lui uenir. Dunkes comenzat par meruilhouse maniere li arsins en soi meisme retorneir, alsi com il par l(a) retornure de sa rauine criast, ke il ne poist lo ueske trespasseir. Et ensi fut fait, ke la flamme del arsin en cel terme refreneie en soi meisme refroidat, et n'osat des en auant atochier alcune chose de
20 maison. Prenz tu garde, Pieres, de queile sainteit ce fut un malade homme seir et en orant les flammes represseir? **Pirres.** Ge i prent garde, si en ai merueilhe.

VII. De Nonnose lo prouost.

Gregoires. De uoisin liu raconterai or a toi alcune chose, cui ge sai
25 par lo racoutement et del honorable homme Maximien lo ueske et de

VI. De Marcellino Anconitanae ciuitatis episcopo.

Gregor. Eiusdem quoque Anconitanae antistes ecclesiae uir uitae uenerabilis Marcellinus fuit, cuius gressum dolore nimio podagra contraxerat, eumque familiares sui sicubi necesse erat in manibus ferebant. Quadam uero
5 die per culpam incuriae eadem ciuitas Anconitana succensa est. Cumque uehementer arderet, concurrerunt omnes ut ignem exstinguerent. Sed illis aquam certatim proiicientibus, ita crescebat flamma, ut iam totius urbis interitum minari uideretur. Cumque propinquiora sibi quaeque loca ignis inuaderet, iamque urbis partem non modicam consumpsisset, et obsistere nullus ualeret, deductus in mani-
10 bus uenit episcopus, et tanta periculi necessitate compulsus, familiaribus suis se portantibus praecepit dicens: Contra ignem me ponite. Quod ita factum est, atque in eo loco est positus, ubi tota uis flammae uidebatur incumbere. Coepit autem miro modo in semetipsum incendium retorqueri, ac si reflexione sui impetus exclamaret se episcopum transire non posse. Sicque factum est ut flamma in-
15 cendii illo termino refrenata, in semet ipsa refrigesceret, et contingere ulterius quidquam aedificii non auderet. Perpendis, Petre, cuius sanctitatis fuerit aegrum hominem sedere, et exorando flammas premere? **Petr.** Et perpendo et obstupesco.

VII. De Nonnoso praeposito monasterii in monte Soractis.

Gregor. De uicino nunc loco tibi aliquid narrabo, quod et uiri uenerabilis
20 Maximiani episcopi, et Laurionis, quem nosti ueterani monachi, qui uterque nunc-

Laurion lo uielhar moine cui tu conois, li queil li uns et li altres uit iuskes a or. Li queiz loist a sauoir Laurions del saintisme homme Anastaise fut nurriz en cel monstier ki deioste lo borc Nepesine Subpentonia est apeleiz. Li queiz n'est pas merueilhe Anastaises d'onorable uie, fut ioinz assiduciement al baron Nonnoso lo prouost del monstier ki el mont Soractis est mis, et par uoisineteit de liu, et par la grandece des constumes, et par les estuides des uertuz. Mais iciz Nonnosus uiuoit desoz un mult aspre pere de son monstier, mais les constumes de celui soffroit il toz (tens) par merueilhouse patience. Et ensi par sa suableteit astoit dessoure les freres, com souent lo corocement del pere suaioit de sa humiliteit. Mais par tant ke ses monstiers fut mis en la souraine haltece d'un mont, nule plainge n'astoit aouerte az freres por ahaneir ia soit ce ke un petit cortil. Mais [69ʳ] uns tres corz lius el leiz del mont astoit fors cregus, lo queil porprendoit la pesantume d'une grande piere ki natureilment eissoit. Par un ior quant Nonnosus li honorables hom pensouet, ke cil meismes lius poist estre couenables ueaz por norrir les condimenz des iotes, se la pesantume de cele piere nel tenist, dunkes uint en son corage ke cincante peir de bos ne poissent pas mouoir cele meisme pesantume. Et quant del humain trauail fut faite desperance, dunkes soi tornat al diuin confort, et par lo nuitreneil silence soi donat ilokes en orison. Et cant faite fut la matineie, dunkes uinrent li frere a cel meisme liu, si trouerent la pesantume de si grande grandece auoir plus lonz aleit de cel meisme liu, et de son alement large spasce az freres auoir doneit. En un altre tens essiment quant cil meismes honorables hom lauoit les lampes de uoire en l'oratoire, si chait une de ses mains, la queile

usque superest, relatione cognoui; qui scilicet Laurio in illo monasterio quod iuxta Nepesinam urbem Suppentonia uocatur, ab Anastasio uiro sanctissimo nutritus est. Qui nimirum Anastasius, uitae uenerabilis uiro Nonnoso praeposito monasterii, quod in Soractis monte situm est, et propinquitate loci et morum magnitudine et uirtutum studiis assidue iungebatur. Idem uero Nonnosus sub asperrimo sui monasterii degebat patre: sed eius mores mira semper aequanimitate tolerabat. Sicque fratribus praeerat in mansuetudine, sicut crebro patris iracundiam ex humilitate mitigabat. Quia uero eius monasterium in summo montis cacumine situm est, ad quemlibet paruum hortum fratribus excolendum nulla patebat planities; unus autem breuissimus locus in latere montis excreuerat, quem ingentis saxi naturaliter egrediens moles occupabat. Quadam die dum Nonnosus uir uenerabilis cogitaret, quod saltem ad condimenta olerum nutrienda locus idem aptus potuisset exsistere, si hunc moles saxi illius non teneret, occurrit animo, quod eandem molem quinquaginta boum paria mouere non possent. Cumque de humano labore facta esset desperatio, ad diuinum se solatium contulit, seque illic nocturno silentio in orationem dedit. Cumque mane facto ad eundem locum fratres uenirent, inuenerunt molem tantae magnitudinis ab eodem loco longius recessisse, suoque secessu largum fratribus spatium dedisse. — Alio quoque tempore cum idem uir uenerabilis lampades uitreas in oratorio lauaret, una ex eius manibus cecidit, quae per innumeras partes fracta dis-

brisie en pluisors parties salit. Ki cremanz la tres grande forsenerie del pere del monstier colhit totes les pieces de la lampe, si les mist deuant l'alteir et si donat sei en orison od grief sospirement. Et quant il auoit leueit son chief de l'orison, si trouat saine la lampe, la queile cremanz
5 auoit colhie par pieces. Et ensi en dous miracles siuit les uertuz de dous peres, loist a sauoir en la pesantume de la piere lo fait de Gregoire ki mout lo mont, en lo restorement de la lampe la uertut de Doneit, ki lo brisiet calice restablit a la promiere santeit. **Pirres. Nos** auons alsi com ge uoi noueas miracles des anciens exemples. **Gregoires.** Vues tu
10 dunkes en l'ourange de Nonnosi conoistre alcune chose et de la siwance Helyseu? **Pirres. Gel** uuelh et mult desiranment lo conuoite. **Gregoires.** En un ior cant li uiez oiles defalit el monstier, et ia li tens astoit pres de colhir les oliues, mais nuz fruiz n'aparissoit es oliues, dunkes sembleuet al pere del monstier, ke li frere iroient defors lo monstier por doneir lur
15 oeures enuiron d'une part [69ᵛ] et d'altre por coilhir les oliues, par ke il del lowier de lur oeure ke ke soit d'oile porteroient al monstier. La queile chose li hom del sanior Nonnosus od grant humiliteit defendit a faire, par ke li frere eissant del monstier quant il querroient les gaanges d'oile, ne soffrissent les damages des anrmes. Mais par tant ke es arbres
20 de l'abie sembleuet estre poi d'oliues, si les comandat colhir et mettre el presoir, et l'oile ia soit ce ke petit en poist eissir, ke l'om lo portast a soi. Et ce fut fait et li frere prisent l'oile en un petit uaisselet, si l'aporterent a Nonnoso lo seriant de deu. Lo queil oile il mist isnelement deuant l'alteir, si orat cant tuit furent eissut fors, et en apres

siluit; qui uehementissimum patris monasterii furorem timens, lampadis protinus omnia fragmenta collegit atque ante altare posuit, seque cum graui gemitu in orationem dedit. Cumque ab oratione caput leuasset, sanam lampadem repperit, quam timens per fragmenta collegerat. Sicque in duobus miraculis duorum pa
5 trum uirtutes imitatus est: in mole scilicet saxi, factum Gregorii qui montem mouit; in reparatione uero lampadis, uirtutem Donati qui fractum calicem pristinae incolumitati restituit. **Petr.** Habemus, ut uideo, de exemplis ueteribus noua miracula. **Greger.** Visne aliquid in operatione Nonnosi de imitatione quoque Elisaei cognoscere? **Petr.** Volo atque inhianter cupio. **Greger.** Dum quadam die in
10 monasterio uetus oleum deesset, iamque colligendae oliuae tempus incumberet, sed fructus in oleis nullus appareret, uisum patri monasterii fuerat ut circumquaque fratres in colligendis oliuis ad exhibenda extraneis opera pergerent, quatenus ex mercede sui operis aliquantulum monasterio oleum deportarent. Quod uir Domini Nonnosus fieri cum magna humilitate prohibuit, ne exeuntes fratres
15 ex monasterio dum lucra olei quaererent, animarum damna paterentur. Sed quia in monasterii arboribus oliuae paucae inesse uidebantur, eas colligi praecepit, et in prelo mitti, et quamlibet parum olei exire potuisset, sibimet deferri. Factumque est, et susceptum in paruo uasculo oleum fratres Nonnoso Dei famulo detulerunt; quod ipse protinus ante altare posuit, cunctisque egredientibus orauit,
20 atque accersitis postmodum fratribus praecepit, ut hoc quod detulerant oleum

apelat a soi les freres, si comandat ke il preissent cest oile oui il auoient aporteit, si lo departissent par toz les uaisseakz del monstier, espandant petitement, ke tuit li uaissel seroient neut estre molhiet de la beneizon de cel meisme oile. Les queiz isnelement fist clore alsi com il astoient uuit. Mais en l'altre ior quant li uaissel furent aouert, si furent tres tot plain troueit. **Pirres.** Nos prouons cascun ior estre aemplies les paroles de la ueriteit ki dist: Mes peres oeuret ioskes a or, et ge oeure.

VIII. D'Anastaise l'abeit.

Gregoires. En cel meisme tens essiment li honorables hom Anastaises, de cui ge fis ci dessore ramenbrance, il fut notaires de la sainte Romaine glise, a cui ge serf par l'auteor deu. Li queiz desiranz entendre al soul deu, laissat l'escrin, il elliut une abie, et en icel liu cui ie ci deuant ai parleit ki Subpentonia est apeleiz, menat sa uie en sainz faiz par pluisors ans, et il fut dessoure cele abie par ententiue garde. El queil loist a sauoir liu une grande roche desoure apeirt, et uns parfonz trebuchemenz dessoz est aouerz. Mais en une nuit quant ia li tot poissanz deus uolt reguerredoneir les tranalz de cel honorable baron Anastaise, si fut faite de la halte roche une noiz, ki par estendut son criat disanz: Anastaisœs, uien! Et quant il fut apeleiz, dunkes furent [70ʳ] auoc altre set frere par lur nons uochiet. Et apres un petit moment si soi taut cele uoiz ki fut fors mise, et si apelat lo uitisme frere. Les queiles uoiz cant la congregations aouertement ot oies, si ne fut pas dotouse chose, ke li trespassemenz de ceaz ki furent apeleit astoit aprochiez. Gieres deuenz

leuarent, et per cuncta uasa monasterii exigue fundendo diuiderent, quatenus benedictione eiusdem olei omnia infusa uiderentur; quae protinus ut erant uacua claudi fecit. Die uero altera aperta omnia plena reperta sunt. **Petr.** Probamus quotidie impleri uerba ueritatis, quae ait: *Pater meus usque modo operatur, et ego operor.*

VIII. De Anastasio abbate monasterii, quod Suppentonia uocatur.

Greger. Eodem quoque tempore uenerandus uir Anastasius, cuius superius memoriam feci, sanctae Romanae ecclesiae, cui Deo auctore deseruio, notarius fuit. Qui soli Deo uacare desiderans, scrinium deseruit, monasterium elegit, atque in eo loco quem praefatus sum, qui Suppentonia uocatur, per annos multos in sanctis actibus uitam duxit, eique monasterio sollerti custodia praefuit. Quo uidelicet in loco ingens desuper rupes eminet, et profundum subter praecipitium patet. Quadam uero nocte cum iam omnipotens Deus eiusdem uenerabilis uiri Anastasii labores remunerare decreuisset, ab alta rupe uox facta est, quae producto sonitu clamaret dicens: Anastasi, ueni. Quo uocato alii quoque septem fratres uocati sunt ex nomine. Paruo autem momento ea quae fuerat emissa uox siluit, et octauum fratrem uocauit. Quas dum aperte uoces congregatio audisset, dubium non fuit quin eorum qui uocati fuerant obitus appropinquasset. Intra paucos igitur dies primus uenerandus uir Anastasius, ceteri autem in eo ordine ex carne educti sunt, quo de rupis uertice fuerant

poi de iors, anzois li honorables beirs Anastaises, et li altre en icel ordene furent fors meneit de la char, en cui il furent uochiet de la haltece de la roche. Mais icil freres a cui uochier la uoiz un poi soi taut, et ensi lo nomat, quant li altre furent mort, il ueskit par un poi de iors, et
5 dunkes finat la uie, par ke aouertement seroit mostreit, ke li entergetteiz silences de la uoiz auoit signefiet un petit espaze de uiure. Mais une merueilhose chose auint, ke cant li honorables hom Anastaises del cors eissit, dunkes astoit uns freres en l'abie ki ne uoloit pas uiure sor lui. Li queis ius abaissiez a ses piez, comenzat en larmes lui proier disanz:
10 Ge toi coniur par icelui a cui tu uas, ke io ne face sor toi set iors en icest mont. Deuant cui settisme ior et il morut en icel meisme ior, li queiz nekedent ne fut pas en cele nuit entre les altres apeleiz, par ke ouertement seroit conut, ke lo trespassement de celui soule la proiere del honorable Anastaise pout auoir. **Pirres.** Quant cil freres entre les altres
15 ne fut pas apeleiz, et nekedent par les proieres del saint homme fut il de ceste lumiere sustraiz, queile altre chose est doneie a entendre, se ce non ke cil ki sont ahier deu de grant merite, ke il puent a la fie prendre les choses ki encor ne sont pas deuant destineies? **Gregoires.** Il ne puent pas prendre les choses, ki n'auront esteit deuant destineies. Mais les
20 choses cui li saint homme font en orant, eles sont ensi deuant destineies, ke om les puet auoir par proieres. Car meismes la deuant destinations del parmauable regne, ele est ensi ordineie del tot poissant deu, par ke li ellit a ce paruengent par lur trauailh, ke il en proiant deseruent prendre, ce ke li tot poissanz deus deuant les [70ᵛ] secles lur disposat doneir.
25 **Pirres.** Ge ualdroie plus aouertement a moi estre proueit, se la predesti-

uocati. Frater uero ille ad quem uocandum uox parum siluit atque eum ita nominauit, morientibus aliis, paucis diebus uixit, et tunc uitam finiuit; ut aperte monstraretur quia interiectum uocis silentium paruum uiuendi spatium signauerit. Sed mira res contigit, quia uenerabilis uir Anastasius dum de corpore exiret,
5 erat quidam frater in monasterio qui super eum uiuere nolebat; prouolutus uero eius pedibus coepit cum lacrimis ab eo postulare dicens: Per illum ad quem uadis, te adiuro, ne septem dies super te in hoc mundo facias; ante cuius septimum diem ... etiam ipse defunctus est, qui tamen in illa nocte inter ceteros non fuerat uocatus, ut aperte claresceret, quia eius obitum sola uenerabilis Anastasii
10 intercessio obtinere potuisset. Petr. Cum idem frater et uocatus inter ceteros non est, et tamen sancti uiri intercessionibus ex hac luce subtractus est, quid aliud datur intellegi, nisi quod hi qui apud dominum magni sunt meriti, obtinere aliquando possunt ea etiam quae non sunt praedestinata? Gregor. Obtinere nequaquam possunt quae praedestinata non fuerint; sed ea quae sancti uiri orando
15 efficiunt, ita praedestinata sunt, ut precibus obtineantur. Nam ipsa quoque perennis regni praedestinatio ita est ab omnipotenti Deo disposita, ut ad hoc electi ex labore perueniant, quatenus postulando mereantur accipere quod eis omnipotens Deus ante saecula disposuit donare. Petr. Probari mihi apertius uelim, si potest praedestinatio precibus iuuari. Gregor. Hoc quod ego, Petre,

nations puet estre aidie par proieres. **Gregoires.** Pieres, ce ke ie dis, tost puet estre proueit. Car certes tu seiz, ke li sires dist a Abraham: En Isaac serat a toi uochie la semence. A cui li sires encor auoit dit: Ge toi ai establit pere de pluisors genz. A cui de rechief deus promist disanz: Ge benistrai a toi, et si multiplierai ta semence, alsi com les 5
estoiles del ciel, et alsi com la grauele ki est en la riue de la meir. De la queile chose estat aouertement, ke li tot poissanz deus auoit deuant destineit a multiplier la semence Abraham parmei Isaac, et nekedent si est escrit: Isaac proiat lo sanior por sa femme, par tant k'ele astoit brehainge. Et deus l'oit, si donat conciuement a Rebecke. 10
Gieres se li multipliemenz de lingie a Abraham fut predestineie par Isaac, por coi prist il brehainge femme? Mais senz merueilhe certe chose est, ke la deuant destinations par proieres (est) emplie, quant icil en cui deus auoit predestineit estre multiplie la semence Abraham, prist par orison ke il
poist auoir filh. **Pirres.** Par tant ke la raisons aourit la secreie chose, 15
gel regehis, nient de dotance ne moi remeist. **Gregoires.** Vues tu ke ie toi raconte alcune chose des contreies de Toscane, par ke tu conoisses quail baron en lei aient esteit, et com prochain a la conissance de deu ki est tot poissanz? **Pirres.** Gel uuelh, et ce demande ie del tot.

VIIII. De Boneface lo ueske. 20

Gregoires. Il fut uns hom d'onorable uie, Bonefaces par nom, ki en cele citeit ki est dite Ferentis tint l'office de la ueskiet, et par constumes l'aemplit. Icil Gaudentius li prestes ki encor uit, il racontet les pluisors miracles de cestui. Li queix prestes norriz en son seruise, tant puet

intuli, concite ualet probari. Certe etenim nosti, quia ad Abraham Dominus dixit: *In Isaac uocabitur tibi semen.* Cui etiam dixerat: *Patrem multarum gentium constitui te.* Cui rursum promisit dicens: *Benedicam tibi, et multiplicabo semen tuum, sicut stellas caeli et sicut arenam quae est in litore maris.* Ex 5
qua re aperte constat quia omnipotens Deus semen Abrahae multiplicare per Isaac praedestinauerat, et tamen scriptum est: *Deprecatus est Isaac Dominum pro uxore sua, eo quod esset sterilis; qui exaudiuit eum, et dedit conceptum Rebeccae.* Si ergo multiplicatio generis Abrahae per Isaac praedestinata fuit, cur coniugem sterilem accepit? Sed nimirum constat quia praedestinatio precibus 10
impletur, quando is in quo Deus multiplicare semen Abrahae praedestinauerat, oratione obtinuit ut filium habere potuisset. Petr. Quia secretum ratio aperuit, nihil mihi dubietatis remansit. Gregor. Vis tibi aliquid de Tusciae partibus narrem, ut cognoscas quales in ea uiri fuerint, et omnipotentis Dei notitiae quantum propinqui? Petr. Volo, atque hoc omnimodo exposco.

VIIII. De Bonifacio Ferentinae ciuitatis episcopo. 15

Gregor. Fuit uir uitae uenerabilis Bonifacius nomine, qui in ea ciuitate quae Ferentis dicitur episcopatus officium tenuit, et moribus impleuit. Huius multa miracula is qui adhuc superest Gaudentius presbyter narrat. Qui nutritus in eius obsequio, tanto ualet de illo quaeque ueracius dicere, quanto eis hunc

cascunes dire de lui plus uraiement, en combien lui auint et a ceas
miracles enterestre. A la glise de cestui fut mult grande poureteiz ki as
bones penses solt estre garde d'umiliteit, et il [71ʳ] n'auoit nule altre
chose a tote sa despense, se tan solement une uinge non. La queile par
5 un ior d'une sclaide uenant ensi fut deguasteie, ke en celei en poi de
uinges auisonkes petit et poi de roisins remeisent. La queile uinge quant
li ci deuant diz hom tresredotables Bonefaces li ueskes fut entreiz, si
rendit grandes grasces al tot poissant deu, car en la sue poureteit (soi)
conut encor estre angoissiet. Mais cant ia li tens demandoit, ke cil
10 meisme roisin ki remeisent poissent maureir, si mist solunc constume
garde a la uinge, si comandat ke l'om la gardast par ententiue ueilhe.
En un ior comandat a Constance lo preste son neuout, ke il trestos les
uaisseauz de uin en la ueskiet et toz les toneauz par sorespandue piz
deuant appareilheroit, alsi com il auoient aconstumeit. Et quant ce ot
15 oit ses nierz li prestes, mult soi meruilhat, ke li ueskes alsi com forseneiz comandoit, ke il fesist les uaisseaz de uin deuant apparelhier, ki
n'auoit mie de uin. Nekedent n'osat il pas demandeir, por coi il comandoit teiz choses, mais il obeit a ses comanz, et toz les uaisseaz solunc sa
constume deuant appareilhat. Dunkes entrat li hom deu en la uinge, si
20 colhit les roisins, et portat al colchoir, si les comandat toz eissir d'ilokes,
et la remeist auoc un petit enfanzon. Lo queil il mist ius en cel meisme
colchoir, si lo fist colchier cez meismes trespoi de roisins. Et quant de
ceaz meismes roisins decoroit un poi de uin, dunkes comenzat li hom de
deu de ses mains ice rezoiure en un petit uaissel et departir par toz les
25 toneaz et par toz les uaisseaz, ki astoi(en)t deuant appareilhiet, por

contigit interesse. Huius ecclesiae grauis ualde paupertas inerat, quae bonis
mentibus esse solet custos humilitatis, nihilque aliud ad omne stipendium, nisi
unam tantummodo uineam habebat; quae quodam die ita grandine irruente uastata
est, ut in ea paucis in uitibus uix parui rarique racemi remanerent. Quam cum
5 Dei praedictus uir reuerentissimus Bonifacius episcopus fuisset ingressus, magnas
omnipotenti Deo gratias retulit, quia in ipsa sua adhuc inopia sese angustiari
cognouit. Sed cum iam tempus exigeret ut ipsi quoque racemi qui remanserant
maturescere potuissent, custodem uineae ex more posuit, eamque solerti uigilantis
seruari praecepit. Quadam uero die mandauit Constantio presbytero nepoti suo,
10 ut cuncta uini uascula in episcopio omniaque dolia, ita ut ante consueuerat, pice
superfusa praepararet. Quod cum nepos illius presbyter audisset, ualde ad-
miratus est quod quasi *insana praeciperet, ut uini uascula praeparari faceret, qui
uinum minime haberet; nec tamen praesumpsit inquirere cur talia iuberet, sed
iussis obtemperans *omnia ex more praeparauit. Tunc uir Dei uineam ingressus
15 racemos collegit, ad calcatorium detulit, omnesque exinde egredi praecepit, solus-
que ibi cum uno paruulo puerulo remansit, quem in eodem calcatorio deposuit,
et calcare ipsos paucissimos racemos fecit. Cumque ex iisdem racemis parum
aliquid uini deflueret, coepit hoc uir Dei suis manibus in paruo uase suscipere,
et per cuncta dolia omniaque uasa quae parata fuerant, pro benedictione diuidere,

beneizon, si ke tot li uaissel de cel meisme uin astoient ueut a poines
estre molhiet. Et quant il un petit de le licor del uin ot mis en toz les
uaisseaz, dunkes apelat lo preste, si comandat isnelement ke li poure
fussent present. Dunkes comenzat li uins a croistre el colchoir, si ke il
emplit toz les uaisseaz [71ᵛ] des poures ki furent aporteit. Az queiz 5
cant il uit couenablement auoir fait asseiz, dunkes comandat l'enfant del
calchoir monteir. Il clost lo celir, si lo laissat guarnit de propre sael
empresseit, et manes soi repairat a la glise. El tierc ior apelat lo deuant
dit Constantium lo preste, et faite l'orison aourit lo celier, et les uaisseaz
es queiz il auoit espandut mult petit de licor, trouat plantiuousement uin 10
espandanz, si ke li uin sorcroissant alassent sor tot lo pauiment, se encor
li ueskes entrast plus tardiuement. Dunkes comandat al preste spawen-
tablement, ke il cest miracle n'ensengnaist a nului, com longement il uiue-
roit el cors, loist a sauoir cremanz, ke il en la uertut del fait horteis par
humaine fauor ne deuenist uains de ce deuenz, dont il defors az hommes 15
granz apparissoit: siuanz essiment l'exemple del maistre, li queiz par ke
il nos amenroit a la uoie de ueriteit, de soi meisme comandat a ses
disciples disanz, ke il les choses cui il auoient ueut ne deissent a nului,
des a tant ke li filz del (h)omme des morz fust re(le)ueiz. **Pirres.** Par tant
ke ouerte ochisons soi donat, il moi plaist a demandeir ke ce soit ke 20
nostres rachateres, quant il az dous auogles rendit lumiere, lur comandat
ke il nel deissent a nul homme, et icil s'en alant espandirent la fame de
celui en tote cele terre. Out dunkes li unsengenreiz filz, comparmanables
al pere et al saint espir, en ceste chose uoloir ke il ne pout pas
emplir, ke li miracles cui il uolt estre taut ne poist estre repuns? 25

ut ex eodem uino omnia uascula uix infusa uiderentur. Cum uero ex liquore
uini parum aliquid in uasis omnibus misisset, uocato protinus presbytero, iussit
pauperes adesse. Tunc coepit uinum in calcatorio crescere ita ut omnia quae
allata fuerant pauperum uascula impleret. Quibus cum se idonee satisfecisse
conspiceret, ex calcatorio iussit puerum ascendere, apothecam clausit, atque 5
impresso sigillo proprio munitam reliquit, moxque ad ecclesiam rediit. Die uero
tertia praedictum Constantium presbyterum uocauit, et oratione facta apothecam
aperuit, et uasa in quibus tenuissimum liquorem infuderat, ubertim uinum fun-
dentia inuenit, ita ut pauimentum omne excrescentia uina inuaderent, si adhuc
episcopus tardius intrasset. Tunc terribiliter presbytero praecepit ne quousque 10
ipse in corpore uiueret, hoc miraculum cuiquam indicaret; pertimescens uidelicet
ne in uirtute facti fauore humano pulsatus inde intus inanesceret, unde foris
hominibus magnus appareret: exemplum etiam magistri sequens, qui ut nos ad
uiam *humilitatis introduceret, de semet ipso discipulis praecepit dicens, ut ea quae
uidissent, nemini dicerent, quousque filius hominis a mortuis resurgeret. **Petr.** Quia 15
occasio apta se praebuit, libet inquirere quidnam sit quod redemptor noster, cum
duobus caecis lumen reddidit, iussit ut nemini dicerent, et illi abeuntes diffama-
uerunt eum in totam terram illam. Num quidnam unigenitus Filius, Patri et sancto
Spiritui coaeternus, hac in re uelle habuit, quod non potuit implere, ut mira-

Gregoires. Nostres rachateires tot ce ke il fist par son morteil cors, ce nos donat en exemple de fait, par ke solunc la mesure de nostres forces ses traces siwant, par nient horteit (lo piet) de nostre oeure prendons la uoie de ceste present uie. Quar il faisanz lo miracle comandat ke l'om lo tawist,
5 et nekedent ne pout estre tauz, par ke loist a sauoir et sei ellit les exemples de sa doctrine siuant es grandes choses cui il font, aient certes en lur [72ʳ] uolenteit atapir, et par ke il profitent az altres, soient accuseit nient uolentriu, par ke ce soit de grant humiliteit ke il desirent lur oeures estre tautes, et de grand utiliteit ke lur oeures ne puent pas estre
10 taisies. Gieres [ne] li sires ne uolt alcune chose estre faite ki ne poist pas estre faite, mais queile chose doiuent sei menbre uoloir, u queile chose soit faite meismes quant il ne nuelent, il donat exemple par la maisterie de sa doctrine. **Pirres.** Il moi plaist ce ke tu dis. **Gregoires.** Encor remainent poi alcunes choses de l'oeure Boneface lo ueske, les queiles par
15 tant ke ię ai fait ramenbrance de lui, ge les parsiurai. Quar en un altre tens aprochieuet li iors noeils del bieneurous Proculi lo martre, el queil liu manoit uns nobles hom Fortuneiz par nom, ki par grandes proieres proiat cel meisme honorable homme Boneface, ke cant il oust fait les sollempnitei(z) des messes, ke il tornaist en sa maison por doneir la
20 beneizon. Et li hom de deu ne pot pas denoier, ce ke lui proiat la cariteiz de la pense de Fortuneit. Gieres cant il ot parfait les sollempniteiz des messes, quant il astoit uenuz a la table del ci deuant dit baron Fortuneit, anzois ke il desist l'ymne a deu, alsi com li alcant soelent querre la uiande par l'art de ioweir, manes estiut deuant l'uis uns hom
25 auoc un singe et si ferit lo tabur. Lo queil son desdeniat li sains hom

culum quod taceri noluit, minime potuisset abscondi? **Greger.** Redemptor noster per mortale corpus omne quod egit, hoc nobis in exemplum actionis praebuit, ut pro nostrarum uirium modulo eius uestigia sequentes, inoffenso pede operis praesentis uitae carpamus uiam. Miraculum namque faciens [et] taceri iussit, et tamen
5 taceri non potuit; ut uidelicet et electi eius exempla doctrinae illius sequentes, in magnis quae faciunt, latere quidem in uoluntate habeant, sed ut prosint aliis, prodantur inuiti; quatehus et magnae humilitatis sit quod sua opera taceri appetunt, et magnae utilitatis sit quod eorum opera taceri non possunt. Non ergo noluit Dominus quidquam fieri, *et minime potuit; sed quid uelle eius membra
10 debeant, quidue de eis etiam nolentibus fiat, doctrinae magisterio exemplum dedit. **Petr.** Placet quod dicis. **Greger.** Adhuc pauca aliqua quae de Bonifacii episcopi opere supersunt, quia eius memoriam fecimus, exsequamur. Alio namque tempore beati Proculi martyris natalitius propinquabat dies, quo in loco uir nobilis Fortunatus nomine manebat; qui magnis precibus ab eodem uenerabili uiro
15 postulauit ut cum [apud beatum martyrem] missarum solemnia *ageret, ad benedictionem dandam in suam domum declinaret. Vir autem Dei negare non potuit quod ab eo ex Fortunati mente caritas poposcit. Peractis igitur missarum solemniis, cum ad praedicti Fortunati uenisset mensam, prius quam Deo hymnum diceret, sicut quidam ludendi arte uictum solent quaerere, repente ante ianuam

et si dist: Guai, Guai, morz (est) iciz chaitis, morz est iciz chaitis. Ge
sui uenuz a la table de refection, ge n'aouri pas encor ma boche a la
loenge de deu, et iciz uenanz auoc son singe ferit lo tabur. Nequedent
ioinst il apres et si dist: Aleiz et si li doneiz a mangier et a boiure por
cariteit; sachiez nekedent ke il est morz. Li queiz maleureiz hom quant 5
il ot pris pain et uin de cele meisme maison, si uolt il lues eissir, mais
une grande piere chait sodainement del toit et se li uint el chief. Del
queil colp il ius esterneiz, entre les mains fut leueiz ia demei morz.
Mais en l'altre ior solunc la sentence [72ᵛ] del (h)omme deu finat la uie
del tot en tot. En la queile chose, Pieres, doit l'om penseir, com granz 10
honors doit estre doneiz az sainz hommes. Quar il sont li temples de
deu. Et quant uns sainz hom est traiz a corrocement, queiz altres est
enciteiz a corrocement, se li habiteires non de cel meisme temple? Gieres
en tant doit om cremir la ire des iustes, en combien certe chose est, ke
en lur cuers icil est presenz, ki n'est pas floibes a doneir ueniance cui 15
il uolrat.

 En un altre tens essiment li ci deuant diz Constantius li prestes ses
niers, il uendit son cheual doze besanz, les queiz il mist en sa propre
huige, si s'en alat a faire alcune oeure. Dunkes uinrent li poure sodainement al ueske, ki angoissousement proieuent, ke li sainz hom Bone- 20
faces li ueskes lur deust alcune chose doneir al confort de lur besonge.
Mais li sainz hom par tant ke il n'auoit nule chose cui il donroit, si
comenzat auoir angoisse en sa pense, ke li poure n'eississent uuit de lui
A cui manes repairat a memoire, ke Constantius li prestes ses nierz auoit
uendut lo cheual, sor cui il soloit seoir, et ke il auoit en sa huige cest 25

cum simia uir adstitit, et cymbala percussit. Quem sanctus uir sonitum [audiens]
dedignatus dixit: Heu, heu, mortuus est miser iste, mortuus est miser iste. Ego
ad mensam refectionis ueni, os adhuc ad laudem Dei non aperui, et ille cum
simia ueniens percussit cymbala. Subiunxit tamen et ait: Ite et pro caritate ei
cibum potumque tribuite; scitote tamen quia mortuus est. Qui infelix uir dum 5
panem ac uinum ex eadem domo percepisset, egredi *ianuam uoluit, sed saxum
ingens subito de tecto cecidit, eique in uerticem uenit. Ex qua percussione prostratus in manibus iam semiuiuus leuatus est, die uero altera secundum uiri Dei
sententiam funditus finiuit uitam. Qua in re, Petre, pensandum est quantus sit
uiris sanctis *timor exhibendus; *templa enim Dei sunt. Et cum ad iracundiam 10
uir sanctus trahitur, quis alius ad irascendum nisi eiusdem templi inhabitator ex-
citatur? Metuenda ergo tanto est ira iustorum, quanto et constat quia in eorum
cordibus ille praesens est, qui ad inferendam ultionem quam uoluerit inualidus
non est. Alio quoque tempore praedictus Constantius presbyter nepos eius,
equum suum duodecim aureis uendidit, quos in propriam arcam ponens, ad exer- 15
cendum opus aliquod discessit. Cum subito ad *episcopium pauperes uenerunt,
qui importune precabantur ut eis sanctus uir Bonifacius episcopus ad consolationem suae inopiae aliquid largiri debuisset. Sed uir Dei quia quid tribueret
non habebat, aestuare coepit in cogitatione ne ab eo pauperes uacui exirent. Cui

meisme pris. Gieres quant eil ses niers ne fut pas presenz, dunkes uint
il a la huige, et il piement crueiz brisat les closures de la huige, il prist
les doze besanz, si les departit as besonious alsi com. li plot. Gieres
Constantius li prestes reuenuz de l'oeure trouat sa huige brisle, et si ne
5 trouat mie lo pris de son chenal cui il ilokes ot mis. Dunkes comenzat
de grande uoiz a frinteir et od grant forsens a crieir: Tuit uiuent ici, ge
sous en ceste maison ne puis pas uiure. A cui uoiz uint li eueskes et
trestot ki en cele meisme ueschiet astoient present. Et quant li hom deu
par suaiue parole lo uoloit assuagier, dunkes comenzat icil a tenzon a
10 respondre disanz: Trestuit uiuent auoc toi, ge sous non puis ici uiure
deuant toi. Rent a moi mes sauz. Des queiz uoiz fut commouz li ueskes,
si entrat la glise de la bieneurouse Marie toz tens uirgene, et [73ʳ] sorleueies ses mains a estendut uestiment, en estant comenzat a oreir, ke
seroit a lui rendut dont il poist assuagier la deruerie del forsenant
15 preste. Et quant il sodainement ot remenciz ses oez a son uestiment
entre les estenduz braz, si trouat manes en son sain doze besanz ensi
splendianz, com il en cele meisme hore fussent del fou fors trait. Ki
manes eissuz de la glise les gettat el sain del forsenant preste disanz:
Elleuos tu as tes sauz, cui tu demandas. Mais ce soit a toi conut, ke
20 tu apres ma mort a ceste glise ne seras pas ueskes por ton auarisce.
De la queile ueriteit de ceste sentence entent l'om, ke li prestes. ces
meismes sauz por aquerre la ueschiet deuant appareilhoit. Mais li sermons del (h)omme deu sormontat. Quar icil meismes Constances finat la
uie el office de prestage.

repente ad memoriam rediit, quia Constantius presbyter nepos eius, equum quem
sedere consueuerat, uendidisset, atque hoc ipsum in arca sua pretium haberet.
Absente igitur eodem nepote suo accessit ad arcam, et pie uiolentus claustra
arcae comminuit, duodecim aureos tulit, eosque indigentibus, ut placuit, diuisit.
5 Itaque Constantius presbyter reuersus ex opere, arcam fractam repperit, et caballi
sui pretium quod in eam posuerat, non inuenit. Coepit itaque uoce magna
perstrepere, et cum furore nimio clamare: Omnes hic uiuunt, solus ego in domo
hac uiuere non possum. Ad cuius nimirum uoces uenit episcopus omnesque qui
in eodem episcopio aderant. Cumque eum locutione blanda uir Dei temperare
10 noluisset, coepit ille cum iurgio respondere dicens: Omnes tecum uiuunt, solus
ego hic ante te uiuere non possum; redde mihi solidos meos. Quibus uocibus
commotus episcopus, beatae Mariae semper uirginis ecclesiam ingressus est, et
eleuatis manibus extenso uestimento stando coepit exorare, ut ei *redderet unde
presbyteri furentis insaniam mitigare potuisset. Cumque subito oculos ad uesti-
15 mentum suum inter extensa brachia reduxisset, repente in sinu suo duodecim
aureos inuenit ita fulgentes, tanquam si ex igne producti eadem hora fuissent.
Qui mox de ecclesia egressus, eos in sinum furentis presbyteri proiecit dicens:
Ecce habes solidos quos quaesisti; sed hoc tibi notum sit, quia post mortem
meam tu huius ecclesiae episcopus non eris propter auaritiam tuam. Ex qua
20 sententiae ueritate colligitur, quia eosdem solidos presbyter pro adipiscendo

A un altre tens de rechief uinrent a lui dui Gothe por herbergier, ki dissent soi hasteir enuers Rauenne. Az queiz il donat de sa main un uaissel de fust plain de uin, lo queil il poissent auoir par auenture el dinneir de la uoie. Del queil biurent icil Gothe des a tant ke il paruinrent a Rauenne. Et par alcanz iors demorerent il en cele meisme citeit, 5 et si ourent lo uin cui il del saint homme auoient pris par cascun ior en lur us. Et ensi retornerent il ioskes a cel meisme honorable pere a Ferentis, ke il en nul ior ne cesserent de boire, et nekedent li uins ne falit unkes en cel uaissel, alsi com en cel uaissel de fust cui li ueskes lur auoit doneit li uins ne fust pas aoisiez, mais naskist. 10

Nouelement essiment uint uns clers uielhars des contreies de cel meisme lliu, li queiz les choses cui il racontet de celui, ne doit om pas courir par silence. Quar il dist, ke il par un ior entrat el cortil, si lo trouat estre couert d'une grande multitudine de honines. Li queiz ueanz tot lo cortil perir, il soi retornat a cez meismes honines, si dist: Ge uos 15 coniur el nom de nostre sanior deu Ihesu Crist, aleiz de ci, et si ne uilhiez pas mangier [73ᵛ] cez iotes. Les quelles manes a la parole del (h)omme de deu ensi totes s'en eissirent, si ke nes une certes n'i remeist dedenz lo spaze del cortil. Mais queiz meruelhe est, se nos racontons cez choses del tens de sa neschiet, quant ia fut creguz deuant lo tot 20 poissant deu par ordene auoc et par constumes, quant celes sont plus a meruilhier, les queiz ciz uielharz clers tesmonget lui auoir fait encor enfanzon? Quar il dist, ke en icel tens, quant il manoit enfes auoc sa meire, il eissuz del hosteil, a la fie senz camise, souentes foies essiment

episcopatu parabat. Sed uiri Dei sermo praeualuit, nam idem Constantius in presbyteratus officio uitam finiuit. Alio quoque tempore duo ad eum Gothi hospitalitatis gratia uenerunt, qui Rauennam se festinare professi sunt. Quibus ipse paruum uas ligneum uino plenum manu sua praebuit, quod fortasse in prandio itineris habere potuissent; ex quo illi quoad usque Rauennam peruenirent, 5 biberunt Gothi. Aliquantis autem diebus in eadem ciuitate morati sunt, et uinum quod a sancto uiro acceperant, quotidie in usu habuerunt. Sicque usque ad eundem uenerabilem patrem Ferentis reuersi sunt, ut nullo die cessarent bibere, et tamen uinum eis ex illo uasculo nunquam deesset, ac si in illo uase ligneo quod episcopus dederat, uinum non augeretur, sed nasceretur. Nuper quoque 10 de eiusdem loci partibus senex quidam clericus aduenit, *qui ea de illo narrat, quae silentio non sunt premenda. Nam dicit quod quadam die ingressus hortum, magna hunc *erucae multitudine inuenit esse coopertum; qui omne *olus deperire conspiciens, ad easdem erucas conuersus dixit: Adiuro uos in nomine Domini Dei nostri Iesu Christi, recedite hinc, atque haec olera comedere nolite. Quae 15 statim ad uiri Dei uerbum ita omnes egressae sunt, ut ne una quidem intra spatium horti remaneret. Sed quid mirum quod haec de episcopatus eius tempore narramus, quando iam apud omnipotentem Deum ordine simul et moribus creuerat, dum illa magis miranda sint quae eum hic senex clericus adhuc puerulum fecisse testatur? Nam ait quod eo tempore quo cum matre sua puer habi- 20

repairoit il senz cote, car manes ke il auoit troueit nud cui ke soit, si
lo uestoit ici soi despoilhanz par ke il de la couerture de cel lowier soi
couerroit deuant les oez de deu. Lo queil soloit sa meire souentes foies
choseir disanz ke ce ne fust pas droiz, ke il besonious donroit az poures
5 uestimenz. La queile meire un ior entrat en sa grainge, et si trouat
pres tot lo frument cui ele auoit al uiure de tot l'an a soi appareilhiet,
de son filh az poures despendut. Et quant ele sol meisme feroit de
caneies et de puinz, k'ele auoit alsi ke les soccurs del an perdut, dunkes
i soruint Bonefaces li enfes de deu, si comenzat celei a conforteir des
10 paroles cui il pout. La queile cant ele nient ne prendoit de confort,
dunkes li rouat li enfes k'ele deust eissir de la grange, en la queile fut
troueit un petit auoir remeis de tot lur frument. Et li enfes deu isnelement soi donat iloc en orison. Ki s'en eissit apres un petit, si remenat sa
mere a la grange, la queile fut trouie ensi plaine de frument, si k'ele
15 la deuant ne fut pas si plaine, quant sa mere auoit ioie soi auoir assembleit les despenses de tot l'an. Quant sa mere ot ueut icest miracle, ele
ot compunction, et ele meisme comenzat la faire k'ele donroit, ki si
enhelement poist prendre les choses cui ele proiast. Gieres iceste auoit
accoustumeit a norrir gellines el porce de son hosteil, mais li holpiz
20 uenanz de la uoisineteit les toloit. Mais par un ior quant li enfes [74ʳ]
Bonefaces esteuet en cel meisme porce, dunkes uint li holpiz solunc sa
constume, et si tolit une gelline. Et il entrat enhelement en la glise, et
il soi ius esternanz en orison, dist par aouertes uoiz: Plaist ice a toi, sire,
ke ie non puis pas mengier de la norrezon ma mere? Quar elleuos li

tabat, egressus hospitium nonnunquam sine linea crebro etiam sine tunica reuertebatur, quia mox ut nudum quempiam repperisset, uestiebat hunc se exspolians,
ut se ante Dei oculos illius obtentu mercedis uestiret. Quem mater sua frequenter
increpare consueuerat, dicens quod iustum non esset ut ipse inops pauperibus
5 uestimenta largiretur. Quae die quadam horreum ingressa, paene omne triticum
quod sibi in stipendio totius anni parauerat, inuenit a filio suo pauperibus ex-
pensum. Cumque semet ipsam alapis pugnisque tunderet, quod quasi anni subsidia perdidisset, superuenit Bonifacius puer Dei, eamque uerbis quibus ualuit consolari coepit. Quae cum nihil consolationis admitteret, hanc rogauit ut ab horreo
10 exire debuisset, in quo ex omni eorum tritico parum quid inuentum est remansisse. Puer autem Dei sese illic protinus in orationem dedit, qui post paululum
egressus, ad horreum matrem reduxit, quod ita tritico plenum inuentum est, sicut
plenum ante non fuerat, cum mater illius totius anni sumptus se congregasse
gaudebat. Quo uiso miraculo compuncta mater, ipsa iam coepit agere ut daret,
15 qui sic celeriter posset quae petiisset accipere. Haec itaque in hospitii sui uestibulo gallinas nutrire consueuerat, sed eas ex uicinitate uulpes ueniens aufere-
bat. Quadam uero die dum in eodem uestibulo puer Bonifacius staret, uulpes ex
more uenit, et gallinam abstulit. Ipse autem concitus ecclesiam intrauit, et se in
orationem prosternans apertis uocibus dixit: Placet tibi, Domine, ut de nutri-
20 mentis matris meae manducare non possim? Ecce enim gallinas quas nutrit

holpis maniuet les gellines cui ele norrist. Ki sol leuanz de l'orison
eissit fors de la glise. Et manes repairat li holpiz, si laissat la gelline
cui il tenoit de sa boche. Et ele morans deuant ses oez chait en terre.
Pirres. Mult merueilhouse chose est, ke deus denget oir les proieres de
ceaz ki ont sperance en soi meismes es uiles choses. **Gregoires.** Pieres, 5
ceste chose est faite par la grande dispensation de nostre faiteor, par ke
nos par les trespetites choses cui nos prendons, les plus grandes doions
espereir. Car li sainz enfes et li simples fut oiz en choses uiles, par ke
il aprenderoit es petites choses, combien il deuroit de deu presumir es
grandes demandises. **Pirres.** Ce moi plaist ke tu dis. 10

X. De Fortuneit lo ueske.

Gregoires. Vns altres hom fut essiment en cez meismes contreies
d'onorable uie Fortuneiz par nom, ueskes de la glise Tudertine, ki fut
uailhanz en la grasce de grande uertut por chacier fors les espirs, si ke 15
il a la fie des porais cors debotoit les legions des diables, et il entendus
a continueit estuide d'orison sormontoit lur multiteis encon(tre)stisanz a
soi. Iuliens li defenderes de nostre glise, ki nient deuant lonc tens en
icest borc morut, il fut familiers de cest homme, par cui racontement ge
apris altresi ce ke ie raconte; car il fut souentes foies entre les oeures 20
de celui par l'osement de familiariteit, et en apres tint il la ramenbrance
de celui en sa boche alsi com la dolzor de miel a nostre estruisement.
Vne noble damme es uoisines contreies de Toscane auoit une brut, la
queile en si cort tens en cui ele auoit pris son filh fut enuieie anoc cele

uulpes comedit. Qui ab oratione surgens, ecclesiam est egressus. Mox autem
uulpes rediit, gallinam quam ore tenebat dimisit, atque ipsa moriens ante eius
oculos in terram cecidit. **Petr.** Valde mirum quod exaudire preces in se speran-
tium etiam in rebus uilibus dignatur Deus. **Gregor.** Hoc, Petre, ex magna conditoris nostri dispensatione agitur, ut per minima quae percipimus, sperare 5
maiora debeamus; exauditus namque est in rebus uilibus puer sanctus et
simplex, ut in paruis disceret quantum de Deo praesumere in magnis petitionibus
deberet. **Petr.** Placet quod dicis.

X. De Fortunato Tudertinae ciuitatis episcopo.

Gregor. Alius quoque uir uitae uenerabilis in eisdem partibus fuit Fortuna- 10
tus nomine, Tudertinae antistes ecclesiae, qui in effugandis spiritibus immensae
uirtutis gratia pollebat, ita ut nonnunquam ab obsessis corporibus legiones daemonum pelleret, et continuae orationis studio intentus, obiectas contra se eorum
multitudines superaret. Huius uiri familiarissimus fuit Iulianus nostrae ecclesiae
defensor, qui ante non longum tempus in hac urbe defunctus est. Cuius ego 15
quoque hoc didici relatione quod narro, quia saepe gestis illius ausu familiaritatis
intererat, eiusque post memoriam ad instructionem nostram quasi faui dulcedinem
in ore retinebat. Matrona quaedam nobilis in uicinis partibus Tusciae nurum
habebat, quae intra breue tempus quo filium eius acceperat, cum eadem socru
sua ad dedicationem oratorii beati Sebastiani martyris fuerat inuitata. Nocte 20

meisme sa sure a la dicaze del oratoire del bieneurous Sebastien lo martre.
Mais en cele meisme nuit quant ele denoit el apres siuant ior aleir a
procession a la [74ᵛ] dicaze del deuant dit oratoire, ele uencue del delit
de la char ne soi pot tenir de son baron. Et quant faite la matineie
5 espawentoit sa conscience li deliz de la char cui ele auoit parfait[e], et
li uergonges comandeuet la procession, plus aianz honte del uiaire des
hommes ke cremanz lo iugement de deu, ele s'en eissit auoc sa sure al
oratoire cui l'om deuoit dier. Mais manes ke les reliques del bieneurous
Sebastien lo martre furent entreies l'oratoire, dunkes prist li malignes
10 espirs cele brut de la deuant dite damme, si comenzat celei a trauilhier
deuant tot lo pople. Mais li prestes de cel meisme oratoire, quant il
ueoit celei mult forment estre trauelhie, si ostat enhelement lo chainsin
del alteil et si courit celei, mais manes li diables entrat auoc en celui.
Et par tant ke il uolt ultre ses forces alcune chose presumir, poruoc fut
15 il destrainz en son cruciement conoistre queiz chose il astoit. Mais ici
ki la astoient de lur mains osterent la meschine del oratoire, si porterent
celei a sa propre maison. Et quant li anciens anemis forment atriebleuet
celei par continueil cruciement, sei prochain ki l'amerent charneilment et
en amant la persewirent, il la donerent az enchanteors por auoir l'aiue
20 de salut, par ke il del fonz estinderoient l'anrme de celei, a cui char par
ars d'enchanteor soi efforcierent d'aidier a tens. Gieres fut ele amenie
a un fluet et en l'aigue mise, et la soi efforcierent mult longement li
enchanteor de faire par lur enchantemenz, ke cil ki en lei astoit entreiz
li diables cisteroit. Mais par lo meruilhous iugement de deu, quant par
25 art peruerse uns diables de lei fut boteiz, sodainement i entrat la legions

uero eadem qua subsequente die ad dedicationem praedicti oratorii fuerat pro-
cessura, uoluptate carnis deuicta, a uiro suo sese abstinere non potuit; cumque
mane facto conscientiam deterreret perpetrata carnis delectatio, processionem uero
imperaret uerecundia, plus erubescens uultum hominum, quam Dei iudicium
5 metuens, cum socru sua ad dedicandum oratorium processit. Mox uero ut reliquiae beati Sebastiani martyris oratorium ingressae sunt, eandem praedictae
matronae nurum malignus spiritus arripuit, et coram omni populo uexare coepit.
Eiusdem uero oratorii presbyter dum eam uehementissime uexari conspiceret, ex
altari protinus sindonem tulit, eamque operuit; sed hunc simul repente diabolus
10 inuasit. Et quia ultra uires uoluit quidquam praesumere, compulsus est cognoscere in sua uexatione quid esset. Hi uero qui aderant, puellam in manibus ex
oratorio sublatam ad domum propriam deportauerunt. Cumque hanc antiquus
hostis uexatione continua uehementer attereret, propinqui sui eam carnaliter
amantes, et amando persequentes, ad obtinendum salutis remedium maleficis
15 tradiderunt; ut eius animam funditus exstinguerent, cuius carni magicis artibus
ad tempus prodesse conarentur. Ducta est itaque ad fluuium, atque in aquam
mersa; ibique diutius incantationibus agere malefici moliebantur, ut is qui eam
inuaserat diabolus exiret. Sed miro omnipotentis Dei iudicio, dum arte peruersa
unus ab ea repellitur, in eam subito legio intrauit. Coepit ex hoc illa tot motibus

Dunkes comenzat ele de tan(z) mouemenz estre demencie, de tantes uoiz et de tan(z) criors a frinteir, de quanz espirs ele astoit tenue. Dunkes entrerent en conseilh soi parent regehissant la colpe de la senfegerie, si amenerent celei al honorable homme Fortuneit lo ueske, et si laissierent ce-[75ʳ]lei a lui. La queile cant il ot reciut, si soi donat par pluisors iors et nuiz en orison et de tant efforciement estiut il en proieres, en combien il trouat esteir encontre soi ... la compangie de legion. Quant il nient apres pluisors iors la rendit ensi saine et haliegre, alsi com li diables onkes n'eust en lei propre droiture.

En un altre tens alsiment ciz meismes hom, li serianz del tot poissant deu, d'un porsis homme escoust fors un ord espir. Li queiz malignes espirs quant il, ia auesprissant lo ior, ueoit la hore secreie des hommes, il soi foindanz estre alcun estrange, comenzat enuiron aleir les estreies de la citeit et a crieir: O lo saint homme Fortuneit lo ueske! elleuos ke il at fait! il at boteit un estrange homme fors de son hosteil. Ge quier u ge doiue reposeir, et en sa citeit nel puis pas troueir. Dunkes seoit uns hom en son hosteil auoc sa femme et un petit filh az carbons, li queiz oianz la uoiz de celui et demandanz queile chose li ueskes li auoit fait, enuiat celui a hosteil, si lo fist seoir auoc lui deioste les carbons. Et quant il entrechaniablement parleuent alcunes choses, cil malignes espirs enuait son petit filh, si lo gettat en cez meismes carbons, et la manes escost fors l'anrme de celui. Li queiz chaitis hom ueueiz conut celui lo queil il auoit receut, u lo queil li ueskes auoit fors boteit. Pirres. Queile chose disons nos estre, ke li anciens anemis prist osement d'ocire el hosteil de celui, ki lui quidanz estre un pelerin l'auoit a soi

agitari, tot uocibus clamoribusque perstrepere, quot spiritibus tenebatur. Tunc inito consilio parentes eius suae perfidiae culpam fatentes, hanc ad uenerabilem uirum Fortunatum episcopum duxerunt, eique reliquerunt. Qua ille suscepta, multis se diebus ac noctibus in orationem dedit; tantoque annisu precibus incubuit, quanto et [in uno corpore] contra se assistere legionis aciem inuenit. Cum non post multos dies ita sanam atque incolumem reddidit, ac si in ea ius proprium diabolus nunquam habuisset. Alio quoque tempore idem uir omnipotentis Dei famulus ex obsesso quodam homine immundum spiritum excussit. Qui malignus spiritus cum uesperascente iam die secretam ab hominibus horam cerneret, peregrinum quempiam esse se simulans, circuire coepit ciuitatis plateas et clamare: O uirum sanctum Fortunatum episcopum! ecce quid fecit! peregrinum hominem de hospitio suo expulit. Quaero ubi requiescere debeam, et in ciuitate eius non inuenio. Tunc quidam in hospitio cum uxore sua et paruulo filio ad prunas sedebat, qui uocem eius audiens, et quid episcopus ei fecerit requirens, hunc inuitauit hospitio, sedere secum iuxta prunas fecit. Cumque uicissim aliqua confabularentur, paruulum eius filium idem malignus spiritus inuasit, atque in easdem prunas proiecit, ibique mox eius animam excussit. Qui orbatus miser [uel] quem ipse susceperit, uel quem episcopus expulisset, agnouit. Petr. Quidnam hoc esse dicimus, ut occidendi ausum in eius hospitio antiquus hostis acciperet,

uochlet por herbergier? **Gregoires.** Pluisors choses, Pieres, semblent estre
bones, mais eles ne sont pas bones, car eles ne sont pas faites de bon
corage. De ce est ke la ueriteiz dist el euuangile: Se tes oez est
felons, toz tes cors serat tenebrous. Car cant peruerse est la in-
5 tentions ki deuant uat, si est maluaise tote la oeure ki siut, ia soit ce
k'ele semble droite. Quar ie quide cest homme, ki fut ueueiz quant il
donat alsi com la hospitaliteit, nient auoir deli-[75ᵛ]tiet de l'oeure de
pieteit, mais de la detraction del eueske. Car la siwanz paine fist
conoistre, ke cil deuant alanz reciuemenz ne fut pas senz culpe. Quar
10 il sont li alcant ki poruec studoient bien faire, par ke il obscurent la
grasce de l'ourange d'altrui, et il ne sont mie pauf del bien cui il font,
mais del los de bien dont il les altres apressent. De la queile chose ge
acsme cest homme ki lo maligne espir receut en hosteil, miex auoir
entendut a prisement ke a l'oeure, par ke il seroit ueuz mieldres choses
15 auoir fait ke li eueskes, ke il receust celui, cui li hom del sanior Fortunatus auoit fors boteit. **Pirres.** Ensi est com dit est. Quar li fins de
l'oeure proeuet, ke li reciuemenz ne fut pas nez en oeure.

Gregoires. A un altre tens, quant uns hom auoit perdue la lumiere
des oez, il fut ameneiz a lui, si demandat l'aiue de sa proiere, et il l'ot.
20 Quar cant li hom deu faite l'orison empressat az oez de celui (l'ensenge
de la croiz), enhelement rendue la lumiere s'en alat de ses oez la nuis
d'anogieteit. Estre cez choses li cheualz d'un cheualier fut torneiz en
deruerie, ensi ke il anisunkes d'eaz pluisors pout estre tenus, mais ceas
cui il unkes pout ennair, lur menbres deschirat de ses mors. Dunkes li

qui hunc peregrinum aestimans, ad se hospitalitatis gratia uocasset? **Gregor.** Multa,
Petre, uidentur bona, sed non sunt, quia bono animo non fiunt. Vnde et in euangelio ueritas dicit: *Si oculus tuus nequam fuerit, totum corpus tuum tenebrosum
erit.* Quia cum peruersa est intentio quae praecedit, prauum est omne opus quod
5 sequitur, quamuis esse rectum uideatur. Ego namque hunc uirum, qui dum quasi
hospitalitatem exhiberet orbatus est, non pietatis opere delectatum aestimo, sed
episcopi derogatione; nam poena subsequens innotuit, quia praecedens illa susceptio sine culpa non fuit. Sunt namque nonnulli, qui idcirco bona facere student,
ut gratiam alienae operationis obnubilent; nec pascuntur bono quod faciunt, sed
10 laude boni qua ceteros premunt. Qua de re existimo hunc uirum qui malignum
spiritum in hospitalitatem suscepit, ostentationi potius intendisse quam operi, ut
meliora quam episcopus fecisse uideretur; quatenus ipse susciperet eum, quem
uir Domini Fortunatus expulisset. **Petr.** Ita est ut *dicis; nam finis operis *pro-
babat, quod munda susceptio in operatione non fuerit. **Gregor.** Alio quoque tem-
15 pore, cum oculorum quidam lumen amisisset, ad hunc deductus intercessionis
eius opem petiit, et impetrauit. Nam cum uir Dei oratione facta oculis eius
signum crucis imprimeret, ab eis, protinus luce reddita, nox caecitatis abscessit.
Praeterea equus cuiusdam militis in rabiem fuerat uersus, ita ut a multis teneri
uix posset, sed et quoscunque potuisset inuadere, eorum membra morsibus dila-
20 niaret. Tunc utcunque a multis ligatus ad uirum Dei deductus est. Qui mox ut

cheuals loieɜ en alcune maniere d'eaɜ pluisors fut ameneiɜ al (h)omme de
deu. Li queiɜ manes ke il a estendue main donat a son chief l'ensenge
de la croiz, si muat tote sa forsenerie en traitableteit, si ke il en apres
fut plus suëiɜ, ke il ne fust deuant cele deruerie. Dunkes li cheualiers
son cheual cui il uit par enhel comant de miracle estre muéit de sa 5
deruerie, pensat offrir a cel meisme saint homme. Lo queil quant il
refusat uoloir a prendre, et icil perseuerat en proieres ke sa offrande ne
fust despitie, li sainz hom tint la moiene uoie des dous parties, et si oït
la proiere del cheualier, et si refusat a prendre lo don por la demostroie
uertut. Quar anzois donat lo digne pris, et en apres prist lo cheual ki 10
a lui fut offerz. [76ʳ] Quar par tant ke il lo ueoit estre contristeit, se il
nel preïst, il par la cariteit ki lo destrainst, achatat ce ke il n'auoit pas
mestier. — Et ce ne doi pas taisir des uertuz de cest homme... Quar
uns poures uielhars fut ameneiɜ a moi, et ensi com la parole des uielhars
toz tens a moi solt estre amiable, ge demandai celui studiousement dont 15
il estoit. Li queiɜ respondit soi estre de la citeit Tudertine. A cui ge
diɜ: Ge toi demande, pere, conus tu Fortuneit lo ueske? Li queiɜ dist:
Gel conu, et bien lo conu. Dunkes ioins ge apres: Ge toi proi, di se tu
conus alcuns de ses miracles, et a moi desirant fai conoistre queiɜ hom
il fut. Li queiɜ dist: Icil hom fut loinz des homes cui nos or ueons. 20
Car tot ce ke il proiat lo tot poissant deu, ce prist il alsi com il lo
proiat. Del queil ge raconterai cest un miracle, ki or en present cort a
mon corage. Quar en un ior uinrent li Gothe deleiz la citeit Tudertine,
ki soi hasteiuent aɜ parties de Rauenne. Mais il prisent dous petiɜ

eius capiti extensa manu signum crucis edidit, cunctam eius rabiem in mansuetudinem mutauit, ita ut postea mitior exsisteret, quam ante illam insaniam fuisset.
Tunc idem miles equum suum, quem *celerrimo miraculi imperio a sua uesania
uidit immutatum, eidem sancto uiro decreuit offerendum. Quem cum suscipere
ille renueret, ipse uero in precibus, ne despiceretur eius oblatio, perseuerarot, 5
sanctus uir mediam duarum partium uiam tenens, et petitionem militis audiuit, et
munus recipere pro exhibita uirtute recusauit; prius namque dignum pretium
praebuit, et postea equum qui sibi offerebatur accepit. Quia enim si non susciperet, eum contristari conspexerat, caritate cogente emit quod necessarium non
habebat. — Neque hoc silere de huius uiri uirtutibus debeo, [quod ante dies fere 10
duodecim agnoui]. Quidam namque ad me deductus est senex pauper; atque ut
mihi senum collocutio esse semper amabilis solet, studiose hunc unde esset in-
quisiui, qui se esse de Tudertina ciuitate respondit. Cui inquam: Quaeso te,
pater, num Fortunatum episcopum nosti? Qui ait: Noui, et bene noui. Tunc
ipse subiunxi: Dic, rogo, si qua illius miracula nosti, et desideranti mihi qualis 15
uir fuerit innotesce. Qui ait: Homo ille longe fuit ab istis hominibus quos uidemus modo. Nam quidquid ab omnipotenti Deo petiit, ita dum peteret impetrauit.
Cuius hoc unum narro miraculum, quod ad praesens animo occurrit. Quadam
namque die Gothi iuxta Tudertinam ciuitatem uenerunt, qui ad partes Rauennae
properabant, et duos paruos puerulos de possessione abstulerant, quae possessio 20

enfanz de la possession, la queile possessions suzgisoit a la ci deuant dite citeit Tudertine. Quant ce fut nunciet al saintisme baron Fortuneit, enhelement enuoiat, si fist a soi apeleir cez meismes Gothes. Les queiz il aparlanz de sueif sermon studiat anzois apaisenteir lur aspreteit, et en
5 apres parlat disanz: Ge uos donrai queil pris ke uos uoleiz, et si rendeiz les enfanzons cui uos aueiz pris, et a moi doneiz cest don de uostre grasce. Dunkes icil ki sembleuet estre lur prious respondit disanz: Nos sumes apparelhiet de faire queile altre chose cui tu comandes, car ces enfanzons ne renderons nos en nule maniere. Lo queil manezat sueif li
10 honorables hom disanz: Tu moi contristes, et si n'os pas ton pere. Ne moi uuilhes pas contristeir, ke ce ne ait a toi nient de mestier. Mais cil meismes Gothes parmananz en la flerteit de son cuer, s'en alat en denoiant. Mais el altre ior cant il deuoit fors eissir, si [76ᵛⁱ] uint de rechief al ueske. Lo queil de cez meismes paroles proiat lo pares li
15 ueskes por les deuant diz enfanzons. Et quant il en nule maniere ne uolt consentir a rendre, dunkes dist li ueskes contristeiz: Ge sai ke ce ne toi at pas mestier, ke tu t'en uas moi contristeit. Les queiz paroles despitat li Gothes, et il retorneiz a son hosteil, ceaz meismes enfanz de cui astoit traitiet mis sor cheuaz enuoiat deuant auoc ses hommes. Et il
20 manes montanz lo cheual sewit apres. Et quant il en cele meisme citeit astoit uenuz deuant la glise del bieneurous apostele Perron, dunkes glazat li piez de son cheual. Li queiz chait auoc lui, et manes la coisse de celui brisat, si ke li os astoit partiz en dous parties. Dunkes fut il leueiz entre les mains et remeneiz a son hosteil. Li queiz enuoiat
25 hastius, si remenat les enfanz cui il auoit deuant enuoiet, et si mandat

praefatae Tudertinae ciuitati subiacebat. Hoc cum uiro sanctissimo Fortunato nuntiatum fuisset, protinus misit, atque eosdem Gothos ad se euocari fecit. Quos blando sermone alloquens, eorum prius studuit asperitatem placare, ac post intulit dicens: Quale uultis pretium dabo, et puerulos quos abstulistis reddite,
5 mihique hoc gratiae uestrae munus praebete. Tunc is qui prior eorum esse uidebatur, respondit dicens: Quidquid aliud praecipis, facere parati sumus, nam istos puerulos nullatenus reddemus. Cui uenerandus uir blande minatus est dicens: Contristas me, [fili], et non audis patrem tuum; noli me contristare, ne non expediat tibi. Sed idem Gothus in cordis sui feritate permanens, negando discessit.
10 Die uero altera digressurus, rursus ad episcopum uenit, quem eisdem uerbis pro praedictis puerulis iterum episcopus rogauit. Cumque ad reddendum nullo modo consentire uoluisset, contristatus episcopus dixit: Scio quia tibi non expedit quod me contristato discedis. Quae Gothus uerba despexit, atque ad hospitium reuersus, eosdem pueros de quibus agebatur, equis superimpositos cum suis homini-
15 bus praemisit. Ipse uero statim ascendens equum subsecutus est. Cumque in eadem ciuitate ante beati Petri apostoli ecclesiam uenisset, *equo eius pes lapsus est; qui cum eo corruit, et eius coxa mox fracta est, ita ut in duabus partibus os esset diuisum. Tunc leuatus in manibus, reductus est ad hospitium. Qui festinus misit, et pueros quos praemiserat reduxit, et uiro uenerabili Fortunato

al honorable baron Fortuneit disanz: Ge toi proi, pere, enuoie a moi ton diakene. Li diakenes del ueske quant il astoit uenuz al gisant, dunkes amenat en mei les enfanz, les queiz de tot en tot auoit denoiet ke il ne les renderoit pas al ueske, si les rendit a son diakene disanz: Va et si di a mon sanior lo ueske: Poruec ke tu maldesis a moi, elleuos ge sui 5 feruz. Mais reprent les enfanz cui tu demandas, et si proie por moi, ge toi proi. Gieres li diakenes pris les enfanz remenat al ueske. A cui manes li honorables Fortuneiz donat aigue benite disanz: Va mult tost, si gette celei sor lo cors del gisant. Gieres s'en alat li diakenes al Gothe, et il deuenz entreiz esparst l'aigue benite sor les menbres de celui. 10 Manes ke l'aigue benite tochat la coisse del Gothe, tote la brisure fut ensi fermeie, et la coisse restablie a la deuantriene salut, ke il en cele meisme hore soi leuat del lit, et lo cheual monteit faisoit la comencie uoie, alsi com il unkes n'eust soffert aloune blezure de son cors. Et fait est, ke cil ki ne uolt al saint homme Fortuneit rendre auoc pris les 15 enfanz, sugez a obedience, [77ʳ] ke il les donat senz pris dessoz meneiz par poine. Gieres quant cez choses furent fineies, dunkes estudiat li uielhars encor raconteir de lui alcunes choses. Mais par tant ke li alcant astoient present az queiz enhorteir ge astoie occupeiz, et ia astoit uenue plus tar(de) hore del ior, si ne moi liut pas longement oir les faiz 20 del honorable Fortuneit, les queiz ge uuelh toz tenz oir, si ce me loist. Mais en l'altre ior cil meismes uielhars racontat de lui une chose encor plus meruilhouse disanz:

En icele meisme citeit Tudertine, Marcellus uns hom de bone oeure manoit auoc ses dous serors. Li queiz uenant lo mal del cors meisme ia 25

mandauit dicens: Rogo te, pater, mitte ad me diaconum tuum. Cuius diaconus dum ad iacentem uenisset, pueros quos redditurum se episcopo omnino negauerat, ad medium deduxit, eosque diacono illius reddidit dicens: Vade, et dic domino meo episcopo: Quia maledixisti mihi, ecce percussus sum; sed pueros quos quaesisti, recipe, et pro me, rogo, intercede. Susceptos itaque puerulos diaconus ad 5 episcopum reduxit, cui benedictam aquam uenerabilis Fortunatus statim dedit dicens: Vade citius, et eam super iacentis corpus protice. Perrexit itaque diaconus, atque ad Gothum introgressus, benedictam aquam super membra illius aspersit. [Res mira et uehementer stupenda!] mox ut aqua benedicta Gothi coxam contigit, ita omnis fractura solidata est, et saluti pristinae coxa restituta, ut hora 10 eadem de lecto surgeret, et ascenso equio ita coeptum iter ageret, ac si nullam unquam laesionem corporis pertulisset. Factumque est ut qui sancto uiro Fortunato pueros cum pretio reddere obedientiae subiectus noluit, eos sine pretio poena subactus daret. His igitur expletis studebat adhuc senex de eo et alia narrare. Sed quia nonnulli aderant ad quos exhortandos occupabar, iamque diei 15 tardior hora incubuerat, uenerabilis Fortunati facta diu mihi audire non licuit, quae audire, si liceat, semper uolo. Sed die alia idem senex rem de illo magis adhuc mirabilem narrauit dicens: In eadem Tudertina urbe Marcellus quidam, bonae actionis uir, cum duabus sororibus suis habitabat; qui eueniente molestia

auesprissant lo tressaint sethmedi de la paske fut mors. Cui cors par tant
ke il astoit lons a porteir, ne pout pas en cel meisme ior estre enseueliz.
Et quant morance astoit del tens a paremplir la dette de la sepulture,
les serors de celui afflites de sa mort, corurent ploranz al honorable
5 baron Fortuneit, si comenc(i)erent a crieir a grandes uoiz a lui: Nos
sauons ke tu tiens la uie des aposteles, tu nettoies les leprous, tu illu-
mines les auogles, uien et si resuscite nostre mort. Ki manes ke il ot
lur frere estre mort, dunkes comenzat et il meismes a ploreir de la mort
de celui, si lur respondit disanz: Aleiz de ci, et ne dites pas cez choses,
10 car ce est li comanz del tot poissant deu, a cui ne puet nus des hommes
encontre aleir. Et quant celes s'en furent aleies, si remeist li ueskes
dolenz de la mort de celui. Mais en l'apres siwant ior del diemenge
deuant l'albe del ior leuant apelat ses dous diakenes, si uint a la maison
del mort. Il aprochat al liu u li cors gisoit senz anrme, et la soi donat
15 en orison. Et quant il out faite sa proiere, dunkes soi leuat, et si sist
deleiz lo cors del mort. Et nient par grande uoiz uochat lo mort par
son nom disanz: Frere Marceaz. Et icil alsi com sueif dormanz a la
uoisine uoiz ia soit ce ke petite fust esueilhiez aourit manes les oez, et
il regardanz al ueske dist: [77ᵛ] O ke as fait? o ke as fait? A cui
20 respondit li ueskes disanz: Ke ai ge fait? Et icil dist: El ior d'ier uinrent il dui ki moi getterent fors del cors, et menerent en un bon liu.
Mais hui fut uns enuoiez ki dist: Remeneiz lo, car li ueskes Fortuneiz
uint en sa maison. Quant il ot paremplies cez paroles, manes guarit [ed]
de sa enfermeteit, et si meist en ceste uie plus longement. Et nekedent

corporis, ipso sacratissimo uesperascente iam sabbato paschali, defunctus est
Cuius corpus cum longius esset efferendum, die eodem sepeliri non potuit. Cumque mora esset temporis ad explendum debitum sepulturae, sorores eius, morte
eius afflictae, cucurrerunt flentes ad uenerabilem uirum Fortunatum, eique magnis
5 uocibus clamare coeperunt: Scimus quia apostolorum uitam tenes, leprosos mun-
das, caecos illuminas; ueni, et resuscita mortuum nostrum. Qui mox ut cognouit
earum fratrem defunctum, flere ipse etiam de morte eius coepit, eisque respondit,
dicens: Recedite, et haec dicere nolite, quia iussio omnipotentis Dei est, cui contra ire nullus hominum potest. Illis itaque discedentibus, tristis ex morte eius
10 mansit episcopus. Subsequente autem die dominico ante exsurgentis lucis crepu-
sculum, uocatis duobus diaconibus suis, perrexit ad domum defuncti; accedensque
ad locum ubi corpus iacebat exanime, ibi se in orationem dedit. Expleta autem
prece surrexit, et iuxta corpus defuncti sedit; non autem grandi uoce defunctum
per nomen uocauit dicens: Frater Marcelle. Ille autem ac si leuiter dormiens
15 ad uicinam uocem quamuis modica fuisset excitatus, statim oculos aperuit,
atque ad episcopum respiciens dixit: O quid fecisti? o quid fecisti? Cui episcopus respondit dicens: Quid feci? At ille: Duo hesterno die uenerunt, qui
me eiicientes ex corpore in bonum locum duxerunt, hodie autem unus missus est
qui dixit: Reducite eum, quia Fortunatus episcopus in domum eius uenit. Quibus
20 uerbis expletis, mox ex infirmitate conualuit et in hac uita diutius mansit. Nec

ne doit l'om pas croire ke il perdit lo liu cui il auoit pris, car n'est pas
dotouse chose ke il par les proieres de son proior pot miez uiure aprea
sa mort, ki et deuant sa mort studiat plaisir al tot poissant deu. Mais
por coi disons nos de sa uie pluisors choses, quant nos ioskes a or al
cors de celui tenons tan(z) ensengemenz de uertuz? Quar desloier ceaz ki 5
ont les diables, guarir les malades, quantes foies om li proiet par la foid,
alsi com il uiuanz auoit acconstumeit a faire senz entrelaissement, ensi
perseueret a ses mortes osses. Mais il moi plaist, Pieres, encor az parties
de la contreie Valeire remeneir les paroles de ma narration, des queis
moi suint auoir oit mult grandes miracles de la boche del honorable 10
Fortuneit cui ramenbrance fis lonz ci dessoure. Ki souentes foiz ioskes
or a moi uenanz, quant il a moi racontet les faiz des uielhars, si moi
solet de nouele refection.

XI. De Martirio lo moine.

Quar uns fut en cele meisme contreie Martyrius par nom, mult 15
denom serianz del tot poissant deu, ki donat ceste ensenge del tesmoin
de sa uertut. Quant par un ior li frere de celui orent fait un pain
desoz les cendres, et oblieit empresseir a lui l'ensenge de la croiz, alsi
com en cele contreie les crus pains solent ensengier d'un fust par ke il
soient ueut estre partit par quatre quartiers, cil meismes serianz de deu 20
fut presenz, et si conut parmi eaz racontanz ke il ne fut pas ensengiez.
Et quant ia cil pains astoit couerz de carbons et de cendres, dunkes
dist: Por coi ne l'aueiz uos ensengiet? Li queiz cez choses disanz, l'ensenge de la croiz fist [78ʳ] de son doit encontre les cherbons. Li queiz

tamen credendum est quia locum quem acceperat perdidit, quia dubium non est
quod intercessoris sui precibus potuit post mortem melius uiuere, qui et ante
mortem studuit omnipotenti Deo placere. Sed cur multa de eius uita dicimus,
cum nunc usque ad corpus illius tot uirtutum documenta teneamus? Daemonia-
cos quippe absoluere, aegros curare quoties ex fide petitur, ut uiuus consueuerat 5
hoc indesinenter facere, et apud mortua sua ossa perseuerat. Sed libet, Petre,
adhuc ad Valeriae prouinciae partes narrationis meae uerba reducere, de quibus
me eximia ualde miracula ex ore uenerabilis Fortunati, cuius longe superius
memoriam feci, contigit audisse. Qui crebro ad me nunc usque ueniens, dum
facta mihi ueterum narrat, noua refectione me satiat. 10

XI. De Martyrio monacho prouinciae Valeriae.

Quidam namque in eadem prouincia Martyrius nomine denotus ualde omnipotentis Dei famulus exstitit, qui hoc de uirtutis suae testimonio signum dedit.
Dum quadam die fratres illius panem subcinericium fecissent eique obliti essent
crucis signum imprimere, sicut in hac prouincia crudi panes ligno signari solent, 15
ut per quadras quattuor partiti uideantur, idem Dei famulus adfuit eisque referentibus signatum non fuisse cognouit. Cumque iam panis ille prunis esset et cineri-
bus coopertus, dixit: Quare hunc minime signastis? Qui hoc dicens, signum
crucis digito contra prunas fecit. Quo signante protinus immensum crepitum

pains cant fut ensengiez enhelement donat un grand son, alsi com uns
grans poz eust soneit el fou. Li queiz pains cuiz quant il en apres fut
fors traiz del fou, si fut troueiz ensengiez de cele croiz, cui ne fist pas
li atochemenz, mais la foiz.

XII. De Seueir lo preste.

En cel meisme liu alsiment une naz est dite Interrorine, ki des
pluisors par uilain nom Interocrina est nomeie, en cui astoit uns hom de
mult meruilhouse uie, Seuerus par nom, ki astoit prouoires de la glise la
mere deu ki est de bieneurouse memoire et toz tens uirgene. Icestui
uns peres de maihnies, quant il astoit uenuz al dairain ior, par enuoies
messages tost rouat ke il mult tost uenist a soi, et de ses orisons proiast
por ses pechiez, par ke il apres faite penitance de ses malz, desloiez de
culpe eisteroit del cors. Li queiz loist a sauoir prouoires auint ke il
desquidiement astoit occupeiz a talhier la uingne et si dist a ceaz qui
uinrent a soi: Aleiz deuant, elleuos ge uos siu apres. Et quant il uit
en cele meisme oeure remanoir a soi petit alcune chose, si fist un pei
demorance par ke il paremplirot cel petit d'oeure ke lui remanoit.
Quant il l'out paremplit, si comenzat aleir al malade. Mais a lui alant
en la uoie encontre corurent cil ki anzois astoient uenut, si furent fait
encontre lui disant: Peres, por coi as tu atargiet? Ne toi lasse mie,
car il est ia morz. Quant ce oit icil, si tremblat et par grandes uois
comenzat a crieir, soi estre occiseor de celui. Gieres il ploranz paruint
al cors del mort et si soi donat en larmes en terre deuant lo lit de celui.
Et quant il durement ploreuet, et son chief en terre feroit, et soi crieuet

panis dedit, ac si ingens in ignibus olla crepuisset. Qui dum coctus postmodum
fuisset ab igne subtractus, ea cruce signatus inuentus est, quam non contactus,
sed fides fecit.

XII. De Seuero presbytero eiusdem prouinciae.

In eo etiam loco Interorina uallis dicitur, quae a multis uerbo rustico
Interocrina nominatur, in qua erat quidam uir uitae ualde admirabilis, nomine
Seuerus, ecclesiae beatae Mariae Dei genetricis semper uirginis sacerdos. Hunc,
cum quidam paterfamilias ad extremum uenisset diem, missis concite nuntiis
rogauit ut ad se quantocius ueniret, suisque orationibus pro peccatis eius inter-
cederet, ut acta de malis suis poenitentia solutus culpa ex corpore exiret. Qui
uidelicet sacerdos inopinate contigit ut ad putandam uineam esset occupatus,
atque ad se uenientibus diceret: Antecedite, ecce ego uos subsequor. Cumque
uideret sibi in eodem opere parum aliquid superesse, paululum moram fecit, ut
opus quod minimum restabat expleret; quo expleto coepit ad aegrum pergere.
Eunti uero in itinere occurrentes hi qui prius uenerant, obuiam facti sunt
dicentes: Pater, quare tardasti? Noli fatigari, quia iam defunctus est. Quo
audito ille contremuit, magnisque uocibus se interfectorem illius clamare coepit.
Flens itaque peruenit ad corpus defuncti, seque coram lecto illius cum lacrimis
in terram dedit. Cumque uehementer fleret, in terram caput tunderet, seque

estre culpable de la mort de celui, dunkes man ne receut anrme cil ki astoit morz. La queile chose quant ueoient icil ki steue[ue]nt enuiron, par fors mises uoiz d'ammiration començ(i)erent plus a ploreir de ioie. Et quant lui demanderent u il fut u coment il repairat, si dist: Mult noir astoient li homme ki [78ᵛ] moi meneirent, de cui boche et de cui narines eissoit fous cui ge ne pou soffrir. Et quant il moi menerent par obscurs lius, sodainement uns iouenceaz de bele ueue auoc altres fut faiz encontre nos alanz, ki dist a ceaz ki moi traoient: Remeneiz celui, car Seueirs li prestes plaint, li sires l'at doneit a ses larmes. Li queiz loist a sauoir Seueirs enhelement soi leuat de la terre, et a lui faisant penitence donat aiue de sa proiere. Et quant il par set iors des culpes cui il auoit fait faisoit penitence malades retorneiz a uie, el oitisme ior liez eissit del cors. Parpense, proie ge, cest Seueir dont nos parlons com ameit li sires lo regardat, cui il ne soffrit pas estre contristeit nes a un petit de tens. **Pirres.** Mult meruilhouses sont cez choses les queiz ge troeue ioskes a or moi auoir atapit. Mais queile chose disons nos estre, ke teil homme ne puent pas or estre trouoit? **Gregoires.** Ce aesme, Pieres, pluisors teiz en cest secle or nient defalir. Quar et se il ne font pas teiz ensenges, nekedent sont il tell. Quar la uraie aesmance de la uie, ele est en la uertut des oeures, nient en la demostrance des signes. Car il sont li alcant ki ne font pas signes, nekedent ne sont il pas dissemblant a ceaz ki signes font. **Pirres.** Ce toi proi, dont moi puet ce estre demostreit, ke soient li alcant ki ne font pas signes, et nekedent ne sont il pas dissemblant a ceax ki les font? **Gregoires.** Ne seiz tu

reum mortis illius clamaret, repente is qui defunctus fuerat animam recepit. Quod dum multi qui circumstabant aspicerent, admirationis uocibus emissis coeperunt amplius flere prae gaudio. Cumque eum requirerent ubi fuerit, uel quomodo rediisset, ait: Tetri ualde erant homines qui me ducebant, ex quorum ore et naribus ignis exibat, quem tolerare non poteram. Cumque per obscura loca me ducerent, subito pulchrae uisionis iuuenis cum aliis nobis euntibus obuiam factus est, qui me trahentibus dixit: Reducite illum, quia Seuerus presbyter plangit; eius enim lacrimis dominus eum donauit. Qui scilicet Seuerus protinus de terra surrexit, eique poenitentiam agenti opem suae intercessionis praebuit. Et dum per dies septem de perpetratis culpis poenitentiam aeger rediuiuus ageret, octaua die laetus de corpore exiuit. Perpende, [Petre], quaeso, hunc de quo loquimur Seuerum, quam dilectum dominus *attendit, quem contristari nec ad modicum pertulit. **Petr.** Admiranda sunt ualde haec, quae me inuenio nunc usque latuisse. Sed quid esse dicimus quod modo tales uiri nequeunt inueniri? **Gregor.** Ego, Petre, multos tales in hoc saeculo nec modo deesse existimo: neque enim si talia signa non faciunt, ideo tales non sunt. Vitae namque uera aestimatio in uirtute est operum, non in ostensione signorum. Nam sunt plerique, qui etsi signa non faciunt, signa tamen facientibus dispares non sunt. **Petr.** Vnde mihi, rogo, ostendi potest, quod sint quidam qui signa non faciunt, et tamen signa facientibus dissimiles non sunt? **Gregor.** Num quidnam nescis quoniam

dunkes, ke Paulus li aposteles a Pirron lo promier des aposteles est freres el prinzame apostolal? **Pirres.** Gel sai engueilment et n'est pas dotouse chose, car et la soit il li plus petiz de toz les .posteles, neke-dent il laburat plus de toz les altres. **Gregoires.** Ke tu meismes bien
5 ramenbres, Pieres alat en la meir de ses piez, Paules soffrit en la meir brisure de neif. En un meisme element Paules la ne pot pas aleir a neif, u Pirres fist uoie de ses piez. Pornec estat aouertement, ke la soit ke la uertuz del un et del altre fut dissemblanz el miracle, nekedent la deserte [79ʳ] del un et del altre n'est pas dissemblanz el ciel. **Pirres.** Gel
10 regehis del tot en tot moi plaist ce ke tu dis. Or conois ouertement ke l'om doit querre la uie et nient les signes. Mais nekedent par tant ke meismes les signes ki sont faites a la bone uie portent tesmoin, ge te proi ke tu encor racontes, si alcunes choses sont, par ke tu moi familhous paisses par les exemples des bons. **Gregoires.** Ge uolroie a toi es loenges
15 de nostre rachateor alcunes choses raconteir des miracles del honorable baron Benoit, mais a cez choses paremplir uoi ge lo tens d'ui nient pooir suffire. Gieres plus franchement parlerons nos ces choses, se nos prendons un altre comencement.

Ici finet li promiers liures.

Paulus. apostolus Petro apostolorum primo in principatu apostolico frater est? **Petr.** Scio plane, nec dubium est quia etsi minimus omnium apostolorum, plus tamen omnibus laborauit. **Gregor.** Quod bene ipse reminisceris, Petrus in mari pedibus ambulauit, Paulus in mari naufragium pertulit: et in uno eodemque
5 elemento ibi Paulus ire cum naui non potuit, ubi Petrus pedibus iter fecit. Aperte igitur constat, quia cum utriusque uirtus fuerit dispar in miraculo, utriusque tamen meritum dispar non est in caelo. **Petr.** Placet, fateor, omnino quod dicis: ecce enim aperte noui, quia uita et non signa quaerenda sunt. Sed quoniam ipsa signa quae fiunt bonae uitae testimonium ferunt, quaeso te adhuc
10 si qua sunt referas, ut esurientem me per exempla bonorum pascas. **Gregor.** Vellem tibi in laudibus redemptoris de uiri uenerabilis Benedicti miraculis aliqua narrare, sed ad haec explenda hodiernum tempus uideo non posse sufficere. Liberius itaque haec loquemur, si aliud exordium sumamus.

Li secuns liures est de la uie et des miracles del honorable Benoit. Ici comencent li capitel del secund liure.

I. Del brisiet tamis et refermeit. II. De la uencue temptation de la char. III. De l'ampolete de uoire ki rumpit par l'ensenge de la croiz. IIII. Del moine de uable pense ki fut remeneiz a salut. V. De l'aigue cui il en la haltece del mont fors menat d'une piere. VI. Del fer ki del parfont de l'aigue retornat a son manoir. VII. De son disciple ki alat sor les aigues de ses piez. VIII. Del pain enfait del uenin, ki long fut getteiz parmei lo corbel. VIIII. De la grande piere ki fut alegie parmi sa orison. X. Del eschernissable esprendement de la coisine. XI. Del mort enfanzon del serf de deu, ki fut debrisiez et saneiz. XII. Des sers deu ki prisent lo mangier encontre la reule. XIII. De(l) frere Valentinien lo moine alsi com la dessore. XIIII. De la faintise lo roi Totile ki fut deprise. XV. De la prophetie ki fut faite a cel meisme roi Totile. XVI. Des murs del borc de Romme ki furent abatut de turbeilhon. XVII. Del clerc deliureit ki auoit lo diable. XVIII. De la prophetie del destruisement de Sabie. XVIIII. De la flaische ki fut embleie. XX. Des napeles prises del serf deu. [79ᵛ] XXI. De l'orgailhouse pense del enfant, ki fut conute par lo saint espir. XXII. De dous cenz muis de farine, ki furent troueit deuant la cele el tens de la famine. XXIII. De la faiture del monstier Terracinense, ki fut

LIBER SECVNDVS.

I. De capisterii fracti reparatione. II. De tentatione carnis superata. III. De ampulla uitrea signo crucis rupta. IIII. De monacho uagae mentis ad salutem reducto. V. De aqua quam in montis uertice ex petra [oratio] produxit. VI. De ferro ex profundo aquae ad manubrium reuerso. VII. De Mauro eius discipulo, qui super aquas pedibus ambulauit. VIII. De infecto per uenenum pane per coruum longius proiecto. VIIII. De ingenti saxo per eius orationem leuato. X. De phantastico coquinae incendio. XI. De serui Dei puerulo [ruina] confracto et sanato. XII. De seruis Dei qui cibum contra regulam sumpserunt. XIII. De fratre Valentiniani monachi, *quem uir Dei in uia comedisse in spiritu cognouit. XIIII. De simulatione regis Totilae deprehensa. XV. De prophetia quae eidem regi Totilae facta est. ... XVI. (17.) De clerico a daemonio liberato. XVII. (18.) De prophetia destructionis *monasterii sui. XVIII. (19.) De fiascone sublato, [et per spiritum cognito]. XVIIII. (20.) De mappularum *receptione a seruo Dei cognita. XX. (21.) De cogitatione *monachi superba *a uiro Dei cognita. XXI. (22.) De ducentis farinae modiis famis tempore ante cellam inuentis. XXII. (23.) De fabrica

ordineie par uision. XXIIII. Des anceles deu ki apres la mort parmei sa oblation furent rendues a communion. XXV. Del moine enfanzon cui enseuelit fors gettat la terre. XXVI. Del moine ki hainous cel meisme monstier s'en alanz trouat un dragon encontre soi en la uoie. XXVII. Del enfant ki fut guaris d'elefantie. XXVIII. Des saus ki furent rendut al detteor par miracle. XXVIIII. De la phiole de uoire ki fut getteie entre les pieres et nient brisie. XXX. Del tonel uuid et raemplit d'oile. XXXI. Del moine ki fut deliureiz del diable. XXXII. Del uilain loiet, ki fut desloiez de la soule sa ueue. XXXIII. Del mort ki fut resusciteiz. XXXIIII. Del miracle sainte Scolastike sa seror. XXXV. De l'anrme sa seror ueue coment ele astoit del cors eissue. XXXVI. Del mund ki fut colgiez deuant ses oez, et de l'anrme Germain lo ueske de la citeit Capuane. XXXVII. Ke il escrist la riule des moines. XXXVIII. De la prophetie de sa eissue ki fut annuncie az freres. XXXVIIII. De la forsenerie de la femme ki fut saneie par sa fosse.

Ici finent li capitel del second liure.

monasterii Terracinensis per uisionem disposita. XXIII. (24.) De ancillis Dei quae post mortem per eius oblationem communioni sunt redditae. XXIIII. (25.) De puero monacho quem sepultum terra proiecit. XXV. (26.) De monacho qui *monasterio discedens draconem in itinere inuenit. XXVI. (27.) De puero a morbo elephantino curato. XXVII. (28.) De solidis per miraculum debitori redditis. XXVIII. (29.) De ampulla uitrea in saxis proiecta et non fracta. XXVIIII. (30.) De dolio uacuo et oleo repleto. XXX. (31.) De monacho a daemone liberato. XXXI. (32.) De rustico ligato et solo eius uisu soluto. XXXII. (33.) De mortuo suscitato. XXXIII. (34.) De miraculo Scolasticae sororis eius. XXXIIII. (35.) De anima sororis eius uisa qualiter e corpore sit egressa. XXXV. (36.) De mundo ante oculos eius collecto et de anima Germani Capuanae ciuitatis episcopi. XXXVI. (37.) Quod regulam monachorum scripserit. XXXVII. (38.) De prophetia sui exitus fratribus denunciati. XXXVIII. (39.) De insana muliere in eius specu sanata.

Ici comencet li seconz liures.

Il fut uns hom d'onorable uie, de grasce Benoiz et par nom, ki portat cuer de uielhar des lo tens de sa enfance. Quar il trespassanz son eage par constumes, ne donat son corage a nul delit; mais quant il encor astoit en ceste terre, si despitat ia alsi com sec lo mont auoc sa flor, dont il poist el tens useir franchement. Ki fut neiz de franche lingie de la contreie Nursie, et a Romme fut doneiz a liberas estuides de lettres de son pere et de sa mere. Mais cant il en iceas neoit les pluisors aleir parmei les fosses des uisces, si retrast cel piet [80ʳ] cui il auoit mis alsi com en l'entreie del mont, par ke il meismes en apres, se alcune chose atenist de sa science, n'alaist trestoz en un grant trebuchement. Gieres despitiez les estuides des lettres, laissie la maison et les choses de son paire, al soul deu desiranz plaisir, quist l'abit de sainte conuersation. Dunkes s'en alat sachanment nient sachanz, et sagement nient apris. Ge n'ai pas apris toz les faiz de cestui, mais poi de choses cui ge raconterai conois racontanz quatre disciples de celui, loist a sauoir Constantin lo mult tresredotable homme, ki uint apres lui el gouernement del monstier, Valentinien alsiment ki par pluisors ans fut dessoure lo monstier Lateranense, et Simplice ki gouernat sa congregation tiers apres lui, Honoreit alsiment ki encor est dessoure la cele de celui, en cui il conuersat promiers. — Gieres quant iciz, ia laissiez les estuides des lettres, pensat

Fuit uir uitae uenerabilis, gratia Benedictus et nomine, ab ipso suae pueritiae tempore cor gerens senile. Aetatem quippe moribus transiens nulli uoluptati animum dedit: sed dum in hac terra adhuc esset, quo temporaliter libere uti potuisset, despexit iam quasi aridum mundum cum flore. Qui liberiori genere ex prouincia Nursiae exortus, Romae liberalibus litterarum studiis traditus fuerat. ... Sed cum in eis multos ire per abrupta uitiorum cerneret, eum quem quasi in ingressu mundi posuerat, retraxit pedem: ne si quid de scientia eius attingeret, ipse quoque in immane praecipitium totus iret. Despectis itaque litterarum studiis, relicta domo rebusque patris soli Deo placere desiderans, sanctae conuersationis habitum quaesiuit. Recessit igitur scienter nesciens, et sapienter indoctus. Huius ego omnia gesta non didici, sed pauca quae narro, quattuor discipulis illius referentibus agnoui: Constantino scilicet reuerentissimo ualde uiro, qui ei in monasterii regimine successit, Valentiniano quoque, qui annis multis Lateranensi monasterio praefuit, Simplicio, qui congregationem illius post eum

requerre les [des] deserz, sa norrice ki l'ameuet plus estroitement soule
lo sewit. Et quant il astoient uenut al liu ki Effide est diz, et pluisors
honestes hommes par cariteit soi detenanz illokes, demoreuent en la glise
del bieneurous Perron,

L. Del tamis brisiet et refermeit.

Sa norrice ci deuant dite proiat les uoisines femmes ke l'cm
li prestast un tamis a purgier frument. Li queiz tamis laissiez sor
la table maluoisousement par auenant auenture brisat, si ke il astoit
troueiz partiz en dous parties. Lo queil manes quant trouat repairanz
la norrice de celui, si comenzat mult durement a ploreir, car lo uaissel
cui ele presteit auoit pris ueoit ele brisiet. Mais Benoiz li religious enfes
et pius, quant il ueoit sa norrice ploreir, il eut compassion de sa dolor,
si prist auoc soi ambedous les parties del brisiet tamis, et a larmes soi
donat en orison. Li queiz soi sus leuanz de l'orison trouat lo uaissel
deleiz soi ensi sain, ke nules traces de la brisure ne porent pas en lui
estre trouoies. Et manes confortat sa norrice dulcement, se li rendit sain
lo tamis, [80ᵛ] cui il brisiet auoit pris. La queile chose fut conue de
trestoz en icel liu, et haute en si grande meruеilhe, ke li maneor de cel
liu pendirent cel meisme tamis en l'entreie de la glise, par ke cil ki
astoient present et cil ki deuoient uenir trestot conistroient, de com grande
perfection Benoiz li enfes ot comencie la grasce de conuersation. Li queis
tamis fut illoc par pluisors ans deuant les oez de toz, et ioskes a ces

tertius rexit, Honorato etiam qui nunc adhuc cellae eius in qua prius conuersatus fuerat praeest.

l. De capisterii fracti reparatione.

Hic itaque cum iam relictis litterarum studiis petere deserta decreuisset,
nutrix quae hunc arctius amabat sola secuta est. Cumque ad locum uenisset qui
dicitur Effide, multisque *honestioribus uiris pro caritate se illic detinentibus, in
beati Petri ecclesia demorarentur, praedicta nutrix illius ad purgandum triticum
a uicinis mulieribus praestari sibi capisterium petiit, quod super mensam incaute
derelictum casu accidente fractum est, sic ut in duabus partibus inueniretur
diuisum. Quod mox rediens nutrix illius ut ita inuenit, uehementissime flere
coepit, quia uas quod praestitum acceperat, fractum uidebat. Benedictus autem
religiosus et pius puer cum nutricem suam flere conspiceret, eius dolori compassus,
ablatis secum utrisque fracti capisterii partibus, sese cum lacrimis in orationem
dedit, qui ab oratione surgens ita iuxta se uas sanum repperit, ut in eo inueniri
fracturae nulla uestigia potuissent, moxque nutricem suam blande consolatus ei
sanum capisterium reddidit, quod fractum tulerat. Quae res in eodem loco a
cunctis est agnita, atque in tanta admiratione habita, ut hoc ipsum capisterium
eius loci incolae in ecclesiae ingressu suspenderent, quatenus praesentes et secu-
turi omnes agnoscerent, Benedictus puer conuersationis gratiam a quanta per-
fectione coepisset; quod annis multis illic ante omnium oculos fuit, et usque ad
haec Longobardorum tempora super fores ecclesiae pependit. Sed Benedictus

tens des Lumbars pendit sor les huisses de la glise. Mais Benoiz plus desiranz soffrir les maz del mont ke les los, por deu estre lasseiz de traualz ke par les bienuoloirs de ceste uie estre sorleueiz, il fuianz sa norrice repunsement, requist un secreit d'un desert liu a cui est nons Sublacus, li queix lius estanz pres uint leues del borc de Romme gettet fors froides aigues et parueables. La queile ilokes loist a sauoir li habundance des aigues soi colt promiers en un estendut bruec, mais al derrains est deriueie en un fluet. Al queil liu cant il fuianz s'en aloit, uns moines Romains par nom lo trouat alant, se li demandat u il iroit. Cui desier cant il auoit conut, et il lo tint secreit et donat aiue, et il li donat l'abit de sainte conuersation, et si ministrat a lui en combien il liut. Mais li hom deu paruenanz a cel meisme liu donat soi en une mult estroite fosse, et si meist par trois ans nient conuz az hommes estre al moine Romain. Li queiz loist a sauoir Romains niuoit nient lonz en un monstier desoz la reule del peire Deudoneit. Mais il embloit les houres piement az oez de cel meisme peire, et lo pain cui il a soi pout sostraire a mangier, celui portoit Benoit par certains iors. Et a cele fosse ne fut pas uoie de la cele Romain, quar une halte roche dessoure aparissoit. Mais Romains de cele meisme roche en une mult longe corde loiet lo pain soloit metre. En la queile corde il entreteissit alsiment a une hart une petite clokete, par ke al son de la clokete conistroit li hom deu, quant Romains li donast del pain, cui il eissanz prenderoit. [81ʳ] Mais li anciens anemis portanz enuie a la cariteit del un, a la refection del altre, quant il en un ior uit metre lo pain, si gettat une piere et brisat

plus appetens mala mundi perpeti quam laudes, et pro Deo laboribus fatigari quam uitae huius fauoribus extolli, nutricem suam occulte fugiens, deserti loci secessum petiit, cui Sublacus uocabulum est, qui ab Romana urbe xl. fere milibus distans, frigidas atque perspicuas emanat aquas. Quae illic uidelicet aquarum abundantia in extenso prius lacu colligitur, ad postremum uero in amnem deriuatur. Quo dum fugiens pergeret, monachus quidam Romanus nomine, hunc euntem repperit, quo tenderet requisiuit. Cuius cum desiderium cognouisset, et secretum tenuit et adiutorium impendit, eique sanctae conuersationis habitum tradidit, et in quantum licuit ministrauit. Vir autem Dei ad eundem locum perueniens in arctissimum specum se tradidit, et tribus annis excepto Romano monacho hominibus incognitus mansit: qui uidelicet Romanus non longe in monasterio sub Adeodati patris regula degebat. Sed pie eiusdem patris sui oculis furabatur horas, et quem sibi ad manducandum surripere poterat, diebus certis Benedicto panem ferebat. Ad eundem uero specum a Romani cella iter non erat, quia excelsa desuper rupes eminebat; sed ex eadem rupe in longissimo fune ligatum Romanus deponere panem consueuerat: in quo etiam resti paruum tintinnabulum inseruit, ut ad sonum tintinnabuli uir Dei cognosceret quando sibi Romanus panem praeberet, quem exiens acciperet. Sed antiquus hostis unius caritati inuidens, alterius refectioni, cum quadam die submitti panem conspiceret, iactauit lapidem, et tintinnabulum fregit. Romanus tamen modis congruentibus ministrare

la clokete. Nequedent Romains ne cessat pas de ministreir par mesures
couenables. Mais cant ia li tot poissanz deus et Romain uoloit cesseir
de son trauailh, et mostreir la uie Benoit en exemple az hommes, ke la
luserne mise sor lo chandeleir renderoit clarteit, par k'ele luiroit a toz
5 ceaz ki sont en la maison deu: a un preste ki lonz manoit, ki en la
feste de la paske auoit a soi apparelhie la refection, a lui deniat li sires
aparoir par uision disanz: Tu apareilhes a toi delices, et mes sers en
icel liu est cruciez de fain. Ki soi leuat enhelement, et en cele meisme
sollempniteit de la paske alat al liu auoc les mangiers cui il auoit a soi
10 apparelhies, et si quist l'omme de deu par les falises des monz, par les
caueies des uaz, par les fosses des terres, si lo trouat en une fosse ataph.
Et quant il faite l'orison benissant lo tot poissant deu seissent ensemble,
apres les duz parlemenz de uie cil ki astoit uenuz li prestes, il dist:
Lieue sus, prendons mangier, car hui est la paske. A cui respondit li
15 hom de deu disanz: Ge sai ke paske est, car ge deserui toi ueoir. Quar
il mis lonz des hommes ne sauoit que en cel meisme ior astoit la pascale
sollempniteiz. Mais li honorables prestes de rechief affermoit disanz:
Veritablement hui est li pascaz iors de la resurrection del sanior; a toi
ne couient pas abstenir, quar et ge sui poruee enuoiez, par ke nos
20 ensemble prendons les dones del tot poissant sanior. Gieres benistrent il
deu, si prisent mangier. Et ensi paremplie la refection et lo parlement,
li prestes s'en ralat a la glise. En icel meïsme tens alsiment lo trouerent
et pastor atapissant en la fosse. Lo queil cant il uirent entre les boissons
estre uestut de peaz, sel creirent estre alcune beste. Mais il conissant lo

non desiit. Cum uero iam Deus omnipotens et Romanum uellet a labore quiescere,
et Benedicti uitam in exemplum hominibus demonstrare, ut posita super cande-
labrum lucerna claresceret, quatenus omnibus qui in domo Dei sunt luceret:
cuidam presbytero longius manenti qui refectionem sibi in paschali festiuitate
5 parauerat, per uisum Dominus apparere dignatus est dicens: Tu tibi delicias
praeparas, et seruus meus illo in loco fame cruciatur. Qui protinus surrexit,
atque in ipsa sollemnitate paschali cum alimentis quae sibi parauerat, ad locum
tetendit, et uirum Dei per abrupta montium, per concaua uallium, per defossa
terrarum quaesiuit, eumque latere in specu repperit. Cumque oratione facta bene-
10 dicentes Dominum omnipotentem consedissent, post dulcia uitae colloquia is qui
aduenerat presbyter dixit: Surge sumamus cibum, quia hodie pascha est. Cui
uir Dei respondit dicens: Scio quia pascha est, quia uidere te merui.
Longe quippe ab hominibus positus, quia die eodem paschalis sollemnitas esset
ignorabat. Venerabilis autem presbyter rursus asseruit dicens: Veraciter hodie
15 resurrectionis dominicae paschalis dies est; abstinere tibi minime congruit, quia
et ego ad hoc missus sum ut omnipotentis dona Dei pariter sumamus. Bene-
dicentes igitur dominum sumpserunt cibum. Expleta itaque refectione et
colloquio ad ecclesiam presbyter recessit. Eodem quoque tempore hunc in
specu latitantem etiam pastores inuenerunt: quem dum uestitum pellibus inter
20 fruteta cernerent, aliquam bestiam esse crediderunt; sed cognoscentes Dei famu-

seriant de deu, li pluisor d'eaz furent mueit a la grasce de pieteit de la bestial pense. Gieres ses nons fut conuz [81ᵛ] par les uoisins lius. Et fait est ke des icel tens comenzat estre frequenteiz d'eaz pluisors. Et quant il porterent a lui les mangiers del cors, si reporterent en lur piz de sa boche les mangiers de uie.

II. De la temptation de la char.

Mais par un ior quant il astoit souz, si fut presenz li tempteïres. Quar uns noirs oiseaz et petiz ki del pople est apeleiz merle, comenzat a uoleir entor sa face, et engressement enchalcier a son uiaire, si k'ele poist estre prise de sa main, se li sainz hom la uolsist tenir. Mais cant il ot doneit l'ensenge de la croiz, si s'en ralat li oiseax. Et si grande temptations de la char sewit, quant cil meismes oiseax s'en fut aleiz, com grande li hom deu n'ot unkes esproueit. Quar il auoit neut iadiz une femme, cui li malignes espirs remenat deuant ses oez, et de si grand fou ensprist lo corage del serf deu en la bealteit de celei, ke la flamme del amor a poines soi prendoit en son piz, et ke il uencuz del delit ia pensout pres a laissier l'eremitage. Quant il sodainement regardeiz de la souraine grasce retornat a soi meisme, et il regardanz la deleiz croistre spes boissons d'urtics et de roinsses trast fors son uestiment, et soi nud gettat en iceaz aguilhons des espines et es esprendemenz des urties. Et la longement tornoiez eissit fors par tot son cors plaiez, et par les plaies de son cuir menat fors par son cors la plaie de sa pense, car il trast lo delit en dolor. Et quant il bien par la poine ardoit defors, si estinst ce

hum, eorum multi ad pietatis gratiam a bestiali mente mutati sunt. Nomen itaque eius per uicina loca innotuit cunctis. Factumque est ut ex illo iam tempore a multis frequentari coepisset, qui cum ei cibum afferrent corporis, ab eius ore in suo pectore alimenta referebant uitae.

II. De tentatione carnis superata.

Quadam uero die dum solus esset, tentator affuit. Nam nigra paruaque auis quae a uulgo merula nominatur, circa eius faciem uolitare coepit, eiusque uultui importune insistere, ita ut manu capi posset, si hanc uir sanctus tenere uoluisset: sed signo crucis edito recessit auis. Tanta autem carnis tentatio aue eadem recedente secuta est, quantam uir *sanctus nunquam fuerat expertus. Quandam namque aliquando feminam uiderat, quam malignus spiritus ante eius [mentis] oculos reduxit, tantoque igne serui Dei animum in specie illius accendit, ut se in eius pectore amoris flamma uix caperet, et iam paene deserere eremum uoluptate uictus deliberaret. Cum subito superna gratia respectus ad semet ipsum reuersus est, atque urticarum et ueprium iuxta densa succrescere fruteta conspiciens, exutus indumento nudum se in illis spinarum aculeis et urticarum incendiis proiecit; ibique diu uolutatus toto ex eis corpore uulneratus exiit, et per cutis uulnera eduxit a corpore uulnus mentis: quia uoluptatem traxit in dolorem. Cumque bene poenaliter foris arderet, exstinxit quod intus illicite ardebat. Vicit itaque peccatum, quia mutauit incendium. Ex quo uidelicet tempore, sicut

ke il nient loisablement ardoit dedenz. Et ensi uenkit lo pechiet, car il
muat l'ensprendement. Del queil loist a sauoir tens, alsi com il en apres
disoit az disciples, ensi fut en lui donteie la temptations del delit, ke il
ne sentoit pas en soi alcune teile chose. En apres comenc(i)erent ia li
5 pluisor a deguerpir lo mont et hasteir a sa maisterie. Quar il frans del
uisce de temptation, par droiture ia fut faiz maistres des uertuz. De ce
est et ke par Moysen est comandeit en l'Exodo, ke li Leuite doiuent
ministreir de uint et cinc [82ʳ] ans et dessoure, mais del cincantisme an
soient il fait garde des uaisseaz. **Pirres.** Ia certes li entendemenz del dit
10 tesmoin entreluist a moi ke ke soit, mais nekedent ge demande ce estre
espons plus engueilment. **Gregoires.** Cleire chose est, Pieres, ke la
temptations bolt en la iuuente, mais del cincantisme an refroidet la
chalors del cors. Et li saint uaissel, ce sont les penses des feoz. Gieres
li ellit ~ant il encor sont en la temptation, si lur est mestiers desoz estre
15 et seruir et ke il soient lasseit par seruises et par traualz. Mais quant
ia paisieble lo eage de la pense li chalres de temptation s'en serat aleiz,
dunkes sont il garde des uaisseaz, car il deuinent maistre des anrmes.
Pirres. Gel regehis, il moi plaist ce ke tu dis. Mais par tant ke tu les
closes choses del dit tesmoin as defermeit, ge toi proi, ke tu doiues par-
20 curre les choses cui tu as comencies de la uie del iuste.

III. De l'ampolete de uoire.

Gregoires. Gieres quant s'en fut aleie la temptations, li hom de deu
alsi com spines fors getteies de la enhaneie terre, del bleif des uertuz
donat fruit plus portablement. Gieres ses nons astoit honoreiz de la

post discipulis ipse perhibebat, ita in eo est tentatio uoluptatis edomita, ut tale
aliquid in se minime sentiret. Coeperunt postmodum multi iam mundum relinquere atque ad eius magisterium festinare. Liber quippe a tentationis uitio,
iure iam factus est uirtutum magister. Vnde et per Moysen in Exodo prae-
5 cipitur, ut Leuitae a uiginti quinque annis et supra ministrare debeant: ab anno
uero quinquagesimo custodes uasorum fiant. **Petr.** Iam quidem prolati testimonii
mihi aliquantulum intellectus interlucet: sed tamen hoc planius exponi postulo.
Gregor. Liquet, Petre, quod in iuuentute carnis tentatio ferueat, ab anno autem
quinquagesimo calor corporis frigescat. Vasa autem sacra sunt fidelium mentes.
10 Electi ergo cum adhuc in tentatione sunt, subesse eos ac seruire necesse est, et
obsequiis laboribusque fatigari. Cum uero iam mentis aetate tranquilla calor
recesserit tentationis, custodes uasorum sunt, quia doctores animarum fiunt.
Petr. Fateor, placet quod dicis: sed quia prolati testimonii clausa reserasti,
quaeso ut de uita iusti debeas ea quae sunt inchoata percurrere.
15 **III. De uase uitreo signo crucis rupto.**
Gregor. Recedente igitur tentatione uir Dei quasi spinis erutis exculta terra
de uirtutum segete feracius fructus dedit; praeconio itaque eximiae conuersationis
celebre nomen eius habebatur. Non longe autem monasterium fuit, cuius congregationis pater defunctus est, omnisque ex illo congregatio ad eundem uenera-

loenge de grande conuersation. Mais nient lonz astoit uns mônstiers, de
cui congregation li peires astoit morz, et tote l'assembleie del monstier
uint a cel meisme honorable Benoit, et si proiat de grandes proieres ke
il deuroit estre dessoure eaz. Ki longement lo respitat en denoiant, si
deuant dist nient pooir couenir az siens et az constumes de cez freres. 5
Mais a la fie uencuz de lur proieres i donat assenz. Et quant en cel
monstier astoit tenue la garde de reguleir uie, et a nului ne loisoit soi
fleckir de la uoie de la conuersation par nient loisables faiz en destre et
en senestre partie alsi com anzois, li receut frere deruciement forsenant
soi meismes comenc(i)erent anzois accuseir, ke il l'auoient demandeit a soi 10
dessoure estre. Cui loist a sauoir torture soi hortoit en la roule de sa
droiture. Et quant [82ᵛ] il ueoient desoz lui nient loisoir a soi les
choses nient loisables, et auoient duel soi laissier les aconstumeies choses
et dure chose astoit, ke il en lur uiez pense astoient destraint penseir
noueles choses, alsi com az maluaises constumes toz tens est pesanz la 15
uie des bons, il soi penerent de traitier alcune chose de sa mort; ki
entrerent en conseil, si mellerent uenin auoc uin. Et quant cil uaisseaz
de uoire en cui astoit hauz cil morteiz boiures solunc la constume astoit
offerz al seant peire del monstier a benir, Benoiz par estendue main
donat l'ensenge de la croix, et li uaisseaz ki lonz astoit tenuz rumpit de 20
cel(e) meisme ensenge. Et ensi fut brisiez, alsi com il eust doneit une piere
en cel uaissel de mort por l'ensenge. Enhelement entendit li hom de
deu, ke il auoit lo boire de la mort, ki ne pout pas porteir l'ensenge de
uie. Et manes soi leuat, et par plaisible uiaire, par paisible pense apelat
ensemble les freres, si les apparlat disanz: Frere, li tot poissanz deus ait 25

bilem Benedictum uenit, et magnis precibus ut eis praeesse deberet petiit. Qui
diu uegando distulit, suis illorumque fratrum moribus conuenire non posse
praedixit: sed uictus quandoque precibus assensum dedit. Cumque in eodem
monasterio regularis uitae custodiam teneret, nullique ut prius per actus illicitos
in dexteram laeuamque partem deflectere a conuersationis itinere liceret: suscepti 5
fratres insane saeuientes semet ipsos prius accusare coeperunt, quia hunc sibi
praeesse poposcerant, quorum scilicet tortitudo in norma eius rectitudinis offen-
debat. Cumque sibi sub eo conspicerent illicita non licere, et se dolerent assueta relinquere, durumque esset quod in mente ueteri cogebantur noua meditari:
sicut prauis moribus semper grauis est uita bonorum, tractare de eius morte 10
aliquid conati sunt; qui inito consilio uenenum uino miscuerunt. Et cum uas
uitreum in quo ille pestifer potus habebatur recun*benti patri ex more *monasterii
ad benedicendum fuisset oblatum, extensa manu Benedictus signum crucis edidit,
et uas quod longius tenebatur eodem signo rupit: sicque confractum est, ac si in
illo uase mortis pro cruce lapidem dedisset. Intellexit protinus uir Dei quia 15
potum mortis habuerat, quod portare non potuit signum uitae: atque illico
surrexit et uultu placido, mente tranquilla, conuocatos fratres allocutus est dicens:
Misereatur uestri, fratres, omnipotens Deus, quare in me facere ista uoluistis?
Num quid non prius dixi uobis, quia uestris ac meis moribus minime conueniret?

mercit de uos; por coi uolsistes uos en moi faire teiz choses? Nel di
ge dunkes de promiers, ke ne conuenroit pas a mes constumes et as
uostres? Aleiz, et solunc uoz constumes quereiz a uos un pere, car moi
ne poeiz uos pas auoir apres cez choses. Dunkes soi repairat al liu de
5 la solteit cui il auoit laissie, et souz es oez del sourain esgardeor meint
auoc soi. **Pirres.** Ge entent moins ouertement ke ce soit: il meist auoc
soi. **Gregoires.** Se li sainz hom uolsist destrainz longement soffrir cea
ki conspireuent d'un corage encontre soi et loinz dissemblanz a sa conuersation, estre se puet il trespassaist l'us de sa uigor et la mesure de
10 sa paisibleteit, et il declinast l'oelh de sa pense de la lumiere de contemplation. Et quant il par cascun ior en lur amendise lasseiz moins eust
cure de ses choses, estre se puet et il laissast soi, et iceaz ne troueroit
mie. Quar quantes fies par lo mouement de la pense trop sumes
me-[83ʳ]neit defors nos meismes, et nos sumes et auoc nos ne sumes
15 nos mie, quar nient ueant nos meismes, par altres choses uaions. Disom
nos dunkes celui auoir esteit auoc soi, ki s'en alat en une lointaine contreie, ki deguastat la parzon cui il auoit prise, ki aerst en cele contreie
a un des citains, ki paut les pors les queiz il uerroit mangier les legum
et si auroit fain? Li queiz nekedent quant il en apres comenzat a pen-
20 seir les biens cui il perdit, si est escrit de lui: Il retorneiz en soi
dist: Quant lowiz en la maison de mon pere sont raemplit de
pains! Gieres se il astoit auoc soi, dont repairat il a soi? Por ice si
ge dit cest honorable (baron) auoir meis auoc soi, car il toz tens pornens
en sa garde, deuant les oez de son faiteor toz tens soi regardanz, toz tens
25 soi porpensanz, defors soi ne depuliat mie l'oelh de sa pense. **Pirres.** Ke est

Ite et iuxta uestros mores patrem uobis quaerite, quia posthac me habere minime
poteritis. Tuncque ad locum *dilectae solitudinis rediit et solus in superni specta-
toris oculis habitauit secum. **Petr.** Minus patenter intellego, quidnam sit, habitauit
secum. **Greger.** Si sanctus uir contra se unanimiter conspirantes, suaeque conuer-
5 sationi longe dissimiles, coactus diu sustinere uoluisset: fortassis sui uigoris
usum et modum tranquillitatis excederet, atque a contemplationis lumine suae
mentis oculum declinasset. Dumque quotidie illorum correptione fatigatus minus
curaret sua, et se forsitan relinqueret, et illos non inueniret. Nam quoties per
cogitationis motum nimium extra nos ducimur, et nos sumus, et nobiscum non
10 sumus: quia nosmet ipsos minime uidentes per alia uagamur. An illum secum
fuisse dicimus qui in longinquam regionem abiit, portionem quam acceperat consumpsit, uni in ea ciuium adhaesit, porcos pauit, quos et manducare siliquas
uiderit et esuriret, qui tamen cum postmodum coepit cogitare bona quae perdidit,
scriptum de illo est: *In se reuersus dixit: Quanti mercenarii in domo patris mei*
15 *abundant panibus?* Si igitur secum fuit, unde ad se rediit? Hunc ergo uener-
bilem uirum secum habitasse dixerim, quia in sua semper custodia circumspectus
ante oculos conditoris se semper aspiciens, se semper examinans, extra se mentis
suae oculum non diuulgauit. **Petr.** Quid ergo quod de Apostolo Petro scriptum
est, dum de carcere ab angelo eductus fuisset? Qui *ad se reuersus dixit: Nunc*

ce dunkes, ke de Perron l'apostele est escrit, quant il par l'angele fut
fors meneiz de le cartre, ke il a soi retorneiz dist: Or sai ge uoirement, ke li sires at enuoiet son angele, si moi deliurat de la
main d'Erode, et de tote l'atente del pople des Iuis? **Gregoires.** Par
dous manieres, Pirres, sumes nos meneit defors nos; car u par lo glace- 5
ment de la pense alons nos desoz nos meismes, u par la grasce de contemplation sumes nos leueit dessoure nos meismes. Poruec icil ki paut
les pors par la uableteit de la pense et d'ordure chait desoz soi meismes,
mais iciz cui li angeles desloiat et rauit sa pense en extasi, uoirement il
fut defors soi, mais dessoure soi. Gieres li uns et li altres repairat a 10
soi, quant et icil del error de l'oeure soi colhit a son cuer, et icil de la
haltece de contemplation a ce repairat ke il par commun entendement et
anzois fut. Gieres li honorables Benoiz en cele solteit meist auoc soi, en
combien il soi gardat denenz les closures de sa pense. Quar quantes fies
li ardors de contemplation lo rauit en halt, dunkes soi laissat senz dotance 15
desoz [83ᵛ] soi. **Pirres.** Il moi plaist ce ke tu dis. Mais ge te proi ke
tu respondes, se il deut laissier les freres, les queiz il prist une fie.
Gregoires. Alsi com ge aesme, Pieres, la doit l'om d'engueil corage porteir
les maluais auneiz, u alcun bon sont troueit ki soient aidiet. Quar la u
en totes manieres defalt li fruiz des bons, la est faiz a la fie li trauaz 20
des maluais oiseus, pluisemes se de uoisin i at ochisons, ki puent porteir
a deu miedre fruit. Gieres li sainz hom por cui gardeir istroit, ki trestoz
les uit d'un corage soi parsiwanz? Et souentes fois est fait el corage
des parfiz ce ke ne fait pas a trespasseir par silence, car cant il esgardent
lur trauailh estre senz fruit, si s'en uont en un altre liu al trauailh auoc 25

*scio uere, quia misit Dominus angelum suum, et eripuit me de manu Herodis, et
de omni exspectatione plebis Iudaeorum.* **Gregor.** Duobus modis, Petre, extra nos
ducimur: quia aut per cogitationis lapsum sub nosmet ipsos *recidimus, aut per
contemplationis gratiam super nosmet ipsos leuamur. Ille itaque qui porcos pauit,
uagatione mentis et *immunditia sub semet ipsum cecidit; iste uero quem angelus 5
soluit eiusque mentem in ecstasim rapuit, extra se quidem, sed super semet ipsum
fuit. Vterque ergo ad se rediit: quando et ille ab errore operis se collegit ad
cor, et iste a contemplationis culmine ad hoc rediit, quod intellectu communi et
prius fuit. Venerabilis igitur Benedictus in illa solitudine habitauit secum, in
quantum se intra cogitationis claustra custodiuit: nam quotiescumque hunc con- 10
templationis ardor in altum rapuit, se procul dubio sub se reliquit. **Petr.** Placet
quod dicis: sed quaeso respondeas, si deserere fratres debuit quos semel suscepit.
Gregor. Vt ego, Petre, existimo, ibi adunati aequanimiter portandi sunt mali, ubi
inueniuntur aliqui qui adiuuentur boni. Nam ubi omnimodo de bonis fructus
deest, fit aliquando de malis labor uacuus, maxime si e uicino causae suppetant 15
quae fructum Deo ferre ualeant meliorem. Vir itaque sanctus propter quem
custodiendum staret, qui omnes unanimiter se persequentes cerneret? Et saepe
agitur in animo perfectorum, quod silentio praetereundum non est, quia cum
laborem suum sine fructu esse considerant, in locum alium ad laborem cum fructu

fruit. De ce est ke et cil nobles preechieres, ki conuoitet estre deslciés et estre auoc Crist, a cui uiure est Cristus et morir gaains, ki les batailhes des passions nient soulement il desiret, mais a soffrir icez et les altres ensprent: en Damais quant il eut sofferte persecution par ke il poist
5 eschapeir, il quist lo mur, lo fun, et la corbilhe, et soi uolt estre jus laissiet repunsement. Disons nos dunkes Paulum auoir cremut la mort, cui il meismes tesmonget por l'amor de Ihesu soi desireir? Mais cant il en cel meisme liu ueoit a soi estre menor fruit et grief trauailh, si soi gardat en altre liu a trauailh auoc fruit. Quar li forz combateres de deu
10 ne uolt pas estre tenuz deuenz les enclostres, il quist lo champ de la batailhe. De ce est ke et ciz meismes honorables Benoiz, se tu uolentiers l'os, plus tost lo conois, ke il uiz laissat ceaz ki ne porent pas estre apris, ki resuscitat les pluisors de la mort de l'anrme en altres lius. **Pirres.** Ensi est com tu ensenges, et la manifestations desclarcist et li
15 parleirs couenables tesmoins. Mais ge te proi, ke repaires al ordene de la narration de la uie de si grant pere. **Gregoires.** Quant li sainz hom longement en cele meisme solteit creissoit en halt par uertuz [84ʳ] et par signes, li pluisor de lui en cel meisme liu al seruise del tot poissant deu sont assembleit, si ke il iloc edifiat doze monstiers a l'aiue del tot
20 poissant Ihesu Crist nostre sanior, es queiz il astalat doze moines establis les peres. Mais un poi en retint auoc soi, les queiz il iuiat encor en la sue presence plus couenablement estre apris. Dunkes comenc(i)erent alsiment a lui curre li noble et li religious del borc de Romme, et doneir lur filz a lui, por norrir al tot poissant sanior. Dunkes alsiment de bone
25 sperance lur esclates Eutitius donat Maurum, Tertullus li patrices donat

migrant. Vnde ille quoque egregius praedicator, qui dissolui cupit et cum Christo esse, cui uiuere Christus est et mori lucrum, qui passionum certamina non solum ipse *appetiit, sed ad toleranda haec et alios *accendit: Damasci persecutionem passus, ut posset euadere, murum, funem sportamque quaesiuit seque
5 latenter deponi uoluit. Num quidnam Paulum mortem dicimus timuisse, quam se ipse pro amore Iesu testatur appetere? Sed cum in eodem loco minorem sibi fructum adesse conspiceret et grauem laborem, ad laborem se alibi cum fructu seruauit. Fortis etenim proeliator Dei teneri intra claustra noluit, certaminis campum quaesiuit. Vnde idem quoque uenerabilis Benedictus si libenter audis, citius
10 agnoscis, quia uiuos ipse indociles deseruit, *quantos in locis aliis a morte animae suscitauit. **Petr.** Ita est ut doces, et manifesta ratio et *prolatum congruum testimonium declarat. Sed quaeso ut de uita tanti patris ad narrationis ordinem redeas. **Gregor.** Cum sanctus uir diu in eadem solitudine uirtutibus signisque succresceret, multi ab eo in eodem loco ad omnipotentis Dei sunt seruitium con-
15 gregati: ita ut illic duodecim monasteria cum omnipotentis Iesu Christi Domini opitulatione construeret, in quibus statutis patribus duodenos monachos deputauit, paucos uero secum retinuit, quos adhuc in sua praesentia aptius erudiri iudicauit. Coepere etiam tunc ad eum Romanae urbis nobiles et religiosi concurrere, suosque ei filios omnipotenti Deo nutriendos dare. Tunc quoque bonae spei suas

Placidum. Des queiz Maurus li plus iouenes par tant ke il ualoit de bones constumes, si comenzat estre aidieres de son maistre; mais Placidus portoit encor les enfantins ans de bone enfance.

IIII. Del moine ki ne pot pas esteir en l'orison del sanior.

Mais en un de ceaz monstiers les queiz il auoit fait enuiron d'une part et d'altre, si astoit uns moines, ki ne pout pas esteir a l'orison, mais manes ke li frere soi furent abaissiet al estuide de l'orison, il eissit fors, et de uable pense faisoit alcunes choses terrienes et trespassables. Et quant il souentes foiz astoit somons de son abeit, si fut meneiz al homme de deu. Li queiz meismes aisiment sa folie durement chosat, et il retorneiz al monstier auisonkes par dous iors tenoit la somonte del homme deu; quar en tierc ior a son propre usage retorneiz, comenzat a uaier el tens de l'orison. La queile chose quant fut nuncie al serf deu del pere de cel meisme monstier cui il auoit establit, dunkes dist il: Ge uieng et par moi meismes l'amenderai. Et quant li hom de deu astoit uenuz a cel meisme monstier, et quant a houre stablie apres fineie la psalmodie li frere soi donassent en orison, dunkes uit il ke cel meisme moine ki ne pout pas remanoir en orison, uns noirs enfezons lo traoit fors par la fringe de son uestiment. Dunkes dist il secreiement a cel meisme peire [84ᵛ] del monstier Pompeien par nom, et a Maure lo seriant de deu: Ne ueeiz uos dunkes ke ce est ki cest moine trait la fors? Li queil respondant dissent: Non. As queiz il dist: Orons par ke et uos lo uoiez, cui cis moines siut. Et quant par dous iors orent oreit, Maurus

soboles, Euticius Maurum, Tertullus uero patricius Placidum tradidit: e quibus Maurus iunior cum bonis polleret moribus, magistri adiutor coepit exsistere; Placidus uero *puerilis adhuc indolis gerebat annos.

IIII. De monacho uagae mentis ad salutem reducto.

In uno autem ex eis monasteriis quae circumquaque construxerat, quidam monachus erat, qui ad orationem stare non poterat: sed mox ut se fratres ad studium orationis inclinassent, ipse egrediebatur foras et mente uaga terrena aliqua et transitoria agebat. Cumque ab abbate suo saepius fuisset admonitus, ad uirum Dei deductus est, qui ipse quoque stultitiam eius uehementer increpauit, et ad monasterium reuersus, uix duobus diebus uiri Dei admonitionem tenuit; nam die tertia ad usum proprium reuersus uagari tempore orationis coepit. Quod cum seruo Dei ab eodem monasterii patre, quem constituerat, nuntiatum fuisset, dixit: Ego uenio, eumque per memet ipsum emendo. Cumque uir Dei uenisset ad idem monasterium, et constituta hora expleta psalmodia sese fratres in orationem dedissent, aspexit quod eundem monachum qui in oratione manere non poterat, quidam niger puerulus per uestimenti fimbriam foras traheret. Tunc eidem patri monasterii Pompeiano nomine et Mauro Dei famulo secreto dixit: Num quid non aspicitis quis est qui istum monachum foras trahit? Qui respondentes dixerunt: Non. Quibus ait: Oremus ut uos etiam uideatis quem iste monachus sequitur. Cumque per biduum esset oratum, Maurus monachus

li moines lo uit, mais Pompeianus li peires de cel meisme monstier nel
pout pas ueoir. Gieres par un altre ior quant l'orisons astoit fineie, li
hom deu eissit fors del oratoire, si trouat lo moine stant defors, lo queil
il ferit d'une uerge por l'auogleteit de son cuer. Li queiz moines des
5 icel ior ne soffrit nient d'enhortement en auant mais del noir enfanzon.
Et ensi li anciens anemis n'osat pas auoir sengerie en la pense de celui,
alsi com il meismes fust feruz del colp.

V. De l'aiguë ki fut fors meneie de la roche.

Mais de ceaz monstiers cui il auoit fait en cel meisme liu astoient
10 li troi en halt es roches del mont, et mult trauilhouse chose astoit as
freres toz tens al brueo descendre, par ke il deussent puisier de l'aigue,
maement ke del pendant laiz del mont astoit gries periz az descendanz
en cremor. Dunkes assembleit li freire de ceaz meismes trois monstiers
uinrent al seriant de deu Benoit, si dissent: Traueilhouse chose nos est
15 par cascun ior descendre por aigue ioskes al brueo, et poruec est mestiers
les monstiers mueir de cel meisme liu. Les queiz dulcement conforteiz
laissat aleir, et en cele meisme nuit auoc un petit enfanzon ki out nom
Placidus, de cui ge fis ci dessore ramenbrance, montat la roche de cel
meisme mont, et la orat longement. Et parfineie l'orison, en cel meisme
20 liu mist trois pieres por ensenge, et si repairat a son monstier nient
sachanz trestoz ilokes. Et quant en l'altre ior furent repairiet a lui li
deuant dit frere por la besonge d'aigue, dunkes dist il: Aleiz, et cele
roche en cui uos trouereiz trois pieres mises l'une sor l'altre, celei caueiz

uidit, Pompeianus uero eiusdem monasterii pater uidere non potuit. Die igitur
alia expleta oratione uir Dei oratorium egressus, stantem foris monachum repperit,
quem pro caecitate cordis sui uirga percussit: qui ex illo die nil persuasionis
ulterius a nigro iam puerulo pertulit, [sed ad orationis studium immobilis per-
5 mansit]: sicque antiquus hostis dominari non ausus est in eius cogitatione, ac si
ipse percussus fuisset ex uerbere.

V. De aqua uiri Dei oratione in montis uertice ex petra producta.

Ex his autem monasteriis quae in eodem loco construxerat, tria sursum
in rupibus montis erant, et ualde erat fratribus laboriosum semper ad lacum
10 descendere, ut aquam haurire debuissent: maxime quia e deuexo montis
latere erat graue descendentibus in timore periculum. Tunc collecti fratres ex
eisdem tribus monasteriis ad Dei famulum Benedictum uenerunt dicentes: Laboriosum nobis est propter aquam quotidie usque ad lacum descendere, et idcirco
necesse est ex eodem loco monasteria mutari. Quos blande consolatos dimisit, et
15 nocte eadem cum paruo puerulo nomine Placido, cuius superius memoriam feci,
eiusdem montis rupem ascendit, ibique diutius orauit. Et oratione completa tres
petras in loco eodem pro signo posuit atque ad suum cunctis illic nescientibus
monasterium rediit. Cumque die alia ad eum pro necessitate aquae praedicti
fratres rediissent, dixit: Ite et rupem illam in qua tres super inuicem positas

un petit. Quar li tot poissanz deus puet ameneir [85ʳ] aigue meismes
en cele haltece del mont, par ke il uos donget tolir lo trauailh de si
grande uoie. Ki s'en alerent, et la roche del mont cui Benoiz auoit
deuant dite trouierent ia suant. Et quant il orent fait en cele roche un
causeit liu, manes fut raempliz d'aigue, la queile corut tant suffisanment, 5
k'ele ioskes a or fluist plantiuousement, et soi deriuet az plus basses
choses de cele haltece del mont.

VI. Del fer ki de l'aigue retornat al manoir.

A un altre tens alsiment uns Gothes poures d'espir uint a conuersion, cui li hom de deu Benoiz receut mult uolentiers. Et par un ior 10
li comandat a doneir un ferement, ki est apeleiz falcastres par la semblance d'une faz, par ke il d'un liu talheroit ius les roinsses, par tant ke
ilokes deuroit estre faiz uns cortiz. Et cil lius cui li Gothes auoit pris
a nettoier gisoit sor meisme la riue del bruec. Et quant icil Gothes
talhieuet la spessece des roinsses par l'esforcement de tote sa uertut, li 15
fers sailhanz fors del manoir chait el bruec. En quel liu loist a sauoir
astoit si grande parfundece des aigues, ke ia n'astoit pas alcune sperance
de requerre lo ferrement. Gieres quant il auoit perdut lo fer, si corut
tremblanz a Mor lo moine, si nunzat lo damaige cui il auoit fait, et si
fist penance de sa culpe. La queile chose alsiment Mors li moines manes 20
out cure d'ensengier al seriant de deu Benoit. Dunkes li hom del sanior
Benoiz cez choses oanz uint al bruec. Et il prist de la main del Gothe
lo manoir, sel mist el bruec et manes repairat li fers del parfont, et si

petras inueneritis, in modico cauate: ualet enim omnipotens Deus etiam in illo
montis cacumine aquam producere, ut uobis laborem tanti itineris dignetur
auferre. Qui euntes rupem montis quam Benedictus praedixerat iam sudantem
inuenerunt. Cumque in eā concauum locum fecissent, statim aqua repletus est:
quae tam sufficienter emanauit, ut nunc usque ubertim defluat, atque ab illo 5
montis cacumine usque ad inferiora deriuetur.

VI. De ferro ex profundo aquae ad manubrium reuerso.

Alio quoque tempore Gothus quidam pauper spiritu ad conuersionem uenit:
quem Dei ufr Benedictus libentissime suscepit. Quadam uero die ei dari ferramentum iussit, quod ad falcis similitudinem falcastrum uocatur, ut de loco quo- 10
dam uepres abscinderet, quatenus illic hortus fieri deberet. Locus autem ipse quem
mundandum Gothus susceperat, super ipsam laci ripam iacebat. Cumque Gothus
idem densitatem ueprium totius uirtutis annisu succideret, ferrum de manubrio
prosiliens in lacum cecidit, ubi scilicet tanta erat aquarum profunditas, ut spes
requirendi ferramenti nulla iam esset. Itaque ferro perdito tremebundus ad 15
Maurum monachum cucurrit Gothus, damnum quod fecerat nuntiauit, et reatus
sui egit poenitentiam. Quod Maurus quoque monachus mox Benedicto famulo
Dei curauit indicare. Vir igitur Domini Benedictus haec audiens accessit ad
lacum, tulit de manu Gothi manubrium et misit in lacum: et mox ferrum de

entrat el manoir. Li queiz manes rendit lo ferement al Gothe disanz: Vai, labore, et ne soies pas contristeiz.

VII. Del disciple de cest meisme bienourous Benoit.

Mais a un ior quant ciz meismes honorables Benoiz astisoit en la
5 cele, li dessoure diz enfes Placidus li moines del saint homme eissit fors por puisier aigue del lai. Li queiz lo uaissel cui il tenoit en l'aigue mal-[85ᵛ]uoiscousement abaissanz, il meismes sewit alsiment encheant. Lo queil manes rauit li unde, si lo trast dedenz pres el curs d'une saete. Et li hom de deu estisanz deuenz la cele ceste chose conut enhelement,
10 si uochat Mor hastiuement disanz: Frere Mor, cur, car cil enfes ki s'en alat a puisier l'aigue, il est chauz el lai, et ia li unde lo trait lonz. Merueilhouse est ceste chose et apres Perron l'apostele nient uscie. Quar cant il ot demandeie beneizon et prise, al comant de son peire enhelement s'en alat Mors, et ioskes a cel liu u li enfes astoit de l'unde meneiz
15 par terre soi quidanz aleir corut sor l'aigue, si tint l'enfant par les cheuiaz, et si repairat par rauissable curs. Li queiz manes ke il atochat la terre, a soi retorneiz regardat apres son dos, et si conut ke il auoit corut sor les aigues, et ke il ne pot pas presumir ke fait seroit, il meruilhiez cremit lo fait. Il soi retornat a son pere, si racontat la chose ki
20 faite astoit. Et li honorables hom Benoiz comenzat ceste chose a raconteir nient a ses desertes, mais a l'obedience de celui. Mais la encontre Mors disoit ce estre fait por soul lo sien comant, et soi nient estre sachable en icele uertut cui il eust faite nient sachanz. Mais en ceste

profundo rediit atque in manubrium intrauit. Qui statim ferramentum Gotho reddidit dicens: Ecce labora, et noli contristari.

VII. De Mauro eius discipulo qui super aquas pedibus ambulauit.

Quadam uero die dum idem uenerabilis Benedictus in cella consisteret,
5 praedictus Placidus puer sancti uiri monachus ad hauriendam de lacu aquam egressus est: qui uas quod tenuerat in aquam incaute submittens, ipse quoque cadendo secutus est. Quem mox unda rapuit, et paene ad unius sagittae cursum eum [a terra] introrsus traxit. Vir autem Dei intra cellam positus hoc protinus agnouit et Maurum festine uocauit dicens: Frater Maure, curre, quia puer ille
10 qui ad hauriendam aquam perrexerat, in lacum cecidit: iamque eum longius unda trahit. Res mira, et post Petrum apostolum inusitata. Benedictione etenim postulata atque percepta ad patris sui imperium concitus perrexit Maurus atque usque ad eum locum quo ab unda deducebatur puer per terram se ire existimans super aquam cucurrit, eumque per capillos tenuit, rapido quoque cursu rediit. Qui
15 mox ut terram tetigit, ad se reuersus post tergum respexit, et quia super aquas cucurrisset agnouit: et quod praesumere non potuisset ut fieret, miratus extremuit factum. Reuersus itaque ad patrem rem gestam rettulit. Vir autem uenerabilis Benedictus hoc non suis meritis, sed illius obedientiae deputare coepit. At contra Maurus pro solo eius imperio factum dicebat, seque conscium in illa uir-
20 tute non esse quam nesciens fecisset. Sed in hac mutuae humilitatis amica

amiable tenzon d'entrechaniable humiliteit uient li enfes iugieres ki fut
deliureiz.   Quar il disoit: Quant ge astoie trais de l'aigue, dunkes ui ge
les peaz de mon abeit sor mon chief, et si regardai lui meisme moi
fors meneir de l'aigue. **Pirres.** Mult grandes sont les choses cui tu racontes, et si aideront a la edification des pluisors.   Mais ge les miracles
del bon homme tant com ge plus les boif, tant les soele ge plus.

VIII. Del pain ki fut enfaiz del uenin.

Gregoires. Quant ia cil meisme liu en l'amor de nostre sanior Ihesu
Crist lonz et leit furent eschalfeit, et li pluisor deguerpissoient la seculeir
uie, et lo chief del cuer dontoient desoz lo sueif iou de nostre rachateor,
alsi com est constume des maluais auoir enuie az altres [86ʳ] del bien
de uertut cui il ne desirent mie: li prestes de la uoisine glise Florences
par nom, li aious de cest Florence nostre diakene, il feruz de la malice
del ancien anemi[s], il comenzat porteir enuie az estuides del saint homme
et detraire a sa conuersation et apaisenteir ceaz cui il pout de la uisitation de celui. Et quant il ueoit, ke il ne pout pas encontre aleir a
ses esploiz, et croistre la renomeie de sa conuersation, et les pluisors al
estaige de mieldre uie estre uochiez senz entrelaissement et par meisme
lo los de sa renomeie: il enspris miez et miez des failes d'enuie pires
astoit faiz; car il desiroit auoir la loenge de la conuersation de celui,
mais il ne uoloit pas auoir la loable uie. Ki auogleiz par les tenebres
de cele meisme enuie, fut parmeneiz ioskes a ce, ke il enuoiat al serf
del tot poissant sanior un pain ki fut enfaiz de uenin, alsi com por

contentione accessit arbiter puer qui ereptus est, nam dicebat: Ego cum ex
aqua traherer, super caput meum melotem abbatis uidebam, atque ipsum me ex
aquis educere considerabam. **Petr.** Magna sunt ualde quae narras et ad multorum
aedificationem profutura: ego autem boni uiri miracula quo plus bibo, eo plus sitio.

VIII. De pane ueneno infecto per coruum longius proiecto.

Greger. Cum iam loca eadem in amorem Domini Dei nostri Iesu Christi
longe lateque feruescerent, et saecularem uitam multi relinquerent, et sub leni
redemptoris iugo *ceruicem cordis edomarent; sicut mos prauorum est inuidere
aliis uirtutis bonum, quod ipsi [habere] non appetunt: uicinae ecclesiae presbyter
Florentius nomine huius nostri subdiaconi Florentii auus, antiqui hostis malitia
percussus, sancti uiri studiis coepit aemulari eiusque conuersationi derogare,
quosque etiam posset ab illius uisitatione compescere. Cumque iam se conspiceret
eius profectibus obuiare non posse, et conuersationis illius opinionem crescere,
atque multos ad statum uitae melioris ipso quoque opinionis eius praeconio indesinenter uocari, inuidiae facibus magis magisque succensus deterior fiebat, quia
conuersationis illius appetebat habere laudem, sed habere laudabilem uitam nolebat. Qui eiusdem inuidiae tenebris caecatus ad hoc usque perductus est, ut seruo
omnipotentis Dei infectum ueneno panem quasi pro benedictione transmitteret.
Quem uir Dei cum gratiarum actione suscepit, sed eum quae pestis lateret in
pane non latuit. Ad horam uero refectionis illius ex uicina silua coruus uenire

beuzon. Lo queil receut li hom deu a faisement de grasces, mais lui n'atapissoit pas queile pestilence el pain astoit repunse. Mais a l'ore de sa refection uns corbeaz auoit aconstumeit uenir de la uoisine selue, et pain prendre de sa main. Li queiz cant astoit uenuz solunc la costume
5 cui il soloit, dunkes gettat li hom de deu lo pain cui li prestes auoit enuoiet deuant lo corbel, se li comandat disanz: El nom de Ihesu Crist nostre sanior, prent cest pain, et si lo gete en iteil liu, u il de nul homme ne puist estre troueiz. Dunkes li corbeaz ouerte sa boche espandues ses eiles entor cel meisme pain comenzat a curre et crociteir alsi
10 com il desist ouertement, et soi uoloir obeir, et nekedent les comans nient pooir aemplir. A cui li hom de deu lo pares et lo pares comandat disanz: Lieue, lieue segurs, et la lo gette u hom nel puist pas troueir. Lo queil longement atarianz a la pardefin morst li corbeaz, 'il lo leuat, et si s'en alat. Et apres lo spaze de trois hores repairat, cant il ot ius
15 geteit lo pain, et de la main del homme deu prist il pain cui il auoit aconstumeit. Mais [86ᵛ] li honorables peres ueanz contre sa uie ardoir lo corage del prouoire, il ot plus grant duel de lui ke de soi. Mais li deuant diz Florentius, par tant ke il ne pot pas ocire lo cors del maistre, il soi ensprist a ocire les anrmes des disciples, ensi ke il el cortil de la
20 cele en cui Benoiz astoit enuoiat deuant lur oez set nues meschines, les queiles deuant eaz a soi entrechaniablement tenant les mains, et mult longement iouant, enflammeroient lur penses a la peruersiteit de couise. La queile chose li sainz hom regardanz, et lo chaement cremanz encor az plus tenres disciples, et parpensanz ceste chose estre faite por la sue
25 soule persecution, il donat liu a l'enuie, si ordinat toz les oratoires cui il

consueuerat, et panem de manu eius accipere. Qui cum more solito ueniisset, panem quem presbyter transmiserat, uir Dei ante coruum proiecit, eique praecepit dicens: In nomine Iesu Christi Domini nostri tolle hunc panem, et tali eum in loco proiice, ubi a nullo hominum possit inueniri. Tunc coruus aperto ore,
5 expansis alis circa eundem panem coepit discurrere, crocitare, ac si aperte diceret et obedire se uelle, et tamen iussa implere non posse. Cui uir Domini praecipiebat iterum atque iterum dicens: Leua, leua securus, atque ibi proiice ubi inueniri non possit. Quem diu demoratus quandoque coruus momordit, leuauit et recessit. Post trium uero horarum spatium abiecto pane rediit, et de manu
10 hominis Dei *annonam quam consueuerat accepit. Venerabilis autem pater contra uitam suam inardescere sacerdotis animum uidens, illi magis quam sibi doluit. Sed praedictus Florentius quia magistri corpus necare non potuit, se ad exstinguendas discipulorum animas accendit: ita ut in hortu cellae, cui Benedictus inerat, ante eorum oculos nudas septem puellas mitteret, quae coram eis sibi
15 inuicem manus tenentes et diutius ludentes, illorum mentes ad peruersitatem libidinis inflammarent. Quod uir sanctus [de cella] conspiciens, lapsumque adhuc tenerioribus discipulis pertimescens, idque pro sua solius persecutione fieri pertractans, inuidiae locum dedit, atque oratoria cuncta quae construxerat, sub statutis praepositis adiunctis fratribus ordinauit, et paucis secum monachis ablatis

auoit fait decoz establiz prouoz aioinz les freres, et pris auoc soi poi de
moines muat l'abitation del liu. Et manes ke li hom deu humlement
destornat ses haenges, si lo ferit li tot poissanz deus espowentablement.
Quar quant li deuant diz prestres estanz el solier conissoit Benoit auoir
en uoies aleit, et si s'esioissoit, parmanant nient moblement tote la oure 5
de la maison, cil meismes soliers en cui il esteuet, chait et detriulanz
l'anemi de Benoit estinst. La queile chose li disciples del homme deu
Mors par nom manes al honorable pere Benoit, ki encor astoit a poines
dis mile pas ensus de cel meisme liu, quidat ke hom la deust nuncier
disanz: Retorne toi, car li prestes ki toi persiwoit il est estinz. La 10
queile chose oanz li hom de deu Benoiz, soi donat en griez guasemenz,
u par tant ke li anemis fut morz, u par tant ke li disciples fut esiciz
de la mort del enemi. De la queile chose auint, ke il enioinst penance
a cel meisme disciple, par ke il iteiz choses mandanz presumat auoir
ioie de la mort de son anemi. **Pirres.** Mult meruilhouses sont et mult 15
font a meruilhier les choses cui tu dis. Quar en l'aigue fors meneie de
la pirre Moysen, el fer ki del parfont de l'aigue repairat Helyseu, [87ʳ]
en la uoie de l'aigue Perron, en l'obedience del corbel Helye, el plorement de la mort son enemi Dauid ge uoi et si parpoise ciz hom fut
plains del espir de cez toz. **Gregoires. Pieres,** li hom del sanior Benoiz 20
il out l'espir d'un soul, ki par l'otroie grasce de nostre rachateor aemplit
les cuers de toz les elliz, de cui dist Iohans: Vraie lumiere astoit, ki
enluminet tot l'omme uenant en icest mont. De cui de rechief est
escrit: De sa planteit auons nos tot pris. Quar li saint homme de
deu, il porent auoir del sanior les uertuz, nient auoc az altres doneir. 25

habitationem mutauit loci. Moxque ut uir Dei eius odia humiliter declinauit, hunc
omnipotens Deus terribiliter percussit. Nam cum praedictus presbyter stans in
solario Benedictum discessisse cognosceret et exsultaret, perdurante immobiliter
tota domus fabrica hoc ipsum in quo stabat solarium cecidit, et Benedicti hostem
conterens exstinxit. Quod uiri Dei discipulus Maurus nomine, statim uene- 5
rabili patri Benedicto, qui adhuc a loco eodem uix decem milibus aberat, aestimauit esse nuntiandum dicens: Reuertere, quia presbyter qui te persequebatur
exstinctus est. Quod uir Dei Benedictus audiens, sese in grauibus lamentationibus
dedit, uel quia inimicus occubuit, uel quia de inimici morte discipulus exsultauit.
Qua de re factum est ut eidem quoque discipulo poenitentiam indiceret, quod man- 10
dans talia gaudere de inimici interitu praesumpsisset. **Petr.** Mira sunt et multum
stupenda, quae dicis. Nam in aqua ex petra producta Moysen, in ferro uero
quod ex profundo aquae rediit Elissaeum, in aquae itinere Petrum, in corui
obedientia Eliam, in luctu autem mortis inimici Dauid uideo, *ut perpendo, uir
iste spiritu iustorum omnium plenus fuit. **Greger.** Vir Dei Benedictus, Petre, 15
unius spiritum habuit, qui per *concessae redemptionis gratiam electorum corda
omnium impleuit, de quo Ioannes dicit: *Erat lux uera quae illuminat omnem
hominem uenientem in hunc mundum.* De quo rursus scriptum est: *De plenitudine
eius nos omnes accepimus.* Nam sancti Dei homines potuerunt a Domino uirtutes

Mais icil donat les ensenges de uertut az sugez, ki promist az anemis, ke il donroit l'ensenge Ione, ke il deniat deuant les orgailhous morir, deuant les humles releueir, par ke cil uerroient ke il despiteroient, et icist ke il amant deuoient ameir. Del queil mystere auint, ke quant li orgailhous
5 uoient lo despit de la mort, li humle regarderoient encontre la mort la gloire de poesteit. **Pirres.** Ge te proi ke tu faces conoistre apres ces choses, a queiz lius s'en alat li sainz hom, u se il demostrat en icex alcunes uertuz. **Gregoires.** Li sainz hom a altres lius s'en alanz must lo liu, nient l'anemi. Quar en tant soffrit en apres plus gries batailhes, en
10 combien il trouat encontre soi ouertement combatant meisme lo maistre de malice. Quar li casteaz ki est diz Cassins, il est mis el leiz d'un halt mont, li queiz loist a sauoir monz par estendut saim rezoit cest meisme castel, mais par trois mile pas soi drezanz en halt, sa haltece tent alsi com az airs; u fut uns tresuiez monstiers, el queil par la constume des
15 anciens paiens Apollo del fol pople des uilains astoit cultiueiz. Enuiron d'une part et d'altre alsiment el cultiuement des diables astoient cregut li bois, es queiz encor en icel meisme tens la forseneie multiteiz des mescreanz astoit entendue az escomengiez sacrefices. Gieres la paruenanz li hom de [87ᵛ] deu detriulat l'ydle, il destruist l'alteil, il ensprist les
20 bois, et en cel meisme temple d'Apollion fist il l'oratoire saint Martin, et u li alteiz fut de cel meisme Apollion, la fist il l'oratoire saint Iohan, et il uochat a la foid la multitudine ki demoreuet enuiron d'une part et d'altre par continueie predication. Mais li anciens anemis taisieblement ces choses nient soffranz, nient repunsement u par songe, mais par aperte

habere, non etiam aliis tradere. Ille autem signa uirtutis dedit subditis, qui se daturum signum Ionae promisit inimicis, ut coram superbis mori dignaretur, coram humilibus resurgere, quatenus et illi uiderent quod contemnerent, et isti quod uenerantes amare debuissent. Ex quo mysterio actum est, ut dum superbi
5 aspiciunt despectum mortis, humiles contra mortem aspicerent gloriam potestatis. **Petr.** Quaeso te post haec, ad quae loca uir sanctus migrauerit, uel si aliquas in eis uirtutes postmodum ostenderit, innotesce. **Greger.** Sanctus uir ad alia demigrans loca, locum non hostem mutauit. Nam tanto post grauiora proelia pertulit, quantum contra se aperte pugnantem ipsum malitiae magistrum inuenit. Castrum namque
10 quod Cassinum dicitur, in excelsi montis latere situm est, qui uidelicet mons distenso sinu hoc idem castrum recipit, sed per tria millia in altum se subrigens uelut ad aëra cacumen tendit, ubi uetustissimum fanum fuit, in quo ex antiquorum more gentilium a stulto rusticorum populo Apollo colebatur. Circumquaque etiam in cultu daemonum luci succreuerant, in quibus adhuc eodem tempore infidelium
15 insana multitudo sacrificiis sacrilegis insudabat. Illuc itaque uir Dei perueniens contriuit idolum, subuertit aram, succendit lucos, atque in ipso templo Apollinis, oraculum beati Martini, ubi uero ara eiusdem Apollinis fuit, oraculum sancti Ioannis construxit, et commorantem circumquaque multitudinem praedicatione continua ad fidem uocabat. Sed haec antiquus hostis tacite non ferens, non
20 occulte uel per somnium, sed aperta uisione eiusdem patris oculis sese ingerebat,

uision soi aportat az oez de cel meisma pere, et de granz criors plaindoit
soi soffrir force, si ke les uoiz de celui oirent auoc li frere, ia soi^A ke sa
ymagene ne ueissent mie. Quar alsi com li honorables peres disoit a ses
disciples, cill meismes anciens anemis apparissoit a ses corporeiz oez tresnoirs et enspris, ki astoit ueuz en lui forseneir par boche et par flammanz 5
oez. Mais les choses cui il ia disoit oirent il trestot, quar promiers l'ape-
loit il par son nom. A cui cant li hom deu ne respondoit mie, dunkes
rumpit fors manes a ses laidenges. Quar quant il crioit disanz: Benoiz,
Benoiz, et il ueoit celui en nule maniere nient respondre a soi, enhelement ioinst apres: Maloiz, nient Benoiz! queile chose as tu auoc moi? 10
por coi parsius tu moi? Mais ia or doit om demandeir noueles batailhes
del ancien anemi encontre lo seriant de deu, a cui uoirement il fist
batailhe uoilhanz, mais okisons de uictoire ministrat nient uolentrius.

VIIII. De la grande pirre alegie.

Par un ior quant li frere faisoient les habitacles de cele meisme 15
cele, dunkes gisoit une piere en mei cui il proposerent leueir el edifice.
Et quant il dui u il troi ne porent celei mouoir, dunkes i furent ioint
auoc li pluisor. Mais ele remeist ensi nient moble, alsi com ele par
racines tenist en terre, par ke ouertement seroit doneit a entendre, ke
meismes li anciens anemis seoit sor celei, cui les mains de tanz hommes 20
ne porent pas mouoir. Gieres quant faite fut la malaifibleteiz, dun-[88r]kes
fut enuoiet al homme deu, par ke il uenroit, et en orant boteroit arier
l'anemi, par tant ke il poissent leueir la piere. Ki manes ke il uint, il

et magnis clamoribus uim se perpeti conquerebatur, ita ut uoces illius etiam
fratres audirent, quamuis imaginem minime cernerent. Vt enim discipulis suis
uenerabilis pater dicebat, corporalibus eius oculis idem antiquus hostis taeterrimus
et succensus apparebat, qui in eum ore oculisque flammantibus saeuire uidebatur.
Iam uero quae diceret audiebant omnes, prius enim hunc uocabat ex nomine. 5
Cui cum uir Dei minime responderet, ad eius mox contumelias erumpebat. Nam
cum clamaret dicens: Benedicte, Benedicte, et eum sibi nullo modo respondere
conspiceret, protinus adiungebat: Maledicte, non Benedicte, quid mecum habes?
quid me persequeris? Sed iam nunc exspectanda sunt contra Dei famulum
antiqui hostis noua certamina, cui pugnam quidem uolens intulit, sed occasiones 10
uictoriae ministrauit inuitus.

VIIII. De ingenti saxo per uiri Dei orationem leuato.

Quadam die dum fratres habitacula eiusdem cellae construerent, lapis in
medio iacebat, quem in aedificium leuare decreuerunt. Cumque eum duo uel
tres mouere non possent, plures adiuncti sunt; sed ita immobilis mansit, ac si 15
radicitus in terra teneretur, ut palam daretur intellegi, quod super eum ipse per
se antiquus hostis sederet, quem tantorum uirorum manus mouere non possent.
Difficultate igitur facta ad uirum Dei missum est ut ueniret, et orando hostem
repelleret, ut lapidem leuare possent. Qui mox uenit, et orationem faciens bene-

faisanz l'orison donat la benizon, et la pierre fut leueie de tante enheleteit, alsi com ele n'eust anzois nul fais.

X. Del eschernissable esprendement de la coisine.

Dunkes plout el regard del homme deu, ke il foissent la terre en
cel meisme liu. La queile quant en foant tresperzarent plus parfont,
dunkes trouerent iloc li frere un ydle d'arain. Li queiz cant par auenture a houre fut getteiz en la coisine, sodainement li fous eissir fut ueu,
et es oez de toz les moines demostrat, ke toz li edifices de cele meisme
coisine astoit deguasteiz. Et quant il en gettant l'aigue et alsi com en
estindant lo fou frinteiuent, li hom del sanior boteiz de cele meisme
frinte i uint. Li queiz ueanz cel meisme fou estre es oez des freres,
mais nient estre es siens, manes flechat lo chief en orison et il uochat
ceaz freres cui trouat estre escherniz de fou fantasial, si les somunst
ke il ensengnaissent lur oez, par ke il uerroient cel edifice de la
coisine sain esteir et ne uerroient pas les flammes cui auoit faintes li
anciens anemis.

XI. Del enfanzon del serf de deu ki fut morz et debrisiez et saneiz.

Lo pares quant li frere edifioient un poi halte la paroit, car la
chose lo demandat ensi, dunkes demorat li hom deu en estuide d'orison
deuenz les closures de sa cele. A cui apparut li anciens anemis escher-
nissanz, et si enseniat ke il iroit az freres laboranz. La queile chose li
hom de deu par un message mult enhelement enseniat az freres disanz:
Frere, demeneiz uos uisousement, car li malignes espirs en ceste hore

dictionem dedit, et tanta lapis celeritate leuatus est, ac si nullum prius pondus
habuisset.

X. De phantastico coquinae incendio.

Tunc in conspectu uiri Dei placuit, ut in eodem loco terram foderent.
Quam dum fodiendo altius penetrarent, aereum illic idolum fratres inuenerunt.
Quo ad horam casu in coquinam proiecto exire ignis repente uisus est, atque in
cunctorum monachorum oculis quia omne eiusdem coquinae aedificium con-
sumeretur ostendit. Cumque iaciendo aquam et ignem quasi exstinguendo
perstreperent, pulsatus eodem tumultu uir Dei aduenit. Qui eundem ignem in
oculis fratrum esse, in suis uero non esse considerans, caput protinus in orationem
flexit, et eos quos phantastico repperit igne deludi uocauit fratres, ut oculos suos
signarent monuit, ut et sanum illud coquinae aedificium assistere cernerent, et
flammas quas antiquus hostis finxerat non uiderent.

XI. De seruli Dei puerulo confracto et sanato.

Rursus dum fratres parietem, quia res ita exigebat, paulo altius aedificarent,
uir Dei in orationis studio intra cellae suae claustra morabatur. Cui antiquus
hostis insultans apparuit, et ei quod ad laborantes fratres pergeret indicauit.
Quod uir Dei per nuntium celerrime fratribus indicauit dicens: Fratres, caute
uos agite, quia ad uos hac hora malignus spiritus uenit. Is qui mandatum de-

uint a uos. Cil ki racontat la chose ki mandeie fut a poines acomplit
les paroles, et li malignes espirs getat ius cele meisme paroit cui hom
faisoit, et un moine enfanzon lo filh d'un homme de la curt apressanz
de son trebuchement detriulat.   Dunkes furent il tot [88ᵛ] contristeit et
durement afflit, nient por lo damage de la paroit, mais por lo detriule- 5
ment del frere.   La queile chose enhelement a grief plorement studoierent
nuncier al honorable peire Benoit.   Dunkes comandat cil meismes peires,
ke l'om portaist lo deschireit enfant a soi.   Lo queil il ne porent pas
porteir, se en un sac non; car les pieres de la paroit ki chait nient solement ses menbres, mais encor ses osses auoient detriuleit.   Et li hom deu 10
manes lo comandat geteir en sa cele en un plyace en cui il soloit oreir,
ki del pople est apeleiz nate.   Et cant il ot les freres mis fors, si clost
la cele.   Ki giut en orison plus enchalzanment ke il ne soloit.   Veeiz ci
merueilhouse chose!   En cele meisme hore l'enfant halegre et uailhant
com anzois enuoiat lo pares a cel meisme labor, par ke il alsiment par- 15
feroit auoc les freres lo paroit, de cui mort li anciens anemis soi creit
laidengier Benoit. — Mais entre cez choses comenzat li hom deu uraiment
ualoir d'espir de prophetie, deuant dire les choses ki astoient a uenir,
a ceas ki astoient present nuncier les choses ki n'astoient pas presenz.

XII. Des sers deu ki prisent mangier encontre la reule. 20

Quar il astoit constume en la cele, ke quantes foiz li frere eissoient
fors por alcun respeus, ke il ne prenderoient mie mangier et boiure defors
la cele.   Et quant ice del us de la riule soniousement astoit gardeit, par
un ior eissirent fors li frere por un respeus, el queil il furent destraint

tulit uix uerba compleuerat, et malignus spiritus eundem parietem qui aedificabatur euertit, atque unum puerulum monachum cuiusdam curialis filium opprimens
ruinae contriuit.   Contristati omnes ac uehementer afflicti non damno parietis, sed
contritione fratris uenerabili patri Benedicto studuerunt celeriter cum graui luctu
nuntiare.   Tunc idem pater Benedictus dilaceratum puerum ad se deferri iubet. 5
Quem portare non nisi in sacco potuerunt: quia collapsi saxa parietis, non solum
eius membra, sed etiam ossa contriuerant.   Praecepitque uir Dei statim eum in
cella sua in psiathio quod uulgo matta uocatur, in quo orare consueuerat, proiici,
missisque foras fratribus cellam clausit, qui orationi instantius quam solebat incubuit.   Mira res, eadem hora hunc incolumem, atque ut prius ualentem ad eundem 10
iterum laborem misit, ut ipse quoque parietem cum fratribus perficeret, de cuius
se interitu antiquus hostis Benedicto insultare credidisset.

XII. De monachis qui extra cellam comederant.

Coepit uero inter ista uir Dei prophetiae etiam spiritu pollere, uentura
praedicere, praesentibus etiam absentia nuntiare.   Mos etenim cellae fuit, ut 15
quoties ad responsum aliquod egrederentur fratres, cibum potumque extra cellam
minime sumerent.   Cumque hoc e usu regulae sollicite seruaretur, quadam die
ad responsum fratres egressi sunt, et in eo tardiori compulsi sunt hora demorari.
Qui manere iuxta religiosam feminam nouerant, cuius ingressi habitaculum

demoreir a plus tardiwe hore. Li queil sauoient la deleiz manoir une
religiose femme, cui habitacle il entrerent et si prisent mangier. E
quant il ia plus tard astoient repairiet a la cele, solunc la constume
demanderent la benizon del pere. Les queilz il demandat enhelement
5 disanz: V maniastes uos? Li queil respondirent disant: En nul liu. A
queiz il dist: Por coi menteiz uos ensi? N'entrastes uos dunkes la
maison de cele femme? Ne preistes uos dunkes cez mangiers et iceus?
Ne [89ʳ] beustes uos dunkes tant de hanaz? Et quant li honorables
peres lur disoit et l'osteil de la femme, et les manieres des mangiers[e]s,
10 et lo conte des boires, il reconissant totes les choses cui il auoient fait
chairent a ses piez fait tremblant, et si regehistrent soi auoir pechiet.
Et il enhelemert ot mercit de la culpe, entendanz ke il ce mais ne
froient la u il ne seroit pas presenz, cui il sauoient en espir a soi
estre present.

15 **XIII. Del frere Valentinien lo moine.**

Li freres aisiment de son moine Valentinien, cui ramenbrance ge
fis ci dessore, il astoit uns lais hom, mais religious. Li queiz par ke il
prenderoit l'orison del serf deu, et par ke il uerroit son germain frere,
il auoit acoonstumeit par cascun an uenir de son liu a sa cele geuns
20 Gieres quant il par un ior uoie faisoit al monstier, uns altres uoie faisans
soi aioinst a lui, li queiz portat mangiers por prendre en la uoie. E
quant ia plus tardiwe hore astoit sorcriute, dunkes dist icil: Vien, frere,
prendons mangier, par ke nos en la uoie ne soions lasseit. A cui cil
respondit: Ia n'auenget, frere! ce ne frai ge mie, car ge ai toz tens

sumpserunt cibum. Cumque iam tardius ad cellam rediissent, benedictionem
patris ex more petierunt. Quos ille protinus perounctatus est dicens: Vbi
comedistis? Qui responderunt: Nusquam. Quibus ille ait: Quare ita mentimini?
Num quid illius talis feminae habitaculum non intrastis? Num quid hos atque
5 illos cibos non accepistis? Num quid tot calices non bibistis? Cumque eis uenerabilis pater et hospitium mulieris et genera ciborum et numerum potionum
diceret, recognoscentes cuncta quae egerant ad eius pedes tremefacti ceciderunt,
et se deliquisse confessi sunt. Ipse autem protinus culpam pepercit, perpen-
dens quod in eius absentia ultra non facerent, quem praesentem sibi esse
10 in spiritu scirent.

XIII. De fratre Valentiniani monachi quem uir Dei in uia comedisse cognouit.

Frater quoque Valentiniani eius monachi, cuius superius memoriam fec[it],
uir erat laicus, sed religiosus. Qui ut serui Dei orationem perciperet, et germanum fratrem uideret, annis singulis de loco suo ad cellam eius ieiunus uenire
15 consueuerat. Quadam igitur die dum iter ad monasterium faceret, sese illi alter
uiator adiunxit, qui sumendos cibos in itinere portabat. Cumque iam hora tardior
excreuisset, dixit: Veni, frater, sumamus cibum, ne lassemur in uia. Cui ille
respondit: Absit, frater, hoc non faciam, quia ad uenerabilem patrem Benedictum

acconstumeit uenir geuns al honorable pere Benoit. Et quant il ot pris
cest respeus, si soi taut a houre cil ki uoie faisoit auoc lui. Mais quant
il en apres eurent fait un petit espaze de uoie, dunkes lo somonst do
rechief ke il maniaissent. Icil ne uolt pas consentir, ki auoit proposeit
paruenir geuns. Voirement cil soi taut ki auoit enuieit a mangier, et si 5
consentit encor un petit aleir auoc lui geuns. Et quant il orent faite la
uoie plus lonz, et la houre plus tardiwe les lassouet, en alant trouerent
en la uoie un preit et une fontaine et totes les choses ki porent estre
neues delitables al cors rapareilhier. Dunkes dist cil ki aloit auoc lo
religious homme: Voi ci l'aigue, uoi ci lo preit, uoi ci un delitable liu en 10
cui nos poons mangier et un petit reposeir, par ke nos en apres puissons
haliegre nostre uoie paremplir. Dunkes [89ᵛ] quant et les paroles a ses
oreilhes, et li liu blandissoient a ses oez, il enhorteiz par ceste tierce
semunte consentit et si maniat. A l'oure de uespres paruint il a la
cele. Et quant il fut presenteiz al honorable Benoit, si proiat a soi 15
l'orison. Mais manes li reprouat li sainz hom ce ke il auoit fait en la
uoie disanz: Ke est ce, freres? Li maloiz anemis ki parlat a toi parmi
celui ki aleuet auoc toi, par une fie ne te pot pas enhorteir, il ne pout
a la secunde fie, a la tierce fie toi enhortat et si toi sormontat a ce ke
il uolt. Dunkes icil conissanz la culpe de sa enferme pense soi getat 20
ius a ses piez et tant plus comenzat a ploreir sa culpe et auoir honte,
en combien il conut et soi nient present auoir pechiet es oez del pere
Benoit. **Pirres.** Ge uoi l'espir d'Elyseu estre es entrailhes del saint
homme, ki fut presenz al disciple nient present.

Ieiunus semper peruenire consueui. Quo responso percepto ad horam conuiator
tacuit. Sed cum post hoc aliquantulum itineris spatium egissent, rursus admonuit ut manducarent. Noluit consentire qui ieiunus peruenire decreuerat.
Tacuit quidem qui ad manducandum inuitauerat, et cum eo ieiunus adhuc pergere ad modicum consensit. Cumque iter longius agerent, et eos tardior hora fati- 5
garet ambulantes, inuenerunt in itinere pratum et fontem, et quaeque poterant
ad reficiendum corpus delectabilia uideri. Tunc conuiator ait: Ecce aqua, ecce
pratum, ecce amoenus locus, in quo possumus refici et parum quiescere, ut
ualeamus iter nostrum postmodum incolumes explere. Cum igitur et uerba
auribus et loca oculis blandirentur, tertia admonitione persuasus consensit et 10
comedit, uespertina uero hora peruenit ad cellam. Praesentatus autem uenerabili
Benedicto patri, sibi orationem petiit: sed mox ei uir sanctus hoc quod in uia
egerat improperauit dicens: Quid est, frater, quod malignus hostis qui tibi per
conuiatorem tuum locutus est, semel tibi persuadere non potuit, secundo non
potuit, at tertio persuasit, et te ad hoc quod uoluit superauit? Tunc ille 15
reatum infirmae suae mentis agnoscens, eius pedibus prouolutus tanto magis
coepit culpam deflere et erubescere, quanto se cognouit etiam absentem in
Benedicti patris oculis deliquisse. Petr. Ego sancti uiri praecordiis Elisaei
spiritum uideo inesse, qui absenti discipulo praesens exstitit.

XIIII. De la faintise lo roi Totyle.

Gregoires. Il couient, Pieros, ke tu or taces, par ke tu conoisses plus grandes choses. Car es tens des Gothes quant lur rois Totila oid ke li sainz hom auoit l'espir de prophetie, il alanz a son monstier un pd
5 lonz restiut, se li nunzat ke il deuoit la uenir. A cui cant enhelemes fut mandeit del moustier ke il uenist, il alsi com il astoit de sentioge pense soi efforzat d'espier, se li hom del sanior auoit l'espir de prophetie. Mais uns ses cheualiers astoit diz Riggo, a cui il donat ses chalceman, et si lo fist uestir de roiaz uestures, lo queil il comandat aleir al homme
10 de deu, alsi com en la sue persone. En cui porsiwance il enuoiat tres contes ki a soi soloient aherdre deuant toz les altres, loist a sauoir: Vult, Ruderic, Blidin, par ke il iroient entor son leiz deuant les oes del homme deu, foindant ke il fust li rois Totyles. A cui il donat encor altres seruises et cheualiers, par ke il seroit estre quidiez rois tant de
15 seruises ke des uestures de propre. Et quant cil meismes Riggo enbeli des uestures, acompangiez de la multiteit des entor seruanz fut entr[i]
[90ʳ] en l'abie, dunkes seoit li hom deu de lonz. Lo queil uenant regardanz, quant il ia pout estre oiz, dunkes criat disanz: Met ius, fiz, met ius! ce ke tu portes n'est pas tien. Li queiz Riggo manes chait en
20 terre, et si ot paor par tant ke il si grand baron osat eschernir. Et td cil ki uenoient auoc lui al homme deu, il furent esterneit a terre. Et li sol leuant sus n'oserent pas aprochier a lui, mais il retorneit a lur ni nunzarent tremblable, en com grande enheleteit il furent depris.

XIIII. De simulatione regis Totilae deprehensa.

Gregor. Oportet, Petre, ut interim sileas, quatenus adhuc maiora cognoscas. Gothorum namque temporibus, cum rex eorum Totila sanctum uirum prophetie habere spiritum audisset, ad eius monasterium pergens, paulo longius substitit,
5 eique se uenturum esse nuntiauit. Cui dum protinus mandatum de monasterio fuisset ut ueniret, ipse sicut perfidae mentis fuit, an uir Dei prophetiae spiritum haberet, explorare conatus est. Quidam uero eius spatharius Riggo dicebatur, ei calceamenta sua praebuit, eumque indui uestibus regalibus fecit, quem quasi in persona sua pergere ad Dei hominem praecepit. In cuius obsequio tres
10 qui sibi prae ceteris adhaerere consueuerant comites misit, scilicet Vult, Ruderic, et Blindin, ut ante serui Dei oculos ipsum regem Totilam esse simulantes, eius lateri obambularent, cui alia quoque obsequia atque spatharios praebuit, ut tam ex eisdem obsequiis quam ex purpureis uestibus rex esse putaretur. Cumque idem Riggo decoratus uestibus, obsequentum frequentia comitatus
15 monasterium fuisset ingressus, uir Dei eminus sedebat. Quem uenientem conspiciens, cum iam ab eo audiri potuisset, clamauit dicens: Pone, fili, pone hoc quod portas, non est tuum. Qui Riggo protinus in terram cecidit, et quia tanto uiro illudere praesumpsisset, expauit, omnesque qui cum eo ad hominem Dei ueniebant, terrae consternati sunt. Surgentes autem ad eum propinquare minime
20 praesumpserunt, sed ad suum regem reuersi nuntiarunt trepidi, in quanta uelocitate fuerant deprehensi.

XV. De la prophetie ki a cel meisme roi Totyle fut faite.

Dunkes uint cil meismes Totyla par soi meisme al homme deu. Lo queil cant il ueoit lonz seant, il nient oseiz auant uenir soi donat en terre. A cui cant li hom de deu dist dous fies et trois: Lieue sus, mais il n'osat pas soi leuer de la terre deuant lui, dunkes Benoiz li serianz de Ihesu Crist nostre sanior deniat par soi meisme uenir al roi ius esterneit. Lo queil il leuat de la terre, il lo chosat de ses faiz, et en poi de paroles douant nunzat a lui totes les choses ki li deuoient uenir disanz: Pluisors malz fais, pluisors malz as fait, ia a la pardefin toi apaisente de ta iniquiteit. Et certes tu enterras en Romme, tu trespasseras la meir, nuef ans regueras, el disme morras. Quant li rois cez choses ot oies, il mult espoweuteiz, quant il ot demandeie l'orison, si s'en ralat, et ia des icel tens fut il moins crueiz. Quant nient mult en apres requist Romme, l alat a Sicile, et el disme an de son regne par lo iugement del tot poissant deu auoc la uie perdit lo regne.

XVI. Des murs del borc de Romme ki furent abatut de turbeilhon.

Estre cez choses li eueskes de la glise Camisine soloit uenir a cest meisme seriant del sanior, lo queil durement ameuet li hom de deu por lo merite de sa uie. Gieres iciz quant il ot parlement auoc (lui) de la entreie lo roi Totyle et de la perdition del borc de Romme, dunkes dist il: Parmei cest roi serat destruite ceste citeiz, par k'ele ia mais ne soit habiteie. [90ᵛ] A cui li hom del sanior respondit: Romme ne serat pas degasteie par les genz, mais par tempez et spoudres et turbelhons et de teremuet lasseie fleschirat en soi meisme. Li queil mystere de prophetie

XV. De prophetia eidem regi Totilae et Canusinae ciuitatis antistiti facta.

Tunc per se idem Totila ad Dei hominem accessit, quem cum longe sedentam cerneret, non ausus accedere sese in terram dedit. Cui cum uir Dei bis terue diceret: Surge, sed ipse ante eum de terra erigi non auderet, Benedictus Christi Iesu famulus per semet ipsum dignatus est accedere ad regem prostratum; quem de terra leuauit, et de suis actibus increpauit, atque in paucis sermonibus cuncta quae illi erant uentura praenuntiauit dicens: Multa mala facis, multa mala fecisti, iam aliquando ab iniquitate compescere. Equidem Romam ingressurus es, mare transiturus, nouem annis regnabis, decimo morieris. Quibus auditis rex uehementer territus, oratione petita recessit, atque ex illo iam tempore minus crudelis fuit; et non multo post Romam adiit, ad Siciliam perrexit; anno autem regni sui decimo, omnipotentis Dei iudicio regnum cum uita perdidit. — (16.) Praeterea *Canusinae antistes ecclesiae ad eundem Dei famulum uenire consueuerat, quem uir Dei pro uitae suae merito ualde diligebat. Is itaque dum cum illo de ingressu regis Totilae et Romanae urbis perditione colloquium haberet, dixit: Per hunc regem ciuitas ista destruetur, ut iam amplius non inhabitetur. Cui uir Domini respondit: Roma a gentibus non exterminabitur, sed tempestatibus, coruscis et turbinibus ac terrae motu fatigata in semet ipsa marcescet. Cuius prophetiae mysteria nobis iam facta sunt luce clariora, qui in

la sont fait a nos plus cleir ke la lumiere, ki en cest bore ueons brisies les mureaz, abatues les maisons, destruites les glises par turbeilhon, et sei edifice lasseit par longe uielhece, nos ueons ke il sont ius esterneit par souentins trebuchemenz. [Pirres.] Ia soit ce ke ceste chose Honoreis ses
5 disciples par cui racontement ge l'ai parceue, la dist soi nient auoir oit de sa boche, mais ke il dist ceste chose il tesmonget ke ce li fut dit des freres.

XVII. Del clerc ki fut deliureiz del diable.

[Gregoires.] En cel meisme tens alsiment uns clers de la glise d'Aquine
10 astoit traueilhiez del diable. Li queiz del honorable baron Constance lo ueske de cele glise fut tramis par pluisors lius des martres, par ke il poist estre saneiz. Mais li saint martre de deu ne li uolrent pas doneir lo don de santeit, par ke il demosteroient, com grande grasce astoit en Benoit. Gieres fut il meneiz al seriant del tot poissant deu Benoit. Li
15 queiz espandanz proieres al sanior Ihesu Crist, enhelement botat fors l'ancien enemi del porsis homme. Al queil saneit comandat disanz: Va et apres cez choses ne maniue nient de char, et al saint ordene ia mais ne presumes aprochier. En queil konkes ior tu auras presumit a uioleir lo saint ordene, manes a la droiture del diable seras tu doneiz lo para.
20 Gieres s'en alat sains li clers, et alsi com espowenteir solt lo corage la nouele poine, il gardat dunkes les choses cui li hom deu auoit comandeit. Mais quant apres pluisors ans tot li prious de celui furent aleit de ceste lumiere, et quant il ueoit ses menors estre mis dessoure soi es sains ordenes, il mist en arier les paroles del homme deu, alsi com del long

hac urbe dissoluta moenia, euersas domos, destructas ecclesias turbine cernimus, eiusque aedificia longo senio lassata, quia ruinis crebrescentibus prosternantur uidemus. Quamuis hoc Honoratus eius discipulus, cuius mihi relatione compertum est, nequaquam ex ore illius audisse se perhibet; sed quia hoc dixerit,
5 dictum sibi a fratribus fuisse testatur.

XVI. (17.) De clerico a daemonio ad tempus liberato.

Eodem quoque tempore quidam Aquinensis ecclesiae clericus daemonis uexabatur, qui a uenerabili uiro Constantio eiusdem ecclesiae antistite per multa fuerat martyrum loca transmissus ut sanari potuisset. Sed sancti Dei
10 martyres noluerunt ei sanitatis donum tribuere, ut quanta esset in Benedicto gratia demonstrarent. Ductus itaque est ad omnipotentis Dei famulum Benedictum, qui Iesu Christo Domino preces fundens, antiquum hostem de obsesso homine protinus expulit. Cui sanato praecepit dicens: Vade, et posthac carnem non comedas, et ad sacrum ordinem numquam accedere praesumas; quacumque
15 autem die sacrum ordinem temerare praesumpseris, statim iuri diaboli iterum mancipaberis. Discessit igitur clericus sanus, et sicut terrere solet animum poena recens, ea quae uir Dei praeceperat, interim custodiuit. Cum uero post annos multos omnes priores illius de hac luce migrassent, et minores suos sibimet superponi in sacris ordinibus cerneret, uerba uiri Dei quasi ex longo tempore oblitus

tens oblieiz, et si aprochat al saint ordene. Lo queil manes tint cil ki
l'auoit laissiet li [91ʳ] deables, et si nel cessat de traueilhier des a tant
ke il escoust fors l'anrme de celui. **Pirres.** Cilz hom deu alsi com ge
uoi il tresperzat alsiment les secreies choses de la diuiniteit, ki regardat
cest clerc poruec doneit al diable, ke il n'osast aprochier al saint ordene. 5
Gregoires. Por coi ne conistroit il les secreies choses de la diuiniteit, ki
gardat les comanz de la diuiniteit, quant escrit est: Ki ahert al sanior,
il est una espirs? **Pirres.** Se cil ki ahert al sanior, uns espirs est
auoc lo sanior, ke est ce ke de rechief dist cil meismes nobles preechieres:
Ki conut lo sens del sanior, u ki fut ses consilhiers? Car il 10
semblet estre mult malcouenable chose nient sauoir lo sens de celui, auoc
cui il at esteit faiz uns. **Gregoires.** Li saint homme en combien il sont
un auoc lo sanior, si seuent il lo sens del sanior. Quar et cil meismes
aposteles dist: Quar ki des hommes seit les choses ki sont del
homme, se li espirs del homme non, ki est en lui? Ensi et les 15
choses, ki sont de deu, nuz ne seit, se li espirs de deu non.
Li queiz par tant ke il demosteroit soi sauoir les choses ki de deu sont,
si loinst apres: Mais nos n'auons pas pris l'espir de cest mont,
mais l'espir ki est de deu. De ce dist il lo pares: Ce ke oez ne
uit, ne oreilhe n'oit, n'en cuer d'omme ne montat, queiz deus 20
apparelhat a ceaz ki l'aiment. Mais a nos lo descourit deus
parmi son espir. **Pirres.** Gieres se a cel meisme apostele les choses ki
sont de deu furent descouertes parmi l'espir de deu, coment sor ce ke
ge ai proposeit, deuant mist il disanz: O haltece des richeces de
sapience et de la science de deu! ke nient comprendable sont 25

postposuit, atque ad sacrum ordinem accessit; quem mox is qui reliquerat
diabolus tenuit, eumque uexare quousque animam eius excuteret, non cessauit.
Petr. Iste uir Dei diuinitatis, ut uideo, etiam secreta penetrauit, *quia perspexit
hunc clericum idcirco diabolo-traditum, ne ad sacrum ordinem auderet accedere.
Gregor. Quare diuinitatis secreta non nosset, qui diuinitatis praecepta seruauit, 5
cum scriptum sit: *Qui adhaeret Domino, unus spiritus est?* *Petr.* Si unus
sit cum Domino spiritus qui Domino adhaeret, quid est quod iterum idem egregius praedicator dicit: *Quis cognouit sensum Domini, aut quis consiliarius eius
fuit?* Valde enim esse inconueniens uidetur, eius sensum cum quo unus
factus fuerit, ignorare. *Gregor.* Sancti uiri in quantum cum Deo unum sunt, 10
sensum Domini non ignorant. Nam idem quoque apostolus dicit: *Quis enim scit
hominum, quae hominis sunt, nisi spiritus hominis qui est in ipso? Ita et quae
Dei sunt, nemo cognouit, nisi spiritus Dei.* Qui ut se ostenderet nosse quae Dei
sunt, adiunxit: *Nos autem non spiritum huius mundi accepimus, sed spiritum
qui ex Deo est.* Hinc iterum dicit: *Quod oculus non uidit, nec auris audiuit,* 15
*nec in cor hominis ascendit, quae praeparauit Deus diligentibus se; nobis autem
reuelauit per spiritum suum.* *Petr.* Si ergo eidem apostolo ea quae Dei sunt per
Dei spiritum fuerant reuelata, quomodo super hoc quod proposui praemisit dicens:
O altitudo diuitiarum sapientiae et scientiae Dei! quam incomprehensibilia sunt

sei iugement, et nient entrechaniables ses uoies! Mais de rechief
a moi disant cez choses naist une altre questions. Quar Dauid li prophetes il parolet al sanior disanz: En mes leures fors nunzai toz l[es]
iugemenz de ta boche. Et quant moins soit conoistre, ke auoc fors
5 nuncier, ke est ce ke Paules affermet les iugemenz de deu nient estre
comprendables; [91ᵛ] et Dauid toz icez nient solement soi sauoir, mais
encor de ses leures fors nuncier tesmonget? **Gregoires.** Encontre ces
dous choses ai a toi ci dessoure desoz brieteit respondut disanz, ke l[i]
saint homme en combien il un sont auoc lo sanior, si seuent il lo sen[s]
10 del sanior. Quar tot cil ki deuotement siwent lo sanior, meismes par l[a]
deuotion sont il auoc deu, et il encor apeseit par lo fais de la corrumpable char ne sont pas auoc deu. Poruec seuent il les repuns iugemen[z]
de deu, en combien il li sont ioint; en combien ii ne sont pas ioint, n[e]
les seuent il mie. Quar par tant ke il les secreies choses encor parfite-
15 ment ne trespercent mie, si tesmongent il ses iugemenz estre nient comprendables. Mais par tant ke li aherdent par pense, et en aherdant [a]
par les paroles de la sainte escriture u par repunses descouertures e[n]
combien il prendent, si les conoissent il, cez choses et conoissent il d[e]
fors annuncent. Gieres les iugemenz cui deus taist, ceaz ne seuent [il]
20 mie; ceaz cui deus parolet, ceaz seuent. De ce et Dauid li prophete[s]
quant il eut dit: En mes leures fors annunzai toz tes iugemen[z],
enhelement aiostat de ta boche. Alsi com il diet ouertement: Icea[z iu]ge-
menz pau ge et sauoir et fors nuncier, cui ge conu toi auoir dit. C[ar]
les choses cui tu ne paroles mie, senz dotance celes repuns tu a nostr[e]
25 conissances. Gieres concordet li prophetaz sentence et li apostolas; ca[r]

iudicia eius, et *inuestigabiles uiae eius! Sed rursum mihi haec dicenti s[i]
suboritur quaestio. Nam Dauid propheta Domino loquitur dicens: *In labiis me[is]
pronuntiaui omnia iudicia oris tui.* Et cum minus sit nosse quam etiam pro-
nuntiare, quid est quod Paulus incomprehensibilia esse Dei iudicia asserit, Dau[id]
5 autem haec se omnia non solum nosse, sed etiam in labiis pronuntiasse testat[ur]
Gregor. Ad utraque haec tibi superius sub breuitate respondi, dicens quod san[cti]
uiri in quantum cum Domino unum sunt, sensum Domini non ignorant. Om[nes]
enim qui deuote Dominum sequuntur, etiam deuotione cum Deo sunt, et adh[uc]
carnis corruptibilis grauati pondere, cum Deo non sunt. Occulta itaque Dei iudi[cia]
10 in quantum coniuncti sunt sciunt; in quantum disiuncti sunt nesciunt. Q[ui]
enim secreta [eius] adhuc perfecte non penetrant, incomprehensibilia eius iudi[cia]
esse testantur. Quia uero mente ei inhaerent, atque inhaerendo uel sacris script[urae]
eloquiis uel occultis reuelationibus in quantum accipiunt agnoscunt, et nouer[unt]
haec et pronuntiant. Iudicia itaque quae Deus tacet nesciunt, quae Deus loqu[itur]
15 sciunt. Vnde et Dauid propheta cum dixisset: *In labiis meis pronuntiaui om[nia]
iudicia*, protinus addidit, *oris tui*, ac si aperte dicat: Illa ego iudicia et noss[e et]
pronuntiasse potui, quae te dixisse cognoui. Nam ea quae ipse non loqueris, nost[rae]
procul dubio cognitionibus abscondis. Concordat ergo prophetica apostolica[e]
sententia: quia et incomprehensibilia sunt Dei iudicia, et tamen quae de ore s[uo]

et nient comprendable sont li iugement de deu, et nekedent cil ki sont parleit de sa boche, cil iugement sont fors annunciet par humaines leures; car quant il sont parleit depar deu, dunkes puent il estre conut des hommes, et repuns[es] ne puent pas estre conut[es]. **Pirres.** En l'obiection de ma question est aouerte cause de raison. Mais ge te proi, ke tu encor ioindes apres, se alcunes choses sont de la uertut de cest homme.

XVIII. De la prophetie del destruisement de son monstier.

Gregoires. Vns nobles hom Theoprobus par nom, il fut conuertis par la somunte de [92ʳ] cel meisme pere Benoit, ki por lo merite de sa uie ahier lui auoit grande grasce de familiariteit. Iciz quant par un ior fut entreiz en la cele de celui, si lo trouat plorant mult amerement. Et quant il longement restiut et ne uit pas ses larmes estre fineies, et nekedent li hom deu ne plaindoit mie en orant, alsi com il auoit acconstumeit, mais en plorant, dunkes demandat, queile cause astoit de si grand plorement. A cui li hom deu ellepas respondit: Toz ciz monstiers cui le ai fait, et tot cil cui ge deuant appareilhai az freres, par lo iugement del tot poissant deu sont doneit az genz. Et a poines pau ge prendre, ke les anrmes de cest liu a moi seroient otroies. Cui uoiz dunkes oit Theoprobus, mais nos la ueons, ki or sauons son monstier de la gent des Lumbars estre destruit. Quar par un nuiterneil tens et reposanz les freres nouelement illoc entrerent li Lumbar, ki prisent totes choses, et la uoirement nes un soul homme ne porent tenir; mais li tot poissans deus semplit ce ke il auoit promis a son feoil seriant Benoit, ki ia soit ce ke il donat les choses az paiens, nekedent il garderoit les anrmes. En la

prolata fuerint, humanis labiis pronuntiantur, quoniam sciri ab hominibus et prolata per Deum possunt et occulta non possunt. **Petr.** In obiectione meae quaestiunculae patuit causa rationis. Sed quaeso te, si qua sunt adhuc de huius uiri uirtute subiunge.

XVII. (18.) De destructione monasterii uiri Dei ab ipso praedicta.

Greger. Vir quidam nobilis Theoprobus nomine, eiusdem Benedicti patris fuerat admonitione conuersus, qui pro uitae suae merito magnam apud eum familiaritatis fiduciam habebat. Hic cum quadam die eius cellam fuisset ingressus, hunc amarissime flentem repperit. Cumque diu subsisteret, eiusque non finiri lacrimas uideret, nec tamen ut uir Dei consueuerat orando plangeret, sed maerendo, quaenam causa tanti luctus exsisteret, inquisiuit. Cui uir Dei illico respondit: Omne hoc monasterium quod construxi, et cuncta quae fratribus praeparaui, omnipotentis Dei iudicio gentibus tradita sunt. Vix autem obtinere potui, ut mihi ex hoc loco animae concederentur. Cuius uocem tunc Theoprobus audiuit, nos autem cernimus, qui destructum modo a Langobardorum gente eius monasterium scimus. Nocturno enim tempore et quiescentibus fratribus nuper illic Langobardi ingressi sunt, qui diripientes omnia, ne unum quidem hominem illic tenere potuerunt, sed impleuit omnipotens Deus quod fideli famulo Benedicto promiserat, ut si res gentibus traderet, animas custodiret. Qua in re Pauli uicem uideo

queile chose ge uoi Benoit auoir tenut la fie de Paulon, cui neis quant ele soffrit lo damage de totes choses, il prist en confort la uie de tox ceax ki astoient acompangiet auoc lui.

XVIIII. De la flaische ki fut embleie et conue par l'espir.

5 Par un tens alsiment nostres Exhilareiz cui tu conus conuertit, il fut enuoiez de son sanior, par ke il portast el monstier al homme deu dous uaisselez de fust plains de uin, ki del pople sont apeleit flaischex. Li queiz portat l'un uaissel, mais l'altre, quant il alat, reponst il en la uoie. Mais li hom del sanior cui li fait nient present ne porent pas
10 atapir, il receut l'un a faisement de grasces, mais lo seriant s'en alant somunst disanz: Filz, uoi ke tu ia ne boiues de cele flaische cui tu as repunse, mais abaisse la uisousement et si [92ᵛ] troueras queile chose ele at deuenz. Li queiz eissit del homme deu mult confus. Et il retorneis uolt encor prouoir ce ke il auoit oit. Et quant il ot abaissie la flaische,
15 dunkes eissit de lei enhelement uns serpenz. Dunkes li deuant diz serianz Exhilareiz, par ce ke il trouat el uin, espaurit lo mal cui il auoit fait.

XX. Des napeles cui li sers deu prist.

Nient lonz del monstier astoit une uile en cui une grande multitu-
20 dine d'ommes a la foid de deu fut conuertie del seruise des ydeles parmi l'enhortement de Benoit. Et la astoient alquantes femmes nonains, et souentes foies auoit cure Benoiz li serianz de deu d'enuoier ses freres illoc por enhorteir les anrmes. Par un ior enuoiat solunc constume, mas

tenuisse Benedictum, cuius dum nauis rerum omnium iacturam pertulit, ipse h consolatione uitam omnium qui eum comitabantur, accepit.

XVIII. (19.) De flascone sublato et per spiritum cognito.

Quodam quoque tempore Exhilaratus noster, quem ipse conuersum nosti,
5 transmissus a domino suo fuerat, ut Dei uiro in monasterium uino plena duo lignea uascula, quae a uulgo flascones uocantur, deferret; qui unum detulit, alterum uero pergens in itinere abscondit. Vir autem Domini quem facta absentia latere non poterant, unum cum gratiarum actione suscepit, et discedentem puerum monuit dicens: Vide, fili, ne de illo flascone quem abscondisti bibas, sed inclina
10 illum caute, et inuenies, quid intus habet. Qui confusus ualde a Dei homine exiuit. Et reuersus uolens adhuc probare quod audierat, cum flasconem in- clinasset, de eo protinus serpens egressus est. Tunc praedictus Exhilaratus puer, per hoc quod in uino repperit, expauit malum quod fecit.

XIX. (20.) De mappularum receptione ab eodem cognita.

15 Non longe autem a monasterio uicus erat, in quo non minima multitudo hominum ad fidem Dei ab idolorum cultu Benedicti fuerat exhortatione conuersa. Ibi quoque quaedam sanctimoniales feminae inerant, et crebro illuc pro exhor- tandis animabus fratres suos mittere Benedictus Dei famulus curabat. Quadam uero die misit ex more, sed is qui missus fuerat monachus post admonitionem

cil moines ki fut enuoiez, apres faite l'amonicion il proiez des saintes femmes nonains prist napeles, si les reponst a soi en son sain. Li queiz manes ke il fut retorneiz, dunkes lo comenzat a choseir li hom deu par mult grande amertume disanz: Coment entrat la iniquiteiz en ton sain? Et icil out merueilhe, et il oblieiz queile chose il auoit faite ne sauoit dont il astoit choseiz. A cui il dist: N'astoi ge dunkes illoc presenz, quant tu presis les napeles des anceles deu, et a toi les mesis en ton sain? Li queiz manes soi abaissat a ses piez, si soi repentit folement auoir fait, et si getat fors cez napeles cui il auoit repunses en son sain.

XXI. De la orgailhouse pense del enfant ki fut conue par l'espir.

Par un ior quant li honorables peres ia a l'oure de uespres prendoit les norrissemenz del cors, a lui astoit uns moines li filz d'un defendeor, ki a lui tenoit la luiserne deuant la table. Et quant li hom deu manioit, mais il deuant esteuet auoc lo seruise de la luiserne, dunkes comenzat par l'espir d'orguelh en sa pense taisibles torneir et dire par sa pense: Ki est ieiz a cui maniant ge deuant estois, ge tien la luiserne, ge li done seruise? .... A cui manes li hom [93r] deu retorneiz durement lo comenzat a choseir disanz: Ensenge ton cuer, frere! Ke est ce ke tu paroles? Ensenge ton cuer! Manes apelat les freres, si comandat ke hom li tolist la luiserne des mains, et lui comandat arier aleir del seruise et coit seoir a soi en cele meisme houre. Li queiz demandeiz des freres queile chose il auoit el cuer, il racontat par ordene de com grand espir d'orguelh il auoit esteit enfleiz, et queiz paroles il disoit

factam a sanctimonialibus feminis rogatus mappulas accepit, sibique eas abscondit in sinu. Qui mox ut reuersus est, eum uir Dei uehementissima amaritudine coepit increpare dicens: Quomodo ingressa est iniquitas in sinum tuum? At ille obstupuit, et quid egisset oblitus, unde corripiebatur ignorabat. Cui ait: Num quid ego illic praesens non eram, quando ab ancillis Dei mappulas accepisti, tibique eas in sinum misisti? Qui mox eius uestigiis prouolutus stulte se egisse poenituit, et eas quas in sinu absconderat mappulas proiecit.

XX. (21.) De cogitatione monachi superba a Dei uiro cognita.

Quadam quoque die dum uenerabilis pater uespertina iam hora corporis alimenta perciperet, eius monachus cuiusdam defensoris filius fuerat, qui ei ante mensam lucernam tenebat. Cumque uir Dei ederet, ipse autem cum lucernae ministerio astaret, coepit per superbiae spiritum in mente sua tacitus uoluere, et per cogitationem dicere: Quis est hic cui ego manducanti assisto, lucernam teneo, seruitium impendo? [Quis sum ego ut isti seruiam?] Ad quem uir Dei statim conuersus uehementer coepit eum increpare dicens: Signa cor tuum, frater, quid est quod loqueris? signa cor tuum. Vocatisque statim fratribus, praecepit ei lucernam de manibus tolli, ipsum uero iussit a ministerio recedere, et sibi hora eadem quietum sedere. Qui requisitus a fratribus quid habuerit in corde, per ordinem narrauit quanto superbiae spiritu intumuerat, et quas contra uirum Dei

encontre l'omme deu taisibles par sa pense. Dunkes fut aouert cleirement a toz, ke nule chose ne poist atapir l'onorable Benoit, en cui oreilhe sonassent meismes les paroles des penses.

XXII. Des dous cenz muis de farine ki furent troueit.

Gieres en un altre tens en cele meisme contreie de Campainge uint une famine, et une grande besonge de norrissemenz toz destraindoit. Et la faloit li frumenz el monstier de Benoit. Et li pain astoient pres tuit aloweiz si ke nient plus ke cinc a l'oure de refection ne porent estre troueit az freres. Et quant li honorables peres les ueoit estre contristeiz, dunkes studiat amendeir la floibeteit de lur corage par mesurable[ment] chosement, et lo pares par promesse sorleueir disanz: Por coi est uostres corages contristeiz por la besonge de pain? Hui uoirement én est moins, mais el ior de demain en aureiz plantiuousement. Et el ior siuant furent troueit dui cent mui de farine en sais deuant les portes de la cele, les queiz li tot poissanz deus parmi queiz portanz il les eust ennoiez, ioskes or maint nient conut. Quant ce uirent li frere, il racontant grasces al sanior, aprisent ia nient doteir ne de l'abundance ne de la besonge. **Pirres.** Di ge te proi, doit l'om dunkes croire l'espir de prophetie a cest seriant de deu toz tens pooir estre present, u par entrenaz des tens sa pense emplissoit li espirs de prophetie? **Gregoires.** Pirres, li spirs de prophetie les penses des prophetes toz tens n'enluminet mie; car alsi com est escrit del saint [93ᵛ] espir: La u il uuet spiret, ... Quar de ce est ke Natan demandeiz del roi, se il poist faire lo temple, de pro-

uerba per cogitationem tacitus dicebat. Tunc liquido omnibus patuit, quod uenerabilem Benedictum latere nil posset, in cuius aure etiam uerba *cogitationis sonuissent.

XXI. (22.) De ducentis farinae modiis ante uiri Dei cellam inuentis.

Alio quoque tempore in eadem Campaniae regione fames incubuerat, magnaque omnes alimentorum indigentia coangustabat. Iamque in Benedicti monasterio triticum deerat. Panes uero paene omnes consumpti fuerant, ut non plus quam quinque ad refectionis horam fratribus inueniri potuissent. Cumque eos uenerabilis pater contristatos cerneret, eorum pusillanimitatem studuit modesta increpatione corrigere, et rursum promissione subleuare, dicens: Quare de panis inopia uester animus contristatur? Hodie quidem minus est, sed die crastina abundanter habebitis. Sequenti autem die ducenti farinae modii ante fores cellae in saccis inuenti sunt, quos omnipotens Deus quibus deferentibus transmisisset, nunc usque manet incognitum. Quod cum fratres cernerent, Domino gratias referentes didicerunt iam de abundantia nec in egestate dubitare. **Petr.** Dic, quaeso te, num quid non credendum est huic Dei famulo semper prophetiae spiritum adesse potuisse, an per interualla temporum eius mentem prophetiae spiritus implebat? **Gregor.** Prophetiae spiritus, Petre, prophetarum mentes non semper irradiat: quia sicut de sancto spiritu scriptum est: *Vbi uult spirat*, [ita sciendum est, quia et quando uult aspirat]. Hinc est enim quod Nathan a rege requisitus si construere

miers lo consentit et en apres lo defendit. De ce est ke Helyseus, quant il ueoit la femme plorant et il ne sauoit lo porkes, il dist al seriant ki defendit celei: Laisse celei, car s'anrme est en amertume, et li sires lo celat de moi, et si nel enseniat pas a moi. La quelle chose li tot poissanz deus at disposeit par la dispensation de grande 5 pieteit; car cant il l'espir de prophetie a la foie donet, et a la foiz lo sustrait, les penses prophetanz et il sorlieuet en haltece, et si les gardet en humiliteit, par ke cil ki prendent l'espir troeuent queile chose il sont de deu, et lo pares nient haiant la prophetie conoissent queile chose il sont de soi meismes. **Pirres.** Ceste chose ensi estre com tu affermes la 10 grande raisons criet. Mais ge te proi, del honorable peire Benoit parsiu kanke unkes encor encontre curt a ton corage.

XXIII. De l'oure del monstier.

Gregoires. Par un altre tens aisiment fut il proiez d'un feol homme, ke en son aluet deleiz lo borc Terracinense enuoiez ses disciples un 15 monstier deuist edifier. Ki al proiant consentanz astaleiz les freres establit lo pere, et si ordinat ki a lui seroit secuns. Az queiz alanz il promist disanz: Aleiz! et en icel ior ge uenrai, et si uos demosterrai en queil liu l'oratoire, en queil liu lo refectoir des freres, en queil liu l'osteil des hostes, u uos doiuiez edifier totes les choses ki sont necessaires. Li 20 queil prise la benizon ellepas s'en alerent. Et il atendant l'estab(l)it ior mult soniousement, apparilh(i)erent totes les choses ki sembleuent estre necessaires a ceas ki auoc si grand peire poissent uenir. Mais en cele

templum posset, prius consensit, et postmodum prohibuit. Hinc est quod Elisaeus cum flentem mulierem cerneret, causamque nescisset, ad prohibentem hanc puerum dicit: *Dimitte eam, quia anima eius in amaritudine est, et Dominus celauit a me, et non indicauit mihi.* Quod omnipotens Deus ex magnae pietatis dispensatione *disponit, quia dum prophetiae spiritum aliquando dat, et aliquando 5 subtrahit, prophetantium mentes et eleuat in celsitudine, et custodit in humilitate, ut et accipientes spiritum inueniant quid de Deo sint, et rursum prophetiae spiritum non habentes cognoscant quid sint de semet ipsis. **Petr.** Ita hoc esse, ut asseris, magna ratio clamat. Sed quaeso de uenerabili patre Benedicto quicquid adhuc animo occurrit exsequere. 10

XXII. (23.) De fabrica monasterii per uisionem disposita.

Gregor. Alio quoque tempore a quodam fideli uiro fuerat rogatus, ut in eius praedio iuxta Terracinensem urbem missis discipulis suis construere monasterium debuisset. Qui roganti consentiens deputatis fratribus patrem constituit, et quis ei secundus esset ordinauit. Quibus euntibus spopondit dicens: Ite, et die illo 15 ego uenio et ostendo uobis, in quo loco oratorium, in quo refectorium fratrum, in quo susceptionem hospitum, uel quaeque sunt necessaria aedificare debeatis. Qui benedictione percepta illico perrexerunt, et constitutum diem magnopere praestolantes, parauerunt omnia quae his qui cum tanto patre uenire potuissent, uidebantur esse necessaria. Nocte uero eadem, qua promissus illucescebat dies, eidem 20

nuit quant li promis iors aiorneuet, a cel meisme serf de deu cui il
illokes auoit pere establit et a son prouost apparuit li hom del sanior en
sommes, et cascuns lius, u il queile chose deuroient edifier, subtilment
enseniat. Et quant il andui furent sus leueit [94ʳ] del somme, si raconte-
5 rent a soi entrechaniablement ce ke il auoient ueut. Nekedent nient
donant foid a cele uision, atendoient l'omme deu, alsi com il soi uenir
auoit promis. Et quant li hom deu n'astoit pas uenuz el ior astablit,
dunkes retornerent a lui a dolor disant: Peire, nos atendins ke tu uen-
roies alsi com tu auoies promis, par ke tu demosteroies a nos, u nos
10 queile chose deuriens edifier, et tu ne uenis mie. Az queiz il dist: Por
coi, frere, por coi dites uos cez choses? Ne uin ge dunkes mie alsi com
ge promis? A cui cant il disoient: Quant uenis tu? dunkes respondit:
N'aparui ge dunkes mie a uos ambedous dormanz, et si enseniai cascuns
lius? Aleiz, et alsi com uos oistes par la uision, ensi faites tote l'abi-
15 tation del monstier. Li queil oant cez choses mult soi meruilh(i)erent,
et il soi retornerent al deuant dit aluet, et si fisent totes les habitatious
alsi com il auoient apris parmi la reuelation. **Pirres. Ge** uoldroie ke l'om
moi enseniast, par queil ordene ce pout estre fait, ke il iroit lonz, ke il
as dormanz diroit respeus, ke cil l'oroient par uision et reconistroient?
20 **Gregoires. Ke** est ce, Pieres, ke tu parqueranz dotes l'ordene de la chose
faite? Cleire chose senz dotance, ke li espirs est de plus moble nature
ke ne soit li cors. Et certes nos sauons tesmoniant l'escriture, ke li prophetes en uoi(e)s porteiz de Iudeie, sodainement auoc lo mangier fut im-
mis en Caldeie. Del queil loist a sauoir mangier il rapareilhat lo pro-
25 phete, et sodainement lo pares soi trouat en Iudeie. Gieres se Abacuc

seruo Dei, quem illic patrem constituerat, atque eius praeposito uir Domini in
somnis apparuit, et loca singula, ubi quid aedificare debuissent, subtiliter de-
signauit. Cumque utrique a somno surgerent, sibi inuicem quod uiderant, rettule-
runt. Non tamen uisioni illi omni modo fidem dantes, uirum Dei sicut se uenire
5 promiserat, exspectabant. Cumque uir Dei constituto die minime uenisset, ad eum
cum maerore reuersi sunt dicentes: Exspectauimus, pater, ut uenires sicut pro-
miseras, et nobis ostenderes, ubi quid aedificare deberemus, et non uenisti.
Quibus ipse ait: Quare, fratres, quare ista dicitis? Num quid sicut promisi non
ueni? Cui cum ipsi dicerent: Quando uenisti? respondit: Num quid utrisque uobis
10 dormientibus non apparui, et loca singula designaui? Ite et sicut per uisionem
audistis, omne habitaculum monasterii ita construite. Qui haec audientes uehementer admirati ad praedictum praedium sunt reuersi, et cuncta habitacula sicut
ex reuelatione didicerant construxerunt. **Petr.** Doceri uelim, quo fieri ordine
potuit, ut longe iret, responsum dormientibus diceret, quod ipsi per uisionem
15 audirent et recognoscerent. **Gregor.** Quid est quod perscrutans rei gestae ordinem
ambigis, Petre? Liquet profecto, quia mobilioris naturae est spiritus quam corpus.
Et certe scriptura teste nouimus, quod propheta ex Iudaea subleuatus, repente
est cum prandio in Chaldaea depositus, quo uidelicet prandio prophetam refecit,
seque repente in Iudaea iterum inuenit. Si igitur tam longe Abacuc potuit sub

pot si lonz desoz un moment corporeilment aleir, et lo dinneir porteir,
queiz merueilhe est dunkes, se Benoiz li peires prist de deu, ke il iroit
par espir, et reconteroit les choses necessaires az espirs des freres reposanz, par ke alsi com icil al mangier del cors corporeilment alat, ensi
iciz a l'institution de la uie spiritueile iroit spiritueilment? **Pirres. La** 5
mains de ta parole terst ius gel regehis [94ᵛ] la dotance de ma pense.
Mais ge uuelh conoistre com faiz ciz hom fut en la commune parole.

XXIIII. Des anceles deu.

Gregoires. Pirres, a poines meisme sa commune parole fut uuide del
fais de uertut, car ses cuers soi leuoit en halt, poruec ne chaoient pas 10
de sa boche paroles en pardons. Et se il a la foie disoit alcune chose
nient la comandant, mais en manazant, sa parole auoit si grandes forces,
alsi com il ce nient dotablement ne pendaument, mais ia eust dit par
sentence. Car nient lonz de son monstier conuersoient dous femmes
nonains en lur propre liu ki de noble lingie furent neies, az queiz uns 15
religious hom donoit seruise al us de la deforaine uie. Mais alsi com az
alkanz solt la noblece de lingie enfanteir uilteit de pense, ke il soi moins
despitent en cest mont ki soi ramenbrent alcune chose auoir plus esteit
des altres, celes deuant dites femmes nonains eles n'auoient encor mie
restraint parfitement lur lengue desoz lo frain de lur habit, et cel meisme 20
religious homme ki az deforaines choses necessaires lur donoit seruise,
prouochieuent souent a corrocement par nient porueues paroles. Li queiz
cant il cez choses longement soffroit, si s'en alat al homme deu, et si
racontat com grandes laidenges de paroles il soffroit. Et li hom de deu

---

momento corporaliter ire et prandium deferre, quid mirum, si Benedictus pater
obtinuit, quatenus iret per spiritum, et fratrum quiescentium spiritibus necessaria
narraret, ut sicut ille ad cibum corporis corporaliter perrexit, ita iste ad institu-
tionem spiritalis uitae spiritaliter pergeret? **Petr.** Manus tuae locutionis tersit meae
fateor dubietatem mentis, sed uelim nosse in communi locutione qualis iste uir fuerit. 5
XXIII. (24.) De sanctimonialibus feminis.

Gregor. Vix ipsa, Petre, communis eius locutio a uirtutis erat pondere uacua:
quia cuius cor sese in alta suspenderat, nequaquam uerba de ore illius incassum
cadebant. Si quid uero unquam non iam decernendo, sed minando diceret, tantas
uires sermo illius habebat, ac si hoc non dubie atque suspense, sed iam per 10
sententiam protulisset. Nam non longe ab eius monasterio duae quaedam sanctimoniales feminae nobiliori genere exortae, in loco proprio conuersabantur, quibus
quidam religiosus uir ad exterioris uitae usum praebebat obsequium. Sed sicut
nonnullis solet nobilitas generis parere ignobilitatem mentis, ut minus se in hoc
mundo despiciant, qui plus se ceteris aliquid fuisse meminerunt, nec dum prae- 15
dictae sanctimoniales' feminae perfecte linguam suam sub habitus sui freno
restrinxerant, et eundem religiosum uirum qui ad exteriora necessaria eis obsequium praebebat, incautis saepe sermonibus ad iracundiam prouocabant. Qui
dum diu ista toleraret, perrexit ad Dei hominem, quantasque pateretur uerborum

oanz cez choses d'eles, enhelement lur mandat disanz: Amendeiz uostre
lengue; car se uos ne l'amendeiz, ge uos escomenge. La queile loist a
sauoir sentence d'escomengement il ne dist pas en donant, mais en mane-
zant. Mais iceles de lur ancienes constumes nule chose mueies, morurent
5 deuenz poi de iors, et si furent enseuelies en la glise. Et quant om
celebroit les sollempniteiz des messes en cele meisme glise, et li diakenes
crioit solunc sa constume: Se alcuns ne soi acomenget, il doinst liu; la
norrice de celes ki por eles auoit aconstumeit offrir oblation al sanior,
ele[s] les ueoit eissir [95ʳ] fors de lur fosses, et aleir fors de la glise.
10 La queile chose cant ele souent ueoit, k'eles a la uoiz del diakene criant
aloient fors, et k'eles ne porent pas parmanoir deuenz la glise, dunkes li
repairat a memoire queiles choses lur auoit mandeit li hom de deu, cant
eles encor uiuoient. Quar il auoit dit ke il lur tolroit la communion, se
eles n'amendassent lur constumes et lur paroles. Dunkes fut ensengiet
15 al serf de deu a grief dolor. Li queiz manes de sa main donat une
obleie par ke om l'offrist por eles disanz: Aleiz, et ceste obleie faites por
eles offrir al sanior, et des or mais ne seront eles pas escomengies. La
queile oblations cant por eles fut sacrifie, et cant solunc la constume fut
crieit del diakene, ke cil ki n'acomengent mie, iroient fors de la glise,
20 dunkes ne furent pas iceles ueues mais aleir fors de la glise. De la
queile chose nient dotanment fut conut, ke cant eles entre ceaz ki sont
osteit de la communion ne s'en alerent mie, k'eles reprisent del sanior
communion parmei lo serf del sanior. **Pirres.** Mult meruilhouse est, la
soit ce ke honorable et saintisme homme, nekedent encor uiuant en ceste
25 char corrumpable pooir desloier les anrmes ia establies en cel non t abls

contumelias enarrauit. Vir autem Dei haec de illis audiens eis protinus mandauit
dicens: Corrigite linguam uestram; quia si non emendaueritis, excommunico uos.
Quam uidelicet excommunicationis sententiam non proferendo intulit, sed minando.
Illae autem a pristinis moribus nihil mutatae, intra paucos dies defunctae sunt,
5 atque in ecclesia sepultae. Cumque in eadem ecclesia missarum sollemnia celebrarentur, atque ex more diaconus clamaret: Si quis non communicat, det locum:
nutrix earum quae pro eis oblationem Domino offerre consueuerat, eas de sepulcris
suis progedi et exire de ecclesia uidebat. Quod dum saepius cerneret, quia ad
uocem diaconi clamantis exibant foras, atque intra ecclesiam permanere non
10 poterant, ad memoriam reduxit quae uir Dei illis adhuc uiuentibus mandauit.
Eas quippe se communione priuare dixerat, nisi mores suos et uerba corrigerent.
Tunc seruo Dei cum graui maerore indicatum est, qui manu sua protinus oblationem dedit dicens: Ite et hanc oblationem pro eis offerri Domino facite, et
ulterius excommunicatae non erunt. Quae dum oblatio pro eis fuisset immolata,
15 et a diacono iuxta morem clamatum est, ut non communicantes ab ecclesia
exirent, illae exire ab ecclesia ulterius uisae non sunt. Qua ex re indubitanter
patuit, quia dum inter eos qui communione priuati sunt, minime recederent,
communionem a Domino per seruum Domini recepissent. **Petr.** Mirum ualde,
quamuis uenerabilem et sanctissimum uirum, adhuc tamen in hac carne cor-

ingament. **Gregoires. Pirres,** n'astoit il dunkes mie encor en ceste char
ki oit: Tot ce ke tu auras loiet sor la terre, ce serat loiet es
cies; et les choses cui tu auras desloies sor la terre, eles
seront desloies et es ciez? Cui foie de loier et de desloier cil ont
or, ki tinent lo liu de saint gouernement par foid et par constumes.
Mais par tant ke uns hom de terre puist si grandes choses, li faitres del
ciel et de la terre uint del ciel en terre, et ke la chars puisset iugier
meismes des espirs, ce li deniat doneir deus por les hommes faiz chars;
car de ce soi leuat nostre enfermeteiz dessoure soi, dont la fermeteiz de
deu fut faite enferme desoz soi. **Pirres.** Auoc la uertut des signes con-
cordanment parolet la raisons [95ᵛ] des paroles.

XXV. Del enfant moine ki senz la benizon del pere alat a la maison son pere et si morut.

Gregoires. A un ior alsiment quant uns siens enfezons moines son
pere et sa mere plus amanz ke il ne deuoit, et il alanz a lur manandie
quant il fut eissuz del monstier senz benizon, en icel meisme ior manes
eant il paruint a eaz, si morut. Et quant il fut enseueliz, en l'altre ior
fut ses cors troueiz fors geteiz, lo queil lo pares ourent cure de doneir
a sepulture, mais el ior siuant lo pares trouerent fors getteit et nient
entereit alsi com anzois. Dunkes corurent enhelement et az piez del
pere Benoit od grant plorement lo getterent, ke il deniaist a lui doneir
la sue grasce. Az queiz li hom deu de sa main enhelement donat la
communion del cors del sanior disanz: Aleiz, et cest cors del sanior a

ruptibili degentem, potuisse animas soluere in illo iam inuisibili iudicio consti-
tutas. **Gregor.** Num quidnam, Petre, in hac adhuc carne non erat qui audiebat:
*Quodcumque ligaueris super terram, erit ligatum et in caelis: et quae solueris
super terram, soluta erunt et in caelis?* Cuius nunc uicem ligandi et soluendi
obtinent, qui locum sancti regiminis fide et moribus tenent. Sed ut tanta
ualeat homo de terra, caeli et terrae conditor in terram uenit e caelo, atque ut
iudicare caro etiam de spiritibus possit, hoc ei largiri dignatus est, factus pro
hominibus Deus caro: quia inde surrexit ultra se infirmitas nostra, unde sub se
infirmata est firmitas Dei. **Petr.** Cum uirtute signorum concorditer loquitur ratio
uerborum.

XXIIII. (25.) De puero monacho quem sepultum terra proiecit.

Gregor. Quadam quoque die dum quidam eius puerulus monachus parentes
suos ultra quam deberet diligens, atque ad eorum habitaculum tendens, sine
benedictione de monasterio exiisset, eodem die mox ut ad eos peruenit defunctus
est. Cumque esset sepultus, die altero proiectum foras corpus eius inuentum
est, quod rursus tradere sepulturae curauerunt. Sed sequenti die iterum proiectum exterius, atque inhumatum sicut prius inuenerunt. Tunc concite ad
Benedicti patris uestigia currentes, cum magno fletu *petierunt, ut ei suam gratiam
largiri dignaretur. Quibus uir Dei manu sua protinus communionem dominici
corporis dedit dicens: Ite atque hoc dominicum corpus super pectus eius cum

grande reuerence metteiz sor son piz, et si lo doneiz a sepulture. Quant
ce fut fait, dunkes tint la terre son cors receut, et mais nel gettat mie
fors. Parpoises tu, Pieres, de queil merite ciz hom fut ahier Ihesum
Crist nostre sanior, ke meisme la terre getteroit fors lo cors de celui ki
5 la grasce de Benoit n'auoit mie? **Pirres. Gel** parpoise senz dotance, e
forment m'esmerueilh.

XXVI. Del moine ki donat sa pense a. mobleteit et ne uolt mie parmanoir el monstier.

Gregoires. Mais uns siens moines donat sa pense a mobiliteit, et ne
10 uoloit pas parmanoir el monstier. Et quant li hom de deu lo chosens
assidueiement et souent lo somonoit, et icil en nule maniere ne consentoit
de paresteir en la congregation, et quant il astoit pres par engressem
proieres ke hom lo laissast aleir, par un ior ciz meismes honorables pere
affliz par l'anui de son engressement, il aireiz comandat ke il s'en alast.
15 Li queiz manes ke il eissit fors del monstier, si trouat en la uoie
encontre soi esteir un dragon a ouerte boche. Et quant cil meismes
dragons ki apparuit lo uoloit deuoreir, dunkes comenzat tremblanz a
pal-[96ʳ]pianz a crieir par grandes uoiz disanz: Coreiz, coreiz, car lis
dragons moi uuet deuoreir. Et li frere corant ne uirent pas lo dragon,
20 mais lo moine tremblant et palpiant remenerent al monstier. Ki mans
promist, ke il ia mais ne soi departeroit del monstier, et des icele hor
parmeist il en sa promesse par bon droit, ki par les orisons del saint
homme uit encontre soi esteir lo dragon, cui il nient ueant siuoit anzois.

magna reuerentia ponite, et sic sepulturae eum tradite. Quod dum factum
fuisset, susceptum corpus eius terra tenuit, nec ultra proiecit. Perpendis, Petre,
apud Iesum Christum Dominum cuius meriti iste uir fuerit, ut eius corpus etiam
terra proiecerit, qui Benedicti gratiam non haberet. **Petr.** Perpendo plane, et
5 uehementer stupeo.

XXV. (26.) De monacho qui de monasterio discedens draconem in itinere inuenit.

Gregor. Quidam autem eius monachus mobilitati mentem dederat, et per
manere in monasterio nolebat. Cumque eum uir Dc' assidue corriperet et fre
quenter admoneret, ipse uero nullo modo consentiret in congregatione persistere,
10 atque importunis precibus ut relaxaretur imminerot, quadam die idem uenerabilis
pater nimietatis eius taedio affectus, iratus iussit ut discederet. Qui mox e
monasterium exiit, contra se assistere aperto ore draconem in itinere inuenit.
Cumque eum idem draco qui apparuerat deuorare uellet, coepit ipse tremens et
palpitans magnis uocibus clamare dicens: Currite, currite, quia draco iste
15 me deuorare uult. Currentes autem fratres draconem minime uiderunt, sed tre
mentem atque palpitantem monachum ad monasterium reduxerunt. Qui statim
promisit nunquam se esse a monasterio recessurum, atque ex hora eadem in sua
promissione ... permansit; [quippe] qui sancti uiri orationibus contra se assistere
draconem uiderat, quem prius non uidendo sequebatur.

XXVII. Del enfant ki fut feruz del mal d'elefantie.

Mais encor quide ge ke l'om ne doiuet pas ice taisir, ke ge conu racontant Antoine lo noble baron, ki disoit lo seriant son pere estre ferut del mal d'elefantie, ensi ke ia cheanz les pouz li cuirs en enfloit, et (ne) pooit pas repunre la croissante maladie. Li queiz fut enuoiez al homme 5 deu de cel meisme son pere et restabliz a l'anciene salut desuz tote enheleteit.

XXVIII. Del poure homme ki fut affliz por doze saus.

Ne cele chose ne tairai ge mie, cui ses disciples Pelerins par nom soloit raconteir: car en un ior un(s) feoz hom destrainz par la necessiteit 10 de sa dette ceste sole chose creit a soi estre mecine, se il alast al homme deu et enseniast, queile necessiteiz de sa dette lo destraindoit. Gieres uint il al monstier, il trouat lo seriant del tot poissant deu, et si demonstrat ke il de son creencier por doze sauz griement astoit affliz. A cui li honorables peres respondit soi nient auoir doze sauz, mais neke- 15 dent sa besonge confortat de dulce parole et si dist: Va, et apres dous iors retorne toi, car hui n'ai ge mie ke doiue doneir a toi. Et en cel espasce de dous iors fut il occupeiz en orison, quant al tierc ior cil ki astoit affliz por la necessiteit de la dette repairat. Et spr la huige del monstier ki astoit plaine de frument sodainement treze sauz furent troueit. 20 Les queiz li hom deu ke hom li portast (comandat), et il les donat al afflit proior disanz, ke il rendist les doze et l'un auroit [96ᵛ] en ses propres despenses. — Mais or repairrai a cez choses cui ge conu el comencement de cest liure racontanz ses deuant diz disciples. Vns hom

XXVI. (27.) De puero a morbo elephantino curato.

Sed neque hoc silendum puto, quod illustri uiro Antonio narrante cognoui, qui aiebat patris sui puerum morbo elephantino fuisse correptum, ita ut iam pilis cadentibus cutis intumesceret, atque increscentem saniem occultare non posset. Qui ad uirum Dei ab eodem patre eius missus est, et saluti pristinae sub omni 5 celeritate restitutus.

XXVII. (28.) De solidis per miraculum debitori redditis.

Neque illud taceam, quod eius discipulus Peregrinus nomine, narrare consueuerat: quia die quadam fidelis uir quidam necessitate debiti compulsus unum sibi fore remedium credidit, si ad Dei uirum pergoret, et quae eum urgeret 10 debiti necessitas indicaret. Venit itaque ad monasterium, omnipotentis Dei famulum repperit et quia a creditore suo pro duodecim solidis grauiter affligeretur intimauit. Cui uenerabilis pater nequaquam se habere duodecim solidos respondit, sed tamen eius inopiam blanda locutione consolatus est: Vade et post biduum reuertere, quia deest hodie quod tibi debeam dare. In ipso autem biduo more 15 suo in oratione fuit occupatus. *Cumque die tertio is qui necessitate debiti affligebatur rediret, super arcam monasterii, quae erat frumento plena, subito tredecim solidi sunt inuenti. Quos uir Dei deferri iussit, et afflicto petitori tribuit dicens, ut duodecim redderet, et unum in expensis propriis haberet. — Sed ad ea nunc redeam, quae eius discipulis in libri huius exordio praedictis referentibus 20

astoit traueilhiez de mult pesant enuie de son aduersaire, cui haenge
ioskes a ce rumpit fors, ke il a celui nient sachant donat uenin en boiure.
Li queiz ia soit ce ke il ne li pot pas tolir la uie, nekedent il muat lo
color del cuir, si ke la entrechaniableteiz en son cors espandue sembleuet
5 siure constume de lepre. Mais cant il fut ameneiz al homme de deu, si
receut mult tost l'anciene santeit........

XXVIIII. De la ampole de uoire.

En cel meisme tens alsiment cant la besonge de norrissemenz afflioit
Campaine griement, li hom deu az diuers besonianz auoit doneit totes les
10 choses de son monstier, si ke pres nule chose ne remeist el cellier, se un
petit d'oile non en un uaissel de uoire. Dunkes uint a lui uns diakenes
Agapitus par nom mult ententiuement proianz, ke un petit d'oile a soi
deuroit estre doneit. Et li hom del sanior ki auoit proposeit totes choses
en terre doneir, par ke il el ciel garderoit totes choses, cel meisme petit
15 d'oile ke remeis astoit commandat doneir al proiant. Et li moines li
tenoit lo celier, il oit uoirement les paroles del comandant, mais il les
respitat aemplir. Et quant il apres un petit demandoit, se ce fust doneit
ke il comandat, dunkes respondit li moines soi nient auoir doneit; car se
il icel petit li donast, del tot nule chose ne remanroit as freres. Dunkes
20 corrociez comandat az altres, ke il cel meisme uaissel de uoire en cui cel
petit d'oile astoit ueut auoir remeis, ke il lo gettassent fors parmei la
fenestre, par ke nule chose ne remanroit el cellier par inobedience. E
ce fut fait. Et desoz cele meisme fenestre astoit uns granz trebuchemens

agnoui. Quidam uir grauissima aduersarii sui aemulatione laborabat, cuius ad
hoc usque odium prorupit, ut ei nescienti in potu uenenum daret. Quod quamuis
uitam auferre non ualuit, cutis tamen colorem mutauit, ita ut diffusa in corpore
eius uarietas leprae morem imitari uideretur. Sed ad Dei hominem deductus
5 salutem pristinam citius recepit: [nam mox ut eum contigit, omnem cutis illius
uarietatem fugauit.]

XXVIII. (29.) De ampulla uitrea in saxis proiecta et non fracta.

Eo quoque tempore quo alimentorum inopia Campaniam grauiter affligebat,
uir Dei diuersis indigentibus monasterii sui cuncta tribuerat, ut paene nihil in
10 cellario nisi parum quid olei in uitreo uase remaneret. Tunc quidam subdiaconus
Agapitus nomine aduenit, magnopere postulans ut sibi aliquantulum olei dari
debuisset. Vir autem Domini qui cuncta decreuerat in terra tribuere, ut in caelo
omnia reseruaret, hoc ipsum parum quod remanserat olei iussit petenti dari.
Monachus uero qui cellarium tenebat, audiuit quidem iubentis uerba, sed implere
15 distulit. Cumque post paululum si id quod iusserat datum esset inquireret,
respondit monachus se minime dedisse; quia si illud ei tribueret, omnino nihil
fratribus remaneret. Tunc iratus aliis praecepit ut hoc ipsum uas uitreum in
quo parum olei remansisse uidebatur, per fenestram proiicerent, ne in cella aliquid per inobedientiam remaneret. Factumque est. Sub fenestra autem eadem

plains de pesantumes de pirres. Gieres li uaisseaz de uoire fors getteiz
uint es pirres, mais il remeist ensi entiers, alsi com il ne fust pas [97ʳ]
fors geteiz, si ke il ne pout pas estre brisiez ne li oiles espanduz. Lo
queil li hom del sanior comandat leueir, et alsi com il astoit entiers
doneir al proiant. Dunkes assembleiz les freres lo moine nient obeissant
choseit de sa mescreandise et de son orguelh deuant trestoz.

XXX. Del tonel uuid.

Quant fineiz fut cil chosemenz, dunkes soi donat en orison auoc
ces meismes freres. Et en cel meisme liu u il oreuet auoc les freres,
astoit uns toneaz uuiz d'oile et couerz. Et quant li sainz hom parsteuet
en orison, dunkes comenzat la couerture de cel meisme tonel estre sorleueie del croissant oile. La queile couerture cant fut commoue et
sorleueie, li oiles ki creissoit trespassanz les boches del tonel moilhieuet
lo pauiment del liu, u il gisoient. Quant ce uit Benoiz li serianz de
deu, manes finat l'orison, et li oiles cessat decurre el pauiment. Dunkes
somonst il plus leement lo malfiant et lo inobedient frere, ke il apresist
zuoir foid et humiliteit. Et cil meismes freres saluablement choseiz out
honte, car li honorables peres demostreuet par miracles la uertut del tot
poissant sanior, cui il auoit mostreie par ammonition. Et ia n'astoit pas
ke alcuns poist doteir de ses promesses, ki en un moment por un uaissel
de uoire anaises uuit auoit rendut un tonel plain d'oile.

ingens praecipitium patebat saxorum molibus *asperum. Proiectum itaque uas
uitreum uenit in saxis, sed sic mansit incolume, ac si proiectum minime fuisset,
ita ut neque frangi, neque oleum effundi potuisset. Quod uir Domini praecepit
leuari, atque ut erat integrum petenti tribui. Tunc collectis fratribus inobedientem
monachum de infidelitate sua et superbia coram omnibus increpauit.

XXVIIII. (30.) De dolio uacuo oleo repleto.

Qua increpatione completa, sese cum eisdem fratribus in orationem dedit.
In eo autem loco ubi cum fratribus orabat, uacuum erat ab oleo dolium et
coopertum. Cumque sanctus uir in oratione persisteret, coepit operimentum eiusdem dolii oleo excrescente subleuari. Quo commoto atque subleuato oleum quod
excreuerat ora dolii transiens pauimentum loci, in quo incubuerant, inundabat.
Quod Benedictus Dei famulus ut aspexit, protinus orationem compleuit, atque in
pauimentum oleum defluere cessauit. Tunc diffidentem inobedientemque fratrem
latius admonuit, ut fidem habere disceret et humilitatem. Idem uero frater salu-
briter correptus erubuit, quia uenerabilis pater uirtutem omnipotentis Dei, quam
admonitione intimauerat, miraculis ostendebat. Nec erat iam ut quisquam de eius
promissionibus dubitare posset, qui in uno [eodemque] momento pro uitreo uase
paene uacuo plenum oleo dolium reddidisset.

XXXI. Del moine ki fut deliureiz del diable.

Par un ior quant il aloit al oratoire del bieneurous Iohan, ki est mis en meisme la haltece del mont, dunkes uint encontre li anciens anemis sor un mulet par la semblance d'un meide portanz un cor et une
5 gueruise. Lo queil cant il auoit demandeit disanz: V uas tu? cil respondit: Elleuos ge uois az freres por doneir a eaz une potion. Dunkes s'en alat li honorables Benoiz a l'orison. Quant il l'ot empli, enhelement repairat. Mais li maloiz espirs trouat un uielhart moine puisant aigue, el queil il entrat manes, si lo gettat ius en terre, et mult [97ʳ]
10 forment lo trauilhat. Lo queil cant li hom de deu repairanz de l'orison uit si cruelment estre trauilhiet, il li donat tan solement une caneie, et enhelement escost fors de celui lo maligne espir, si ke il n'osat mais repairier a lui. **Pirres.** Ge uoldroi conoistre, se il cez si grandes miracles prist toz tens par la uertut de l'orison, u se il les faisoit a la fie meismes
15 par lo soul comant de sa uolenteit. **Gregoires.** Cil ki par deuote pense aerdent a deu, quant la necessiteiz des choses lo demandet, par l'une et l'altre maniere suelent il faire signes, ke il facent a la fie cascunes merueilhouses choses par proiere, a la fie par poesteit. Quar cant Iohans dist: Ki ki onkes lo receurent, il lur donat poesteit ke il soient
20 fait li filh de deu, et se il sont li filh [li filh] de deu ..., queis merueilhe est ce dunkes, se il puent signes faire (par) poesteit? Quar ke il par l'une et l'altre maniere font miracles, ce tesmonget Pirres ki Thabitam morte suscitat en orant, mais Ananie et Saphiram ki mentirent donat a mort en chosant. Quar om ne list pas ke il orast en lur mort,

XXX. (31.) De monacho a daemone liberato.

Quadam die dum ad beati Ioannis oratorium quod in ipsa montis celsitudine situm est pergeret, ei antiquus hostis in mulo medici specie obuiam factus est cornu et tripedicam ferens. Quem cum requisisset dicens: Quo uadis? ille respondit:
5 Ecce ad fratres uado potionem eis dare. Itaque perrexit uenerabilis pater Benedictus ad orationem, qua completa concitus rediit. Malignus uero spiritus unum seniorem monachum inuenit aquam haurientem, in quem statim ingressus est, eumque in terram proiecit et uehementissime uexauit. Quem cum uir Dei ub oratione rediens tam crudeliter uexari conspiceret, ei solummodo alapam dedit
10 et malignum ab eo spiritum protinus excussit, ita ut ad eum redire ulterius non auderet. **Petr.** Velim nosse, si haec tanta miracula uirtute semper orationis impetrabat, an aliquando etiam solo uoluntatis exhibebat nutu. **Greger.** Qui deuota mente Deo adhaerent, cum rerum necessitas exposcit, exhibere signa modo utroque solent, ut mira quaeque aliquando ex prece faciant, aliquando ex potestate.
15 Cum enim Ioannes dicat: *Quotquot autem receperunt eum, dedit eis potestatem filios Dei fieri.* *Quodsi filii Dei [ex potestate] sunt, quid mirum, si signa facere ex potestate ualeant? Quia enim utroque modo miracula exhibeant, testatur Petrus qui Tabitham mortuam orando suscitauit, Ananiam uero et Sapphiram mentientes morti increpando tradidit. Neque enim orasse in eorum exstinctione legitur, sed

mais tan solement ke il chosast la culpe que il auoient fait. Poruec est
certe chose ke il a la fie les miracles font par poesteit, a la fie par
proiere, quant Pieres et a icez tolit la uie en chosant, et a celui la rendit
en orant. Quar ge desploierai or dous faiz del feol seriant de deu Benoit,
es queiz ouertement clarcirat ke il pout altre chose par la poesteit prise
de deu, altre chose par orison.

XXXII. Del uilain ki fut loiez.

Vns des Gothes, Galla par nom, il fut de l'Arriene senzfegerie, ki es
tens de lur roi Totyle contre les religious hommes de la glise uniuersale
arst de chalre de la mult grande cruelteit, si ke ki ki onkes clers u
moines li uenist deuant la face, ke il en nule maniere n'eissit uis de ses
mains. Mais par un ior il enspris par la chalre de sa auarisce conuoitanz
la rapine des choses, quant il afflioit un uilain de cruez tormenz, et si
lo deschiroit par diuerses poines: li uilains [98ʳ] ueneuz par poines regehit
soi et ses choses soi auoir comandeit a Benoit lo seriant de deu, par
ke cant ce est creut del tormentant, endementres entrelaissie la cruelteit
les houres seroient raules a uie. Dunkes cessat cil meismes Galla d'afflire
lo uilain par tormenz, mais il estraindanz ses braz de fortes renes comen-
sat celui chacier deuant son cheual, par ke il demosteroit ki astoit Benoiz,
ki auoit receut ses choses. Lo queil deuant alanz li uilains a loiez braz
lo menat al monstier del saint homme, si lo trouat deuant l'entrete de sa
cele soul seant et lisant. Dunkes dist li uilains a cel meisme Galle soi
aiuant et forsenant: Voi, iciz est Benoiz li peres de cui ge dis. Lo queil

solummodo culpam quam perpetrauerant increpasse. Constat ergo quod aliquando
haec ex potestate, aliquando uero exhibent ex postulatione, dum et istis uitam
increpando abstulit, et illi reddidit orando. Nam duo quoque fidelis famuli Dei
Benedicti facta nunc replico, in quibus aperte clareat, aliud hunc accepta diuinitus
ex potestate, aliud ex oratione potuisse.

XXXI. (32.) De rustico ligato et solo aspectu uiri Dei soluto.

Gothorum quidam Galla nomine perfidiae fuit Arianae, qui Totilae regis
eorum temporibus contra catholicae ecclesiae religiosos uiros ardore immanissimae crudelitatis exarsit, ita ut quisquis ei clericus monachusue ante faciem
uenisset, ab eius manibus uiuus nullo modo exiret. Quadam uero die auaritiae
suae aestu succensus in rapinam rerum inhians, dum quendam rusticum tormentis
crudelibus affligeret, eumque per supplicia diuersa laniaret, uictus poenis rusticus
sese *res suas Benedicto Dei famulo commendasse professus est, ut dum hoc a
torquente creditur, suspensa interim crudelitate ad uitam horae raperentur. Tunc
idem Galla cessauit rusticum tormentis affligere, sed eius brachia loris fortibus
astringens ante equum suum coepit impellere, ut quis esset Benedictus qui eius
res susceperat demonstraret. Quem ligatis brachiis rusticus antecedens duxit ad
sancti uiri monasterium, eumque ante ingressum cellae solum sedentem repperit
et legentem. Eidem autem subsequenti et saeuienti Gallae rusticus dixit: Ecce
ipse est de quo dixeram tibi Benedictus pater. Quem dum feruido spiritu cum

cant il par bolissant espir, a la deruerie de sa peruerse pense ot regardeit, il soi quidanz faire de teil espawentement com il soloit, de grandes uoiz comenzat a crieir disanz: Lieue sus, lieue sus! et rend les choses de cest uilain cui tu as prises. A cui uoiz li hom de deu enhelement
5 leuat les oes de la lezon, et quant il l'ot ueut, manes et lo uilain regardat ki astoit loiez tenuz. A cui braz cant il ot flechiet ses oez, par meruillouse maniere par si grande enheleteit comenc(i)erent a desloier li ren loiet en ses braz, ke il ne poissent par nule haste des hommes si tost estre desloiet. Et quant icil ki astoit loiez de la corde comenzaat sodaine-
10 ment desloiez deuant esteir, Galla espauriz por la force de si grande poesteit chait en terre, et il abaissanz lo haterel de sa roide crualteit a ses piez, soi comandat az orisons de celui. Et li sainz hom ne soi leuat pas de la lezon, mais apeleiz les freres lo portat dedenz, si comandat ke il presist la benizon. Lo queil remeneit a soi somonst ke cessast la
15 deruerie de si grande crualteit. Li queiz s'en ralanz brisiez, n'osat mais nule chose demandeir del uilain, cui li hom del sanior nient en atochant mais en regardant auoit desloiet. Voi, ici est, Pirres, ce ke ge dis, ke cil ki ser-[98ᵛ]uent al tot poissant deu amiablement, ke il puent a la fei faire merueilhes meismes par poesteit. Car ki seanz repressat l'espauen-
20 table crualteit del Gothe, et ki desloiat les rens et les nouz de la loiure ki auoient astraint les braz del innocent, il ensenget par meisme la enheleteit del miracle ke il auoit pris auoir de poesteit ce ke il fist. Et lo pares ioinderai apres queil et com grand miracle il pot auoir en orant.

peruersae mentis insania fuisset intuitus, eo terrore quo consueuerat acturum se existimans, magnis coepit uocibus clamare dicens: Surge, surge, et res istius rustici redde quas accepisti. Ad cuius uocem uir Dei protinus oculos leuauit a lectione, eumque intuitus mox etiam rusticum qui ligatus tenebatur attendit. Ad
5 cuius brachia dum oculos deflexisset, miro modo tanta se celeritate coeperunt illigata brachiis lora dissoluere, ut dissolui tam concite nulla hominum festinatione potuissent. Cumque is qui ligatus *uenerat coepisset subito astare solutus, ad tantae potestatis uim tremefactus Galla ad terram corruit, et ceruicem crudelitatis rigidae ad eius uestigia inclinans se orationibus illius commendauit. Vir autem
10 sanctus a lectione minime surrexit, sed uocatis fratribus eum introrsus *tolli, ut benedictionem acciperet, praecepit. Quem ad se reductum ut a tantae crudelitatis insania quiescere deberet admonuit. Qui fractus recedens nil ulterius petere a rustico praesumpsit, quem uir Domini non tangendo, sed respiciendo soluerat. Ecce est, Petre, quod dixi: quia hi qui omnipotenti Deo familiarius seruiunt, ali-
15 quando mira facere etiam ex potestate possunt. Qui enim ferocitatem Gothi terribilis sedens repressit, lora uero nodosque ligaturae quae innocentis brachia astrinxerant [oculis] dissoluit, ipsa miraculi celeritate indicat, quia ex potestate acceperat habere quod fecit. Rursum quoque quale quantumque miraculum orando ualuit obtinere subiungam.

XXXIII. Del mort ki fut resuscitez.

Par un ior fut il eissuz auoc les freres a l'oeure del champ. Et uns uilains portans entre ses braz lo cors de son mort filh, angoissous del duel de ueueteit uint al monstier, si demandat Benoit lo pere. A cui cant fut dit, ke cil meismes peres demoreuet el champ auoc les freres, enhelement gettat ius deuant l'uiz del monstier lo cors de son mort filh, et il turbleiz de dolor tost soi donat en curs por troueir l'onorable pere. Et a cele meisme hore li hom deu ia soi retorneuet de l'oeure del champ auoc les freres. Lo queil manes ke li ueueiz uilains lo uit, si comenzat a crieir: Rend mon filh, rend mon filh! Et li hom de deu restiut en iceste uois disanz: Toli ge dunkes ton filh? A cui respondit icil: Il est morz, uien, si lo resuscite. La quelle chose manes ke li serianz de deu oit, si fut mult contristeiz disanz: Aleiz uos de ci, frere, aleiz uos de ci! ces choses ne sont pas nostres, mais des sainz aposteles. Por coi uoleiz uos mettre sor nos les fais cui nos ne poons pas porteir? Et li uilains cui mult granz dolors destraindoit parstiut en sa proiere iuranz ke il n'en riroit pas, se il ne resuscitast son filh. Cui li serianz de deu manes demandat disanz: V est il? A cui respondit icil: Elleuos ses cors gist deuant l'uiz del monstier. V cant li hom de deu fut paruenuz auoc les freres, dunkes flekit les genoz, et si giut sor lo corselet del enfant, et soi drezanz ses palmes tendit al ciel disanz: Sire, ne regarde mie mes pechiez, mais la foid de cest homme ki proiet [99ʳ] ke ge resuscite son filh, et si rend en cest corselet l'anrme cui tu as toloite. A poines auoit il parfineies les paroles en l'orison, et repairant l'anrme toz li cors del enfant

XXXII. (33.) De mortuo suscitato.

Quadam die cum fratribus ad agri opera fuerat egressus; quidam uero rusticus defuncti filii corpus in ulnis ferens orbitatis luctu aestuans ad monasterium uenit, Benedictum patrem quaesiuit. Cui cum dictum esset quia idem pater cum fratribus in agro moraretur, protinus ante monasterii ianuam corpus exstincti filii proiecit, et dolore turbatus ad inueniendum uenerabilem patrem sese in cursum concitus dedit. Eadem uero hora uir Dei ab agri opere iam cum fratribus reuertebatur. Quem mox ut orbatus rusticus aspexit, clamare coepit: Redde filium meum, redde filium meum. Vir autem Dei in hac uoce substitit dicens: Num quid ego filium tuum tibi abstuli? Cui ille respondit: Mortuus est, ueni, resuscita eum. Quod ut mox Dei famulus audiuit, ualde contristatus est dicens: Recedite, fratres, recedite; haec nostra non sunt, sed sanctorum apostolorum. Quid nobis onera uultis imponere, quae non possumus portare? At ille, quem nimius cogebat dolor, in sua petitione perstitit, iurans quod non recederet, nisi eius filium resuscitaret. Quem mox Dei famulus inquisiuit dicens: Vbi est? Cui ille respondit: Ecce corpus eius ad ianuam monasterii iacet. Vbi cum uir Dei cum fratribus peruenisset, flexit genua, et super corpusculum infantis incubuit, seseque erigens ad caelum palmas tetendit dicens: Domine, non aspicias peccata mea, sed fidem huius hominis qui resuscitari filium suum rogat, et redde in hoc corpusculo animam quam abstulisti. Vix in oratione uerba compleuerat, et

ensi tremblat ke desuz les oez de trestoz ki la furent apparuit par
meruilhous debotement en tremblant auoir palpiet. Cui main il tint
manes, et si lo donat a son pere uiuant et haliegre. Clere chose est,
Pirres, ke il cest miracle n'ot pas en poesteit, ki lo proiat ius esterneiz
ke il lo poist faire. **Pirres.** Il estat ouertement totes estre alsi com tu
affermes; car les paroles cui auoles proposeies celes proues par choses.
Mais ge te proi ke tu ensenges, se li saint homme puent totes les choses
cui il uuelent, et se il prendent totes les choses cui il desirent auoir.

XXXIIII. Del miracle Scolastike sa soror.

Gregoires. Pirres, ki serat en ceste uie plus halz de Paulon, ki por
l'aguilhon de sa char trois fies proiat lo sanior, et nekedent ne pout il
pas auoir ce ke il uolt? Por la queile chose mestiers est, ke ge toi
raconte del honorable pere Benoit, car alcune chose fut cui il uolt, et si
nel pot pas emplir. Quar sa suer Scolastike par nom fut saintefie al tot
poissant sanior des meisme lo tens de sa enfance. Ele auoit aconstumeit
uenir a lui une fie par l'an, a cui li hom de deu descendoit nient lonz
defors l'uiz en la possession del monstier. Et par un ior uint ele solunc
sa constume, et ses honorables freres descendit a lei auoc ses disciples.
Ki tot lo ior menant es loenges de deu et en sainz parlemenz, quant ia
uenoient les tenebres de la nuit, dunkes prisent ensemble mangiers. Et
quant il encor seoient a la table, et entre les sainz parlemenz plus tardiue hore soi traoit, cele meisme sainte femme nonains sa suer proiat lui
disanz: Ge te proi ke tu ne moi laisses pas en ceste nuit, par ke nos

regrediente anima ita corpusculum pueri omne contremuit, ut sub oculis omnium
qui aderant apparuerit concussione mirifica tremendo palpitasse. Cuius mox
manum tenuit, et eum patri uiuentem atque incolumem dedit. Liquet, Petre,
quia hoc miraculum in potestate non habuit, quod prostratus petiit, ut exhibere
potuisset. **Petr.** Sic cuncta esse, ut asseris, constat patenter, quia uerba quae
proposueras rebus probas. Sed quaeso te, ut indices, si sancti uiri omnia quae
uolunt possunt, et cuncta impetrant quae desiderant obtinere.

XXXIII. (34.) De miraculo Scholasticae sororis eius.

Gregor. Quisnam erit, Petre, in hac uita Paulo sublimior, qui de carnis suae
stimulo ter Dominum rogauit, et tamen quod uoluit obtinere non ualuit? Ex qua
re necesse est, ut tibi de uenerabili patre Benedicto narrem, quia fuit quiddam
quod uoluit, sed non ualuit implere. Soror namque eius Scholastica nomine,
omnipotenti Domino ab ipso infantiae tempore dedicata, ad eum semel per annum
uenire consueuerat. Ad quam uir Dei non longe extra ianuam in possessione
monasterii descendebat. Quadam uero die uenit ex more, atque ad eam cum
discipulis uenerabilis eius descendit frater, qui totum diem in Dei laudibus sacris-
que colloquiis ducentes, incumbentibus iam noctis tenebris simul acceperunt cibos.
Cumque adhuc ad mensam sederent, et inter sacra colloquia tardior se hora pro-
traheret, eadem sanctimonialis femina soror eius eum rogauit dicens: Quaeso te
ne ista nocte me deseras, ut usque mane de caelestis uitae gaudiis loquamur.

joskes al matin parlons alcune chose des ioies de la celeste uie. A cui respondit icil: Ke est ce, suer, ke tu paroies? Ge non puis en nule maniere [99ᵛ] remanoir defors la cele. Et dunkes astoit si grande clarteiz del ciel, ke nule nue n'aparoit en l'air. Mais la sainte femme none quant ele oit les paroles de son frere denoiant, dunkes mist ele sor la table ses mains entretissues des doiz, et si abaissat son chief entre ses mains por proier lo tot poissant sanior. Et quant ele leuat lo chief de la table, dunkes uint si granz force de solistre et de tonoile, et si granz undeie de ploge, ke ne li honorables Benoiz ne li frere ki la astoient auoc lui, ke il ne poissent mouoir lo piet defors lo lintel del liu, u il seoient ensemble. Quar la sainte femme none son chief abaissanz entre ses mains espandit fluez de larmes sor la table, par les queiz ele trast la clarteit del air a ploge. Et nient petit plus tard apres l'orison seuit cele undeie, mais si grande conuenance fut de la orison et de la undeie, k'ele ia leuoit son chief de la table auoc lo tonoile, ke ce fut uns meismes momenz, et leueir lo chief et la ploge ius mettre. Dunkes li hom deu entre les esclistres et les tonoiles et la undeie de grand ploge, ueanz soi nient pooir retorneir al monstier, comenzat soi a complaindre contristeis disanz: Suer, li tot poissanz deus espargnet a toi, ke est ce ke tu as fait? A cui cele respondit: Elleuos ge te proiai, et tu ne moi uolsis pas oir; ge proiai mon sanior, et il moi oit. Gieres or eis fors, se tu pues, et moi delaissie reua al monstier. Mais il ne pout pas fors eissir del toit, et ki ne uolt pas remanoir de son greit, il remeist en icel liu encontre sa uolenteit. Et ensi fut fait, ke il tote cele nuit menerent

Cui ille respondit: Quid est quod loqueris, soror? Manere extra cellam nullatenus possum. Tanta uero erat caeli serenitas, ut nulla in aere nubes appareret. Sanctimonialis autem femina cum uerba fratris negantis audisset, insertas digitis manus super mensam posuit, et caput in manibus omnipotentem Dominum rogatura declinauit. Cumque de mensa leuaret caput, tanta coruscationis et tonitrui uirtus, tantaque inundatio pluuiae erupit, ut neque uenerabilis Benedictus, neque fratres qui cum eo aderant, extra loci limen quo consederant, pedem mouere potuissent. Sanctimonialis quippe femina caput in manibus declinans lacrimarum fluuios in mensam fuderat, per quas serenitatem aeris ad pluuiam traxit. Nec paulo tardius post orationem inundatio illa secuta est, sed tanta fuit conuenientia orationis et inundationis, ut de mensa caput iam cum tonitruo leuaret; quatenus unum idemque esset momentum, et leuare caput, et pluuiam deponere. Tunc uir Dei inter coruscos et tonitruos atque ingentis pluuiae inundationem uidens se ad monasterium non posse remeare, coepit conqueri contristatus dicens: Parcat tibi omnipotens Deus, soror, quid est quod fecisti? Cui illa respondit: Ecce te rogaui, et audire me noluisti; rogaui Dominum meum, et audiuit me. Modo ergo si potes egredere, et me dimissa ad monasterium recede. Ipse autem exire extra tectum non ualens, qui remanere sponte noluit, in loco mansit inuitus. Sicque factum est, ut totam noctem peruigilem ducerent, atque per sacra spiritalis uitae colloquia sese uicaria relatione satiarent. Qua de re dixi eum

parueilhable, et par les sainz parlemenz de la uie spiritueile soi soeleirent par altrien racontement. Por la queile chose ge dis lui uoloir alcune chose, mais nient pooir; car se nos esgardons la pense del honorable homme, n'est pas dote ke il uolt parmanoir cele meisme clarteit en cui il
5 descendit. Mais encontre ce ke il uolt par la uertut del tot poissant [100ʳ] dou uint li miracles del piz de la femme. Et n'est pas merueilhe ke la femme ki longement conuoitoit a ueoir son frere, k'ele en cel meisme tens plus pot, car par tant ke solunc la uoiz de Iohan **deus est cari-teiz**, par mult droit iugement cele pout plus ki plus amat. **Pirres.** Bel
10 regehis mult moi plaist ce ke tu dis.

XXXV. De l'anrme sa seror ueue.

Gregoires. Et quant en l'altre ior apres cele meisme honorable femme s'en astoit raleie a sa propre cele, li hom deu repairat al monstier; quant elleuos apres trois iors il estanz en la cele sorleueiz ses oez en l'air uit
15 l'anrme de cele meisme sue seror estre eissue de son cors, et trespercier les secreies choses del ciel en la semblance d'un colon. Ki conioianz a si grande gloire de celei, en hymnes et en loenges rendit grasces al tot poissant deu, et si nunzat az freres son trespassement. Les queiz alsi-ment il enuoiat enhelement par ke il lo cors de celei portaissent al
20 monstier, et si lo mesissent el sepulcre oui il auoit a soi apareilhiet. Quant ce fut fait, dunkes auint ke cui pense toz tens en deu fut une, lur cors alsiment ne deseuerroit mie la sepulture.

uoluisse aliquid, sed minime potuisse; quia si uenerabilis uiri mentem aspicimus, dubium non est quod eandem serenitatem uoluerit, in qua descenderat, permanere; sed contra hoc quod uoluit in uirtute omnipotentis Dei ex feminae pectore miraculum inuenit. Nec mirum quod plus illo femina, quae diu fratrem uidere
5 cupiebat, in eodem tempore ualuit, quia enim iuxta Ioannis uocem *Deus caritas est*, iusto ualde iudicio illa plus potuit, quae amplius amauit. **Petr.** Fateor, multum placet quod dicis.

XXXIIII. (35.) De anima sororis eius uisa.

Gregor. Cumque die altero eadem uenerabilis femina ad cellam propriam
10 recessisset, uir Dei ad monasterium rediit. Cum ecce post triduum in cella con-sistens, eleuatis in aera oculis uidit eiusdem sororis suae animam de eius corpore egressam in columbae specie caeli secreta penetrare. Qui tantae eius gloriae con-gaudens, omnipotenti Deo in hymnis et laudibus gratias reddidit, eiusque obitum fratribus denuntiauit. Quos etiam protinus misit, ut eius corpus ad monasterium
15 deferrent, atque in sepulcro quod sibi ipse parauerat ponerent. Quo facto con-tigit, ut quorum mens una semper in Deo fuerat, eorum quoque corpora nec sepultura separaret.

XXXVI. De la lumiere ki luisit et del mont ki fut concoilhis dessuz ses oez.

A un altre tens alsiment Seruandus li diakenes et abes de cel monstier, ki fut estoriz es contreies de Campaine de Liberio ki ia diz fut patrices, il uint a lui solunc sa constume por la uisitation. Quar il han- 5
tenet son monstier, ke par tant ke cil meismes hom auoc astoit plains de doctrine de la celeste grasce, ke il espanderoient a soi altrienement les dulces paroles de uie et lo sueif mangier del celeste pais, par tant ke il ne porent pas encor parfitement ioissant, il lo gosteroient ueaz en suspi-
rant. Et quant ia la houre de repos demandeuet, de la quoile tor es 10 souraines parties soi mist Benoiz, et es plus basses parties de celei soi mist Seruandus li diakenes. El queil loist a sauoir liu uns paruoiables aprochemenz continuoit les plus [100ᵛ] basses parties az souraines. Mais deuant cele meisme tor astoit uns plus larges habitacles, en cui repo-
seuent li disciple del un et del altre. Et quant li hom deu Benoiz, encor 15 reposanz les freres, estanz es uigiles de la nuitreneile orison ot deuanciet les tens, il estanz a la fenestre et deproianz lo tot poissant sanior, il regardanz en l'oure de la nuit nient tempriue, il uit l'espandue lumiere de dessore auoir eschaciet totes les tenebres de la nuit, et resclarcir de
si grande clarteit, ke cele lumiere ki luisoit entre les tenebres uencoit lo 20 ior. Mais une mult merueilhouse chose seuit en ceste uision; car alsi com il en apres racontat, trestoz meismes li monz alsi com colhiz dessuz un rai del soleilh fut ameneiz deuant ses oez. Li queix honorables peres
quant il enfichoit l'entendue aguece des oez en iceste clarteit de la splen-

XXXV. (36.) De mundo ante oculos eius collecto, et de anima Germani Capuanae ciuitatis episcopo.

Alio quoque tempore Seruandus diaconus atque abbas eius monasterii quod in Campaniae partibus a Liberio quondam patricio fuerat constructum ad eum uisitationis gratia ex more conuenerat. Eius quippe monasterium fre- 5
quentabat, ut quia idem quoque uir doctrina gratiae caelestis influebat, dulcia sibi inuicem uitae uerba transfunderent, et suauem cibum caelestis patriae, quia adhuc perfecte gaudendo non poterant, saltem suspirando gustarent. Cumque hora iam quietis exigeret, in cuius turris superioribus se [uenerabilis] Benedictus,
in eius quoque inferioribus se Seruandus diaconus collocauit; quo uidelicet in 10 loco inferiora superioribus peruius continuabat ascensus. Ante eandem uero turrim largius erat habitaculum in quo utriusque discipuli quiescebant. Cumque uir Dei Benedictus quiescentibus adhuc fratribus instans uigiliis nocturnae orationis tempora praeuenisset, ad fenestram stans et omnipotentem Deum deprecans, [subito] intempesta noctis hora respiciens, uidit fusam lucem desuper, cunctas noctis 15 tenebras effugasse, tantoque splendore clarescere, ut diem uinceret lux illa quae inter tenebras radiasset. Mira autem res ualde in hac speculatione secuta est: quia
sicut post ipse narrauit, omnis etiam mundus uelut sub uno solis radio collectus ante oculos eius adductus est. Qui uenerabilis pater dum intentam oculorum

diant lumiere, dunkes uit il l'anrme de Germain lo ueske de Capue u
une rondele de fou des angeles estre porteie el ciel. Dunkes il uoilh[am]
aiosteir a soi un tesmoin de si grant miracle, il apelat a grandece [de]
crior Seruandum lo diakene, recomenciet son nom dous fies et trois. E[t]
5 quant icil fut turbleiz par lo nient aconstumeit criement del si gra[nt]
baron, dunkes montat, il regardat, et si uit ia une petite partie de l[a]
lumiere. A cui meruilhant cest si grant miracle li hom deu par orde[ne]
racontat les choses ki astoient auenues, et manes mandat el chastel Cas[sin]
a Theoprobo lo religious homme, ke il enuoiast dessuz cele meisme n[uit]
10 al borc de Capue, si sauist queile chose astoit faite de Germain lo uesk[e,]
et si l'enseniast. Et ce fut fait. Et cil ki fut enuoiez trouat lo m[ult]
honorable baron Germain lo ueske ia mort. Et il demandanz subtilm[ent]
conut son trespassement auoir esteit en cel meisme moment, en [cui li]
hom del sanior conut son montement. **Pirres.** Ceste chose est mult mer-
15 ueilhouse, et forment la doit om merue-[101ʳ]ilhier. Mais ce ke dit e[st]
ke deuant ses oez fut ameneiz toz li monz, alsi com dessuz un rai d[el]
soloilh colbiz, alsi com gel unkes n'esprouai, ensi nel sai ge congetei[r,]
par queil ordene puet estre fait, ke toz li monz soit ueuz d'un hom[me.]
Gregoires. Fermement tien, Pieres, ce ke ge parol, ke a l'anrme ki u[eit]
20 lo creator, a lei est estroite tote la creature. Quar ia soit ce k'ele n[e]
petit uoit de la lumiere del creator, bries chose li est fait tot. ce k[e]
creeit est; car par meisme la lumiere de la deuentriene uision e[le]
alaschiez li sains de la pense, et tant est alaisie en deu, k'ele e[st]
dessore lo mont, mais encor li anrme del ueant est faite dessore s[ei]
25 meisme. .... Et quant ele desoz soi regardet eshalcie, dunkes compr[ent]

aciem in hoc splendore coruscae lucis infigeret, uidit Germani Capuani episc[opi]
animam in sphaera ignea ab angelis in caelum ferri. Tunc tanti sibi test[is]
uolens adhibere miraculi, Seruandum diaconum iterato bis terque eius nomine ca[?]
clamoris magnitudine uocauit. Cumque ille fuisset insolito tanti uiri clam[oris]
5 turbatus, ascendit, respexit, partemque iam lucis exiguam uidit. Cui tantum l[o]
obstupescenti miraculum uir Dei per ordinem quae fuerant gesta narrauit, stat[im]
que in Cassinum castrum religioso uiro Theoprobo mandauit, ut ad Capua[m]
urbem sub eadem nocte transmitteret, et quid de Germano episcopo agere[t,]
agnosceret et indicaret. Factumque est, et reuerentissimum uirum Germa[num]
10 episcopum is qui missus fuerat iam defunctum repperit, et requirens subtili[ter]
agnouit eodem momento fuisse illius obitum, quo uir Domini eius cogno[uit]
ascensum. Petr. Mira res ualde et uehementer stupenda. Sed hoc quod dic[tum]
est, quia ante oculos ipsius quasi sub uno solis radio collectus omnis mund[us]
adductus est, sicut nunquam expertus sum, ita nec coniicere scio, quonam ord[ine]
15 fieri potest ut mundus omnis ab homine uno uideatur. Gregor. Fixum tene, Pet[re,]
quod loquor, quia animae uidenti creatorem angusta est omnis creatura. Qua[m]
libet etenim parum de luce creatoris aspexerit, breue ei fit omne quod creatum e[st,]
quia ipsa luce uisionis intimae mentis laxatur sinus, tantumque expanditur i[n]
Deo, ut superior exsistat mundo, fit uero ipsa uidentis anima etiam super se[?]

ele com bries chose ce soit k'ele abaissie ne pout pas comprendre. Gieres li hom ki uit lo cercle de fou, ki uit les angeles alsiment repairanz al ciel, senz dotance il ne pot pas cez choses ueoir, se en la lumiere de deu non. Poruec queiz merueilhe est, se il uit lo mont colhit deuant soi, ki sorleueiz en la lumiere de sa pense fut defors lo mont? Et ke li monz est diz deuant ses oez colhiz, li ciez et la terre ne fut pas contraite, mais li corages del ueant fut alaisiez, ki rauiz en deu pot ueoir senz grieteit tot ce ke desoz deu est. Gieres en icele lumiere ki luisit az deforains oez, la deuentriene lumiere fut en la pense, la queile lo corage del ueant par tant k'ele lo rauit az souraines choses, si demostrat a lui com estroites fussent totes les plus basses choses. **Pirres.** A moi semblet utlement moi nient auoir entendut les choses cui tu auois dites, quant de la moie tardiueteit tant criut la tue espositions. Mais par tant ke tu cez choses clerement as espandues en mes sens, ge te proi ke tu repaires al ordene de la narration.

XXXVII. Ke il escrist la reule des moines.

Gregoires. Pirres, il moi plaist encor de cest honorable pere pluisors choses raconteir, mais ge trespasse [101ᵛ] alcunes ses choses studiouse(ment), car ge moi haste a raconteir les faiz des altres. Mais ce uuelh ge ke tu saches, ke li hom de deu entre tant miracles par les queiz il resolarcit el mont, ke il auoc luisit par parole de doctrine nient moienement. Quar il escrist la riugle des moines ualhant par discretion, clere par sermon. Cui constumes et uie se alcuns uuet subtilment conoistre, il puet en la institution de cele meisme riugle trouer les faiz de tot lo monstier

ipsam. [Cumque in Dei lumine rapitur super se, in interioribus ampliatur], et dum sub se conspicit exaltata, comprehendit quam breue sit quod comprehendere humiliata non poterat. Vir ergo [Dei], qui intuens globum igneum angelos quoque ad caelum redeuntes uidebat, haec procul dubio cernere non nisi in Dei lumine poterat. Quid itaque mirum, si mundum ante se collectum uidit, qui sublenatus in mentis lumine extra mundum fuit? Quod autem collectus mundus ante eius oculos dicitur, non caelum et terra contracta est, sed uidentis animus est dilatatus, qui in Deo raptus uidere sine difficultate potuit omne quod infra Deum est. In illa ergo luce quae exterioribus oculis fulsit, lux interior in mente fuit, quae uidentis animum quia ad superiora rapuit, ei quam angusta essent omnia inferiora monstrauit. **Petr.** Videor mihi utiliter non intellexisse, quae dixeras, quando ex tarditate mea tantum creuit expositio tua. Sed quia haec liquide meis sensibus infudisti, quaeso ut ad narrationis ordinem redeas.
XXXVI. (37.) Quod regulam monachorum scripserit.
Gregor. Libet, Petre, adhuc de hoc uenerabili patre multa narrare, sed quaedam eius studiose praetereo, qui ad aliorum gesta euoluenda festino. Hoc autem nolo te lateat, quod uir Dei inter tot miracula quibus in mundo claruit, doctrinae quoque uerbo non mediocriter fulsit. Nam scripsit monachorum regulam, discretione praecipuam, sermone luculentam. Cuius si quis uelit subtilius mores uitam-

de celui; car li sainz hom ne pout en nule maniere altrement ensengier ke il ueskit.

XXXVIII. De la prophetie de sa eissue ki fut nuncie az freres.

Mais en cel meismo an quant il deuoit eissir de ceste uie, si nunzat
5 lo ior de son saintisme trespassement az alcanz de ses disciples ki demoreuent auoc lui, et az alcanz ki manoient lonz; a ceaz ki astoient present comandanz ke il les oies choses courissent par silence, a ceaz ki n'astoient pas present ensenianz queile u com faite ensenge lur seroit faite, quant s'anrme eisteroit del cors. Mais deuant lo siste ior de sa eissue comandat
10 ke l'om ourist a soi la sepulture. Li queiz manes pris des fleures, d'aigre chalre comenzat estre lasseiz. Et quant par cascun ior li langors engreuissoit, el siste ior fist il soi porteir en l'oratoire de ses disciples, et la guarnit sa eissue par lo reciuement del cors et del sanc del sanior, et il sustenanz ses floibes menbres entre les mains de ses disciples estiut
15 sorleuei(es) ses mains el ciel, et darrain espir sofflat fors entre les paroles de l'orison. El queil loist a sauoir ior apparuit de lui une reuelations d'une et de semblante uision az dous freres, al un demorant en la cele, al altre lonz establit. Car il uirent ke une uoie aloit par droite uoie d'orient de sa cele ioskes el ciel, la queile uoie astoit esterneie de palies
20 et luisanz de lampes cui hom ne poist conteir. A cui li beirs en honorable habit dessore cleirs estisanz, demandat cui astoit la uoie cui il ueoient. Et icil dissent ke il ne sauoient. Az [102ʳ] queiz dist icil: Ceste est la uoie par cui Benoiz li ameiz al sanior montet al ciel. Gieres dunkes alsi com li present disciple uirent lo trespassement del saint homme,

que cognoscere, potest in eadem institutione regulae omnes *magisterii illius actus inuenire: quia sanctus uir nullo modo potuit aliter docere quam uixit.

XXXVII. (38.) De prophetia sui exitus fratribus denuntiata.

Eodem uero anno, quo de hac uita erat exiturus, quibusdam discipulis
5 secum conuersantibus, quibusdam longe manentibus sanctissimi sui obitus denuntiauit diem, praesentibus indicens, ut audita per silentium tegerent, absentibus indicans, quod uel quale eis signum fieret, quando eius anima de corpore exiret. Ante sextum uero sui exitus diem aperiri sibi sepulturam iubet. Qui mox correptus febribus, acri coepit ardore fatigari. Cumque per dies singulos languor
10 ingrauesceret, sexta die portari se in oratorium a discipulis fecit, ibique exitum suum Dominici corporis et sanguinis perceptione muniuit, atque inter discipulorum manus imbecillia membra sustentans, erectis in caelum manibus stetit, et ultimum spiritum inter uerba orationis efflauit. Qua scilicet die duobus de eo fratribus, uni in cella commoranti, alteri autem longius posito reuelatio unius atque indissi-
15 milis uisionis apparuit. Viderunt namque quia strata pallis atque innumeris corusca lampadibus uia recto orientis tramite ab eius cella in caelum usque tendebatur. Cui uenerando habitu uir desuper clarus assistens, cuius esset uia quam cernerent, inquisiuit. Illi autem se nescire professi sunt. Quibus ipse ait: Haec est uia qua dilectus Domino caelum Benedictus ascendit. Tunc itaque

ensi lo conurent cil disciple ki ne furent pas present par l'ensenge ki lur fut deuant dit(e). Et il fut enseueliz en l'oratoire del bieneurous Baptiste Iohan, lo queil il estorat destruit l'alteil d'Apollion. Li queiz alsiment en cele fosse Sublacus u il promiers habitat, oskes a or luist par miracles, se la foiz des proianz lo demandet.

XXXVIIII. De la forsenerie de la femme ki par sa fosse fut restablie a salut et a santeit.

Quar nouelement fut faite la chose cui ge raconte, ke une femme prise par pense, cant ele del tot ot perdut lo sens, [et] coroit par ior et par nuit par mons et par uas, par bois et par chanz; et la tan solement reposeuet, u li lassemenz la destraindoit a reposeir. Mais par un ior cant ele erreuet uable par corage, ele paruint a la fosse del bieneurous baron Benoit lo pere, et la meist entreie nient sachanz. Mais cant faite fut la matineie, si s'en eissit ensi saneit son sens, alsi com celei unkes n'eust tenut alcune deruerie del chief. La quelle femme parmeist par tot lo tens de sa uie en cele meisme santeit cui ele auoit prise. **Pirres.** Ke disons nos estre ke a la fie en meismes les aiues des martres ensi sentons estre, ke il nient ne demonstrent si granz beneflces parmei lur cors, ke par lur reliques, et ke ilokes font plus granz signes, u il ne gisent pas par soi meismes? **Gregoires.** La u li saint martre gisent en lur cors, n'est pas dote, Pieres, ke il puent mostreir mult de signes, alsi com il font, et si demonstrent pluisors miracles a ceaz ki les quierent par pure pense. Mais par tant ke des enfermes penses puet estre doteit, se il la sont present por oir, u certe chose est ke il en lur cors ne sont mie;

sancti uiri obitum sicut praesentes discipuli uiderunt, ita absentes ex signo quod eis praedictum fuerat agnouerunt. Sepultus uero est in oratorio beati Ioannis Baptistae, quod destructa ara Apollinis ipse construxit. Qui et in eo specu, in quo prius Sublacus habitauit, nuncusque si petentium fides exigat miraculis coruscat.

XXXVIII. 39. De insana muliere in eius specu sanata.

Nuper namque est res gesta quam narro, quia quaedam mulier mente capta, dum sensum funditus perdidisset, per montes et ualles, siluas et campos die noctuque uagabatur; ibique tantummodo quiescebat, ubi hanc quiescere lassitudo coegisset. Quadam uero die dum uaga nimium erraret, ad beati uiri Benedicti specum deuenit, ibique nesciens ingressa mansit. Mane autem facto ita sanato sensu egressa est, ac si eam nunquam insania capitis ulla tenuisset, quae omni uitae suae tempore in eadem quam accepit salute permansit. Petr. Quidnam esse dicimus, quod plerumque in ipsis quoque patrociniis martyrum sic esse sentimus, ut non tanta per corpora sua, quanta beneficia per reliquias ostendant, atque illic maiora signa faciunt, ubi minime per semet ipsos iacent? Gregor. Vbi in suis corporibus sancti martyres iacent, dubium, Petre, non est quod multa ualeant signa demonstrare, sicut et faciunt, et pura mente quaerentibus innumera miracula ostendunt. Sed quia ab infirmis potest mentibus dubitari, utrumne ad exaudiendum ibi praesentes sint, ubi constat quia in suis corporibus non sint; ibi

poruec lur couient la demostreir plus grandes signes, u la enferme pense
puet doteir de lur presence. Mais cil cui pense en deu est ferme et
affichie, ele at tant plus merite de la foid, en combien ele conoist et eas
illokes nient [102ᵛ] gesir par cors, et nekedent nient defalir de la oance.
5 De ce est ke meisme alsiment la ueriteiz dis. par k'ele la foid aoiseroit
az disciples: **Se ge ne m'en uois, li conforteres ne uenrat pas a
uos.** Quar cant certe chose est, ke li espirs conforteres toz tens est
del pere et del filh, por coi dist li filz soi en uoies aleir, par ke cil
uenget ki unkes ne soi depart del filh? Mais par tant ke li disciple
10 ueant lo sanior en char, par corporeiz oez lo seelhioient toz tens a ueoir,
poruec a droit lur fut dit: **Se ge ne m'en uois, li conforteres ne
uenrat mie.** Alsi com se ouertement fust dit: Se ge ne sustrai lo cors,
ge ne demosterai mie queiz soit li amors del espir. Et se uos ne laissies
moi ueoir par corporeiz oez, ia mais n'aprendereiz moi ameir spirituel-
15 ment.   **Pirres.** Il moi plaist ce ke tu dis.   **Gregoires.** Ia doit l'om ke li
soit cesseir del parlement, par ke se nos tendons a raconteir les miracles
des altres, endementres par lo silence rapareilhons les forces de parleir.
   Ici finet li secuns liures.

necesse est eos maiora signa ostendere, ubi de eorum praesentia potest mens
infirma dubitare. Quorum uero mens in Deo fixa est, tanto magis habet fidei
meritum, quanto illic eos nouit et non iacere corpore, et tamen non deesse ab
exauditione.   Vnde ipsa quoque ueritas ut fidem discipulis augeret dixit: *Si*
5 *non abiero, paraclitus non ueniet ad uos.* Cum enim constet quia paraclitus
spiritus a patre semper procedat et filio, cur se filius recessurum dicit, ut ille
ueniat qui a filio nunquam recedit? Sed quia discipuli in carne Dominum cer-
nentes, corporeis hunc oculis semper uidere sitiebant, recte eis dicitur: *Nisi ego
abiero, paraclitus non ueniet,* ac si aperte diceretur: Si corpus non subtraho,
10 quis sit amor spiritus non ostendo. Et nisi me desieritis *corporaliter cernere, nunquam me discetis spiritaliter amare. **Petr.** Placet quod dicis. **Gregor.** Aliquantum
iam a locutione cessandum est, ut si ad aliorum miracula enarranda tendimus,
loquendi uires interim per silentium reparemus.

Ici comencent li capitel del tierc liure.

I. De Paulin lo ueske de la citeit Nolane. II. De Iohan lo pape. III. De Agapito lo pape. IIII. De Datio lo ueske de la citeit Moilans. V. De Sabin lo ueske de la citeit de Canusine. VI. De Cassio lo ueske de la citeit Narniense. VII. De Andreu lo ueske de la citeit Fundane. VIII. De Constance lo ueske d'Aquine. VIIII. De Frigdien lo neske de la citeit de Luke. X. De Sauin lo ueske de la citeit de Plaisence. XI. De Cerbon lo ueske de Populone. XII. De Fulgien lo ueske d'Vtruculane. XIII. D'Erculien lo ueske de la citeit Perusine. XIIII. De Ysaac lo serf de deu. XV. De Euthice et de Florence les sers de deu. XVI. De Martin lo moine del mont Marsike. XVII. Del moine del mont Argentier ki suscitat lo mort. XVIII. De Benoit lo moine. XVIIII. De la glise del bieneurous Zenon en la citeit Veronense. XX. De Steue-[103ʳ]non lo preste de la contreie Valeire. XXI. De la meschine conuertie par cui soul comant li hom fut deliureiz del diable. XXII. Del preste de la prouince Valeire, ki tint lo larron a son sepulcre. XXIII. Del abeit del mont Prenestin et de son preste. XXIIII. De Theodore lo masuier de la glise del bieneurous Perron l'apostoile del borc de Romme. XXV. De Aconce lo masuier de la sainte glise. XXVI. Del solitaire Moena par nom.

LIBER TERTIVS.

I. De Paulino Nolanae ciuitatis episcopo. II. De Ioanne papa. III. De Agapito papa. IIII. De Datio Mediolanensi episcopo. V. De Sabino Canusinae ciuitatis episcopo. VI. De Cassio Narniensis ciuitatis episcopo. VII. De Andrea Fundanae ciuitatis episcopo. VIII. De Constantio Aquinae ciuitatis episcopo. VIIII. De Frigdiano Lucensis ciuitatis episcopo. X. De Sabino Placentino episcopo. XI. De Cerbonio Populonii episcopo. XII. De Fulgentio Vtriculanae ciuitatis episcopo. XIII. De Herculano Perusinae ciuitatis episcopo. XIIII. De Isaac seruo Dei. XV. De Euthitio et Florentio seruis Dei. XVI. De Martino monacho de monte Marsico. XVII. De monacho ex monte Argentario qui mortuum suscitauit. XVIII. De Benedicto monacho. XVIIII. De ecclesia beati Zenonis [martyris] Veronae. XX. De Stephano presbytero prouinciae Valeriae. XXI. De puella conuersa, cuius solo imperio homo est a daemone liberatus. XXII. De presbytero prouinciae Valeriae, qui furem ad sepulcrum suum tenuit. XXIII. De abbate Praeneꜩini montis eiusque presbytero. XXIIII. De Theodoro mansionario ecclesiae beati Petri urbis Romae. XXV. De Acontio mansionario ecclesiae beati Petri. XXVI. De Mena monacho solitario.

XXVII. Des quarante uilains ki furent ocis des Lumbars par tant k'il ne uolrent pas mangier les chars ki astoient sacrifies. XXVIII. De la multitudine des prisons ki furent ocis par tant k'il ne uolrent pas aoreir lo chief d'une chieure. XXVIIII. Del ueske Arrien ki fut auogleiz. XXX. De la glise des Arriens ki fut saintefie par consecration uniuersalment el borc de Romme. XXXI. Del roi Herminigilde lo filh del roi Leuuigild des Wisigothes, ki por la uniuersale foid de cel meisme son pere fut ocis. XXXII. Des ueskes d'Affrike ki por la foid uniuersale des la racine trenchies ius les lengues des Wendes, ne soffrirent nul tort de la desloie parole. XXXIII. De Eleutere lo serf de deu. XXXIIII. Quantes manieres sont de la compunction. XXXV. De Amance lo preste de la contree Toscane. XXXVI. De Maximien lo ueske de la citeit de Siracuse. XXXVII. De Sanctolo lo preste de la prouince Nursie. XXXVIII. De la uision Redemte lo ueske de la citeit de Ferentine.

Ici finent li capitel.

XXVII. De quadraginta rusticis qui pro eo quod carnes immolatitias comedere noluerunt, a Langobardis occisi sunt. XXVIII. De multitudine captiuorum qui pro eo quod caput caprae adorare noluerunt occisi sunt. XXVIIII. De Ariano episcopo caecato. XXX. De Arianorum ecclesia quae in Romana urbe *catholica consecratione dedicata est. XXXI. De Hermenigildo rege Leuuigildi Wisigothorum regis filio pro fide catholica ab eodem patre suo occiso. XXXII. De episcopis Africanis qui pro *defensione catholicae fidei abscissis ab [Arianis] Wandalis radicitus linguis nullum locutionis *solitae sustinuere dispendium. XXXIII. De Eleutherio seruo Dei. XXXIIII. Quot sunt genera compunctionis. XXXV. De Amantio presbytero prouinciae Tusciae. XXXVI. De Maximiano Syracusanae ciuitatis episcopo. XXXVII. De Sanctulo presbytero prouinciae Nursiae. XXXVIII. De uisione Redempti Ferentinae ciuitatis episcopo.

Ici comencet li tiers liures des dialoges saint Gregoire.

Quant ge eutent az mult uoisines contreies, si auoie ge laissiet les faiz des plus granz, si ke ge lo miracle Paulin lo ueske del borc de Nolane, ki les pluisors dont moi at souenut deuant alat par uertut et par tens, soit ueuz nient auoir esteit en ma memoire. Mais or repaire ge az 5 deuantrie[103ᵛ]nes choses et en combien ge puis les comprenderai desoz brietoit. Quar alsi com or li fait des bons plus tost suelent estre conut az semblanz, a noz uielharz ki uont par les exemples des iustes fut conuz li renomeiz nons del deuant dit honorable baron, et sa merueilhouse oeure soi estendit a enstruire lur estuides, a cui uielhece mestiers fut moi si 10 certainement croire, alsi com ge les choses ki seroieut dites ueisse de mes oez.

I. De Paulin lo ueske.

Quant el tens des forsenanz Wenles Lumbardie fut deguasteie es parties de Campaine, et li pluisor de ceste terre furent tresmeneit en la 15 contreie d'Affrike, li hom del sanior Paulins il donat totes les choses cui il pout auoir al us de sa ueschiet, az prisons et az besonianz. Et quant la nule chose del tot en tot ne li fut remeise cui il poist doneir demandanz, par un ior uint a lui une ueue, ki disoit son filh estre meneit en prison del genre del roi des Wenles, et si demandat del homme deu lo 20

I. De Paulino Nolanae urbis episcopo.

Dum uicinis ualde partibus intendo, maiorum facta reliqueram, ita ut Paulini miraculum, Nolanae urbis episcopi, qui multos quorum memini uirtute et tempore praecessit, memoriae defuisse uideatur. Sed ad priora nunc redeo, eaque quanta ualeo breuitate perstringo. Sicut enim bonorum facta innotescere citius 5 similibus solent, senioribus nostris per iustorum exempla gradientibus praedicti uenerabilis uiri celebre nomen innotuit, eiusque opus admirabile ad eorum se instruenda studia tetendit, quorum me necesse fuit grandaeuitati tam certo credere, ac si ea quae dicerent meis oculis uidissem. Cum saeuientium Wandalorum tempore fuisset Italia in Campaniae partibus depopulata, multique essent 10 de hac terra in Africanam regionem transducti, uir Domini Paulinus cuncta quae ad episcopii usum habere potuit captiuis indigentibusque largitus est. Cumque iam nihil omnino superesset quod petentibus dare potuisset, quodam die quaedam uidua aduenit, quae a regis Wandalorum genero suum filium in captiuitatem fuisse

pris, se par auenture ses sires dengeroit ce prendre, et si otriast son
filh repairier a ses propres choses. Mais li hom deu mult ententiuement
querans queile chose il poist doneir a la femme proiant, ne trouat nule
altre chose aier (aoi), se soi meisme non, et si respondit a la femme
5 proiant disanz: Femme, ge n'ai nule chose ke ge toi puisse doneir, mais
prend moi meisme, di moi estre serf de ta droiture, et par ke tu repren-
des ton filh done moi en seruage en la fie de celui. La queile chose
cele oanz de la boche de si grand baron, miez creit estre eschernissement
ke compassion. Mais icil alsi com il astoit hom mult enparleiz, et mult
10 apris auoc es deforains estuides, a la dotant femme tost enhortat k'ele
creist les choses oies, et li ueakes ne doteroit mie soi doneir en seruage
por lo reprendement de son filh. Dunkes s'en alerent ambedui en Affrika.
Et eissant fors lo genre del roi ki auoit son filh, la femme soi portat
encontre por proier, et de promiers proiat ke il li deust estre [104ʳ]
15 doneiz. La queile chose quant li hom estranges enfleiz par orguelh,
enfleiz de la ioie de la terriene prosperiteit nient solement faire, mais
encor la despiticuet oir; dunkes ioinst apres la ueue disanz: Voi, ge done
cest homme uicaire por lui, tan solement fai en moi pieteit, et rent a moi
mon soltain filh. Et quant cil ot regardeit l'omme de bel uiaire, se li
20 demandat queile art il sauoit. A cui li hom del sanior Paulins respondit
disanz: Alcune art uoirement ne sai ge mie, mais bien sai enhaneir un
cortil. La queile chose li hom paiens prist mult uolentiers, cant il oit
ke il astoit sages a norrir les iotes. Dunkes prist il lo serf, et a la
femme proiant rendit son filh. Quant la ueue ot pris son filh, si s'en

ductum perhibuit, atque a uiro Dei eius pretium postulauit, si forte illius dominus
hoc dignaretur accipere, et hunc concederet ad propria remeare. Sed uir Dei
magnopere petenti feminae quid dare potuisset inquirens, nihil apud se aliud nisi
se inuenit, petentique feminae respondit dicens: Mulier, quod possim dare non
5 habeo, sed memet ipsum tolle, seruum me iuris tui esse profitere, atque ut filium
tuum recipias, me uice illius in seruitium trade. Quod illa ex ore tanti uiri
audiens, irrisionem potius credidit quam compassionem. At ille, ut erat uir
eloquentissimus, atque apprime exterioribus quoque studiis eruditus, dubitanti
feminae citius persuasit ut auditá crederet, et pro receptione filii sui in seruitium
10 *episcopum tradere non dubitaret. Perrexere igitur utrique ad Africam. Pro-
cedenti autem regis genero, qui eius filium habebat, uidua rogatura se obtulit,
ac prius petiit ut ei filium donare debuisset. Quod cum uir barbarus typho
superbiae turgidus, gaudio *transitoriae prosperitatis inflatus, non solum facere,
sed etiam audire despiceret, uidua subiunxit dicens: Ecce hunc hominem pro eo
15 uicarium praebeo, solummodo pietatem in me exhibe, mihique unicum filium
redde. Cumque ille uenusti uultus hominem conspexisset, quam artem nosset
inquisiuit. Cui uir Dei Paulinus respondit dicens: Artem quidem aliquam nescio,
sed hortum bene excolere scio. Quod uir gentilis ualde libenter accepit, cum in
nutriendis oleribus quis peritus esset audiuit. Suscepit itaque seruum, et roganti
20 uiduae reddidit filium. Quo accepto, uidua ab Africana regione discessit. Paulinus

alat de la contreie d'Affrike. Et Paulins prist la cure del cortil enhaneir.
Et quant cil meismes genres del roi souentes fies entreuet el cortil, et
demandeuet son cortelier alcunes choses, et quant il lo ueoit estre mult
sage homme, dunkes comenzat a laissier ses amis et ses mult prineiz, et
parleir souentes fies auoc son cortelier, et delitier de ses paroles. A cui 5
Paulins par cascun ior a la table soloit aporteir iotes et uerdes herbes,
et retorneir a la cure del cortil, quant il auoit pris del pain. Et quant
ceste longement astoit demenele, par un ior dist il a son sanior parlant
auoc soi secreiement: Voi ke tu faces, et porquoi coment li regnes des
Guenles doiuet estre ordineiz; car li rois morrat tost et desoz tote enhele- 10
tait. La quelle chose cil oanz ki de cel meisme roi astoit ameiz deuant
les altres, il ne li taut mie, mais il li enseniat ce ke il auoit conut de
son cortelier loist a sauoir un sage homme. Quant ce ot oit li rois,
mancs respondit: Ge uuel cest homme ueoir dont tu paroles. A cui ses
genres, li temporax sires del honorable Paulin, respondit disanz: Il at 15
acoustumeit aporteir a moi al dinneir uerdes herbes. Gieres cez herbes
lo frai aporteir za a la table, par ke tu conoisses ki cil est ki cez choses
at parleit a moi. Et ce fut fait. Et quant [104ᵛ] li rois soi assist al
dinneir, dunkes uint Paulins de sa oeure aportanz iotes et cascunes
uerdes choses. Et quant li rois sodainement ot regardeit celui, dunkes 20
tremblat, et apelceit lo sanior Paulin, ki par sa filhe astoit prochains a
soi, enseniat a lui lo secret cui il anzois auoit repuns disanz: Voirs est
ce ke tu ois. Quar en ceste nuit en somme ui ge iugeors encontre moi
seanz en lur sieges, entre les queiz iciz seoit alsiment ensemble, et par

uero excolendi horti suscepit curam. Cumque idem regis gener crebro ingredere-
tur hortum, suumque hortulanum quaedam requireret, et sapientem ualde esse
hominem uideret, amicos coepit et familiares deserere, et saepius cum suo hortulano colloqui, atque eius sermonibus delectari. Cui Paulinus quotidie ad mensam
°odoriferas uirentesque herbas deferre consueuerat, et accepto pane ad curam horti 5
remeare. Cumque hoc diutius ageretur, quadam die suo domino secum secretius
loquenti ait: Vide quid agas, et Wandalorum regnum qualiter disponi debeat pro-
uide, quia rex citius et sub omni celeritate est moriturus. Quod ille audiens,
quia ab eodem rege prae caeteris diligebatur, ei minime tacuit, sed quid a suo
hortulano, sapienti scilicet uiro, agnouisset indicauit. Quod dum rex audisset, 10
illico respondit: Ego uellem hunc de quo loqueris hominem uidere. Cui gener
eius, uenerabilis Paulini temporalis dominus, respondit dicens: Virentes herbas
mihi ad prandium deferre consueuit; has itaque huc ad mensam eum deportare
facio, ut quis sit qui mihi haec est locutus agnoscas. Factumque est. Et dum
rex ad prandendum discubuit, Paulinus ex suo opere °odora quaeque et uirentia 15
delaturus aduenit. Cumque hunc rex subito conspexisset, intremuit, atque acces-
sito eius domino sibi per filiam propinquo, ei secretum quod prius absconderat
indicauit dicens: Verum est quod audisti; nam nocte hac in somnio sedentes
in tribunalibus contra me iudices uidi, inter quos iste etiam simul sedebat, et
flagellum quod aliquando acceperam eorum mihi iudicio tollebatur. Sed par- 20

8

lur iugement fut a moi toloiz li flacaz, cui ge in dis auoie pris. Mais
demande ki ciz soit. Quar ge ne quide mie cest homme de si grand
merite estre del pople alsi com il est ueuz. Dunkes prist li genres del
rol Paulin secreiement, se li demandat ki il astoit. A cui li hom del
5 sanior respondit: Ge sui tes sers cui tu preis uicaire por lo filh de la
ueue. Et quant icil enchalzanment demandoit, ke il enseniast nient la
il astoit, mais queiz chose il eust esteit en son pais, et quant il celui
demandoit par lo recomenzal de souentine demandise: li hom del sanior
constrainz de grandes coniurations, ia nient poanz denoier ce ke il fust,
10 il tesmoniat soi auoir esteit ueske. La queile chose quant ot oit sa
possieres, mult soi cremit et humlement offrit disanz: Demande ce ke tu
uues, par ke tu a grand don de moi retornes a ton pais. A cui dist
Paulins li hom del sanior: Vna benefices est cui tu pues doneir a moi,
ke tu laisses aleir toz les prisons de ma citeit. Ki enhelement requis e
15 tote la contreie d'Affrike, a neis chergies de frument por la satisfaction
del honorable baron Paulin en sa conpangnie furent laissiet aleir. E
nient apres pluisors lors morut li rois des Guenles, et si perdit lo flael
cui il auoit tenut a sa perdition par lo disposant deu, por la disciplin
des feoz. Et ensi fut fait, ke li serianz del tot poissant deu Paulins
20 deuant diroit uraies choses, et ki sous soi donat en seruage, ke il repairet
auoc les pluisors del seruage a franchise, siuanz loist a sauoir celui, li
prist la forme del serf, [105ʳ] par ke nos ne seriens serf del pechiet.
Cui traces siuanz Paulins sous deuint sers a tens de sa uolenteit, par la
il en apres seroit franz auoc les pluisors. Pirres. Quant moi auient de

cunctare quisnam sit; nam ego hunc tanti meriti uirum popularem, ut conspicitur,
esse non suspicor. Tunc regis gener secreto Paulinum tulit, et quisnam esset
inquisiuit. Cui uir Domini respondit: Seruus tuus sum, quem pro filio uiduae
uicarium suscepisti. Cumque instanter ille requireret, ut non quid esset, sed quis
5 in terra sua fuisset indicaret, atque hoc ab eo iteratione frequentis inquisitionis
exigeret, uir Domini constrictus magnis coniurationibus iam non ualens negare
quid esset, episcopum se fuisse testatus est. Quod possessor eius audiens ualde
pertimuit, atque humiliter obtulit dicens: Pete quod uis, quatenus ad terram
tuam a me cum magno munere reuertaris. Cui uir Domini Paulinus ait: Vnum
10 est quod mihi impendere beneficium potes, ut omnes ciuitatis meae captiuos
relaxes. Qui cuncti protinus in Africana regione requisiti, cum onustis frumento
nauibus pro uenerandi uiri Paulini satisfactione in eius comitatu laxati sunt.
Post non multos uero dies Wandalorum rex occubuit, et flagellum quod ad suam
perniciem dispensante Deo pro fidelium disciplina acceperat amisit. Sicque
15 factum est, ut omnipotentis Dei famulus Paulinus uera praed'ceret, et qui se in
seruitium solum tradiderat, cum multis a seruitio ad libertatem rediret, illum
uidelicet imitatus, qui formam serui assumpsit, ne nos essemus serui peccati.
Cuius sequens uestigia Paulinus ad tempus uoluntarie seruus factus est solus,
ut esset postmodum liber cum multis. Petr. Dum me audire contingit, quae

ce ke ge non puis pas siure, si moi plaist miez ploreir ke alcune chose
dire. Gregoires. De cui mort alsiment est escrit a sa glise, ke quant il
estoit tochiez de la dolor del leiz, ke il fut parmeneiz az darraines choses.
Et quant tote sa maisons esteuet en sa fermeteit, la chambre u gisoit li
malades tremblat del fait terremuet, et si dehortat toz ceaz ki illokes 5
furent de mult grant espouentement, et enai cele sainte anrme fut dealoie
de la char. Et fait fut ke granz paors assalhit iceaz, ki pourent ueoir
la mort de Paulin. Mais par tant ke ceste uertuz de Paulin cui ge
desoure dis mult est demostreie, or, se il plaist, uenons az deforains
miracles, ki la sont conues az pluisors, et ge la les ai apris par lo 10
recontement de si religious hommes ke ge de ceaz en nule maniere non
puis doteir.

II. De Iohan lo pape.

El tens des Gothes quant Iohans, li tresbieneureiz hom, li eueskes
de ceste Romaine glise s'en aloit al plus uielhar Iustinien lo prince, dunkes 15
uint il es contreies de Chorinthe, a cui fut mestiers ke uns cheuaz li deust
estre quis por sus seir en la uoie. La queile oians illokes uns nobles
hom son cheual cui por sa grande suableteit sa femme soloit cheualchier
ensi offrit a lui, ke quant a lui peruenant a altres lius poist estre troueiz
uns couenables cheuaz, ke cil cheuaz cui il auoit doneit deuroit estre 20
renuoies por sa femme. Et ce fut fait, et ioakes a un certain liu li
deuant diz hom, portant cel meisme cheual, fut parmeneiz. Ki manes ke
il altre trouat, si renuoiat celui cui il auoit pris. Et quant la femme del

imitari non ualeo, flere magis libet quam aliquid dicare. Gregor. De cuius etiam
morte apud eius ecclesiam scriptum est, quia cum dolore esset lateris tactus, ad
extrema perductus est. Dumque eius omnis domus in sua soliditate persisteret,
cubiculum in quo iacebat aeger, facto terrae motu contremuit, omnesque qui
illic aderant nimio terrore concussit; sicque sancta illa anima carne soluta est. 5
Factumque est, ut magnus pauor inuaderet eos qui Paulini mortem uidere
potuissent. Sed quia haec, quam superius dixi, Paulini uirtus ualde est intima,
immo, si placet, ad miracula exteriora ueniamus, quae et multis iam nota sunt,
et ego tam religiosorum uirorum relatione didici, ut de his omnimodo ambigere
non possim. 10

II. De sancto Ioanne papa.

Gothorum tempore, cum Ioannes uir beatissimus huius Romanae ecclesiae
pontifex ad Iustinum seniorem principem pergeret, in Corinthi partibus aduenit,
cui necesse fuit, ut in itinere ad sedendum equus requiri debuisset. Quod illic
quidam uir nobilis audiens, equum, quem pro magna mansuetudine eius coniux 15
sedere consueuerat, ita ei obtulit, ut cum ad loca alia peruenienti aptus equus
inueniri potuisset, deberet ille quem dederat propter suam coniugem retransmitti.
Factumque est, et usque ad certum locum praedictus uir equo eodem subuehente
perductus est. Qui mox ut alium repperit, illum quem acceperat retransmisit.

deuant dit noble homme lo uoloit cheualchier soluno sa constume, si ne
pout mais; car apres la sise del si grand ueske refusat a porteir femme.
Quar [105ᵛ] il comenzat par grand sofflement et par grand frinte et pa[r]
nient cessant mouement de tot son cors alsi com en despitant a demostreir,
5 ke il apres les menbres del ueske ne poist femme porteir. Quant ce uh
dement ot esgardeit ses barons, si renuoiat enhelement cel cheual a cel
meisme honorable baron, proianz par grandes proieres, ke il possoist [lo]
cheual cui il en cheualchant auoit diet a sa droiture. De cui auoc cel[e]
merueilhouse chose suet estre raconteie de noz uielhars, ke il uenans d[e]
10 bore de Constantinoble a la porte ki est apeleie oriene, encontre coram
a soi les turbes des poples, ke il rendit el regard de toz lumiere a u[n]
auogle proiant.

III. De Agapito lo pape.

Nient apres mult de tens, demandant la cause des Gothes, li tre[s]
15 bieneurous hom Agapitus alsiment li eueskes de ceste Romaine glise, a c[ui]
ge serf disposant deu, il alat a Iustinien lo prince. A cui encor ala[t]
par un ior ia es contreies de Grece por guarir fut offerz uns mues d[e]
clos, ki unkes ne pout ne alcunes paroles fors metre, ne soi leueir d[e]
terre. Et quant li prochain de celui plorant l'euissent offert, li hom de[l]
20 sanior demandat sonious, se il eussent la foid de cele guarison. A c[ui]
quant en la uertut de deu, de l'auctoriteit saint Pirre dissent soi au[oir]
ferme sperance de la santeit de celui, manes li honorables hom soi culch[a]
en orison, et il comenzanz les sollempniteiz des messes, el regard del t[ot]

Cumque eum praedicti nobilis uiri coniux sedere ex more uoluisset, ultra n[on]
ualuit, quia post sessionem tanti pontificis mulierem ferre recusauit. Coep[it]
namque immenso flatu et fremitu, atque incessanti totius corporis motu qu[asi]
despiciendo prodere, quia post membra pontificis mulierem ferre non poss[et].
5 Quod uir eius prudenter intuitus, hunc ad eundem uenerabilem uirum protin[us]
retransmisit, magnis precibus petens ut equum ipse possideret, quem iuri s[uo]
sedendo dedicasset. De quo etiam illud mirabile a nostris senioribus narr[are]
solet, quod in Constantinopolitana urbe ad portam quae uocatur aurea uenie[nti]
populorum turbis sibi occurrentibus, in conspectu omnium roganti caeco lum[en]
10 reddidit, et manu superposita oculorum tenebras fugauit.

III. De sancto Agapito papa.

Post non multum uero temporis, exigente causa Gothorum, uir quoqu[e]
beatissimus Agapitus huius sanctae Romanae ecclesiae pontifex, cui Deo dispe[n]
sante deseruio, ad Iustinianum principem accessit. Cui adhuc pergenti quad[am]
15 die in Graeciarum iam partibus curandus oblatus est mutus et claudus, qui neq[ue]
ulla uerba edere, neque ex terra unquam surgere ualebat. Cumque hunc proph[eta]
qui illius flentes obtulissent, uir Domini sollicite requisiuit, an curationis ill[ius]
haberent fidem. Cui dum in uirtute Dei ex auctoritate Petri fixam salutis ill[ius]
spem habere se dicerent, protinus uenerandus uir orationi incubuit, et missar[um]
20 sollemnia exorsus, sacrificium in conspectu Dei omnipotentis immolauit. Q[uo]

poissant deu offrit sacrefice. Et quant il ot parfait lo sacrefice, il eissanz
del alteil tint la main del clop, et la estisant lo pople et regardant,
manes drezat sus celui de la terre en ses propres alemenz. Et quant il
li mettoit en la boche lo cors del sanior, dunkes fut desloie cele lengue
longement muele a parleir. Tot en orent merueilhe, si comenc(i)erent a 5
ploreir de ioie, et manes corut en lur penses cremors et reuerence, quant
il uirent queile chose poist Agapitus faire en la uertut del sanior par
l'aiue saint Pirre. [106ʳ]

IIII. De Datio lo ueske.

El tens alsiment de cel meisme prince, quant Datius li ueskes del 10
borc de Moilans demeneiz par la cause de la foid s'en aloit al borc de
Constantinoble, dunkes uint il en Coriuthe. Li queiz cant il queroit une
large maison por herbergier, ki poist soffrir tote sa compangie et a poines
la trouoit, dunkes regardat de lonz une maison de couenable grandece, et
celei comandat ke om li appareilhast por herbergier. Et quant li manant 15
de cel liu disoient ke il la ne poist pas manoir, par tant ke li diables la
par pluisors ans habitoit en lei, et k'ele poruec astoit uuide remeise,
dunkes respondit li honorables barons Datius disanz: Mais poruec deuons
nos herbergier en cele (meisme maison), se li malignes espirs l'at saisie,
et de lei boteie l'abitation des hommes. Gieres comandat ke hom l'appa- 20
reilhast a soi, et segurs entrat en celei, por soffrir les batailhes del ancien
anemi. Gieres el silence de la nient tempriue nuit, quant li hom de deu
soi reposeuet, dunkes comenzat li anciens anemis par grandes uoiz et par

peracto, ab altari exiens, claudi manum tenuit, atque assistente et aspiciente
populo, eum mox a terra in propriis gressibus erexit. Cumque ei Dominicum
corpus in os mitteret, illa diu muta ad loquendum lingua soluta est. Mirati
omnes flere prae gaudio coeperunt, eorumque mentes illico metus et reuerentia
inuasit, cum uidelicet cernerent quid Agapitus facere in uirtute Domini ex 5
adiutorio Petri potuisset.

IIII. De Datio Mediolanensi episcopo.

Eiusdem quoque principis tempore cum Datius Mediolanensis urbis episcopus
causa fidei exactus, ad Constantinopolitanam urbem pergeret, Corinthum deuenit.
Qui dum largam domum ad hospitandum quaereret, quae comitatum illius totum 10
ferre potuisset, et uix inueniret, aspexit eminus domum congruentis magnitudinis,
eamque sibi praeparari ad hospitandum iussit. Cumque eiusdem loci incolae
dicerent, in ea hunc manere non posse, quia multis iam annis hanc diabolus
inhabitaret, atque ideo uacua remansisset, uir uenerabilis Datius respondit dicens:
Imo ideo hospitari in domo eadem debemus, si hanc spiritus malignus inuasit, et 15
ab ea hominum inhabitationem reppulit. *In ea igitur sibi parari praecepit, securus-
que illam, antiqui hostis certamina toleraturus, intrauit. Itaque intempestae noctis
silentio, cum uir Dei quiesceret, antiquus hostis immensis uocibus magnisque
clamoribus coepit imitari rugitus leonum, balatus pecorum, ruditus asinorum,

grans criors resembleir les ruissemenz des leons, les balissemenz des
bestes, les recanissemenz des aines, les siflemenz des serpenz, les sons des
pors et des soriz. Dunkes sodainement Datius esueilhies par les uois
de tantes (bestes) soi leuat sus mult corrociez, et si comenzat encontre
5 l'ancien anemi par grandes uoiz a crieir disanz: Bien toi auint, o chaitis!
Tu icil ki desis: Ge mettrai mon sege a aquilon, et serai semblanz al altisme; elleuos par ton orguelh es faiz semblanz az pors, az
soriz; et ki indignement deu uolsis resembleir, or resembles les bestes
alsi com tu dignes es. A la queile sa uoiz, par ke ge ensi die, de sa
10 deiection ot honte li malignes espirs. N'eut il dunkes honte, ki n'entrat
mais en cele meisme maison por faire monstres, alsi com il auoit aconstumeit? Et ensi en apres fut faite manandie des feoz, car cant uns urais-
ment feoz entrat [106ᵛ] en celei, manes li menzongnables et 'li mescreanz
espirs de lei soi departit. Mais ia couient ke nos taisons les anciennes
15 choses, et a cez choses ki en noz iors sont faites doit l'om uenir.

V. De Sabin lo ueske.

Certes li alcant religious homme conut es parties de la contreie de
Pulhe, ce ke ahier la conissance des pluisors lonz et leit est manifestet,
de Sabin lo ueske del borc de Canusine suelent tesmongier, ke cil hom
20 auoit ia perdue la lumiere des oez par longe uielhece, si ke il par tote
maniere nule chose ne ueoit. Cui li rois Totyles des Gothes oianz auoir
l'espir de prophetie nel creit mie, mais il studiat proueir ce ke il oït.
Li queix quant il astoit uenuz en celes meismes parties, dunkes lo proiat
li hom del sanior al dinneir. Et quant ia astoit uenut a la table, si ne

sibilos serpentium, porcorum stridores et soricum. Tunc repente Datius tui
bestiarum uocibus excitatus surrexit, uehementer iratus, et contra antiquum
hostem magnis coepit uocibus clamare dicens: Bene tibi contigit, miser, tu ille
es qui dixisti: *Ponam sedem meam ad aquilonem, et ero similis altissimo;* ecce
5 per superbiam tuam porcis et soricibus similis factus es, et qui imitari Deum
indigne uoluisti, ecce, ut dignus es, bestias imitaris. Ad quam eius uocem, ut
ita dicam, deiectionem suam malignus spiritus erubuit. An non erubuit, qui
eandem domum ad exhibenda monstra quae consueuerat ulterius non intrauit?
Sicque postmodum fidelium habitaculum facta est, quia dum eam unus ueraciter
10 fidelis ingressus est, ab ea protinus mendax spiritus atque infidelis abscessit. Sed
oportet iam ut priora taceamus; ad ea quae diebus nostris sunt gesta ueniendum est

V. De Sabino Canusinae ciuitatis episcopo.

Quidam enim religiosi uiri Apuliae prouinciae partibus cogniti, hoc quod
apud multorum notitiam longe lateque percrebuit, de Sabino Canusinae urbis
15 episcopo testari solent, quia idem uir longo iam senio oculorum lumen amiserat,
ita ut omnimodo nil uideret. Quem rex Gothorum Totila prophetiae habere
spiritum audiens, minime credidit, sed probare studuit quod audiuit. Qui cum in
iisdem partibus douenisset, hunc uir Domini ad prandium rogauit. Cumque iam
uentum esset ad mensam, rex discumbere noluit, sed ad Sabini uenerabilis uiri

uolt pas li rois assir, mais a la destre del honorable Sabin soi assist. Et quant li serianz a cel meisme pere solunc la constume donoit lo hanap del uin, dunkes estendit li rois coiement sa main, si prist lo hanap, et si lo donat al ueske par soi meisme en la fie del seriant, par ke il uerroit, se il entenderoit par lo porueant espir, ki lo hanap donoit a lui. Dunkes li hom deu prendanz lo hanap, mais nekedent nient ueanz lo ministre dist: Viuet cele mains! De la queile parole li rois liez ot honte, car ia soit ce ke il fut depris, nekedent en l'omme de deu trouat ce ke il queroit. Mais cant la uie de cest honorable baron al exemple de la uie des siuanz astoit traite en longe uielhece, ses archidiakenes enspris par la couise de conquerre la ueschiet, il soi penat de celui ocire par uenin. Li queis quant il eut corrumput lo corage del un des serianz ke il li donast lo boiure de uenin melleit a uin, a l'ore de refection quant la li hom deu seoit al mangier, dunkes li offrit li serianz corrumpuz par lowiers cel boire de uenin cui il auoit pris del archidiakene de celui. A cui manes dist li honorables ueskes: Boi tu ce [107ʳ] ke tu moi dones a boiure. Espauriz li serianz sentanz soi estre depris, ot plus chier a boire a morir, ke soffrir les poines por cele culpe de si grand homicide. Et quant il a soi menoit lo hanap a sa boche, li hom del anior l'apaisentat disanz: Ne boi mie. Done a moi, ge beuerai; mais ua, di a lui ki cel uenin donat a toi: Ge boi uoirement lo uenin, mais tu ne seras pas eueskes. Gieres cant il ot fait l'ensenge de la croiz, dunkes biut li ueskes lo uenin segurs. Et a cele meisme hore morut ses archidiakenes en un altre liu u il astoit, alsi com cil uenin parmei la boche del ueske trespassassent az entrailhes del archidiakene. A cui nekedent

dexteram sedit. Cum uero eidem patri puer ex more poculum uini praeberet, rex silenter manum tetendit, calicem abstulit, eumque per se episcopo uice pueri praebuit, ut uideret an spiritu prouidente discerneret, quis ei poculum praeberet. Tunc uir Dei accipiens calicem, sed tamen ministrum non uidens, dixit: Viuat ipsa manus. De quo uerbo rex laetatus erubuit, quia quamuis ipse deprehensus fuisset, in uiro tamen Dei quod quaerebat inuenit. Huius autem uenerabilis uiri, cum ad exemplum uitae sequentium in longum senium uita traheretur, eius archidiaconus ambitione adipiscendi episcopatus accensus, eum exstinguere ueneno molitus est. Qui cum unius ex pueris eius animum corrupisset, ut mixtum uino ueneni ei poculum praeberet, refectionis hora cum iam uir Dei ad edendum discumberet, et praemiis corruptus puer hoc quod ab archidiacono eius acceperat ueneni poculum obtulit. Cui statim uenerabilis episcopus dixit: Bibe tu hoc quod mihi bibendum praebes. Tremefactus puer deprehensum se esse sentiens, maluit moriturus bibere quam poenas pro illa tanti homicidii culpa tolerare. Cumque sibi ad os calicem duceret, uir Domini compescuit dicens: Non bibas, da mihi, ego bibo; sed uade, dic ei qui tibi illud dedit: Ego quidem uenenum bibo, sed tu episcopus non eris. Facto igitur signo crucis uenenum episcopus bibit securus. Eademque hora in loco alio quo inerat archidiaconus eius defunctus est, ac si per os episcopi ad archidiaconi uiscera illa uenena transissent. Cui

defalit uoirement li uenins corporeis por doneir la mort, mais li uenins de sa malice l'ocist el regard del parmanable iugeor. **Pirres.** Cez choses sont merueilhouses, et les doit l'om merueilhier en nostres tens. Mais teiz est dite la uie de cest homme, ke cil ki aurat conut sa conuersation, ne doiuet pas merueilhier la uertut.

VI. De Cassio lo ueske.

Gregoires. Ne ce ne tairai ge mie, Pirres, ke li pluisor soniousement tesmongent a moi, ki or ici sont present de la citeit Narniense. Quar en cel meisme tens des Gothes, cant li deuant diz rois Totyles astoit uenuz a Nernes, dunkes uint encontre lui li hom d'onorable uie Cassius li ueskes de cel borc. A cui par tant ke de sa conspersion la face soloit toz tens estre uermeilhe, li rois Totyles creit ce nient estre de conspersion, mais d'assidueil boiure, et en tote maniere lo despitat. Mais li tot poissanz deus par tant ke il demosterroit com granz beirs ce fust ki astoit despitiez, el champ de Narne u li rois astoit uenuz, li malignes espirs deuant tot son ost entrat en un cheualier, si lo comenzat cruelment a traueilhier. Li queiz cant fut ameneiz al honorable baron Cassium deuant les oez del roi, li hom del sanior faite l'orison par l'ensenge de la croiz botat fors lo diable de celui. Li queiz n'osat [107ᵛ] mais entreir en lui. Et ensi fut fait, ke li rois estranges lo serf de deu ia des icel ior honoreuet de cuer, cui il iugeoit mult estre despitiet de la face. Quar par tant ke il uit l'omme de si grande uertut, si desenflat enuers lui cele cruelle pense del orguelh de sa elation.

tamen ad inferendam mortem uenenum quidem corporale defuit, sed hunc in conspectu aeterni iudicis ueneuum suae malitiae occidit. **Petr.** Mira sunt haec, et nostris ualde stupenda temporibus; sed talis eiusdem uiri uita perhibetur, ut qui conuersationem eius agnouerit, uirtutem non debeat mirari.

VI. De Cassio Narniensis ciuitatis episcopo.

Gregor. Neque hoc, Petre, sileam quod multi nunc qui hic de Narniensi ciuitate adsunt mihi sedulo testificantur. Eodem namque Gothorum tempore, cum praefatus rex Totila Narniam uenisset, ei uir uitae uenerabilis Cassius eiusdem urbis episcopus occurrit. Cui quia ex conspersione semper facies rubere consueuerat, hoc rex Totila non conspersionis esse credidit, sed assiduae potationis, eumque omnimodo despexit. Sed omnipotens Deus ut quantus uir esset qui despiciebatur ostenderet, in Narniensi campo quo rex aduenerat, malignus spiritus coram omni exercitu eius spatharium inuasit, eumque uexare crudeliter coepit. Qui cum ante regis oculos ad uenerandum uirum Cassium fuisset adductus, hunc ab eo uir Domini oratione facta, signo crucis expulit, qui in eum ingredi ulterius non praesumpsit. Sicque factum est, ut rex barbarus seruum Dei ab illo iam die ueneraretur ex corde, quem despectum ualde iudicabat ex facie. Nam quia uirum tantae uirtutis uidit, erga illum illa mens effera ab elationis fastu detumuit.

VII. D'Andreu lo ueske.

Mais elleuos cant ge raconte les faiz des forz barons, sodainement uient a memoire ce ke la diuine merciz at fait enuers Andreu lo ueske de la citeit Fundane. La queile chose nekedent poruec k'ele uailhet az lisanz ge desire, ke cil ki lur cors donent a continence, ne presument pas manoir auoc femmes, par ke li trebuchemenz ne soprendet la pense tant plus sodains, en combien a ce ke l'om malement conuoitet la presence sert de la conuoitie forme. Et n'est pas dotouse chose oui ge raconte, car pres altant de lei sont tesmongeor, combien sont habiteor de cel meisme liu. Certes ciz honorables beirs cant il menoit uie plaine de pluisors uertuz, et cant il soi gardeuet en la tor de continence desoz la garde prestral, une femme sainte nonain cui il anzois auoit auoc soi, celei ne uolt il pas reboteir de la cure de sa ueschiet, mais il certains de la sue et de la continence de celei, soffrit celei habiteir auoc soi. De la queile chose suint, ke li anciens anemis ahier son corage quist l'entreie de temptation. Quar il comenzat la bealteit de celei empresseir az oez de sa pense, ke il enlacies penseuet maldites choses. Mais en un ior uns Iuis uenanz a Romme des parties de Campaine, a Capue prendoit uoie. Li queiz paruenanz al Fundan ter, quant il ia ueoit lo ior auesprit, et ne trouoit pas u il poist torneir, la deleiz fut li temples d'Apollion, et la soi trast por herbergier. Li queiz cremanz l'escomengement de cel liu, ia soit ce k'il n'auoit pas la foid de la croiz, nekedent il ot cure de soi guarnir par l'ensenge de la croiz. Mais a mie nuit il turbleiz par lo

VII. De Andrea Fundanae ciuitatis episcopo.

Sed ecce dum facta fortium uirorum narro, repente ad memoriam uenit, quid erga Andream Fundanae ciuitatis episcopum diuina misericordia fecerit. Quod tamen ad hoc legentibus ut ualeat exopto, quatenus qui corpus suum continentiae dedicant, habitare cum feminis non praesumant; ne ruina menti tanto repentina subripiat, quanto ad hoc quod male concupiscitur etiam praesentia concupitae formae famulatur. Nec res est dubia quam narro, quia paene tanti in ea testes sunt, quanti et eiusdem loci habitatores exsistunt. Hic namque uenerabilis uir cum uitam multis plenam uirtutibus duceret, seque sub sacerdotali custodia in continentiae arce custodiret, quandam sanctimonialem feminam, quam secum prius habuerat, noluit ab episcopii sui cura repellere, sed certus de sua eiusque continentia, secum hanc permisit habitare. Ex qua re actum est, ut antiquus hostis apud eius animum aditum tentationis exquireret. Nam coepit speciem illius oculis mentis eius imprimere, ut illectus nefanda cogitaret. Quadam uero die Iudaeus quidam ex Campaniae partibus Romam ueniens, Capuae carpebat iter: qui ad Fundanum cliuum peruenens, cum iam diem uesperascere cerneret, et quo declinare posset minime reperiret, iuxta Apollinis templum fuit, ibique se ad manendum contulit. Qui ipsum loci illius sacrilegium pertimescens, quamuis fidem crucis minime haberet, signo tamen se crucis munire curauit. Nocte autem media ipso solitudinis pauore turbatus peruigil iacebat, et repente conspiciens

paor de la solteit gisoit ueilhanz, et il sodainement [108ʳ] regardanz uit
la turbe des malignes espirs deuant aleir alsi com en la poraiuance d'une
grande poesteit, et celui ki dessore les altres astoit, soi assir el scorz de
cel meisme liu. Li queix comenzat a descoure les causes et les faiz des
5 cascuns espirs ki seruoient a lui, par ke il troueroit com bien de felonie
cascuns eust fait. Et quant li cascun espir esponoient a sa demandise
queile chose il eussent oureit encontre les bons, dunkes salhit uns en mei
ki aourit com grande temptation de la char il auoit commoute el corage
d'Andreu lo ueske par la bealteit de la femme sainte nonain ki manoit
10 en sa ueschiet. Mais quant ice li malignes espirs ki dessore les altres
astoit desiranment ascotoit, et quant il creoit en tant grande gaange estre
faite a soi, en combien lo corage de plus saint homme enclinast al esco-
lorgement de perdition, dunkes ioinst auoc cil espirs ki ʲ cez meismes
choses regehissoit, ke il el ior trespasseit a l'ore de uespres ioskes a ce
15 alsiment auoit traite sa pense, ke il blandianz donat un colp el dos de
cele meisme femme sainte nonain. Dunkes li malignes espirs et li anciens
anemis de la humaine lingie, dulcement enhortat cestui ke il parfesist ce
ke il auoit comenciet, par ke il tenroit singuleire palme entre les altres
del trebuchement del ueske. Et quant li Iuis ki la astoit uenuz ceste
20 chose ueoit ueilhanz, et trembleuet par l'angoisse de grande cremor,
dunkes fut comandeit de cel meisme ki astoit desore toz les seruanz illoc,
ke il quesissent ki fust icil ki en cel meisme temple osat gesir. Li quel
maligne espir s'en alant et mult subtilment regardant uirent celui estre
ensengiet del mysteire de la croiz, et soi meruilhant dissent: Guai, guai,

uidit malignorum spirituum turbam quasi in obsequium cuiusdam potestatis
praeire, eum uero qui ceteris praeerat, in eiusdem gremio loci consedisse: qui
coepit singulorum spirituum obsequentium sibi causas actusque discutere, quatenus unusquisque quantum nequitiae egisset inueniret. Cumque singuli spiritus
5 ad inquisitionem eius exponerent quid operati contra bonos fuissent, unus in
medium prosiliit, qui in Andreae episcopi animum per speciem sanctimonialis
feminae, quae in episcopio eius habitabat, quantam tentationem carnis commo-
uisset aperuit. Cum uero hoc malignus qui praeerat spiritus inhianter audiret, et
tanto sibi factum lucrum grande crederet, quanto sanctioris uiri animum ad lapsum
10 perditionis inclinaret, ille spiritus, qui haec eadem fatebatur, adiunxit, quia usque
ad hoc quoque die praeterito uespertina hora eius mentem traxerit, ut in terga
eiusdem sanctimonialis feminae blandiens alapam daret. Tunc malignus spiritus
atque humani generis antiquus inimicus exhortatus hunc blande est, ut perficeret
quod coepisset; quatenus ruinae illius singularem inter ceteros palmam teneret.
15 Cumque Iudaeus qui aduenerat hoc uigilans cerneret, et magnae formidinis
anxietate palpitaret, ab eodem spiritu qui cunctis illic obsequentibus praeerat
iussum est, ut requirerent quisnam esset ille qui iacere in templo eodem praesumpsisset. Quem maligni spiritus pergentes et subtilius intuentes, crucis
mysterio signatum uiderunt, mirantesque dixerunt: Vae, uae, uas uacuum et
20 signatum. Quibus hoc renuntiantibus, cuncta illa malignorum spirituum turba

un uuid uaissel, mais saeleit. Quant il ce ourent renunciet, dunkes desparuit tote cele turbe des malignes espirs. Et li Iuis ki cez choses auoit uues manes soi leuat sus, et si paruint al ueske dessus haste. Lo queil trouans en sa [108ᵛ] glise prist d'une part, se li demandat de queile temptation il astoit destrainz. A cui li ueskes faiz hontous ne uolt pas regehir sa temptation. Et quant li Iuis disoit, ke il en icele teile ancele deu auoit geteit les oes de maluais amor, et cant encor lo denoieuet li ueskes, dunkes ioinst apres li Iuis disanz: Por coi denoies tu ce ke om toi demandet, ki ioskes a ce fus meneis el uespre del ior d'ier, ke tu feris son dos de ta main? Az queiz paroles li ueskes esgardans soi estre depris, humlement regehit ce ke il anzois partenablement denoiat. A cui trebuchement et uergonge cil meismes Iuis donanz conselh, coment il ceste chose auoit conute, u queiz choses il auoit oies de lui el couent des malignes espirs il enseniat. La queile chose li ueskes conissanz soi maisme manes en terre donat en orison. Et enhelement de sa habitation nient solement cele meisme ancele deu, mais encor tote la femme ki ilokes habitoit en son seruise botat fors. Et en cel meisme temple d'Apollion fist il enhelement l'oratoire del bieneurous Andreu l'apostele, et si perdit del fons tote cele temptation de la char. Et lo Iui parmei cui uision et chosement il fut salueiz, celui trast il a la parmanable salut. Quar cant il l'ot enbeureit des sacramens de la foid et nettoiet par l'aigue del baptemme, dunkes lo parmenat al escorz de la sainte glise. Et ensi auint, ke cil meismes Hebreus, quant il donat conselh a la salut d'altrui, ke il paruint a la sue, et li tot poissanz deus de ce parmenat l'altre a bone uie, dont il l'altre ot gardeit en bone uie. **Pirres. Ceste chose faite**

disparuit. Iudaeus uero qui haec uiderat, illico surrexit, atque ad episcopum sub festinatione peruenit. Quem in ecclesia sua reperiens seorsum tulit, qua tentatione urgeretur inquisiuit. Cui confiteri episcopus tentationem suam uerecundatus noluit. Cum uero ille diceret quod in illa tali Dei famula praui amoris oculos iniecisset, atque adhuc episcopus negaret, adiunxit dicens: Quare negas quod inquireris, qui ad hoc usque uespere hesterno perductus es, ut posteriora illius alapa ferires? Ad quae nimirum uerba deprehensum se episcopus intuens, humiliter confessus est quod prius pertinaciter negauit. Cuius ruinae et uerecundiae idem Iudaeus consulens, qualiter hoc cognouisset, uel quae in conuentu malignorum spirituum de eo audiuisset, indicauit. Quod ille agnoscens, se ad terram prothnus in orationem dedit. Moxque de suo habitaculo non solum eandem Dei famulam, sed omnem quoque feminam, quae in eius illic obsequio habitabat, expulit. In eodem uero templo Apollinis beati Andreae apostoli repente oratorium fecit, atque omni illa tentatione carnis funditus caruit. Iudaeum uero, cuius uisione atque increpatione saluatus est, ·l aeternam salutem traxit. Nam sacramentis fidei imbutum, atque aqua baptismatis emundatum, ad sanctae ecclesiae gremium perduxit. Sicque factum est, ut Hebraeus idem, dum saluti alienae consulit, peruenirét ad suam, et omnipotens Deus inde alterum ad bonam uitam perduceret, unde in bona uita alterum custodisset. **Petr.** Res haec gesta quam

cui ge oi, ele donet a moi cremor et sperance. **Gregoires.** Voirement ensi coulent et de la merciet de deu nos toz tens auoir fiance, et cremir de la nostre enfermeteit. Quar ci auons oit lo cedre del paradys estre dehortelt, mais nient forragiet, par ke a nos enfers et del sien dehortement
5 naisset cremors, et de sa stabiliteit fiance. [109ʳ]

VIII. De Constance lo ueske.

Constances alsiment, uns hom d'onorable uie, il fut eueskes de la citeit d'Aquine, ki nouelement morut el tens de mon deuantcessor Iohan lo pape de bieneurouse memoire. Li pluisor tesmongent ke ciz auoit
10 l'espir de prophetie, cil ki priueiement lo porent conostre. De cui entre piuisors choses ce racontent li religious et li ueritable homme ki furent present, k'el ior de son trespassement quant il ameirement astoit plains des citains estanz enuiron alsi com si amables peires ki s'en deuoit aleir, et quant il en plorant li demanderent disant: Pere, cui aurons nos apres
15 toi? meismes li peres par l'espir de prophetie lur respondit disanz: Apres Constance un mulain, apres lo mulain un folon. O Aquine, et apres cestui n'auras tu nului. Et quant il ot fors mis cez paroles de prophetie, si sofflat fors lo darrain espir de uie. Et quant il fut morz, de la sue glise prist la cure pastoral Andreus ses diakenes, ki ia diz es estables des
20 uoies gardat lo curs des cheuaz. Et iciz fut sostraiz de ceste uie, dunkes prist Iouins l'ordene de la ueschiet, ki auoit esteit folons en cele meisme citeit. Et quant ciz encor fut uis, tot li manant de cele citeit et des especies des estranges et de la crueltéit de pestilence ensi furent deguasteit, ke apres la mort de celui ne pot pas estre trouei̇z ne ki seroit fais

audiui, et metum mihi praebet et spem. **Gregor.** Vtique sic oportet et de Dei nos semper miseratione confidere, et de nostra infirmitate formidare. Ecce enim paradisi cedrum concussam audiuimus, sed non euulsam, quatenus infirmis nobis et de eius concussione nascatur timor, et de eius stabilitate fiducia.
5 **VIII. De Constantio Aquinae ciuitatis episcopo.**
Vir quoque uenerabilis uitae Constantius Aquinae ciuitatis episcopus fuit, qui nuper praedecessoris mei tempore beatae memoriae Ioannis papae defunctus est. Hunc prophetiae habuisse spiritum multi testantur, qui eum familiariter scire potuerunt. Cuius inter multa hoc ferunt religiosi ueracesque uiri qui prae-
10 sentes fuerunt, quod in die obitus sui cum a circumstantibus ciuibus utpote discessurus pater tam amabilis amarissime plangeretur, *eum flendo requisierunt dicentes: Quem post te, pater, habebimus? *Quibus ipse pater per prophetiae spiritum respondit dicens: Post Constantium, mulionem; post mulionem, fullonem. *O te, Aquine, et hoc habes. Quibus prophetiae uerbis editis, uitae spiritum
15 exhalauit extremum. Quo defuncto, eius ecclesiae pastoralem suscepit curam Andreas diaconus illius, qui quondam in stabulis itinerum cursum seruauerat equorum. Atque hoc ex hac uita subducto, episcopatus ordinem Iouinus sortitus est, qui in eadem urbe fullo fuerat. Quo adhuc superstite, ita cuncti inhabitatores ciuitatis illius et barbarorum gladiis et pestilentiae immanitate

ueskes ne cil a cui il seroit faiz. Et ensi fut acomplie la sentence del homme deu, ke apres lo deces des dous ki lui siuoient sa glise n'auroit mie de pastor.

VIIII. De Frigdien lo ueske.

Mais et ce ne tairai ge mie, ke racontant l'onorable baron Venance lo ueske Lunense deuant dous iors moi auint conoistre. Certes il racontat auoir esteit un homme de merueilhouse uertut Frigdien par nom, ki fut eueskes de la glise de Luke a soi meisme prochaine. De cui il tesmonget cest tresmanifesteit miracle estre raconteit de toz ceaz ki [109ᵛ] habitent illokes, ke li fluez ki at nom Ausareth ki coroit deleiz les murs de son borc, souent undeie faite eissuz lo canal de son curs soloit soi espandre par les chanz, et destruire cascunes semmailhes et planteies choses cui il trouoit. Et quant ce souentes fies auenoit et la grande necessiteiz les mananz de cel liu destraindoit, il donerent estuide a l'oeure, si soi peneirent de deriueir celui par altres lius. Mais ia soit ce ke il longement eussent trauailhiet, nekedent de son propre canal ne pot il pas estre deflechiez. Dunkes Frigdiens li hom del sanior fist a soi un petit rastel, si uint al canal del fluet, et souz soi colchat en orison; et il comandanz a cel meisme fluet ke il soi seuist, trast lo rastel par la terre par les lius ki unkes sembleiuent a lui. Cui seuit tote li aigue del fluet laissiet son propre canal, si k'ele del fons laissat lo liu de son acoustumeit curs, et la saisit a soi canal u li hom del sanior auoit ensenge fait del trait rastel parmi la terre, et ke ele ia mais ne malmist les semmailhes u les planteies choses ki poissent aidier az norrissemenz des hommes.

uastati sunt, ut post mortem illius nec quis episcopus fieret, nec quibus fieret inueniri potuisset. Sic itaque completa est uiri Dei sententia, quatenus post decessum duorum se sequentium eius ecclesia pastorem minime haberet.

VIIII. De Frigdiano Lucensis ciuitatis episcopo.

Sed neque hoc sileam, quod narrante uiro uenerabili Venantio Lunensi episcopo me ante biduum contigit agnouisse. Lucanae namque ecclesiae, sibimet propinquae, fuisse mirae uirtutis uirum Frigdianum nomine narrauit episcopum: cuius hoc opinatissimum a cunctis illic habitantibus testatur memorari miraculum, quod Ausarit fluuius, qui iuxta illius urbis muros influebat, saepe inundatione facta cursus sui alueum egressus per agros diffundi consueuerat, *ut quaeque sata et plantata reperiret euerteret. Cumque hoc crebro fieret, et magna eiusdem loci incolas necessitas urgeret, dato studio operis eum per loca alia deriuare conati sunt. Sed quamuis diutius laboratum fuisset, a proprio alueo deflecti non potuit. Tunc uir Domini Frigdianus rastrum sibi paruulum fecit, ad alueum fluminis accessit, et solus orationi incubuit; atque eidem flumini praecipiens ut se sequeretur, per loca quaeque ei uisa sunt rastrum per terram traxit. Quem relicto alueo proprio tota fluminis aqua secuta est, ita ut funditus locum consueti cursus desereret, et ibi sibi alueum, ubi tracto per terram rastro uir Domini signum fecerat, uindicaret, et quaeque essent alimentis hominum profutura sata uel plantata ultra non laederet.

X. De Sauin lo ueske.

Encor sai ge un altre miracle par lo racontement de cest meisme honorable baron Venance lo ueske, lo queil miracle il dist estre fait el bore de Plaisence; lo queil miracle aisiment li tresueritables Iohans, li
5 or en ceste Romaine citeit gardanz lo liu des prouoz, ki fut neis et norriz en cel meisme bore de Plaisence, il tesmonget ke li miracles fu faiz alsi com li ueskes lo racontet. Gieres en cele citeit afferment l auoir esteit un homme Sauin par nom ueske de grande uertut. A cui quant par un ior ses diakenes ot nunciet, ke Padus eissuz lo canal de
10 son curs auoit porpris les chans de la glise, et ke toz les lius illokes li poissent profitier a norrir les semmences tenoit li aigue de cel meisme fluet, dunkes respondit Sauins li ueskes d'onorable uie disanz: Va, et si di a lui: Li ueskes toi mandet, ke tu [110ʳ] toi apaisentes, et repaires a ton propre canal. La queile chose oianz ses diakenes, il la despitat et
15 si la degabat. Dunkes li hom del sanior apelat son escriuain, se li deitat disanz: Sauins li sers del sanior Ihesu Crist somontoire chose a Pado. Ge toi comande el nom Ihesu Crist lo sanior, ke tu ne repaires ia mais de ton canel en icez lius, et si ne presume mie mal mettre les terres de la glise. Et a cel meisme scriuain ioinst apres disanz: Va, escri ceste
20 chose, et si la gette en l'aigue de cel meisme fluet. Quant ce fut fait, lo comant del saint homme prendanz, manes des terres de la glise li aigue del fluet soi apaisentat, et ele retorneie a son propre canel, ne presumat mais eissir en oez meismes lius. En la queile chose, Pirres, queile altre chose ke la durteiz des hommes nient obeissanz est confuse,

X. De Sabino episcopo Placentino, qui Padum flumen per litteras suas compescuit.

Huius quoque uenerabilis uiri Venantii episcopi aliud miraculum relatione cognoui, quod in Placentina urbe perhibet gestum; quod [uir] quoque ueracissimus Ioannes in hac modo Romana ciuitate locum praefectorum seruans, qui in eadem
5 Placentina urbe est ortus et nutritus, ita ut episcopus memorat, quia gestum fuerit attestatur. In ea namque ciuitate Sabinum nomine fuisse asserunt mirae uirtutis episcopum. Cui dum die quadam suus diaconus nuntiasset quod cursus sui Padus alueum egressus ecclesiae agros occupasset, totaque illic loca nutriendis seminibus profutura aqua eiusdem fluminis teneret, uenerabilis uitae Sabinus
10 episcopus respondit dicens: Vade, et dic ei: Mandat tibi episcopus, ut te compescas et ad proprium alueum redeas. Quod diaconus eius audiens, desperit et irrisit. Tunc uir Dei accersito notario dictauit dicens: Sabinus Domini Iesu Christi seruus, commonitorium Pado. Praecipio tibi in nomine Iesu Christi Domini nostri, ut de alueo tuo in locis istis ulterius non exeas, nec terras ecclesiae
15 laedere praesumas. Atque eidem notario subiunxit dicens: Vade, hoc scribe, et in aquam eiusdem fluminis proiice. Quo facto sancti uiri praeceptum suscipiens, statim se a terra ecclesiae fluminis aqua compescuit, atque ad proprium alueum reuersa, exire ulterius in loca eadem non praesumpsit. Qua in re, Petre, quid

quant en la vertut de Ihesu et li nient rainables elemenz obeit az comanz del saint homme?

XI. De Cerboine lo ueske.

Cerboines alsiment hom d'onorable uie, li ueskes de Populone, il donat en noz iors grande prouance de la sue sainteit. Quar quant il astoit mult entenduz al estuide d'ospitaliteit, par un ior receut il a hosteil trespassanz cheualiers. Les queiz il reponst soruenanz les Gothes, et en reponant gardat lur uie de la felonie des Gothes. Quant ceste chose fut nuncie al senzfege Totyle lo roi des Gothes, il enspris par la deruerie de tresgrande crueltelt, comandat ke om l'amenast al liu ki en la quarte lone de cest borc Merolis est diz, u il dunkes seoit auoc son ost, et ke om lo getast az urs por deuoreir el regard del pople. Et quant cil meismes rois senzfeges alsiment seoit el spectacle, por regardeir la mort del ueske corut ensemble granz turbe de pople. Dunkes fut li ueskes ameneiz en mei, et a sa mort uns tresgranz urs esquis, li queiz quant il les humains menbres cruelment deschirroit, lo corage del crueil roi soeleroit. Gieres fut li urs fors laisaiez de la caiue. Li [110ᵛ] queiz enspris et commouz requist lo ueske, mais sodainement obliat sa crueltelt, et a lus flechiet haterel, ius mis son chief humlement, comenzat a lechier lo ueske, par ke a trestoz ensemble seroit doneit a entendre, ke enuers cel homme deu et li cuer des hommes astoient bestial, et li cuer des bestes alsi ke humain. Dunkes li poples ki astoit uenuz al spectacle de la mort, par grand cri soi tornat en merueilhement d'onor. Dunkes fut

aliud quam inobedientium hominum duritia confunditur, quando in uirtute Iesu et elementum irrationabile sancti uiri praeceptis obediuit?

XI. De Cerbonio Populonii episcopo.

Vir quoque uitae uenerabilis Cerbonius Populonii episcopus, magnam diebus nostris sanctitatis suae probationem dedit. Nam cum hospitalitatis studio ualde esset intentus, die quadam transeuntes milites hospitio suscepit, quos Gothis superuenientibus abscondit, eorumque uitam ab illorum nequitia abscondendo seruauit. Quod dum Gothorum regi perfido Totilae nuntiatum fuisset, crudelitatis immanissimae uesania succensus, hunc ad locum qui ab octauo huius urbis miliario Merulis dicitur, ubi tunc ipse cum exercitu sedebat, iussit deduci, eumque in spectaculo populi ursis ad deuorandum proici. Cumque idem rex perfidus in ipso quoque spectaculo consedisset, ad inspiciendam mortem episcopi magna populi turba confluxit. Tunc episcopus deductus in medium est, atque ad eius mortem immanissimus ursus exquisitus, qui dum humana membra crudeliter carperet, saeui regis animum satiaret. Dimissus itaque ursus ex cauea est; qui accensus et concitus episcopum petiit, sed subito suae feritatis oblitus, deflexa ceruice, submissoque humiliter capite, lambere episcopi pedes coepit, ut patenter omnibus daretur intellegi, quia erga illum uirum Dei et ferina corda essent hominum, et quasi humana bestiarum. Tunc populus qui ad spectaculum uenerat mortis, magno clamore uersus est in admirationem uenerationis. Tunc ad eius

meismes li rois mouz a honoreir sa reuerence, par droit auoc cui fut fait
par lo sourain iugement, ke il ki ne uolt pas de promiers deu siure en
gardeir la uie del ueske, ke il a la suableteit siuroit ueaz la beste. A la
queile chose cil ki furent dunkes present encor sont li alcant uif, et si
5 teamongent ke il uirent cez choses auoc tot lo pople illokes. Del quel
homme ge sai encor un altre miracle par racontant Venance lo ueske
Lunense. Certes en cele glise de Populone a cui il astoit ueskes appareilhat a soi son sepulcre. Mais quant la genz des Lumbarz uenanz en
Itaile totes choses ot deguasteit, dunkes s'en alat il al ihle ki at non
10 Elbe. Li queiz uenant la maladie astoit uenuz a la mort, dunkes comandat
a ses clers et a ceaz ki seruoient a lui disanz: Metteiz moi en mon
sepulcre cui ge apparilhai a moi en Populone. A cui quant cil disoient:
Coment poons nos ton cors illokes remeneir, ki sauons ceaz lius estre
tenuz des Lumbarz, et iceaz ourre par tot illokes. Cil respondit: Reme-
15 neiz moi segur, ne cremeiz mie, mais aiez cure de moi enseuelir hastiuement. Mais manes ke mes cors serat enseueliz, aleiz uos de cel liu
dessuz tote haste. Dunkes misent il lo cors del mort en une neif. Et
quant il aleuent enuer Populone, assembleit l'air es nues rumpit fors une
granz ploge. Mais par tant ke a toz seroit cleir lo cors de queil baron
20 porteuet cele neis, par lo space de cele meir ki del ihle Elbe ioskes a
Populone sis liues [111ʳ] estat lonz, entor les ambedous leiz de la neif
une mult tempestouse ploge descendit, et en cele meisme neif ne chai-
nes une gote de la ploge. Gieres paruinrent li clerc al liu, et lo cors
de lur prouoire donerent a sepulture. Cui comandement gardant, a haste

reuerentiam colendam rex ipse permotus est, quippe cum quo superno iudicio
actum erat, ut qui Deum sequi prius in custodienda uita episcopi noluit, saltem
ad mansuetudinem bestiam sequeretur. Cui rei hi qui tunc praesentes fuerunt
adhuc nonnulli supersunt, eamque cum omni illic populo se uidisse testantur.
5 De quo etiam uiro aliud quoque miraculum Venantio Lunensi episcopo narrante
cognoui. In ea namque Populonii ecclesia cui praeerat sepulcrum sibi praeparauit. Sed cum Langobardorum gens in Italiam ueniens cuncta uastasset, ad
Elbam insulam recessit. Qui ingruente aegritudine ad mortem ueniens, clericis
suis sibique obsequentibus praecepit dicens: In sepulcro meo quod mihi prae-
10 paraui Populonii me ponite. Cui illi cum dicerent: Corpus tuum illuc qualiter
reducere possumus, qui a Langobardis teneri loca eadem, et ubique eos illic
discurrere scimus? Ipse respondit: Reducite me securi, nolite metuere, sed festine
sepelire me curate; mox autem ut sepultum fuerit corpus meum, ex eodem loco
sub omni festinatione recedite. Defuncti igitur corpus imposuerunt naui; cumque
15 Populonium tenderent, collecto in nubibus aere, immensa nimis pluuia erupit.
Sed ut patesceret omnibus cuius uiri corpus nauis illa portaret, per illud maris
spatium quod ab Elba insula usque Populonium duodecim milibus distat, circa
utraque nauis latera procellosa ualde pluuia descendit, et in nauem eandem uel
pluuiae gutta non cecidit. Peruenerunt itaque ad locum clerici, et sepulturae
20 tradiderunt corpus sacerdotis sui. Cuius praecepta seruantes, ad nauem sub

soi retornerent a la neif. La queile manes ke il porent entreir, en cel meisme liu u li hom del sanior astoit enseuelis uint li dux des Lumbars, li trescrueis Gommar, por la uenue del queil fut entendut ke li hom de deu auoit l'espir de prophetie, ki comandat ses ministres por haste soi raleir del liu de sa sepulture.

XII. De Fulgien lo ueske.

Mais ciz miracles cui ge ai raconteit de la departie ploge, il fut demostreiz aisiment en la honorance d'un altre ueske. Quar uns uielhars clers ki encor uit, il soi tesmonget auoir esteit present a cele meisme chose disanz: Fulgiens li ueskes ki astoit dessore la glise Vtruculense, il suoit lo trescrueil roi Totyle en totes manieres corrociet. Et quant li rois astoit aprochiez auoc son ost a cez meismes parties, dunkes fut cure al ueske d'enuoier dones a lui parmei ses clers, et d'asuagier la deruerie de sa forsenerie par dones, se il poist. Les queiz dones quant li rois uit, si les despitat, et il corrociez comandat a ses hommes ke il cel meisme ueske destrainsissent dessuz tote aspreteit, et si lo gardassent a son iugement. Lo queil cant tinrent li crueil Gothe, li ministre de la sue cruelteit, il l'enuironerent, si lo comanderent asteir en un liu, et li enseng(i)erent un cercle en la terre, defors lo queil il n'osast en nule maniere lo piet fors traire. Et quant li hom deu astoit eschalfeiz el mult chalt soloilh, enuironeiz de ceaz meismes Gothes et enclos par l'ensengement del cercle, dunkes uint sodainement aeclistres et tonoiles et si granz force de ploge, ke cil ki l'auoient pris a gardeir ne porent pas soffrir la

festinatione reuersi sunt. Quam mox ut intrare potuerunt, in eundem locum ubi uir Domini sepultus fuerat, Laugobardorum dux crudelissimus Guinmarith aduenit. Ex cuius aduentu uirum Dei habuisse spiritum prophetiae claruit, qui ministros suos a sepulturae suae loco sub festinatione discedere praecepit.

XII. De Fulgentio Vtriculanae ciuitatis episcopo.

Hoc uero quod de diuisa pluuia factum narraui miraculum, etiam in alterius episcopi ueneratione monstratum est. Nam quidam clericus senex, qui adhuc superest, eidem rei praesto se fuisse testatur dicens: Fulgentius episcopus qui Vtriculensi ecclesiae praeerat, regem crudelissimum Totilam infensum omnimodo habebat. Cumque ad easdem partes cum exercitu propinquasset, curae fuit episcopo per clericos suos xenia ei transmittere, eiusque furoris insaniam, si posset, muneribus mitigare. Quae ille ut uidit, [protinus] spreuit, atque iratus suis hominibus iussit ut eundem episcopum sub omni asperitate constringerent, eumque eius examini seruarent. Quem dum feroces Gothi, ministri scilicet crudelitatis illius, tenuissent, circumdantes eum uno in loco stare praeceperunt, eique in terra circulum designauerunt, extra quem pedem tendere nullo modo auderet. Cumque uir Dei in sole nimio aestuaret, ab eisdem Gothis circumdatus, et designatione circuli inclusus, repente coruscus et tonitrus, et tanta uis pluuiae erupit, ut hi qui eum custodiendum acceperant, immensitatem pluuiae ferre non

grandece de la ploge. Et quant mult granz undeie astoit faite, deuers cel ensengement del [111ᵛ] cercle u li hom deu Fulgiens estiut ne descendit noirement nes une gote de la ploge. Et quant ceste chose al tresorueil roi fut nuncie, dunkes soi tornat cele crueile pense a grande
5 reuerence del ueske cui poine il seigieuet anzois par nient solable for- senerie. Ensi li tot poissanz deus encontre les sorleueies penses des charneiz oeuret les miracles de sa poissance parmei les despitiez, par ke cil ki orgailhousement soi ellieuent encontre les comanz de la ueriteit, la ueriteiz presset lur hatereaz parmi les humles.

10 ### XIII. D'Erculien lo ueske.

Nouelement alsiment Floriz li ueskes d'onorable uie il racontat un miracle mult ramenbrable disanz: Li saintismes hom Herculiens mes norreciers, il fut eueskes de la citeit Perusine, ki de la conuersation d'un monstier fut meneiz a la grasce del ordene prestral. Mais el tens del
15 senzfege roi Totyle li oz des Gothes assist cel meisme borc par set ans continueiz, del queil borc fuirent li pluisor des citains ki ne porent pas soffrir lo perilh de la famine. Mais el setme an nient ancor finit, si entrat el assis borc li oz des Gothes. Dunkes li cuens ki astoit dessor cel ost enuoiat messages al roi Totyle, demandanz queile chose il coman-
20 doit, ke l'om fesist del ueske u del pople. A cui li rois comandat disanz: Promiers prend del ueske une coroie des lo chief ioskes al calcain, et dunkes li trenche ius lo chief. Et tot lo pople ki illokes est trouciz oci par espeie. Dunkes cil meismes cuens l'onorable baron Herculien lo

possent. Et dum magna nimis inundatio fieret, intra eandem designationem circuli in qua uir Domini Fulgentius stetit, ne una quidem pluuiae gutta descen- dit. Quod dum regi crudelissimo nuntiatum esset, illa mens effera ad magnam eius reuerentiam uersa est, cuius poenam prius insatiabili furore sitiebat. Sic
5 omnipotens Deus contra elatas carnalium mentes potentiae suae miracula per despectos operatur; ut qui superbe contra praecepta ueritatis se eleuant, eorum ceruicem ueritas per humiles premat.

XIII. De Herculano Perusinae ciuitatis episcopo.

Nuper quoque Floridus uenerabilis uitae episcopus narrauit quoddam
10 memorabile ualde miraculum dicens: Vir sanctissimus Herculanus, nutritor meus, Perusinae ciuitatis episcopus fuit, ex conuersatione monasterii ad sacerdotalis ordinis gratiam deductus. Totilae autem perfidi regis temporibus, eandem urbem annis septem continuis Gothorum exercitus obsedit, ex qua multi ciuium fugerunt, qui famis periculum ferre non poterant. Anno uero septimo nondum finito,
15 obsessam urbem Gothorum exercitus intrauit. Tunc comes qui eidem exercitui praeerat, ad regem Totilam nuntios misit, exquirens quid de episcopo uel populo fieri iuberet. Cui ille praecepit dicens: Episcopo prius a uertice usque ad calca- neum corrigiam tolle, et tunc caput eius amputa; omnem uero populum qui illic inuentus est, gladio exstingue. Tunc idem comes uenerabilem uirum Herculanum

ueske menat sor lo mur del bore, se li trenchat lo chief, et son cuir quant il la astoit mors talhat des lo chief ioskes al calcain, par ke une coroie sembleroit estre toloite de son cors. Et manes gettat fors son cors defors lo mur. Dunkes li alcant destraint par la pieteit d'umaniteit misent lo chief ius trenchiet al haterel, et auoc un petit enfant ki illokes fut estinz (troueiz) deleiz lo mur, lo cors del ueske donerent a sepulture. Et quant [112ʳ] apres cele ocision el quarantisme ior li rois Totyles et comandeit ke li citain de cel bore ki alcun liu astoient espars ke il repairassent a cel meisme bore senz alcune paor, cil ki de promiers fuirent la famine, il soi retornerent, quant il orent pris lo congiet de uiure. Mais ramenbratie de queil uie auoit esteit lur ueskes quisent u ses cors astoit enseueliz, par ke il solunc deute honor enterroient en la glise del bieneurous Pirron l'apostele. Et quant aleit fut al sepulcre, fors foie la terre trouerent lo cors del enfant ki ensemble fut enterreiz alsi com ia el quarantisme ior estre corrumput de uenin et plain de uers, mais lo cors del ueske alsi com il en cel meisme ior fust enseueliz. Et ke l'om encor doit honoreir de grande merueilhe, ses chiez ensi fut unix a son cors, alsi com il ne fust pas ius trenchiez, ensi loist a sauoir ke nules traces n'aparissoient de la trencheure. Et quant il lo cors tornerent en dos esquerant, si ueaz alcune ensenge poist estre mostreie de l'altre trencison, toz li cors fut troueiz si sains et entiers, alsi com nule trencisons de fer nel eust atochiet. **Pirres.** Ki ne meruilherat iteiz signes des morz, ki sont fait por l'encitement des uiuans?

episcopum super urbis murum deductum capite truncauit, eiusque cutem iam mortui a uertice usque ad calcaneum incidit, ut ex eius corpore corrigia sublata uideretur. Moxque corpus illius extra murum proiecit. Tunc quidam, humanitatis pietate compulsi, abscisum caput ceruici apponentes, cum uno. paruulo infante, qui illic exstinctus inuentus est iuxta murum, corpus episcopi sepulturae tradiderunt. Cumque post eandem caedem die quadragesimo rex Totila iussisset, ut ciues urbis illius qui quolibet dispersi essent ad eam sine aliqua trepidatione remearent, hi qui prius famem fugerant, uiuendi licentia accepta reuersi sunt. Sed cuius uitae eorum episcopus fuerat memores, ubi sepultum esset corpus illius quaesierunt, ut [hoc] iuxta honorem debitum in ecclesia beati Petri apostoli humarent. Cumque itum esset ad sepulcrum, effossa terra, inuenerunt corpus pueri pariter humati, utpote iam die quadragesimo, tabe corruptum et uermibus plenum, corpus uero episcopi ac si die eodem esset sepultum. Et quod est adhuc magna admiratione uenerandum, quia ita caput eius unitum fuerat corpori, ac si nequaquam fuisset abscisum, sic uidelicet, ut nulla uestigia sectionis apparerent. Cumque hoc et in terga uerterent exquirentes, si quod signum uel de alia monstrari incisione potuisset, ita sanum atque intemeratum omne corpus inuentum est, ac si nulla hoc incisio ferri tetigisset. **Petr.** Quis non obstupescat talia signa mortuorum, quae fiunt pro exercitatione uiuentium?

XIIII. D'Ysaac lo serf deu.

Gregoires. Alsiment es promerains tens des Gothes deioste lo bors Spolitan fut uns hom d'onorable uie Ysaac par nom, ki paruint anaises ioskes az darrains tens des Gothes, cui conurent li nostre pluisor, et
5 maement la sainte uirgene Gregoire ki or en cest Romain borc deleiz la glise de la bieneurouse Marie toz tens uirgene habitet. La queile el tens de sa iouente establies ia les noces, quant ele fuit en la glise et demandoit la conuersation de la uie de sainte nonain, dunkes fut ele defendue de cel meisme homme, et parmeneie a cel habit cui ele desiroit par lo
10 sanior porcourant. La queile par tant k'ele fuit espous en terre, ele deseruit auoir espous el ciel. Pluisors choses ai conut de cel meisme homme ra-[112ᵛ]contant l'onorable pere Eleutheire, ki et ,cestui conut priuement, et donat foid az paroles de sa uie. Gieres ciz honorables Ysaac il ne fut pas neiz de Lumbardie, mais ge raconte ceaz ses miracles
15 cui il fist, cant il conuersat en Lumbardie. Quant il promiers des parties de Surie fut uenuz al borc Spolitan, il entrat en la glise, si proiat les gardes ke congiez seroit otroiez a soi d'oreir tant com il uolsist, et ke es hores plus secreies ne lo destrainsissent pas fors eissir. Li queix manes stiut a oreir, si parfist tot lo ior en orison, a cui il ioinst et la
20 siuante nuit. Lo secund ior alsiment auoc la nuit siuant apres stiut il nient lasseiz en proieres, lo tierc ior alsiment ioinst en orison. Et quant ce uit li uns des costors enfleiz del espir d'orguelh, dont il diut esploitier, de ce paruint il az damages de defalement. Quar il lo comenzat a dire estre faindeor, et par un uilain mot a crieir lui estre deceueor, ki

XIIII. De Isaac seruo Dei.

Gregor. Prioribus quoque Gothorum temporibus fuit iuxta Spoletanam urbem uir uitae uenerabilis Isaac nomine, qui usque ad extrema paene Gothorum tempora peruenit, quem nostrorum multi nouerunt, et maxime sacra uirgo Gregoria, quae
5 nunc in hac Romana urbe iuxta ecclesiam beatae Mariae semper uirginis habitat. Quae dum adolescentiae suae tempore constitutis iam nuptiis in ecclesiam fugisset, et sanctimonialis uitae conuersationem quaereret, ab eodem uiro defensa, atque ad eum quem desiderabat habitum, Domino protegente, perducta est. Quae quia sponsum fugit in terra, habere sponsum meruit in caelo. Multa autem de eodem
10 uiro, narrante uenerabili patre Eleutherio, agnoui, qui et hunc familiariter nouerat, et eius uerbis *uita fidem praebebat. Hic itaque uenerabilis Isaac ortus ex Italia non fuit, sed ea illius narro miracula quae conuersatus in Italia fecit. Cum primum de Syriae partibus ad Spoletanam urbem uenisset, ingressus ecclesiam a custodibus petiit, ut sibi quantum uellet licentia concederetur orandi, eumque
15 horis secretioribus egredi non urgerent. Qui mox ad orandum stetit, diemque totum peregit in oratione, cui sequentem continuauit et noctem. Secundo etiam die cum nocte subsequenti indefessus in precibus perstitit, diem quoque tertium in oratione coniunxit. Cumque hoc unus ex custodibus superbiae spiritu inflatus cerneret, unde proficere debuit, inde ad defectus damna peruenit. Nam hunc
20 simulatorem dicere, et uerbo rustico coepit impostorem clamare, qui se tribus

demostreuet deuant les oez des hommes soi oreir par trois iors et par trois nuiz. Li queiz manes corut, si ferit l'omme deu d'une canele, par ke (il) alsi com fainderes de religiose uie de la glise eisteroit a laidenge. Mais manes li uengieres espirs alat en lui, si l'abatit az piez del homme deu, et si comenzat a crieir parmei sa boche: Ysaac moi gettet fors, Ysaac moi gettet fors. Quar hom ne sauoit de queil nom astoit apeleiz li estranges hom, mais cil espirs demonstrat son non, ki criat pooir soi estre fors gettelt de celui. Manes soi colchat li hom deu sor lo cors del traueilhiet, et li malignes espirs s'en alat ki fut entreiz en lui. Dunkes manes fut conut en tot lo borc, ce ke en la glise fut fait. Dunkes comenc(i)erent li homme et les femmes, li noble et li nient noble, a curre ensemble, et par tenzon soi traueilh(i)erent de rauir celui en lur maisons. Li altre aluez por estoreir un monstier, li altre tresors, li altre totes les aiues cui il pooient, humlement uoloient offrir al serf de deu. Mais li sers del tot poissant sanior nule cho-[113ʳ]se de cestes prendanz, eissuz lo borc, nient lonz trouat un desert liu, et la fist a soi un humle habitacle. A cui quant aleuent li pluisor, par l'exemple de celui comenc(i)erent estre enspris par lo desier de la parmanable uie, et dessuz son magisteire soi donerent el seruise del tot poissant sanior. Et quant li disciple souentes fies lo somonsent humlement, ke il por l'us del monstier preist les possessions ki astoient offertes, icil sonious gardes de sa poureteit tenoit forte sentence disanz: Li moines ki en terre quiert possession, il n'est pas moines. Quar ensi crcmoit il a perdre la segurteit de sa poureteit, com li aueir riche les richezes ki doient perir. Gieres illokes

diebus et noctibus orare ante oculos hominum demonstraret. Qui protinus currens, uirum Dei alapa percussit, ut quasi religiosae uitae simulator de ecclesia cum contumelia exiret. Sed hunc repente ultor spiritus inuasit, et ad uiri Dei uestigia strauit, ac per os illius clamare coepit: Isaac me elicit, Isaac me elicit. Vir quippe peregrinus quo censeretur nomine nesciebatur, sed eius nomen ille spiritus prodidit, qui se ab illo posse elici clamauit. Mox autem super uexati corpus uir Dei incubuit, et malignus spiritus qui eum inuaserat abscessit. In tota urbe tunc statim quid in ecclesia factum fuisset innotuit. Currere uiri et feminae, nobiles atque ignobiles pariter coeperunt, certatimque eum in suis rapere domibus conabantur. Alii ad construendum monasterium praedia, alii pecunias, alii subsidia quaeque poterant, offerre uiro Dei suppliciter uolebant. Sed seruus omnipotentis Domini horum nihil accipiens, egressus urbem non longe desertum locum repperit, ibique sibi humile habitaculum construxit. Ad quem dum multi pergunt, exemplo illius aeternae uitae accendi desiderio coeperunt, atque sub eius magisterio in omnipotentis se Domini seruitium dederunt. Cumque ei crebro discipuli humiliter imminerent, ut pro usu monasterii possessiones quae offerebantur acciperet, ille sollicitus suae paupertatis custos fortem sententiam tenebat dicens: Monachus qui in terra possessionem quaerit monachus non est. Sic quippe metuebat paupertatis suae securitatem perdere, sicut auari diuites [solent] perituras diuitias [custodire]. Ibi itaque prophetiae spiritu magnisque miraculis cunctis

fut conue sa uie par l'espir de prophetie, et par grandes miracles a toz
ceaz ki manoient lonz et leit. Quar par un ior al uespre fist il getteir
les feremenz el cortil del monstier, les queiz nos par useit nom wanges
apelons. Dunkes dist il a ses disciples: Tantes wanges getteiz el cortil,
5 et tost repairiez. Mais en cele meisme nuit quant il soluno la constume
fut leueiz auoc les freres por doneir loenges al sanior, dunkes comandat
disanz: Aleiz, si coisiez del polment a noz ouriers, et al promier matin
soit appareilhiez. Et faite la matineie, il fist aporteir lo polment cui il
auoit comandeit appareilhier, et il entreiz el cortil auoc les freres, tant
10 de wanges com il auoit comandeit a getteir, tant trouat el cortil de
trauilhanz ouriers. Quar li larron furent entreit, mais mueie lur pense
par l'espir, il prisent les wanges cui il trouerent, et de l'oure ke il furent
entreit ioskes a ce ke li hom del sanior uenist a ceaz, enhanerent il toz
les espazes de cel cortil ki ne furent pas enhaneit. Az queiz dist li hom
15 del sanior manes ke il fut entreiz: Aiez ioie, frere! ki mult traueilhastes,
ia uos reposeiz. Az queiz il donat manes les mangiers cui il auoit aporteit, et si les rapareilhat apres lo lassement de si grand trauailh. Et
quant asseiz orent mangiet, dun-[113ᵛ]kes lur dist: Ne faites nient de
mal. Quantes fies uos uoleiz alcune chose del cortil, ueneiz a l'entreie
20 del cortil, demandeiz pasieblement, prendeiz auoc la benizon, cesseiz de
la maluaistiet de larrecin. Les queiz il fist manes chergier de coilhies
iotes. Et ensi fut fait, ke cil ki uinrent al cortil por nuisir, ke il repai-
r(i)erent auoc lo lowier de lur trauailh et raemplit de lui et nient nuisable.
A un altre tens alsiment uinrent a lui alcun pelerin, proiant la merceit,
25 a deschireiz uestimenz, plain de drapelez, si ke il sembleuent anaises nuid

longe lateque habitantibus uita eius inclaruit. Nam die quadam ad uesperum in
hortum monasterii fecit iactari ferramenta, quae usitato nos nomine uangas uoca-
mus. Dixit itaque discipulis suis: Tot uangas in hortum proiicite, et citius redite.
Nocte uero eadem dum ex more cum fratribus ad exhibendas laudes Domino sur-
5 rexisset, praecepit dicens: Ite et operariis nostris pulmentum coquite, *ut mane
primo paratum sit. Facto autem mane, fecit deferri pulmentum quod parari iusserat, atque hortum cum fratribus ingressus, quot uangas iactari praeceperat, tot
in eo laborantes operarios inuenit. Ingressi quippe fures fuerant, sed mutata
mente per spiritum apprehenderunt uangas quas inuenerunt, et ab ea hora qua
10 ingressi sunt, quousque uir Domini ad eos ueniret, cuncta horti illius spatia quae
inculta fuerant coluerunt. Quibus uir Domini mox ut ingressus est ait: Gaudete,
fratres, *multum laborastis, iam quiescite. Quibus illico alimenta quae detulerat
praebuit, eosque post tanti laboris fatigationem refecit. Sufficienter autem refectis
ait: Nolite malum facere, [sed] quoties de horto aliquid uultis, ad horti aditum
15 uenite, tranquille petite, cum benedictione percipite, et a furti prauitate cessate.
Quos statim collectis oleribus onustari fecit. Actumque est, ut qui ad hortum
nocituri uenerant cum laboris sui praemio et repleti ab eo et innocui redirent.
Alio quoque tempore accesserunt ad eum peregrini quidam misericordiam postulantes, scissis uestibus, pannis obsiti, ita ut paene nudi uiderentur. Cumque hunc

Et quant il li proieuent uestimenz, li hom del sanior taisiebles oit lur paroles. Ki enhelement apelat un de ses disciples coiement, se li comandat disanz: Va et en cele seluc en un teil liu quier un caueit arbre, et si aporte les uestimenz cui tu en celui troueras. Et quant li disciples s'en fut aleiz, si quist l'arbre alsi com lui fut comandeit, et si trouat les uestimenz, et repunsoment les aportat a son maistre. Les queiz prist li hom deu, si les demostrat az pelerins nuz, et si lur donat disanz: Veneiz, car uos estes nud; neeiz ci prendeiz, et si uos uesteiz. Quant cil les esgarderent, si reconurent les uestimenz cui il auoient repons, et de grand honte furent acrauenteit; et ki boisdiuement demandeuent altrui uestimenz, il confus reprisent les lur.

Par un altre tens altresi uns hom soi comandanz a ses orisons enuoiat a lui par un seriant dous corbilhes plaines de uiandes, des quelles cil meismes serianz prist une, si la repunst en la uoie. Mais l'une portat al homme deu, et si racontat la demandise de celui ki par lo don soi auoit comandeit a lui. La queile li hom del sanior benignement reciuanz, cel meisme seriant somunst disanz: Nos faisons grasces, mais uoi la corbilhe cui tu as mis en la uoie, ke tu ne presumes atochier celei maluoisousement; car uns serpenz est entreiz en celei. Poruec soies sonious, ke tu ne soies feruz del serpent, se tu la uues prendre maluoisou-[114ʳ] sement. Des queiz paroles li serianz mult confus soi eslezat certes ke il la mort escapat, mais il fut faiz dolanz un petit, car ia soit ce ke saluable poine, nekedent il soffrit sa uergoinge. Li queiz retorneiz a sa corbilhe uoisousement et soniousement i prist garde, mais uns serpenz la tenoit alsi com li hom de deu auoit deuant dit. Gieres iciz ia soit ce

uestimenta peterent, eorum uerba uir Domini tacitus audiuit; qui unum ex discipulis suis protinus silenter uocauit, eique praecepit dicens: Vade, atque in illa silua in loco tali cauam arborem require; et uestimenta quae in ea inueneris defer. Cumque discipulus abiisset, arborem sicut fuerat iussum requisiuit, uestimenta repperit, et latenter detulit magistro. Quae uir Dei suscipiens, peregrinis nudis [atque petentibus] ostendit et praebuit dicens: Venite, quia nudi estis, ecce tollite, et uestite uos. Haec illi intuentes, recognouerunt ... quae posuerant, magnoque pudore consternati sunt; et qui fraudulenter uestimenta quaerebant aliena, confusi receperunt sua. Alio quoque tempore quidam se eius orationibus commendans, sportas duas plenas alimentis ei per puerum transmisit, quarum unam idem puer subripuit, atque in itinere abscondit, unam uero ad Dei hominem detulit, et petitionem illius qui se ei per xenium commendauerat enarrauit. Quam uir Domini benigne suscipiens, eundem puerum admonuit dicens: Gratias agimus, sed uide, sportam quam in itinere posuisti ne incaute tangere praesumas, quia in eam serpens ingressus est. Esto ergo sollicitus, ne si tollere incaute nolueris, a serpente feriaris. Quibus uerbis puer ualde confusus, exsultauit quidem quod mortem euaserit, sed tristis ad modicum factus est, quia quamuis salubrem poenam, tamen pertulit uerecundiam suam. Qui reuersus ad sportam, caute ac sollicite attendit, sed eam [iam], sicut uir Dei praedixerat, serpens tenebat. Hic

k'il astoit aorneiz de la uertut d'abstinence, quant il astoit despitieres de totes choses ki trespassent, quant il nient comparablement astoit aorneiz del espir de prophetie, par l'entente d'orison: nekedent une chose astoit ki en lui sembleuet estre reprendable, car a la fie astoit en lui si grande
5 leece, ke se hom nel seuist estre plain de totes celes uertuz, en nule maniere ne seroit creut. **Pirres.** Ge te proi, ke disons nos estre? Alaskis soit il a soi les frains de leece de son greit, u ses corages uailhanz de tantes uertuz, a la fie astoit traiz encor reluitanz a la presente ioie? **Gregoires.** Pirres, granz est la dispensations del tot poissant deu et a la
10 fie aulent, ke cil a cui il prestet les plus grandes dones, ke il ne lur donet pas les menors, par ke toz tens ait lur corages dont il reprendet soi meisme; ke quant il desirent estre parfit et ne puent, et quant il trauailhent en ce ke il n'ont pas pris, et nekedent en traueilhant ne puent, en icez choses cui il ont prises ne soi ellieuent mie, mais il apren-
15 dent ke il n'ont pas de soi meismes les plus granz biens, ki en soi meismes les petiz uisces et les darrains ne puent pas uaincre. Quar de ce est ke quant li sires ot parmeneit lo pople a la terre de promission, il estindanz trestoz les forz et les mult poissanz aduersaires, gardat les Philistiiens et les Cananeus plus longement, par ke alsi com escrit est ea
20 eaz esproueroit Israel; car a la fie, alsi com dit est, a ceaz a cui il donet les grandes dones, a eaz laisset alcunes choses petites reprendables, par ke il aient toz tens encontre cui il facent bataiIhe, et uencuz les [114ᵛ] granz enemis n'ellieuent pas lur pense, quant encor les lassent meismes trespetit aduersaire. Gieres est fait, ke par meruilhouse maniere en une

itaque cum uirtute abstinentiae, contemptu rerum transeuntium, prophetiae spiritu orationis intentione esset incomparabiliter praeditus, unum erat quod in eo reprehensibile esse uidebatur, quod nonnunquam tanta ei laetitia inerat, ut illis *tot uirtutibus nisi sciretur esse plenus, nullo modo crederetur. **Petr.** Quid-
5 nam, quaeso te, hoc esse dicimus? Sponte sibi laetitiae frena laxabat, an tot uirtutibus pollens, aliquando ad praesens gaudium etiam renitens eius animus trahebatur? **Gregor.** Magna est, Petre, omnipotentis Dei dispensatio, et plerumque contingit, ut quibus maiora bona praestat, [quaedam] minora non tribuat, ut semper eorum animus habeat unde se ipse reprehendat; quatenus dum appetunt perfecti
10 esse, nec possunt, et laborant in hoc quod non acceperunt, nec tamen laborando praeualent, in his quae accepta habent se minime extollant, sed discant quia ex semet ipsis maiora bona non habent, qui in semet ipsis uincere parua uitia atque extrema non possunt. Hinc est enim quod perducto Domino ad terram repromissionis populo, cunctos fortes atque praepotentes aduersarios eius exstinguens,
15 Philisthaeos atque Chananaeos diutius reseruauit, ut, sicut scriptum est, in eis experiretur Israel; quia nonnunquam, ut dictum est, eis etiam quibus magna dona tribuit, parua quaedam reprehensibilia relinquit, ut semper habeant contra quod bellum gerant, et deuictis magnis hostibus mentem non erigant, quando eos adhuc aduersarii etiam minimi fatigant. Fit itaque, ut miro modo *una eademque
20 mens [et uirtute polleat, et ex infirmitate lassescat], quatenus et ex parte cor-

meisme pense ..., k'ele d'une part soit faite, et d'une part soi regardet estre
destruite, par k'ele par lo bien cui ele quiert et nel puet pas auoir, cel
bien gardet humlement cui ele at. Mais queiz merueilhe est ce ke nos
disons de cest homme, quant cele souraine contreie en ses citains soffrit
damages d'une partie et d'une part stiut fortement, par ke li ellit espir 5
des angeles, quant il uerroient les altres auoir chaut par orguelh, il
meisme steroient tant plus fortement, en combien plus humlement? Gieres
icil esploit(i)erent meismes del empirement de lur contreie, ki al estage
de sa parmanableteit de l'une partie de son destruisement plus fermement
est restoreie. Gieres ensi auient en une cascune anrme k'ele en la garde 10
d'umiliteit a la fie d'un trespetit damage az tresgrandes gaanges soit
gardeie. **Pirres.** Il moi plaist ce ke tu dis.

XV. De Euthice et de Florence les sers de deu.

Gregoires. Ne ce ne tairai ge. pas ke ge sai de cele meisme contreie
par lo racontement del honorable baron Sanctoli lo preste, de cui paroles 15
tu meismes ne dotes pas, car tu conois bien sa uie et sa foid. En cel
meisme tens essiment en la partie de la contreie Nursie habitoient dui
homme en la uie et en l'abit de sainte conuersation, des queiz li uns
astoit diz Eutices et li altres Florences. Mais cil Eutices astoit criuz en
l'espiritueil desier et en lo feruor de uertut, et il soi traueilhoit en enhor- 20
tant de meneir a deu les anrmes des pluisors. Mais Florences menoit uie
ententiue a simpliciteit et a orison. Et nient lonz astoit uns monstiers ki
astoit esgareiz por la mort de son gouerneor, del queil monstier li moine
uolrent cel meisme Eutice estre dessore soi. Li queiz consentanz a lur

structa sit, et ex parte se conspiciat esse destructam, ut per bonum quod quaerit
et habere non ualet, illud seruet humiliter quod habet. Sed quid mirum quod
hoc de homine dicimus, quando illa superna regio in ciulbus suis ex parte damna
pertulit, et ex parte fortiter stetit, ut electi angelorum spiritus dum alios per
superbiam cecidisse conspicerent, ipsi tanto robustius quanto humilius starent? 5
ᵃIlli ergo regioni sua etiam detrimenta profecerunt, quae ad aeternitatis statum ex
parte suae destructionis est solidius instructa. Sic ergo et in unaquaque anima
agitur, ut in humilitatis custodiam aliquando ad lucra maxima ex minimo damno
seruetur. **Petr.** Placet quod dicis.

XV. De Eutychio et Florentio seruis Dei.

Gregor. Neque hoc sileam quod ex regione eadem uenerabilis uiri Sanctuli
presbyteri narratione cognoui; de cuius uerbis ipse non dubitas, quia eius uitam
fidemque minime ignoras. Eodem quoque tempore in Nursiae prouinciae partibus
duo uiri in uita atque habitu sanctae conuersationis habitabant, quorum unus
Eutychius, alter uero Florentius dicebatur. Sed idem Eutychius in spirituali zelo 15
atque in feruore uirtutis excreuerat, multorumque animas ad Deum perducere
exhortando satagebat; Florentius uero simplicitati atque orationi deditam ducebat
uitam. Non longe autem erat monasterium, quod rectoris sui morte erat destitu-
tum, ex quo sibi monachi eundem Eutychium praeesse uoluerunt. Qui eorum

proieres gouernat lo monstier par pluisors ans, et si edifiat les anrmes des disciples en l'estuide de sainte conuersation. Et par ke li oratoires en cui [115ʳ] il auoit meis anzois ne poist remanoir souz, illokes laissat l'onorable homme Florence. El queil cant il souz manoit, par un ior
5 esternat soi meisme ius en orison, si proiat lo tot poissant sanior, ke il li deniast doneir alcun confort por habiteir illokes. Li queiz manes ke il ot finie l'orison, il eissit fors del oratoire, si trouat un urs estant deuant les huisses. Li queiz quant il a terre depressoit son chief, et nient de crueltiet ne mostreuet en ses mouemenz, il donoit ouertement a
10 entendre, ke il astoit uenuz al seruise del homme deu. Et ce conut alsiment manes li hom del sanior. Et par tant ke en cele meisme cele astoient remeis quatre bestes u cinc, les queiles ki paisteroit et garderoit del tot en tot defaloit, poruec comandat a cel meisme urs disanz: Va, et si maine cez berbiz a pasture, et reuien a la siste hore. Dunkes comenzat
15 ceste chose estre demeneie senz entrelaissement. Al urs astoit comandeie la cure de pastor, et la beste ieune paissoit les berbiz, cui ele soloit mangier. Et cant li hom del sanior uoloit ieuneir, dunkes comandeuet l'urs a reuenir a l'ore de none auoe les berbiz, et quant il (ne) uoloit (pas), a la siste hore. Et ensi obeissoit li urs en totes choses al commant del homme
20 deu, ke il ne repairoit pas, a la siste hore comandeiz, a none, ne a none, comandeiz a la siste. Et quant ceste chose longement fut demeneie, dunkes comenzat en icel liu la fame de si grande uertut lonz et leit estre manifesteie. Mais par tant ke li anciens enemis dont il les buens uoit luisir a gloire, de ce les paruerz par enuie rauist a poine, quatre

precibus acquiescens, multis annis monasterium rexit, discipulorumque animas in studio sanctae conuersationis exercuit. Ac ne oratorium in quo prius habituerat solum remanere potuisset, illic uenerabilem uirum Florentium reliquit. In quo dum solus habitaret, die quadam sese in orationem prostrauit, atque ab omni-
5 potenti Domino petiit, ut ei illic ad habitandum aliquod solatium donare dignaretur. Qui mox ut impleuit orationem, oratorium egressus, ante fores ursum repperit stantem. Qui dum ad terram caput deprimeret, nihilque feritatis in suis motibus demonstraret, aperte dabat intellegi quod ad uiri Dei obsequium uenisset, quod uir quoque Domini protinus agnouit. Et quia in eadem cella quattuor uel
10 quinque pecudes remanserant, quas omnino deerat qui pasceret et custodiret, eidem urso praecepit dicens: Vade, atque oues has ad pastum eiice, ad horam uero sextam reuertere. Coepit itaque hoc indesinenter agere. Iniungebatur urso cura pastoralis, et quas manducare consueuerat, pascebat oues bestia ieiuna. Cum uir Domini ieiunare uoluisset, ad nonam horam praecipiebat urso cum ouibus
15 reuerti; cum uero noluisset, ad sextam. Atque ita in omnibus mandato uiri Dei obtemperabat ursus, ut neque ad sextam iussus rediret ad nonam, neque ad nonam iussus [rediret] ad sextam. Cumque diu hoc ageretur, coepit in loco eodem tantae uirtutis fama longe lateque crebrescere. Sed quia antiquus hostis unde bonos cernit enitescere ad gloriam, inde peruersos per inuidiam rapit ad poenam,
20 quattuor uiri ex discipulis uenerabilis Eutychii uehementer inuidentes quod eorum

homme des disciples l'onorable Eutice mult forment aiant enuie ke lur maistres ne faisoit nul signe, et cil ki fut sous laissiez de lui, apparissoit cleirs par si grant miracle, il aguait(i)erent, si ocisent cel meisme urs. Et quant li urs ne reuenoit pas en cele hore quant il fut comandeiz, li hom de deu Florences fut renduz sospezous. Lo queil il agardanz ioskes a l'ore de uespres comenzat estre affliz, ke [115ᵛ] cil urs cui il par sa grande simpliciteit soloit uochier frere ne reuenoit mie. Mais en l'altre ior s'en alat al champ por querre l'urs ensemble et les berbiz, lo queil il trouat ocis. Mais il queranz soniousement, tost trouat de cui il fut ocis. Dunkes soi donat en guaimenz, plus deploranz lo malisce des freres ke la mort de son urs. Lo queil ameneit a soi li honorables beirs Eutices studiat conforteir. Mais icil hom del sanior deuant lui enspris des aguilhons de grand dolor proiat disanz: Ge ai sperance el tot poissant deu, ke il en ceste uie deuant les oez de toz reciueront la ueniance de lur malisce, ki ocisent mon urs nient a soi malfaisant. Cui uoiz manes siuit la ueniance de deu. Quar li quatre moine ki cel urs auoient ocis, manes furent ferut del mal d'elefantie, si ke il morurent par porrissanz menbres. Lo queil fait li hom de deu Florences forment espaurit, et si cremit ensi az freres soi auoir maldit. Quar par tot lo tens de sa uie ploroit il par tant ke il fut oiz, et si crioit en lur mort soi estre crueil homicide. Ce creons nos poruec auoir fait lo tot poissant deu, par ke li hom de mult grande simpliciteit commouz de com grand dolor ki soit ne presumast mais entordre lo dar de malizon. **Pirres.** Creons nos estre mult grief chose, se nos par auenture par corrocement maldisons alcunui ki nos corrocet?

magister signa non faceret, et is qui solus ab eo relictus fuerat, tanto hoc miraculo clarus appareret, eundem ursum insidiantes occiderunt. Cumque hora qua iussus fuerat non rediret, uir Dei Florentius suspectus est redditus, quem usque ad horam uesperi exspectans, affligi coepit, quod is quem ex simplicitate multa fratrem uocare consueuerat ursus minime reuerteretur. Die uero altera perrexit ad agrum, ursum pariter ouesque quaesiturus; quem occisum repperit. Sed sollicite inquirens, citius a quibus fuerat occisus inuenit. Tunc sese in lamentis dedit, fratrum malitiam magis quam ursi mortem deplorans. Quem uenerandus uir Eutychius ad se deductum consolari studuit; sed idem uir Domini coram eo doloris magni stimulis accensus, imprecatus est dicens: Spero in omnipotenti Deo, quia in hac uita ante oculos omnium ex sua malitia uindictam recipiant, qui nihil se laedentem ursum meum occiderunt. Cuius uocem protinus ultio diuina secuta est. Nam quattuor monachi qui eundem ursum occiderant statim elephantino morbo percussi sunt, ut membris putrescentibus interirent. Quod factum uir Dei Florentius uehementer expauit, seque ita fratribus maledixisse pertimuit. Omni enim uitae suae tempore flebat quia exauditus fuerat, se crudelem, *se in eorum morte clamabat homicidam. Quod idcirco omnipotentem Dominum fecisse credimus, ne uir *mirae simplicitatis quantolibet dolore commotus, intorquere ultra praesumeret iaculum maledictionis. **Petr.** Num quidnam ualde graue esse credimus, si fortasse cuilibet exagitanti iracundia maledicamus? **Gregor.** De hoc peccato

Gregoires. De cest pechiet, Pieres, por coi moi demandes tu ...., quant Paulus dist: No li maldisor ne posserront pas lo regne de deu? Poruec poise com gries culpe ce soit, ki dessoiuret del regne de uie. **Pirres.** Ke si li hom par auenture nient par malisce, mais par
5 lo noncaloir de la lengue gettet lo mot de malizon en son proime? **Gregoires.** Pirres, se ahier lo destroit iugeor oisouse parole est reprise, combien plus li nuisable? Poruec pense com dampnables soit cil sermons ki at malisce, se cil at poine ki est uuiz de la bonteit d'utiliteit. **Pirres.** Ge i assent. [116ʳ] **Gregoires.** Cil meismes hom fist une altre chose, cui om
10 ne doit pas taisir. Quar quant sa grande opinions parsouoit lonz et leit, uns diakenes lonz mis studiat a lui aleir, par ke il soi comanderoit a ses orisons. Li queiz uenanz a sa cele trouat tot lo liu par enuiron plain de pluisors serpenz. Et quant il mult fut espauriz, si criat disanz: Sers del sanior, proie! Et dunkes astoit grande clarteiz. Dunkes eissit fors
15 Florences, si tendit ses oez et ses palmes al ciel, ke li sires ostast ceste pestilence alsi com il sauoit. A cui uoiz manes li cies tonat, et cil tonoiles ocist toz ceaz serpenz ki auoient porpris cel liu. Les queiz quant li hom deu Florences uit ocis, si dist: Sire, or les as tu ocis; ki les porterat de ci? Et manes a sa uoiz uinrent tant oisel, combien de
20 serpenz furent ocis; li queil de la portant cascuns cascun et lonz gettant, rendirent lo liu de sa habitation mult net des serpenz. **Pirres.** Queile uertut, queile deserte disons nos auoir esteit, ke li tot poissanz deus fut a sa boche si prochains? **Gregoires.** Ahier la singuleir netteit del tot poissant deu et sa simple nature mult ualt, Pirres, la netteiz et la simpli-

cur me percunctaris [an graue sit], cum Paulus dicat: *Neque maledici regnum Dei possidebunt?* Pensa itaque quam grauis culpa est, quae separat a regno uitae. **Petr.** Quid si homo non fortasse ex malitia, sed ex linguae incuria, maledictionis uerbum iaculatur in proximum? **Gregor.** Si apud districtum iudicem, Petre,
5 otiosus sermo reprehenditur, quanto magis et noxius? Pensa ergo quantum sit damnabilis, qui a malitia non uacat, si et ille sermo poenalis est, qui a bonitate utilitatis uacat. **Petr.** Assentio. **Gregor.** Idem uir Dei egit aliud, quod sileri non debeat. Cum enim magna eius opinio longe lateque crebresceret, quidam diaconus longe positus ad eum pergere studuit, ut eius se orationibus commendaret. Qui
10 ad eius cellulam ueniens, omnem locum per circuitum inuenit *innumeris serpentibus plenum. Cumque uehementer expauisset, clamauit dicens: Serue Dei, ora. Erat autem tunc mira serenitas. Egressus uero Florentius ad caelum oculos et palmas tetendit, ut illam pestem, sicut sciret Dominus, auferret. Ad cuius uocem subito caelum intonuit, atque idem tonitrus omnes illos, qui eundem locum occu-
15 pauerant, serpentes interemit. Quos cum uir Dei Florentius interemptos aspiceret, dixit: Ecce illos occidisti, Domine, quis eos hinc leuat? Moxque ad eius uocem tantae aues uenerunt, quanti serpentes occisi fuerant; quae asportantes singulos, et longius proficientes, locum habitationis illius mundum a serpentibus omnimodo reddiderunt. **Petr.** Quid uirtutis, quid fuisse meriti dicimus, quod eius ori tantum
20 factus est proximus omnipotens Deus? **Gregor.** Apud omnipotentis Dei singularem

citeiz del humain cuer. Quar ce meisme ke sei seriant deseureit des
terriens faiz ne seuent pas parleir oisouses choses, et ke il eschiuent a
spardre et a conchoier lur pense par paroles, poruec prendent il la cance
de lur faiteor deuant les altres, a cui il ia, en combien (est) poable chose,
par meisme la purteit et la simpliciteit de lur pense alsi ke d'une semblance concordent. Mais nos melleit az turbes populeirs, quant nos souent
parlons oisouses choses et a la fie auoc griement nuisables, la nostre
boche al tot poissant deu tant est faite lontaine, en combien a cest mont
prochaine. Quar mult bas somes meneit, quant nos par continueie parole
somes ioint az seculeirs hommes. De la queile chose bien Ysaies apres
ce ke il uit lo roi sanior des oz, soi meisme reprist et soi repentit disanz:
Guai a moi, [116ᵛ] quar ge me tau; quar ge sui hom empalueiz
par leures. Li queiz por coi il auoit empalueies leures, il aourit quant
il ioinst apres: Ge habite en mei lo pople ki at empalueies leures.
Il dolut soi auoir la pollution des leures; mais il enseniat dont il la traist,
quant il dist soi habiteir en mei lo pople ki at empalueies leures. Quar
n'est pas legiere chose ke la lengue des seculeirs ne conchoiet mie la
pense eni ele atochet, quar quant nos a la fie descendons auoc eas por
parleir alcunes choses, petit et petit acconstumeit cest(e) meisme parole
ke nos (est) endigne, et delitablement tenons, si ke il ia ne plaist pas
repairier de celei, a cui nos uenimes nient uolentriu alsi com par condescendement. Et ensi auient ke nos des oisouses paroles az nuisables,
des legieres uenons az plus gries; et ke nostre boche del tot poissant
sanior ia tant moins est oie en la proiere, en combien plus est conchoie

munditiam, atque eius simplicem naturam multum, Petre, humani cordis munditia
atque simplicitas ualet. Hoc ipsum namque quod eius famuli a terrenis actionibus
segregati otiosa loqui nesciunt, et mentem per uerba spargere atque inquinare
deuitant, auctoris sui prae ceteris exauditionem impetrant. Cui in quantum est
possibile, ipsa puritate ac simplicitate cogitationis, quasi ex quadam iam simili-
tudine concordant. Nos autem turbis popularibus admixti, dum frequenter otiosa,
nonnumquam uero etiam grauiter noxia loquimur, os nostrum omnipotenti Deo
tanto longinquium fit, quanto huic mundo proximum. Multum quippe deorsum
ducimur, dum locutione continua saecularibus admiscemur. Quod bene Isaias
postquam regem Dominum exercituum uidit, in semet ipso reprehendit, et paeni-
tuit dicens: *Vae mihi, quia tacui, quia uir pollutus labiis ego sum.* Qui cur
polluta labia haberet, aperuit, cum subiunxit: *In medio populi polluta labia
habentis ego habito.* Pollutionem namque labiorum habere se doluit; sed unde
hanc contraxerit, indicauit, cum in medio populi polluta labia habentis se habitare
perhibuit. Valde enim difficile est, ut lingua saecularium mentem non inquinet
quam tangit, quia dum plerumque eis ad quaedam loquenda condescendimus,
paulisper assueti, hanc ipsam locutionem quae nobis indigna est etiam delecta-
biliter tenemus, ut ex ea iam redire non libeat, ad quam uelut ex condescensione
[ducti] uenimus inuiti. Sicque fit ut ab otiosis ad noxia, a leuibus ad grauiora
uerba ueniamus; et os nostrum ab omnipotenti Domino tanto iam minus ex-

de fole parole, quar alsi com escrit est, Ki destornet sa oreilhe par
ke il n'oiet pas la loi, sa orisons est escomeniable. Gieres queiz
merueilhe est, se nos proiant tard sumes oit del sanior, ki lo sanior
comandant u tard u en nule maniere nel oons? Et queiz merueilhe est,
se Florences en sa proiere tost fut oiz, ki lo sanior en ses comanz tost
oit? **Pirres.** N'est alcune chose cui hom puist respondre a la ouerte
raison. **Gregoires.** Mais Eutices ki en la uoie de deu auoit esteit com-
painz al denant dit Florence, il fut conuz apres sa mort estre granz par
la uertut de signes. Quar quant li boriois de son borc suelent raconteir
pluisors miracles de lui, nekedent cil miracles est li plus granz, cui ioskes
a ces tens des Lumbars li tot poissanz deus parmei son uestiment par
constume dengieuet oureir. Quar quantes fies faloit la ploge et la longe
secherece par la grande chalre brulloit la terre, assembleit en un li boriois
de son borc soloient sa cote leueir, et offrir a proieres el regard del
sanior. Auoc la queile quant il aleuent en proiant par [117ʳ] les chans,
manes astoit doneie la ploge, ki plainement poist la terre sooleir. De la
queile chose fut conut, queile uertut, queil merite s'anrme auoit deuanz,
cui uesture defors demostreie destornat la ire de nostre faiteor.

XVI. De Martin lo moine.

Nouelement altresi es parties de Campaine uns hom mult honorables
Martins par nom el mont Marsike menoit uie solitaire, et par pluisors ans
fut il enclos en une mult estroite fosse, cui conurent li pluisor des nostres,
et si furent present a ses faiz. De cui ge meismes sai pluisors choses,

audiatur in prece, quanto amplius inquinatur stulta locutione, quia sicut scriptum
est, *Qui auertit aurem suam ne audiat legem, oratio eius *erit exsecrabilis.*
Quid ergo mirum, si postulantes tarde a Domino audimur, qui praecipientem
Dominum aut tarde aut nullo modo audimus? Et quid mirum, si Florentius in
prece sua citius est auditus, qui in praeceptis suis Dominum citius audiuit?
Petr. Nihil est quod responderi ualeat apertae rationi. **Greger.** Eutychius uero,
qui praedicti Florentii in uia Domini socius fuerat, magnus post mortem claruit
in uirtute signorum. Nam cum multa ciues urbis illius de eo soleant narrare
miracula, illud tamen est praecipuum, quod usque ad haec Langobardorum
tempora omnipotens Deus per uestimentum illius assidue dignabatur operari.
Nam quoties pluuia deerat, et aestu nimio terram longa siccitas exurebat, collecti
in unum ciues urbis illius, eius tunicam leuare atque in conspectu Domini cum
precibus offerre consueuerant. Cum qua dum per agros pergerent exorantes,
repente pluuia tribuebatur, quae plene terram satiare potuisset. Ex qua re
patuit, eius anima quid uirtutis intus, quid meriti haberet, cuius foris ostensa
uestis iram conditoris auerteret.

XVI. De Martino monacho de monte Marsico.

Nuper quoque in parte Campaniae uir ualde uenerabilis Martinus nomine
in monte Marsico solitariam uitam duxit, multisque annis in specu angustissimo
inclusus fuit, quem multi ex nostris nouerunt, eiusque actibus praesentes ex-

et racontanz altres mult religious hommes, Pelagio lo pape de bone ramenbrance ki moi deuant alat et altres. Del queil ciz miracles fut promerains, ke manes ke il soi trast el pertuis del deuant dit mont, en cele piere ki en soi meisme une caueie stroite fosse auoit faite, la eissit fors gote d'aigue ki a Martin lo seriant de deu el us de cascun ior astoit asseiz, et ke nient plus n'en astoit et a la necessiteit n'en defaloit. En la queile chose mostrat li tot poissanz deus, com grande cure il auoit de son seriant, a cui il solunc lo niez miracle ministrat a boiure en la solteit de la durece de la pirre. Mais li anciens anemis de la humaine lingie, sianz enuie de ses forces, il soi traueilhat par art auseie de boteir celui fors de sa fosse. Quar il entrat une beste a soi amiable loist a sauoir un serpent, si soi penat par fait espawentement defors getteir celui de sa habitation. Quar li serpenz comenzat a uenir en la fosse sous auoc lo soul, et quant il oreuet, soi esterneir deuant lui, et quant il colchoit, ensemble lui colchier. Mais li sainz hom del tot nient espauenteiz, estendit sa main u son piet a sa boche disanz: Se tu as pris congiet ke tu fieres, ge nel defend mie. Et quant ceste chose senz entrelaissement par trois ans astoit demeneie, par un ior li anciens anemis uencuz de si grande sa force fremit, et li serpenz soi donat en trebuchement par lo pendant leiz del mont, et toz les arbres de cel liu brullat [117ᵛ] de la flamme eissant de soi. Li queiz en ce ke il brullat tot lo leiz del mont, destraindant lo tot poissant deu, fut destrainz demostreir, de com grande uertut astoit cil ki s'en aleuet uencuz. Poise, Pirres, ge te proi, ciz hom del sanior en queile haltece de pense stiut, ki auoc lo serpent giut par trois ans segurs.

stiterunt. De quo multa ipse et *beatae memoriae papa Pelagio decessore meo, et aliis religiosissimis uiris narrantibus agnoui. Cuius hoc miraculum primum fuit, quod mox ut se in praedicti montis foramine contulit, *ex petra eadem, quae in semet ipsa *concaua angustum specum fecerat, aquae stilla prorupit, quae Martino Dei famulo in usu quotidiano sufficeret, et nec plus adesset, nec necessitati deessot. Qua in re ostendit omnipotens Deus, quantam sui famuli curam gereret, cui uetusto miraculo potum in solitudine ex petrae duritia ministraret. Sed antiquus hostis humani generis, eius uiribus inuidens, hunc usitata arte pellere ex eo specu molitus est. Nam amicam sibi bestiam, serpentem scilicet, ingressus, hunc ab eadem habitatione eiicere facto terrore conatus est. Coepit etenim serpens in speluncam uenire solus cum solo, eoque orante se ante illum sternere, et cum cubante pariter cubare. Sed uir sanctus omnino imperterritus eius ori manum uel pedem extendebat dicens: Si licentiam accepisti ut ferias, ego non probibeo. Cumque hoc continue per triennium gereretur, die quadam antiquus hostis tanta hac eius fortitudine uictus infremuit, seque per deuexum montis latus in praecipitium serpens dedit, omniaque arbusta loci illius flamma ex se exeunte concremauit. Qui in eo quod montis latus omne combussit, cogente omnipotente Deo monstrare compulsus est, quantae uirtutis fuerat, qui uictus abscedebat. Perpende, quaeso, iste uir Domini in quo mentis uertice stetit, qui cum serpente per triennium iacuit securus. Petr. Audito pauco. Gregor. Vir iste

Pirres. De la oie ai ge paor. **Gregoires.** Ciz hom d'onorable uie el promier tens de sa inclusion ot proposeit, ke il ia mais ne uerroit femme, nient ke il despitoit lo genre, mais par tant ke il cremoit encurre lo uisce de temptation par la bealteit de la ueue. Quant ce auoit oit une
5 femme, si montat hardiement lo mont, et si alat a sa fosse senz uergonge. Et icil regardanz un poi lonz et ueanz les dras de la femme uenant a soi, il soi donat en orison, en terre abaissat la face, et ioskes a tant gint ius esterneiz, ke la nient uergondouse s'en ralat lasseie de la fenestre de sa cele. La queile femme en cel meisme ior, mancs k'ele descendit del
10 mont, finat la uie, par ke de la sentence de sa mort seroit doneit a entendre, ke mult desplaut al tot poissant deu, k'ele contristat son seriant par fol hardement. Par un altre tens essiment, quant li pluisor coroient a lui par religiouse deuotion, et li sentiers astoit estroiz ki el pendant leiz del mont les aprochanz menoit a sa cele, uns petiz enfes,
15 nient uisdement alanz, chait de cel mont, et trebuchat ioskes a la ual, ki desoz cel meisme mont mise alsi com en parfont est ueue. Quar en cel liu astoit li monz criuz en soi de si grande haltece, ke li grant arbre ki eissent de cele ualeie a ceaz ki regardent del mont semblent estre alsi com buisson. Dunkes furent parturbleit tot cil ki uenoient et par grande
20 cure fut quis, se en alcun liu li cors del escolorgiet enfant poist estre troueiz. Et ki creroit altre chose l'enfant se mort non? Ki sesmeroit lo cors ueaz entier a terre auoir uenut, quant il poist estre deschireiz en parties des entreposeies roches? [118ʳ] Mais li enfes requis en la ual fut troueiz nient solement uis, mais encor haliegres. Dunkes fut ouerte-

uitae uenerabilis inclusionis suae tempore primo decreuerat, ut ultra mulierem non uideret, non quia aspernabatur sexum, sed ex *contemplata specie tentationis incurrere metuebat ultum. Quod quaedam mulier audiens, audacter ascendit montem, atque ad eius specum impudenter prorupit. At ille paulo longius in-
5 tuens, et uenientis ad se muliebria indumenta conspiciens, sese in orationem dedit, in terram faciem depressit, et eo usque prostratus iacuit, quo impudens [mulier] a fenestra cellulae illius fatigata recederet. Quae die eodem, mox ut de monte descendit, uitam finiuit, ut ex mortis eius sententia daretur intellegi quia ualde omnipotenti Deo displicuit, quod eius famulum ausu improbo contristauit.
10 Alio quoque tempore dum multi ad hunc religiosa deuotione concurrerent, atque arta esset semita quae in deuexo montis latere ad eius cellulam *properantes ducebat, puer paruulus incaute gradiens, ex eodem monte cecidit, et usque ad uallem corruit, quae sub monte eodem sita, quasi in profundo conspicitur. In loco quippe eodem tanta mons ipse altitudine excreuit, ut arbusta ingentia, quae
15 ex eadem ualle prodeunt, ex monte aspicientibus quasi fruteta esse uideantur. Perturbati itaque sunt cuncti qui ueniebant, summaque cura quaesitum est, sicubi corpus elapsi pueri potuisset inueniri. Quis enim aliud nisi exstinctum crederet? quis uel corpus ad terram integrum peruenisse suspicaretur, dum interpositis [ubique] scopulis in partes discerpi potuisset? Sed requisitus puer in ualle in-
20 uentus est non solum uiuus, sed etiam incolumis. Tunc cunctis patenter innotuit

ment conut a toz, ke li enfes poruee ne pot pas estre malmis, car la orisons de Martin lo portat en son chaement. Et en la fosse de celui apeirt une grande roche dessore, la queile par tant k'ele sembleuet par une petite (partie) al mont estre affichie, ele mananz dessore la cele Martin par cascun ior manecieuet son chaement et la mort de Martin alsi com ele deust chaoir. A lui uenanz Mascatus li nierz Armentier lo noble homme auoc une grande multitudine de uilains, proieuet ke li hom de deu deniast eissir de cele meisme fosse, par ke il poist del mont fors ragier la roche ki deuoit chaoir, et li serianz de deu en sa fosse ia habiteroit segurs. Et quant li hom de deu ce ne uoloit pas consentir, il comandat k'ele li fesist ce k'ele poist, et il soi trast en la plus parfunde partie de sa cele. Nekedent se la grande pesantume chaist, n'astoit pas dote k'ele ensemble et la fosse destruiroit et Martin ociroit. Gieres quant cele multiteiz ki astoit uenue soi traueilhoit, se ele poist, senz lo perilh del homme deu, leueir cele grande pirre ki dessore gisoit, manes suint une mult merueilhouse chose eaz toz ueanz; car meisme la pesantume cui il traueilh(i)erent esragier, sodainement d'eaz traueilhanz fors ragie par k'ele n'atocheroit la fosse de Martin, ele donat un salt, et si chait lonz alsi ke fuianz la blezure de Martin. La queile chose par lo comant del tot poissant deu par lo ministere des angeles entent estre faite cil ki feolment croit totes choses estre ordineies par la diuine porueance. Iciz quant il promiers soi trast en cel mont, nient encor enclose la fosse mananz, il loiat son piet a soi d'une chaine de fer, si la fichat a la pirre en l'altre part, par ke lui ne loiseroit pas plus lonz aleir, ke la quantiteiz de cele chaine astoit estendue. La queile chose oanz Benoiz li hom

quod ideo laedi non potuit, quia hunc in casu suo Martini oratio portauit. In specu uero illius magna desuper rupes *eminebat, quae cum ex parte exigua monti uideretur affixa, Martini cellae prominens, casum suum quotidie et illius interitum ruitura minabatur. Ad hanc Mascatus, illustris uiri Armentarii nepos, cum magna rusticorum multitudine ueniens precabatur, ut uir Dei de specu eodem dignaretur exire, quatenus ipse ruituram rupem ex monte potuisset euellere, atque in specu suo Dei famulus iam securus habitaret. Cumque hoc uir Dei nequaquam acquiesceret, ei quod posset ut faceret praecepit, et ipse in cellae suae remotiori se parte contulit. Si tamen ingens moles rueret, dubium non erat quod simul et specum destrueret et Martinum necaret. Itaque dum ea quae uenerat multitudo conaretur, si posset, sine periculo uiri Dei ingens illud quod desuper incubuerat saxum leuare, cunctis uidentibus, repente res ualde admirabilis contigit, quia moles ipsa quam conabantur euellere, subito ab eisdem laborantibus euulsa, ne spelunacae Martini tectum tangeret, saltum dedit, et quasi *serui Dei laesionem fugiens longius cecidit. Quod ad iussum omnipotentis Dei angelico ministerio totum intellegit, qui diuina prouidentia disponi omnia fideliter credit. Hic cum primum se in eundem montem contulit, necdum clauso specu habitans, catena sibi ferrea pedem ligauit, eamque saxo ex parte altera affixit, ne ei ultra liceret progredi, quam catenae eiusdem quantitas tendebatur. Quod uir uitae uenerabilis

d'onorable uie cui ramenbrance ge fis [118ᵛ] ci dessore, il ot cure de mandeir a lui par son disciple: Si tu es li sers de deu, ne toi tenget pas chaine de fer, mais la chaine de Crist. A la queile uoiz Martins manes desloiat cele boie, mais unkes en apres n'estendit lo desloiet piet ultre
5 lo liu en cui il lo soloit estendre loiet, et si soi estrainst en si grant espace senz la chaine, en com grant il meist deuant loiez. Li queiz quant il apres cele hore soi ot enclos en la fosse de cel liu, dunkes comenzat auoir disciples, li queil manant d'une part de sa fosse auoient accostumeit l'aigue puisier del puz al us de la uie. Mais la corde en
10 cui pendoit la selge por puisier l'aigue souentes foiz rumpoit. De ce auint, ke cele chaine cui li hom del sanior auoit desloie de son piet demanderent sei disciple, si la ioinssent al fun, et si la loierent en cele selge. Des lo queil tens ia auint, ke cil funs et cascun ior astoit molhies de l'aigue, et en nule maniere ne rumpoit. Quar par tant ke cil funs
15 atochat la chaine del homme deu, et il trast en soi force de fer por soffrir l'aigue. **Pirres.** Icist fait moi plaisent, car il sont merueilhous, et mult, car il sont nouel.

XVII. Del moine del mont Argentier.

Gregoires. En noz tens altresi fut uns suzdiakenes de la glise
20 Luxentine, Quarantismes par nom, ki soloit paistre la herde de ses berbis es parties de cele meisme Aureile. De cestui une mult merueilhose chose est acointie par lo racontement d'un ueritable homme, la queile chose fu faite secreiement. Icis alsi ke nos auons dit, quant il en Aureile et cure

Benedictus audiens, cuius superius memoriam feci, ei per discipulum suum mandare curauit: Si seruus Dei es, non teneat te catena ferri, sed catena Christi. Ad quam uocem Martinus protinus eandem compedem soluit, sed nunquam postmodum solutum tetendit pedem ultra locum quo ligatum hunc tendere consueue-
5 rat, atque in tanto se spatio sine catena coercuit, in quanto et antea ligatus mansit. Qui dum se postmodum in eiusdem loci specu conclusisset, coepit etiam discipulos habere, qui ab eius specu seorsum habitantes ad usum uitae aquam de puteo haurire consueuerant. Sed funis in quo ad hauriendum aquam situla dependebat crebro rumpebatur. Vnde factum est, ut eandem catenam quam a
10 pede suo uir Domini soluerat eius discipuli peterent, eamque funi adiungerent, atque in illa situlam ligarent. Ex quo iam tempore contigit, ut idem funis et quotidie tingeretur aqua, et nullo modo rumperetur. Quia enim catenam uiri Dei funis ille contigit, ipse quoque ad tolerandam aquam ferri in se fortitudinem traxit. Petr. Facta haec placent, quia mira; et multum, quia recentia.
15 XVII. De monacho ex monte Argentario, qui mortuum suscitauit.
Greger. Nostris *modo temporibus quidam uir, Quadragesimus nomine, Puxentinae ecclesiae subdiaconus fuit, qui ouium suarum gregem pascere in eiusdem Aureliae partibus solebat. Cuius ualde ueracis uiri narratione res mira innotuit, quae secreto fuerat gesta. Is namque, ut praediximus, dum gregis sui in Aurelis
20 curam gereret, in diebus eiusdem uir fuit e monte, qui Argentarius uocatur,

de sa herde, en ses iors fut uns hom d'onorable uie del mont ki Argentiers est apeleiz, ki l'abit de moine cui il demostroit par semblance, par costumes l'aemplissoit. Gieres iciz de cel meisme mont Argentier par cascun an soloit uenir a la glise del bieneurous Pirron lo prince des aposteles, et il tornoit a cest cui ge deuant dis Quarantisme lo suzdiakene 5
por herbergier. Par un ior quant il son hosteil fut entreiz, cui il auoit nient lonz de la glise, dunkes [119ʳ] fut morz la deleiz li mariz d'une poure femme. Lo queil laueit soluno la constume et uestit de uestimenz et del sabain constraint, por la soruenant uespre ne porent pas enseuelir. Gieres la ueueie femme sist deleiz lo cors del mort, la queile menanz la 10
nuit en granz ploremenz par continueies uoiz de guaimenz faisoit asseiz al dolor. Et quant ce astoit fait mult longement, et la femme ne cessoit en nule maniere de ploreir, li hom deu ki fut receuz a hosteil aianz compassion dist a Quarantisme lo suzdiakene: Mi anrme at compassion del dolor de ceste femme, ge te proi, lieue sus, orons. Dunkes s'en 15
alerent ambedui a la uoisine glise, et si donerent soi ensemble en orison. Et quant il mult longement orent oreit, dunkes proiat li sers de deu Quarantisme lo suzdiakene ke il finast l'orison. Et quant finie fut, dunkes prist il porriere del piet del alteil, et auoc cel meisme Quarantisme uint al cors del mort, et si soi donat illokes en orison. Et quant il ot longe- 20
ment oreit, ia ne uolt il pas finir l'orison par lo (suz)diakene, alsi com il anzois auoit fait, mais il donat la benizon et manes soi leuat sus. Et par tant ke il de sa destre main gettoit la colhie porriere, de sa senestre ostat lo mantel dont la face del mort astoit couerte. Quant la femme ce

uenerabilis uitae, qui habitum monachi, quem praetendebat specie, moribus explebat. Hic itaque ad ecclesiam beati Petri apostolorum principis ab eodem monte Argentario annis singulis uenire consueuerat, atque ad hunc quem praedixi Quadragesimum subdiaconum, sicut ipse narrauit, hospitalitatis gratia declinabat. Quadam uero die, dum eius hospitium quod non longe ab ecclesia 5
habebat intrasset, cuiusdam pauperculae mulieris maritus iuxta defunctus est: quem ex more lotum, uestimentis indutum, et sabano constrictum, superueniente uespere sepelire nequiuerunt. Igitur iuxta defuncti corpus uiduata mulier sedit, quae in magnis fletibus noctem ducens, continuis lamentorum uocibus satisfaciebat dolori. Cumque hoc diutius fieret et flere mulier nullo modo cessaret, uir Dei 10
qui receptus hospitio fuerat Quadragesimo subdiacono compunctus ait: Dolori huius mulieris anima mea compatitur; rogo, surge, et oremus. Perrexerunt igitur utrique ad uicinam ecclesiam, seseque pariter in orationem dederunt. Cumque diutius orassent, complere orationem Quadragesimum subdiaconum seruus Dei petiit. Qua completa ab altaris crepidine puluerem collegit, atque cum eodem 15
Quadragesimo ad defuncti corpus accessit, seseque ibidem in orationem dedit. Cumque diutius orasset, iam non, sicut prius fecerat, orationem compleri per subdiaconum uoluit, sed ipse benedictionem dedit statimque surrexit. Et quia manu dextera collectum puluerem *gestabat, sinistra pallium quo facies defuncti uelabatur abstulit. Quod cum mulier fieri cerneret, contradicere uehementer coepit 20

uit faire, forment comenzat a contredire et merueilhier ke il uoloit faire.
Gieres quant il ot osteit lo mantel, dunkes froiat longement la face del
mort de la poire cui il auoit assembleit. Et quant il longement astoit
froiez, dunkes reprist anrme, il mout la boche, il ourit les oez, et il soi
5 leuat sus et sist. Il ot merueilhe queile chose astoit faite entor soi, alsi
com il fust esueilhiez d'un grief somme. Quant ce uit la femme ki astoit
lasseie de guaimenz, ele comenzat de ioie miez a ploreir, et fors metre
uoiz plus amplement. La queile li hom del sanior de mesurable defense
apaisentat disanz: Tais toi, tais toi. Mais se alcuns uos demandet, com-
10 ment ce fait est, [119ᵛ] ce dites tan solement, ke li sires Ihesus Criz fist
ses oeures. Ce dist il, et si eissit fors de son hosteil, Quarantisme lo
suzdiakene laissat enhelement, et en icel liu ne fut mais ueuz. Quar il
fuianz lo temporeil honor, il fist ke il de ceaz de cui il fut ueuz en si
grande uertut, d'eaz unkes en ceste uie ia mais ne seroit ueuz. **Pirres.** Ge
15 non sai ke li altre sentent; ge aesme cest miracle estre plus grant de toz
altres miracles, ke li mort repairent a uie, et ke lur anrmes de repons
sont reuochies a la char. **Gregoires.** Se nos regardons les ueables choses,
dunkes est mestiers ke nos ensi creons; mais se nos pensons les choses
nient ueables, senz dotance certe chose est, ke plus granz miracles est,
20 par la parole de preechement et par lo confort d'orison conuertir un
pecheor, ke resusciteir un mort en char. Quar en cestui est resuscitie
la chars ki lo pares morrat, mais en celui est resusciteie li anrme ki parmanablement iuerat. Quar quant ge met deuant eaz dous, en cui de
cez aesmes tu estre fait miracle de plus grande uertut? Quar Lazarus
25 cui nos creons ia puant auoir esteit, li sires resuscitat en la char; mais

et mirari quid uellet facere. Ablato itaque pallio, diu eo quem collegerat puluere
defuncti faciem fricauit. Qui cum diutius fricaretur, recepit animam, oscitauit,
oculos aperuit, seseque eleuans resedit, quid erga se ageretur miratus est, ac si
de grauissimo somno fuisset excitatus. Quod cum mulier lamentis fatigata con-
5 spiceret, coepit ex gaudio magis flere et uoces amplius edere. Quam uir Domini
modesta prohibitione compescuit dicens: Tace, tace; sed si quis uos requisierit
qualiter factum sit, hoc solummodo dicite, quia Dominus Iesus Christus opera
sua fecit. Dixit hoc, atque ab eius hospitio exiuit, Quadragesimum subdiaconum
protinus reliquit, et in loco eodem ultra non apparuit. Temporalem namque
10 honorem fugiens egit, ut ab his a quibus uisus in tanta uirtute fuerat nunquam
iam in hac uita uideretur. **Petr.** Quid alii sentiunt ignoro: ego autem cunctis
miraculis hoc potius existimo esse miraculum, quod ad uitam mortui redeunt,
eorumque animae ad carnem ex occulto reuocantur. **Gregor.** Si uisibilia atten-
dimus, ita necesse est ut credamus; si uero inuisibilia pensamus, nimirum constat,
15 quia maius est miraculum, praedicationis uerbo atque orationis solatio peccatorem
conuertere, quam carne mortuum resuscitare. In isto enim resuscitatur caro
iterum moritura, in illo uero anima in aeternum uictura. Cum enim propono
duos, in quo horum existimas maiori factum uirtute miraculum? Lazarum quippe
quem iam *fidelem credimus fuisse, carne Dominus suscitauit; Saulum uero

saulum resuscitat li sires en la pense. Et certes apres lo releuement de
la char taist hom des uertuz Lazaron; quar apres lo releuement de l'anrme
se puet pas prendre nostre enfermeteiz, quantes choses en la sainte parole
sont dites des uertuz Paulon, ke les trescrueiles genz par son preechement sont conuerties az moles entrailhes de pieteit; ke il conuoitet morir 5
por les freres en cui mort il anzois auoit ioie; ke il plains de la science
de tote escriture, ne soi iuget nule chose sauoir se Cristum Ihesum non,
et celui cruciflet; ke il por Crist uolentiers est batuz de uerges cui il
parsiueit de speies; ke il est halz par l'onor d'apostolage, mais nekedent
de sa uolenteit est faiz petiz enmei les disciples; ke il fut meneiz az 10
secreies choses del tierc ciel, et nekedent reflekist l'oelh de sa pense par
compassion a [120ʳ] ordineir lo lit des marieiz disanz: Li barons rendet
la dette a sa femme, et la femme semblanment a son baron; ke
il en la contemplation fut ioinz az citains des angeles, et nekedent ne
despitet pas penseir et ordineir les faiz des charneiz; ke il at ioie en ses 15
enfermeteiz et plaist a soi en laidenges; ke a lui uiure est Cristus et
morir gaains; ke il ia toz est defors la char ce meisme ke il uit en char.
Voi ci coment il uit, ki del infer de sa pense repairat a la uie de pieteit.
Peruec est moins alcunui estre resusciteit en char, si non par auenture
quant par lo uiuifiement de la char est hom remeneit a la uie de la 20
pense; par ke ce li soit fait par lo deforain miracle ke il conuertiz
deuenz soit uiuifiiez. **Pirres.** Ge crei ceste chose mult estre dessuz, cui
ge or conois combien incomparablement ele est dessoure. Mais ie te proi,
parsiu les choses comencies, par ke li hore ne trespasset senz edification,
quant li tens est nuiz. 25

resuscitauit in mente. Et quidem post resurrectionem carnis de Lazari uirtutibus
tacetur. Nam post resurrectionem animae capere nostra infirmitas non ualet,
quanta in sacro eloquio de Pauli uirtutibus dicuntur: quod illius praedicatione
crudelissimae *cogitationes ad pietatis mollia conuersae sunt uiscera; quod mori
cupit pro fratribus, in quorum prius morte gaudebat; quod plenus omnis scriptu- 5
rae scientia nil se scire iudicat, nisi Christum Iesum et hunc crucifixum; quod
pro Christo uirgis libenter caeditur, quem gladiis insequebatur; quod apostolatus
honore sublimis est, sed tamen sponte fit paruulus in medio discipulorum; quod
ad caeli tertii secreta ducitur, et tamen mentis oculum per compassionem reflectit
ad disponendum cubile coniugatorum dicens: *Vxori uir debitum reddat, similiter* 10
et uxor uiro; quod admiscetur in contemplatione coetibus angelorum, et tamen
non aspernatur cogitare atque disponere facta carnalium; quod gaudet in infirmi-
tatibus, sibique in contumeliis placet; quod ei uiuere Christus est, et mori lucrum;
quod *totum iam extra carnem est, hoc ipsum quod uiuit in carne. Ecce qualiter
uiuit, qui ab inferno mentis ad uitam pietatis rediit. Minus est ergo quempiam in carne 15
suscitari, nisi forte cum per uiuificationem carnis ad uitam reducitur mentis; ut ei hoc
agatur per exterius miraculum, quatenus conuersus interius uiuificetur. **Petr.** Valde
infra credidi hoc, quod modo quam sit incomparabiliter superius agnoui. Sed,
quaeso, coepta prosequere, ut dum tempus uacat, sine aedificatione hora non transeat.

XVIII. De Benoît lo moine.

Gregoires. Vns freres conuersat auoc moi el monstier, en les saintes escritures tresstudious, ki moi trespassoit par eage. Iciz moi soloit edifier de pluisors choses cui ge non sauoie. Gieres ge apris par lo raconte-
5 ment de cestui ke uns hom fut es parties de Campaine deuenz la uintisme leue del borc de Romme, Benoiz par nom, certes iouenceaz par eage, mais uielhars par constumes, et en la reule de la sainte conuersation forment soi estraindanz. Lo queil el tens lo roi Totyle trouerent li Gothe, si soi penerent de lui ensprendre auoc sa cele. Certes il misent lo fou,
10 mais totes choses arsent enuiron, mais sa cele ne pot pas estre brulleie del fou. La queile chose ueant li Gothe et miez forsenant et lui traiant fors de son habitacle, il uirent nient lonz un for enspris oui hom appareilhoit por cuire pains, et en celui lo getterent et clossent lo for. Mais en l'altre ior fut ensi sains troueiz, si ke nient solement sa chars del fou,
15 mais encor sei darrain uestiment n'astoient pas [120ᵛ] brulleit. **Pirres.** Es oi l'ancien miracle des trois enfanz, ki getteit el fou ne furent pas malmis. **Gregoires.** Cil miracles alsi com ge quide d'alcune partie fut faiz dissemblanment. Quar dunkes li troi enfant a loiez piez et mains furent getteit el fou, les queiz el altre ior requeranz li rois les trouat alanz el fornaise
20 a nient eseneles uestures. De la queile chose colt l'om, ke li fous en cui il furent getteit, ki n'atochat pas lur uestimenz, ke il deguastat lur loiens, par ke en un et meisme tens el seruise des iustes et la flamme auroit sa uertut a confort, et si nel auroit pas a torment.

XVIII. De Benedicto monacho.

Gregor. Frater quidam mecum est in monasterio conuersatus, in scripturis sacra studiosissimus, qui me aetate praeibat, et ex multis quae nesciebam, me aedificare consueuerat. Huius itaque narratione didici, quod fuit quidam in Cam-
5 paniae partibus intra quadragesimum Romanae urbis miliarium nomine Benedictus; et quidem aetate iuuenis, sed moribus grandaeuus, et in sanctae conuersationis regula se fortiter stringens. Quem Totilae regis tempore cum Gothi repperissent, hunc incendere cum sua cella moliti sunt. Ignem namque supposuerunt, sed in circuitu arserunt omnia, cella uero illius igne comburi non potuit. Quod uidentes
10 Gothi magisque saeuientes, atque hunc ex suo habitaculo trahentes, non longe aspexerunt succensum clibanum, qui coquendis panibus parabatur, eumque in illo proiecerunt, clibanumque clauserunt. Sed die altero ita illaesus inuentus est, ut non solum eius caro ab ignibus, sed neque extrema ullo modo uestimenta cremarentur. **Petr.** Antiquum trium puerorum miraculum audio, qui proiecti in ignibus
15 laesi non sunt. **Gregor.** Illud, ut opinor, miraculum ex parte aliqua dissimiliter gestum est. Tunc quippe tres pueri ligatis pedibus ac manibus in ignem proiecti sunt, quos die altera rex requirens, in camino illaesis uestibus deambulantes repperit. Ex qua re colligitur, quia ignis in quo iactati fuerant, qui eorum uestimenta non contigit, eorum uincula consumpsit, ut uno eodemque tempore in obse-
20 quio iustorum et haberet flamma uirtutem suam ad solatium, et non haberet ad tormentum.

XVIIII. De la glise del bieneurous Zenon.

A cest si ancien miracle en noz iors auint une semblanz chose del contraire element. Quar nouelement Iohans li iugieres par son racontement moi aprist, ke Pronuz li cuens, quant il illokes astoit, auoc lo roi Haustaric en icel tens en cel liu, u auint une merueilhouse chose, tesmoniat soi auoir esteit present, et celei auoir reconut. Li deuant diz iugieres racontat disanz, ke pres deuant cez cinc ans, quant ahier cest Romain borc li Toiures fut eissuz de son canel et tant croissanz ke sa aigue sor les murs del borc coroit enz, et de cel liu ia porprendoit mult grandes contreies, ahier lo borc Verronense Athesis li fluez sorcroissanz, uint ioskes a la glise del bieneurous Zenon lo martre et ueske. Et quant les huisses de sa glise astoient ouertes, dunkes n'entrat pas li aigue deuenz celei. La queile petit et petit croissanz paruint ioskes az fenestres ki astoient prochaines az couertures, et ensi estanz li aigue clost l'uiz de la glise, alsi com cil cleirs elemenz fust mueiz en fermeteit de paroit. Et quant li pluisor astoient deuenz troueit, mais par la grandece des aigues tote la glise enuironeie, de queile part il poissent eissir, n'auoient mie, et quant la cremoient defalir par soit et par famine: il uenoient al huiz de la glise, il puisoient l'aigue a boire. La queile, alsi com ge deuant dis, fut criute ioskes az fenestres, et neke-[121ʳ]dent deuenz la glise ne coroit en nule maniere. Ele pot estre puisie alsi com aigue, mais ele ne pot pas curre alsi com aigue. Mais ele stanz deuant l'uiz por demostreir a toz lo merite del martre, et ele astoit aigue a l'aiue, et alsi com aigue

XVIIII. De Ecclesia beati Zenonis martyris Veronae, in qua aquae ultra portam apertam inundantes minime intrauerunt.

Huic tam antiquo miraculo diebus nostris res similis e contrario euenit elemento. Nam nuper Ioannes tribunus relatione sua me docuit, quod Pronulphus comes cum illic adesset, se cum rege Autharico eo tempore in loco eodem ubi mira res contigit adfuisse eamque se cognouisse testatus est. Praedictus etenim tribunus narrauit dicens, quia ante hoc fere quinquennium, quando apud hanc Romanam urbem alueum suum Tiberis egressus est tantum crescens, ut eius unda super muros urbis influeret, atque inde [in ea] iam maximas regiones occuparet, apud Veronensem urbem fluuius Athesis excrescens ad beati Zenonis martyris atque pontificis ecclesiam uenit. Cuius ecclesiae dum essent ianuae apertae, aqua in eam minime intrauit. Quae paulisper crescens usque ad fenestras [ecclesiae], quae erant tectis proximae, peruenit; sicque stans aqua ecclesiae ianuam clausit, ac si illud elementum liquidum in soliditatem parietis fuisset mutatum. Cumque essent multi inuenti interius, sed et aquarum magnitudine omni ecclesia circumdata, qua possent egredi non haberent, ibique se siti ac fame deficere formidarent, ad ecclesiae ianuam ueniebant, ad bibendum hauriebant aquam, quae, ut praedixi, usque ad fenestras excreucrat, et tamen intra ecclesiam nullo modo diffluebat. Hauriri itaque ut aqua poterat, sed diffluere ut aqua non poterat. Stans autem ante ianuam ad ostendendum cunctis meritum martyris, ut aqua erat

n'astoit mie a entreir lo liu. Lo queil miracle ge dis uoirement nient
auoir esteit dissemblant al ancien miracle de fou ci deuant dit, ki et les
uestimenz des trois enfanz n'atochat mie, et si arst lur loienz. **Pirres. Mult**
merueilhous sont li fait des sainz cui tu racontes, et a la presente enferme-
5 teit des hommes mult a merueilhier. Mais par tant ke oi en Lumbardie
nouelement auoir esteit tant de barons de merueilhouse uertut, ie uoldroie
conoistre, si lur auint nient auoir soffert alguns aguaiz del ancien anemi,
u de ses aguaiz auoir exploitiet. **Gregoires.** Senz lo trauailh de bataille
n'est pas la [pas la] palme de uictoire. Dont sont il dunkes uenkeor, se
10 de ce non, ke il encontre les aguaiz del ancien enemi ont combatut?
Quar li malignes espirs toz tens aguaitet a nostre pense, a nostre parole,
et a nostre oeure, se il par auenture troeuet alcune chose, dont il soit
accuseires ahier lo iugement del parmanable iugeor. Et uues tu sauoir
comment il estat pres toz tens por dezoiure?

15 ## XX. De Steuenon lo preste.

Li alcant ki or sont auoc nos, il tesmongent la chose cui ge raconte,
ke uns hom d'onorable uie Steuenes par nom fut prestes de la contreie
Valeire, ki fut prochains a la conissance de cest nostre Boneface lo
diakene et dispenseor de la glise. Ciz prestes par un ior de la uoie
20 retorneiz a maison, a son seriant negligentement parlanz comandat disanz:
Vien, diables, descalce moi. A cui uoiz manes comenc(i)erent les coroies
de ses chalces en mult grande enheleteit soi a desloier, ke apertement
certe chose seroit ke cil meismes ki fut nomeiz li deables obeist a
lui a fors traire les chalces. Quant ce uit manes li prestes, forment fut

ad adiutorium, et quasi aqua non erat ad inuadendum locum. Quod ego antiquo
antedicti ignis miraculo uere praedixi non fuisse dissimile, qui trium puerorum
et uestimenta non contigit, et uincula incendit. **Petr.** Mira sunt ualde sanctorum
facta quae narras, et praesenti infirmitati hominum uehementer stupenda. Sed
5 quia tantos nuper in Italia fuisse audio admirandae uirtutis uiros, nosse uelim, si
nullas eos contigit antiqui hostis insidias pertulisse, an ex insidiis profecisse.
Gregor. Sine labore certaminis non est palma uictoriae. Vnde ergo uictores sunt,
nisi quod contra antiqui hostis insidias decertauerunt? Malignus quippe spiritus
cogitationi, locutioni, atque operi nostro semper insistit, si fortasse quid inueniat,
9 unde apud examen aeterni iudicis accusator exsistat. Vis etenim nosse quomodo
ad decipiendum semper assistat?

XX. De Stephano presbytero prouinciae Valeriae, cui diabolus caligas e tibiis traxit.

Quidam qui nunc nobiscum sunt rem quam narro testantur, quod uir uitae
uenerabilis, Stephanus nomine, Valeriae prouinciae presbyter fuit, huius nostri
15 Bonifacii diaconi atque dispensatoris ecclesiae agnatione proximus. Qui quadam
die de itinere domum regressus, mancipio suo negligenter loquens praecepit
dicens: Veni, diabole, discalcea me. Ad cuius uocem mox coeperunt se caligarum
corrigiae in summa uelocitate dissoluere, ut aperte constaret, quod ei ipse qui
nominatus fuerat ad extrahendas diabolus caligas obedisset. Quod mox ut pres-

espauris, et si comenzat par grandes uoiz [121ᵛ] a crieir disanz: Va de
ci, chaitis! ua de ci; quar ie ne parlai pas a toi, mais a mon seriant.
A cui uoiz manes remesent les coroies d'une grande partie desloies ensi
com eles furent trouciés.   De la queile chose puet l'om entendre, li
anciens anemis ki si appareilhiez est az corporeiz faiz, par com granz
aguaiz il aguaitet a noz penses. **Pirres.** Mult traueilhouse chose est et
espauentable, toz tens traueilhier encontre les aguaiz del anemi, et senz
entrelaissement alsi com en bataille steir. **Gregoires.** Ce ne serat pas
traueilhouse chose, se nos nostre gardance nient a nos, mais a la souraine
grasce donons; ensi nekedent ke et nos meisme, en combien nos poons,
dessuz la porcourance de deu ueilhons. Et se li anciens enemis comencet
estre fors boteiz de la pense, de la diuine largeteit est fait a la fie, ke
il nient solement ia ne doiuet estre cremiz, mais encor ke il meismes de
la uertut des bienuiuanz soit espawenteiz.

XXI. De la pucele conuertie.

De ceste chose cui ge raconte li tressaintismes hom Eleutheires li
uielhars peres, de cui ge fis ci dessore ramenbrance, il fut tesmoins, et il
ot cure de ce raconteir a moi, ke el borc de Spolice une meschine ia
mariable filhe d'un prouost, ke ele arst par lo desier de la celeste uie,
et ses peres soi traueilhat d'encontresteir a lei a la uoie de uie; mais
despitiet lo pere prist ele l'abit de sainte conuersation. De la queile
chose fut fait, ke ses peres la fors hiretat de sa substance, et ke nule
altre chose ne li donat, se sis unces non d'une petite possession. Mais
par son exemple prouochies comenc(i)erent ahier lei pluisors meschines de

byter uidit, uehementer expauit, magnisque uocibus clamare coepit dicens:
Recede, miser, recede; non enim tibi, sed mancipio meo locutus sum. Ad cuius
uocem protinus recessit, et ita ut inuentae sunt, magna iam ex parte dissolutae
corrigiae remanserunt. Qua in re colligi potest, antiquus hostis, qui iam praesto
est factis corporalibus, quam nimiis insidiis nostris cogitationibus insistat.
Petr. Laboriosum est ualde atque terribile contra inimici insidias semper inten-
dere, et continue quasi in acie stare. Gregor. Laboriosum non erit, si custodiam
nostram non nobis, sed gratiae supernae tribuimus; ita tamen, ut et ipsi, quantum
possumus, sub eius protectione uigilemus. Si autem antiquus hostis a mente
coeperit expelli, ex diuina largitate plerumque agitur, ut non solum iam timeri
non debeat, sed ipse etiam bene uiuentium uirtute terreatur.

XXI. De puella conuersa, cuius solo imperio homo est a daemone liberatus.

Rei namque quam narro uir sanctissimus Eleutherius senex pater, cuius
memoriam superius feci, testis exstitit, mihique hoc intimare curauit, quod in
Spoletana urbe puella quaedam iam nubilis, cuiusdam primarii filia, caelestis uitae
desiderio exarsit, eique pater ad uiam uitae resistere conatus est; sed contempto
patre conuersationis sanctae habitum suscepit. Qua ex re factum est, ut eam
pater suae substantiae exheredem faceret, nihilque ei aliud nisi sex uncias unius
possessiunculae largiretur. Eius uero exemplo prouocatae coeperunt apud eam

la plus noble lingie soi conuertir, et gardeir lur uirginiteit consecreie al tot poissant sanior. Mais par un ior cil meismes Eleutheires li abes, hom d'onorable uie, uint a lei por la grasce d'enhortement et d'edification, et il seoit auoc lei parlanz de la parole de deu. Dunkes sodainement de
5 cel funz, cui ele auoit pris de son pere en sis unces, li ui-[122ʳ]laina uint auoc lo don. Li queiz quant il estiut deuant eaz, il pris del maligne espir chait, et si comenzat estre traueilhiez de mult granz criemenz et de balissemenz. Dunkes soi leuat la femme sainte none, et par corrociet uiaire a granz criors comandat disanz: Eis fors de lui, chaitis! eis fors
10 de lui, chaitis! A cui uoiz manes par la boche del trauilhiet li diables respondit disanz: Et se ge eis fors de cestui, en cui enterrai? Et par auenture paissoit la deleiz uns pors petitez. Dunkes comandat la femme sainte none disanz: Eis fors de lui, et si entre en cest porc. Li queiz manes eissit del homme, si entrat lo porc cui li fut comandeit, si l'ocist,
15 et si s'en ralat. **Pirres.** Ge uoldroie sauoir, se ele ueaz lo porc diut otroier al ord espir. **Gregoires.** Li fait de la ueriteit sont proposeit a la reule de nostre fait. Quar a meisme nostre rachateor fut dit de legion ki l'omme tenoit: Se tu nos gettes fors, enuoie nos en la herde des pors. Li queiz et legion chazat fors del homme, et si l'otriat aleir
20 es pors et ceaz mettre en la meir. De la queile chose encor ce entent hom, ke senz l'otriement del tot poissant deu li malignes espirs n'at nule poosteit encontre l'omme, ki ne pout pas entreir es pors, se sofferz non. Poruec est mestiers ke nos de nostre uolenteit a celui soions suzget, a cui totes contraires choses sont sogetes contre lur uolenteit, par ke nos

multae nobilioris generis puellae conuerti, atque omnipotenti Domino dedicata uirginitate seruire. Quadam uero die idem Eleutherius abbas, uir uitae uenerabilis, ad eam gratia exhortationis atque aedificationis accesserat, et cum ea de uerbo Dei colloquens sedebat; cum repente ex eodem fundo quem in sex uncis
5 a patre perceperat cum xenio rusticus uenit. Qui dum ante eos assisteret, maligno spiritu correptus cecidit, fatigarique nimiis stridoribus atque balatibus coepit. Tunc sanctimonialis femina surrexit, atque irato uultu magnis clamoribus imperauit dicens: Exi ab eo, miser, exi ab eo, miser. Ad cuius uocem mox per os uexati diabolus respondit dicens: Et si de isto exeo, in quem intrabo? Cum
10 autem iuxta porcus paruulus pascebatur. Tunc sanctimonialis femina praecepit dicens: Exi ab eo, et in hunc porcum ingredere. Qui statim de homine exiuit, porcum quem iussus fuerat inuasit, occidit, et recessit. **Petr.** Velim nosse, si saltem porcum concedere spiritui immundo debuit. **Greger.** *Propositae regulae nostrae actioni sunt facta ueritatis. Ipsi etenim redemptori nostro a legione
15 quae hominem tenebat dictum est: *Si elicis nos, mitte nos in gregem porcorum.* Qui hanc et ab homine expulit, et in porcos ire eosque in *abyssum mittere concessit. Ex qua re etiam hoc colligitur, quod absque concessione omnipotentis Dei nullam malignus spiritus contra hominem potestatem habeat, qui in porcos intrare non potuit nisi permissus. Illi ergo nos necesse est sponte subdi, cui [et]
20 aduersa omnia subiiciuntur inuita, ut tanto nostris hostibus potentiores simus,

tant soions plus poissant de noz enemis, en combien auoc lo faiteor de
totes choses summes fait une chose par la humiliteit. Mais queiz merueilhe
est, se chascun ellit en la char establit puent faire pluisors choses merueilhousement, cui meismes alsiment lur mortes osses a la fie uiuent en
pluisors miracles? 5

XXII. Del preste de la contreie Valeire.

En la contreie de Valeire fut faite ceste chose cui ge raconte, et a
moi conute par lo racontement de mon abeit Valention de bieneurouse
ramenbrance. Quar la fut uns honorables prouoires, li queiz auoc ses
clers es loenge(s) de deu et en bones cures ententius menoit la uie [122ᵛ] 10
de sainte conuersation. Mais soruenant lo ior de sa uocation morut, et
deuant la glise fut enseueliz. Et a cele meisme glise aerdoient li bergil
des berbiz, et cil meismes lius u il fut enseueliz astoit paruoiables az
alanz a cez berbiz. Et par une nuit quant li leirres astoit uenuz, chantanz
les clers deuenz la glise, par ke il feroit larrecin, entreiz les berzilz, il 15
prist un molton, si s'en eissit hastius. Mais quant il astoit paruenuz al
liu u li hom del sanior astoit enseueliz, manes aerst, et si ne pot pas
mouoir son alement. Lo molton uoirement mist il ius de son col, si lo
uoloit laissier aleir, mais il ne pot pas sa main laschier. Dunkes comenzat
a steir li chaitiz auoc sa proie culpables et loiez. Il uoloit laissier lo 20
molton et il ne pout, il uoloit eissir fors auoc lo molton et si ne pot.
Gieres par merueilhouse maniere li leirres ki cremoit estre ueuz des uis,
celui tenoit li morz. Et quant ensi furent estraint sei alement et ses
mains, il remeist nient mobles. Et quant faite fut la matineie et les

quanto cum auctore omnium unum efficimur per humilitatem. Quid autem mirum,
si electi quique in carne positi multa facere mirabiliter possunt, quorum ipsa
quoque ossa mortua plerumque in multis miraculis uiuunt?

XXII. De presbytere prouinciae Valeriae, qui furem ad sepulcrum suum tenuit.

In Valeria namque prouincia res est haec gesta, quam narro, mihique beatae 5
memoriae abbatis mei Valentionis relatione cognita. Ibi etenim quidam uenerabilis sacerdos erat, qui cum clericis suis Dei laudibus bonisque operibus intentus
sanctae conuersationis uitam ducebat. Superueniente autem uocationis suae die
defunctus est atque ante ecclesiam sepultus. Eidem uero ecclesiae caulae in-
haerebant ouium, atque idem locus in quo sepultus est ad easdem oues tendenti- 10
bus peruius erat. Quadam autem nocte cum clericis intra ecclesiam psallentibus
fur uenisset, ut ingressus caulas furtum faceret, ueruecem tulit, et concitus exiit.
Cum uero peruenisset ad locum ubi uir Domini sepultus erat, repente haesit, et
gressum mouere non potuit. Veruecem quidem de collo deposuit, eumque dimittere uoluit, sed manum laxare non ualuit. Coepit igitur stare miser cum praeda 15
sua reus et ligatus. Volebat ueruecem dimittere, nec ualebat; uolebat egredi
cum ueruece, nec poterat. Miro itaque modo fur, qui a uiuis uideri timuerat,
hunc mortuus tenebat. Cumque ita gressus manusque illius fuissent obstricta,
immobilis perstitit. Facto autem mane expletisque laudibus Dei ab ecclesia

loenges de deu finies, dunkes eissirent li clerc fors de la glise, et si trouerent un nient conut homme tenant un molton de sa main. La chose uint en dotance, se il toloit lo molton, u se il l'offroit; mais il culpables de la colpe tost enseniat la poine. Tot soi meruilh(l)erent, quar li leirres
5 ki fut entreiz por la desserte del homme deu a sa proie steiuet loiez. Li queil manes soi donerent en orison por lui, et par lur proieres a poines porent prendre, ke cil ki astoit uenuz por rauir lur choses, deseruist ueaz uuiz eissir. Gieres li leirres ki longement auoit stiut auoc sa proie prisons, a la part de fin s'en eissit uuiz et deliures. **Pirres.** Il apeirt
10 quantes sont sor nos les dulzors del tot poissant deu, cui si ioious miracle sont fait entor nos.

XXIII. Del abeit del mont Prenestin et de son preste.

Gregoires. Al borc Prenestin dessore apeirt uns monz, en cui est establiz li monstiers del bien-[123ʳ]eurous Pirron l'apostele. Par lo
15 racontement des hommes deu, moi encor establit el monstier auint auoir oit cest grant miracle cui ge raconte. Lo queil li moine de cel meisme monstier tesmongieuent soi auoir conut. En icel monstier fut uns peres d'onorable uie, ki norrissanz un moine lo menat ioskes a honorables constumes. Et quant il lo ueoit auoir soreriut en lo cremor del senior,
20 dunkes lo fist ordineir preste el monstier. A cui apres sa ordination fut demostreit par reuelation, ke sa eissue n'astoit pas lonz. Dunkes proiat lo deuant dit pere del monstier, ke il li otriast, ke il appareilhast a soi un sepulcre. A cui respondit icil: Certes deuant toi morrai, mais neke-

egressi sunt clerici, et inuenerunt ignotum hominem ueruecem tenentem manu. Res uenit in dubium, utrum ueruecem tolleret an offerret, sed culpae reus citius indicauit poenam. Mirati omnes, quia ingressus fur uiri Dei merito ad praedam suam stabat ligatus. Qui se pro eo protinus in orationem dederunt, suisque
5 precibus uix obtinere ualuerunt, ut qui res eorum uenerat rapere saltem uacuus exire mereretur. Itaque fur, qui diu steterat cum praeda captiuus, quandoque exiit uacuus et liber. **Petr.** Apparet quantae sunt super nos dulcedines omnipotentis Dei, cuius erga nos fiunt tam iucunda miracula.

XXIII. De abbate Praenestini montis, eiusque presbytero.

10 **Gregor.** Praenestinae urbi mons praeeminet, in quo beati Petri Apostoli monasterium situm est. Virorum Dei quoque relatione adhuc in monasterio positum audisse me contigit magnum hoc quod narro miraculum, quod eiusdem monasterii monachi nosse se testabantur. In eo namque monasterio fuit pater uitae uenerabilis, qui quendam monachum nutriens usque ad reuerendos prouexit
15 mores. Cumque eum in timore Domini uideret excreuisse, in [eodem sibi] monasterio tunc presbyterum fecit ordinari. Cui post ordinationem suam, quia non longe abesset eius exitus, reuelatione indicatum est. A praedicto autem patre monasterii petiit quatenus ei concederet, ut sibi sepulcrum pararet. Cui ille respondit: Ante te quidem ego moriturus sum, sed tamen uade, et sicut uis,

dunt ua et alsi com tu uues deuant appareilhe ton sepulcre. Dunkes s'en
alat et appareilhat, quant nient apres pluisors iors li uielhars peres de
la fieure deuanciez paruint az darraines choses, et si comandat al deuant
estant preste disanz: Met moi en ton sepulcre. Et quant cil disoit: Seiz
tu ke ge or toi siurai, il ne puet pas prendre nos dous, manes respondit 5
disanz: Ensi fai com ge dis, car tes sepulcres nos prenderat ambedous.
Dunkes morut et si fut mis en cel meisme sepulcre cui li prestes auoit
a soi appareilhiet. Et manes li prestes alsiment seuit par lo langor del
cors, lo queil langor croissant li prestes finat la uie. Et quant li cors
de celui fut aporteiz des freres al sepulcre cui il auoit a soi appareilhiet, 10
quant li sepulcres fut ouerz, tot cil ki la furent, uirent la nient estre lo
liu u il poist estre mis; quar li cors del pere del monstier ki illokes la
deuant fut mis tenoit tot cel sepulcre. Et quant li frere ki auoient aporteit lo cors del preste uirent a soi faite malaise d'enseuelir, dunkes criat
li uns d'eaz disanz: Voi, peires! u (est) ce ke tu desis, ke ciz sepulcres 15
prenderoit uos ambedous? A cui uoiz sodainement eaz toz ueanz li cors
del abeit ki anzois illokes fut enterreiz [123ᵛ] et gisoit souins, soi tornat
en leiz, et si donat uuid lo liu del sepulcre por enseuelir lo cors del
preste; et ke cil lius prenderoit eaz ambedous alsi com il auoit uis promis
morz aemplit. Mais par tant ke ceste chose cui ge deuant dis fut faite 20
ahier lo borc Prenestin el monstier del bieneurous Pirron l'apostele, uues
in alcune chose oir alsiment en cest borc des costors de sa glise, u ses
tressainz cors est mis? **Pirres.** Gel uuelh et mult pri ke ce soit fait.

praepara sepulcrum tuum. Recessit igitur et praeparauit, cum non post multos
dies senex pater febre praeuentus ad extrema peruenit, atque assistenti presbytero iussit dicens: In tuo sepulcro pone me. Cumque ille diceret: Scis quia
ego modo te secuturus sum, utrosque capere non potest, [abbas] protinus respondit dicens: Ita fac ut dixi, quia sepulcrum tuum ambos nos capit. Defunctus 5
itaque est, atque in sepulcro eodem quod sibi presbyter parauerat positus. Mox
quoque et *presbyterum corporis languor secutus est, quo languore crescente
citius presbyter uitam finiuit. Cumque ad sepulcrum quod sibi ipsi parauerat
corpus illius fuisset a fratribus deportatum, aperto eodem sepulcro uiderunt
omnes qui aderant locum non esse ubi poni potuisset, quia corpus patris mona- 10
sterii, quod illic ante positum fuerat, omne illud sepulcrum tenebat. Cumque
fratres qui presbyteri corpus detulerant, factam sibi sepeliendi difficultatem uiderent, unus eorum exclamauit dicens: O pater, ubi est quod dixisti, quia sepulcrum
istud ambos nos caperet? Ad cuius uocem subito cunctis uidentibus abbatis
corpus, quod illic ante positum fuerat et supinum iacebat, sese uertit in latere, 15
et uacantem sepulcri locum ad sepeliendum presbyteri corpus praebuit; et quia
utrosque ille locus caperet, sicut uiuus promiserat, mortuus impleuit. Sed quia
hoc quod praedixi apud Praenestinam urbem in beati Petri apostoli monasterio
gestum est, uisne aliquid etiam in hac urbe de eius ecclesiae custodibus, ubi
sacratissimum corpus illius est positum, audire? **Petr.** Volo, atque id ut fiat 20
magnopere deprecor.

XXIIII. De Theodore lo costor de la glise saint Perron l'apostele.

Gregoires. Encor uiuent li alcant ki Theodoron lo costor de sa glise conurent, par cui racontement une chose fut conue ki auint a lui mult
5 merueilhouse, ke par une nuit, quant il astoit plus tost leueiz por meodreir les luminaires deleiz l'uis, par constume steiuet il sor graeas de fust mis dessuz la lampe, et si renorrissoit la lumiere de la lampe. Dunkes sodainement estiut li bieneurous aposteles Pirres en une blanche uesture d'une part el pauiment, et dist a lui: Colliber, por coi toi leuas
10 si tost? Quant ce fut dit, manes uanuit des oez del regardant. Mais si granz paors corut en lui, ke tote la force del cors defaloit en lui, et ke il ne pot par pluisors iors leueir de son lit. En la queile chose ciz meismes bieneurous aposteles queile chose uolt az seruanz a soi, se ce non, ke il demosterroit par la presence de son regard ke tot ce ke il
15 fesissent por la sue ueneration, ke il ce toz tens ueoit senz entrelaissement por lo lowier de reguerredon? **Pirres.** A moi n'apeirt pas si merueilhouse chose ke il fut ueus, mais ke cil ki lo uit, quant il astoit sains, deuint malades. **Gregoires.** Por coi, Pirres, (toi) merueilhes tu de ceste chose? Chait dunkes de ta pense, ke Daniel li prophetes, quant il uit
20 cele grande et espauentable uision, de la queile uision il encor tremblas, manes dist apres: Et ge langui et fui malades par pluisors iors? Car la chars ne puet pas prendre les choses ki sont del espir, et por [124ʳ] ice a la fie quant la humaine pense ultre soi est meneie por ueoir, mestiers est ke ciz charneis uaisseas soit enfers, ki ne puet pas

XXIIII. De Theodoro mansionario ecclesiae beati Petri apostoli urbis Romae.

Gregor. Adhuc supersunt aliqui qui Theodorum eius ecclesiae custodem nouerunt, cuius narratione innotuit res quae ei contigit ualde memorabilis, quod quadam nocte, dum citius ad melioranda iuxta ianuam luminaria surrexisset, ex
5 more in ligneis gradibus sub lampade positis stabat et lampadis refouebat lumen. Tunc repente beatus Petrus apostolus in stola candida *deorsum in pauimento constitit, eique dixit: Colliberte, quare tam citius surrexisti? Quo dicto ab oculis aspicientis euanuit. Sed tantus in eum pauor irruit, ut tota in illo corporis uirtus deficeret, et per dies multos de stratu suo surgere non ualeret. Qua in re
10 quid idem beatus apostolus seruientibus sibi uoluit nisi *praesentiam sui respectus ostendere, quia quidquid pro eius ueneratione agerent, ipse hoc pro mercede retributionis sine intermissione semper uideret? **Petr.** Mihi hoc non tam apparet mirum quia uisus est; sed quia is qui eum uidit, cum sanus esset, aegrotauit. **Gregor.** Quid super hac re miraris, Petre? Num quidnam menti excidit, quia cum
15 Daniel propheta magnam illam ac terribilem uisionem uidit, ex qua etiam uisione contremuit, protinus adiunxit: *Et ego elangui, et aegrotaui per dies plurimos?* Caro enim ea quae sunt spiritus capere non ualet; et idcirco nonnunquam cum mens humana ultra se ad uidendum ducitur, necesse est ut hoc carneum uasculum

porteir lo fais del talente. **Pirres.** La ouerte raisons desloiat lo scrupeilhon de ma pense.

XXV. De Aconce lo costor de la sainte glise.

Gregoires. Vns altres illokes nient deuant lons tens, alsi com racontant nostre uielhar, costres de la glise Aconces fut diz, hom de grande humiliteit et de maurteit, ensi feolment al tot poissant deu seruanz, ke cil meismes bieneurous Pirres li aposteles par signes demostrat, queile asemance il auoit de lui. Quar quant une meschine palasinouse manans en sa glise de ses mains rampoit, et a brisiez ses rains lo cors traoit par terre, et quant ele longement priast cel meisme Pirron l'apostele, k'ele deseruist estre saneie, par une nuit estiut il deuant lei par une uision et si dist: Va a Aconce lo masuier, et proi lui, et il toi restablirat a santeit. Et cele fut certaine de si grande uision, mais ele ne sauoit, li queiz astoit Aconces; dunkes comenzat ele soi a traire de za et de la par les lius de la glise, par k'ele enquerroit, li queiz astoit Aconces. A cui sodainement il uint encontre, cui ele queroit, et se li dist: Ge te proi, peires, ensenge moi ki est Aconces li costres? A cui icil respondit: Ge sui. Et cele dist: Nostres pastres et noz norreciers, li bieneurous Pirres li aposteles, il moi enuoiat a toi, par ke tu moi doiues deliureir de ceste enfermeteit. A cui respondit icil: Se tu de lui es enuoie, lieue sus. Et il tint sa main, et en son estage la leuat enhelement. Et ensi des cele hore tot li ner de son cors et tot li menbre furent fermeit, ke de cele enfermeteit ne remeisent mais nules ensenges. Mais se nos uolons racon-

quod ferre talenti pondus non ualet infirmetur. **Petr.** Scrupulum cogitationis meae sperta ratio dissoluit.

XXV. De Acontio mansionario eiusdem ecclesiae beati Petri.

Gregor. Alius illic non ante longa tempora, sicut nostri seniores referunt, custos ecclesiae Acontius dictus est, magnae humilitatis atque grauitatis uir, ita omnipotenti Deo fideliter seruiens, ut idem beatus Petrus apostolus signis ostenderet quam de illo haberet aestimationem. Nam cum quaedam puella paralytica in eius ecclesia permanens manibus reperet, et dissolutis renibus corpus per terram traheret, diuque ab eodem beato Petro apostolo peteret ut sanari mereretur, nocte quadam ei per uisionem astitit et dixit: Vade ad Acontium mansionarium, et roga illum, et ipse te saluti restituet. *Cumque illa de tanta uisione certa esset, sed quis esset Acontius ignoraret, coepit huc illuoque per ecclesiae loca se trahere, ut quis esset Acontius inuestigaret. Cui repente ipse factus est obuius, quem quaerebat, eique dixit: Rogo te, pater, indica mihi quis est Acontius custos? Cui ille respondit: Ego sum. At illa inquit: Pastor et nutritor noster beatus Petrus apostolus ad te me misit, ut ab infirmitate ista liberare me debeas. Cui ille respondit: Si ab ipso missa es, surge. Manumque eius tenuit, et eam in statum suum protinus erexit. Sicque ex illa hora omnes in eius corpore nerui ac membra solidata sunt, ut *solutionis illius signa ulterius nulla remanerent. Sed si

teir totes les choses cui nos conissons en sa glise estre faites, dunkes
taisons nos la senz dotance del racontement de toz. Poruec est mestiers,
ke nostre narrations soi retornet az peres de nostre tens, cui uie fut
cleire par les contreies d'Itaile.

XXVI. Dei honorable homme [124ᵛ] Mena par nom, cui uie fut plus halte.

Nouelement en la contreie de Samnie uns honorables hom, Menas
par nom, menoit solitaire uie, li queiz conuz az pluisors des nostres pres
deuant cez deis ans morut. Del racontement de cui œure ge n'aporte
pas un auctor, quar pres tant sont tesmongeor a moi en sa uie, il quant
conurent la contreie de Samnie. Gieres iciz nule altre chose ne possecit
a son us, se poi de uaisseaz d'eiz non. Mais quant uns Lumbars en ces
meismes eiz uolt faire rapine, promiers fut choseiz de cel meisme homme
par parole, et manes par lo maligne espir fut traueilhiez deuant ses pies.
De la queile chose fut fait, ke alsi com ahier toz la mananz, ensi alsiment ahier cele meisme strange gent astoit renomeiz ses nons, et ke nus
ne presumat mais entreir sa cele, se humles non. Mais sousnt li ars
uenant de la uoisine selue soi trauilh(i)erent de mangier ses eiz, les queis
depris il feroit d'une uerge cui il soloit porteir en sa main. Deuant cui
colz les tresgrandes bestes ruissoient et fuioient, et ki a poines porent
cremoir les espeies, eles cremoient de sa main les coz d'une uerge. Li
estuides de cestui fut, nule chose auoir en cest mont, nule chose querre;
toz ceaz ki por cariteit a soi uenoient az desiers de la parmanable uie

cuncta quae in eius ecclesia gesta cognouimus euoluere conamur, ab omnium iam
procul dubio narratione conticescimus. Vnde necesse est, ut ad modernos patres,
quorum uita per Italiae prouincias claruit, narratio se nostra retorqueat.

XXVI. De Mena monacho solitario.

Nuper in Samnii prouincia quidam uenerabilis uir, Menas nomine, solitariam
uitam ducebat, qui nostrorum multis cognitus ante hoc fere decennium defunctus
est. De cuius operis narratione unum auctorem non infero, quia paene tot mihi
in eius uita testes sunt, quot Samnii prouinciam nouerunt. Hic itaque nihil ad
usum suum aliud, nisi pauca apum uascula possidebat. Huic cum Langobardus
quidam in eisdem apibus rapinam uoluisset ingerere, prius ab eodem uiro uerbo
correptus est, et mox per malignum spiritum ante eius uestigia uexatus. Qua ex
re factum est, ut sicut apud omnes incolas, ita etiam apud eandem barbaram
gentem eius celebre nomen haberetur, nullusque ultra praesumeret eius cellulam
nisi humilis intrare. Saepe uero ex uicina silua uenientes ursi apes eius comedere conabantur: quos ille deprehensos ferula, quam portare manu consueuerat,
caedebat. Ante cuius uerbera immanissimae bestiae rugiebant et fugiebant; et
quae gladios formidare uix poterant, ex eius manu ictus ferulae perthmescebant.
Huius studium fuit nihil in hoc mundo habere, nihil quaerere, omnes qui ad se
caritatis causa ueniebant ad aeternae uitae desideria accendere. Si quando

esprendre. Et se a la fie conissoit les culpes d'alcunui, il ne cessoit pas del chosement, mais il enspris del fou d'amor, studiat mult crueiz estre en eaz par la lengue. Et li uoisin manant u li lonz establit de cel meisme liu il auoient fait une constume, ke cascuns par cascun ior par la semaine enuoierent a lui lur offrandes, par ke seroit a lui ke il poist offrir a ceaz ki uenoient a lui. Mais par un tens uns possieres, Carteires par nom, uencuz par ord desier rauit une femme sainte nonain, et si la ioinst a soi par nient loisable mariage. La queile chose manes ke li hom del sauior la conut, se li mandat parmei ceaz cui il pout les choses cui il astoit dignes oir. Et icil [125ʳ] consachables de sa felonie soi cremit, et n'osat pas uenir al homme deu, par ke il ne lo chosast asprement alsi com il soloit les pechanz. Il fist sés offrandes, si les enuciat entre les offrandes des altres, par tant ke il prenderoit ses dones ueaz en nient sachant. Mais quant deuant lui furent aporteies les offrandes de toz, li hom de deu seoit taisibles, il studiat d'esgardeir totes les offrandes par cascunes, et il lisanz totes les altres et d'une part mettanz, il conut par l'espir les oblations cui cil meismes Carteires ot enuoiet, si les despitat et gettat de lui disanz: Aleiz, et si dites a lui: Tu tolis al tot poissant sauior la sue oblation, et si enuoies a moi les tues oblations? Ge ne prent pas la tue oblation, car tu tolis a deu la sue. De la queile chose fut fait, ke alsiment ceaz ki astoient present prist granz cremors, quant li hom deu si sachanment iugieuet des choses ki n'astoient pas presentes. **Pirres.** Ge aesme pluisors de cez pooir prendre martire, se li tens de persecution les eust troueiz. **Gregoires.** Pirres, dous manieres sont de

satem quorumlibet culpas agnosceret, nunquam ab increpatione parcere, sed amoris igne succensus studebat in eis uehementer per linguam saeuire. Consuetudinem uero uicini uel longe positi eiusdem loci accolae fecerant, ut diebus singulis per hebdomadam unusquisque ei oblationes suas transmitteret, ut esset quod ipse ad se uenientibus offerre potuisset. Quodam uero tempore possessor quidam, Carterius nomine, immundo desiderio deuictus, quandam sanctimonialem feminam rapuit, sibique illicito matrimonio coniunxit. Quod mox ut uir Domini cognouit, ei per quos potuit quae fuerat dignus audire mandauit. *Cumque ille sceleris sui conscius timeret, atque ad uirum Dei nequaquam accedere praesumeret, ne forte hunc aspere, ut delinquentes solebat, increparet, fecit oblationes suas, easque inter oblationes aliorum misit, ut eius munera saltem nesciendo susciperet. Sed cum coram eo fuissent oblationes omnium deportatae, uir Dei tacitus sedit, singillatim omnes considerare studuit, et omnes alias eligens atque seorsum ponens, oblationes quas idem Carterius transmiserat cognouit per spiritum, spreuit atque abiecit dicens: Ite et dicite ei: Oblationem suam omnipotenti Domino abstulisti, et mihi tuas oblationes transmittis? Ego oblationem tuam non accipio, quia suam abstulisti Deo. Qua ex re factum est, ut praesentes *quosque magnus timor inuaderet, cum uir Domini tam scienter de absentibus iudicaret. Petr. Multos horum suspicor martyrium subire potuisse, si eos tempus persecutionis inuenisset. Gregor. Duo sunt, Petre, martyrii genera, unum in occulto, alterum in

martyre, la une en repons, et li altre en commun. Quar et se la persecutiom
defalt defors, nekedent la deserte del martyre est en repons, quant tote la
uertuz art el corage a la passion. Quar ke martyres puet estre senz aper-
passion, ce tesmonget li sires el euuangile, ki az filz Zebedeu encor por
5 la enfermeteit de la pense demandanz les plus granz lius de session dist:
Poeiz uos boire lo hanap cui ge beuerai? A cui quant il respon-
dissent: Nos poons, dunkes dist il a ambedous: Certes mon hanap
beuereiz; mais seir a ma destre u a ma senestre, ce n'est pas
mien doneir a uos. Et queile chose signifiet il par lo hanap, se lo
10 boiure de passion non? Et quant certe chose est ke Iakemes morut par
passion, et Iohans en la paiz de la glise reposat, senz dotance entent hom
estre martyre senz ouerte passion, quant et cil est diz boire lo hanap del
sanior ki ne morut pas [125ᵛ] de la persecution. Et de cez teiz et de si
granz hommes de cui dessoure auons faite la ramenbrance, por coi dirons nos,
15 ke, se li tens fust de persecution, il poissent estre martre, ki soffranz les
aguaiz del repuns enemi, et lur aduersaires en cest mont amant, a toz charneiz desiers contrestisant, par ce ke il el cuer soi ocisent al tot poissant deu,
meismes el tens de paiz furent il martre, quant or en nostres tens les uiles
persones et de seculeire uie, des queis sembleiuet ke hom nient de celeste
20 gloire ne poist presumir, neie l'ocasion, auint paruenir as corones de martyre?

XXVII. Des martres ki nouelement furent fait.

Quar pres deuant ces quinze ans, alsi com cil tesmongent ki porent
entreestre, quarante uilain pris des Lumbars astoient destraint a mangier

publico. Nam etsi persecutio desit exterius, martyrii meritum in occulto est,
cum *uirtus ad passionem [prompta] flagrat in animo. Quia enim esse possit et
sine aperta passione martyrium, testatur in euangelio Dominus, qui Zebedæi
filiis adhuc prae infirmitate mentis maiora sessionis loca quaerentibus dicit:
5 *Potestis bibere calicem quem ego bibiturus sum?* Cui uidelicet cum responderent:
Possumus; ait utrisque: *Calicem quidem meum bibetis; sedere autem ad dexteram
meam uel sinistram, non est meum dare uobis.* Quid autem *calicic nomen, nisi
passionis poculum signat? Et cum nimirum constet quia Iacobus in passione
occubuit, Ioannes uero in pace ecclesiae quieuit, incunctanter colligitur, esse et
10 sine aperta passione martyrium, quando et ille calicem Domini bibere dictus est,
qui ex persecutione mortuus non est. De his autem talibus tantisque uiris,
quorum superius memoriam feci, cur dicamus quia si persecutionis tempus exti-
tisset, martyres esse potuissent, qui occulti hostis insidias tolerantes, suosque in
hoc mundo aduersarios diligentes, cunctis carnalibus desideriis resistentes, per
15 hoc quod se omnipotenti Deo in corde mactauerunt, etiam pacis tempore martyres
fuerunt, dum nostris modo temporibus uiles quoque et saecularis uitae personae,
de quibus nil caelestis gloriae praesumi posse uidebatur, oborta occasione contigit ad martyrii coronas peruenisse?
XXVII. De quadraginta rusticis, qui pro eo quod carnes comedere immolatitias noluerunt,
20 a Langobardis occisi sunt.
Nam ante hos ferme annos quindecim, sicut hi testantur qui interesse
potuerunt, quadraginta rustici a Langobardis capti carnes immolatitias comedere

les chars sacrefies. Li queil cant mult contrestiurent et ne uolrent pas atochier l'escomengiet mangier, dunkes comenc(i)erent li Lumbar ki les tenoient a manacier a eax la mort, se il ne maniassent les choses sacretes. Mais icil miez amant la parmanable uie ke la presente et la trespassable parstiurent feelment, et en lur constableteit furent ocis tuit ensemble. Gieres ke furent icist se li martre de la ueriteit non, li queil par ke il en maniant la defendue chose ne corrozaissent lur faiteor, elliurent des especies finir la uie?

XXVIII. De la multitudine des prisons ki furent ocis poroc ke il ne uolrent pas aoreir lo chief d'une chieure.

A un altre tens altresi, quant li Lumbar tenoient anaises quatre cenz altres prisons, par lur constume sacrifierent il un chief d'une chieure al diable, corant par enuiron et par escomengie chanzon consecrant. Et quant il meisme de promiers abaissiez lur hatereas aorassent lo chief, dunkes destraindoient ceax alsiment cui il auoient pris ensemble aoreir lo chief. Mais de ceax meismes prisons une grande multiteiz miez ellisanz en morant aleir a la uie nient morteile, ke en aorant tenir [126r] la uie morteile, ne uolt pas obeir az escomengiez comanz, et lo haterel cui ele toz tens auoit flechiet a son creator, despitat abaissler à la creature. De la queile chose auint, ke li enemi ki les auoient pris, par grant ire enspris, trestoz les ocisent de speies, les queiz en lur error n'auoient pas parzoniers. Gieres queiz merueilhe est, se forz rumpant lo tens de persteution cil poissent estre martre, ki et en meisme la pais de la glise

compellebantur. Qui cum ualde resisterent, et contingere cibum sacrilegum nollent, coepere Langobardi qui eos tenuerant, nisi immolata comederent, mortem eis minari. At illi aeternam potius uitam quam praesentem ac transitoriam diligentes fideliter perstiterunt, atque in sua constantia simul omnes occisi sunt. Quid itaque isti nisi ueritatis martyres fuerunt, qui ne uetitum comedendo conditorem suum offenderent, elegerunt gladiis uitam finire?

XXVIII. De multitudine captiuorum, qui pro eo quod caput caprae adorare noluerunt, occisi sunt.

Eodem quoque tempore, dum fere quadringentos captiuos alios Langobardi tenuissent, more suo immolauerunt caput caprae diabolo, hoc ei per circuitum currentes et carmine nefando dedicantes. Cumque illud ipsi prius submissis ceruicibus adorarent, eos quoque quos ceperant hoc adorare pariter compellebant. Sed ex eisdem captiuis *maxima multitudo magis eligens moriendo ad uitam immortalem tendere quam adorando uitam mortalem tenere, obtemperare iussis sacrilegis noluerunt, et ceruicem quam semper creatori flexerant creaturae incuruare contempserunt. Vnde factum est, ut hostes qui eos ceperant graui iracundia accensi, cunctos gladiis interficerent, quos in errore suo participes non haberent. Quid ergo mirum, si erumpente persecutionis tempore illi martyres esse potuissent, qui in ipsa quoque pace ecclesiae semet ipsos semper affligendo

soi meisme toz tens en affiiant tinrent la stroite uoie de martyre, quant
uenant la destrece de persecution meismes icil deseruirent prendre les
palmes de martyre, ki en la paiz de la glise astoient ueut siure les laies
uoies de cest secle? Et nekedent ce ke nos disons de ceaz meismes ellis
5 homes, de toz ia ne tenons nos pas alsi com en roule. Quar quant li
tens uient d'aperte persecution, alsi com li alcant puent soffrir martyre,
ki en la paiz de la glise sont ueut estre despitable: ensi a la fie chient
par lo cremor de flebeteit, ki anzois en la paiz de la glise astoient creut
fortement esteir. Mais ceaz de cui nos auons deuant dit, regehissons nos
10 fianment pooir deuenir martres, ki ia ce auons colhit de lur fin. Quar
cil ne porent pas chaoir ne en l'aperte persecution, de cui certe chose
est, ke il et ioskes al fin de lur uie parstiurent en la reponse uertut de
lur corage. **Pirres.** Ensi est com tu affermes, mais ge merueilhe la largeteit de la diuine mercit sor nos nient dignes, car il gouernet ensi la
15 crueiteit des Lumbars, ke il lur escomengiez prestes, ki uoient soi estre
alsi com uenkeor des feoz, ne laisset pas parsiure la foid de ceaz ki sont
de droite foid.

XXVIIII. D'Arrien lo ueske ki fut auogleiz.

Gregoires. Pirres, ce soi trauilh(i)erent il a la fie faire, mais li sourain
20 miracle contrestiurent a lur deruerie. Des queiz ge un raconte cui ge
conu encor deuant trois iors parmei Boniface lo moine de mon monstier,
ki ioskes a deuant [126ᵛ] quatre ans fut auoc les Lumbars. Quant al
bore de Spolice li ueskes des Lumbars, loist a sauoir Arriens, astoit
uenuz, et quant illokes n'auoit nul liu u il fesist ses sollempniteiz, dunkes

angustam martyrii tenuerant uiam, quando irruente persecutionis *articulo li
etiam meruerunt martyrii palmas accipere, qui in pace ecclesiae latas huius
saeculi uias sequi uidebantur? Nec tamen hoc, quod de eisdem electis dicimus
uiris, de cunctis iam quasi in regulam tenemus. Nam cum persecutionis apertae
5 tempus irruit, sicut plerique martyrium subire possunt, qui esse in pace ecclesiae
despicabiles uidentur; ita nonnunquam imbecillitatis formidine corruunt, qui in
pace prius ecclesiae fortiter stare credebantur. Sed eos de quibus praediximus,
fieri martyres potuisse fidenter fatemur, *quia hoc iam ex ecrum fine *colligimus.
Cadere enim nec in aperta persecutione poterant hi, de quibus constat quia et
10 usque ad finem uitae in occulta animi uirtute perstiterunt. **Petr.** Vt asseris ita
est, sed super indignos nos diuinae misericordiae dispensationem miror, *qui
Langobardorum saeuitiam ita moderatur, ut eorum sacerdotes sacrilegos, qui eam
fidelium quasi uictores uidentur, orthodoxorum fidem persequi minime permittat.

XXVIIII. De Ariano episcopo caecato.

15 **Gregor.** Hoc, Petre, facere plerumque conati sunt, sed eorum saeuitiae miracula superna restiterunt. Vnde unum miraculum narro, quod per Bonifacium
monasterii mei monachum, qui usque ante quadriennium cum Langobardis fuit,
adhuc ante triduum agnoui. Cum ad Spoletanam urbem Langobardorum episcopus, scilicet Arianus, uenisset et locum illic ubi solemnia sua ageret non haberet,

comenzat demandeir del ueske de cele citeit une glise, cui il consecrast
a son error. Quant ce mult denoieuet li ueskes, cil Arriens ki astoit
uenuz dist soi el altre ior par force deuoir entreir la glise del bieneurous
Paulon l'apostele ki illokes pres astoit establie. Quant ce oit li costres
de cele meisme glise, il corut hastius, il clost la glise, il la guarnit de 5
fermures. Et quant la uespre fut faite, il estinst totes les lampes, et soi
reponst es deuentrienes parties. Mais en meisme l'aiorneie del siuant ior
Arriens li ueskes, assembleie une multitudine, uint a la glise, appareilhiez
de brisier les closes huisses de la glise. Mais sodainement totes les
portes ensemble de deu dehorteies, lonz getteies les fermures, furent 10
ouertes, et (a) grand son (soi) ourirent totes les closures de la glise. Et
espandue lumiere de dessore totes les lampes ki furent estintes sont
enasprises. Et Arriens li ueskes ki astoit uenuz por faire force, il fut
ferux de sodain(e) auogleteit, et ia par les mains d'altrui a son habitacle
remeneiz. Quant ce conuren; tot li Lumbar ki astoient en cele meisme 15
contreie, il ne presumirent mais a uioleir les sainz lius. Quar par merueilhose maniere fut faite la chose, ke par tant ke por cel meisme Arrien
les lampes furent estintes en la glise del bieneurous Paulon, en un et
meisme tens et il perderoit la sue lumiere, et en la glise repairroit
la lumiere. 20

XXX. De la glise des Arriens ki el borc de Romme par uniuersale consecration fut consecreie.

Mais encor ce ne tairai ge mie, ke a la dampnation de la herisie
de cel meisme Arrien en cest borc alsiment deuant dous ans mostrat la

coepit ab eius ciuitatis episcopo ecclesiam petere, quam suo errori dedicaret.
Quod dum ualde episcopus negaret, idem qui uenerat Arianus beati Pauli apostoli ecclesiam illic cominus sitam se die altero uiolenter intraturum esse professus est. Quod eiusdem ecclesiae custos audiens festinus cucurrit, ecclesiam
clausit, seris muniuit; facto autem uespere lampades omnes exstinxit, seque in 5
interioribus abscondit. In ipso autem subsequentis lucis crepusculo Arianus
episcopus collecta multitudine aduenit, clausas ecclesiae ianuas effringere paratus.
Sed repente cunctae simul portae diuinitus concussae, abiectis longius seris,
apertae sunt, atque cum magno sonitu omnia ecclesiae claustra patuerunt; effuso
desuper lumine, omnes quae exstinctae fuerant lampades accensae sunt. Arianus 10
uero episcopus, qui uim facturus aduenerat, subita caecitate percussus est, atque
alienis iam manibus ad suum habitaculum reductus. Quod dum Langobardi in
eadem regione positi omnes agnoscerent, nequaquam ulterius praesumpserunt
catholica loca temerare. Miro enim modo res gesta est, ut quia eiusdem Ariani
causa lampades in ecclesia beati Pauli fuerant exstinctae, uno eodemque tempore 15
et ipse lumen perderet, et in ecclesiam lumen rediret.

XXX. De Arianorum ecclesia, quae in Romana urbe catholica consecratione dedicata est.

Sed neque hoc sileam, quod ad eiusdem Arianae haereseos damnationem in
hac quoque urbe ante biennium pietas superna monstrauit. Ex his quippe quae

souraine pieteiz. De ces choses cui ge raconte l'altre chose conut li
poples, et les [127ʳ] altres li prestes et li costor de la glise tesmoignent
soi auoir oit, soi auoir ueut. La glise des Arriens en la contreie de cel
borc ki Subora est dite, quant ele fut remeise close ioskes deuant lo
5 space de dous ans, il plout k'ele deust estre consecreie en la foid uniuersale, aporteies deuenz illokes les reliques del bieneurous Sebastien et de
sainte Agazain des martres. La queile chose fut faite. Quar a grande
multitudene del pople uenant et al tot poissant sanior loenges chantant
entrames en cele meisme glise. Et quant ia en lei astoient celebreies les
10 sollempniteiz des messes, et quant por la strece de cel liu la turbe del
pople soi depressoit, li alcant d'eas ki steiuent deleiz lo saintuaire, il
sentirent sodainement un porc entre lur piez decurre de za et de la. Lo
queil cant cascuns sentoit et ensenioit az estanz deioste soi, cil meismes
pors requist les huisses de la glise, et si commout en merueilhe toz ceaz
15 par cui il trespassat. Mais nule chose ne pot estre ueue, ia soit ce peüst
estre sentie. La queile chose poruec demonstrat la diuine pieteiz, par ke
a toz seroit ouert ke li orz habiteires s'en eissoit de cel liu. Gieres parfaite la celebration des messes, nos ralames. Mais encor en cele meisme
nuit fut faiz uns granz sons es couertures de cele meisme glise, alsi com
20 en celes alcuns en errant decorust. Et en la siuant nuit oriut li sons
plus granz, quant sodainement de si grant espauentement sonat, alsi ke
tote cele glise des fundemenz fust uerseie. Et manes s'en alat, et nule
noise del ancien enemi n'aparuit mais illokes; mais par lo son d'espauentement cui il fist acointat, com destrainz il eissoit del liu cui il longement

narro alia populus agnouit, alia autem sacerdos et custodes ecclesiae se audisse
et uidisse testantur. Arianorum ecclesia in regione urbis huius quae Subura
dicitur, cum clausa usque ante biennium remansisset, placuit ut in fide catholica
introductis illic beati Sebastiani et sanctae Agathae martyrum reliquiis dedicari
5 debuisset; quod factum est. Nam cum magna populi multitudine uenientes atque
omnipotenti Domino laudes canentes, eandem ecclesiam ingressi sumus. Cumque
in ea iam missarum sollemnia celebrarentur, et prae eiusdem loci angustia populi
se turba comprimeret, quidam ex his qui iuxta sacrarium stabant porcum subito
intra suos pedes huc illucque discurrere senserunt. Quem dum unusquisque
10 sentiret et iuxta se stantibus indicaret, idem porcus ecclesiae ianuas petiit, et
omnes per quos transiit in admirationem commouit; sed uideri *a nullo potuit,
quamuis sentiri potuisset. Quod idcirco diuina pietas ostendit, ut cunctis patesceret quia de loco eodem immundus habitator exiret. Peracta igitur celebratione
missarum recessimus; sed adhuc nocte eadem magnus in eiusdem ecclesiae tectis
15 strepitus factus est, ac si in eis aliquis errando discurreret. Sequenti autem
nocte grauior sonitus excreuit, cum subito tanto terrore insonuit, ac si omnis illa
ecclesia a fundamentis fuisset euersa; et protinus recessit, et nulla illic ulterius
inquietudo antiqui hostis apparuit; sed per terroris sonitum quem fecit innotuit,
a loco quem diu tenuerat quam coactus exibat. Post paucos uero dies, in magna

auoit tenut. Mais apres poi de iors auoc grande clarteit del air sor l'altail de cele meisme glise descendit del ciel une nue, si lo courit de sa couerture, et tote la glise raemplit de si grant espauentement et de si grande suauiteit d'odor, ke .aouertes les huisses nuz ne presumat entreir illokes. Et li prestes et li costor, u cil ki [127ᵛ] furent uenut por 5
celebreir les sollempniteiz des messes, il ueoient la chose, il ne porent pas entreir, et si traoient la suauiteit de merueilhouse odor. Et par un altre ior quant les lampes pendoient en celei senz lumiere, si furent ensprises par la lumiere de deu enuoie. Et lo pares apres poi de iors, quant finies les sollempniteiz des messes, estintes les lampes li costres fut 10
eissuz de cele meisme glise, apres un petit entrat, et si trouat les lampes luisanz cui il auoit estintes. Les queiles il creit soi negligentement auoir estintes, et ia sonious les estinst. Li queiz eissanz manes clost la glise, mais apres lo space de trois hores rentreiz trouat les lampes luisanz cui il auoit estintes, par ke de meisme la lumiere ouertement seroit entendut, 15
ke cil lius des tenebres a la lumiere fut uenuz. **Pirres.** Et ia soit ce ke nos sumes establit en grandes tribulations, nekedent ke nos ne sumes pas deguerpit de nostre faiteor, ce tesmongent icist sei miracle cui ge oi, ki font a merueilhier. **Gregoires.** Ia soit ce ke ie proposal raconteir soules les choses ki faites furent en Lumbardie, nekedent uues tu ke nos por 20
damostreir la dampnation de cele meisme Arriene herisie, par parole trespassons a Hispainge, et d'ilokes par Affrike repairons a Lumbardie? **Pirres.** Va u tu uuez, quar liez sui meneiz, liez remeneiz.

serenitate aeris super altare eiusdem ecclesiae nubes caelitus descendit, suoque illud uelamine operuit, omnemque ecclesiam tanto terrore ac suauitate odoris repleuit, ut patentibus ianuis nullus illic praesumeret intrare. Sacerdos quoque et custodes uel hi qui ad celebranda missarum sollemnia uenerant, rem uidebant, ingredi minime poterant, et suauitatem mirifici odoris trahebant. Die uero alio, 5
cum in ea lampades sine lumine dependerent, emisso diuinitus lumine sunt accensae. Post paucos iterum dies, cum expletis missarum sollemniis exstinctis lampadibus custos ex eadem ecclesia egressus fuisset, post paululum intrauit, et lampades quas exstinxerat lucentes repperit. Quas negligenter exstinxisse se credidit, eas iam sollicitus exstinxit et exiens [atque] ecclesiam [sollicitius] clausit. 10
Sed post horarum trium spatium regressus lucentes lampades quas exstinxerat inuenit, ut uidelicet ex ipso lumine aperte claresceret, quia locus ille a tenebris ad lucem uenisset. **Petr.** Etsi in magnis sumus tribulationibus positi, quia tamen a conditore nostro non sumus [omnino] despecti, testantur ea quae audio eius stupenda miracula. **Gregor.** Quamuis sola quae in Italia gesta sunt narrare 15
decreueram, uisne tamen, ut pro ostendenda eiusdem Arianae haereseos damnatione transeamus uerbo ad Hispanias, atque inde per Africam ad Italiam redeamus? **Petr.** Perge quo libet; nam laetus ducor, laetus reducor.

XXXI. Del roi Erminigilde lo filh Leuigilde lo roi des Wisigotes.

Gregoires. Alsi com ge conu par la narration des pluisors ki uinent des parties de Spainge, nouelement li rois Herminigildes li fils Leuigilde
5 lo roi des Wisigothes, de la herisie des Arriens a la foid uniuersale preechant lo treshonorable baron Leandre lo ueske de Spolice, ki ia dis a moi en amistiez familiarement fut ioinz, fut conuertiz. Lo queil ses peres Arrien soi traueilhat et par dones enhorteir, et par manaces espauenteir, ke il repairast a cele meisme herisie. Et quant icil mult
10 constablement [127ʳ ᵇⁱˢ] respondoit, ke il ia mais ne poist deguerpir la uraie foid cui il une fie auoit conut, li peres corrociez li tolit lo regne, si lo despoilhat de totes choses. Et quant il encor ensi ne pot pas amolir la uertut de sa pense, dunkes enclost celui en un estroit chartre, et si loiat de fer lo col et les mains de celui. Dunkes comenzat cil
15 Herminigildes li iouenes rois lo terrien regne despitanz et par fort desier lo celeste queranz a gesir en haires enloies, et espandre proieres al tot poissant deu por soi conforteir, et en tant plus haltement a despitier la gloire del trespassant mont, en combien il loiez auoit conut nule chose estre ce ke pout estre tolut. Mais quant astoit uenuz li iors de la feste
20 pascale, el silence de la tarde nuit li peres senzfeges enuoiat a lui Arrien lo ueske, par ke il de sa main prenderoit la communion de la escomengie consecration, et par ice deseruist repairier a la grasce del pere. Mais li beirs ententius a deu il laideniat Arrien lo ueske uenant alsi com il diut, et par dignes chosemenz botat de soi la senzfegerie de celui; car ia soit

XXXI. De Herminigildo rege Liuuigildi Wisigothorum regis filio pro fide catholica ab eodem patre suo occiso.

Gregor. Sicut multorum qui ab Hispaniarum partibus ueniunt relatione cognouimus, nuper Herminigildus rex Leuuigildi regis Wisigothorum filius ab
5 Ariana haeresi ad fidem catholicam uiro reuerentissimo Leandro *Spaitano episcopo, dudum mihi in amicitiis familiariter iuncto, praedicante conuersus est. Quem pater Arianus, ut ad eandem haeresim rediret, et praemiis suadere et minis terrere conatus est. Cumque ille constantissime responderet nunquam se ueram fidem posse relinquere, quam semel agnouisset, iratus pater eum priuauit
10 regno, rebusque exspoliauit omnibus. Cumque nec sic uirtutem mentis illius emollire ualuisset, in arta illum custodia concludens collum manusque illius ferro ligauit. Coepit itaque idem Herminigildus rex iuuenis terrenum regnum *despicere, et forti desiderio caeleste quaerens, in ciliciis uinculatus iacere, omnipotenti Deo ad confortandum se preces effundere, tantoque sublimius gloriam
15 transeuntis mundi despicere, quanto et religatus agnouerat nil fuisse quod potuerit auferri. Superueniente autem paschalis festiuitatis die, intempestae noctis silentio ad eum perfidus pater Arianum episcopum misit, ut ex eius manu sacrilegae consecrationis communionem perciperet, atque per hoc ad patris gratiam redire mereretur. Sed uir Deo deditus Ariano episcopo uenienti exprobrauit ut
20 debuit, eiusque a se perfidiam dignis increpationibus reppulit; quia etsi exterius

ce ke il defors gisoit loiez, nekedent aier soi estouet en grande haltece
de corage segurs. Gieres quant li ueskes fut retorneiz a soi, li Arriens
peres forsenat, et manes enuoiat ses serianz ki lo tresconstable confessor
de deu illokes ociroient u il gisoit. Et ce fut fait. Quar manes ke il
furent entreit, il enfich(i)erent une hache en son ceruel, se li tolirent la
uie del cors. Et ce porent il en lui ocire, ke il alsiment ki fut ocis en
soi estoblit auoir despitiet. Mais por demostreir sa uraie gloire, et li
sourain miracle ne defalirent mie. Quar el nuitrereil silence comenzat li
chanz de psalmodie estre oiz al cors de cel meisme roi et martre, et
poruec ueritablement del roi, quar del martre. Mais encor li alcant dient,
ke el nuitreneil tens illokes apparissoient lampes ensprises. De ce fut
fait, ke ses cors alsi com par droiture de martre [127ᵛ ᵇⁱˢ] de toz les feoz
deust estre honoreiz. Mais li peres senzfeges et parricides mouz de
repentise dolut ceste chose soi auoir fait, mais nekedent nient iosques a
prendre lo saluement. Quar il conut ke uraie astoit la feiz uniuersale,
mais il espauenteiz por lo cremor de sa gent, ne deseruit pas paruenir a
lei. Li queiz neie la enfermeteit parmeneiz al fin, a Leandre lo ueske
cui il anzois durement auoit affiit Ricarede lo roi son filh lo queil il
laissoit en sa herisie ot cure de comandeir, par ke il alsiment en lui
feroit teix choses par ses enhortemenz, queiles il auoit faites en son frere.
Et quant il ot finie ceste commendation, dunkes morut. Apres cui mort
li rois Ricaredes nient lo senzfege pere, mais lo frere martre siuanz de
la maluaistiet de la herisie des Arriens soi conuertit, et tote la gent des
Wisigothes ensi menat a la uraie foid, ke il nului ne laissat en son regne

iacebat ligatus, apud se tamen in magno mentis culmine stabat securus. Ad se
itaque reuerso episcopo Arianus pater infremuit, statimque suos apparitores misit,
qui constantissimum confessorem Dei illic ubi iacebat occiderent; quod et factum
est. Nam mox ut ingressi sunt, securem cerebro eius infigentes uitam corporis
abstulerunt; hocque in eo naluerunt perimere, quod ipse quoque qui peremptus
est, in se constiterat despexisse. Sed pro ostendenda uera eius gloria superna
quoque non defuere miracula. Nam coepit in nocturno silentio psalmodiae cantus
ad corpus eiusdem regis et martyris audiri; atque ideo ueraciter regis, quia et
martyris. Quidam etiam ferunt quod illic nocturno tempore accensae lampades
apparebant; unde et factum est, quatenus corpus illius, ut uidelicet martyris, iure
a cunctis fidelibus uenerari debuisset. Pater uero perfidus et parricida commotus
paenitentia hoc fecisse se doluit, nec tamen usque ad obtinendam salutem. Nam
quia uera esset catholica fides agnouit, sed gentis suae timore perterritus ad
hanc peruenire non meruit. Qui oborta aegritudine ad extrema perductus Leandro
episcopo, quem prius uehementer affiixerat, Recharedum regem filium, quem in
sua haeresi relinquebat, commendare curauit, ut in ipso quoque talia faceret,
qualia et in fratre illius suis cohortationibus fecisset. Qua commendatione expleta
defunctus est. Post cuius mortem Recharedus rex non patrem perfidum, sed
fratrem martyrem sequens, ab Arianae haereseos prauitate conuersus est, totam-
que Wisigothorum gentem ita ad ueram perduxit fidem, ut nullum in suo regno

chevalchier, ki par la hereticale senzfegerie ne cremoit pas estre anemis
al regne de deu. Et n'est pas merueilhe ke il fut faiz preechieres de la
uraie foid, ki freres fut del martre, cui aiuent altresi ses desertes, ke il
tant pluisors remainet al escorz del tot poissant deu. En la queile chose
5 nos deuons esgardeir, ke tote certe chose ne poist pas estre faite, se li
rois Herminigildes ne fust pas morz por la ueriteit. Quar alsi com escrit
est: Se li grains de frument cheanz en terre ne muert, il remaint
souz; mais se il aurat esteit morz, il aportet mult de fruit. Ce
ueons nos estre fait es menbres, ke nos sauons fait el chief. Quar en la
10 gent des Wisigothes uns morut, par ke li pluisor naisteroient; et quant
uns grains feolment chait a prendre la foid, granz bleiz des anrmes soi
leuat. **Pirres.** Ceste chose est merueilhouse, et a nostres tens mult fait a
merueilhier.

XXXII. Des eueskes d'Affrike, ki por la defension de la uraie foid, quant lur lengues furent lus trencies, parlerent.

Gregoires. Es tens essiment Iustinien l'empereor, quant contre la [128ʳ]
uie de ceas ki furent de droite foid la Arriene persecutions neie des Wenles
en Affrike forment forsenoit, li alcant ueske en la defense de la ueriteit
fortement parstisant en mei furent ameneit. Les queiz li rois des Wenles
20 par paroles et par dones nient poanz ploier a senzfegerie, il creit soi
pooir brisier iceaz par tormenz. Quar cant il en meisme la defense de
la ueriteit lur comandoit silence, et nekedent icil ne soi taisoient pas
contre la senzfegerie, par ke il en taisant ne seroient ueut consentir, il

militare permitteret, qui regno Dei hostis exsistere per haereticam perfidiam non
timeret. Nec mirum quod uerae fidei praedicator factus est, qui frater est martyris, cuius hunc quoque merita adiuuant, ut ad omnipotentis Dei gremium tam
multos reducat. Qua in re considerandum nobis est, quia totum hoc agi nequa-
5 quam posset, si Herminigildus rex pro ueritate mortuus non fuisset. Nam sicut
scriptum est: *Nisi granum frumenti cadens in terram mortuum fuerit, ipsum
solum manet; si autem mortuum fuerit, multum fructum affert.* Hoc fieri uidemus in membris, quod factum scimus in capite. In Wisigothorum etenim gente
unus mortuus est, ut multi *uiuerent; et dum unum granum fideliter cecidit ad
10 obtinendam fidem, animarum seges multa surrexit. **Petr.** Res mira, et nostris
stupenda temporibus.

XXXII. De episcopis Africanis qui pro defensione catholicae fidei abscissa ab Arianis Wandalis lingua nullum locutionis solitae sustinuere dispendium.

Greger. Iustiniani quoque Augusti temporibus, dum contra catholicorum
15 *fidem exorta a Wandalis persecutio Ariana in Africa uehementer insaniret, quidam in defensione ueritatis episcopi fortiter persistentes ad medium sunt deducti.
Quos Wandalorum rex uerbis ac muneribus ad perfidiam flectere non ualens, tormentis frangere posse se credidit. Nam cum eis in ipsa defensione ueritatis
silentium indiceret, nec tamen ipsi contra perfidiam tacerent, ne tacendo forsitan

nuis en forsenerie fist lur lengues ius trencier de la racine. Merueilhouse
fut ceste chose et conute de pluisors anciens, quar ensi parleue..t il por
la defense de la ueriteit encor senz lengue, alsi com il anzois auoient
acconstumeit a parleir parmi la lengue. **Pirres. Mult** fait a merueilhier
et forment a esbahir. **Gregoires.** Pirres, escrit est del un engenreit del 5
sourain pere: El comencement astoit la parole, et la parole astoit
aier deu, et deus astoit la parole. De cui uertut encor est ioint
apres: Totes choses parmi celei sont faites. Por coi meruilhons
nos, se paroles pot fors mettre senz lengue la parole, ki fist la lengue?
Pirres. Il moi plaist ce ke tu dis. **Gregoires.** Gieres icist en icel tens 10
fuiable uinrent al borc de Constantinoble. En icel meisme tens alsiment,
quant ge meismes por parfaire les respons de la glise fui enuoiez al
prince, si trouai un uielhar eueske, ki tesmongieuet soi auoir ueut lur
boches parlanz encor senz lengues, si ke il a ouertes boches crieuent:
Or ueeiz, ke nos n'auons pas lengues, et si parlons. Quar alsi com il 15
dieoit, des regardanz astoit ueut, ke ius trencies les lengues de la racine,
alsi com une fosse fut ouerte en la gargate, et nekedent par uuide boche
plaines paroles astoient formeies entierement. Des queix li uns illokes
glissat en luxure, et manes perdit lo don del miracle, loist a sauoir par
lo droit iugement del tot poissant deu, ke cil ki despitat gardeir [128ᵛ] 20
la continence de la char, senz la lengue de la char n'auroit pas les
paroles de uertut. Mais cez choses soit asseiz nos auoir dit por la
dampnation de la herisie d'Arrien, or repairons a ceaz miracles ki nouelement furent fait en Lumbardie.

consensisse uiderentur, raptus in furorem eorum linguas abscidi radicitus fecit.
Res mira et multis nota senioribus, quia ita [post] pro defensione ueritatis etiam
sine lingua loquebantur, sicut prius loqui per linguam consueuerant. **Petr.** Miran-
dum ualde et uehementer stupendum. **Greger.** Scriptum, Petre, est de unigenito
summi patris: *In principio erat uerbum, et uerbum erat apud Deum, et Deus* 5
erat uerbum. De cuius etiam uirtute subiungitur: *Omnia per ipsum facta sunt.*
Quid igitur miramur, si uerba edere sine lingua potuit uerbum quod fecit linguam?
Petr. Placet quod dicis. **Greger.** Hi itaque eo tempore profugi ad Constantinopolitanam urbem uenerunt. Eo quoque tempore quo pro explendis responsis
ecclesiae ad principem ipse transmissus sum, seniorem quendam episcopum 10
repperi, qui se adhuc eorum ora sine linguis loquentia uidisse testabatur, ita ut
apertis oribus clamarent: Ecce uidete, quia linguas non habemus et loquimur.
Videbatur enim a respicientibus, ut ferebat, quia abscissis radicitus linguis, quasi
quoddam barathrum patebat in gutture, et tamen ore uacuo plena ad integrum
uerba formabantur. Quorum illic unus in luxuriam lapsus, mox priuatus est dono 15
miraculi; recto uidelicet omnipotentis Dei iudicio, ut qui carnis continentiam
seruare neglexerat, sine lingua carnes non haberet uerba uirtutis. Sed haec nos
pro Arianae haereseos damnatione dixisse sufficiat, nunc ad ea quae nuper in
Italia gesta sunt signa redeamus.

XXXIII. De Eleutheire lo serf deu.

Cil Eleutheres de cui ge ei dessore fis ramenbrance, li peres del monstier del bieneurous euuangeliste Marke, ki est mis es gardins del borc de Spolice, il conuersat en cest borc longement auoc moi en mon
5 monstier, et illokes morut. Lo queil disoient sei disciple en orant auoir resusciteit un mort. Et il astoit hom de si grande simpliciteit et de si grande compunction, ke dotable chose n'astoit mie, ke celes larmes fon mises de si humle et de si simple pense pluisors choses poissent auoir aier lo tot poissant deu. Vn miracle de cestui raconterai, lo queil il
10 demandeiz simplement regehissoit a moi. Par un ior quant il faisoit uoie, faite la uespreie, quant li lius defaloit a herbergier, dunkes uint il el monstier des uirgines, en cui astoit uns enfes petiz, cui li malignes espir par cascune nuit soloit traueilhier. Mais les femmes saintes nones apres ce k'eles receurent l'omme deu, si comenc(i)erent lui a proier disant:
15 Peires, ciz enfes mainget auoc toi en ceste nuit. La queile chose il receut benignement, si lo laissat auoc soi gesir en cele meisme nuit. Et quant faite fut la matinele, dunkes comenc(i)erent les femmes saintes nonains soniousement demandeir cel pere, se li enfes cui eles donerent en cele nuit auoit fait alcune chose. Li queiz ot merueilhe, por coi eles ce
20 demandeuent, si respondit: Nule chose. Dunkes fisent eles conoistre la cause de cel enfant, si enseng(i)erent ke li malignes espirs par nule nuit ne soi departoit de lui, si proierent soniousement ke il lo presist auoc soi al monstier, car eles ne poissent ia ueoir son trauailhement. Li uielhars lur consentit, l'enfant menat al monstier. Li queiz quant par mult de

XXXIII. De Eleutherio seruo Dei.

Is autem, cuius superius memoriam feci, Eleutherius pater monasterii beati euangelistae Marci, quod in Spoletanae urbis pomeriis situm est, diu mecum est in hac urbe in meo monasterio conuersatus, ibique defunctus est. Quem sui
5 discipuli referebant orando mortuum suscitasse. Vir autem tantae simplicitatis erat et compunctionis, ut dubium non esset, quod illae lacrimae ex tam humili simpliciqua mente editae apud omnipotentem Deum multa obtinere potuissent. Huius ergo aliquod miraculum narro, quod inquisitus mihi simpliciter et ipse fatebatur. Quadam namque die dum iter carperet, facto uespere cum ad secedendum
10 locus deesset, in monasterium uirginum deuenit, in quo quidam puer paruulus erat, quem malignus spiritus omni nocte uexare consueuerat. Sed sanctimoniales feminae ut uirum Dei susceperunt, eum rogauerunt dicentes: Tecum, pater, hac nocte puer iste maneat. Quem ipse benigne suscepit, secumque eum nocte eadem iacere permisit. Facto autem mane coeperunt sanctimoniales feminae eundem
15 patrem uigilanter inquirere, si quid ei puer quem dederant nocte eadem fecisset. Qui miratus cur ita requirerent respondit: Nihil. Tunc illae eiusdem pueri innotuerunt causam, et quod malignus spiritus nulla ab eo nocte recederet indicauerunt summopere postulantes, ut hunc secum ad monasterium tolleret, quia iam uexationem illius uidere ipsae non possent. Consensit senex, puerum ad monaste-
20 rium duxit. Qui cum multo tempore in monasterio fuisset, atque ad hunc anti-

173

tens eut [129ʳ] esteit el monstier, et li anciens anemis ne presumat pas aprochier a lui, dunkes fut li corages de cel meisme uielhar demesureiement atochiez par leece de la santeit del enfant. Quar il dist az freres deuant lui establiz: Frere, li diables ioueiuet auoc celes serors. Mais apres ce ke uenut est az sers deu, si n'osat pas aprochier a cest enfant. Apres la queile uoiz a cele meisme hore et moment cil meismes enfes deuant toz les freres del diable ki entrat en lui fut trauailhiez. Quant ce uit li uielhars, manes soi donat en guaiment. Lo queil plorant longement quant li frere uoloient conforteir, il respondit disanz: Creeiz a moi, ke pains n'enterrat hui en la boche de nului de uos, se ciz enfes n'est deliureiz del diable. Dunkes soi sternat en orison auoc toz les freres, et il orerent ioskes a tant ke li enfes fut saneiz de cel torment. Ki et parfitement fut saneiz, si ke li malignes espirs n'auoit mais osement d'aprochier a lui. **Pirres.** Ge croi ke une petite elations lo soprist, et ke li tot poissanz deus ses disciples uolt estre aidsors de son fait. **Gregeires.** Ensi est. Quar il ne pot pas souz porteir lo fais del miracle, lo departit auoc les freres, si lo portat. La orisons de cest homme de com grande uertut ele fut, en moi meisme ai esproueit. Quar par un tens quant ie establiz el monstier soffroie la trencison des entrailhes, et quant ie sprochieue a l'eissue par souentines angoisses et par les momenz des hores — la queile enfermeteit li meide par un griiois nom apelent sincopin — et se li frere ne moi rapareilhassent souent de mangier, li espirs de uie astoit ueuz del tot a moi estre contrediz, li iors de la paske soruint. Et quant el tressaintisme setmedi en cui et tot li petit enfant

quus hostis accedere minime praesumpsisset, eiusdem senis animus de salute pueri immoderatius per laetitiam tactus est. Nam coram positis fratribus dixit: Fratres, diabolus [ibi] cum illis sororibus iocabatur; at uero ubi ad seruos Dei uentum est, ad hunc puerum accedere non praesumpsit. Post quam uocem hora eadem ac momento idem puer coram cunctis fratribus diabolo se inuadente uexatus est; quo uiso senex se protinus in lamentum dedit. Quem dum lugentem diu fratres consolari uoluissent, respondit dicens: Credite mihi, quia in nullius uestrum ore hodie panis ingreditur, nisi puer iste a daemonio fuerit ereptus. Tunc se in orationem cum cunctis fratribus strauit, et eo usque oratum est, quousque puer a uexatione sanaretur. Qui tam perfecte sanatus est, ut ad hunc malignus spiritus accedendi ausum ulterius non haberet. **Petr.** Credo quod ei elatio parua subrepserat, et ideo eius discipulos omnipotens Deus facti illius esse uoluit adiutores. **Gregor.** Ita est; nam quia pondus miraculi solus portare non potuit, diuisit hoc cum fratribus et portauit. Huius uiri oratio quantae uirtutis esset, in memet ipso expertus sum. Nam cum quodam tempore in monasterio positus incisionem uitalium paterer, crebrisque angustiis per horarum momenta ad exitum propinquarem (quam medici molestiam graeco eloquio syncopin uocant), et nisi me frequenter fratres cibo reficerent, uitalis mihi spiritus funditus interdisi uideretur, paschalis superuenit dies. Et cum sacratissimo sabbato, in quo omnes et paruuli pueri ieiunant, ego ieiunare non possem, coepi plus maerore

geunent ge ne pou pas geuneir, si comenzai a defalir plus de trictor ke
de enfermeteit. Mais li tristes corages tost trouat conseilh, ke ge cel
meisme homme de deu secreiement menroie el oratoire et ke li proieroie,
ke il de ses proieres presist aier lo tot pois-[129ᵛ]sant deu, ke uertuz
5 fust a moi doneie a geuneir en icel ior. Et ce fut fait. Quar manes ke
nos fumes entreit el oratoire, humlement de moi proiez donat soi a larmes
en orison et apres un petit fineie l'orison s'en eissit. Mais a la uoiz de
sa orison prist mes bonnens si grande uertut, ke a moi del tot en tot
de ma memoire fut toloiz mangiers et enfermeteiz. Ge comenzai auoir
10 merueilhe, ki ge astoie, ki ge auoie esteit, quar et quant al corage repairoit la enfermeteiz, nule chose ne reconissoie en moi de celes dont moi
auoit souenut. Et quant en la disposition del monstier ma pense astoit
occupeie, si oblioie ge del tot ma enfermeteit. Et se alsi com ge dis, la
enfermeteiz repairoit a memoire, quant ge moi sentoie estre si fort, ge
15 m'esmerueilheue, se ge n'auoie pas mangiet. Ki uenanz al uespre moi
trouai de si grande force, ke se ge uolsisse la geune poisse tresportair
ioskes al altre ior. Et ensi fut fait, ke ge en moi prouai encor celes
choses estre uraies de lui, az queiz ge ne fui pas presenz. Pirres. Par
tant ke tu desis cel homme auoir esteit de grande compunction, ge cor-
20 noite meisme la force des larmes plus largement aprendre. Poruec te
proie ge, ke tu a moi deffermes, quantes sunt manieres de compunction.

XXXIIII. Quantes manieres sont de la compunction.

Gregoires. La compunctions est departie par pluisors manieres, quant
cascunes colpes des repentanz sont plaintes. De ce est ke de la uoiz

quam infirmitate deficere. Sed tristis animus consilium citius inuenit, ut eundem
uirum Dei secreto in oratorium ducerem, eumque peterem quatenus mihi ut die
illo uirtus ad ieiunandum daretur, suis apud omnipotentem Dominum precibus
obtineret; quod et factum est. Nam mox ut oratorium ingressi sumus, a me
5 humiliter postulatus sese cum lacrimis in orationem dedit, et post paululum
completa oratione exiit. Sed ad uocem *benedictionis illius uirtutem tantam meus
stomachus accepit, ut mihi funditus a memoria tolleretur cibus et aegritudo.
Coepi mirari, quis essem, quis fuerim, quia et cum ad animum redibat infirmitas,
nihil in me ex his quae memineram recognoscebam. Cumque in dispositione
10 monasterii occupata mens esset, obliuiscebar funditus aegritudinis meae. Si uero,
ut praedixi, rediret aegritudo ad memoriam, cum tam fortem me esse sentirem,
mirabar si non comedissem. Qui ad uesperam ueniens tantae me fortitudinis
inueni, ut si uoluissem, ieiunium usque ad diem alterum transferre potuissem.
Sicque factum est ut in me probarem ea etiam de illo uera esse, quibus ipse
15 minime interfuissem. Petr. Quia eundem uirum magnae compunctionis fuisse
dixisti, ipsam lacrimarum uim largius addicere cupio. Vnde quaeso, ut quot sunt
genera compunctionis mihi edisseras.

XXXIIII. Quot sunt compunctionis genera.

Greger. In multas species compunctio diuiditur, quando singulae quaeque
20 a paenitentibus culpae planguntur. Vnde ex uoce quoque paenitentium Ieremias

des repentanz Iheremies dist: Departisens d'aigues fors menat mes oes. Mais principalment dous manieres sont de compunction, quar li anrme ki saelget a deu, promiers est compuncte par cremor, en apres par amor. Quar de promiers soi afflit en larmes, quar quant li souient de ses malz, si recrient por ceaz soffrir les parmanables poines. Mais quant par longe angoisse de doler li cremors est deguasteiz, dunkes naist la segurteiz de la presumption de mercit, et li corages est enflammeiz en l'amor des celestes ioies. Et [130ʳ] ki anzois ploroit ke il ne seroit meneis a peine, en apres comencet a plorer mult ameirement ke il est forlongiez del regne. Quar la pense noit, queiles sont celes rengies des angeles, queile meisme la compangie des bieneurous espirs, queile magestez de la deuentriene uision de deu; et ele plaint miex k'ele defalt az parmanables biens, k'ele ne ploroit anzois, quant ele cremoit les malz parmanables. Et ensi est fait, ke la parfite compunctions de cremor trait lo corage a la compunction d'amor. Ce est bien descrit en la sainte et ueritable hystoire par figureie narration ki dist, ke Axa la filhe Caleph seanz sor un aisne sospireuet. A cui dist ses peres: Ke as tu? Et cele respondit: Done a moi benizon. Tu donas a moi terre d'oestre et seche, done a moi auoc molhie. Dunkes li donat ses peres molhie dessore et molhie dessuz. Certes Axa siet sor l'aisne quant li anrme siet sor les nient rainables mouemenz de sa char. La, queile sospiranz terre molhie demandet de son pere, car de nostre creator od grand gemissement doit estre quise la grasce des larmes. Quar il sont li sicant ki ia ont pris en don franchement parleir por la iustise,

ait: *Diuisiones aquarum deduxit oculus meus.* Principaliter uero compunctionis genera duo sunt, quia Deum sitiens anima prius timore compungitur, post amore. Prius enim sese in lacrimis afficit, quia dum malorum suorum recolit, pro his perpeti aeterna supplicia pertimescit. At uero cum longa maeroris anxietudine fuerit formido consumpta, [quaedam] iam de praesumptione ueniae securitas nascitur, et in amore caelestium gaudiorum animus inflammatur; et qui prius flebat ne duceretur ad supplicium, postmodum amarissime flere incipit, quia differtur a regno. Contemplatur etenim mens, qui sint illi angelorum chori, quae ipsa societas beatorum spirituum, quae maiestas *aeternae uisionis Dei; et amplius plangit quia a bonis perennibus deest, quam fleuit prius, cum mala aeterna metuebat. Itaque fit, ut perfecta compunctio formidinis trahat animum compunctioni dilectionis. Quod bene in sacra ueraeique historia figurata narratione describitur, quae ait quod *Axa filia Caleb sedens super asinum suspirauit. Cui dixit pater suus: Quid habes? At illa respondit: Da mihi benedictionem; terram australem et arentem dedisti mihi, iunge et irriguam. Deditque ei pater suus irriguam superius et irriguam inferius.* Axa quippe super asinum sedet, cum irrationabilibus carnis suae motibus anima praesidet. Quae suspirans a patre terram irriguam petit, quia a creatore nostro cum magno gemitu quaerenda est lacrimarum gratia. Sunt namque nonnulli qui iam in dono perceperunt libere pro iustitia

defendre les apresseiz, doneir as besonianz lur choses possises, ... mais
encor n'ont il pas la grasce des larmes. Icist senz dotance ont terre
d'oestre et seche, mais encor ont il mestier de la molhie, quar il establit
en bones oeures, es queiz il sont grant et feruent, il couient senz dotance,
5 ke il plorent u por lo cremor de la poine, u por l'amor del regne celeste
les malz alsiment cui il deuant ont fait. Mais par tant ke, si com ge
dis, dous manieres sont de la compunction, ses peres li donat molhie
dessore et molhie dessuz. Certes li anrme prist molhie chose dessore,
quant ele soi afflit en larmes par lo celeste desier. Mais ele prent molhie
10 chose dessuz, quant ele en plorant crient les poines d'infer. Et certes
de promiers est doneie la molhie chose dessuz, et en apres la molhie
chose des-[130ᵛ]sore. Mais par tant ke la compunctions d'amor est dessore par digniteit, mestiers fut ke dire deust de promiers la molhie chose
dessore, et en apres la molhie chose dessuz. **Pirres.** Il moi plaist ce ke
15 tu dis. Mais apres ce ke tu cest Eleutheire d'onorable uie desis auoir
esteit de cest merite, il moi plaist demandeir, se hom doit croire en cest
mont or estre alcuns teiz.

XXXV. De Amance lo preste.

Gregoires. Floriz li ueskes de la glise de [Tiferne] Tyberine, de
20 queile uertut et de queile sainteit il est, a la tue dilection est conut.
Iciz racontat a moi ahier soi estre un preste Amance par nom, homme
de grande simpliciteit, cui il dist auoir ceste uertut, ke il solunc la costume des aposteles sa main met sor les malades, si les remet a santeit,
et com forte ke unkes soit la maladie, par son atochement s'en uat. Lo

loqui, oppressos tueri, indigentibus possessa tribuere, [ardorem fidei habere]; sed
adhuc gratiam lacrimarum non habent. Hi nimirum terram australem et arentem
habent, sed adhuc irrigua indigent, quia in bonis operibus positi, in quibus
magni atque feruentes sunt, oportet *nimis, ut aut timore supplicii aut amore
5 regni caelestis mala etiam quae antea perpetrauerunt deplorent. Sed quia, ut
dixi, duo sunt compunctionis genera, dedit ei pater suus irriguum superius et
irriguum inferius. Irriguum quippe superius accipit anima, cum sese in lacrimis
*caelestis regni desiderio affligit. Irriguum uero inferius accipit, cum inferni sup-
plicia flendo pertimescit. Et quidem prius inferius ac post irriguum superius
10 datur. Sed quia compunctio amoris dignitate praeeminet, necesse fuit, ut prius
irriguum superius et post irriguum inferius commemorari debuisset. **Petr.** Placet
quod dicis. Sed postquam hunc uenerandae uitae Eleutherium huius meriti fuisse
dixisti, libet inquirere, si nunc in mundo esse credendum est aliquos tales.
XXXV. De Amantio presbytero prouinciae Tusciae.
15 **Gregor.** Floridus Tiburtinae ecclesiae episcopus, cuius ueritatis atque sanctitatis est, dilectioni tuae incognitum non est. Hic mihi esse apud se presbyterum
quendam Amantium nomine praecipuae simplicitatis narrauit uirum; quem hæc
habere uirtutis perhibet, ut apostolorum more manum super aegros ponat et
saluti restituat, et quantumlibet uehemens aegritudo sit, ad tactum illius abscedat.

177

queil encor il dist apres auoir cest miracle, ke en queilkonkes liu, ia soit
ce ke de mult grande aspreteit aurat troueit un serpent, manes ke il
l'aurat ensengiet de l'ensenge de la croiz, il l'estint, si ke il muert de-
rompues ses entrailhes par la uertut de la croiz cui li hom deu aurat
doneie de son doit. Lo queil se en alcune fie fuit li serpenz en son per- 5
tuiz, il benist la boche del pertuiz par l'ensenge de la croiz, et manes li
serpenz la morz est traiz de son pertuiz. Lo queil homme de si grande
uertut ge meismes alsiment ou cure de neoir, et lui ameneit a moi en la
maison des malades uolg poi de iors manoir, u tost poist estre proueit, se
il auoit alcune grasce de guarison. Et la gisoit uns hom entre les altres 10
malades pris par pense, lo queil li meide par un griiois nom apelent
frenetike. Li queiz quant par une nuit fors mist grandes noiz alsi com
forseneiz, et quant il parturbloit toz les malades par granz criors, si ke
a nului ne loisoit illokes prendre somme, une merueilhouse chose estoit
faite, quar dont uns auoit mal, de ce tot li altre auoient peis. Mais alsi 15
com ge de promiers del honorable Florit lo ueske ki dun-[131ʳ]kes auoc
lo deuant dit preste manoit ensemble illokes, et en apres del seriant ki
en cele meisme nuit seruoit az malades subtilment conu, cil meismes honorables prestes de son propre lit soi leuanz aprochat coiement al lit del
frenetike, et sor lui mises ses mains orat. Et manes celui miez haiant 20
prist, si lo menat auoc soi al oratoire es souraines parties de la maison,
en queil liu il giut plus deliurement por lui en orison, et manes lo
remenat sain a son propre lit, si ke il mais ne mist fors nules uoiz, ne
par alcun cri ne parturblat alcun des malades, ne ia n'aoisat pas la
maladie d'altrui, ki parfitement auoit reprise sa pense. Del queil un sun 25

Quem hoc etiam habere miraculi adiunxit, quia in quolibet loco quamuis immanissimae asperitatis serpentem reppererit, mox ut eum signo crucis signauerit, ex-
stinguit, ita ut uirtute crucis quam uir Dei digito ediderit diruptis uisceribus
moriatur. Quem si quando serpens in foramine fugerit, signo crucis os foraminis
benedicit, statimque ex foramine serpens iam mortuus trahitur. Quem tantae 5
uirtutis uirum ipse etiam uidere curaui, eumque ad me deductum in infirmorum
domo paucis diebus manere uolui, ubi, si qua adesset curationis gratia, citius
probari potuisset. Ibi autem quidam inter aegros alios mente captus iacebat,
quem medici graeco uocabulo phreneticum appellant. Qui nocte quadam cum
magnas uoces, [scilicet] ut insanus, ederet, cunctosque aegros immensis clamoribus 10
perturbaret, ita ut nulli illic capere somnum liceret, flebat res [ualde] mirabilis,
cuia unde unus male, inde omnes deterius habebant. Sed sicut et prius a reuerentissimo uiro Florido episcopo, qui tunc cum praedicto presbytero illic pariter
manebat, et post a puero qui nocte eadem aegrotantibus seruiebat subtiliter
agnoui, idem uenerabilis presbyter de proprio stratu surgens ad lectum phrene- 15
tici silenter accessit, et super eum positis manibus orauit. Moxque illum melius
habentem tulit, atque in superiora domus secum ad oratorium duxit, ubi pro eo
liberius orationi incubuit, et statim eum sanum ad lectum proprium reduxit, ita
ut nullas ulterius uoces ederet, nec iam aegrotorum quempiam aliquo clamore
perturbaret, nec iam aegritudinem auxit alienam, qui perfecte receperat mentem 20

12

fait nos auons apris, ke nos de lui creriens totes celes oies choses
Pirres. Grande edifications est de uie ueoir hommes faisanz merueilhes, et
regardeir en terre la celestiene Iherusalem en ses citains.

XXXVI. De Maximien lo ueske de la citeit Siracusane.

Gregoires. Ge quide ke om ne doiuet pas taisir alsiment cest miracle
cui li tot poissanz deus sor Maximien son serjant, ki or est ueskes de
Siracuse, mais dunkes fut il peres de mon monstier, deniat demostreir.
Quar quant ge par lo comant de mon ueske el palais del boro de Constantinoble seruoie as respons de la glise, illokes uint a moi cis meismes
honorables Maximiens par cariteit ki ce demandoit. Li queis cant il a
Romme repairoit a mon monstier, il depris d'une mult grande tempest(e)
en la meir Adriatike par ordene nient aesmable et par nient accoustameit
miracle enuers soi et toz ceax ki la furent auoc lui, conut la ire del tot
poissant deu et sa grasce. Quar quant en lur mort forsenoient li flue
sorleueit par les grandeces des uenz, li uernal furent perdut de la neif,
li arbres fut ius trenciez, li uoil getteit es undes, et toz li uaisseax de la
neif quaissiez des granz flues fut depeciez de tote sa iointure. Glerre
par les ouertes fendures entrat la meirs et ioskes as plus haltes planks
emplit [131ᵛ] la neif, ensi ke nient tant la neix entre les undes, ke les
undes astoient ueues estre deuenz la neif. Dunkes soi seant en cele
meisme neif, nient tant de la uoisine mort, mais de meisme sa presence
et de sa ueue turbleit, tot donerent paix a soi, il prisent lo cors et lo
sanc de nostre rachateor, cascun soi comandant a deu ke il benignement

suam. Ex quo eius uno facto didicimus, ut de eo illa omnia audita crederemus
Petr. Magna uitae aedificatio est, uidere uiros [tam] mira facientes, atque in ciuibus
suis Ierusalem caelestem in terra conspicere.

XXXVI. De Maximiano Syracusanae ciuitatis episcopo.

Gregor. Neque hoc silendum puto, quod omnipotens Deus super Maximianum
famulum suum, nunc Syracusanum episcopum, tunc autem mei monasterii patrem,
dignatus est monstrare miraculum. Nam dum iussione pontificis mei in Constan-
tinopolitanae urbis palatio responsis ecclesiasticis deseruirem, illuc ad me idem
uenerabilis Maximianus caritate exigente [cum fratribus] uenit. Qui cum ad
monasterium meum Romam rediret, in mari Adriatico nimia tempestate deprehensus, inaestimabili ordine atque inusitato miraculo erga se cunctosque qui cum eo
aderant, omnipotentis Dei et iram cognouit et gratiam. Nam cum in eorum morte
uentorum nimietatibus eleuati fluctus saeuirent, ex naui claui perditi, arbor abscissa est, uela in undis proiecta, totumque uas nauis quassatum nimiis fluctibus
ab omni fuerat sua compage dissolutum. Rimis itaque patentibus intrauit mare,
atque usque ad superiores tabulas impleuit nauem, ita ut non tam nauis intra
undas, quam undae iam intra nauem esse uiderentur. Tunc in eadem naui resi-
dantes non iam ex morte uicina, sed ex ipsa eius praesentia ac uisione turbati
omnes sibimet pacem dederunt, corpus et sanguinem redemptoris acceperunt,
Deo se singuli commendantes, ut eorum animas benigne susciperet, quorum

jecount lur anrmes, cui cors il auoit llureit en si paurouse mort. Mais
li tot poissanz deus ki lur corages merueilhousement espawentat, il gardat
lur uie plus merueilhousement. Quar par uit iors cele meisme neis icakes
as plus haltes plankes plaine d'aigues sa propre uoie parfisanz noat fors,
et el nome ior fut parmeneie el port del castel Cohthronense. De la 5
quelle neif tot eissirent sain ki nauioent auoc lo deuant dit honorable
baron Maximien. Et quant apres ceaz il alsiment fut eissuz, manes en
parfont de cel meisme port soi plonchat la neiz, aisi com ele ceaz eissanz
por lo fais n'eust nient d'alegement. Et la queile plaine d'ommes en la
mer portat les aigues et si noat, Maximien soi departant auoc ses freres, 10
ne pout pas el port les aigues porteir senz les hommes; par ke li tot
poissanz deus de ce demosterroit, ke il celei chergie tint de sa main sor
les aigues, la queile unidie des hommes et laissie ne pot pas remanoir.

XXXVII. De Santolo lo preste.

Pres deuant ceaz quarante iors aisiment ueis tu aier moi celui, cui 15
ramenbrance ge fis ci dessore, lo preste d'onorable uie Sanctol par nom,
ki de la contreie Nursie par cascun an soloit uenir a moi. Mais de cele
meisme contreie deuant trois iors uint uns moines ki moi ferit del dolor
de grief message, car il nunzat cel meisme homme auoir trespasseit. De
cest homme moi souient, et se nient senz gemissement de dulzor, ia neke- 20
dent senz paor raconte ge ses uertuz, les queiz ge conois des uoisins
prestes ki sont aorneit de grande ueriteit et de simpliciteit. Et aisi com
entre les corages soi [132ʳ] amanz donet la priuance grand hardement

corpora in tam pauenda morte tradiderat. Sed omnipotens Deus, qui eorum
mentes mirabiliter terruit, eorum [quoque] uitam mirabilius seruauit. Nam diebus
octo nauis eadem usque ad superiores tabulas aquis plena iter proprium peragens
exstitit; nono autem die in Cotronensis castri portum deducta est. Ex qua
exierunt omnes incolumes, qui cum praedicto uenerabili uiro Maximiano nauiga- 5
bant. Cumque post eos ipse quoque fuisset egressus, mox in eiusdem portus
profundum nauis demersa est, ac si illis egredientibus pro pondere subleuatione
caruisset; et quae plena hominibus in pelago aquas portauerat atque natauerat,
Maximiano cum suis fratribus recedente, aquas sine hominibus in portu non ualuit
portare; ut hinc omnipotens Deus ostenderet, qu'a hanc onustam sua manu 10
tenuerat, quae ab hominibus uacua et derelicta [super aquas] non potuit manere.

XXXVII. De Sanctulo presbytero prouinciae Nursiae.

Ante dies quoque fere quadraginta uidisti apud me eum, cuius superius
memoriam feci, uenerabilis uitae presbyterum Sanctulum nomine, qui ad me ex
Nursiae prouincia annis singulis uenire consueuit. Sed ex eadem prouincia qui- 15
dam monachus ante triduum uenit, qui grauis nuntii maerore me percullit, quia
eundem uirum obiisse nuntiauit. Huius ergo uiri etsi non sine gemitu dulce-
dinis recolo, iam tamen sine formidine uirtutes narro, quas a uicinis eius sacer-
dotibus mira ueritate et simplicitate praeditis agnoui. Et sicut inter amantes se
animos magnum caritatis familiaritas ausum praebet, a me plerumque ex dulce- 20

de cariteit, de moi a la fie demandeiz par dulzor astoit destrainz regeh[?]
alcunes petites choses de celes cui il auoit fait. Ciz par un tens qu[...]
li Lumbar pressoient oliue ei pressoir, par k'ele deust en oile e[...]
remise, alsi com il toz tens astoit de ioious uiaire et de corage, il port[...]
5 un uuid bocel al pressoir, et les traueilhanz Lumbars saluat par li[...]
uiaire, il mostrat son bocel et en comandant miez ke en proiant dis[...]
hom li empleisist. Mais li paien homme par tant ke il ia par tot lo l[...]
en pardons auoient traueilhiet, et des oliues en pressant ne porent ni[...]
d'oile auoir, il prisent greuablement ses paroles, et si l'assalhirent p[...]
10 laidenges. Az queiz li hom de deu encor par plus liet uiaire respon[...]
disanz ensi: Oreiz por moi, cest bocel a Santol emplissiez, et ensi m[...]
retornerai de uos. Et quant icil et des oliues ne ueoient pas oile cu[...],
et l'omme deu ueoient enchalcier soi a emplir lo bocel, il forment enpr[...]
de plus grandes laidenges de paroles lo comenc(i)erent a blameir. Ma[...]
15 li hom deu ueanz, ke oiles en nule maniere n'eisteroit del pressoir, i[...]
proiat ke om li donast de l'aigue, cui il benit deuant eas toz ueanz, e[...]
de ses mains la gettat el pressoir. De la queile benizon manes rump[...]
fors si grande planteiz d'oile, ke li Lumbar ki anzois en pardon[...]
trauelh(i)erent, nient solement trestoz lur uaisseax, mais encor lo boc[...]
20 cui li hom de deu aportat emplirent, et si fisent graces, car cil ki f[...]
uenuz proier oile, en benissant donat ce ke il proiat.

A un altre tens alsiment une forte famine fut par tot, et la gli[...]
del bieneurous Laurent lo martre des Lumbars fut arse. La queile l[...]
hom deu conuoitanz restoreir, pluisors artefiors et pluisors ministr[...]

dine exactus ipse quoque de his quae egerat extrema quaedam fateri cogeba[...]
Hic namque quodam tempore cum in prelo Langobardi oliuam premerent, ut i[...]
oleum liquari debuisset, sicut iucundi erat et uultus et animi, utrem uacuum a[...]
prelum detulit, laborantesque Langobardos laeto uultu salutauit, utrem prot[...]
5 et iubendo potius quam petendo eum impleri sibi dixit. Sed gentiles uiri, q[...]
tota iam die frustra laborauerant, atque ab oliuis exigere oleum torquendo s[...]
poterant, uerba illius moleste susceperunt, eumque iniurüs insectati sunt. Qu[...]
uir Domini laetiori adhuc uultu respondit dicens: [Sic] pro me oretis, istum utr[...]
Sanctulo impleatis, et sic a uobis reuertetur. Cumque illi ex oliuis oleum defl[...]
10 non cernerent, et uirum Dei ad implendum utrem sibi insistere uiderent, uehe[...]
menter accensi maioribus hunc uerborum contumeliis detestari coeperunt. V[...]
autem Dei uidens quod ex prelo oleum nullo modo exiret, aquam sibi dari pet[...],
quam cunctis uidentibus benedixit atque in prelum suis manibus iactauit. E[...]
qua protinus benedictione tanta ubertas olei erupit, ut Langobardi, qui prius d[...]
15 in cassum laborauerant, non solum sua uascula omnia, sed utrem quoque qu[...]
uir Dei detulerat implerent, et gratias agerent, quia is qui oleum petere uener[...]
benedicendo dedit quod postulabat. Alio quoque tempore uehemens ubique fam[...]
incubuerat, et beati Laurentii martyris ecclesia fuerat a Langobardis incen[...]
Quam uir Dei restaurare cupiens artifices multos ac plures subministrantes op[...]
20 rarios adhibuit, quibus necesse erat, ut quotidiani sumptus laborantibus si[...]

...ouriers i aloatat, az queiz astoit mestiers ke la despense de cascun ior
...s traueilhanz fust doneie senz respit. Mais por la necessiteit de cele
...meisme famine falit li pains. [132ᵛ] Li traueilhant comenc(i)erent enchal-
...ument uiande demandeir, quar il n'auoient pas forces al labor par la
...famine. La queile chose li hom de deu oanz les confortat defors par 5
...paroles, en promettant ce ke lui defoit. Mais il astoit griement angoissiez
...deuanz, non poanz liureir lo mangier cui il promettoit. Et quant il
...angoissous aleuet de za et de la, il uint a un for el queil les uoisines
...femmes el ior deuant auoient cuit pains, et la regardat abaissiez, se par
...auenture des cuisanz alcuns pains fust remeis: quant il sodainement trouat 10
...un pain de merueilhouse grandece et de blancor nient acconstumeit. Lo
...queil il prist uoirement, mais il nel uolt pas porteir az artifiors, ke il
...par auenture ne fust altrui, et ensi feroit pechiet alsi com de pieteit.
...Dunkes lo portat par les uoisines femmes, si lo demostrat a totes, et si
...demandat, se il astoit remeis a alcune d'eles. Dunkes totes celes ki el 15
...ior deuant auoient pain cuit denoierent celui estre sien, et si regehissent
...par entier numbre lur pains del for soi auoir reporteit. Dunkes liez li
...hom del sanior s'en alat a pluisors artefiors auoc un pain, ke il al tot
...poissant deu rendissent grasces les somunst, et si enseniat ke il lur auoit
...uiande doneit, et manes eaz enuieiz a la refection, lo troueit pain lur 20
...nist deuant. Quant il asseiz et plainement furent sooleit, si coilhit del
...pain pluisors pieces, ke meismes li pains ne fut. Les queiz alsiment en
...l'altre ior lur portat a refection, mais ce ke dessore fut des pieces sor-
...montoit meismes celes brisures ki furent deuant mises. Et fait fut, ke
...par dis iors tot cil artifior et cil ourier de cel un pain sooleit, celui et 25

...ditione praeberentur. Sed exigente eiusdem famis necessitate panis defuit
...coeperuntque laborantes instanter uictum quaerere, quia uires ad laborem per
...inopiam non haberent. Quod uir Dei audiens eos uerbis consolabatur foris, pro-
...mittendo quod deerat; sed ipse grauiter anxiabatur intus, exhibere cibum non
...ualens quem promittebat. Cum uero huc illuoque anxius pergeret, deuenit ad 5
...clibanum, in quo uicinae mulieres pridie panes coxerant, ibique incuruatus
...aspexit, ne forte panis a coquentibus remansisset. *Tunc repente panem mirae
...magnitudinis atque insoliti candoris inuenit; quem quidem tulit, sed deferre
...artificibus noluit, ne fortasse alienus esset, et culpam uelut ex pietate perpetraret·
...Per uicinas itaque hunc mulieres detulit, eumque omnibus ostendit, ac ne cui 10
...earum remansisset inquisiuit. Omnes autem, quae pridie panem coxerant, suum
...hunc esse negauerunt, atque panes suos numero integro se a clibano rettulisse
...professae sunt. Tunc laetus uir Domini perrexit ad multos artifices cum uno
...pane, ut omnipotenti Deo gratias agerent admonuit, et quia eis annonam prae-
...buerat indicauit; eisque ad refectionem protinus inuitatis inuentum panem appo- 15
...suit. Quibus sufficienter pleneque satiatis plura ex eo quam ipse panis fuerat
...fragmenta collegit. Quae die quoque altero eis ad refectionem intulit; sed id
...quod ex fragmentis supererat, ipsa quoque quae apposita fuerant fragmenta
...superabat. Factumque est, ut per dies decem omnes illi artifices atque operarii

par cascun ior manioent, et de lui par cascun ior remanoit ke el matin poist estre mangiet, alsi com les brisures de cel pain croissoient par lo mangier, et les boches des manians restorassent lo mangier. **Pirres.** Ceste chose est grande, et el exemple [133ʳ] de le oeure de! sanior forment a
5 merueilhier.

Gregoires. Pirres, cil paut les pluisors d'un pain parmei son serf, ki de cinc pains cinc mile hommes soolat par soi meisme, ki poi de grains des semences multipliet en pluisors frumenz des bleiz, ki alsiment meismes les semences moinet fors de la terre, et ki totes choses ensemble creat
10 de nule chose. Mais par tant ke tu longement ne toi merueilhes, ea ke par la uertut del sanior li honorables hom Santolus fist defors, ascolte de la uertut del sanior com faiz il fut deuenz. Quar par un ior un diakenes pris des Lumbars astoit tenuz loiez, et cil ki lo tenoient lo penseuent ocire. Mais auesprissant lo ior, Santolus li hom del sanior
15 proiat ceaz meismes Lumbars ke li diakenes deust estre laissiez et la uie otroie a lui, la queile chose soi pooir faire del tot denoierent. Et quant il les ueoit auoir proposeit la mort de celui, dunkes proiat ke il a soi deust estre donciz a gardeir. A cui cil manes respondirent: Certes a toi lo donons nos a gardeir, mais ceste loi entremise, ke se ciz s'en fuit, ke
20 tu muires por lui. La queile chose li hom del sanior prist uolentiers, si receut lo deuant dit diakene en sa foid. Lo queil a mie nuit esueilhat, quant il regardoit toz les Lumbars estre depresseiz de grand somme, et se li dist: Lieue sus, et tost t'en fui; li tot poissanz deus il toi deliuret. Mais cil diakenes ramenbrables de la promesse de celui, respondit disans:

ex illo uno pane satiati hunc et quotidie ederent, et ex eo quotidie quod edi posset in crastinum superesset, ac si fragmenta panis illius per esum crescerent, et cibum comedentium ora repararent. **Petr.** Mira res, atque in exemplum Dominici operis uehementer omnibus stupenda. **Gregor.** Ipse, Petre, multos de uno
5 pane pauit per seruum, qui ex quinque panibus quinque milia hominum satiauit per semet ipsum, qui pauca seminis grana in innumera segetum frumenta multiplicat, qui ipsa quoque semina *produxit ex terra et simul omnia creauit ex nihilo. Sed ne diutius mireris quid in uirtute Domini uenerandus uir Sanctulus exterius fecerit, audi ex uirtute Domini qualis interius fuit. Die etenim quadam a Lango-
10 bardis captus quidam diaconus tenebatur ligatus, eumque ipsi qui tenuerant interficere cogitabant. Aduesperascente autem die uir Dei Sanctulus ab eisdem Langobardis petiit, ut relaxari eique uita concedi debuisset, quod posse se facere omnino negauerunt. Cumque mortem illius deliberasse eos cerneret, petiit ut sibi ad custodiam tradi debuisset. Cui protinus responderunt: Tibi quidem eum
15 ad custodiendum damus, sed ea conditione interposita, ut si iste fugerit, pro eo ipse moriaris. Quod uir Domini libenter accipiens praedictum diaconum in suam suscepit fidem; quem nocte media cum Langobardos omnes somno graui depressos aspiceret, excitauit et ait: Surge, et concitus fuge, liberet te omnipotens Deus. Sed idem diaconus promissionis eius non immemor respondit dicens: Fuge,

Peres, ge ne m'en puis pas fuir, quar se ge m'en fui, tu meismes senz
dotance morras por moi. Cui Santolus li hom del sanior destrainst a fuir
disanz: Lieue sus et si t'en ua; li tot poissanz deus moi deliuerrat.
Quar ge sui en sa main, tant puent il en moi faire, combien il lur laisset.
Dunkes s'en fuit li diakenes, et li pleges remeist en mei alsi com deceuz. 5
Gieres cant faiz fut li matins, dunkes uinrent li Lumbar ki lo diakene
auoient doneit a gardeir, si demanderent celui cui il auoient doneit. Mais
li honorables prestes respondit, ke il s'en astoit fuiz. Dunkes [133ᵛ]
dissent icil: Tu meismes seis bien, queile chose couient. Et li sers del
sanior constablement dist: Gel sai. A cui il dissent: Tu es uns bons 10
hom, nos ne uolons pas ke tu muires par diuers cruciemenz; ellis a toi
la mort cui tu uues. Az queiz li hom del sanior respondit disanz: Ge
sui en la main de deu, ocieiz moi de cele mort de la queile il sofferrat
moi estre ocis. Dunkes plot a toz les Lumbars ki furent illokes, ke il li
deussent trunkier lo chief, par ke il senz grief cruciement par corte mort 15
fineroient la uie de celui. Gieres quant fut conut, ke Sanctolus, ki entre
eaz por la reuerence de sa sainteit astoit de grand honor deuoit estre
ocis, tot li Lumbar ki en cel liu furent troueit soi assemblerent, alsi com
il sont de mult grande crueltcit, liet al spectacle de la mort. Gieres
stiurent enuiron les compangies. Et li hom del sanior fut ameneiz en 20
mei, et de toz les forz hommes fut uns elliz, de cui n'astoit pas dote ke
il par un colp trenceroit ius lo chief de celui. Dunkes li honorables hom
ameneiz entre les armeiz, manes corut a ses armes. Quar il proiat, ke
congiez li seroit doneiz d'oreir un petit. A cui cant fut otroiet, dunkes

pater, non possum, quia si ego fugero, pro me sine dubio ipse morieris. Quem
uir Domini Sanctulus ad fugiendum compulit dicens: Surge, et uade, *te omnipotens Deus eripiat; nam ego in manu eius sum, tantum in me possunt facere,
quantum ipse permiserit. Fugit itaque diaconus, et quasi deceptus in medio
fideiussor remansit. Facto igitur mane Langobardi qui diaconum ad custodien- 5
dum dederant uenerunt, quem dederant petierunt; sed hunc uenerandus presbyter
fugisse respondit. Tunc illi inquiunt: Scis ipse melius quid conuenit. Seruus
autem Domini constanter ait: Scio. Cui dixerunt: Bonus homo es, nolumus te
per uarios cruciatus mori, elige tibi mortem quam uis. Quibus uir Domini
respondit dicens: In manu Dei sum, ea morte me occidite, qua me occidi ipse 10
permiserit. Tunc omnibus qui illic aderant Langobardis placuit, ut eum capite
truncare debuissent, quatenus sine graui cruciatu uitam eius compendiosa morte
terminarent. Cognito itaque quod Sanctulus qui inter eos pro sanctitatis reuerentia magni honoris habebatur occidendus esset, omnes qui in eodem loco
inuenti sunt Langobardi conuenerunt, sicut sunt nimiae crudelitatis, laeti ad 15
spectaculum mortis. Circumsteterunt itaque acies. Vir autem Domini deductus
in medium est, atque ex omnibus uiris fortibus electus est unus, de quo dubium
non esset quin uno ictu caput eius abscinderet. Venerandus igitur uir inter
armatos deductus ad sua arma statim cucurrit; nam petiit, ut sibi paululum

soi sternat en terre et si orat. Li queiz eant un petit longement oroit,
dunkes li ellis ocieres lo botat de son calcain, par ke il soi leuast disans:
Lieue sus, et flechies les genoilhes estent lo haterel. Et li hom del sanior
soi leuat, si flekit les genoz, et si estendit lo haterel. Mais estendut lo
5 col, ueanz la traite speie encontre soi, ceste soule chose est diz auoir dit:
Sains Iohans, rezoi celei. Dunkes li ellis ocieres tenanz la traite speie,
par grant efforcement leuat son braz en halt por ferir, mais en nule
maniere nel pot ius mettre. Quar manes enroidit, et drecie la speie el
ciel li braz remeist nient ploiables. Dunkes tote la turbe des Lumbars
10 ki a cel spectacle de la mort astoit, retorneie en bien uoloir de loenge,
comenzat a merueilhier, et l'omme deu honoreir a cremor, car [134ʳ] senz
dotance fut conut de queile sainteit il astoit, ki lo braz de son ociseor
auoit loiet en l'air. Gieres proiez ke il soi leuast, il soi leuat. Proies
ke il sanast lo braz de son ociseor, il lo denoiat disans: Ge ne proierai
15 por lui en nule maniere, se il anzois ne donet a moi serement, ke il auoc
ceste main n'ocirat nul crestien homme. Mais cil Lumbars, li queiz, ke
ge ensi die, en estendant lo braz encontre deu l'auoit perdut, por sa
poine ki lo demandoit fut destrainz iureir, ke il ia mais n'ociroit nul
homme crestien. Dunkes comandat li hom del sanior disanz: Met ius ta
20 main. Li queiz manes la mist ius. Et ellepas ioinst apres: Remet la
speie en la guajne. Et manes la remist. Gieres trestot conissant l'omme
de si grande uertut, les buez et les iumenz cui il auoient depreeit, a
tenzon uoloient offrir en don a lui. Mais li hom del sanior ne uolt pas
prendre teil don, mais il demandat un don de bon lowier disans: Se uos

orandi licentia daretur. Cui dum concessum fuisset, in terram se strauit et
orauit. Qui dum paulo diutius oraret, hunc electus interfector calce pulsauit ut
surgeret dicens: Surge, et flexo genu tende ceruicem. Surrexit autem uir Domini,
genuflexit, ceruicem tetendit, sed tenso collo eductam contra se spatham intuens
5 hoc unum [publice] fertur dixisse: Sancte Ioannes, suscipe illam. Tunc electus
carnifex euaginatum gladium tenens, nisu forti in altum brachium percussurus
leuauit, sed deponere nullo modo potuit, nam repente diriguit et erecto in caelum
gladio brachium inflexibile remansit. Tunc omnis Langobardorum turba quae ad
illud mortis spectaculum aderat in laudis fauorem conuersa mirari coepit, utrum-
10 que Dei cum timore uenerari, quia profecto claruerat cuius sanctitatis esset, qui
carnificis sui brachium in aere ligasset. Itaque postulatus ut surgeret surrexit,
postulatus ut brachium sui carnificis sanaret, negauit dicens: Ego pro eo nullo
modo orabo, nisi mihi ante iuramentum dederit quia cum ista manu Christianum
hominem non occidat. Sed Langobardus idem, qui, ut ita dicam, brachium contra
15 Deum tendendo perdiderat, poena sua exigente compulsus est iurare se Christianum hominem nunquam occidere. Tunc uir Domini praecepit dicens: Depone
manum deorsum. Qui statim deposuit. Atque illico adiunxit: Remitte gladium
in uaginam. Et statim remisit. Omnes ergo tantae uirtutis hominem cognoscentes boues et iumenta quae depraedati fuerant certatim ei offerre in munere uole-
20 bant; sed uir Domini tale munus suscipere renuit, munus autem bonae mercedis

alcune chose uoleiz otroier a moi, si moi doneiz toz les prisons cui uos
aueiz, par ke ge aie, dont ge doiue por uos oreir. Et fait est, et tot li
prison furent laissiet auoc lui, et ordenant la souraine grasce, quant uns
por un soi offrit a mort, si deliurat les pluisors de la mort. **Pirres. Mer-**
ueilhouse est ceste chose, et ia soit ce ke ge l'aie conut d'altrui, neke- 5
dent ge regehis uoirement ke, quantes fies hom la racontet, k'ele est a
moi renoueleie. **Gregoires. N**ule chose n'aies merueilhe en Sanctolo de
ceste chose, mais pense, se tu pues, queiz fut cil espirs ki tint la sue si
simple pense, si la sorleuat en si grande haltece de uertut. Quar u fut
ses corages, quant il proposat si constablement morir por son proime, et 10
per la temporeile uie d'un frere despitat la sue, et si estendit lo haterel
desuz la speie? Gieres queile force d'amor tint cel cuer, ki la mort ne
cremit pas por la salut d'un proime? Nos sauons certes, ke ciz meismes
Sanctolus ne seut mie bien meismes les elemenz des lettres, [134ᵛ] il ne
seut pas les comanz de la loi. Mais par tant ke cariteiz est planteiz 15
de la loi, il gardat tote la loi en l'amor de deu et del proime; et ce
ke il defors ne conissoit pas en conissance, ce li uiuoit deuenz en amor.
Et par tant ke il unkes par auenture n'auoit liut ce ke de nostre rachateor Iohans li aposteles dist: Ke alsi com cil mist s'anrme por nos,
ensi et nc deuons mettre les anrmes por nos freres, si halt apo- 20
stolical comant seut il miez en faisant ke en sachant. Comparons, se il
plaist, en ceste nostre nient sage science la sue sage ignorance. En queil
liu ceste nostre gist, la sorapeirt la discipline de celui. Nos uuid parlons
des uertuz, et alsi com estisant entre les arbres ki portent fruit, flairons

quaesiuit dicens: Si mihi aliquid uultis concedere, omnes captiuos quos habetis
mihi tribuite, ut habeam unde pro uobis debeam orare. Factumque est; et omnes
captiui cum eo dimissi sunt, atque superna gratia disponente, cum se unus pro
uno morti obtulit, multos a morte liberauit. Petr. Mira res, et quamuis hanc ab
aliis et ipse cognouerim, uere tamen fateor quia mihi quoties narratur inmouatur. 5
Gregor. Nihil in hac re in Sanctulo mireris, sed pensa, si potes, quis ille spiritus
fuerit, qui eius tam simplicem mentem tenuit, atque in tanto uirtutis culmine
erexit. Vbi enim eius animus fuit, quando mori pro proximo tam constanter
decreuit, et pro temporali uita fratris unius suam despexit, atque sub gladio
ceruicem tetendit? Quae ergo uis amoris illud cor tenuit, quod mortem suam 10
pro unius salute proximi non expauit? Scimus certe quia idem uenerabilis uir
Sanctulus ipsa quoque elementa litterarum bene non nouerat, legis praecepta
nesciebat; sed quia *plenitudo legis est caritas*, legem totam in Dei ac proximi
dilectione seruauit; et quod foris in cognitione non nouerat, ei intus uiuebat in
amore. Et qui nunquam fortasse legerat quod de redemptore Ioannes apostolus 15
dixit: *Quoniam sicut ille pro nobis animam suam posuit, sic et nos debemus pro*
fratribus animas ponere, tam sublime apostolicum praeceptum faciendo magis
quam sciendo nouerat. Comparemus, si placet, cum hac nostra indocta scientia
illius doctam ignorantiam. Vbi haec nostra iacet, ibi illius disciplina eminet.
Nos de uirtutibus uacui loquimur, et quasi inter fructifera arbusta positi odora- 20

les pommes, si nes manions mie; icil sauoit prendre les fruis des uertuz, ia soit ce ke il ne les sauoit mie flairier en paroles. **Pirres.** Ge te prei, queile chose quides tu estre, ke cascun bon sont sostrait; et ki porent uiure a la edification des pluisors, u del tot ne puent pas estre trouait,
5 u certes en totes manieres poi sont? **Gregoires.** La malice des remenans desert, ke cil ki porent aidier hastiuement sont sostrait; et quant li fins del mont aprochet, li ellit sont osteit par ke il ne uoient peiors choses. Quar de ce dist li prophetes: Li iustes perist, et il n'est ki repenset en son cuer; et li merciable baron sont colhit, quar il n'est ki
10 entendet. De ce de rechief est descrit: Aoureis, par ke cil eissent ki la descolchent, osteis les pirres de la uoie. De ce dist Salomons: Tens est d'enuoier les pirres, et tens de colhir. Gieres en combien est pres li fins del mont, tant est mestiers ke les uiues pirres al celeste edifice soient colhies, par ke nostre Iherusalem croisset en la
15 mesure de son estorement. Et nekedent ne creons nos pas toz les ellis ensi estre sostraiz, ke soul li paruers remangent el mont, quar ia mais ne repairoient li pecheor al guaiment de repentise, se nul exemple des bons ne fussent ki lur pense traisissent. [135ʳ] **Pirres.** En pardons moi complaing estre sostraiz les bons, ki par assembleies uoi perir et les maluais.

20 XXXVIII. **De la uision Redempte lo ueske de la citeit de Ferentine.**

Gregoires. De ceste chose, Pirres, ne toi merueilhe nient. Quar Redempte lo ueske de Ferentine, l'onorable homme de uie, ki anaises deuant cez set ans s'en alat de cest mont, la tue dilections eut conut

mus poma nec manducamus; ille uirtutum fructus carpere nouerat, quamuis hos in uerbis odorare nesciebat. **Petr.** Quidnam, quaeso te, esse existimas, quod boni quique subtrahuntur; et qui uiuere ad aedificationem multorum poterant, aut penitus inueniri nequeunt, aut certe iam omnimodo rarescunt? **Gregor.** Mallis
5 remanentium meretur, ut hi qui prodesse poterant festine subtrahuntur: et cum mundi finis appropinquat, electi tolluntur, ne deteriora uideant. Hinc enim propheta ait: *Iustus perit, et nemo est qui recogitet in corde suo; et uiri misericordiae colliguntur, quia non est qui intellegat.* Hinc rursus scriptum est: *Aperite, ut exeant qui conculcent eam, tollite de uia lapides.* Hinc Salomon ait: *Tempus*
10 *mittendi lapides, et tempus colligendi.* Quo igitur finis mundi urget, eo necesse est, ut uiui lapides ad aedificium caeleste colligantur, quatenus Ierusalem nostra in mensuram suae constructionis excrescat. Nec tamen ita omnes electos subtrahi credimus, ut soli in mundo peruersi remaneant, quia nunquam peccatores ad lamentum paenitentiae redirent, si nulla essent bonorum exempla, quae eorum
15 mentem traherent. **Petr.** In cassum subtrahi bonos queror, qui perire cateruatim et malos uideo.

XXXVIII. **De uisione Redempti Ferentinae ciuitatis episcopi.**

Gregor. Hac de re nihil, Petre, mireris; nam Redemptum Ferentinae ciuitatis episcopum, uitae *uenerabilis uirum, qui ante hos fere annos septem ex hoc

lsis alsi com il a moi encor estisant el monstier mult priueiement fut
ioins, ce ke il el tens del plus iouene Iohan ki s'en alat deuant moi, del
fin del mont auoit conut, alsi com ce fut manifesteit long et leit, de moi
demandeiz il racontat a moi. Quar il disoit ke par un ior quant il aloit
cuuiron ses parroches solunc la constume, il paruint a la glise del 5
bieneurous martre Iutice. Et auesprissant lo ior uolt il son lit estre fait
a soi deleis lo sepulcre del martre, et la soi reposat apres lo trauailh,
quant a mie nuit, alsi com il disoit, ne il ne dormoit ne parfitement ne
pooit uoiller, mais il depresseiz, alsi com suelt, del somme, astoit apeseiz
d'une pareoe li ueilhanz corages, et cil meismes bieneurous martres 10
Iutikes stiut deuant lui disanz: Redemptes, ueilhes tu? A cui cil respondit: Ge ueilhe. Li queiz dist: Li fins uient de tote char, li fins uient de
tote char, li fins uient de tote char. Apres la queile tierce noiz la uisions
del martre ki az oez de sa pense aparissoit euanuit. Dunkes soi leuat
li hom del sapior, si soi donat en plorement d'orison. Quar manes sequi- 15
rent celes espawentables ensenges el ciel, ke hanstes et enfoueies compangies astoient neues de la partie d'aquilon. Quar manes la crueile
gens des Lumbars de la guaine de sa manandie fors meneie forsenat en
nostre haterel, et la humaine liagie ki en ceste terre por la grand multiteit astoit leueie, alsi com solunc la constume d'un espes bleif ius trencie 20
sechat. Quar li borc furent deguasteit, li chastel abatut, les eglises arses,
li monstier des hommes et des femmes destruit, li aluet desoleit des
hom-[135ᵛ]mes, et la terre laissie de toz enhaneors est uuide en solteit,
nus possieres n'abitet en celei, les bestes ont porpris les lius, les queiz

mundo migrauit, tua dilectio cognitum habuit. Hic sicut mihi adhuc in monasterio
posito ualde familiariter iungebatur, hoc quod Ioannis iunioris praedecessoris mei
tempore de mundi fine cognouerat, sicut longe lateque claruerat, a me requisitus
mihi [ipse] narrabat. Aiebat namque quia quadam die dum parochias suas ex
more circuiret, peruenit ad ecclesiam beati Iuthici martyris. Aduesperascente 5
autem die stratum fieri sibi iuxta sepulcrum martyris uoluit, atque ibi post
laborem quieuit, cum nocte media, ut asserebat, nec dormiebat, nec perfecte uigilare poterat, sed depressus, ut solet, somno grauabatur quodam pondere uigilans
animus, atque ante eum idem beatus martyr Iuthicius astitit dicens: Redempte,
uigilas? Cui respondit: Vigilo. Qui ait: Finis uenit uniuersae carnis, finis uenit 10
uniuersae carnis, finis uenit uniuersae carnis. Post quam trinam uocem uisio
martyris, quae mentis eius oculis apparebat, euanuit. Tunc uir Dei surrexit,
seque in orationis lamentum dedit. Mox enim illa terribilia in caelo signa secuta
sunt, ut hastae atque acies igneae ab aquilonis parte uiderentur. Mox effera
Langobardorum gens de uagina suae habitationis educta in nostram ceruicem 15
grassata est atque humanum genus, *quod in hac terra prae nimia multitudine
quasi spissae segetis more surrexerat, succisum aruit. Nam depopulatae urbes,
euersa castra, concrematae ecclesiae, destructa sunt monasteria uirorum ac femi-
narum, desolata ab hominibus praedia, atque ab omni cultore destituta in solitudine uacat terra, nullus hanc possessor inhabitat, occupauerunt bestiae loca quae 20

tenoit anzois la multitudine des hommes. Et ge non sai queile chose soit faite es altres parties del mont, car en ceste terre en cui nos uiuons, li monz ia ne nuncet pas son fin, mais il lo demostret. Poruec en tant nos est mestiers plus enchalzanment querre les parmanables choses, en combien
5 nos conissons les temporeiz choses enhelement fuir de nos. Ciz monz deust estre despitiez de nos, encor se il blandissoit a nos, se il par prosprez choses delitast lo corage. Mais apres ce ke il est apresseis de tan(z) flaeaz, de si grande aduersiteit est lasseiz, et par cascun ior tanz dolors doblet a nos, queile altre chose criet a nos, mais ke il ne soit
10 ameiz? Pluisors choses furent, les queiz ge deusse encor raconteir des faiz des elliz; mais ge les tais par silence, car ie haste a altres choses. **Pirres.** Par tant ke ie pense les pluisors establiz el seors de la sainte glise doteir de la uie de l'anrme apres la mort, ge te proi ke tu doiues dire, u se alcunes choses as par raison, u se alcun exemple des anrmes
15 contrecurrent a ton corage por la edification des pluisors, par ke cil aprendent ki aesment l'anrme fineir auoc la char. **Gregoires.** Ceste oeure est mult traueillouse, et pluisemmes a occupeit corage et tendant a altres choses. Mais se il sont, az queiz il puet aidier, senz dotance ge met arier la moie uolenteit a la utiliteit des proimes, et en combien ge porai
20 par lo donant deu, ke li anrme uit apres la char, ge demosterrai en cest apres siuant quart uolume.

Ici finet li tiers liures.

prius multitudo hominum tenebat. Et quid in aliis mundi partibus agatur, ignoro. Nam in hac terra in qua nos uiuimus finem suum mundus iam non nuntiat, sed ostendit. Tanto ergo nos necesse est instantius aeterna quaerere, quanto a nobis cognoscimus uelociter temporalia *fugisse. Despiciendus a nobis hic mundus
5 fuerat, etiam si blandiretur, si rebus prosperis demulceret animum; at postquam tot flagellis premitur, tanta aduersitate fatigatur, tot nobis quotidie dolores ingeminat, quid nobis aliud quam ne diligatur clamat? Multa autem fuerant, quae adhuc de electorum factis narrari debuissent, sed haec silentio supprimo, quia ad alia festino. **Petr.** Quia multos intra sanctae ecclesiae gremium constitutos de
10 uita animae post mortem [carnis] perpendo dubitare, quaeso ut debeas uel quae ex ratione suppetunt, uel si qua animarum exempla animo occurrunt, pro multorum aedificatione dicere, ut hi qui *suspicantur discant cum carne animam non finiri. **Gregor.** Laboriosum ualde hoc opus est et maxime occupato animo atque ad alia tendenti. Sed si sunt, quibus prodesse ualeat, uoluntatem meam procul
15 dubio postpono utilitati proximorum, et in quantum Deo largiente ualuero, quod anima post carnem uiuat subsequenti hoc quarto uolumine demonstrabo.

Ici comencent li capitel del quart liure.

I. Ke les parmanables choses spiritueiles poruec des charneis moinz sont creues, car les choses cui il oient ne seuent mie par esperiment. II. Ke ne li mescreans ne uit pas senz foid. III. Ke troi uiuant espir furent creeit. IIII. De la questi-[186ʳ]on de Salomon en cui est dit: Vne morz est del homme et des iumenz. V. De la question de l'anrme ki eist non ueablement, si est k'ele ne puet pas ueoir. VI. De la uie de l'anrme manant el cors, alsi com est depris(e) del mouement des menbres, ensi la uie de l'anrme apres lo cors es sainz doit l'om penseir de la uertut des miracles. VII. Des eissues des anrmes. VIII. De la eissue de l'anrme Germain lo ueske de Capua. VIIII. De la eissue de l'anrme Specious lo moine. X. De l'anrme d'un reclus. XI. De la eissue de l'anrme Sperance l'abeit. XII. De la eissue de l'anrme Vrsin lo preste. XIII. De l'anrme de Probi lo ueske de la citeit Reatine. XIIII. Del trespassement Gallain l'ancele de deu. XV. Del trespassement Seruuli lo palazinous. XVI. Del trespassement Romulain l'ancele de deu. XVII. Del trespassement Tharsille la sainte uirgene. XVIII. Del trespassement Musain. XVIIII. Ke as alcanz petiz enfanz la entreie del regne del ciel est close de lur peres et de

LIBER QVARTVS.

I. Quod aeterna [ac] spiritalia ideo a carnalibus minus credantur, quia ea quae audiunt per experimentum minime nouerunt. II. Quod sine fide neque infidelis uiuat. III. Quod tres uitales spiritus sunt creati. IIII. De quaestione Salomonis qua dicitur: Vnus interitus est hominis et iumentorum. V. De quaestione animae inuisibiliter exeuntis, an sit quae *uideri non potest. VI. Quod uita animae manentis in corpore sicut deprehenditur ex motu membrorum, sic uita animae post corpus in sanctis pensanda est ex uirtute miraculorum. VII. De egressibus animarum. VIII. De egressu animae Germani Episcopi Capuani. VIIII. De egressu animae Speciosi monachi. X. De anima cuiusdam inclusi. XI. De egressu animae Spei abbatis. XII. De egressu animae Vrsini presbyteri. XIII. De anima Probi Reatinae ciuitatis episcopi. XIIII. De transitu Gallae ancillae Dei. XV. De transitu Seruuli paralytici. XVI. De transitu Romulae ancillae Dei. XVII. De transitu Tharsillae sacrae uirginis. XVIII. De transitu Musae puellae. XVIIII. Quod quibusdam paruulis regni caelestis aditus a parentibus clauditur,

lur meres, quant il d'eax sont maluaisement norrit, et del petit enfant ki blasphemat. **XX.** Del trespassement Steuenon lo serf de deu. **XXI.** Ke a la fie la deserte de l'anrme nient en son trespassement est demostreie, mais en apres est desclarcie. **XXII.** Des dous moines Valention l'abeit. **XXIII.** Del trespassement Sorain l'abeit. **XXIIII.** Del trespassement del diakene de la glise des Marses. **XXV.** De la mort del homme deu ki fut enuoiez en Bethleem. **XXVI.** Se deuant lo restorement des cors les anrmes des iustes sont receues el ciel. **XXVII.** Par queiles manieres cil ki murent deuant dient alcunes choses, et de la mort del auoeit, et de la reuelation Geronti et Melliti lo moine, et de la mort del enfant bouier, et de la diuersiteit des lengues. **XXVIII.** De la mort de Theophaine lo conte. **XXVIIII.** Ke alsi com les anrmes des parfit el ciel, ensi apres lo desloiement des cors les anrmes des felons [136ᵛ] doit hom croire estre en infer. **XXX.** Par queile raison hom doit croire ke li fous corporeiz puet tenir les espirs nient corporeiz. **XXXI.** De la mort del roi Tirri l'Arrien. **XXXII.** De la mort de Restoreit. **XXXIII.** De la mort de celui de la cort cui sepulture fut ensprise. **XXXIIII.** Se li bon les bons el regne, et se li maluais conoissent les maluais el torment. **XXXV.** D'un religious morant ki uit les prophetes. **XXXVI.** Ke les nient conues anrmes quant eles doiuent eissir a la fie soi conoissent, les queiles u por lur colpes doiuent rezoire semblanz tormenz, u por lur biens faiz semblanz louiers, et de la mort de Iohan, et d'Vra, et de Morphi, et de Steuenon. **XXXVII.** De ces ki alsi com par error sont ueut estre fors meneit del cors, et del apelement, et del rapelement Pitron lo moine, et de la mort et del resuscite

cum ab eis male nutriuntur, et de puero blasphemo. **XX.** De transitu Stephani serui Dei. **XXI.** Quod aliquando animae meritum non in ipso egressu, sed post [mortem uerius] declaratur. **XXII.** De duobus monachis Valentionis abbatis. **XXIII.** De transitu Surani abbatis. **XXIIII.** De transitu diaconi ecclesiae Marsorum. **XXV.** De morte uiri Dei qui missus Bethel fuerat. **XXVI.** Si ante restitutionem corporis recipiantur in caelo animae iustorum. **XXVII.** Quibus modis morientes aliqua praedicunt, et de morte [cuiusdam] aduocati, et de reuelatione Gerontii ac Melliti monachorum et de morte pueri armentarii, et de diuersitate linguarum. **XXVIII.** De morte Theophanii comitis. **XXVIIII.** Quod sicut perfectorum animae in caelo, ita post dissolutionem corporum animae iniquorum in inferno esse credendae sunt. **XXX.** Qua ratione credendum sit, ut incorporeos spiritus tenere ignis corporeus possit. **XXXI.** De morte Theodorici regis Ariani. **XXXII.** De morte Reparati. **XXXIII.** De morte curialis, cuius sepultura incensa est. **XXXIIII.** Si boni bonos in regno, et mali malos in supplicio agnoscunt. **XXXV.** De quodam religioso moriente qui prophetas uidit. **XXXVI.** Quod se etiam ignotae animae nonnunquam exiturae cognoscunt, quas uel pro culpis tormenta, uel pro bonis actibus similia sunt praemia recepturae, et de morte Ioannis et Vrsi atque Eumorphii et Stephani. **XXXVII.** De his qui quasi per errorem educi uidentur e corpore, et de uocatione et de reuocatione Petri monachi, et de morte

sunt d'un chualier. XXXVIII. D'un homme Deusdedit par nom, cui maisons el settmedi fut ueue estre edifie. XXXVIIII. De la poine des Sodomiens. XL. Ke les anrmes des aleans encor el cors establies uoient alcune poinale chose des espiritueix choses, et del enfant Theodore, et de la mort de Crisoire et d'un moine Isoire. XLI. Se li fous purgatoires est apres la mort. XLII. De l'anrme Pascaise lo diakene. XLIII. Por coi es darraine tens tummaintes choses esclarcissent des anrmes ki denant furent reponsea. XLIIII. V infers doit estre creuz estre. XLV. Se li fous d'infer est uns, u diuers. XLVI. Se les choses ardent tos tens, ki al arsin d'infer sont demises. XLVII. Coment li anrmes est dite nient mortelle, se certe chose est k'ele par la dampnation de la mort est crucie. XLVIII. D'un saint homme ki uenans a la mort eut paor. IL. Ke li dient par ke il ne criement en la mort par reuelation sont efforciet, et de Antoine, et de Meruło lo moine. L. Se l'om doit prendre garde as songes, et quantes manieres sont [137ʳ] de songes. LI. De celui a cui par songes long espace de uie furent promis, ki deuoit morir en cort tens. LII. Se ce aiuet les anrmes, se li cors des morz en la glise sont enseuelit. LIII. D'une femme sainte nonain en la glise del bieneurous Laurent lo martre enseuelie, ki apparuit demeie brulleie. LIIII. De la sepulture Valerien lo prouost. LV. Del cors Valentin lo defendeor ki apres la mort fut getteix de la glise. LVI. Del cors del (tindeor) ki fut enseuelix en la glise, et en apres nient trouex. LVII. Queile chose est, ki apres la mort puet les anrmes aidier a absolution, et del preste de Cent Celes, ki fut

et de resuscitatione [Stephani ac de uisione] cuiusdam militis. XXXVIII. De Deusdedit, cuius domus sabbato uisa est aedificari. XXXVIIII. De poena Sodomorum. XL. Quod quorundam animae adhuc in corpore positae poenale aliquid de spiritalibus uident, et de Theodoro puero, ac de morte Chrysaorii et monachi cuiusdam *Iconii. XLI. An post mortem ignis purgatorius sit. XLII. De anima Pascasii diaconi. XLIII. Cur in extremis temporibus tam multa de animabus clarescunt, quae antea latuerunt. XLIIII. Vbi esse infernus credendus sit. XLV. Vtrum unus gehennae ignis sit, an diuersi. XLVI. Si semper ardeant, *qui gehennae incendio deputantur. XLVII. Quomodo anima immortalis dicitur, si constat quod mortis damnatione puniatur. XLVIII. De quodam sancto uiro qui ad mortem ueniens expauit. XLVIIII. Quod quidam ne in morte timeant reuelatione roborantur, et de Antonio, et Merulo, [et Iohanne] monachis. L. An obseruanda sint somnia, et quot sunt modi somniorum. LI. De quodam uiro, cui per somnium longa uitae spatia promissa sunt, et in breui tempore morte resecata. LII. An prosit animabus, si mortuorum corpora in ecclesia fuerint sepulta. LIII. De quadam sanctimoniali femina in ecclesia sancti Laurentii sepulta, quae dimidia apparuit incensa. LIIII. De Valeriani patricii sepultura. LV. De corpore Valentini (defensoris) ab ecclesia post mortem proiecto. LVI. De tinctoris corpore in ecclesia sepulto, et postmodum non inuento. LVII. Quid sit quod post mortem ualeat ad absolutionem animae adiuuare, et de Centumcellensi

proies del espir d'un homme, ke il poist apres la mort estre aidiez par
la sainte offrande, et de l'anrme Iuste lo moine. LVIII. De la uie et del
trespassement Cassii lo ueske. LVIIII. D'un homme ki fut pris des enemis,
cui loien a l'oure del sacrefice astoient desloiet, et de Vatraca lo nauier
ki parmi la saluable offrande del perilh fut deliureiz. LX. De la uertu
et del misteire de la saluable offrande. LXI. Del cuer cui om doit affire
entre les sains misteires, et de la gardance de la pense apres la compunction.
LXII. Des colpes d'altrui cui om doit alaschir, par ke les nostres
soient relaschies.

  ici finent li capitel.

presbytero, qui a cuiusdam spiritu petitus est, ut per sacram hostiam post mortem
potuisset adiuuari, et de anima Iusti monachi. LVIII. De uita et transitu Cassii
episcopi. LVIIII. De quodam ab hostibus capto, cuius uincula oblationis hora
soluebantur, et de *Varaca nauta per salutarem hostiam a naufragio liberato.
LX. De uirtute ac mysterio uictimae salutaris. LXI. De affligendo corde inter
sacra mysteria, et de mentis custodia post compunctionem. LXII. De relaxandis
culpis alienis, ut nostrae relaxentur.

Ici comencet li quarz liures des dialoges saint Gregoire.

I. Ke les parmanables choses spi.ituelles poruec des charnelz moinz sont creues, car les choses cui il oient ne seuent mie par esperiment.

Apres ce ke li promerains peres de la humaine lingie por sa culpe fut fors boteiz des ioies del paradis, il uint en la chaitiuiteit de cest exil et de ceste auogleteit cui nos soffrons, car en pechant espanduz defors soi meismes, ia ne pot pas ueoir celes ioies del celeste pais, les queiz il anzois ueoit. Quar el paradis auoit li hom acconstumeit delitier des paroles de deu, estre entre les espirs des bieneurous angeles par la netteit de cuer et par la haltece de uision. Mais apres ce ke il za chait, si soi departit de cele lu-[137ᵛ]miere de pense dont il astoit empliz. De la cui list a sauoir char nos neit en l'auogleteit de cest exil, oons certes estre lo celeste pais, nos oons estre ses citains les angeles de deu, nos oons les espirs des iustes et des parfiz estre companions de ceaz meismes angeles. Mais li cascun charneil, par tant ke il ne puent mie sauoir celes choses non ueables par esprouance, poruec dotent, se ce est u non ce ke il par corporeiz oez ne uoient mie. La queile dotance senz failhe ne pout pas estre a nostre promerain pere, car il fors clos de ioies del

---

I. Quod aeterna [ac] spiritalia ideo a carnalibus minus credantur, quia ea quae audiunt per experimentum minime nouerunt.

Postquam de paradisi gaudiis, culpa exigente, expulsus est primus humani generis parens, in huius exsilii atque caecitatis quam patimur uenit aerumnam, quia peccando extra semet ipsum fusus, iam illa caelestis patriae gaudia, quae prius contemplabatur, uidere non potuit. In paradiso quippe assueuerat homo uerbis Dei perfrui, beatorum angelorum spiritibus cordis munditia et celsitudine uisionis interesse; sed postquam huc cecidit, ab illo quo implebatur mentis lumine recessit. Ex cuius uidelicet carne nos in huius exsilii caecitate nati, *audiuimus quidem caelestem esse patriam, *audiuimus eius ciues angelos Dei, *audiuimus eorundem angelorum socios spiritus iustorum et perfectorum. Sed carnales quique, quia illa inuisibilia scire non ualent per experimentum, dubitant utrumne sit quod corporalibus oculis non uident. Quae nimirum dubietas in primo parente nostro

paradis ce ke il auoit perdut, par tant ke il l'auoit ueut, si lo ramenbroit. Mais cil ne puent pas sentir u ramenbreir les oies choses, ki ne tinent nul esperiment de celes, alsi com icil, ueaz del tens ki est treapasseiz. Quar alsi com se une femme grosse d'enfant soit mise en un
5 chartre, et la enfantet un enfant, li queiz enfes illokes soit norriz et croisset; a cui se par auenture la mere ki l'engenrat nomet lo soloilh, la lune, les estoiles, monz et canz, uolanz oiseaz, coranz cheuaz, mais icil ki fut el chartre neiz et norriz, ne sachet nule altre chose ke les tenebres del chartre, et uoirement oiet estre cez choses, mais par tant ke il ne les
10 conut pas par esperiment, ne les croiet pas estre ueritablement: ensi li homme neit en ceste auogleteit de son exil, quant il oent estre souraines choses et non ueables, il ne croient pas, se uraies sont u non, quar il conoissent cez soules basses ueables choses, es queiz il furent neit. De ce est fait, ke il meismes li creeres des nient ueables choses et des ueables,
15 li uns engenreiz del pere, uint al rachatement de la humaine lingie, et enuoiat lo saint espir a noz cuers, par tant ke parmei lui uiuifiet creriens les choses, cui nos encor ne poons pas sauoir par esperiment. Gieres ki ki onkes cest espir ki est ere de nostre hiretage auons pris, ne dotons mie de la uie des choses non ueables. Et ki ki onkes n'est pas encor
20 en ceste [138ʳ] creandise fers, il doit senz dotance doneir foid az diz des plus granz, et croire a eax ki ia parmei lo saint espir des choses nient ueables ont l'esperiment. Quar foux est li enfes ki sa mere poruec quidet mentir de la lumiere, par ke il ne seit nule altre chose ke les tenebres del chartre. **Pirres. M**ult moi plaist ce ke tu dis. Mais cil ki

esse non potuit, quia exclusus a paradisi gaudiis, hoc quod amiserat, quia uiderat recolebat. Hi autem sentire uel recolere audita non possunt, quia eorum nullum, sicut ille, saltem de praeterito experimentum tenent. Ac si enim praegnans mulier mittatur in carcerem, ibique pariat puerum, qui natus puer in carcere
5 nutriatur et crescat; cui si fortasse mater quae hunc genuit, solem, lunam, stellas, montes et campos, uolantes aues, currentes equos nominet, ille uero qui est in carcere natus et nutritus nihil aliud quam tenebras carceris sciat, et haec quidem esse audiat, sed quia ea per experimentum non nouit, ueraciter esse diffidat; ita in hac exsilii sui caecitate nati homines, dum esse summa et inuisibilia audiunt,
10 diffidunt an uera sint, quia sola haec infima in quibus nati sunt uisibilia nouerunt. Vnde factum est, ut ipse inuisibilium et uisibilium creator ad humani generis redemptionem unigenitus patris ueniret, et sanctum spiritum ad corda nostra mitteret, quatenus per eum uiuificati crederemus, quae adhuc scire per experimentum non possumus. Quotquot ergo hunc spiritum hereditatis nostrae pignus
15 accepimus, de uita inuisibilium non dubitamus. Quisquis autem in hac credulitate adhuc solidus non est, debet procul dubio maiorum dictis fidem praebere, eisque iam per spiritum sanctum inuisibilium experimentum habentibus credere, quia [et] stultus est puer, *si matrem ideo aestimet de luce mentiri, quia ipse nihil aliud quam tenebras carceris agnouit. **Petr.** Placet ualde quod dicis. Sed qui

ne croit pas estre les non ueables choses, senz dotance il est mescreanz.
Et cil ki est mescreanz, en ce ke il dotet ne quiert il pas la foid, mais
la raison.

II. Ke ne li mescreanz ne uit pas senz foid.

Gregoires. Hardiement di ge, ke ne li mescreanz ne uit pas senz
foid. Quar se ge uuelh demandeir un meisme mescreant, queil pere il eut
u queile mere, manes responderat celui et celei. Lo queil manes se ge
demande, se il seut, quant il fut conceuz, u se il uit, quant il fut neiz,
il regehisterat nule chose de cestes soi auoir conut u neut, et nekedent
croit il ce ke il ne uit mie. Quar il tesmonget senz dotance celui soi
auoir pere et celei mere. **Pirres.** Gel regehis ke ne sauoie ioskes a or
ke li mescreanz foid auoit. **Gregoires.** Certes li mescreant ont foid, mais
al mien uoloir en deu. La queile se il eussent, uoirement mescreant ne
fussent mie. Mais de ce les doit om argueir de lur senzfegerie, de ce
les doit om prouochier a la grasce de la foid, car se il de lur meisme
ueable cors croient ce ke il ne uirent mie, por coi ne croient il dunkes
les non ueables choses les queiles il ne puent pas ueoir corporeilment?

III. Ke troi uiuant espir furent creeit.

Quar ke li anrme uit apres la mort de la char, ouerte est la raisons,
mais iointe a la foid. Quar trois niuanz espirs creat li tot poissanz deus:
un ki n'est pas couerz de char; l'altre ki est couerz de char, mais auoc
la char ne muert mie; lo tierz ki est couerz de char, mais il muert auoc
la char. Li espirs ki n'est pas couerz de char, il est des angeles; li

esse inuisibilia non credit, profecto infidelis est; qui uero infidelis est, in eo quod
dubitat, fidem non quaerit, sed rationem.

II. Quod sine fide neque infidelis uiuat.

Gregor. Audenter dico, quia sine fide neque infidelis uiuit. Nam si eundem
infidelem percunctari uoluero, quem patrem uel quam matrem habuerit, protinus
respondebit, illum atque illam. Quem si statim requiram utrumne nouerit quando
conceptus sit, uel uiderit quando natus, nihil horum se uel nosse, uel uidisse
fatebitur, et tamen quod non vidit, credit. Nam illum patrem illamque se habuisse
matrem absque dubitatione testatur. **Petr.** Fateor quia nunc usque nesciui quod
infidelis haberet fidem. **Gregor.** Habent etiam infideles fidem, sed utinam in Deum.
Quam si utique haberent, infideles non essent. Sed hinc in sua perfidia redarguendi sunt, hinc ad fidei gratiam prouocandi, quia si de ipso suo uisibili corpore
credunt quod minime uiderunt, cur inuisibilia non credunt, quae corporaliter
uideri non possunt?

III. Quod tres uitales spiritus sunt creati.

Nam quia post mortem carnis uiuat anima, patet ratio, sed fidei admixta.
Tres quippe uitales spiritus creauit omnipotens Deus: unum qui carne non tegitur; alium qui carne tegitur, sed non cum carne moritur; tertium qui carne tegitur,
et cum carne moritur. Spiritus namque est, qui carne non tegitur, angelorum;

espirs ki est couerz de char, mais auoc la char ne muert mie, il est des
hommes; li espirs ki est couerz de char, mais [138ᵛ] auoc la char muert,
il est des iumenz et de totes les bestes senz raison. Gieres li hom, alsi
com il fut en mei creeiz, par ke il fust plus bas del angele, plus halz
del iument, ensi at il alcune chose commune auoc lo plus halt, alcune
chose commune auoc lo plus bas; ce est la immortal.teit del espir at auoc
l'angele, la moraliteit de la char auoc lo iument; des a tant ke meisme la
mortaliteit de la char aurat absorbit la gloire de la resurrection, et la
chars en aerdant al espir soit gardeie parmanablement, car meismes li
espirs en aerdant a la char est gard<i>iz en deu. La queile chars nekedent es refuseiz ne entre les tormenz ne falt parfitement, quar ele remaint
toz tens en defalant; par ke cil ki par l'espir et par la char pech(i)erent,
toz tens essentialment uiuant muirent senz fin et en la char et en l'espir.
Pirres. A la raison des feoz plaisent totes les choses cui tu dis. Mais ie
te proi, quant tu les espirs des hommes et des iumenz depars par si
grande deuise, ke est ce ke Salomons dist: Ge dis en mon cuer des
filz des hommes, ke deus les proueroit et demosterroit estre
semblanz az bestes; poruec est une morz des hommes et des
iumenz, et engueile la conditions del un et del altre? Li queiz
encor ceste meisme sa sentence subtilment parsiuanz ioinst auoc: Alsi
com li hom muert, ensi muerent et li iument. Semblanment
spirent totes choses, et li hom n'at nule chose plus ke li iument.
Az queiz paroles encor met apres une generale diffinition disanz: Totes
choses sont sogetes a uaniteit, et totes choses s'en uont a un liu.
De la terre sont faites, et en la terre ensemble soi retornent.

spiritus qui carne tegitur, sed cum carne non moritur, hominum; spiritus qui
carne tegitur, et cum carne moritur, iumentorum omniumque brutorum animalium.
Homo itaque sicut in medio creatus est, ut esset inferior angelo, superior iumento,
ita aliquid habet commune cum summo, aliquid commune cum infimo: immortali-
tatem scilicet spiritus cum angelo, mortalitatem uero carnis cum iumento; quousque et ipsam mortalitatem carnis gloria resurrectionis absorbeat, et inhaerendo
spiritui caro seruetur in perpetuum, quia et ipse spiritus inhaerendo carni
seruatur in Deum. Quae tamen caro nec in reprobis inter supplicia perfecte
deficit, quia semper deficiendo subsistit; ut qui spiritu et carne peccauerunt,
semper essentialiter uiuentes, et carne et spiritu sine fine moriantur. Petr. Rationi
fidelium placent cuncta quae dicis. Sed quaeso te, dum spiritus hominum atque
iumentorum tanta distinctione discernas, quid est quod Salomon ait: *Dixi in
corde meo de filiis hominum, ut probaret eos Deus, et ostenderet similes esse
bestiis; idcirco unus interitus est hominis et iumentorum, et aequa utriusque
conditio?* Qui adhuc eandem suam sententiam subtiliter exsequens adiungit:
*Sicut moritur homo, sic et illa moriuntur, similiter spirant omnia, et nihil habet
homo iumentis amplius.* Quibus adhuc uerbis generalem definitionem subinfert
dicens: *Cuncta subiacent uanitati, et omnia pergunt ad unum locum; de terra
facta sunt, et in terram pariter reuertuntur.*

IIII. De la question de Salomon en cui est dit: Vne morz est del homme et des iumenz.

Gregoires. Li liures de Salomon en cui cez choses sont escrites Ecclesiastes est apeleiz. Et ecclesiastes proprement derainieres est diz. Et el derainement est formise la sentence parmei cui la frintouse 5 noise de la turbe soit rapresseie. Et quant li pluisor sentent diuerses choses, parmi la raison del derainant sont mencit a une [139ʳ] sentence. Gieres iciz liures por ice derainieres est diz, car Salomons prent en lui lo sens de la frintant turbe, par ke il cez choses diet par demandise, les queiz estre se puet par temptation sent la nient sage pense. Quar 10 quantes sentences il moet alsi com par demandise, alsi com tantes persones des diuers prent en soi. Mais li ueritables derainieres alsi com par estendue main acoiset les noises de toz, si les rapelet a une sentence, quant il dist el fin de cel meisme liure: Trestot ensemble oons lo fin de parleir: Crien deu, et garde ses comandemenz; quar ce 15 est toz hom. Quar se il en cel meisme liure par son parlement n'auoit pris les persones des pluisors, por coi les somonoit il trestoz ensemble auoc soi a oir la fin de parleir? Gieres par tant ke il dist el fin del liure: Oons tot ensemble, il est tesmoins a soi meisme, ke il prendanz en soi les persones des pluisors ne parlat pas alsi com souz. Poruec et 20 altres choses sont, ki en cel meisme liure par demandisou sont moues, et altres ki par raison font asseiz; et altres cui il parolet del tempteit corage, et encor doneit az deliz de cest mont; et altres es queiz il defermet les choses ki sont de raison, et si apaisentet lo corage del delit.

IIII. De quaestione Salomonis qua dicitur: Vnus interitus est hominis et iumentorum.

Gregor. Salomonis liber in quo haec scripta sunt, Ecclesiastes appellatus est. Ecclesiastes autem proprie concionator dicitur. In concione uero sententia promitur, per quam *tumultuosae turbae seditio comprimatur. Et cum multi diuersa sentiunt, per concionantis rationem ad unam sententiam perducuntur. 5 Hic igitur liber idcirco concionator dicitur, quia Salomon in eo [quasi] tumultuantis turbae suscepit sensum, ut ea per inquisitionem dicat, quae fortasse per tentationem imperita mens sentiat. Nam quot sententias quasi per inquisitionem mouet, quasi tot in se personas diuersorum suscipit. Sed concionator uerax uelut extensa manu omnium tumultus sedat, eosque ad unam sententiam reuocat, cum 10 in eiusdem libri termino ait: *Finem loquendi omnes pariter audiamus: Deum time, et mandata eius obserua; hoc est enim omnis homo.* Si enim in libro eodem per locutionem suam multorum personas non susceperat, cur ad audiendum loquendi finem secum pariter omnes admonebat? Qui igitur in fine libri dicit: *Omnes pariter audiamus*, ipse sibi testis est quia in se multorum personas 15 suscipiens, quasi solus locutus non est. Vnde et alia sunt quae in libro eodem per inquisitionem mouentur, atque alia quae per rationem satisfaciunt; alia quae ex tentato profert animo, atque adhuc huius mundi delectationibus dedito; alia uero in quibus ea quae rationis sunt disserit, *ut animum a delectatione compescat.

Quar la dist il: Gieres ceste chose semblet a moi estre bone, ke
alcuns manioiuet et boiuet, et si uset la liece de son trauailh.
Et lonz plus bas ioinst apres: Miez est aleir a la maison del plorement, ke a la maison del conuiue. Quar se bone chose est mangier
5 et boire, dunkes sembleuet miez estre aleir a la maison del conuiue, ke
a la maison del plorement. De la queile chose est demostreit ke il cele
chose dist de la persone des enferz, et ceste chose ioinst apres de la
diffinition de raison. Quar il acouret manes meismes les causes de la
raison, et si demostret, queile soit la utiliteiz de la maison del plorement
10 disanz: Quar en celei somont hom del fin de toz hommes, et li
uiuanz penset ce ke uenir doit. Lo pares illokes est escrit: Eslecce
toi, io-[139ᵛ]uenceaz, en ta bacelerie. Et un petit apres est dit:
Quar la bacelerie et li deliz uaines choses sont. Li queiz quant
ceste chose en apres arguat estre uaine, cui il ..zois sembleuet auoir
15 enhorteie, aouertement ensenget, ke il dist celes paroles alsi com del
charneil desier, et cestes ioinst apres de la ueriteit de iugement. Gieres
de promiers alsi com aouranz lo delit des charneiz, en arrier mises les
cures, nunzat bone chose estre mangier et boire, la queile chose nekedent en apres de la raison de iugement reprent, quant il dist miez estre
20 aleir a la maison del plorement ke a la maison del conuiue; et alsi com
il dist lo iouencel denoir leecier en sa bacelerie, alsi com del proposement des charneiz, et nekedent en apres par la diffinition de sentence
arguat la bacelerie et lo delit estre uaines choses: ensi auoc nostres
derainieres alsi com de la pense des enferz proposet une sentence de la
25 humaine suspicion, quant il dist: Vne morz est del homme et des

Ibi namque ait: *Hoc itaque mihi uisum est bonum, ut comedat quis et bibat, et
fruatur laetitia ex labore suo.* Et longe inferius subiungit: *Melius est ire ad
domum luctus, quam ad domum conuiuii.* Si enim bonum est manducare et
bibere, melius fuisse uidebatur ad domum conuiuii pergere quam ad domum
5 luctus. Ex qua re ostenditur quia illud ex infirmantium persona intulit, hoc uero
ex rationis definitione subiunxit. Nam ipsas protinus rationis causas edisserit, et
de domo luctus quae sit utilitas ostendit dicens: *In illa enim finis cunctorum
admonetur hominum, et uiuens cogitat quid futurum sit.* Rursum illic scriptum
est: *Laetare, iuuenis, in adolescentia tua.* Et paulo post subditur: *Adolescentia*
10 *enim et uoluptas uana sunt.* Qui dum hoc postmodum uanum esse redarguit,
quod prius admonuisse uidebatur, patenter indicat, quia illa quasi ex desiderio
carnali uerba intulit, haec uero ex iudicii ueritate subiunxit. Sicut ergo dilec-
tionem prius carnalium exprimens, curis postpositis, denuntiat bonum esse manducare et bibere, quod tamen postmodum ex iudicii ratione reprehendit, cum esse
15 melius dicit ire ad domum luctus quam ad domum conuiuii; et sicut laetari
debere iuuenem in adolescentia sua, quasi ex deliberatione carnalium proponit, et
tamen postmodum per definitionem sententiae adolescentiam et uoluptatem uana
esse redarguit; ita etiam concionator noster, uelut ex mente infirmantium humanae
suspicionis sententiam proponit, dum dicit: *Vnus interitus est hominis et iumen-*

iumenz, et engueile conditions del un et del altre. Alsi com li hom muert, ensi muerent et li iument; semblanment spirent totes choses, et nule chose n'at li hom plus ke li iument. Li queiz nekedent par la diffinition de raison en apres donat la sue sentence disanz: Queile chose at li sages plus ke li fouz? Et ke li poures, mais ke il uoiset illokes u est la uie? Gieres ki dist: Li hom n'at nule chose plus ke li iument, il meismes de rechief diffinat, ke li sages at alcune chose nient solement plus ke li iumenz, mais encor plus ke li fouz hom, ce est ke il uoiset illokes u est la uie. Par les queiz paroles il ensenget de promiers, ke ci n'est pas la uie des hommes, la queile il tesmonget estre en altre liu. Gieres at li hom ice plus ke li iument, car li iument ne uiuent pas apres la mort, mais li hom dunkes comencet a uiure, quant il apres la mort de la char finet ceste ueable uie. Li queiz encor lonz plus bas dist: Tot ce ke ta mains puet faire, enchal-[140ʳ]zanment oeure; quar ne oeure, ne raisons, ne sapience, ne science seront aier les infers u tu hastes. Coment est dunkes une morz del homme et del iument, et engueile la conditions del un et del altre? u coment n'at li hom nule chose plus ke li iument, quant li iument ne uiuent pas apres la mort de la char, mais li espir des hommes por lur males oeures apres la mort de la char meneit az infers, ne en meisme la mort ne muirent mie? Mais en l'une et en l'altre si dissemblante sentence est demostreit, ke li ueritables derainieres et cele chose dist por la charneile temptation, et ceste chose en apres diffinat par la spiritueile ueriteit. **Pirres.** Il moi plaist ke ge ne sau ce ke ge demandai, quant moi auint en si grande

torum, et aequa utriusque conditio. Sicut moritur homo, sic et illa moriuntur; similiter spirant omnia, et nihil habet homo iumentis amplius. Qui tamen ex definitione rationis suam postmodum sententiam profert dicens: *Quid habet amplius sapiens stulto, et quid pauper, nisi ut pergat illuc ubi est uita?* Qui igitur dixit: *Nihil habet homo iumentis amplius,* ipse rursum definiuit, quia habet aliquid sapiens non solum amplius a iumento, sed etiam ab homine stulto, uidelicet ut pergat illuc ubi est uita. Quibus uerbis primum indicat quia hic hominum uita non est, quam esse alibi testatur. Habet ergo homo hoc amplius iumentis, quia illa post mortem non uiuunt, hic uero tunc uiuere inchoat, cum *per mortem carnis hanc uisibilem uitam consummat. Qui etiam longe inferius dicit: *Quodcunque potest manus tua facere, instanter operare; quia nec opus, nec ratio, nec scientia, nec sapientia erit apud inferos, quo tu properas.* Quomodo ergo unus interitus est hominis et iumenti, et aequa utriusque conditio? Aut quomodo nihil habet homo iumentis amplius, cum iumenta post mortem carnis non uiuunt; hominum uero spiritus pro malis suis operibus post mortem carnis ad inferos deducti, nec in ipsa morte moriuntur? Sed in utraque tam dispari sententia demonstratur, quia concionator uerax et illud ex tentatione carnali intulit, et hoc postmodum ex spiritali ueritate definiuit. **Petr.** Libet nescisse quod requisiui, dum me in tanta subtilitate contigit discere quod nesciui. Sed quaeso te, ut me aequanimiter

subtiliteit aprendre ce ke ge ne sau. Mais ge te proi, ke tu moi soffres par engueil corage, se ge meismes alsiment aier toi par la constume de nostre ecclesiaste prent en moi la persone des enferz, par ke ge meismes les enfers puisse plus prochainement aidier alsi com par lur demandise. **Gregoires.** Por coi toi descendant auoc l'enfermeteit des proimes ne porterai par engueil corage, quant Paules dist: Totes choses sui faiz a toz, par ke ge toz les feroie salz? La queile chose tu meismes alsiment quant tu l'auras faite par lo condescendement de cariteit, en ceste chose dois tu estre plus honoreiz, en cui tu sius la constume del noble preecheor.

V. De la question de l'anrme ki eist non ueablement, si est k'ele ne puet pas ueoir.

Pirres. Moi auint estre present quant uns freres morut, li queis manes quant il parloit, mist fors lo uial sofflement, et cui ge anzois auoc moi ueoie parlant, sodainement lo ui estint. Mais s'anrme se ele eissit, u se ele n'eissit mie, ge ne ui pas, et mult dure chose semblet, ke l'om croiet cele chose estre, cui om ne puet pas ueoir. **Gregoires.** Queiz merueilhe est, Pirres, se tu ne ueis pas l'anrme eissant, la queile et manant el cors ne uois mie? Crois tu dunkes or quant tu paroles auoc moi, par tant ke [140ᵛ] tu ne pues pas m'anrme ueoir, por ice moi estre senz anrme? Certes la nature de l'anrme est non ueable, et ensi eist fors del cors non ueablement, alsi com ele maint el cors non ueablement.

feras, si ipse quoque apud te more ecclesiastis nostri infirmantium in me personam suscepero, ut eisdem infirmantibus prodesse propinquius quasi per eorum inquisitionem possim. **Gregor.** Cur condescendentem te infirmitati proximorum aequanimiter non feram, cum Paulus dicat: *Omnibus omnia factus sum, ut omnes facerem saluos?* Quod ipse quoque dum ex condescensione caritatis egeris, in hac re amplius uenerari debes, in qua morem egregii praedicatoris imitaris.

V. De quaestione animae inuisibiliter exeuntis, an sit quae uideri non potest.

Petr. Quodam fratre moriente praesentem me fuisse contigit. Qui repente dum loqueretur, uitalem emisit flatum; et quem prius mecum loquentem uidebam, subito exstinctum uidi. Sed eius anima utrum egressa sit, an non, non uidi; et ualde durum uidetur ut credatur res esse, quam nullus ualeat uidere. **Gregor.** Quid mirum, Petre, si egredientem animam non uidisti, quam et manentem in corpore non uides? Num quidnam modo cum mecum loqueris, quia uidere in me non uales animam meam, idcirco me esse exanimem credis? Natura quippe animae inuisibilis est, atque ita ex corpore inuisibiliter egreditur, sicut in corpore inuisibiliter manet.

VI. De la uie de l'anrme manant el cors, alsi com est deprise del mouement des menbres, ensi la uie de l'anrme après lo cors es sainz doit l'om penseir de la uertut des miracles.

Pirres. Mais la uie de l'anrme manant el cors puis ge penseir de meismes les mouemenz del cors, quar se li anrme ne fust pas el cors, li menbre del meisme lo cors ne soi poissent pas mouoir. Mais la uie de l'anrme apres la char par queiz mouemenz, u par queiz oures la uoi, par ke ie par les ueues choses entende ce ke ge non puis pas ueoir? Gregoires. Certes ie ne di pas semblanment, mais dissemblanment, ke alsi com la force de l'anrme uiuifiet et moet lo cors, ensi la diuine force emplist totes les choses cui ele creat. Et les altres choses enspirant uiuifiet, et az altres donet k'eles uiuent, az altres ce prestet tan solement k'eles soient. Mais par tant ke tu ne dotes pas deu estre creant et gouernant, emplissant et enuiron enbrachant, sormontant et sustenant, et incirconscrit et non ueable, ensi ne dois tu pas doteir lui auoir non ueables seruises. Quar les choses ki ministrent doiuent tendre a la semblance de celui a cui eles ministrent, et celes ki seruent al non ueable, ne soient pas doteies estre non ueables. Et celes queiz creons nos estre, se les angeles non et les espirs des iustes? Gieres alsi com tu esgardanz lo mouement del cors, la uie de l'anrme manant el cors se tu penses par la plus petite chose, ensi la uie de l'anrme eissant del cors dois tu penseir par la souraine chose, car ele puet uiure non ueablement, cui couient manoir el seruise del non ueable faiteor. Pirres. Droitement est dite tote la chose, mais la pense refuit a croire ce k'ele par corporeiz oez ne puet pas ueoir. Gregoires. Quant Paules dist: Foiz est substance des

VI. Quod uita animae manentis in corpore sicut deprehenditur ex motu membrorum, sic uita animae post corpus in sanctis pensanda est ex uirtute miraculorum.

Petr. Sed uitam animae in corpore manentis pensare possum ex ipsis motibus corporis, quia nisi corpori anima adesset, eiusdem membra corporis moueri non possent; uitam uero animae post carnem in quibus motibus quibusue operibus uideo, ut ex rebus uisis esse colligam quod uidere non possum? Gregor. Non quidem similiter, sed dissimiliter dico, quia sicut uis animae uiuificat et mouet corpus, sic uis diuina implet quae creauit omnia; et alia inspirando uiuificat, aliis tribuit ut uiuant, aliis uero hoc solummodo praestat ut sint. Quia uero esse non dubitas creantem et regentem, implentem et circumplectentem, transcendentem et sustinentem, incircumscriptum atque inuisibilem Deum, ita dubitare non debes hunc inuisibilia obsequia habere. Debent quippe ea quae ministrant ad eius similitudinem tendere cui ministrant, *ut quae inuisibili seruiunt, esse inuisibilia non dubitentur. Haec autem quae esse credimus, nisi sanctos angelos, et spiritus iustorum? Sicut ergo motum considerans corporis, uitam animae in corpore manentis perpendis a minimo, ita uitam animae exeuntis a corpore perpendere debes a summo, quia potest inuisibiliter uiuere, quam oportet in obsequio inuisibilis conditoris manere. Petr. Recte totum dicitur, sed mens refugit credere, quod corporeis oculis non ualet uidere. Gregor. Cum Paulus dicat: *Est enim fides*

choses cui om doit spereir, argumenz des choses ki n'apeirent mie, cele chose est dite ueritablement estre creue, ki ne puet pas estre ueue. Quar ia ne puet pas estre creut, ce ke puet estre ueut. Nekedent par [141ʳ] tant ke ie briement toi ramaine a toi, nules ueables choses ne sont ueues, se parmei les non ueables non. Quar uoi, totes les corporeiz choses uoit tes oez, et nekedent meismes li corporeiz oez ne uerroit pas alcune chose corporeile, se la chose nient corporeie ne l'aguast a ueoir. Quar oste la pense ki n'est pas ueue, et en pardons est aouerz li oez ki ueoit. Sostrai l'anrme al cors, li oelh remainent senz dotance
10 el cors aouert. Gieres se il par soi ueoient, por coi ne uoient il mie, quant li anrme s'en uat? Gieres de ce entent, ke meismes aisiment les ueables choses ne sont pas ueues, se parmei les non ueables non. Mettons essiment deuant les oez de nostre pense, ke l'om facet une maison, ke l'om lieuet granz fais, pendet grandes columbes es appareilhemenz. Ge
15 te proi, ki ouret ceste oeure, li ueables cors ki par ses mains trait celes pesantumes, u li anrme non ueable ki lo cors uiuifiet? Quar oste ce ke n'est pas ueut el cors, et manes remainent immoble tot li ueable cors des metauz ki sembleuent estre mout. Par la queile chose om doit penseir, ke alsiment en cest ueable mont ne puet nule chose estre ordineie, se
20 parmei la non ueable creature non. Quar alsi com li tot poissanz deus en enspirant u en emplissant et uiuifiet et moet celes non ueables choses ki sont par raison; ensi essiment meismes les non ueables choses en emplissant mouent et sensifient les charneiz cors cui hom uoit. **Pirres.** Ge regehis, ge uolentiers uencus par cez affermances sui destrainz aesmeir

sperandarum substantia rerum, argumentum non apparentium, hoc ueraciter dicitur credi, quod non ualet uideri. Nam credi iam non potest, quod uideri potest. Vt tamen te breuiter reducam ad te, nulla uisibilia nisi per inuisibilia uidentur. Ecce enim cuncta corporea oculus *tui corporis aspicit, nec tamen ipse
5 corporeus oculus aliquid corporeum uideret, nisi hunc res incorporea ad uidendum acueret. Nam tolle mentem quae non uidetur, et incassum patet oculus qui uidebat. Subtrahe animam corpori, remanent procul dubio oculi in corpore aperti. Si igitur per se uidebant, cur discedente anima nihil uident? Hinc ergo collige quia ipsa quoque uisibilia non nisi per inuisibilia uidentur. Ponamus quoque
10 ante oculos mentis aedificari domum, immensas moles leuari, pendere magnas in machinis columnas; quis, quaeso te, hoc opus operatur, corpus uisibile quod illas moles manibus trahit, an inuisibilis anima quae uiuificat corpus? Tolle enim quod non uidetur in corpore, et mox immobilia remanent cuncta quae mouerl uidebantur, uisibilia corpora metallorum. Qua ex re pensandum est quia in hoc
15 quoque mundo uisibili nihil nisi per creaturam inuisibilem disponi potest. Nam sicut omnipotens Deus aspirando uel implendo ea quae ratione subsistunt, et uiuificat, et mouet inuisibilia; ita ipsa quoque inuisibilia implendo mouent atque sensificant carnalia corpora quae uidentur. **Petr.** Istis, fateor, allegationibus libenter uictus, prope nulla iam esse haec uisibilia existimare compellor, qui

ces ueables choses ia pres estre nules, ki anzois les persones des enferz en moi prendanz, dotoie des nient ueables choses. Gieres moi plaisent totes les choses cui tu dis. Mais nekedent alsi com la uie de l'anrme manant el cors conois par lo mouement del cors, ensi la uie de l'anrme apres lo cors connoite ge conoistre par alcunes ouertes choses tesmonianz. 5 Gregoires. En ceste chose se ge troue appareilhiet lo cuer de ta dilection, ge ne trauailherai pas en l'affermation. Despiteroient dunkes [141ᵛ] li saint apostele et li martre de Crist la presente uie, metteroient il dunkes lur anrmes en la mort de la char, se il ne sauissent siure apres plus certaine uie des anrmes? Mais tu meismes dis, ke tu la uie de l'anrme 10 manant el cors conois par les mouemenz del cors; et elleuos cil ki lur anrmes misent en mort, et ki creirent la uie des anrmes estre apres la mort de la char, il luisent par miracles de cascun ior. Quar a lur estinz cors uinent li uiuant malade et si sont saneit; il i uinent li pariure et del diable sont trauailhiet, il i uinent cil ki ont les diables et il sont 15 deliureit; il i uinent li leprous et si sont nettoiet; li mort i sont aporteit et il sont susciteit. Por ice pense coment lur anrmes uiuent illokes, u eles uiuent, cui mort cors ici uiuent en tan(z) miracles. Gieres se tu la uie de l'anrme manant el cors deprens par lo mouement des menbres, par coi ne parpenses tu la uie de l'anrme apres lo cors et par les mortes 20 osses en la uertut des miracles? Pirres. Nule chose alsi com ge quide se contrestat a ceste confermance, en cui et par les choses ueables somes destraint croire ce ke nos ne ueons mie.

prius in me infirmantium personam suscipiens, de inuisibilibus dubitabam. Itaque placent cuncta quae dicis; sed tamen sicut uitam animae in corpore manentis ex motu corporis agnosco, ita uitam animae post corpus, apertis quibusdam rebus attestantibus, cognoscere cupio. Gregor. Hac in re si cor paratum tuae dilectionis inuenio, in allegatione minime laboro. Num quidnam sancti apostoli et martyres 5 Christi praesentem uitam despicerent, et in mortem carnis animas ponerent, nisi certiorem animarum uitam subsequi scirent? Tu uero ipse inquis quia uitam animae in corpore manentis ex motibus corporis agnoscis; et ecce hi qui animas in mortem posuerunt, atque animarum uitam post mortem carnis esse crediderunt, quotidianis miraculis coruscant. Ad exstincta namque eorum corpora uiuentes 10 aegri ueniunt, et sanantur; periuri ueniunt, et daemonio uexantur, daemoniaci ueniunt, et liberantur; leprosi ueniunt, et mundantur; deferuntur mortui, et suscitantur. Pensa itaque eorum animae qualiter uiuunt illic ubi uiuunt, quorum hic mortua corpora in tot miraculis uiuunt. Si igitur uitam animae manentis in corpore deprehendis ex motu membrorum, cur non perpendis uitam animae post 15 corpus, etiam per ossa mortua in uirtute miraculorum? Petr. Nulla, ut opinor, huic allegationi ratio obsistit, in qua ex rebus uisibilibus cogimur credere quod non uidemus.

VII. Des eissues des anrmes.

Gregoires. Vn poi plus amont, Pirres, toi complainssis toi nient auoir neut l'anrme d'un morant ki eissoit, mais ceste meisme chose ia fut blames, ke tu par corporeiz oez quesis neoir la chose nient ueable. Quar
5 li pluisor des nostres l'oelh de lur pense par pure foid et par plantiuouse raison nettoiant, souentes fies uirent les anrmes eissanz de la char. Poruec est or mestiers a moi raconteir, coment les anrmes eissanz furent ueues, u quantes choses eles uirent, quant eles eissoient, par ke li exemple enhortent a ton dotant corage ce ke plainement ne puet la raisons.

VIII. De la eissue de l'anrme Germain lo ueske de Capue.

El secund liure de ceste oeure ia deuant parlai, ke li honorables hom Benoiz, alsi com ge conu de ses feoz disciples, lonz estisanz del bore de Capue uit l'anrme de Germain lo [142ʳ] ueske de cel meisme bore a mie nuit en un moncel de fou par les angeles estre porteie al
15 ciel. Li queiz alsiment cele meisme anrme ueanz montant, alaschiet lo sain de sa pense alsi com dessuz un rai del soloilh uit tot lo mont colhit en ses oez.

VIIII. De la eissue de l'anrme Specious lo moine.

Encor apris racontanz ceaz meismes ses disciples, ke dui noble
20 homme et sage es deforains estuides, germain frere, des queiz li uns astoit diz Specious, et li altres Gregoires, il soi anoient doneit al seruise de sa reule en la sainte conuersation. Les queiz cil meismes honorables peres

---

VII. De egressibus animarum.

Gregor. Paulo superius questus es, morientis cuiusdam egredientem animam te non uidisse; sed hoc ipsum iam culpae fuit, quod corporeis oculis rem uidere inuisibilem quaesisti. Nam multi nostrorum mentis oculum fide pura et uberi
5 oratione mundantes, egredientes e carne animas frequenter uiderunt. Vnde nunc mihi necesse est uel qualiter egredientes animae uisae sint, uel quanta ipsae dum egrederentur uiderint, enarrare, quatenus fluctuanti animo, quod plene ratio non ualet, exempla suadeant.

VIII. De egressu animae Germani episcopi Capuani.

10 In secundo namque huius operis libro iam praefatus sum quod uir uenerabilis Benedictus, sicut a fidelibus eius discipulis agnoui, longe a Capuana urbe positus, Germani eiusdem urbis episcopi animam nocte media in globo igneo ad caelum ferri ab angelis aspexit. Qui eandem quoque ascendentem animam intuens, mentis laxato sinu quasi sub uno solis radio cunctum in suis oculis
15 collectum mundum uidit.

VIIII. De egressu animae Speciosi monachi.

Eisdem quoque discipulis illius narrantibus didici, quia duo nobiles uiri, atque exterioribus studiis eruditi, germani fratres, quorum unus Speciosus, alter uero Gregorius dicebatur, eius se regulae in sancta conuersatione tradiderunt.
20 Quos idem pater uenerabilis in monasterio, quod iuxta Terracinensem urbem

fut habiteir el monstier oui il auoit estoreit deioste lo borc Terracinense.
Li queil auoient possis pluisors tresors en cest mont, mais totes choses
donerent az poures por lo rachatement de lur anrmes, et si parmeissent
en cel meisme monstier. Des queiz li uns loist a sauoir Specious, quant
il por la utiliteit del monstier fut enuoiez deleiz lo borc Capue, par un 5
ior ses freres Gregoires auoc les freres a la table seanz et manianz auoc
eaz, il sorleueiz par espir regardat et si uit l'anrme de Specious son
germain si lonz estisant de soi eissir del cors. La queile chose manes
enseniat az freres, et il corut, si trouat ia cel meisme son frere enseuelit,
lo queil nekedent en cele meisme hore quant il l'auoit ueut trouat auoir 10
eissut del cors.

X. De l'anrme d'un reclus.

Mais uns religious hom et mult feoz racontat a moi encor estisant
el monstier, ke li alcant des parties de Sycile par neif Romme requerant,
il estisant enmei la meir uirent l'anrme d'un serf de deu ki en Samnie 15
fut renclus al ciel estre porteie. Li queil descendant a terre et demandant, se la chose ensi fut faite, il trouerent en cel ior lo seriant de deu
auoir trespasseit, quant il lo conurent az celestes regnes auoir monteit.

XI. De la eissue de l'anrme Sperance l'abeit.

Quant ge encor fui estisanz en mon monstier, dunkes conu ge ce 20
ke ie di par lo racontement d'un mult honorable homme. Quar il disoit,
ke li honora-[142ᵛ]bles peres Sperances par non estorat monstiers en icel

construxerat, fecit habitare. Qui multas quidem pecunias in hoc mundo posse-
derant, sed cuncta pauperibus pro animarum suarum redemptione largiti sunt, et
in eodem monasterio permanserunt. Quorum unus, scilicet Speciosus, dum pro
utilitate monasterii iuxta Capuanam urbem missus fuisset, die quadam frater eius
Gregorius cum fratribus ad mensam sedens atque conuescens, per spiritum sub- 5
leuatus aspexit, et uidit Speciosi germani sui animam tam longe a se positi de
corpore exire; quod mox fratribus indicauit, atque [festinans] cucurrit, iamque
eundem fratrem suum sepultum repperit, quem tamen hora ea qua uiderat exisse
de corpore inuenit.

X. De anima cuiusdam inclusi.

Quidam religiosus atque fidelissimus uir adhuc mihi in monasterio posito
narrauit, quod aliqui de Siciliae partibus nauigio Romam petentes, in mari medio
positi, cuiusdam serui Dei qui in Samnio fuerat inclusus, ad caelum ferri animam
uiderunt. Qui descendentes ad terram, causamque an ita esset acta perscrutantes,
illo die inuenerunt obiisse Dei famulum, quo eum ad caelestia regna ascendisse 15
cognouerunt.

XI. De egressu animae Spei abbatis.

Adhuc in monasterio meo positus cuiusdam ualde uenerabilis uiri relatione cognoui quod dico. Aiebat enim quia uenerabilis pater nomine Spes,

liu a cui est nons Cample, ki est pres entregisant lo spaze de la tierce
leue deseureiz del uiez borc de Nursie. Cestui li tot poissanz et li
merciables deus en flaelant porcourit de la parmanable bature, et si
gardat a lui la mult grande seueriteit et la mult grande grasce de sa
5 dispensation; et combien il l'amat de promiers en flaelant, ce demostrat
en apres en sanant parfitement. Quar il apressat ses oez par lo spaze
de quarante ans par les tenebres de la continueie auogleteit, et se ne li
aourit nule lumiere ueaz de la trespetite uision. Mais par tant ke nus
ne remaint en la bature de celui, quant la grasce lo deguerpist, et se
10 cil meismes merciables peres ki donet la poine ne prestet la patience,
manes par impatience aoiset a nos lo pechiet meismes li chastoiemenz des
pechiez, et auient par chaitiue maniere, ke nostre colpe dont ele diut
spereir lo fin, de ce prent aoisement. Poruec deus regardanz nostres
enfermes choses mellet la garde a ses flaeaz, et en sa ferure az elliz filz
15 or est iustes merciablement, par ke soient des queiz en apres iustement
doiuet auoir mercit. (Poruec) cest meisme honorable uielhar quant il
l'apressoit par deforaines tenebres, unkes ne li tolit la deuentriene lumiere.
Li queiz quant lel flael del cors fut trauailhiez, il auoit par la garde del
saint espir lo confort del cuer. Et quant ia li tens del quarantisme an
20 en l'auogleteit fut aleiz, dunkes li rendit li sires la lumiere, et il li
annunzat son trespassement estre uoisin, et si lo somonst ke il preechast
la parole de uie az monstiers estoreiz enuiron par tot, par ke il receut
la lumiere del cors az uisiteiz freres enuiron aouerroit la lumiere del
cuer. Li queiz manes obeissanz az comanz cerchat les monstiers des

monasteria construxit in loco cui uocabulum Cample est, qui sexti ferme miliarii
interiacente spatio a uetusta Nursiae urbe disiungitur. Hunc omnipotens et misericors
Deus ab aeterno uerbere flagellando protexit, eique dispensationis suae
maximam seueritatem seruauit et gratiam; quantumque eum prius flagellando
5 diligeret, postmodum perfecte sanando monstrauit. Eius namque oculos per
quadraginta annorum spatium continuae caecitatis tenebris pressit, nullum ei
lumen uel extremae uisionis aperiens. Sed quia nemo in uerbere illius gratia se
destituente subsistit, et nisi idem misericors pater qui poenam irrogat patientiam
praestet, mox per impatientiam peccatum nobis ipsa auget correptio peccatorum,
10 fitque modo miserabili, ut culpa nostra unde sperare debuit terminum, inde sumat
augmentum; idcirco nostra Deus infirma conspiciens, flagellis suis custodiam permiscet,
atque in percussione sua electis filiis nunc misericorditer iustus est, ut
sint quibus postea debeat iuste misereri. Vnde uenerabilem senem dum exterioribus
tenebris premeret, interna nunquam luce destituit. Qui cum flagello
15 fatigaretur corporis, habebat per sancti spiritus custodiam consolationem cordis.
Cum uero iam anni quadragesimi fuisset in caecitate tempus expletum, ei Dominus
lumen reddidit, et uicinum suum obitum denuntiauit, atque ut monasteriis circumquaque
constructis uerbum uitae praedicaret admonuit, quatenus corporis recepto
lumine uisitatis in circuitu fratribus cordis lumen aperiret. Qui statim iussis
20 obtemperans, fratrum coenobia circuiuit, mandata uitae quae agendo didicerat

freres, et si preechat les comandemenz les queiz en faisant auoit pris.
Ceres parfait lo preechement el quinzime ior soi retornat al monstier, et
la quant li frere furent apeleit [143ʳ] ensemble, stanz en mei, prist lo
sacrament del cors et del sanc del sanior, et manes comenzat auoc eaz
les misteriaz chanz des psalmes. Li queiz quant cil chantoient ententius 5
a l'orison rendit l'anrme. Et tot li frere ki la furent uirent un colon
issir eissut de sa boche. Li queiz colons manes aouert lo toit del oratoire eissit, et eaz toz regardanz tresperzat lo ciel. Cui anrme doit om
croire por ice auoir apparut en la semblance del colon, par ke li tot
poissanz deus par ceste meisme semblance demosterroit, par com simple 10
cuer cil hom eut seruit a lui.

XII. De la eissue de l'anrme Vrsin lo preste.

Mais encor ce ne tairai ge mie, ke li honorables hom Steuenes li
abes ki nient lonz deuant morut en cest borc, cui tu alsiment meismes
bien conus, ce disoit auoir auenut en cele meisme contreie de Nursie. 15
Quar il disoit, ke illokes uns prestes gouernoit a grant cremor une glise
a soi comandeie. Li queiz del tens del pris ordenement sa prestesse
manz alsi com soror, mais guaitanz alsi com l'enemi, ne la laissoit onkes
aprochier pres a soi, et il ne la soffranz pas par nule ochison k'ele
aprochast a soi, auoit trenciet a soi de lei tot la commune priuance. 20
Quar ceste chose ont propre li saint homme. Quar par tant ke il toz
tens soient lonz des choses ki ne loisent mie, a la fie trencent ius de soi
et celes ki loisent. Poruec cil meismes hom par tant ke il unkes n'en-
corust pechiet parmei lei, il refusoit encor les necessaires choses a soi

praedicauit. Quinto decimo igitur die ad monasterium [suum] peracta praedicatione
reuersus est, ibique fratribus conuocatis astans in medio, sacramentum dominici
corporis et sanguinis sumpsit, moxque cum eis mysticos psalmorum cantus exorsus est. Qui illis psallentibus orationi intentus animam reddidit. Omnes uero
fratres qui aderant ex ore eius exisse columbam uiderunt, quae mox, aperto tecto 5
oratorii egressa, aspicientibus fratribus penetrauit caelum. Cuius idcirco animam
in columbae specie apparuisse credendum est, ut omnipotens Deus ex hac ipsa
specie ostenderet, quam simplici corde ei uir ille seruisset.

XII. De egressu animae Vrsini presbyteri.

Sed neque hoc sileam quod uir uenerabilis abbas Stephanus, qui non longe 10
ante [hoc tempus] in hac urbe defunctus est, quem ipse etiam bene nosti, in
eadem prouincia Nursiae contigisse referebat. Aiebat enim quod illic presbyter
quidam commissam sibi cum magno timore [Domini] regebat ecclesiam. Qui ex
tempore ordinationis acceptae presbyteram suam ut sororem diligens, sed quasi
hostem cauens, ad se propius accedere nunquam sinebat, eamque sibimet propin- 15
quare nulla occasione permittens, ab ea sibi communionem funditus familiaritatis
absciderat. Habent quippe sancti uiri hoc proprium; nam ut semper ab illicitis
longe sint, a se plerumque etiam licita abscindunt. Vnde idem uir, ne in aliquam
per eam incurreret culpam, sibi etiam per illam ministrari recusabat necessaria.

estre ministreies par lei. Gieres ciz honorables prestes quant il ot empli
lonc eage de uie, el quarantisme an de son ordenement de l'ardante
fieure griement pris a son fin fut ameneiz. Mais quant sa prestesse lo
ueoit ia par desloiez menbres estre estendut, alsi com en mort, dunkes ot
5 cele cure de conoistre par aiostele oreilhe a ses narines, se encor aleune
uiale alaine fust en celui. La queile chose cil sentanz en cui astoit la
tresteneue alaine, de tant petit efforz com il pot, ke [143ᵛ] il poist
parleir, enchalfisant l'espir, colhit la uoiz, si rumpit fors en' uoiz disanz:
Va ensus de moi, femme! encor uit li fouzons, oste la pailhe. Gieres
10 quant cele s'en fut aleie, croissant la uertut al cors, a grande leece
comenzat a crieir disanz: Bien uiengent mei sanior, bien uiengent mei
sanior! Ke deniastes uos uenir al si petit uostre seriant? Ge uien, ge
uien, ge rend grasces, ge rend grasces. Et quant il ce. recomencieuet
souent par recomencie uoiz, dunkes demanderent sei conissable ki stiurent
15 enuiron lui, a cui il ce disoit. Az queiz icil en merueilhant respondit
disanz: Ne ueciz uos dunkes mie ci auoir uenut les sainz aposteles? Ne
regardeiz uos mie lo bieneurous Pirron et Paulon les promerains des
aposteles? Az queiz il soi retornat lo pares et si dist: Elleuos ge uien,
elleuos ge uien. Et entre cez paroles rendit l'anrme. Et ke il ueritable-
20 ment uit les sainz aposteles, ce tesmoniat et eaz ensiuant. La queile
chose a la fie auient az iustes, ke il en lur mort uoient les uisions des
deuant alanz sainz, par ke il ne criement meisme la poinale sentence de
lur mort, mais quant a lur pense la compangie des parmanables citains
est demostreie, il soient desloiet de la cople de lur char senz trauailh de
25 dolor et de cremor.

Hic ergo uenerabilis presbyter cum longam uitae implesset aetatem, anno quadragesimo ordinationis suae inardescente grauiter febre correptus, ad extrema deductus est. Sed cum eum presbytera sua conspiceret solutis iam membris, quasi
in morte distentum, si quod adhuc ei uitale spiramen inesset, naribus eius appo-
5 sita curauit aure dignoscere. Quod ille sentiens, cui tenuissimus inerat flatus,
quantulo adnisu ualuit, ut loqui potuisset, inferuescente spiritu collegit uocem
atque erupit dicens: Recede a me, mulier, adhuc igniculus uiuit, paleam tolle.
Illa igitur recedente, crescente uirtute corporis, cum magna coepit laetitia clamare
dicens: Bene ueniant domini mei, bene ueniant domini mei; quid ad tantillum
10 seruulum uestrum estis dignati conuenire? uenio, uenio, gratias ago, gratias ago.
Cumque hoc iterata crebro uoce repeteret, quibus hoc diceret, noti sui qui illum
circumsteterant, requirebant. Quibus ille admirando respondit dicens: Num quid
hic conuenisse sanctos apostolos non uidetis? beatum Petrum et Paulum primos
apostolorum non aspicitis? Ad quos iterum conuersus dicebat: Ecce uenio, ecce
15 uenio; atque inter haec uerba animam reddidit. Et quia ueraciter sanctos apostolos uiderit, eos etiam sequendo testatus est. Quod plerumque contingit iustis,
ut in morte sua sanctorum praecedentium uisiones aspiciant, ne ipsam mortis suae
poenalem sententiam pertimescant, sed dum eorum menti internorum ciuium societas
ostenditur, a carnis suae copula sine doloris et formidinis fatigatione soluantur.

XIII. De l'anrme de Probi lo ueske de la citeit Reatine.

De la queile chose encor ce ne tairai ge mie, ke Probus li serianz
del tot poissant deu, ki or en cest borc est dessore cel monstier ki est
apeleiz Reatine, de Probo son oncle lo ueske de la citeit Reatine soloit a
moi raconteir disanz, ke aprochant lo fin de sa uie, mult grieue maladie 5
lo depressat. Cui peres Maximus par non enuoiat ses serianz enuiron
par tot, si studiat assembleir meides, se il par auenture poissent soccurre
a sa enfermeteit. Mais li meide assembleit des uoisins lius de par tot,
par lo tochement de la uaine nunc(i)erent sa eissue tost deuoir uenir. Et
quant ia li tens de la refection astoit pres, et tardiue hore del ior astoit 10
criute, li ho-[144ʳ]norables ueskes plus sonious de lur salut ke de la sue,
somonst ceaz ki la astoient auoc son uielhar pere monteir es plus haltes
parties de la ueschiet, et en maniant soi rapareilhier apres lo trauailh.
Dunkes trestot monterent la maison, uns petiz enfes tan solement li fut
laissiez, cui encor or li deuant diz Probus affermet uiure. Li queiz quant 15
esteuet deuant lo lit del gisant, sodainement regardat entranz al homme de
deu uns hommes ki astoient affiubleit de blanches uestures, ki alsiment
cel meisme blanchor de lur uestures uencoient par la lumiere de lur
uisires. De la queile clarteit de lur lumiere li enfes feruz, comenzat a
crieir par halte uoiz ki fussent icil. De la queile uoiz et Probus li 20
ueskes commouz les uit entranz et si les conut, et cel meisme enfant
sonant et criant comenzat a conforteir disanz: Ne toi cremoir mie, filz,
ne toi cremoir mie, car sainz Iuuenauz et sainz Eleutheires li martre sont
uenut a moi. Mais li enfes nient soffranz la nouiteit de si grande uision

XIII. De anima Probi Reatinae ciuitatis episcopi.

Qua de re neque hoc sileam, quod Probus omnipotentis Dei famulus, qui
nunc in hac urbe monasterio praeest, quod appellatur Reati, de Probo patruo
suo Reatinae ciuitatis episcopo mihi narrare consueuit dicens, quia appropinquante uitae eius termino eum grauissima depressit aegritudo. Cuius pater 5
nomine Maximus pueris circumquaque transmissis colligere medicos studuit, si
fortasse eius molestiae subuenire potuisset. Sed congregati ex uicinis locis
undique medici ad tactum uenae denuntiauerunt eius exitum citius adfuturum.
Sed cum iam tempus refectionis incumberet, atque diei hora tardior excreuisset,
uenerandus episcopus de illorum potius quam de sua salute sollicitus eos qui 10
aderant admonuit cum *suo patre in superioris episcopii sui partes ascendere,
seque post laborem reficiendo reparare. Omnes igitur ascenderunt domum, unus
ei tantummodo paruulus relictus est puer, quem nunc quoque praedictus Probus
asserit superesse. Qui dum lecto iacentis assisteret, subito aspexit intrantes ad
utrum Dei quosdam uiros stolis candidis amictos, qui eundem quoque candorem 15
uestium uultuum suorum luce uincebant. Qua splendoris etiam claritate perculsus, quinam illi essent, emissa coepit uoce clamare. Qua uoce etiam Probus
episcopus commotus intrantes eos aspexit et agnouit, atque eundem stridentem
ungientemque puerum consolari coepit dicens: Noli timere, fili, ... quia ad me
sanctus Iuuenalis et sanctus Eleutherius martyres uenerunt. Ille autem tantae 20

14

par hastiu curs s'en fuit defors les huisses, et si nunzat al pere et as meides ceaz hommes cui il auoit ueuz. Li queil tost descendirent, mais lo malade cui il auoient laissiet ia trouerent mort, car cil l'auoient pris anoe soi, cui uision ne pot pas soffrir li enfes ki remeist.

5 **XIIII. Del trespassement Gallain l'ancele de deu.**

Entre cez choses et ce iuge ge ke l'om ne doit pas taisir, ke la si parceut par la narration de pesandes et de feeiles persones. Quar el tens des Gothes Galla la tresnoble pucele de cest borc, la filhe Simmachi lo iugeor et patrice, deuenz les ans de sa iouente fut doneie a marit, et
10 deuenz lo space d'un an fut ueueie de la mort de celui. La queile quant bolissant l'abundance de cest mont, et les richeces et li cages rapeloient a recomencier la chambre, ele elliut miez par spiritueiles noces estre iointe a deu,... ke az charneiz noces estre sogete, les queiles toz tens comencent a leee, mais a plorement tendent al fin. Et quant en cesti
15 [144ᵛ] astoit mult enfoueie nature del cors, li meide comenc(i)erent a dire, ke se ele ne repairast az embracemenz de baron, k'ele por lo grant chalre contre la nature auroit barbe. La queile chose en apres avint. Mais la sainte femme ne cremit nule laidure defors ki amat la beltet del deuentrien espous, et si ne redotat mie, si cele chose en lei seroit
20 laideie, ki del celeste espous en lei ne seroit pas ameie. Gieres mais ke ses barons fut morz, getteit ius lo seculeir habit, soi donat al seruise del tot poissant deu en un monstier a la glise del bieneurous Pirron, et la par pluisors ans ententiue a la simpliciteit del cuer et a orison, grande

uisionis nouitatem non ferens cursu concito extra fores fugit, atque eos quos uiderat patri ac medicis nuntiauit. Qui concite descenderunt; sed aegrum quem reliquerant iam defunctum inuenerunt, quia illi eum secum tulerant, quorum uisionem puer ferre non potuit, qui [hic] remansit.
5 **XIIII. De transitu Gallae ancillae Dei.**
Interea neque hoc silendum arbitror quod mihi personarum grauium atque fidelium est relatione compertum. Gothorum namque temporibus Galla huius urbis nobilissima puella Symmachi consulis ac patricii filia, intra adolescentiae tempora marito tradita, in unius anni spatio eius est morte uiduata. Quam dum
10 feruente mundi copia ad iterandum thalamum et opes et aetas uocarent, elegit magis spiritalibus nuptiis copulari Deo, [in quibus a luctu incipitur, sed ad gaudia aeterna peruenitur] quam carnalibus nuptiis subiici, quae a laetitia semper incipiunt, et ad finem cum luctu tendunt. Huic autem cum ualde ignea consperaio corporis inesset, coeperunt medici dicere, quia nisi ad amplexus uiriles
15 rediret, calore nimio contra naturam barbas esset habitura, quod ita quoque post factum est. Sed sancta mulier nihil exterioris deformitatis timuit, quae interioris sponsi speciem amauit, nec uerita est si hoc in illa foedaretur, quod a caelesti sponso in ea non amaretur. Mox ergo ut eius maritus defunctus est, abiecto saeculari habitu ad omnipotentis Dei seruitium sese apud beati Petri apostoli
20 ecclesiam monasterio tradidit, ibique multis annis simplicitati cordis atque orationi

oeure d'almones donat az besonianz. Et quant li tot poissanz deus uolt
la rendre lo parmanable louier a ses trauaz, dunkes fut ferue en la mam-
mele del malen del cancre. Et par lo nuitreneil tens soloient luisir
deuant lo lit de celei dui chandeleir, car ele amie de la lumiere, nient
solement auoit a haenge les spirituelz tenebres, mais encor les corporeiz. 5
Iceste quant par une nuit gisoit lasseie de ceste meisme enfermeteit,
dunkes uit ele lo bieneurous Pirron l'apostele steir deuant son lit, entre
les dous chandeleirs. Et ele ne cremit pas espawenteie, mais par l'amor
prist ele hardement, si s'esleezat, et si dist a lui: Ke est ce, mes sires?
Sont mei pechiet pardoneit? A cui icil alsi com il est de mult benigne 10
uiaire par abaissiet chief cenat disanz: Pardoneit. Vien! Mais par tant
k'ele amoit une femme sainte nonain en cel meisme monstier deuant les
altres, ellepas Galle ioinst apres: Ge proi, ke suer Benoite uenget auoc
moi. A cui respondit icil: Non, mais cele teile uenget auoc toi; et ceste
cui tu demandes, ele toi siurat el trentisme ior. Gieres quant cez choses 15
furent fineies, la uisions del apostele deuant estant et auoc lei parlant
fut toloite. Mais cele manes apelat a soi la mere de tote la congregation,
et se li enseniat queile chose ele auoit ueut, et quelle chose oit. [145ʳ]
Et en lo tierc ior morut auoc cele soror auoc cui li fut comandeit. Mais
cele cui ele demandat, ele seuit apres el trentisme ior. La queile faite 20
chose ioskes er en cel meisme monstier maint racontable, et ensi ceste
chose aprise des deuant alanz meires illokes suelent subtilment raconteir
les iouenes uirgines saintes nonains ki or sont, alsi com eles en icel tens
fussent presentes a cest si grant miracle.

dedita, larga indigentibus eleemosynarum opera impendit. Cumque omnipotens
Deus perennem iam mercedem reddere eius laboribus decreuisset, cancri ulcere
in mamilla percussa est. Nocturno autem tempore ante lectum eius duo cande-
labra lucere consueuerant, quia uidelicet amica lucis non solum spiritales, sed
etiam corporales tenebras odio habebat. Quae dum nocte quadam ex hac eadem 5
iaceret infirmitate fatigata, uidit beatum Petrum apostolum inter utraque cande-
labra ante suum lectum consistentem; nec perterrita timuit, sed ex amore sumens
audaciam exsultauit, eique dixit: Quid est, Domine mi, dimissa sunt mihi peccata
mea? Cui ille benignissimi ut est uultus, inclinato capite annuit dicens: Dimissa;
ueni. Sed quia quandam sanctimonialem feminam in eodem monasterio prae 10
ceteris diligebat, illico Galla subiunxit: Rogo ut soror Benedicta mecum ueniat.
Cui ille respondit: Non, sed illa talis ueniat tecum; haec uero quam petis die
erit trigesimo secutura. His itaque expletis, uisio apostoli assistentis et collo-
quentis ei ablata est. At illa protinus cunctae congregationis acciuit matrem,
eique quid uiderit, quidue audierit, indicauit. Tertio autem die cum ea quae 15
iussa fuerat sorore defuncta est; illa uero quam ipsa proposcerat die est trigesimo
subsecuta. Quod factum nunc usque in eodem monasterio manet memorabile,
sicque hoc a praecedentibus matribus traditum narrare illic solent subtiliter
iuniores quae nunc sunt sanctimoniales uirgines, ac si illo in tempore huic tam
grandi miraculo et ipsae adfuissent. 20

XV. Del trespassement Seruuli lo palazinous.

Mais entre cez choses doit om sauoir, ke souent az eissanz anrmes
des elliz suelt uenir une dolzors de la celeste loenge, par ke cant eles
cez choses uolentiers oent ne soient pas laissies sentir lo desloiement de
5 la char de l'anrme. De ce moi souient ia auoir raconteit es omelies del
euuangile, ke en cel parouis parmei cui hom uat a la glise del bieneurous Laurent fut uns hom Seruulus par nom, de cui ge ne dote pas alsiment toi souenir. Li queiz uoirement de choses astoit poures, mais de
merites fut il riches, lo queil la longe enfermeteiz auoit deffait. Car des
10 lo tens ke nos lo poins conoistre ioskes al fin de sa uie gisoit il palazinous. Por coi dirai ge ke il ne pot pas esteir, ki unkes ne pot sei
leueir el lit u aseoir? Onkes ne pot sa main meneir a sa boche, onkes
ne pot soi el altre leiz torneir. Por a seruir a cestui astoit presenz sa
mere auoc son frere, et ce ke il onkes pot prendre d'almone, ce donoit
15 il az poures parmei lur mains. Il ne sauoit pas lettres, mais il auoit
achateit a soi liures de la sainte escriture, et cascuns religious recivant
en hospitaliteit ceaz faisoit il lire deuant soi studiousement. Et fait est,
ke il solunc sa mesure plainement aprist la sainte escriture, quant il ne
sauoit lettres del tot alsi com ge dis. Il studiat toz tens rendre graces
20 el dolor, par iors et par nuiz entendre az hymnes et a: loenges de deu.
Mais quant ia astoit li tens ke sa si grande soffrance deust estre reguere-
doneie, li dolors des menbres repairat az entrailhes. Et quant il conut
soi ia estre prochain [145ᵛ] a la mort, dunkes somonst les pelerins
hommes et ceaz cui il auoit recevz en hospitaliteit ke il soi leuassent, et

XV. De transitu Seruuli paralytici.

Sed inter haec sciendum est quia saepe animabus exeuntibus electorum
dulcedo solet laudis caelestis erumpere, ut dum illam libenter audiunt, dissolutionem carnis ab anima sentire minime permittantur. Vnde in Homiliis quoque
5 euangelii iam narrasse me memini, quod in ea porticu quae euntibus ad ecclesiam
beati Clementis est peruia, fuit quidam Seruulus nomine, cuius te quoque non
ambigo meminisse, qui quidem pauper rebus, sed meritis diues erat, quem longa
aegritudo dissoluerat. Nam ex quo illum scire potuimus, usque ad finem uitae
paralyticus iacebat. Quid dicam quia stare non poterat, qui nunquam in lecto
10 surgere uel ad sedendum ualebat, nunquam manum suam ad os ducere, nunquam
se potuit ad latus aliud declinare? Huic ad seruiendum mater cum fratre aderat,
et quidquid ex eleemosyna potuisset accipere, hoc eorum manibus pauperibus
erogabat. Nequaquam litteras nouerat, sed scripturae sacrae sibimet codices
emerat, et religiosos quosque in hospitalitatem suscipiens hos coram se studiose
15 legere faciebat. Factumque est ut iuxta modum suum plene sacram scripturam
disceret, cum, sicut dixi, litteras funditus ignoraret. Studebat semper in dolore
gratias agere, hymnis Deo et laudibus diebus ac noctibus uacare. Sed cum iam
tempus esset, ut tanta eius patientia remunerari debuisset, membrorum dolor ad
uitalia rediit. Cumque iam se morti proximum agnouisset, peregrinos uiros atque

si chantassent auoc lui les psalmes por l'atente de sa eissue. Et quant il meismes moranz chantoit auoc eaz, sodainement apaisentat les uoiz des chantanz a espauentement de grant cri disanz: Taisiez uos, taisiez uos! N'oeiz uos dunkes mie com grandes loenges resonent el ciel? Et quant il tendoit l'oreilhe del cuer a ceaz meismes loenges cui il deuenz auoit 5 oies, cele sainte anrme de la char fut desloie. La queile eissant si grande suauiteiz d'odor illokes fut esparse, ke tot cil ki la furent astoient raemplit de meruilhouse suauiteit, si ke il par ce conistroient clerement ke les loenges prisent celei el ciel. A la queile chose nostres moines fut presenz, ki ioskes or uit et od grant plorement suet tesmongier, ke 10 ioskes a tant ke il son cors eussent doneit a sepulture, ne soi departit pas de lur narines la suauiteiz de cel odor.

XVI. Del trespassement Romulain l'ancele de deu.

En ceaz meismes omelies encor moi souient auoir raconteit une chose, a cui Specious mes comprestes ki celei conut moi racontant donat 15 tesmoin. En icel tens quant ge requis lo monstier, une uielhe Redempta par nom, estisanz en habit de sainte nonain, manoit en cest borc deleiz la glise de la bieneurouse Marie toz tens uirgine. Iceste auoit esteit disciple de cele Herondinain la queile uailhanz de grandes uertuz, sor les Prenestins monz astoit dite auoir meneit uie des heremites. Et auoc 20 ceste Redempte en cel meisme habit astoient dous disciples, une par nom Romula et une altre ki encor or uit, la queile certes ge conois par face, mais par nom ne la conois ge mie. Gieres cestes trois manant ensemble

in hospitalitatem susceptos admonuit ut surgerent, et cum eo psalmos pro exspectatione sui exitus decantarent. Cumque cum eis et ipse moriens psalleret, uoces psallentium repente compescuit cum terrore magni clamoris dicens: Tacete; num quid non auditis quantae resonent laudes in caelo? Et dum ad easdem laudes quas intus audierat, aurem cordis intenderet, sancta illa anima carne soluta est. 5 Qua scilicet exeunte tanta illic fragrantia odoris aspersa est, ut omnes qui illic aderant inaestimabili suauitate replerentur, ita ut per hoc patenter cognoscerent quod eam laudes in caelo suscepissent. Cui rei monachus noster interfuit, qui nunc usque uiuit, et cum magno fletu attestari solet, quia quousque corpus eius sepulturae traderent, ab eorum naribus odoris illius fragrantia non recessit. 10

XVI. De transitu Romulae ancillae Dei.

In eisdem quoque Homiliis rem narrasse me recolo, cui Speciosus compresbyter meus, qui hanc nouerat, me narrante attestatus est. Eo namque tempore quo monasterium petii, anus quaedam Redempta nomine in sanctimoniali habitu constituta in urbe hac iuxta beatae Mariae semper uirginis ecclesiam 15 manebat. Haec illius Herundinis discipula fuerat, quae magnis uirtutibus pollens super Praenestinos montes uitam eremiticam duxisse ferebatur. Huic autem Redemptae duae in eodem habitu discipulae aderant, una nomine Romula, et altera, quae nunc adhuc superest, quam quidem facie scio, sed nomine nescio. Tres itaque hae in uno habitaculo commanentes morum quidem diuitiis plenam, 20

en un habitacle, menoient uoirement uie plaine des richeces de constumes, mais nekedent poure de choses. Mais ceste Romula, cui ge ai deuant dite, l'altre cui ge deuant dis sa compangesse disciple deuant aloit par granz [146ʳ] merites de uie. Quar ele astoit de merueilhouse patience,
5 de souraine obedience, garde de sa boche al silence, mult studiouse a la constume de l'orison continueie. Mais par tant ke a la fie cil les queiz li homme quident ia estre parfiz es oez del sourain ourier ont alcune chose d'imperfection, alsi com souent nos nient sage homme regardons les seauz nient encor parfitement entalhiez, et si les loons ia alsi com parfin,
10 les queiz nekedent encor esgardet li artifieres et si les limet, il les ot ia estre loeiz, et nekedent ne les cesset il de ferir en meodrant: ceste Romula cui ge deuant dis, ele fut ferue de cele maladie del cors cui li meide par un griiois nom apelent paralisin, et ele ius gisanz en lit par pluisors ans, gisoit pres desaidie de tot l'office des menbres, et nekedent
15 cist meisme flael ne menerent pas sa pense a impatience. Quar meisme li empirement des menbres li furent fait encroissement de uertuz, quar tant plus soniousement criut a la constume d'orison, en combien ele altre alcune chose ne pooit pas faire. Gieres par une nuit cele meisme Redempte cui ge ai deuant dit, ki norrissoit ambesdous ses disciples en
20 liu de filhes, apelat disanz: Meire, uien, meire, uien! La queile manes soi leuat auoc cele altre sa compangesse disciple, alsi com a eles ambesdous racontanz et a pluisors cele meisme chose fut cleire, et ge auoc en cel meisme tens la conu. Et quant eles a meie nuit steuent al lit del gisant, sodainement une lumiere fors mise del ciel emplit tot lo space de
25 cele cele, et une lumiere de si grande clarteit luisit, k'ele straindoit les

sed tamen rebus pauperem uitam ducebant. Haec autem quam praefatus sum Romula aliam quam praedixi condiscipulam suam magnis uitae meritis anteibat. Erat quippe mirae patientiae, summae obedientiae, custos oris sui ad silentium, studiosa ualde ad continuae orationis usum. Sed quia plerumque hi, quos ius
5 homines perfectos aestimant, [adhuc] in oculis summi opificis aliquid imperfectionis habent, sicut saepe imperiti homines necdum perfecte sculpta sigilla conspicimus, et iam quasi perfecta laudamus, quae tamen adhuc artifex considerat et limat, laudari iam audit, et tamen ea tundere meliorando non desinit; haec quam praediximus Romula ea quam graeco uocabulo medici paralysin uocant molestia
10 corporali percussa est, multisque annis in lectulo decubans paene omni iacebat membrorum officio destituta, nec tamen haec eadem eius mentem ad impatientiam flagella perduxerant. Nam ipsa ei detrimenta membrorum facta fuerant incrementa uirtutum, quia tanto sollicitius ad usum orationis excreuerat, quanto et aliud quodlibet agere nequaquam ualebat. Nocte igitur quadam eandem Redemptam
15 quam praefatus sum, quae utrasque discipulas suas filiarum loco nutriebat, uocauit dicens: Mater, ueni, mater, ueni. Quae mox cum alia eius condiscipula surrexit, sicut utrisque referentibus et multis eadem res claruit, et ego quoque eodem tempore agnoui. Cumque noctis medio lectulo iacentis assisterent, subito caelitus lux emissa omne illius cellulae spatium impleuit, et splendor tantae clari-

cuers de ceaz ki la steiuent de mult grande paor, et aisi com eles en
apres raconteuent, ke toz li cors en eles enroidissoit et en sodain esba-
hissement remanoient. Quar il comenzat estre oiz li sons aisi com d'une
grande multitudine entrant, et li huiz de la cele estre dehorteiz aisi com
il fust apresseiz de la turbe des entranz; et aisi com eles [146ʳ] disoient 5
eles sentoient la multitudine des entranz, mais por la grandece de cremor
et de la lumiere ne porent eles ueoir nule chose, car li paors auoit depresseit lur oez, et meisme la clarteiz de si grande lumiere les rebatoit.
La queile lumiere manes apres seuit une suauiteiz de si merueilhouse
odor, si ke lur corage par tant ke la lumiere l'auoit espauenteit la suaui- 10
teiz del odor lo rasuagieuet. Mais quant eles ne porent pas soffrir la
force de cele clarteit, dunkes comenzat cele meisme Romula Redemptam
deuant lei estant et tremblant, la maistre de ses constumes, par dolce uoix
a conforteir disanz: Mere, ne toi cremmoir mie, ge ne morrai pas or. Et
quant ele ce disoit souent, petit et petit fut soztraite la lumiere ki fut 15
fors mise, mais cil odors remeist ki apres seuit. Et ensi trespassat li
secuns iors et li tiers, ke la esparse suauiteiz del odor remeist. Gieres
en la quarte nuit lo pares apelat cele meisme la maistre. La queile
quant fut uenue, ele demandat lo uoiage, et si lo prist. Mais encor cele
meisme Redempte u sa altre disciple n'astoient pas departies del lit del 20
gisant, et elleuos sodainement en la place deuant l'uix de cele meisme
cele stiurent dous rengies de chantanz, et aisi com il disoient par les
uoix soi auoir entendut les genres, li homme disoient les chanz de la
psalmodie et les femmes respondoient. Et quant deuant les huisses de la
cele astoient faites les celestes exeques, dunke fut cele sainte anrme de 25

tatis emicuit, ut corda assistentium *inaestimabili pauore perstringeret atque, ut
post ipsae referebant, omne in eis corpus obrigesceret, et in subito stupore
remanerent. Coepit namque quasi cuiusdam magnae multitudinis ingredientis
sonitus audiri, ostiumque cellulae concuti, ac si ingredientium turba premeretur;
atque, ut dicebant, intrantium multitudinem sentiebant, sed nimietate timoris et 5
luminis uidere non poterant, quia earum oculos et pauor depresserat, et ipsa tanti
luminis claritas reuerberabat. Quam lucem protinus est miri odoris fragrantia
subsecuta, ita ut earum animum quem lux emissa terruerat odoris suauitas refo-
ueret. Sed cum uim claritatis illius ferre non possent, coepit eadem Romula
assistentem et trementem Redemptam suorum morum magistram blanda uoce 10
consolari dicens: Noli timere, mater, non morior modo. Cumque hoc crebro
diceret, paulatim lux quae fuerat emissa subtracta est, sed is qui subsecutus
est odor remansit. Sicque dies secundus et tertius transiit, ut aspersa odoris
fragrantia remaneret. Nocte igitur quarta eandem magistram suam iterum uocauit;
qu ueniente uiaticum petiit et accepit. Necdum uero eadem Redempta uel 15
illa alia eius discipula a lectulo iacentis abscesserant, et ecce subito in platea
ante eiusdem cellulae ostium duo chori psallentium constiterunt, et sicut se dicebant sexus ex uocibus discreuisse, psalmodiae cantus dicebant uiri, et feminae
respondebant. Cumque ante fores cellulae exhiberentur caelestes exsequiae,

la char desloie. Et quant ele fut menele al ciel, en combien montevent plus halt les rengies des chantanz, en tant comenzat la psalmodie plus suef estre oie, ioskes a tant ke li sons de cele meisme psalmodie et la suauiteiz del odor enlongie finat.

XVII. Del trespassement Tharsille la sainte uirgene.

Mais a la fie el confort de l'anrme eissant suelt aparoir meismes li faitres et li reguerredoneres de uie. Porueo raconterai et ce ke de ma antain Tharsille moi souient auoir dit [147ʳ] es omelies del euuangile; la queile et entre ses dous altres sorors sorcriut a la haltece de sainteit par la uertut de l'orison assidueie, par la maurteit de uie, par la singulariteit d'abstinence. A cestei par une uision apparuit Felis mes aioz, li ueskes de cest Romain borc, et se li mostrat la manandise de la parmanable clarteit disanz: Vien, car ie toi reciuerai en ceste mansion de lumiere. La queile manes prise del apres siuant fieure, paruint al darrain ior. Et alsi com az nobles femmes et az nobles hommes moranz li pluisor soi assemblent par ke il confortent lur proimes, en cele hore de sa eissue pluisor homme et femmes stiurent enuiron son lit, quant sodainement cele regardanz amont uit Ihesum uenant, et par grande animaduersion comenzat az estanz enuiron a crieir disanz: Aleiz uos de ci, aleiz uos de ci, Ihesus uient! Et quant ele entendoit en celui cui ele ueoit, cele sainte anrme eissit fors del cors. Et manes si grande suauiteiz de grant odor fut esparse, ke et meisme la suauiteiz a toz demostrat illokes estre uenut lo faiteor de suauiteit. Et quant ses cors solunc la constume des

sancta illa anima carne soluta est. Qua ad caelum ducta, quanto chori psallentium altius ascendebant, tanto coepit psalmodia lenius audiri, quousque et eiusdem psalmodiae sonitus et odoris suauitas elongata finiretur.

XVII. De transitu Tharsillae sacrae uirginis.

Nonnunquam uero in consolatione egredientis animae ipse apparere solet auctor ac retributor uitae. Vnde et hoc quod de Tharsilla amita mea in Homiliis euangelii dixisse me recolo replicabo; quae inter duas alias sorores suas uirtute continuae orationis, grauitate uitae, singularitate abstinentiae, ad culmen sanctitatis excreuerat. Huic per uisionem Felix atauus meus huius Romanae ecclesiae antistes apparuit, eique mansionem perpetuae claritatis ostendit dicens: Veni, quia in hac te lucis mansione suscipio. Quae subsequenti mox febre correpta ad diem peruenit extremum. Et sicut nobilibus feminis uirisque morientibus multi conueniunt qui eorum proximos consolentur, eadem hora exitus ipsius multi uiri ac feminae eius lectulum circumsteterunt, cum subito illa sursum respiciens Iesum uenientem uidit, et cum magna animaduersione coepit circumstantibus clamare dicens: Recedite, recedite, Iesus uenit. Cumque in eum intenderet quem uidebat, sancta illa anima e corpore est egressa. Tantaque subito fragrantia mirı odoris aspersa est, ut ipsa quoque suauitas cunctis ostenderet illic auctorem suauitatis uenisse. Cumque corpus eius ex more mortuorum ad lauandum esset

morz fut nueiz a laueir, por l'us de la longe orison en ses coutes et en
ses genoz solunc la constume des chamoz fut trouciz li cuirs enduriz
auoir sororiut, et ke ses uiuanz espirs toz tens auoit fait, ce tesmoniat
la morte chars.

XVIII. Del trespassement Musain.

Mais encor ce ne tairai ge mie, ke li deuant diz Probus li serianz
de deu de sa seror Musa par nom, une petite pucele, soloit racontehr
disanz, ke par une nuit li apparuit par uision la sainte mere de deu,
la uirgine Marie, et se li mostrat meschines de son eage en blanches
uestures. As queiz quant cele desiroit estre iointe, mais a eles ne soi
osenet pas ioindre, dunkes fut demandeie de la uoiz de la bieneurouse
Marie toz tens uirgene, se ele uoloit estre auoc eles et uiure en lo sien
seruise. A cui quant cele meisme meschine disoit: Ge uuelh, dunkes
prist manes de celei comandement, [147ᵛ] k'ele ia mais ne fesist nule
legiere chose ne alcune chose des meschines, k'ele soi tenist de ris et de
geus, sachanz par totes choses k'ele entre celes meismes uirgines les queiz
ele uit a son seruise uenroit el trentisme ior. Quant cez choses ot ueut
la meschine, en totes ses constumes soi muat, et si terst ius de soi par
la main de grande maurteit tote la legerie de la meschinale uie. Et
quant ses peres et sa mere meruelhieuent celei estre mueie, ele demandeie racontat ceste chose, ce ke la bieneurouse meire de deu li auoit
comandeit, et si enseniat en queil ior ele deuoit aleir a son seruise, quant
apres lo uintecinkisme ior fut prise del fieure. Mais el trentisme ior
quant la hore de sa eissue fut aprochie, dunkes regardat ele cele meisme
bieneurouse mere de deu auoc les puceles cui ele uit par la uision uenir

nudatum, longae orationis usu in cubitis eius et genibus camelorum more inuenta
est obdurata cutis excreuisse; et quid uiuens eius spiritus semper egerit, caro
mortua testabatur.

XVIII. De transitu Musae puellae.

Sed neque hoc sileo quod praedictus Probus Dei famulus de sorore sua,
nomine Musa, puella parua, narrare consueuit dicens, quod quadam nocte ei per
uisionem sancta Dei genitrix semper uirgo Maria apparuit, atque coaeuas ei in
albis uestibus puellas ostendit. Quibus illa cum admisceri appeteret, sed se eis
iungere non auderet, beatae Mariae uirginis uoce requisita est, an uelit cum eis
esse atque in eius obsequio uiuere. Cui cum puella eadem diceret: Volo, ab ea
protinus mandatum accepit, ut nihil ultra leue et puellare ageret, et a risu et
iocis abstineret, sciens per omnia quod inter easdem uirgines quas uiderat ad
eius obsequium die trigesimo ueniret. Quibus uisis, in cunctis suis moribus
puella mutata est, omnemque a se leuitatem puellaris uitae magnae grauitatis
detersit manu. Cumque eam parentes eius mutatam esse mirarentur, requisita
rem retulit, quid sibi Dei Genitrix iusserit, uel qua die itura esset ad obsequium
eius indicauit. *Tunc post uigesimum quintum diem febre correpta est. Die
autem trigesimo cum hora eius exitus propinquasset, eandem beatam genitricem

a soi. A cui alsiment soi apelant comenzat a respondre, et abaissies les
oez par reuerence comenzat a crieir par aperte uoiz: Voi, damme, ge
uien. En la queile uoiz auoc rendit l'espir, et del uirginal cors eissit
por manoir auoc les saintes uirgines. **Pirres.** Quant la humaine lingie est
sogete a pluisors et a nient racontables uisces, ge quide une mult grande
partie de la celeste Iherusalem ueaz de petiz enfanz pooir estre complie.

XVIIII. Ke az alcanz petiz enfanz la entreie del regne del ciel est close de lur peres et de lur meres, quant il d'eaz sont maluaisement norrit, et del petit enfant ki blasphemat.

Gregoires. Et ia soit ke l'om doit croire toz les petiz enfanz bapti-
ziez, et ki muerent en cele meisme enfance entreir el regne celeste, nekedent toz les petiz enfanz loist a sauoir ki ia pueent parleir entreir el
regne celeste ne doit pas croire, quar az alcanz petiz enfanz est close la
entreie de cel meisme celeste regne de lur peres et de lur meres, se il
malement sont norrit. Quar uns hom mult conuz a toz ceaz de cest borc
deuant lo tens de trois ans ot un filh de cinc ans, alsi com ge quide.
Lo queil il amanz trop charneilment lo norrissoit enuisiement. Et cil
meismes petiz enfes, ke gries chose est a dire, manes ke alcune chose
con-[148ʳ]trestisoit a son corage, blasphemeir la maesteit de deu auoit
acconstumeit. Li queiz feruz en ceste mortaliteit deuant lo tens de trois
ans uint a la mort. Et quant ses peres lo tenoit en son sain, alsi com
cil tesmongierent ki furent present, li enfes par tremblans oez regardans
les malignes espirs estre uenuz a soi, comenzat a crieir: Sta encontre,
pere! sta encontre, pere! Li queiz crianz destornoit sa face, par ke il

Dei cum puellis quas per uisionem uiderat ad se uenire conspexit. Cui se etiam
uocanti respondere coepit, et depressis reuerenter oculis aperta uoce clamare:
Ecce, Domina, uenio, [ecce, Domina, uenio]. In qua etiam uoce spiritum reddidit,
et ex uirgineo corpore habitatura cum sanctis uirginibus exiuit. **Petr.** Cum
humanum genus multis atque innumeris uitiis sit subiectum, Ierusalem caelestis
maximam partem ex paruulis uel infantibus arbitror posse compleri.
XVIIII. Quod quibusdam paruulis regni caelestis aditus a parentibus clauditur, cum ab eis male nutriuntur; et de puero blasphemo.
Gregor. Etsi omnes baptizatos infantes atque in eadem infantia morientes
ingredi regnum caeleste credendum est, omnes tamen paruulos qui scilicet iam
loqui possunt, regna caelestia ingredi credendum non est, quia nonnullis paruulis
eiusdem regni caelestis aditus a parentibus clauditur, si male nutriantur. Nam
quidam uir cunctis in hac urbe notissimus ante triennium filium habuit annorum,
sicut arbitror, quinque; quem nimis carnaliter diligens remisse nutriebat. Atque
idem paruulus (quod dictu graue est) mox ut eius animo aliquid obstitisset,
maiestatem Dei blasphemare consueuerat: qui in hac ante triennium mortalitate
percussus uenit ad mortem. Cumque eum suus pater in sinu teneret, sicut hi
testati sunt qui praesentes fuerunt, malignos ad se uenisse spiritus trementibus
oculis puer aspiciens coepit clamare: Obsta, pater, obsta, pater. Qui clamans

soi reponroit d'eaz el sain de son pere. Lo queil tremblant quant li peres demandoit queile chose il ueoit, li enfes dist a lui disanz: Homme mor sont uenut, ki uuelent prendre moi. Quant il ce ot dit, manes blasphemat lo nom de la maesteit et si rendit l'anrme. Quar par ke li tot poissanz deus demosterroit, por la queile colpe il fut doneiz a teiz messagiers, dont ses peres ne lo uolt pas choseir uiuant, ce li laissat recomencier morant, par ke cil ki longement auoit uescut blasphemeres par la soffrance de la diuiniteit, a la part de fin par lo iugement de la diuiniteit blasphemeroit et si morroit, par ke ses peres conistroit sa culpe, ki despitanz l'anrme de son petit filh nient petit pecheor auoit norrit az fous d'infer. Mais or mettons d'une part ceste triste chose, si repairons a celes lies choses cui ge comenzai a raconteir.

XX. Del trespassement Steuenon lo serf de deu.

Certes lo deuant dit Probo et altres religious hommes racontanz conu ge les choses cui g'eu cure d'ensengier del honorable pere Steuenon es omelies del ewangile. Quar il fut uns hom, alsi com cil meismes Probus et pluisor altre tesmongent, nule chose posseanz en cest mont, nule chose queranz; amanz la sole poureteit auec deu, entre les contraires choses toz tens enbrazanz la patience, fuianz les assembleies des hommes seculeirs, conuoitanz toz tens entendre a orison. De cui ie raconte une bone chose de uertut, par ke de ceste une chose puist l'om penseir ses pluisors choses. Quar ciz quant il par un ior [148^v] la meisson cui il auoit semmeie de sa main ius trencie ot ameneit a l'aire, et nule altre chose n'auoit auoc ses disciples a la despense de tot l'an:

declinabat faciem, ut se ab eis in sinu patris absconderet. Quem cum ille trementem requireret quid uideret, puer adiunxit dicens: Mauri homines uenerunt, qui me tollere nolunt. Qui cum hoc dixisset, maiestatis nomen protinus blasphemauit, et animam reddidit. Vt enim omnipotens Deus ostenderet pro quo reatu talibus fuisset traditus exsecutoribus, unde uiuentem pater suus noluit corrigere, hoc morientem permisit iterare; ut qui diu per diuinitatis patientiam blasphemus uixerat, quandoque per diuinitatis iudicium blasphemaret et moreretur; quatenus reatum suum pater eius agnosceret, qui paruuli filii animam negligens non paruulum peccatorem gehennae ignibus nutrisset. Sed interim hoc triste seponentes ad ea quae narrare coeperamus laeta redeamus.

XX. De transitu Stephani uiri Dei.

Praedicto etenim Probo aliisque religiosis narrantibus uiris agnoui ea quae indicare [audientibus] de uenerabili patre Stephano in Homiliis euangelii curaui. Fuit enim uir, sicut idem Probus et multi alii testantur, nihil in hoc mundo possidens, nihil requirens; solam cum Deo paupertatem diligens, inter aduersa semper patientiam amplectens, conuentus saecularium fugiens, uacare semper orationi concupiscens. De quo unum bonum uirtutis refero, ut ex hoc uno ualeant eius multa pensari. Is namque cum quadam die messem quam sua manu seuerat decisam ad aream deduxisset, nihilque aliud cum discipulis suis ad totius

uns hom de paruerse uolenteit, enhorteiz par les aguilhons del ancien
anemi[s], cele meisme meisson ensprist alsi com ele astoit en l'aire. Quant
il ot mis lo fou dessuz, et ce regardoit uns altres estre fait, il corut et
si lo nunzat a cel meisme seriant de deu. Et apres ce ke il ceste chose
5 ot ensengiet, dunkes ioinst apres disanz: Guai, guai, pere Steuenes, ke
toi est auenut? A cui manes icil par plaisible uiaire et par plaisible
corage respondit: Guai auint a celui ki ce fist. Quar queiz chose auint
a moi? Es queiz paroles entent l'om, en queile haltece de uertut il seoit,
ki l'une chose cui il auoit en les despenses del mont a si segure pense
10 perdit, et plus doloit de celui ki lo pechiet auoit fait, ke de soi ki soffroit
les damages del pechiet de celui. Et il ne pensoit mie queile chose il
perdoit defors, mais li colpables del pechiet combien il perdoit deuenz.
Gieres quant li iors de la mort destraindoit cestui eissir del cors, dunkes
uinrent li pluisor, par ke il lur anrmes comanderoient a si sainte anrme
15 soi departant de cest mont. Et quant tot cil ki furent assembleit esteuent
deuant lo lit de celui, li altre uirent entranz les angeles, mais il ne porent
en nule maniere dire alcune chose, li altre del tot en tot ne uirent nule
chose; mais toz ceaz ki la furent ferit si tresgranz cremors, ke nuz ne
pot illokes esteir, quant cele sainte anrme eissoit.   Gieres et cil ki
20 uirent, et cil ki del tot ne uirent nule chose, il trestot ferut d'un cremor
et espauenteit s'en fuirent, par ke en ouert seroit donent a entendre,
queiz et com grande astoit cele force ki prendoit cele eissant anrme, cui
eissue nuz des morteiz ne pot soffrir.

anni stipendium haberet, quidam peruersae uoluntatis uir, antiqui hostis stimulis
instigatus, eandem messem igne supposito, ita ut erat in area, incendit. *Quod
factum dum alter conspiceret, eidem Dei famulo cucurrit et nuntiauit. Quod postquam indicauit, adiunxit dicens: Vae, uae, pater Stephane, quid tibi contigit?
5 Cui statim uultu ac mente placida ille respondit: Vae illi contigit qui hoc fecit;
nam mihi quid contigit? In quibus [eius] uerbis ostenditur, in quo uirtutis culmine
sedebat, qui unum quod in sumptus mundi habuerat tam secura perdebat mente,
magisque illi condolebat qui peccatum commiserat, quam sibi qui peccati illius
damna tolerabat; nec pensabat quid ipse exterius, sed culpae reus quantum per-
10 debat intus. Huinc itaque cum dies mortis egredi de corpore urgeret, conuenerunt
multi, ut tam sanctae animae de hoc mundo recedenti suas animas commendarent.
Cumque lecto illius hi qui conuenerant omnes assisterent, alii ingredientes angelos
uiderunt, sed dicere aliquid nullo modo potuerunt, alii omnino nil uiderunt; sed
omnes qui aderant ita uehementissimus timor perculit, ut nullus egrediente illa
15 sancta anima illic stare potuisset. Et hi ergo qui uiderant, et hi qui omnino
nihil uiderant, uno omnes timore perculsi et territi fugerunt, ut palam daretur
intellegi quae et quanta uis esset, quae illam egredientem animam susciperet,
cuius egressum nemo mortalium ferre potuisset.

XXI. Ke a la fie la deserte de l'anrme nient en son trespassement est demostreie, mais en apres est desclareie.

Mais entre cez choses doit om sauoir, ke a la fie la deserte de l'anrme n'est pas mostreie en [149ᶜ] meisme sa eissue, mais apres la mort est demostreie plus certeinement. Por ice et li saint martre soffri- 5 rent des mescreanz pluisors crueiz choses, li queil nekedent, alsi ke nos deuant deains, a lur mortes osses par cascun ior luisent par signes et par miracles.

XXII. Des dous moines Valention l'abeit.

Quar Valences d'onorable uie ke en apres en cest Romain borc alsi 10 com tu seiz fut dessore moi et dessore mon monstier, il gouernat anzois en la contreie Valeire son monstier. El queil quant li forsenant Lumbar furent uenut, alsi com ge apris par son racontement, il pendirent dous ses moines es rains d'un arbre. Li queil cant furent pendut en cel meisme ior morurent. Mais cant faite fut la uespre, li espir d'eas ambes- 15 dous comenc(i)erent illokes par cleres uoiz et apertes a chanteir, si ke cil alsiment ki les auoient ocis, quant il oirent les uoiz des chantanz, mult merueilhiet furent espauenteit. Les queiles uoiz oirent auoc tot li prison ki furent illokes, et en apres furent tesmongeor de lur psalmodie. Mais cez uoiz des espirs li tot poissanz deus poruec uolt paratochier az 20 oreilhes des cors, par ke cascun uiuant en char aprenderoient, ke se il studoient de seruir a deu, apres la char plus uraiement uiueront.

XXI. Quod aliquando animae meritum non in ipso egressu, sed post [mortem] uerius declaratur.

Sed inter haec sciendum est, quia aliquando animae meritum non in ipso suo egressu ostenditur, post mortem uero certius declaratur. Vnde et sancti martyres ab infidelibus crudelia multa perpessi sunt, qui tamen, ut praediximus, 5
ad ossa sua mortua signis quotidie et miraculis clarescunt.

XXII. De duobus monachis Valentionis abbatis.

Vitae namque uenerabilis Valentio, qui post in hac Romana urbe mihi, sicut nosti, meoque monasterio praefuit, prius in Valeriae prouincia suum monasterium rexit. In quo dum Langobardi saeuientes uenissent, sicut eius narratione 10
didici, duos eius monachos in ramis unius arboris suspenderunt, qui suspensi eodem die defuncti sunt. Facto autem uespere utrorumque eorum spiritus claris illic apertisque uocibus psallere coeperunt, ita ut ipsi quoque qui eos occiderant, cum uoces psallentium audirent, nimium mirati terrerentur. Quas uidelicet uoces captiui quoque omnes qui illic aderant audierunt, atque eorum psalmodiae post- 15
modum testes exstiterunt. Sed has uoces spirituum omnipotens Deus idcirco pertingere uoluit ad aures corporum, ut uiuentes quique in carne discerent, quia si Deo seruire studeant, post carnem uerius uiuant.

XXIII. Del trespassement Sorain l'abeit.

Ge estisanz encor el monstier conu par alcanz religious hommes tesmonianz, ke en cest tens des Lumbars ci deleiz en ceste contreie ki Sura est apeleie, fut uns peres d'un monstier d'onorable uie Suranus par nom,
5 ki donat az prisons a soi uenanz et a ceaz ki fuirent del derrobement des Lumbars totes les choses les queiz il sembleuet auoir el monstier. Et quant il en almones ot aloueit ses uestimenz et toz les uestimenz des freres et lo celier, il despendit tot ce ke il pot auoir el cortil. Et quant il totes choses ot despendues, dunkes uinrent sodainement a lui li Lumbar
10 et si lo tinrent, si comenc(i)erent a demandeir or. Az queiz quant cil disoit soi del tot auoir nule chose, dunkes fut [149ᵛ] d'eaz meneiz sor un uoisin mont, en cui esteuet une selue de desmesureie grandece, en queil liu uns prisons fuianz atapissoit en un caueit arbre, u li uns des Lumbars fors traite la speie ocist lo deuant dit honorable homme. Cui
15 cors en terre chaiant, manes toz li monz et tote la selue crollat, alsi com la terre desist soi nient pooir porteir lo fais de sa sainteit, ki tremblat.

XXIIII. Del trespassement del diakene de la glise des Marses.

Vns altres diakenes alsiment fut en la contreie des Marses de mult honorable uie, lo queil tinrent li Lumbar, quant il l'orent troueit. Des
20 queiz li uns fors traite l'espeie trenchat ius son chief. Mais cant ses cors chait en terre, cil meismes ki l'auoit trunkiet del chief, pris d'un sord espir chait a ses piez, et ke il auoit ocis l'ami[s] de deu, ce demostrat il doneiz al anemi de deu. **Pirres.** Ge te proi ke ce est ke li

XXIII. De transitu Surani abbatis.

Quibusdam religiosis [quoque] uiris attestantibus adhuc in monasterio positus agnoui, quod hoc Langobardorum tempore iuxta in hac prouincia quae Sura nominatur, quidam monasterii pater uitae uenerabilis, Suranus nomine, fuerit, qui
5 captiuis aduenientibus atque a Langobardorum depraedatione fugientibus cuncta quae in monasterio uidebatur habere largitus est. Cumque in eleemosynis uestimenta sua ac fratrum omnia et cellarium consumpsisset, quidquid habere in horto potuit, expendit. Expensis uero rebus omnibus Langobardi ad eum subito uenerunt, eumque tenuerunt, et aurum petere cooperunt. Quibus cum ille diceret se
10 omnino nihil habere, in uicino monte ab eis ductus est, in quo silua immensae magnitudinis stabat. Ibi captiuus quidam fugiens in caua arbore latebat, ubi unus ex Langobardis educto gladio praedictum uenerabilem occidit uirum. Cuius corpore in terram cadente mons omnis protinus et silua concussa est, ac si se ferre non posse pondus sanctitatis eius diceret terra, quae tremuisset.

15 #### XXIIII. De transitu diaconi ecclesiae Marsorum.

Alius quoque in Marsorum prouincia uitae ualde uenerabilis diaconus fuit; quem inuentum Langobardi tenuerunt, quorum unus educto gladio caput eius amputauit. Sed cum corpus eius in terram caderet, ipse qui hunc capite truncauerat immundo spiritu correptus ad pedes corruit, et quod amicum Dei occi-
20 derit, inimico Dei traditus ostendit. **Petr.** Quid est hoc, quaeso te, quod omni-

tot poissanz deus ensi laisset morir, les queix nekedent apres la mort de
queile sainteit il furent ne soffret pas estre celeit?

XXV. De la mort del homme deu ki fut enuoiez en Bethleem.

Gregoires. Quant escrit est: (Li iustes) de queile mort ke soit
li est deuanciez, sa iustise ne serat pas toloite de lui, li ellit ki
sanz dotance tendent a la parmanable uie, ke lur nuist ce, se il par un
petit de tens durement muerent? Et est estre se puet a la fie lur colpe
ia soit ce ke trespetite, ki doit estre trencie en cele meisme mort. De
ce auient ke li refuseit prendent uoirement poesteit contre les niuanz,
mais quant cil muerent, ceste chose est en eaz plus griement uengie, ke
il prisent contre les bons la poesteit de lur crueiteit, alsi com ciz meismes
ocieres ki fut laissiez ferir cel meisme honorable diakene uiuant, mais il
ne fut pas laissiez auoir ioie del mort. La queile chose tesmongent alsiment les saintes escritures.

Quar li hom deu ki fut enuoiez encontre Samaire par tant ke il
maniat en la uoie par inobedience, poruec l'ocist uns leons en cele
meisme uoie. Mais manes illokes est escrit, ke li leons stiut deleiz
l'aisne, [150ʳ] et li leons ne maniat pas de la charonge. Par la
queile chose est demostreit, ke li pechiez d'inobedience fut laschiez en
cele mort, car cil meismes leons, ki le presumat uiuant ocire, ne l'osat
pas atochier ocis. Quar cil ki ot osement d'ocire, il ne prist pas congiet
de mangier de la charonge, car cil ki fut colpables en sa uie, quant
uengie fut la inobedience, si fut ia iustes par la mort. Gieres li leons
ki anzois auoit ocise la uie del pecheor, il gardat en apres la charonge

potens Deus sic permittit mori, quos tamen post mortem cuius sanctitatis fuerint
non patitur celari?

XXV. De morte uiri Dei, qui missus Bethel fuerat.

Gregor. Cum scriptum sit: *Iustus quacunque morte praeuentus fuerit,
iustitia eius non auferetur ab eo*, electi, qui procul dubio ad perpetuam uitam
tendunt, quid eis obest si ad modicum dure moriuntur? Et est fortasse nonnunquam eorum culpa, licet minima, quae in eadem debeat morte resecari. Vnde
fit, ut reprobi potestatem quidem contra uiuentes accipiant, sed illis morientibus
hoc in eis grauius uindicetur, quod contra bonos potestatem suae crudelitatis
acceperunt, sicut idem carnifex qui eundem uenerabilem diaconum uiuentem
ferire permissus est, gaudere super mortuum permissus non est. Quod sacra
quoque testantur eloquia. Nam uir Dei contra Samariam missus, quia per inobedientiam in itinere comedit, hunc leo in eodem itinere occidit. Sed statim illic
scriptum est, quia *stetit leo iuxta asinum, et non comedit de cadauere*. Ex qua
re ostenditur, quod peccatum inobedientiae in ipsa fuerit morte laxatum, quia
idem leo, quem uiuentem praesumpsit occidere, contingere non praesumpsit
occisum. Qui enim occidendi ausum habuit, de [occisi] cadauere comedendi licentiam non accepit, quia is qui culpabilis in uita fuerat, punita inobedientia, erat
iam iustus ex morte. Leo ergo qui prius peccatoris uitam necauerat, custodiuit

del iuste. **Pirres.** Il moi plaist ce ke tu dis; mais ge uoldroie conoistre, se or deuant la resurrection des cors les anrmes des iustes puent estre receutes en ciel.

XXVI. Se deuant lo restorement des cors les anrmes des iustes
5 sont receues el ciel.

Gregoires. Ce ne poons nos pas regehir de toz les iustes, ne denoier de toz. Quar il sont les anrmes des alcanz iustes, ki encor del regne celeste sont respities par alcunes mansions. El queil damage de respit queile altre chose est demostreie, se ce non ke il eurent alcune chose
10 moins de la parfaite iustise? Et nekedent plus clere chose est ke la lumiere, ke les anrmes des parfiz iustes manes k'eles eissent les closures de ceste char sont receutes es celestes sieges. La queile chose et meisme la ueriteiz parmei soi tesmonget disanz: V ke unkes serat li cors, illokes seront assembleit li aegle; car la u nostre rachateres est
15 par cors, illokes senz dotance seront concoilhies les anrmes des iustes. Et Paulus desiret estre desloiez, et estre auoc Crist. Gieres cil ki ne dotet pas Cristum estre el ciel, il ne denoiet pas l'anrme Paulon estre el ciel. Ki encor dist del desloiement de son cors et de l'abitation del celeste pais: Nos sauons, ke se nostre terriene maisons de ceste
20 habitation est desloie, ke nos auons edification de deu, la maison nient faite de main, (mais) parmanable el ciel. **Pirres.** Gieres se les anrmes des iustes or sont el ciel, queiz chose est k'eles el ior del iuise receueront por lo reguerredon de lur iustise?

Gregoires. Senz dotance ce lur croisterat el ior del iuise, k'eles or

postmodum cadauer iusti. **Petr.** Placet quod dicis; sed nosse uelim, si nunc ante resurrectionem corporum in caelo recipi ualeant animae iustorum.

XXVI. Si ante restitutionem corporis recipiantur in caelo animae iustorum.

Gregor. Hoc neque de omnibus iustis fateri possumus, neque de omnibus
5 negare. Nam sunt quorundam iustorum animae quae a caelesti regno quibusdam adhuc mansionibus differuntur. In quo dilationis damno quid aliud innuitur, nisi quod de perfecta iustitia aliquid minus habuerunt? Et tamen luce clarius constat, quia perfectorum iustorum animae mox ut huius carnis claustra exeunt, in caelestibus sedibus recipiuntur, quod et ipsa per se ueritas attestatur dicens: *Vbi-*
10 *cunque fuerit corpus, illuc congregabuntur et aquilae;* quis ubi ipse redemptor noster est corpore, illuc procul dubio colliguntur iustorum animae. Et Paulus dissolui desiderat, et esse cum Christo. Qui ergo Christum in caelo esse non dubitat, nec Pauli animam esse in caelo negat. Qui etiam de dissolutione sui corporis atque de inhabitatione caelestis patriae dicit: *Scimus quoniam si ter-*
15 *restris domus nostra huius habitationis dissoluatur, quod aedificationem habemus ex Deo, domum non manufactam, sed aeternam in caelis.* **Petr.** Si igitur nunc sunt in caelo animae iustorum, quid est quod in die iudicii pro iustitiae suae retributione recipiant? **Gregor.** Hoc eis nimirum crescit in iudicio, quod nunc

est [150ᵛ] la sole bieneurteit des anrmes, mais ci apres auront eles auoc
la bieneurteit des cors, par ke il alsiment aient ioie en meisme la char,
en cui il soffrirent por lo sanior dolors et cruciemenz. Quar por ceste lur
doble gloire est escrit: En lur terre posseront il dobles choses. De
ce encor deuant lo ior de la resurrection des anrmes des sainz est escrit:
Doneies lur sont unes blanches stoles et dit lur est k'eles repo-
sassent encor un poi de tens, des a tant ke li numbres de lur
peirs sers et de lur freres soit acompliz. Gieres cil ki or ont pris
unes stoles, il auront el iugement dous estoles, car or s'esleecent il tan
solement de la gloire des anrmes, mais dunkes soi esleeceront il de la
gloire des anrmes ensemble et des cors. **Pirres. Ce** moi assent. Mais ie
uoldroie sauoir, par queile maniere est fait, ke cil ki muerent a la fie
deuant dient pluisors choses?

XXVII. Par queiles manieres cil ki murent deuant dient alcunes choses, et de la mort del auoeit, et de la reuelation Geronti et Melliti lo moine, et de la mort del enfant bouier, et de la diuersiteit des lengues.

Gregoires. A la fie meisme la force des anrmes par sa subtiliteit
deuant uoit alcune chose, et a la fie les anrmes, quant eles doiuent eissir
del cors, par reuelation conoissent les choses ki sont a uenir; et a la fie
quant ia pres est k'eles doiuent laissier lo cors, eles enspireies de deu
enuoient es secreies choses celestes lo nient corporeil oelh de lur pense.
Quar ke la force de l'anrme a la fie par sa subtiliteit conoist les choses
ki sont a uenir, aouert est de ce ke quant uns auoeiz ki en cest bore
deuant dous iors del dolor del leiz astoit morz, un petit deuant ce ke il

animarum sola, postmodum uero etiam corporum beatitudine perfruuntur, ut in
ipsa quoque carne gaudeant, in qua dolores pro Domino cruciatusque pertulerunt.
Pro hac quippe geminata eorum gloria scriptum est: *In terra sua duplicia possidebunt.* Hinc etiam ante resurrectionis diem de sanctorum animabus scriptum
est: *Datae sunt illis singulae stolae albae, et dictum est illis ut requiescerent
tempus adhuc modicum, donec impleatur numerus conseruorum et fratrum eorum.*
Qui itaque nunc singulas acceperunt, binas in iudicio stolas habituri sunt, quia
modo animarum tantummodo, tunc autem animarum simul et corporum gloria
laetabuntur. Petr. Assentio; sed uelim scire, quonam modo agitur quod plerumque
morientes multa praedicunt?

XXVII. Quibus modis morientes aliqua praedicunt; et de quodam aduocato,
de Gerontio ac Mellito monachis et armentario puero.

Gregor. Ipsa aliquando animarum uis subtilitate sua aliquid praeuidet. Aliquando autem exiturae de corpore animae per reuelationem uentura cognoscunt.
Aliquando uero dum iam iuxta sit ut corpus deserant, diuinitus afflatae in secreta
caelestia incorporeum mentis oculum mittunt. Nam quod uis animae aliquando
subtilitate sua ea quae sunt uentura cognoscit, patet ex eo *quod quidam aduo-
catus qui in hac urbe ante biduum lateris dolore defunctus est, paululum ante-

morust, il apelat son seriant, si comandat ke hom li appareilhast uestimenz por eissir. Lo queil cant li serianz ueoit alsi com forseneir, et s
n'obeissoit pas a ses comanz, dunkes soi leuat sus et uestit soi d'un uestiment, et par la uoie Appie a la glise del bieneurous Siston dist ke il
5 fors iroit. Et quant en apres engrauissant lo mal fut morz, dunkes fut
proposeit, ke ses cors deust estre mis en la uoie Prenestine aier lo
bieneurous martre Ianuaire. Mais par tant ke ce sembloit lonz a cea
ki portei-[151ʳ]rent son cors, manes neit lo conseilh eissirent auoc son
cors par la uoie Appie, et nient sachant ke cil auoit dit, misent celui ea
10 la glise cui il auoit deuant dit. Et quant nos sauons cel meisme homme
auoir esteit enloiet de seculeirs cures et conuoitant terrienes gaanges,
dont pot il ce deuant dire, se ce non ke meisme la force et la subtilitez
de l'anrme deuant ueoit ce ke a son cors denoit auenir? Et ke alsiment
souentes fies est fait par reuelation, ke cil ki doiuent morir deuant seuent
15 les choses ki doiuent auenir, ce poons nos entendre des choses cui nos
sauons faites aier nos es monstiers. Quar el mien monstier deuant lo
tens de dis ans fut uns freres ki Gerontius astoit diz, li queiz cant il fut
apresseiz de grief mal del cors, en la nuiterneile uision uit il descendre
des souraines parties hommes uestuz de blanches uestures et del tot de
20 cleir habit en cel meisme monstier. Li queil cant il esteuent deuant lo
lit del gisant, dunkes dist li uns d'eaz: Por ice sumes nos uenut, ke nos
del monstier Gregoire les alcanz freres enuoions en cheualerie. Et il
comandanz al altre dist apres: Escri Marcel, et Valentinien, Agnel et
altres des queiz or ne moi souient mie. Et quant cez choses furent faites,

quam moreretur, uocauit puerum suum, pararique sibi uestimenta ad procedendum
iussit. Quem dum puer quasi insanire cerneret eiusque praeceptis minime obe-
diret, surrexit, uestimento se induit, et per uiam Appiam ad beati Xysti ecclesiam se esse processurum dixit. Cumque post modicum, ingrauescente molestia,
5 esset defunctus, deliberatum fuerat ut apud beatum Ianuarium martyrem Praene-
stina uia eius corpus poni debuisset. Sed quia longum hoc his qui funus eius
portauerunt uisum est, repente orto consilio exeuntes cum eius funere per uiam
Appiam, nescientesque quid ille dixerat, in ipsa eum ecclesia quam praedixerat
posuerunt. Et cum eundem uirum curis saecularibus obligatum lucrisque terrenis
10 inhiantem fuisse nouerimus, unde hoc praedicere potuit, nisi quia id quod futurum
erat eius corpori ipsa uis animae ac subtilitas praeuidebat? Quod autem saepe
etiam *reuolationibus agitur, ut a morituris futura praesciantur, ex his colligere
possumus, quae apud nos gesta in monasteriis scimus. In monasterio etenim meo
quidam frater ante decennium Gerontius dicebatur. Qui cum graui molestia
15 corporis fuisset depressus, in uisione nocturna albatos uiros et clari omnimodo
habitus in hoc ipsum monasterium descendere de superioribus aspexit. Qui dum
coram lecto iacentis assisterent, unus eorum dixit: Ad hoc uenimus, ut de monasterio Gregorii quosdam fratres in militiam mittamus; atque alteri praecipiens
adiunxit: Scribe Marcellum, Valentinianum, Agnellum, atque alios quorum nunc
20 minime recordor. Quibus expletis addidit dicens: Scribe et hunc ipsum qui nos

dunkes aiostat disanz: Escri et cestui meisme ki nos regardet. De la
queile uision renduz certains li deuant diz freres, quant faite fut la matinele, si fist conoistre az freres, li queil et combien astoient cil ki de cele
meisme cele deuoient morir, les queiz alsiment nunzat soi denoir siure,
quant en l'altre ior li deuant dit frere comenc(i)erent a morir, et dessuz 5
cel meisme ordene seuirent en la mort, par cui il furent nomeit en la
description...... En cele mortaliteit alsiment ki deuant lo tens de trois
ans cest bore deguastat de tresforte pestilence, dunkes fut el monstier de
la citeit Portunense uns moines ki astoit diz Mellitus, encor establiz es
ans de iouencel, mais il astoit hom de mult grande simpliciteit et d'umili- 10
teit. Li queiz aprochant lo ior de sa uocation feruz de cele meisme
pestilence [151ᵛ] fut meneiz al fin. La queile chose oanz Felis hom
d'onorable uie, li ueskes de cele meisme citeit, par cui racortement ge
conu cez choses, il ot cure de uenir a lui, et par ke il ne denst cremoir
la mort de conforteir celui par paroles enhorteires. A cui alsiment 15
comenzat promettre plus lons espazes de uie par la diuine mercit. Mais
a cez choses icil respondit les tens de son curs estre compliz, disanz un
iouencel auoir aparut a soi et episteles auoir aporteit disant: Oure et lis.
Et quant furent ouertes, dunkes dist ke il soi et toz ceaz ki en cel
meisme tens del deuant dit ueske en la feste pascale furent baptiziet, 20
trouat escriz de lettres d'or en celes meismes episteles. De promiers
noirement alsi com il disoit trouat son nom, et en apres de toz les bapti-
ziez en icel tens. De la queile chose il tint certe chose, et soi et iceaz
hastiuement de ceste uie denoir aleir. Et fait est ke il morut en cel

aspicit. Ex qua uisione certus redditus praedictus frater facto mane innotuit
fratribus, qui et *qui essent [in breui] ex eadem cella morituri, quos se etiam
denuntiauit esse secuturum, cum die alio praedicti fratres mori coeperunt, atque
sub eodem ordine se in morte secuti sunt, quo fuerant in descriptione nominati.
[Ad extremum uero et ipse obiit, qui eosdem fratres morituros praeuidit.] In ea 5
quoque mortalitate quae ante triennium hanc urbem uehementissima clade uastauit,
in Portuensis ciuitatis monasterio Mellitus dictus est monachus adhuc in annis
iuuenilibus constitutus, sed mirae simplicitatis atque humilitatis uir: qui appropinquante uocationis die eadem clade percussus ad extrema deductus est. Quod
uir uitae uenerabilis Felix eiusdem ciuitatis episcopus audieus, cuius et haec 10
relatione cognoui, ad eum accedere studuit, et ne mortem timere debuisset, uerbis
hunc persuasoriis confortare, cui etiam adhuc de diuina misericordia longiora
uitae spatia polliceri coepit. Sed ad haec ille respondit, cursus sui tempora esse
completa, dicens apparuisse sibi iuuenem, atque epistolas detulisse dicentem:
Aperi et lege. Quibus apertis asseruit quia se et omnes qui eodem tempore a 15
praedicto episcopo in paschali festiuitate fuerant baptizati scriptos in eisdem
epistolis litteris aureis inuenisset. Primum quidem, ut dicebat, suum nomen
repperit, ac inde omnium illo in tempore baptizatorum. Qua de re certum tenuit,
et se et illos de hac uita esse sub celeritate migraturos. Factumque est ut die

meisme ior, et apres lui tot cil ki furent baptiziet ensi seuirent, ke deuem
poi de iors nuz d'eaz ne remeist en ceste uie. Des queiz senz dotance
certe chose est, ke por ice les uit li deuant diz serianz de deu d'or
escriz, car la parmanable clarteiz auoit lur nons enfichiez aier soi. Gieres
5 alsi com icist par reuelations porent conoistre les choses ki astoient a
uenir, ensi a la fie les anrmes ki doiuent eissir puent alsiment les celestes
misteires nient par soinge, mais en ueilhant deuant gosteir. Quar tu conus
bien Ammonium, lo moine de mon monstier. Li queiz cant il fut establiz
el seculeir habit, il prist en mariage la natureile filhe de Valerien l'anceit,
10 de cest borc, si aerdoit az seruises de celui ententiuement et senz entrecessement, et il sauoit totes les choses ki astoient faites en la maison de
celui. Li queiz ia estisanz el monstier racontat a moi, ke en cele mortaliteit ki es tens del patrice Narse cest borc afflit forment, en la maison
del deuant dit Valerien fut uns enfes bouirs de grande simpliciteit et de
15 grande humiliteit. Et quant la maisons de [152/3ʳ] cest meisme auoeit fut
deguasteie de cele meisme pestilence, dunkes fut cil enfes feruz, et meneiz
ioskes al fin. Li queiz sodainement osteiz des choses ki sont presentes
repairat, et si fist son sanior apeleir a soi. A cui il dist: Ge fui el ciel,
et si sai li queil morront de ceste maison. Cil, et cil, et cil morront.
20 Mais tu ne cremoir mie, car en cest tens ne morras tu mie. Et par ke
tu saches ke ge uoir di moi auoir esteit el ciel, uoi ge pris illokes ke
ie parole de toz lenguages. Ne fut dunkes conut a toi, ke ge del tot ne
sauoie griiois lenguage? Et nekedent ge parlerai en griiois, par ke tu
conoisses, se ce est uoirs, ke ge tesmonge moi auoir pris toz lenguages.

eadem ipse moreretur, atque post eum cuncti illi qui baptizati fuerant ita secuti
sunt, ut intra paucos dies nullus eorum in hac uita remaneret. De quibus
nimirum constat quod eos praedictus Dei famulus idcirco auro scriptos uiderat,
quia eorum nomina apud se fixa aeterna claritas habebat. Sicut itaque hi reuela-
5 tionibus potuerunt uentura cognoscere, ita nonnumquam egressurae animae possunt etiam mysteria caelestia non per somnium, sed uigilando praelibare. Ammonium namque monasterii mei monachum bene nosti, qui dum esset in saeculari
habitu constitutus, Valeriani huius urbis aduocati naturalem filiam in coniugio
sortitus, eius obsequiis sedulo atque incessanter adhaerebat, et quaeque in eius-
10 dem domo agebantur nouerat. Qui mihi iam in monasterio positus narrauit quod
in ea mortalitate quae patricii Narsae temporibus hanc urbem uehementer afflixit,
in domo praedicti Valeriani puer armentarius fuit praecipuae simplicitatis et
humilitatis. Cum uero eiusdem aduocati domus eadem clade uastaretur, idem
puer percussus est et usque ad extremum deductus. Qui subito sublatus a prae-
15 sentibus [postmodum] rediit, sibique dominum suum uocari fecit. Cui ait: Ego in
caelo fui, et qui de hac domo morituri sunt agnoui. Ille, ille, atque ille morituri
sunt; tu uero ne timeas, quia in hoc tempore moriturus non es. Vt uero scias
quod me in caelo fuisse uerum fateor, ecce accepi illic ut linguis omnibus loquar.
Num quid tibi incognitum fuit Graecam me linguam omnino non nosse? et tamen
20 Graece loquar ut cognoscas an uerum sit quod me omnes linguas accepisse testi-

A cui dunkes ses sires parlat en griiois, et icil ensi respondit en cele meisme lengue, ke tot cil ki l'oirent soi merueilh(i)erent. En cele meisme maison essiment del deuant dit Narse manoit uns cheualiers de Bolgerie, li queiz hastiuement ameneiz al malade parlat a lui en lengue de Bolgerie; mais cil enfes neiz et norriz en Lumbardie en cele meisme strange parole ensi respondit, alsi com il fust engenreiz de cele meisme gent. Tot cil orent merueilhe ki l'oirent, et par l'esprouance de dous lenguages les queiz il sauoient lui anzois nient sauoir creirent de toz les queiz il ne porent pas proueir. Dunkes fut sa morz respitie par lo space de dous iors, mais el tierc ior, hom ne seit par queil repons iugement de deu, descirat ses mains et ses braz et ses pesteauz de ses denz, et ensi eissit del cors. Et quant il fut morz, manes tot cil cui il auoit deuant dit de ceste lumiere furent sostrait, et nuz en cele maison ne morut de cele tempeste, ki ne fut annunciez par la uoiz de celui. **Pirres.** Mult espawentable chose est, ke cil ki deseruit prendre teil don, ke il alsiment en apres fut feruz de teile paine. **Gregoires.** Ki sarat les repons iugemenz de deu? Mais les choses cui nos ne poons pas comprendre el diuin iugement, nos les deuons plus cremoir ke descoure.

XXVIII. De la mort de Theophaine lo conte.

Mais par tant ke nos parsiuons les choses cui nos auons comen-[152/3ᵛ] cies des eissanz anrmes ki deuant conoissent pluisors choses, ne ce ne doit om pas taisir, ke de Theophaine lo conte del borc de Cent Celes ge conu estisanz en cel meisme borc par pluisors tesmongeors. Quar il fut uns hom doneiz az faiz de mercit, ententius a bones oeures, pluisemes

ficor. Cui tunc Graece dominus suus locutus est, atque ita ille in eadem lingua respondit, ut cuncti qui aderant mirarentur. In ea quoque domo praedicti Narsae spatharius Bulgar manebat: qui festine ad aegrum deductus ei Bulgarica lingua locutus est; sed ita puer ille in Italia natus et nutritus in eadem barbara locutione respondit ac si ex eadem fuisset gente generatus. Mirati sunt omnes qui audiebant, atque ex duarum linguarum experimento quas eum antea nescisse nouerant, crediderunt de omnibus quas probare minime ualebant. Tunc per biduum mors eius dilata est, sed die tertio, quo occulto iudicio nescitur, manus ac brachia lacertosque suos dentibus laniauit, atque ita de corpore exiuit. Quo mortuo omnes illi quos praedixerat ex hac protinus luce subtracti sunt, nullusque in illa domo eadem tempestate defunctus est, qui uoce illius denuntiatus non est. **Petr.** Valde terribile est, ut qui tale donum percipere meruit, tali etiam post hoc poena plecteretur. **Gregor.** Quis occulta Dei iudicia sciat? Ea quae in diuino examine comprehendere non possumus, timere magis quam discutere debemus.

XXVIII. De morte Theophanii comitis.

Vt autem de egredientibus animabus quae multa praenoscunt, ea quae coepimus exsequamur, neque hoc silendum est, quod de Theophanio, Centumcellensis urbis comite, in eadem urbe positus multis attestantibus agnoui. Fuit namque uir misericordiae actibus deditus, bonis operibus intentus, hospitalitati

studoianz a hospitaliteit. Occupeiz certes a faire les cures de la conteit
faisoit les terrienes choses et temporeiles, mais alsi com en apres en son
fin fut conut, plus por la dette ke par entention. Quar quant aprochant
lo tens de sa mort une mult grieue tempeste del air encontrestisoit, ke
5 il ne poist estre meneiz a enseuelir, et sa femme a mult fort plorement
lo demandeuet disanz: Ke ferai ge? coment toi getterai fors a enseuelir,
ki ne puis pas eissir l'uiz de ceste maison por la grande tempeste? Icil
respondit: Femme, ne ploreir mie, car manes ke ge serai morz, en cele
meisme hore repairrat la clarteiz del air. Cui uoiz manes seuit la morz,
10 et la mort seuit la clarteiz. Lo queil signe seuirent auoc altres signes.
Quar ses mains et sei piet enfleit del humor de podagre furent torneit en
plaies, et si furent ouert fors corant lo porrit sanc. Mais quant ses cors
solunc la constume fut nueiz por lauer, ses mains et sei piet furent ensi
sain troueit, alsi com il unkes n'eussent nient de plaie. Dunkes fut
15 meneiz et enseueliz, et a sa femme semblat, ke el quart ior en son
sepulcre li marbres ki fut dessore mis deust mueir. Li queiz marbres
dessore mis a son cors quant fut osteiz, si grande suauiteiz d'odor eissit
fors de son cors, alsi com de la purrissant char de celui por les uers
bolissent espezes. La queile faite chose quant moi racontant es omelies
20 az alcanz enferz uenist en dotance, par un ior quant ge seoie en un
couent de nobles hommes, dunkes furent present li artefior ki el sepulcre
de celui muerent lo marbre, por moi a proier alcune chose de lur propre
cause. Les queiz ge demandai de cel meisme miracle deuant lo clergiet,
deuant les nobles et deuant lo pople, li queil tesmong(i)erent soi auoir

praecipue studens. Exercendis quidem comitatus curis occupatus agebat terrena
et temporalia, sed ut post in fine claruit, magis ex debito quam ex intentione.
Nam dum appropinquante mortis eius tempore grauissima aeris tempestas obsisteret, ne ad sepeliendum duci potuisset, eumque uxor sua cum fletu uehemen-
5 tissimo inquireret dicens: Quid faciam? quomodo te ad sepeliendum olicio, quae
ostium domus huius egredi prae nimia tempestate non possum? tunc ille respondit:
Noli, mulier, flere, quia mox ut ego defunctus fuero, eadem hora aeris serenitas
redibit. Cuius protinus uocem mors, et mortem serenitas secuta est. Quod
signum etiam alia signa sunt comitata. Nam manus eius et pedes podagrae
10 humore tumescentes uersi in uulneribus fuerant, et profluente sanie patebant.
Sed dum corpus eius ex more ad lauandum fuisset nudatum, ita manus pedesque
eius sani inuenti sunt, ac si nunquam uulneris aliquid habuissent. Ductus itaque
ac sepultus est, eiusque coniugi uisum est ut quarto die in sepulcro illius marmor
quod superpositum fuerat mutari debuisset. Quod uidelicet marmor corpori eius
15 superpositum dum fuisset ablatum, tanta ex corpore ipsius fragrantia odoris
emanauit, ac si ex putrescente carne illius pro uermibus aromata ferbuissent.
Quod factum dum narrante me in homiliis, infirmis quibusdam uenisset in dubium, die quadam, sedente me in conuentu nobilium, ipsi artifices qui in sepulcro
illius marmor mutauerant adfuerunt, aliquid me de propria causa rogaturi. Quos
20 ego de eodem miraculo coram clero, nobilibus ac plebe requisiui, qui et eadem

[154ʳ] esteit raempliz de cele suauiteit de l'odor par merueilhouse maniere, et alcunes altres choses en l'aoisement del miracle aiosterent de cel meisme son sepulcre, les queiz choses or raconteir ge aesme estre longe chose. **Pirres.** A la moie demandise ia uoi sufficienment estre asseiz fait, mais ce est encor ke par question hurtet mon corage: quar quant un petit ci deuant est dit, les anrmes des sainz estre el ciel, dunkes remaint senz dotance ke alsiment les anrmes des felons ne soient pas creues estre se en infer non. Et ge non sai queile chose de ce at la ueriteiz. Quar la humaine aesmance n'at pas, ke les anrmes des pecheors puent estre crucies deuant lo iuise.

XXVIIII. Ke alsi com les anrmes des parfiz el ciel, ensi apres lo desloiement des cors les anrmes des felons doit hom croire estre en infer.

Gregoires. Se tu creis, Pirres, par la satisfaction de la sainte parole les anrmes des sainz estre el ciel, dunkes couient par totes choses ke tu crois alsiment les anrmes des felons estre en infer, car del reguerredon de la deuentriene iustise de cui ia li iuste ont gloire, il couient par totes choses ke li nient iuste soient cruciet. Quar alsi com la bieneurteiz ealeeecet les elliz, ensi est mestiers ke l'om croiet, ke li fous art les refuseiz des lo ior de lur eissue. **Pirres.** Et par queile raison doit om croire, ke li fous corporeiz puisset tenir chose nient corporeile?

---

odoris fragrantia miro modo se repletos fuisse testati sunt, et quaedam alia in augmento miraculi, quae nunc narrare longum aestimo, de eodem sepulcro eius addiderunt. **Petr.** Inquisitioni meae sufficienter iam uideo satisfactum, sed hoc est adhuc, quod quaestione animum pulsat: quia cum superius dictum sit esse iam sanctorum animas in caelo, restat procul dubio ut iniquorum quoque animae esse non nisi in inferno credantur. Et quid hac de re ueritas habeat ignoro. Nam humana aestimatio non habet peccatorum animas ante iudicium posse cruciari.

XXVIIII. Quod sicut perfectorum animae in caelo, ita post dissolutionem corporis iniquorum animae in inferno esse credendae sunt.

Gregor. Si esse sanctorum animas in caelo sacri eloquii satisfactione credidisti, oportet ut per omnia esse credas et iniquorum animas in inferno, quia ex retributione aeternae iustitiae, ex qua iusti iam gloriantur, necesse est per omnia ut et iniusti crucientur. Nam sicut electos beatitudo laetificat, ita credi necesse est quod a die exitus sui ignis reprobos exurat. **Petr.** Et qua ratione credendum est quia rem incorpoream tenere ignis corporeus possit?

XXX. Par quelle raison hom doit croire ke li fous corporeiz puet tenir les espirs nient corporeiz.

Gregoires. Se li nient corporeiz espirs d'un uiuant homme est tenuz el cors, por coi apres la mort, quant li espirs est nient corporeiz, ne serat tenuz alsiment de fou corporeil? **Pirres.** En alcun uiuant homme por ice li nient corporeiz espirs est tenuz el cors, car il uiuifiet lo cors. **Gregoires.** Pirres, se li nient corporeiz espirs puet en cele chose estre tenuz cui il uiuifiet, por coi et par poine ne serat et la tenuz u il est mortifiez? Et l'espir disons nos estre tenut par lo fou, si ke il soit el torment del fou en ueant et en sentant. Quar par ce soffret il lo fou ke il lo uoit, et par tant ke il uoit soi estre ars, poruec est il ars. Et ensi auient, ke la chose corporeile brullet la chose nient corporeile, quant del fou [154ᵛ] ueable est traiz chalres et dolors nient ueables, ke par lo fou corporeil la pense nient corporeile encor de flamme corporeile soit crucie; ia soit ce ke nos poons concoilhir des diz euuangelicalz, ke les anrmes soffrent l'arsin nient solement en ueant, mais encor en esprouant. Quar par la uoiz de la ueriteit li riches morz est diz enseueliz en infer, cui anrme k'ele est tenue el fou ce demostret... ki et Abraham deproiet disans: Enuoie Lazaron par ke il molhet la darraine partie de son doit en aigue, et refroidet ma lengue, car ge sui cruciez en ceste flamme. Gieres quant la ueriteiz dist lo riche pecheor estre dampneit el fou, li queiz sages denoierat les anrmes des refuseiz estre tenues es fous? **Pirres.** Or est mes corages par raison et par tesmoin ploiez a creandise, mais laissiez lo pares repairet a roidor. Quar ge non sai coment la chose nient corporeile puet estre tenue et afflite de la chose corporeile.

XXX. Qua ratione credendum sit ut incorporeos spiritus tenere ignis corporeus possit.
Gregor. Si uiuentis hominis incorporeus spiritus tenetur in corpore, cur non post mortem, cum incorporeus sit spiritus, etiam corporeo igne teneatur? **Petr.** In uiuente quolibet idcirco incorporeus spiritus tenetur in corpore, quia uiuificat corpus. **Gregor.** Si incorporeus spiritus, Petre, in hoc teneri potest quod uiuificat, quare non poenaliter et ibi teneatur ubi mortificatur? Teneri autem spiritum per ignem dicimus, ut in tormento ignis sit uidendo atque sentiendo. Ignem namque eo ipso patitur, quo uidet; et quia concremari se aspicit, concrematur. Sicque fit ut res corporea incorpoream exurat, dum ex igne uisibili ardor ac dolor inuisibilis trahitur, ut per ignem corporeum mens incorporea etiam corporea flamma crucietur. Quamuis colligere ex dictis euangelicis possumus, quia incendium anima non solum uidendo, sed etiam experiendo patiatur. Veritatis etenim uoce diues mortuus in inferno dicitur sepultus. Cuius anima quia in igne teneatur insinuat [uox eiusdem diuitis] qui Abraham deprecatur dicens: *Mitte Lazarum ut intingat extremum digiti sui in aquam, et refrigeret linguam meam, quia crucior in hac flamma.* Dum ergo peccatorem diuitem damnatum ueritas in ignem perhibet, quisnam sapiens reproborum animas teneri ignibus neget? **Petr.** Ecce ratione ac testimonio ad credulitatem flectitur animus, sed dimissus iterum ad rigorem redit. Quomodo enim res incorporea a re corporea teneri atque affligi possit ignoro.

Gregoires. Di ge te proi les apostateiz espirs de la gloire del ciel ius getteiz, quides les tu estre corporeiz u nient corporeiz? **Pirres.** Queiz hom saine chose sauoranz aurat dit les espirs estre corporeiz? **Gregoires.** Regehis tu lo fou d'infer estre corporeil u nient corporeil? **Pirres.** Ge ne dote pas lo fou d'infer estre corporeil, en cui certe chose est ke li cors sont cruciet. **Gregoires.** Certes az refuseiz la ueriteiz dirat el fin: *Aleiz el fou parmanable, ki est appareilhiez al diable et a ses angeles.* Gieres se li diables et sei angele, quant il sont nient corporeil, doiuent estre cruciet de fou corporeil, queiz merueilhe est dunkes, se les anrmes et deuant ce k'eles reprendent lur cors puent sentir les corporeiz tormenz? **Pirres.** Ouerte est la raisons, et li corages ne doit pas des or mais doteir de ceste question.

XXXI. De la mort del roi Tirri l'Arrien.

Gregoires. Apres ce ke tu traueilhousement creis, ge croi estre mestier, se ge raconte les choses ki de feoz hommes a moi sont racontéies. Iuliens de ceste Romaine glise, a cui ge serf par l'autor deu, li secuns defende-[155ʳ]res, ki morut pres deuant set ans, il uenoit souent a moi estisant el monstier, et auoit acconstumeit a parleir auoc moi de la utiliteit de l'anrme. Gieres iciz par un ior racontat a moi disanz: Es tens lo roi Tirri li peres de mon sure auoit fait en Sicile la demandise del cane, et ia repairoit a Lumbardie, cui neiz fut deboteie a un isle ki Lipparis est apeleiz. Et par tant ke illokes manoit uns solitaires de grande uertut, quant li maronier rapareilhieuent lur ostilhes, dunkes fut ueut al deuant dit pere de mon sure ke il iroit a cel homme de deu, et

---

Gregor. Dic, quaeso te, apostatas spiritus a caelesti gloria delectos esse corporeos an incorporeos suspicaris? **Petr.** Quis sanum sapiens esse spiritus corporeos dixerit? **Gregor.** Gehennae ignem esse incorporeum an corporeum fateris? **Petr.** Ignem gehennae corporeum esse non ambigo, in quo certum est corpora cruciari. **Gregor.** Certe reprobis ueritas in fine dictura est: *Ite in ignem aeternum, qui paratus est diabolo et angelis eius.* Si igitur diabolus eiusque angeli, cum sint incorporei, corporeo sunt igne cruciandi, quid mirum si animae et antequam recipiant corpora, possint corporea sentire tormenta? **Petr.** Patet ratio, nec debet animus de hac ulterius quaestione dubitare.

XXXI. De morte Theodorici regis Ariani.

Gregor. Postquam laboriose credidisti, operae pretium credo, si ea quae mihi a uiris fidelibus sunt digesta narrauero. Iulianus namque huius Romanae ecclesiae, cui Deo auctore deseruio, secundus defensor, qui ante septem ferme annos defunctus est, ad me adhuc in monasterio positum crebro ueniebat, et mecum colloqui de animae utilitate consueuerat. Hic itaque mihi quadam die narrauit dicens: Theodorici regis temporibus pater soceri mei in Sicilia exactionem canonis egerat, atque iam ad Italiam redibat. Cuius nauis appulsa est ad insulam quae Liparis appellatur. Et quia illic uir quidam solitarius magnae uirtutis habitabat, dum nautae nauis armamenta repararent, uisum est praedicto patri soceri

soi comanderoit az orisons de celui. Les queiz cant ot ueuz li hom del
sanior, il parlanz auoc eaz entre altres choses lur dist: Saueiz uos, ke li
rois Tirris est morz? A cui icil manes respondirent: Ia n'auenget! Nos
lo laissames uiuant, et nule teile chose ioskes a or ne fut a nos dite de
5 lui. Az queiz li serianz de deu aiostat disanz: Voirement morz est. Quar
el ior d'ier a l'ore de none entre Iohan lo pape et Simmacum lo patrice
fut deuestiz et deschalciez, et a loies mains ameneiz fut getteiz en ceste
uoisine olle de Volcan. La queile chose cil oant soniousement descrissent
lo ior, et il retorneit en Lumbardie trouerent lo roi Tirri en cel meisme
10 ior auoir esteit mort, en cui de sa eissue et de sa poine al seriant de
deu fut demostreit. Et par tant ke il Iohan lo pape ocist en affliant el
chartre, et Simmacum lo patrice ocist del fer, poruec par droit apparuit
de ceaz estre mis el fou, les queiz en ceste uie il iuiat a tort.

XXXII. De la mort de Restoreit.

15 En cel meisme tens essiment, quant ge de promiers sospireiue par
les desiers de deseureie uie, uns honestes uielhars Deusdedit par nom,
mult amis az nobles de cest borc, et a moi astoit il ioinz en amistiez
assiduciement, il racoutat a moi disanz: El tens des Gothes uns nobles
hom Reparatus par nom uint a la mort. Li queiz quant ia gisoit longe-
20 ment trauailhiez de la enfermeteit, dunkes sembloit ke li uiauz sofflemenz
fust eissuz de lui, et ke li cors fust [155ᵛ] remeis senz anrme. Et quant
et li pluisor ki la furent assembleit et la maihnie lo plorouet ia mort, il

mei ad eundem uirum Dei pergere, seque eius orationibus commendare. Quos
uir Domini cum uidisset, eis inter alia colloquens dixit: Scitis quia rex Theodo-
ricus mortuus est? Cui illi protinus responderunt: Absit, nos eum uiuentem
dimisimus, et nihil tale ad nos de eo nunc usque perlatum est. Quibus Dei
5 famulus addidit dicens: Etiam mortuus est, nam hesterno die hora nona inter
Ioannem papam et Symmachum patricium discinctus atque discalceatus et uinctis
manibus deductus in hanc uicinam Vulcani ollam iactatus est. Quod illi audientes
sollicite conscripserunt diem, atque in Italiam reuersi eo die Theodoricum regem
inuenerunt fuisse mortuum, quo eius exitus atque supplicium Dei famulo fuerat
10 ostensum. Et quia Ioannem papam affligendo in custodia occidit, Symmachum
[quoque] patricium ferro trucidauit, ab illis iuste in ignem missus apparuit, quos
in hac uita iniuste iudicauit.

XXXII. De morte Reparati.

Eo quoque tempore quo primum remotae uitae desideriis anhelabam, quidam
15 honestus senex, Deusdedit nomine, ualde huius urbis nobilibus amicus, mihi quoque in amicitiis sedule iungebatur, qui mihi narrabat dicens: Gothorum tempore
quidam spectabilis uir, Reparatus nomine, uenit ad mortem. Qui dum diu im
*mutus ac rigidus iaceret, uisum est quod ab eo [funditus] flatus uitalis exisset,
atque exanime remansisset corpus. Cumque et multi qui conuenerant, et eum

repairat sodainement, et les larmes de toz ceaz ki plaindoient soi retornerent en meruellhe. Li queiz retorneiz dist: Tost enuoiez un enfant a
la glise del bieneurous Laurent lo martre, la queile por lo nom del
faitor est apeleie Damasi, et si uoiet queile chose est faite de Tiburtio
lo preste, et si soi hastet del renuncier. Li queiz loist a sauoir Tiburtius 5
dunkes astoit diz gesir dessuz les charneiz desiers, de cui uie et de cui
constumes encor souient bien a Florence ki or est prestes de cele glise.
Et quant li enfes s'en aloit, dunkes racontat cil meismes Reparatus ki fut
retorneiz a soi, queile chose il auoit conut de lui, u il fut meneiz, disanz:
Vns granz fous fut appareilhiez, et Tiburtius li prestes ameneiz fut mis 10
en celui, et ars sodainement del fou. Et hom appareilhieuet un altre
fou, cui haltece sembleuet de la terre aleir ioskes el ciel, et a grande
uoiz fut crieit cui ce fust. Gieres quant cez choses furent dites, manes
morut Reparatus. Mais li enfes ki fut enuoiez a Tiburtium, il lo trouat
ia estre mort. Li queiz loist a sauoir Reparatus meneiz az lius des poines 15
quant il les uit, quant il repairat, quant il racontat et trespassat, apertement est demostreit, ke il celes choses uit a nos, nient à soi, az queiz
quant encor est otroiet uiure, loist auoc emendeir des males oeures.
Reparatus uit lo fou estre fait, nient ke aier infer ardent laiuges par ke
fous soit faiz, mais ki deuoit cez choses raconteir az uiuanz, celes choses 20
uit del arsin des maluais, des queiz aier les uiuanz li fous corporeiz suelt
estre norriz, par ke li oant aprenderoient par cez accoustumeies choses,
queile chose il deussent cremoir des choses nient accoustumeies.

iam mortuum familia lugeret, subito rediit, et cunctorum plangentium in stuporem
uersae sunt lacrimae. Qui reuersus ait: Citius ad ecclesiam beati Laurentii
martyris, quae ex nomine conditoris Damasi uocatur, puerum mittite, et quid de
Tiburtio presbytero agatur uideat et renuntiare festinet. Qui uidelicet tunc
Tiburtius carnalibus desideriis subiacere ferebatur: cuius adhuc uitae morumque 5
bene quoque Florentius eius nunc ecclesiae presbyter meminit. Cum uero puer
pergeret, narrauit idem Reparatus qui ad se reuersus fuerat, quid de illo ubi
ductus fuerat agnouit dicens: Paratus fuerat rogus ingens, deductus autem Tiburt-
tius presbyter in eo est superpositus, atque *supposito igne concrematus. Alius
autem parabatur rogus, cuius a terra in caelum cacumen tendi uidebatur. *Cui 10
emissa uoce clamatum est, cuius esset. His igitur dictis statim Reparatus defunctus est: puer uero qui transmissus fuerat ad Tiburtium, iam eum mortuum
inuenit. Qui uidelicet Reparatus ductus ad loca poenarum, dum uidit, rediit,
narrauit, et obiit, aperte monstratur quia nobis illa, non sibi uiderit, quibus dum
adhuc concessum est uiuere, licet etiam a malis operibus emendare. Rogum uero 15
construi Reparatus uidit, non quod apud infernum ligna ardeant ut ignis fiat;
sed narraturus haec uiuentibus, illa de incendio prauorum uidit, ex quibus nutriri
apud uiuentes corporeus ignis solet, ut per haec assueta audientes discerent, quid
de insuetis timere debuissent.

XXXIII. De la mort de celui de la cort cui sepulture fut ensprise.

Encor une spauentable chose auoir auenut en la contreie Valeire Maximiens li hom d'onorable uie, li ueskes de Siracuse, ki longement en icest borc fut dessore mon [156ʳ] monstier, il soloit raconteir disanz: 5 Vns hom de la cort illokes el tressaintisme setmedi de la paske receut el baptisme une iouencele, la filhe d'un homme. Li queiz apres la geune retorneiz a maison, et eniureiz de mult de uin proiat cele meisme sa filhe manoir auoc soi, et en cele nuit — ke male chose est a dire — la perdit. Et quant faite la matinele fut leueiz, il colpables comenzat a penseir ke il 10 iroit al bain, alsi com il de l'aigue laueroit la tache del pechiet. Gieres s'en alat et soi lauat, si comenzat a cremoir entreir la glise. Mais se il par si grand ior n'alast pas a la glise, il auoit honte des hommes. Et se il alast a la glise, il cremoit lo iuise de deu. Gieres uenkit li humaine hontes. Il s'en alat a la glise, mais tremblables et cremanz comenzat a 15 steir, et par cascuns momenz agardanz, en queile hore il seroit doneiz al ord espir et trauailhiez deuant tot lo pople. Et quant il forment soi cremoit, en cele celebriteit des messes ne li auint alsi com nule chose. Li queiz s'en eissit liez, et en l'altre ior ia entrat la glise segurs. Et fait est, ke il par sis continueiz iors liez et segurs s'en aloit a la glise, 20 acsmanz ke sa felonie li sires u n'eust pas ueue, u ueue merciablement l'eust pardoneie. Mais el setisme ior morut de mort sodaine. Et quant il fut doneiz a sepulture, par long tens deuant toz neanz eissit flamme de sa fosse, et si brullat si longement ses osses des a tant k'ele degustat tot son sepulcre, et ke la terre ki el tumbel fut concoilhie sembleust

XXXIII. De morte Curialis, cuius sepultura incensa est.

Terribile etiam quiddam in Valeriae prouincia contigisse uir uitae uenerabilis Maximianus, Syracusanus episcopus, qui diu in hac urbe meo monasterio praefuit, narrare consueuit dicens: Quidam Curialis illic sacratissimo paschali 5 Sabbato iuuenculam cuiusdam filiam in baptismate suscepit. Qui post ieiunium domum reuersus, multoque uino inebriatus, eandem filiam suam secum manere petiit, eamque nocte illa (quod dictu nefas est) perdidit. Cumque mane facto surrexisset, reus cogitare coepit ut ad balneum pergeret, ac si aqua balnei lauaret maculam peccati. Perrexit igitur, lauit, coepitque trepidare ecclesiam ingredi. 10 Sed si tanto die non iret ad ecclesiam, erubescebat homines; si uero iret, pertimescebat iudicium Dei. Vicit itaque humana uerecundia, perrexit ad ecclesiam: sed tremebundus ac pauens stare coepit, atque per singula momenta suspectus qua hora immundo spiritui traderetur, et coram omni populo nexaretur. Cumque uehementer timeret, ei in illa missarum celebritate quasi *aduersi nihil contigit. 15 Qui laetus exiit, et die altero ecclesiam iam securus intrauit. Factumque est ut per sex continuos dies laetus ac securus procederet, aestimans quod eius scelus Dominus aut non uidisset, aut misericorditer dimisisset. Die autem septimo subita morte defunctus est. Cumque sepulturae traditus fuisset, per longum tempus cunctis uidentibus de sepulcro illius flamma exiit, et tam diu ossa eius 20 concremauit, quousque omne sepulcrum consumeret, et terra quae in tumulum

defoie. La queile chose li tot poissanz deus faisanz demostrat, queile chose s'anrme soffrit en repons, cui cors denant les humains oez la flamme deguastat. En la queile chose a nos aisiment ki cez choses oons deniat doneir exemple de cremor, par ke nos concoilhons de cest esgardement, queile chose li anrme ninanz et sentanz soffret por sa culpe, se et les osses ki ne sentent mie de si grand torment de fou sont arses. **Pirres.** Ge uoldroie sauoir, se u li bon les bons conoissent el regne, u li [156ᵛ] maluais les maluais el torment.

XXXIIII. Se li bon les bons el regne, et se li maluais conoissent les maluais el torment.

Gregoires. La sentence de ceste chose es paroles del sanior cui nos ci dessore desins, est mostreie plus clerement ke la lumiere. Es queiz paroles cant fut dit: Vns hom astoit riches, ki soi uestoit de purpre et de chansilh, et manioit par cascun ior splendianment; et uns mendianz astoit Lazarus par nom, ki gisoit deuant l'uiz del riche homme, plains de malans, conuoitanz estre sooleiz des mies ki chaoient de la table del riche homme et nuz ne li donoit; mais et li chien uenoient et lechoient ses malans. Apres fut dit ke Lazarus morz fut porteiz des angeles el sain d'Abraham, et li riches hom morz en infer fut enseueliz. Li queiz sorleuanz ses oez quant il astoit es tormenz, uit Abraham de lonz et Lazaron el sain de celui, et il crianz dist: Pere Abraham, aies mercit de moi, et enuoie Lazaron par ke il molhet la darraine partie de son doit en aigue, et refroidet ma lengue...

collecta fuerat defossa uideretur. Quod uidelicet omnipotens Deus faciens ostendit quid eius anima in occulto pertulit, cuius etiam corpus ante humanos oculos flamma consumpsit. Qua in re nobis quoque haec audientibus exemplum formidinis dare dignatus est, quatenus ex hac consideratione colligamus, quid anima uiuens ac sentiens pro reatu suo patiatur, si tanto ignis supplicio etiam insensibilia ossa concremantur. **Petr.** Nosse uelim si uel boni bonos in regno, uel mali malos in supplicio agnoscant.

XXXIIII. Si boni bonos in regno, et mali malos in supplicio agnoscunt.

Greger. Huius rei sententia in uerbis est dominicis, quae iam superius protulimus, luce clarius demonstrata. In quibus cum dictum esset: *Homo quidam erat diues, qui induebatur purpura et bysso, et epulabatur quotidie splendide; et erat quidam mendicus nomine Lazarus, qui iacebat ad ianuam eius ulceribus plenus, cupiens saturari de micis quae cadebant de mensa diuitis, et nemo illi dabat; sed et canes ueniebant, et lingebant ulcera eius.* Subiunctum est quod *mortuus Lazarus portatus est ab angelis in sinum Abrahae, et mortuus diues sepultus est in inferno. Qui eleuans oculos suos cum esset in tormentis, uidit Abraham a longe, et Lazarum in sinu eius, et ipse clamans dixit: Pater Abraham, miserere mei, et mitte Lazarum, ut intingat extremum digiti sui in aquam, et refrigeret linguam meam, [quia crucior in hac flamma]. Cui Abraham*

A cui dist Abraham: Filz, souenget toi ke tu receus bones
choses en ta uie, et Lazarus semblanment males. Mais li riches
hom de soi meisme ia nient aianz la sperance de salut, il soi retornet a
deseruir la salut des siens disanz: Pere, ge te proi, ke tu enuoies
5 celui en la maison de mon pere; car ge al cinc freres, par ke il
tesmonget a iceaz, ke et il ne uengent en icest liu des tormenz.
Par les queiz paroles ouertement est desclareit, ke et li bon conoissent
les bons, et li maluais les maluais. Gieres se Abraham n'eust pas conu
Lazaron, al riche homme estisant es tormenz de la trespasseie contricion
10 de celui ne parlast mie disanz, ke il auoit receut males choses en sa uie.
Et se li maluais ne reconissoient les maluais, al riche home establit es
tormenz ne souenist pas de ses freres ki n'astoient pas present. Car
coment ne les poist il conoistre, se il fussent present, ki ot cure de
proier encor por la memoire d'eaz ki [157ʳ] n'astoient pas present? Por
15 la queile chose encor ice est demostreit ke tu ne demandas mie, car et
li bon conoissent les maluais, et li maluais les bons. Quar et li riches
hom fut conuz d'Abraham, a cui fut dit: Tu receus bones choses en
ta uie; et li elliz Lazarus del refuseit riche homme fut conuz, cui il
proiet par nom ke hom l'enuoiet disanz: Enuoie Lazaron par ke il
20 molhet la darraine partie de son doit en aigue et refroidet ma
lengue. En la queile loist a sauoir conissance croist li combles del
reguerredon de l'une et de l'altre partie, par ke et li bon plus aient
de ioie, ki regardent ceaz auoc soi esleecier, les queiz il amerent, et li
maluais quant auoc soi sont tormenteit, les queiz il amerent en cest
25 mont despitiet deu, nient solement lur poine, mais encor la poine de

*dixit: Fili, recordare quia recepisti bona in uita tua, et Lazarus similiter mala.
Diues autem iam spem salutis de se ipso non habens, ad promerendam suorum
salutem conuertitur dicens: Rogo te, pater, ut mittas eum in domum patris mei;
habeo enim quinque fratres, ut testetur illis, ne et ipsi ueniant in locum hunc
5 tormentorum. Quibus uerbis aperte declaratur quia et boni bonos, et mali malos
cognoscunt. Si enim Abraham Lazarum minime recognouisset, nequaquam ad
diuitem in tormentis positum de transacta eius contritione loqueretur, dicens
quod mala receperit in uita sua. Et si mali malos non recognoscerent, nequaquam diues in tormentis positus fratrum suorum etiam absentium meminisset.
10 Quomodo enim praesentes non posset agnoscere, qui etiam pro absentium memoria
curauit exorare? Qua in re illud quoque ostenditur, quod nequaquam ipse
requisisti, quia et boni malos, et mali cognoscunt bonos. Nam et diues ab
Abraham cognoscitur, cui dictum est: Recepisti bona in uita tua; et electus
Lazarus a reprobo est diuite cognitus, quem mitti precatur ex nomine dicens:
15 Mitte Lazarum, ut intingat extremum digiti sui in aquam, et refrigeret linguam
meam. In qua uidelicet cognitione utriusque partis cumulus retributionis ex-
crescit: ut et boni amplius gaudeant, qui secum eos laetari conspiciunt, quos
amauerunt, et mali, dum cum eis torquentur, quos in hoc mundo despecto Deo*

ceaz cui il amerent les deguastet. Mais es elliz est faite alcune chose plus merueilhouse, car nient solement conoissent il ceaz cui il conurent en cest mont, mais il reconoissent alsi com uis et conuz les bons cui il onkes ne uirent. Quar quant il uerront les anciens peres en icel parmanable hiretage, il ne seront pas desconut a eaz par uision, les queiz il conurent toz tens en oeure. Quar par tant ke illokes trestot uerront deu par commune clarteit, queile chose est cui la ne saront mie, u il seuent celui ki seit totes choses?

XXXV. D'un religious morant ki uit les prophetes.

Quar uns nostres religious hom et de mult loable uie quant il deuant cez quatre ans moroit, alsi com tesmongierent li alcant religious ki furent present, en la hore de sa eissue comenzat a regardeir Ionam lo prophete, Ihezechiel auoc et Daniel, et ses saniors les comenzat a ericir par lur nons. Les queiz quant il disoit auoir uenut a soi, et quant par abaissiez oez lur donoit lo seruise de reuerence, dunkes fut fors meneiz de la char. En la queile chose ouertement est doneit a entendre, queile conissance serat en cele uie nient corrumpable, se iciz hom encor establiz en la char corrumpable conut ses [157ᵛ] prophetes les queiz senz dotance il onkes n'auoit ueuz.

dilexerunt, eos non solum sua, sed etiam eorum poena consumat. Fit autem in electis quiddam mirabilius, quia non solum eos agnoscunt, quos in hoc mundo nouerant, sed uelut uisos ac cognitos recognoscunt bonos, quos nunquam uiderunt. Nam cum antiquos patres in illa aeterna haereditate uiderint, eis incogniti per uisionem non erunt, quos in opere semper nouerunt. Quia enim illic omnes communi claritate Deum *conspiciunt, quid est quod ibi nesciant, ubi scientem omnia sciunt?

XXXV. De quodam religioso qui prophetas moriens uidit.

Nam quidam noster religiosus, uir uitae ualde laudabilis, cum ante hoc quadriennium moreretur, sicut religiosi alii qui praesentes fuerunt testati sunt, in hora exitus sui Ionam prophetam, Ezechielem quoque et Danielem coepit aspicere, eosque dominos suos ex nomine clamare. Quos dum ad se uenisse diceret, et depressis luminibus eis reuerentiae obsequium praeberet, ex carne eductus est. Qua in re aperte datur intelligi, quae erit in illa incorruptibili uita notitia, si uir iste adhuc in carne corruptibili positus prophetas *sanctos, quos nimirum nunquam uiderat, agnouit.

**XXXVI. Ke les nient conues anrmes quant eles doiuent eissir
a la fie soi conoissent, les quelles u por lur colpes doiuent
rezoire semblanz tormenz, u por lur biens faiz semblanz louiers,
et de la mort de Iohan, et d'Vrs, et de Morphi, et de Steuenon.**

5   Et a la fie auient ke li anrme ki doit eissir reconoist aisiment ceas
auoc les queiz por l'engueileteit des culpes u encor por l'engueiletait des
lowiers en une manandie doit estre astaleie. Quar Eleutherius li nielhars,
li hom d'onorable uie, de cui el deuant alant liure pluisors choses racontai,
il tesmoniat ke il ot en son monstier un germain frere Iohan par nom,
10 ki deuant quatorze iors sa eissue deuant dist az freres. Et quant il par
cascun ior contoient les descroissanz iors, deuant les trois iors anzois ke
il fust uochiez del cors, si fut pris de la fieure. Et quant il fut uenuz a
l'ore de la mort, dunkes prist lo mysteire del cors et del sanc del sanior,
et il apelat les freres, si comandat ke om chantast deuant soi. Az queiz
15 nekedent il par soi meisme de soi meisme comenzat l'anteuene disanz:
Aoureiz a moi les portes de iustise, et ge entreiz en eles loerai
lo sanior; ceste est la porte del sanior, li iuste enterront par
lei. Et quant li frere chantoient estisant deuant lui, sodainement par
halte uoiz et par longe criat disanz: Vrs, uien. Manes quant il ce ot
20 dit, il fors meneiz del cors finat la uie morteile. Li frere orent merueilhe,
car il ne sauoient ce ke li freres morans criat. Li queiz cant fut mors,
grande tristece fut faite el monstier. Mais el quart ior fut une chose
mestiers az freres, ke il enuoiassent a un altre monstier ki astoit lons
establiz. Gieres li frere alant illokes, trouerent mult dolanz toz les

**XXXVI. Quod se etiam ignotae animae nonnunquam in exitu recognoscunt,
quas uel pro culpis tormenta, uel pro bonis actibus similia sunt praemia recepturas;
et de morte Ioannis et Vrsi, Eumorphii et Stephani.**

Solet autem plerumque contingere, ut egressura anima eos etiam recognoscat,
5 cum quibus pro aequalitate culparum uel etiam praemiorum in una est mansione
deputanda. Nam uir uitae uenerabilis Eleutherius senex, de quo praecedenti
libro multa narraui, in monasterio suo germanum fratrem nomine Ioannem se
habuisse perhibuit, qui ante dies quatuordecim suum fratribus exitum praedixit.
Cumque decrescentes quotidie *computaret dies, ante triduum quam uocaretur ex
10 corpore, febre correptus est. Ad horam uero mortis ueniens mysterium Dominici
corporis et sanguinis accepit. Vocatisque fratribus coram se psallere praecepit,
quibus tamen antiphonam ipse de semet ipso imposuit dicens: *Aperite mihi portas
iustitiae, et ingressus in eas confitebor Domino: haec porta Domini, iusti intra-
bunt per eam.* Cumque coram eo assistentes fratres psallerent, emissa subito et
15 producta uoce clamauit dicens: Vrse, ueni. Quod mox ut dixit, eductus e corpore
mortalem uitam finiuit. Mirati sunt fratres, quia hoc quod moriens frater clama-
uerat ignorabant. Quo defuncto in monasterio facta est magna tristitia. Quarto
autem die quiddam fratribus necessarium fuit, ut ad monasterium aliud longe
positum transmitterent. Illuc ergo euntes fratres omnes eiusdem monasterii

moines de cel meisme monstier. Az queiz quant il disoient: K'aueiz uos,
li uos en si grand dolor uos depresseiz? icil respondirent disant: Nos
plorons la desolation de cest liu, quar uns freres cui uie nos detenoit en
cest monstier, hui est li quarz iors ke il fut sostraiz de ceste lumiere.
Et quant li frere ki furent uenut studiousement demanderent, coment il 5
fut diz, cil respondirent: Vrs. Li queil subtilment demandant la hore de
sa uocation, [158ʳ] conurent lui en cel meisme moment auoir eissut del
cors, quant il par Iohan fut uochiez, ki aier eaz morut. De la queile
chose est entendut, ke engueile fut la deserte del un et del altre, et ke
lur fut doneit ke il en une mansion compagnablement iueroient, as queiz 10
suint eissir del cors companiablement.

Mais encor ce ne tairai ge mie, ke cant ge encor uiuoie lais hom
et quant ge manoie en ma maison ki en cest bore par la droiture de
mon pere uint a moi, des aleanz mes uoisins moi auint conoistre. Vne
usue deleiz moi Galla estoit apeleie. Iceste auoit un filh iouencel Eumor- 15
phium par nom, de cui nient lonz manoit uns Esteuenes li queiz el
numbre fut options. Mais ciz Eumorphius al fin de sa uie uenanz apelat
son seriant, se li comandat disanz: Va tost, et di a Steuenon l'option, ke
il enhelement uenget, car manes une neiz est appareilhie, ke nos deuons
estre meneit a Sicile. Et quant ses serianz lo creit forseneir et ne uoloit 20
pas obeir, dunkes comenzat icil mult a anguissier disanz: Va, et nunce
li les choses cui ge di, car ge ne forsene mie. Dunkes s'en eissit li
serianz par ke il iroit a Steuenon. Et quant il en mei la uoie fut uenuz,
dankes uint encontre lui uns altres ki cestui demandat disanz: V uas tu?

monachos tristes uehementer inuenerunt. Quibus cum dicerent: Quid habetis,
quod uos in tanto maerore deprimitis? responderunt dicentes: Loci huius desola-
tionem gemimus, quia unus frater, cuius nos uita in hoc monasterio continebat,
hodie quartus est dies quod ex hac luce subtractus est. Cumque fratres qui
uenerant studiose inquirerent qualiter dictus fuisset, responderunt: Vrsus. Qui 5
uocationis eius horam subtiliter inquirentes, ipso eum momento cognouerunt
exisse de corpore, quo per Ioannem, qui apud eos defunctus est, fuerat uocatus.
Qua ex re colligitur, quia utrorumque par fuerat meritum eisque datum est, ut
in una mansione socialiter uiuerent, quibus e corpore contigit socialiter exire.
Sed neque hoc sileam, quod dum adhuc laicus uiuerem, atque in domo mea, quae 10
mihi in hac urbe ex iure patris obuenerat, manerem, de quibusdam uicinis meis
me contigit agnouisse. Quaedam namque iuxta me uidua Galla dicebatur. Haec
Eumorphium nomine iuuenem filium habebat, a quo non longe quidam Stephanus,
qui in numero optio fuit, habitabat. Sed idem Eumorphius ad extrema uitae
ueniens uocauit puerum suum, eique praecepit dicens: Vade citius, et dic 15
Stephano optioni, ut concitus ueniat, quia ecce nauis parata est, ut ad Siciliam
duci debeamus. Cumque hunc puer insanire crederet et obedire recusaret, coepit
ille uehementer imminere dicens: Vade et nuntia illi quod dico, quia non insanio.
Egressus est itaque puer, ut ad Stephanum pergeret. Cumque in medium iter
uenisset, ei alius quidam obuius factus est, qui hunc requisiuit dicens: Quo 20

A cui respondit icil: A Steuenon l'option sui enuoiez de mon sanior. E icil dist enhelement: Ge uien de lui, mais deuant moi en ceste hore morut. Dunkes soi retornat li serianz a Eumorphium son sanior, mais lo trouat la estre mort. Et ensi fut fait, ke cant li altres uint encontre
5 l'altre, et quant li serianz soi retornat de mei la uoie, par ke de la mesure del espace poist estre concoilhit, ke ambedui furent uochiet en un moment. **Pirres.** Mult espauentable chose est ce ke dit est. Mais ge te proi, por coi apparut la neiz a l'anrme eissant, u por coi cil ki deuoit morir deuant dist ke om lo menroit a Sicile? **Gregoires.** Li anrme n'ai
10 pas mestier de portoir, mais [158ᵛ] n'est pas merueilhe, se al homme encor establit el cors cele chose apparuit, cui il parmei lo cors accosstumat ueoir, ke par ce seroit doneit a entendre, ke s'anrme spiritueilment poist estre meneie. Et ke il tesmoniat ke hom lo menroit a Sicile, quelle altre chose puet om sentir, se ce non, ke deuant altres lius es illes de
15 cele terre fors bolissant lo fou les oles des tormenz sont aouertes? Les queiles olles, alsi com cil suelent racontoir ki les conurent, par cascun ior croissent alaschiez lur sains, par ke combien approchant lo fin del mont certe chose est illokes estre concoilhiz ceax ki doiuent estre bruleit, en tant cil meisme liu des tormenz soient ueut plus estre aouert. La
20 queile chose li tot poissanz deus por l'amendise des uiuanz en cest mont uolt estre demostreie, par ke les penses des mescreanz ki ne croient pas estre les tormenz d'infer uolent les lius des tormenz les queiz oiz refusent a croire. Mais ke li ellit u li refuseit cui cause fut commune en oeun a communs lius alsiment sont meneit, les paroles de la ueriteit fot
25 asseiz a nos, encor se li exemple defalissent. Quar meisme la ueriteit

uadis? Cui ille respondit: Ad Stephanum optionem a domino meo missus sum. Atque ille protinus dixit: Ab eo uenio, sed ante me hac hora defunctus est. Reuersus uero est puer ad Eumorphium dominum suum, sed iam eum mortuum inuenit. Sicque factum est, ut dum alter .. obuiam uenit, et ex medio itinere puer
5 reuersus est, ex mensura spatii potuisset colligi, quia uno momento utrique fuerant uocati. **Petr.** Terribile est ualde, quod dicitur: sed quaeso te, cur egredienti animae nauis apparuit, uel cur se ad Siciliam duci moriturus praedixit? **Greger.** Anima uehiculo non eget: sed mirum non est, si adhuc homini in corpore posito illud apparuit, quod per corpus assueuerat uidere, ut per hoc intellige
10 daretur, *quo eius anima spiritualiter duci potuisset. Quod uero se ad Siciliam duci testatus est, quid sentiri aliud potest, nisi quod prae ceteris locis in eius terrae insulis eructante igne tormentorum ollae patuerunt? Quae, ut solent narrare qui nouerunt, laxatis quotidie sinibus excrescunt, ut mundi termino appropinquante, quanto certum est illuc [amplius] exurendos colligi, tanto et eadem
15 tormentorum loca amplius uideantur aperiri. Quod omnipotens Deus ad correptionem uiuentium in hoc mundo uoluit ostendi; ut mentes infidelium, quae inferni tormenta esse non credunt, tormentorum loca uideant, quae audita credere recusant. Quod uero siue electi siue reprobi, quorum communis causa in opere fuerit, ad loca etiam communia deducantur, ueritatis nobis uerba satisfacerent,

dist el euuangile por les ellis: En la maison de mon pere sont pluisors mansions. Quar se en cele bieneurteit parmanable ne fust dissemblanz reguerredons, dunkes seroit miez une mansions ke pluisors. Gieres pluisors sont mansions, es queiles et li departit ordene des bons, et por la compangie des merites communement s'esloissent, et nekedent tot il traueilhant prendent un denir, ki sont deuiseit par pluisors mansions; quar et une est la bieneurteiz cui il prendent illokes, et dissemblanz la quantiteiz del reguerredon cui il consiuent por les diuers(es) oeures. La queile senz dotance ueriteiz denunzanz lo ior de son iugement dist: Dunkes dirai ge az meissonors: Concoilhiez les gargaries, si les loiez par faisseaz por ardoir. Certes li angele meissonor loient les gargaries por ardoir en faisseaz, quant il acom-[159r]pangent les semblanz az semblanz en semblanz tormenz, par ke li orgailhous auoc les orgailhous, li luxurious auoc les luxurious, li aueir auoc les aueirs, li deciuable auoc les deciuables, li enuious auoc les enuious, li mescreant ardent auoc les mescreanz. Gieres quant li semblant en colpe sont meneit a semblanz tormenz, par tant ke li angele les mettent en poinauz lius, dunkes loient il alsi com les faisseaz des gargaries a brulleir. Pirres. A ma demandise est aouerte la cause de raison par la satisfaction de la responsion. Mais ge te proi, ce ke est, ke li alcant sont fors trait de lur cors alsi com par error, si ke il fait senz anrme repairent, et alcuns d'eaz soi dist auoir oit, ke il ce ne fut mie, ki fut comandeiz a meneir?

etiamsi exempla deessent. Ipsa quippe propter electos in euangelio dicit: *In domo patris mei mansiones multae sunt.* Si enim dispar retributio in illa aeterna beatitudine non esset, una potius mansio quam multae essent. Multae ergo mansiones sunt, in quibus distincti bonorum ordines, et propter meritorum consortia communiter laetantur, et tamen unum denarium omnes laborantes accipiunt. Qui multis mansionibus distinguuntur; quia et una est beatitudo quam illic percipiunt, et dispar retributionis qualitas, quam per opera diuersa consequuntur. Quae nimirum ueritas iudicii sui diem denuntians ait: *Tunc dicam messoribus: Colligite zizania, et ligate ea in fasciculos ad comburendum.* Messores quippe angeli zizania ad comburendum in fasciculos ligant, cum pares paribus in tormentis similibus sociant, ut superbi cum superbis, luxuriosi cum luxuriosis, auari cum auaris, fallaces cum fallacibus, inuidi cum inuidis, infideles cum infidelibus ardeant. Cum ergo similes in culpa ad tormenta similia deducuntur, quia eos in locis poenalibus angeli deputant, quasi zizaniorum fasciculos ad comburendum ligant. Petr. Ad inquisitionem meam responsionis satisfactione patuit causa rationis. Sed quidnam est, quaeso te, quod nonnulli quasi per errorem extrahuntur e corpore, ita ut facti exanimes redeant, et eorum quisque audisse se dicat, quia ipse non fuerit, qui erat iussus deduci?

XXXVII. De ceaz ki alsi com par error sont ueut estre fors meneit del cors, et del apelement et del rapelement Pirrn lo moine, et de la mort et del resuscitement d'un cheualier.

Gregoires. Pirres, quant ceste chose auient, se om bien la point,
5 n'est pas errors, mais somunte. Quar la souraine pieteiz par lo don de sa grande mercit ordinet, ke li alcant meismes apres l'eissue sodainement repairent al cors, et les tormenz d'infer les queiz oiz ne creirent mie, neaz ueuz les criement. Quar uns moines Illyriciens ki en cest bon auoc moi uiuoit en mon monstier, il soloit raconteir a moi, ke par u
10 tens quant il encor demoreuet el desert, conut ke Pirres uns moines uez de la contreie d'Ibeire, ki el liu de la guasteie solteit a cui Euassa nons aerdoit a lui, alsi com il auoit apris lui meisme racontant, anzoi ke il requesist lo desert, par lo mal del cors enteruenant morut, mais manes a son cors restabliz, tesmonioit soi auoir ueut les tormenz d'infer
15 et les lius des flammes. Li queiz auoc racontat soi auoir ueut les alcun poissanz de cest secle penduz en ces meismes flammes. Li queiz cant il fut ameneiz, par ke et il meismes illokes seroit plonchiez, il disoit sodainement auoir apparut un angele de luisant habit, ki defendit ke om nel plonchast pas el fou. A cui il dist auoc: Eis fors, et mult uisousement
20 prent garde, coment tu doiues uiure ci apres. Apres la queile [159ᵛ] uoiz, petit et petit rechalfisanz les menbres, del somme de la mort parmanable soi esueilhanz racontat totes les choses ki entor lui furent faites. Et en apres soi destrainst de si grandes uigiles et de si grandes geunes,

XXXVII. De his qui quasi per errorem educi uidentur e corpore, et de uocatione et reuocatione Petri monachi, et de morte et resuscitatione Stephani, ac de uisione cuiusdam militis.

Greger. Hoc cum fit, Petre, si bene perpenditur, non error, sed admonitio
5 est. Superna enim pietas ex magna misericordiae suae largitate disponit, ut nonnulli etiam post exitum repente ad corpus redeant, et tormenta inferni, quae audita non crediderant, saltem uisa pertimescant. Nam quidam Illyricianus monachus, qui in hac urbe in monasterio mecum uiuebat, mihi narrare consueuerat, quia quodam tempore cum adhuc in eremo moraretur, agnouerit quod
10 Petrus quidam monachus ex regione ortus Iberiae, qui ei in loco uastae solitudinis, cui Euasa nomen est, inhaerebat, sicut ipso narrante didicerat, priusquam eremum peteret, molestia corporis interueniente defunctus est: sed protinus corpori restitutus inferni supplicia atque [innumera] loca flammarum se uidisse testabatur. Qui etiam quosdam huius saeculi potentes in eisdem flammis suspensos
15 se uidisse narrabat. Qui cum iam ductus esset, ut in illas et ipse mergeretur, subito angelum corusci habitus apparuisse fatebatur, qui eum in ignem mergi prohiberet. Cui etiam dixit: Egredere, et qualiter tibi posthac uiuendum sit, cautissime attende. Post quam uocem paulatim recalescentibus membris ab aeternae mortis somno euigilans cuncta quae circa illum fuerant gesta narrauit.
20 Tantisque se postmodum ieiuniis uigiliisque constrinxit, ut inferni eum uidisse et

si ke la soit ce ke sa lengue taisoit, sa conuersations parleuet lui auoir
neut les tormenz d'infer et cremut. Par droit, a cui par la grande largeteit del tot poissant deu en la mort fut doneit, ke il ne deust morir.
Mais par tant ke li humains cuers est de mult grieue dureee, et meisme
la demostrance des poines n'est pas engueilment a toz utele. Car li 5
nobles hom Steuenes cui tu bien conois, il acconstumat raconteir a moi
de soi meisme, ke cant il demorat el borc de Costantinoble por une
cause, soruenant lo mal del cors morut. Et quant li meides et li plumen-
tiers fut quis por lui ourir et condir, et en cel meisme ior ne fut pas
troueiz, par la nuit siuant giut ses cors nient entereiz. Li queiz meneiz 10
es lius del infer uit pluisors maz, les queiz oiz ne creit mie. Mais cant
il fut presenteiz al iugeor ki fut presenz illokes, il ne fut pas receuz de
lui, si ke il disoit: Ge ne comandai pas ke l'om amenast cestui, mais
Steuenon lo ferrier. Li queiz manes fut remeneiz el cors, et Steuenes li
ferriers ki deleiz lui manoit en cele meisme hore morut. Et ensi fut 15
proueit, ke uraies furent les paroles cui il oit, quant la effisance de la
mort Steuenon les demostrat.

Deuant lo tens de trois ans alsiment en ceste pestilence ki cest borc
deguastat par mult grande mortaliteit, en cui et par corporeile ueue les
saettes uenir del ciel et ferir cascuns astoit ueut, alsi com tu seiz, cil 20
meismes Steuenes morut. Et uns cheualiers en icest meisme nostre borc
ferus, paruint al fin. Li queiz meneiz fors del cors gint senz anrme,
mais tost repairat, et les choses ki auoc lui furent faites racontat. Car
il disoit alsi com dunkes cele meisme chose fut conue et des [160ʳ] plui-

pertimuisse tormenta, etiamsi taceret lingua, connersatio loqneretur: quippe cui
omnipotentis Dei mira largitate in morte actum est ne mori debuisset. Sed quia
humanum cor grauis ualde duritiae est, ipsa quoque poenarum ostensio non aeque
omnibus utilis est. Nam illustris uir Stephanus, quem bene nosti, de semet ipso
mihi narrare consueuerat, quia in Constantinopolitana urbe pro quadam causa 5
demoratus, molestia corporis superueniente defunctus est. Cumque medicus atque
pigmentarius ad aperiendum eum atque condiendum esset quaesitus et die eodem
minime inuentus, subsequente nocte corpus iacuit inhumatum. Qui ductus ad
inferni loca, uidit *multa quae prius audita non credidit. Sed cum *praesidenti
illic ludici praesentatus fuisset, ab eo receptus non est, ita ut diceret: Non hunc 10
deduci, sed Stephanum ferrarium iussi. Qui statim reductus in corpore est, et
Stephanus ferrarius qui iuxta eum habitabat eadem hora defunctus est. Sicque
probatum est uera fuisse uerba quae audierat, dum haec effectus mortis Stephani
demonstrauit. Ante triennium quoque in hac pestilentia quae hanc urbem clade
uehementissima depopulauit, in qua etiam corporali uisu sagittae caelitus uenire, 15
et singulos quosque ferire uidebantur, sicut nosti, Stephanus idem defunctus est.
Quidam uero miles in hac eadem urbe nostra percussus ad extrema peruenit.
Qui eductus e corpore exanimis iacuit, sed citius rediit et quae cum eo fuerant
gesta narrauit. Aiebat enim, sicut tunc res eadem etiam multis innotuit, quia
pons erat, sub quo niger atque caliginosus *fetoris intolerabilis nebulam exhalans 20

sors, ke uns ponz astoit, dessus cui uns noirs fluez et tenebrous decoroit, ki gettoit fors puors et nient soffrables niules. Et trespasseit lo pont astoient li delitable preit et uerdoiant, aorneit de bien flairantes flors des herbes, es queiz astoient ueues estre assembleies d'enblanchiz hommes. Et en cel meisme liu astoit si granz odors de suauiteit, ke meismes li odors de la suauiteit assazoit les alanz illokes et les habitanz....... En icel liu faisoit om une maison d'une merueilhose poissance, ki sembleust estre faite de tiuletes d'or, mais ne pot pas estre conut, cui ele astoit. Et sor la riue del deuant dit fluet astoient alcant habitacle, mais li altre astoient atochiet par la niule de la sordant puor, les altres n'atochieuet pas li puors del fluet. Et ceste prouance astoit el deuant dit pont, ke ki ki onkes des nient iustes parmei lui uolsist trespasseir, ke il chaoit el tenebrous fluet et puant, mais li iuste az queiz ne contrestisoit nule culpe, il parmei lo pont par segur alement et franc paruenoient az delitables lius. Et il regehit la soi auoir ueut Pirron lo maior de la maihnie de la glise ki deuant quatre ans morut, ius establit es tresnoirs lius, d'un grand fais de fer loiet et depresseit. Li queiz cant il demandoit, por coi il astoit ensi, il dist soi auoir oit les choses cui nos sachant ses faiz ramenbrons, ki lo conumes en ceste maison de la glise. Quar dit li fut: Por ice soffret il cez choses, car se alcune chose li fut comandeie por faire ueniance, il seruoit plus a faire plaies par lo desier de crueltteit ke de la obedience. La queile chose ensi auoir esteit, nuz est ki nel sachet, ki celui conut. Illokes alsiment regehissoit il soi auoir ueut un estrange preste, li queiz uenant al deuant dit pont par si grande autoriteit tres-

fluuius decurrebat. Transacto autem ponte amoena erant prata atque uirentia, odoriferis herbarum floribus exornata, in quibus albatorum hominum conuenticula esse uidebantur. Tantusque in eodem loco odor suauitatis inerat, ut ipsa suauitatis fragrantia illic deambulantes habi antesque satiaret. [Ibi mansiones diuersorum singulae, magnitudine lucis plenae.] Ibi quaedam mirae potentiae aedificabatur domus, quae aureis uidebatur lateroulis construi, sed cuius esset, non potuit agnosci. Erant uero super ripam praedicti fluminis nonnulla habitacula, sed alia exsurgentis fetoris nebula tangebantur, alia autem [exsurgens] fetor e flumine minime tangebat. Haec uero erat in praedicto ponte probatio, ut quisquis per eum uellet iniustorum transire, in tenebrosum fetentemque fluuium laberetur: iusti uero quibus culpa non obsisteret, securo per eum gressu ac libero ad loca amoena peruenirent. Ibi se etiam Petrum ecclesiasticae familiae maiorem, qui ante quadriennium est defunctus, deorsum positum, in locis taeterrimis magno ferri pondere religatum ac depressum uidisse confessus est. Qui dum requireret cur ita esset, ea se dixit audisse, quae nos qui eum in hac ecclesiastica domo nouimus scientes eius acta recolimus. Dictum namque est: Haec idcirco patitur, quia si quid ei pro facienda ultione iubebatur, ad inferendas plagas plus ex crudelitatis desiderio, quam ex obedientia seruiebat. Quod sic fuisse, nullus qui illum nouit ignorat. Ibi se etiam quendam peregrinum presbyterum uidisse fatebatur, qui ad praedictum pontem ueniens tanta per eum auctoritate transiit,

passat parmei lui, par com grande entierteit il ueskit ici. En cel meisme
pont alsiment tesmoniat soi auoir reconut cest Esteuenon cui ge deuant
dis, li queiz quant il uolt trespasseir ses piez glazat, et [160ᵛ] de mei lo
cors la defors lo pont ius getteiz par alcanz tresnoirs hommes ki soi leuerent del fluet comenzat par les coisses estre ius traiz, et par alquanz 5
sublanchiz et tresbeaz hommes comenzat estre traiz amont. Et quant
ceste luite astoit ke li bon espir lo traroient amont et li maluais ius, cil
ki cez choses ueoit soi retornat al cors, et il ne sout mie queile chose
de lui fut faite plus plainement. En la queile chose de la uie de cel
meisme Steuenon est doneit a entendre, ke en lui soi combatoient les 10
malz de la char auoc l'oeure des almones. Quar ki par les coisses astoit
traiz ius, par les braz amont, aoueri est senz dotance ke il amat almones,
et ke il az uisces de la char parfitement ne restiut mie, ki lo traoient
ius. Mais en icel iugement del repons iugeor queile chose en lui uenkit,
a nos est repons et a celui ki lo uit et fut rapeleiz. Nekedent certe 15
chose est, ke cil meismes Steuenes apres ce, alsi com ge dessore racontai,
ke il uit les lius d'infer et repairat al cors, il n'amendat pas parfitement
sa uie, ki apres pluisors ans del cors cissit encor a la batailhe de la uie
et de la mort. De la queile chose est entendut, ke et meisme li torment
d'infer quant sont demostreit, az altres est ce fait a aiue, et az altres a 20
tesmoin, par ke icist uoient les malz dont il soi gardent, et icil tant plus
soient tormenteit, en combien les tormenz d'infer et ueuz et conuz ne
uolrent pas eschiueir. **Pirres.** Ke est ce ge te proi, ke es delitables lius
sembleuet la maisons d'un alcunui estre edifie de tiuletes d'or? Grande

quanta et hic sinceritate uixit. In eodem quoque ponte hunc quem praediximus
Stephanum se recognouisse testatus est. Qui dum transire uoluisset, eius pes
lapsus est, et ex medio corpore iam extra pontem deiectus a quibusdam taeterrimis uiris ex flumine surgentibus per coxas deorsum, atque a quibusdam albatis
et speciosissimis uiris coepit per brachia sursum trahi. Cumque hoc luctamen 5
esset, ut hunc boni spiritus sursum, mali deorsum traherent, ipse qui haec uidebat ad corpus reuersus est et quid de eo plenius gestum sit, minime cognouit.
Qua in re de eiusdem Stephani uita datur intellegi, quia in eo mala carnis cum
eleemosynarum operatione certabant. Qui enim per coxas deorsum, per brachia
trahebatur sursum, patet nimirum, quia et eleemosynas amauerat, et carnis uitiis 10
perfecte non restiterat, quae eum deorsum trahebant. Sed in illo occulti arbitri
examine quid in eo uicerit, et nos et eum qui uidit et reuocatus est, latet.
Constat tamen, quia idem Stephanus postquam, sicut superius narraui, et inferni
loca uidit et ad corpus rediit, perfecte uitam minime correxit, qui post multos
annos de corpore adhuc ad certamen uitae et mortis exiit. Qua de re colligitur, 15
quia ipsa quoque inferni supplicia cum demonstrantur, aliis hoc ad adiutorium,
aliis uero ad testimonium fiat: ut isti uideant mala quae caueant, illi uero eo
amplius puniantur, quod inferni supplicia uisa et cognita uitare noluerunt.
Petr. Quid est hoc, quaeso te, quod in amoenis locis cuiusdam domus laterculis
aureis aedificari uidebatur? Ridiculum est ualde, si credimus quod in illa uita 20

gaberie est, se nos creons, ke nos en icele uie encor aurons mestier de
teiz metauz. **Gregoires.** Li queiz, se il sauoret saine chose, ce n'entent
mie? Mais par ce ke illokes fut demostreit, ki ki onkes cil est a cui
cele mansions est faite, aouertement est doneit a entendre, queile chose
5 ce est ke il ici oeuret. Quar quant li louiers de la parmanable lumiere
serat deseruiz par la largeteit des almones, senz dotance certe chose est,
ke il d'or edifiet sa mansion. [161ʳ] Quar ce ke la dessore fuit la
memoire ke ge lo diroie, cil meismes cheualliers ki cez choses uit, il
racontat, ke celes meismes tiuletes d'or a la edification de la maison
10 porteuent uielhar et iouencel, meschines et enfant. De la queile chose
est entendut, ke icil az queiz ici est faite la pieteiz, il meisme illokes
astoient ueut ourier.

XXXVIII. D'un homme Deusdedit par nom, cui maisons el setmedi fut ueue estre edifie.

15   Ensi aisiment uns religious hom manoit deleiz nos Deusdedit par
nom, ki chalcemenz soloit oureir. De cui uns altres uit par reuelation,
ke l'om faisoit sa maison, mais en celei sei faisoer el soul ior del setmedi
astoient ueut oureir. Li queiz en apres subtilment demandanz la uie de
cel meisme homme, trouat ke il des choses cui il laboroit par cascun ior,
20 tot ce ke pot remanoir del uiure et de la uesture el setmedi auoit acconstumeit a porteir a la glise del bieneurous Pirron, et doneir az besonianz.
De la queile chose pense, ke par droit la oeure de sa maison croisseit
el setmedi. **Pirres.** De ceste chose uoi ge couenablement asseiz estre fait
a moi. Mais ge te proi, queile chose disons nos estre, ke li habitacle

adhuc metallis talibus egeamus. **Greger.** Quis hoc, si sanum sapit, intellegat?
Sed per hoc quod illic ostensum est, quisquis ille est, cui mansio ista construitur,
aperte datur intellegi quid est quod hic operatur. Nam quoniam praemium
aeternae lucis eleemosynarum largitate promerebitur, nimirum constat, quia auro
5 aedificat mansionem suam. Quod enim superius memoriam fugit ut dicerem, idem
miles qui haec uiderat narrabat quod eosdem laterculos aureos ad aedificationem
domus, senes ac iuuenes, puellae et pueri ferebant. Qua ex re colligitur, quia hi
quibus hic pietas facta est, ipsi illic operatores esse uidebantur.
XXXVIII. De Deusdedit, cuius domus sabbato uisa est aedificari.
10   Hic etiam quidam iuxta nos Deusdedit nomine religiosus habitabat, qui
calceamenta solebat operari, de quo alter per reuelationem uidit quod eius domus
aedificabatur, sed in ea constructores sui solo die sabbati uidebantur operari.
Qui eiusdem uiri postmodum subtiliter uitam requirens inuenit quia ex his quae
diebus singulis laborabat, quidquid ex uictu atque uestitu superesse potuisset,
15 die sabbato ad beati Petri ecclesiam deferre consueuerat atque indigentibus
erogare. Qua ex re perpende, quia non immerito domus ipsius fabrica sabbato
crescebat. **Petr.** Hac de re mihi idonee uideo satisfactum: sed quaeso te, quid
esse dicimus, quod quorundam habitacula fetoris nebula tangebantur, quorun-

des alcanz astoient atochiet par la niule de la puor, et des alcanz ne
porent pas estre atochiet, u queiz chose ce est ke il uit lo pont, queiz
chose ke il uit lo fluet? **Gregoires**. Pirres, par les imagenes des choses
pensons nos les merites des causes. Quar parmei lo pont regardat les
iustes trespasseir az delitables lius, car mult angoissous est li sen- 5
tiers ki moinet a la uie. Et il uit un puant fluet decorant, car la
purreture des charneiz uisces par cascun ior ici decurt az basses choses.
Et les habitacles des alcanz atochieuet la niuleie del puor, et des alcanz
de la niuleie ne porent pas estre atochiet; quar il sont li alcant ki ia
font pluisors bones oeures, mais nekedent encor sont atochiet des charneiz 10
uisces en lo delit de la pense. Et mult iuste chose est, ke illokes aerdet
la niuleie de puor, les queiz encor delitet [161ᵛ] ici la puors de la char.
De ce est ke li bieneurous Iob regardanz cest meisme delit de la char
estre en puor, donat sentence del luxurious et del loueriant disanz: Li
uers est la dolzors de celui. Mais cil ki parfitement escouent lur 15
cuer de tote delectation, certe chose est senz dotance ke lur habitations
ne sont pas atochies de la niuleie de puor. Et a noteir fait ke cil
meismes puors estre et la niuleie fut ueue, car senz dotance la charneile
delectations obscuret la pense cui ele atochet, par k'ele ne uoiet mie la
clarteit de la uraie lumiere, mais dont ele delitet en bas, de ce soffret 20
obscurteit az souraines choses. **Pirres**. Quidons nos dunkes ce pooir estre
mostreit par l'autoriteit de la sainte parole, ke les culpes des charneiz
soient uengies par la poine de puor?

dam uero tangi non poterant: uel quid quod pontem, quid est quod fluuium
uidit? **Gregor**. Ex rerum, Petre, imaginibus pensamus merita causarum. Per
pontem quippe ad amoena loca transire iustos aspexit: *Quia angusta ualde est
semita quae ducit ad uitam*. Et fetentem fluuium decurrentem uidit, quia ad
ima defluit quotidie carnalium hic putredo uitiorum. Et quorundam habitacula 5
fetoris nebula tangebat, quorundam uero ab ea tangi non poterant: quia sunt
plerique qui multa iam bona opera faciunt, sed tamen adhuc carnalibus uitiis in
cogitationis delectatione tanguntur. Et iustum ualde est, ut illic nebula fetoris
obsideat, quos hic adhuc carnis fetor delectat. Vnde et eandem delectationem
carnis esse beatus Iob in fetore conspiciens de luxurioso ac lubrico sententiam 10
protulit dicens: *Dulcedo illius uermis*. Qui autem perfecte cor ab omni delectatione [carnis] excutiunt, constat nimirum quia eorum habitacula fetoris nebula non
tanguntur. Et notandum quod idem fetor esse et nebula uisa sit, quia nimirum
carnalis delectatio mentem quam inficit obscurat, ut ueri luminis claritatem
non uideat, sed unde delectatur inferius, inde caliginem ad superna patiatur. 15
Petr. Putamusne hoc auctoritate sacri eloquii posse monstrari, ut culpae carnalium fetoris poena puniantur?

XXXVIIII. De la poine des Sodomiens.

Gregoires. Il puet. Quar nos auons apris tesmoniant lo liure Genesi, ke li sires sor les sodomites plut fou et solphre, par ke et li fous les arsist et li puors del solphre les ocesist. Quar par tant ke il arsent
5 par lo nient loisable amor de la char corrumpable, poruee perirent il ensemble par arsin et par puor, par ke il conistroient en lur poine, ke il par la delectation de lur puor soi auoient doneit a la mort parmauable. **Pirres.** De cez choses es queiz ge fui dotables, gel regehis nient de question ne moi remeist.

10 **XL. Ke les anrmes des alcanz encor el cors establies uoient alcune poinale chose des espiritueiz choses, et del enfant Theodore, et de la mort de Crisoire et d'un moine Isoire.**

Gregoires. Alsiment doit hom sauoir, ke a la fie les anrmes encor estisanz en lur cors uoient alcune chose poinable des choses spiritueiles.
15 La queile chose nekedent az alcanz suelt auenir a lur edification, az alcanz a la edification de ceaz ki l'oent. Quar cil de cui es omelies moi souient auoir raconteit deuant lo pople, Theodorus par nom, fut mult noisous enfes, li queiz en mon monstier seuit son frere plus par necessiteit ke par uolenteit. A cui astoit mult gries chose, se alcuns parlast a
20 lui alcune chose por son saluement. Les bones choses nient solement ne pout [162ʳ] faire, mais encor nes pout oir. Il tesmongieuet en iurant, en corrozant, en degabant, ke il ia mais ne uenroit al habit de la sainte conuersation. Mais en ceste pestilence ki nouelement deguastat lo pople

---

XXXVIIII. De poena Sodomorum.

Gregor. Potest; nam libro Geneseos attestante didicimus, *quia super Sodomitas Dominus ignem et sulphur pluit*, ut eos et ignis incenderet et foetor sulphuris necaret. Quia enim amore illicito corruptibilis carnis exarserant, simul
5 incendio et fetore perierunt, quatenus in poena sua cognoscerent quia aeternae mortis fetoris sui se delectatione tradidissent. **Petr.** De his in quibus dubius fui, nihil mihi, fateor, quaestionis remansit.

XL. Quod querundam animae adhuc in corpore positae poenale aliquid de spiritalibus uident, et de Theodoro puero, ac de morte Chrysaorii et monachi cuiusdam Isoriï.

10 **Gregor.** Sciendum quoque est quia nonnunquam animae adhuc in suis corporibus positae poenale aliquid de spiritalibus uident, quod tamen quibusdam ad aedificationem suam, quibusdam uero contingere ad aedificationem audientium solet. Nam is de quo in Homiliis coram populo me narrasse iam memini, inquietus ualde, Theodorus nomine, puer fuit, qui in monasterium meum fratrem
15 suum necessitate magis quam uoluntate secutus est. Cui nimium graue erat si quis ei pro salute sua aliquid loqueretur. Bona enim non solum facere, sed etiam audire non poterat. Nunquam se ad sanctae conuersationis habitum uenire, iurando, irascendo, deridendo testabatur. In hac autem pestilentia quae nuper

de cest borc, il ferus en la botine fut parmeneiz a la mort. Et quant il demenoit lo darrain espir, dunkes soi assemblerent li frere, par ke il la eissue de celui en orant porcouerroient. Ia li cors de celui de la darraine partie fut morz, tant solement en soul piz aneleiuet encor li uiauz chalors. Et tot li frere comenc(i)erent tant plus efforciement por lui oreir, en combien il lo ueoient ia enhelement departir, quant sodainement comenzat a ceax meismes freres la estisanz a crieir et a grandes uoiz lur orisons enterrumpre disanz: Aleiz de ci, aleiz de ci, car ge sui doneiz a un dragon a deuoreir, ki por la uostre presence ne moi puet pas deuoreir. Mon chief en sa boche ia at englotit, doneiz liu ke il ne moi cruciet plus, mais facet ce ke il faire doit. Se ge li sui doneiz a deuoreir, por coi soffre ge por uos demorances? Dunkes comenc(i)erent li frere a dire a lui: Frere, ke est ce ke tu paroles? Fai a toi l'ensenge de la sainte crois. Icil respondoit a granz cris disanz: Ge uuelh moi sengier, mais ge non puis, car ge sui apresseiz des oscailhes de cest dragon. Et quant ce orent oit li frere, il abaissiet a terre a larmes comenc(i)erent forment a oreir por lo deliurement de celui. Et manes sodainement comenzat li malades a crieir a grandes uoiz disanz: Ge rend grasces, quar li dragons ki moi ot pris a deuoreir, il s'en fuit, par uostres orisons est fors boteiz, il ne pout pas esteir. Or proiez por mes pechiez, car ge sui appareilhiez 20 de moi conuertir, et la seculeire uie del tot deguerpir. Gieres li hom li queiz alsi com ia dit est de la darraine partie de son cors fut morz, il gardeiz a uie soi conuertit a deu de tot son cuer. Et apres ce ke

huius urbis populum [magna ex parte] consumpsit, percussus in inguine perductus est ad mortem. Cumque extremum spiritum ageret, conuenerunt fratres, ut egressum illius orando protegerent. Iam corpus eius ab extrema parte fuerat praemortuum, in solo tantummodo pectore uitalis adhuc calor anhelabat. Cuncti autem fratres tanto pro eo coeperunt enixius orare, quanto eum iam uidebant sub celeritate discedere. Cum repente coepit eisdem fratribus assistentibus clamare, atque cum magnis uocibus orationes eorum interrumpere dicens: Recedite, recedite, quia draconi ad deuorandum datus sum, qui propter uestram praesentiam deuorare me non potest. Caput meum iam in suo ore absorbuit, date locum ut me amplius non cruciet, sed faciat quod facturus est. Si ei ad deuorandum datus sum, quare propter uos moras patior? Tunc fratres coeperunt ei dicere: Quid est quod loqueris, frater? Signum tibi sanctae crucis imprime. Respondebat ille cum magnis clamoribus dicens: Volo me signare, sed non possum, quia squamis huius draconis premor. Cumque hoc fratres audirent, prostrati in terra cum lacrimis coeperunt pro ereptione illius uehementius orare. Et ecce subito [melioratus] aeger coepit cum magnis uocibus clamare dicens: Gratias [Deo], ecce draco qui me ad deuorandum acceperat fugit, orationibus uestris expulsus stare non potuit. Pro peccatis meis modo intercedite, quia conuerti paratus sum et saecularem uitam funditus relinquere. Homo ergo qui, sicut iam dictum est, ab extrema corporis parte fuerat praemortuus, reseruatus ad uitam toto corde ad Deum conuersus est. Et postquam mutatus mente diu

il mueiz en sa pense longement fut atriuleiz par flaeaz, dunkes fut
s'anrme desloie de la char.

Mais ci encontre [162ᵛ] Crisoires, alsi com Probus ses prochains de
cui ge ia la dessore fis ramenbrance soloit raconteir, il fut mult riches
hom en icest mont, mais en tant fut plains de uisces, en combien de
choses, il fut enfleiz d'orguelh, sogez az deliz de sa char, et en acon-
querre choses fut enspris des failes d'auarisce. Mais quant li sires uolt
mettre fin a tant de malz, il lo ferit del mal del cors. Li queiz uenanz
a son fin, en cele meisme hore, quant il ia deuoit del cors cissir, aouerz
ses oez uit noirs et tresnoirs espirs deuant soi esteir et forment enchalcier, ke il lo rauistroient az enclostres d'infer. Icil comenzat a trembleir,
a deuenir pailes, et sueir, et a grandes uoiz proier triues, et son filh
Maximum par nom, cui ge meismes ia moines ui moine, par mult granz
et turbeiz criors a uochier disanz: Maxmes, cur! Maxmes, cur! ge ne te
fis onkes nient de mal, rezoi moi en ta foid. Manes Maxmes turbleiz fut
presenz, et la maihnie soi assemblat ploranz et frintanz. Mais il ne
porent pas ueoir ceaz malignes espirs, les queiz icil enchalzanz a soi
soffroit griement, mais il ueoient lur presence en la confusion et en lo
pallor et el tremblement de celui ki astoit traiz. Et por lo paor de lur
noire ymagene soi tornoit de za et de la el lit, il gisoit el senestre leiz,
et la ne pot pas soffrir lur regard; il astoit torneiz a la paroit, et illokes
furent present. Et quant il mult contristeiz desperoit ia soi pooir estre
alaschiet, dunkes comenzat par grandes uoiz a crieir: Respit ueaz ioskes
al matin, respit ueaz ioskes al matin. Mais quant il cez choses crioit, en

est flagellis attritus, tunc eius anima carne soluta est. At contra Chrysaorius,
sicut Probus propinquus illius, cuius iam superius memoriam feci, narrare consueuit, uir in hoc mundo ualde diues fuit, sed tantum plenus uitiis, quantum
rebus, superbia tumidus, carnis suae uoluptatibus subditus, in acquirendis rebus
auaritiae facibus accensus. Sed cum tot malis Dominus finem ponere decreuisset,
corporali hunc molestia percussit. Qui ad extremum ueniens eadem hora qua
iam de corpore erat exiturus, apertis oculis uidit taetros et nigerrimos spiritus
coram se assistere et uehementer imminere, ut ad inferni claustra eum raperent.
Coepit tremere, pallescere, sudare, et magnis uocibus inducias petere, filiumque
suum nomine Maximum, quem ipse iam monachus monachum uidi, nimiis et tur-
batis clamoribus uocare dicens: Maxime, curre, nunquam tibi mali aliquid feci,
in fide tua me suscipe. Turbatus mox Maximus adfuit, lugens ac perstrepens
familia conuenit. Eos autem quos ille insistentes sibi grauiter tolerabat, ipsi
malignos spiritus uidere non poterant, sed eorum praesentiam in confusione et
pallore ac tremore illius qui trahebatur uidebant. Pauore autem taetrae eorum
imaginis huc illucque uertebatur in lectulo; iacebat in sinistro latere, aspectum
eorum ferre non poterat; uertebatur ad parietem, ibi aderant. Cumque constrictus nimis relaxari se iam posse desperaret, coepit magnis uocibus clamare:
Inducias uel usque mane, inducias uel usque mane. Sed cum haec clamaret, in

meismes cez uoiz fut ragiez fors del habitacle de sa char. De cui senz
dotance certe chose est, ke il cez choses uit por nos, nient por soi, par
ke sa uisions profitet a nos, les queiz encor la diuine patience agardet
longement. Quar ke li aidat auoir ueut les noirs espirs deuant la mort
et proiet respit, ki cel meisme respit cui il proiat ne prist mie?

Encor or [163ʳ] est aier nos Athanaises li prestes d'Isaurie, ki
racontet en ses iors a Iconie auoir auenut une spauentable chose. Quar
illokes, alsi com il dist, uns monstiers est diz Tongalaton, en cui astoit
uns moines de grande aesmance. Quar il astoit ueuz estre de bones
constumes, et en tot son fait aorneiz; mais alsi com par lo fin fut aouert,
lonz fut altrement ke il n'aparissoit. Quar quant il soi demostreuet
geuneir auoc les freres, si auoit acconstumeit a mangier reponsement.
La queile sue darraine chose li frere del tot ne sauoient mie, mais soruenant lo mal del cors fut parmeneiz al fin. Li queiz quant ia astoit el
fin, dunkes fist assembleir a soi toz les freres ki furent el monstier. Et
icil teil homme alsi com il quidoient morant creirent soi de lui oir alcune
grande chose et delitable. Az queiz il affliz et tremblanz fut destrainz a
demostreir, a queil anemi il doneiz astoit destrainz eissir. Quar il dist:
Quant uos creistes moi geuneir ensemble uos, ge mangieue reponsement,
et elleuos or sui doneiz a dragon a deuoreir, ki de sa coue mes genoz
et mes piez loiat ensemble, mais son chief mettanz deuenz ma boche
boiuanz fors mon espir fors trait. Quant il cez choses ot dit, manes
morut, et il ne fut pas aguardeiz, par ke il en repentant del dragon
poist estre deliureiz, lo queil il uit. La queile chose senz dotance certe

ipsis uocibus de habitaculo suae carnis euulsus est. De quo nimirum constat
quia pro nobis ista, non pro se, uiderit, ut eius uisio nobis proficiat, quos adhuc
diuina patientia longanimiter exspectat. Nam illi taetros spiritus ante mortem
uidisse et inducias petiisse quid profuit, qui easdem inducias quas petiit non
accepit? Est etiam nunc apud nos Athanasius Isauriae presbyter, qui in diebus
suis Iconii rem terribilem narrat euenisse. Ibi namque, ut ait, quoddam monasterium τῶν Γαλατῶν dicitur, in quo quidam monachus magnae aestimationis habebatur. Bonis quippe cernebatur moribus, atque in omni sua actione compositus;
sed sicut ex fine res patuit, longe aliter quam apparebat fuit. Nam cum ieiunare
se cum fratribus demonstraret, occulte manducare consueuerat, quod eius *uitium
fratres omnino nesciebant. Sed corporis superueniente molestia ad uitae extrema
perductus est. Qui cum iam esset in fine, fratres ad se omnes qui monasterio
aderant congregari fecit. At illi tali, ut putabant, uiro moriente magnum quid
ac delectabile se ab eo audire crediderant. Quibus ipse afflictus et tremens compulsus est prodere, cui hosti traditus cogebatur exire. Nam dixit: 'Quando me
uobiscum credebatis ieiunare, occulte comedebam, et ecce nunc ad deuorandum
draconi traditus sum, qui cauda sua mes genua pedesque colligauit, caput uero
suum intra meum os mittens, spiritum meum ebibens extrahit. Quibus dictis
statim defunctus est, atque ut poenitendo liberari potuisset a dracone quem
uiderat, exspectatus non est. Quod nimirum constat quia ad solam utilitatem

chose est ke il la uit a la soule utiliteit des oanz, ki cel anemi a cui il fut doneiz et acointat et si nel escapat mie. **Pirres.** Ge uoldroie ke l'om moi enseniast, se li fous purgatoires apres la mort doit estre creuz estre.

XLI. Se li fous purgatoires est apres la mort.

5 **Gregoires.** Li sires dist el euuangile: Aleiz endementres ke uos aueiz la lumiere. Par lo prophete dist il alsiment: En acceptable tens oi ge toi, et el ior del saluement aidai ge toi. La queile chose Paules li aposteles esponans dist: Veeiz ci or lo couenable tens, ueeis ici or lo ior del saluement. Salomons dist alsiment:
10 Tot ce [163ᵛ] ke ta mains puet faire, enchalzant oeure, car ne oeure ne raisons ne sapience ne science serat aier les infers u tu hastes. Et Dauid dist: Quar el secle est sa merciz. De ces sentences senz dotance certe chose est, ke queiz cascuns eist de ci, teiz serat presenteiz el iugement. Mais nekedent des alquantes legieres colpes
15 deuant lo iugement doit l'om croire estre lo fou purgatoire, por ice ke la ueriteiz dist, ke se alcuns aurat dit blaspheme el saint espir, ne en cest secle ne li serat mie pardoneit, ne en celui ki est a uenir. Par la queile sentence est doneit a entendre, les alquantes culpes en cest secle pooir estre relaschies, et les alquantes en celui ki est a uenir. Quar ce ke
20 d'un pechiet est denoiet, siuanz entendemenz est aouerz, ke des alcanz est otroiet; mais nekedent, alsi com ge deuant dis, ce doit l'om croire pooir estre fait des petiz et des trespetiz pechiez, alsi com est assidueie oisouse parole, ris desmesureiz, u li pechiez de la songe de chose familiere, la queile auisonkes est demeneie senz culpe meismes de ceas ki

audientium uiderit, qui eum hostem cui traditus fuerat et innotuit et non euasit.
Petr. Doceri uellem, si post mortem purgatorius ignis esse credendus est.

XLI. An post mortem purgatorius ignis sit.

Gregor. In euangelio dicit Dominus: *Ambulate dum lucem habetis.* Per
5 prophetam quoque ait: *Tempore accepto exaudiui te, et in die salutis adiuui te.* Quod Paulus apostolus exponens dicit: *Ecce nunc tempus acceptabile, ecce nunc dies salutis.* Salomon quoque ait: *Quodcunque potest manus tua facere, instanter operare, quia nec opus, nec ratio, nec scientia, nec sapientia erit apud inferos, quo tu properas.* Dauid quoque ait: *Quoniam in saeculum misericordia*
10 *eius.* Ex quibus nimirum sententiis constat quia qualis hinc quisque egreditur, talis in iudicio praesentatur. Sed tamen de quibusdam leuibus culpis esse ante iudicium purgatorius ignis credendus est, pro eo quod ueritas dicit, quia si quis in sancto Spiritu blasphemiam dixerit, neque in hoc saeculo remittetur ei neque in futuro. In qua sententia datur intellegi quasdam culpas in hoc saeculo, quas-
15 dam uero in futuro posse laxari. Quod enim de uno negatur, consequens intellectus patet, quia de quibusdam conceditur. Sed tamen, ut praedixi, hoc de paruis minimisque peccatis fieri posse credendum est, sicut est assiduus otiosus sermo, immoderatus risus, uel peccatum curae rei familiaris, quae uix sine culpa uel ab ipsis agitur, qui culpam qualiter declinare debeant sciunt; aut in non

seuent, coment il doiuent soi destorneir de la culpe, u en nient griez
choses li errors d'ignorance. Les queiz totes choses grieuent encor apres
la mort, se az establiz encor [encor] en ceste uie ne sont relaschies.
Quar et quant Paulus dist Cristum estre lo fundement et ioint apres: Se
alcuns aurat edifiet sor icest fundement or, argent, pirres 5
preciouses, buisses, fain, estoule, la oeure de cascun queile
serat prouerat li fous; se la oeure d'alcunui remaint, cui il
suredifiat, il prenderat lo louier; se la oeure d'alcunui art, il
sofferrat empirement; mais il serat salz, nekedent ensi com
parmei lo fou. Ia soit ce ke ce puet estre entendut del fou de la 10
tribulation, ki en ceste uie a nos est aiosteiz, nekedent se alcuns prent
ces choses del fou de la purgation ki est a uenir, hom doit soniousement
penseir, ke il celui dist parmei lo fou pooir estre salueit, nient celui ki
sor cest fundement edifiet fer, araim, u [163ʳ ᵇⁱˢ] plunc, ce est plus granz
pechiez, et poruec plus durs, et dunkes ia nient solubles; mais buisse, 15
fain, estoule, ce est trespetiz pechiez et treslegiers, les queiz li fous
legierement deguasterat. Ce nekedent doit om sauoir, ke illokes ueas
des trespetiz pechiez cascuns n'aurat nient de purgation, se il ice par
bons faiz ne dessert encor establiz en ceste uie, ke il illokes la prendet.

XLII. De l'anrme Pascaise lo diakene.

Quar quant ge encor astoie iouenceaz, et establiz en l'abit de lai
homme, dunkes oi ge des plus granz et des sachanz estre raconteit, ke
Pascasius li diakenes de cest apostolical siege, cui li tresdroit et li cleir
liure del saint espir sont aier nos, ke il fut hom de grande sainteit, et

gravibus rebus error ignorantiae, quae cuncta etiam post mortem grauant, si
adhuc in hac uita positis minime fuerint relaxata. Nam cum Paulus dicat
Christum esse fundamentum, atque subiungat: *Si quis superaedificauerit super
hoc fundamentum, aurum, argentum, lapides pretiosos, ligna, faenum, stipulam;
uniuscuiusque opus quale sit, ignis probabit; si cuius opus manserit quod super-
aedificauit, mercedem accipiet; si cuius opus arserit, detrimentum patietur; ipse
autem saluus erit, sic tamen quasi per ignem.* Quamuis hoc de igne tribulationis
in hac nobis uita adhibito possit intellegi, tamen si quis hoc de igne futurae purgationis accipiat, pensandum sollicite est, quia illum per ignem dixit posse saluari,
non qui super hoc fundamentum, ferrum, aes, uel plumbum aedificat, id est
peccata maiora et idcirco duriora, atque tunc iam insolubilia; sed ligna, faenum,
stipulam, id est peccata minima atque leuissima, quae ignis facile consumat.
Hoc tamen sciendum est, quia illic saltem de minimis nihil quisque purgationis
obtinebit, nisi bonis hoc actibus in hac adhuc uita positus, ut illic obtineat,
promereatur.

XLII. De anima Paschasii diaconi.

Nam cum adhuc essem iuuenculus, atque in laico habitu constitutus, narrari
a maioribus atque scientibus audiui, quod Paschasius huius apostolicae sedis
diaconus, cuius apud nos rectissimi et luculenti de sancto Spiritu libri exstant,

pluisemes entendanz az oeures des almones, cultiueires des poures, et
despitieres de soi meisme. Mais iciz en cele tenzon ki enardant lo desier
des feoz fut faite entre Simmacum et Leurenz, il elliut Leurenz al ordene
de la ueschiet; et il sormonteiz par la uniteit de toz, nekedent en sa
5 sentence remeist ioskes deleiz lo ior de sa eissue, celui amant et deuant
portant, lo queil par lo iugement des eueskes la glise refusat estre dessore
soi. Gieres iciz quant es tens Simmachi lo ueske del sege apostolical fut
morz, sa dalmaire mise sor la biere atochat uns ki auoit lo diable, et
manes fut salueiz. Mais apres mult de tens a Germain lo ueske de
10 Capue, de cui ge ci dessore fis ramenbrance, por la guarison de son
cors deit(i)erent li meide ke il soi deust laueir es Angulains termes. Li
queiz quant fut entreiz ceaz meismes termes, dunkes trouat lo deuant dit
Pascaise lo diakene stant et seruant es chalres. Lo queil quant il et
ueut, forment soi cremit, et si demandat queile chose fesist illokes si
15 granz hom. A cui respondit icil: Por nule altre chose ne sui ge mis
en cest poinal liu, mais ke ge consenti en la partie Leurenz encontre
Simmacum. Mais ge te proi, proie lo sanior por moi, et par ce conistras
tu ke tu es oiz, se tu za repairanz ne moi troeues [163ᵛ ᵇⁱˢ] mie. Por
la queile chose li hom del sanior Germains soi estrainst en proieres, et
20 apres poi de iors repairat, mais ia lo deuant dit Pascaise ne trouat pas
en cel meisme liu. Quar par tant ke il n'auoit mie pechiet par malisce,
mais par l'error d'ignorance, poruec apres la mort pot il estre purgiez
del pechiet. La queile chose nekedent doit l'om croire, ke il ce prist
par cele largeteit de ses almones, ke il dunkes poist deseruir mereit,

mirae sanctitatis uir fuerit, eleemosynarum maxime operibus uacans, cultor pauperum et contemptor sui. Sed hic in ea contentione quae inardescente zelo
fidelium inter Symmachum atque Laurentium facta est ad pontificatus ordinem
Laurentium elegit; et omnium [post] unanimitate superatus in sua tamen sententia
5 usque ad diem sui exitus perstitit, illum amando atque praeferendo, quem episco-
porum iudicio praeesse sibi ecclesia refutauit. Hic itaque cum temporibus Symmachi apostolicae sedis praesulis esset defunctus, eius dalmaticam feretro super-
positam daemoniacus tetigit, statimque saluatus est. Post multum uero temporis
Germano Capuano episcopo, cuius superius memoriam feci, medici pro corporis
10 salute dictauerant, ut in Angulanis thermis lauari debuisset. Qui ingressus
easdem thermas praedictum Paschasium diaconum stantem et obsequentem in
caloribus inuenit. Quo uiso uehementer extimuit et quid illic tantus uir faceret
inquisiuit. Cui ille respondit: Pro nulla alia causa in hoc poenali loco deputatus
sum, nisi quia in parte Laurentii contra Symmachum sensi. Sed quaeso te, pro
15 me Dominum deprecare, atque in hoc cognosces quod exauditus sis, si huc
rediens me non inueneris. Qua de re uir Domini Germanus se in precibus constrinxit et post paucos dies rediit, sed iam dictum Paschasium in loco eodem
minime inuenit. Quia enim non malitia, sed ignorantiae errore peccauerat, purgari
post mortem a peccato potuit. Quod tamen credendum est, quia ex illa eleemosy-
20 narum suarum largitate hoc obtinuit, ut tunc potuisset promereri ueniam, cum

quant il la nule chose ne pot ourcir. **Pirres. Ke** est ce ge te proi, ke
en icez darrains tens tant pluisors choses esclarcissent des anrmes, ki
ançois furent reponses, ensi ke par aouertes reuelations et demostrances
li secles ki est a uenir est ueuz soi aporteir a nos et aourir?

XLIII. Por coi es darrains tens tammaintes choses esclarcissent des anrmes, ki deuant furent reponses.

Gregoires. Ensi est. Quar en combien li presenz secles aprochet al
fin, en tant li secles ki est a uenir ia alsi com de meisme la prochaineteit
est atochiez, et par plus manifestes ensenges est aouerz. Quar par tant
ke nos en cest secle ne ueons pas noz penses entrechaniablement, mais
en cel altre secle regarderons noz cuers altrienement, queile chose dirai
estre cest secle, se nuit non, et queile chose lo secle ki est a uenir, se
ior non? Mais alsi com quant la nuiz comencet finir et li iors naistre,
deuant la naissence del soloilh par alcune maniere les tenebres ensemble
avoc la lumiere sont melleies, des a tant ke les remasilhes de la nuit s'en
alant parfitement soient torneies en la lumiere del ior siuant: ensi li fins
de cest mont ia est parmelleiz auoc lo comencement del secle ki est a
uenir, et meismes les tenebres de ses remasilhes ia tresluisent par une
parmellure des choses spirituciles. Et ia ueons nos pluisors choses ki
sont de cel mont, mais encor ne les conissons nos mie parfitement, car
alsi com (en) une aiorneie de la pense cez choses ueons alsi com deuant lo
soloilh. **Pirres.** Ce moi plaist ke tu dis. Mais de si grant homme Pascaise
ce moet mon corage a demandise, ke il apres la mort fut meneiz [164ʳ]

iam nihil posset operari. Petr. Quid hoc est, quaeso, quod in his extremis temporibus tam multa de animabus clarescunt, quae ante latuerunt; ita ut apertis reuelationibus atque ostensionibus uenturum saeculum inferre se nobis atque aperire uideatur?

XLIII. Cur in extremis temporibus tam multa de animabus clarescunt, quae antea latuerunt.

Gregor. Ita est; nam quantum praesens saeculum propinquat ad finem, tantum futurum saeculum ipsa iam quasi propinquitate tangitur et signis manifestioribus aperitur. Quia enim in hoc saeculo cogitationes nostras uicissim minime uidemus, in illo autem nostra in alterutrum corda conspicimus, quid hoc saeculum nisi noctem, et quid uenturum nisi diem dixerim? Sed quem ad modum cum nox finiri et dies incipit oriri, ante solis ortum simul aliquo modo tenebrae cum luce commixtae sunt, quousque discedentis noctis reliquiae in lucem diei subsequentis perfecte uertantur, ita huius mundi finis iam cum futuri saeculi exordio permiscetur atque ipsae reliquiarum eius tenebrae quadam iam rerum spiritalium permixtione translucent. Et quae illius mundi sunt, multa iam cernimus, sed necdum perfecte cognoscimus, quia quasi in quodam mentis crepusculo haec uelut ante solem uidemus. Petr. Placet quod dicis. Sed de tanto uiro Paschasio hoc animum ad quaestionem mouet, quod post mortem ad poenalem

al poinal liu, cui uesture de sa bire pot estre atochie, et li maligñes espirs estre chaciez del possis homme. **Gregoires.** En iceste chose doit estre conute la grande dispensations del tot poissant deu et com ele est pluisors; par cui iugement est fait, ke ciz meismes hom Pascaises et il
5 deuenz a un petit de tens receucroit ce ke il auoit pechiet, et nekedent deuant les humains oez feroit merueilheuses choses par son cors apres la mort, ki deuant la mort et eaz conissanz auoit fait piues oeures; par ke et cil ki uirent ses bones oeures ne seroient pas deceut en l'acsmance des almones de celui, ne a soi meisme ne seroit pas laschie la colpe senz
10 ueniance, la queile il ne creit pas estre colpe, et por ice ne la stainst mie par ploremenz. **Pirres.** Ge entend les choses cui tu dis. Mais nekedent ge destrainz par ceste raison, nient solement les pechiez cui ge entent, mais encor eeaz cui ge n'entent mie ia sui destrainz recremir. Mais ge te proi par tant ke un petit desore fut torneiz li sermons des
15 poinauz lius del infer, en queil liu quidons nos estre l'infer? sor iceste terre, u doit l'om croire estre dessuz la terre?

XLIIII. V infers doit estre creuz estre.

Gregoires. De ceste chose, Pirres, n'ose ge nule chose folement definir. Certes li alcant quidierent l'infer estre en une partie des terres,
20 et li altre lo quident estre dessuz la terre. Mais nekedent ce hortet lo corage, car se nos por ice disons infer, par tant ke il gist dessuz, ce ke la terre est del ciel, ce doit inferz estre de la terre. De ce par auenture est dit parmi lo psalmiste: Tu as deliureit mi anrme del infer des-

locum ductus est, cuius feretri uestis tangi potuit et malignus spiritus ab obsesso homine fugari. **Greger.** Hac in re magna debet omnipotentis Dei dispensatio et quam sit multiplex agnosci. Cuius iudicio actum est, ut idem uir Paschasius et ipse intus ad aliquantum temporis reciperet quod peccasset, et tamen ante
5 humanos oculos mira per corpus suum post mortem faceret, qui ante mortem eis quoque cognoscentibus pia opera fecisset; ut neque hi qui bona eius uiderant, de eleemosynarum illius aestimatione fallerentur, neque ipsi sine ultione laxaretur culpa, quam nec esse culpam credidit, et idcirco hanc fletibus non exstinxit. **Petr.** Perpendo quae dicis, uerum tamen hac ratione constrictus non solum quae
10 intellego, sed etiam ipsa quae non intellego in me cogor iam peccata formidare. Sed quaeso, quia paulo superius sermo de locis poenalibus inferni uersabatur, ubinam esse infernum putamus? super hanc terram, an sub terra esse credendus est?

XLIIII. Vbi esse infernus credendus sit.

15 **Gregor.** Hac de re temere definire nil audeo. Nonnulli namque in quadam terrarum parte infernum esse putauerunt: alii uero hunc sub terra esse aestimant. Sed tamen hoc animum pulsat, quia si idcirco infernum dicimus quia inferius iacet, quod terra ad caelum est, hoc esse infernus debet ad terram. Vnde et fortasse per Psalmistam dicitur: *Liberasti animam meam ex inferno inferiori;*

ustrain, par ke li sourains infers soit ueuz estre la terre, et li des-
ustrains infers estre dessuz la terre. Et la uoiz de Iohan concordet en
ceste aesmance, li queiz cant il disoit soi auoir ueut un liure saeleit de
set seauz, et ke nuz ne fut troueiz dignes ne el ciel ne en la terre ne
dessuz la terre aourir lo liure et desloier ses seauz, dunkes ioinst apres: 5
Et ge ploreue mult. Lo queil [164ᵛ] liure nekedent en apres dist
estre ouert parmei lo leon de la selate Iuda. Par lo queil liure queile
altre chose est signifie ke la sainte escriture? La queile souz nostres
rachateres ourit, li queiz faiz hom, en morant, en releuant, en montant
ourit toz les mysteires ki en la sainte escriture furent clos. Et nuz el 10
ciel, quar ne alcuns angeles, nuz en la terre, quar ne alcuns hom uiuanz
el cors, et nuz dessuz la terre ne fut troueiz dignes, quar ne(s) les anrmes
despoilhies del cors ne porent pas aourir a nos les secreies choses de la
sainte parole estre lo sanior. Gieres quant a desloier lo liure nuz dessuz
la terre n'est diz estre troueiz dignes, ge ne uoi pas queile chose contre- 15
stat, ke infers soit creuz estre dessuz la terre. **Pirres.** Ge te proi doit
l'om croire un estre lo fou d'infer, u quante serat la diuersiteiz des
pecheors, altanz arsins doit om croire estre deuant appareilhiez?

XLV. Se li fous d'infer est uns u diuers.

Gregoires. Vns est uoirement li fous d'infer, mais il ne cruciet pas 20
en une maniere toz les pecheors. Quar en combien demandet la culpe
de cascun, en tant illokes serat sentie la poine. Car alsi com en cest
mont dessuz un soloilh estont li pluisor, et nekedent ne sentent il pas

ut infernus superior terra, infernus uero inferior sub terra esse uideatur. Et
Ioannis uox in aestimatione ista concordat, qui cum signatum septem sigillis
librum uidisse se diceret, quia nemo inuentus est dignus neque in caelo neque
in terra neque subtus terram aperire librum et soluere signacula eius, adiunxit:
Et ego flebam multum. Quem tamen librum postea per leonem de tribu Iuda 5
dicit aperiri. Quo uidelicet in libro quid aliud quam sacra scriptura signatur?
Quam solus redemptor noster aperuit, qui homo factus, moriendo, resurgendo,
ascendendo cuncta mysteria quae in ea fuerant clausa patefecit. Et nullus in
caelo, quia neque angelus; nullus in terra, quia neque homo uiuens in corpore;
nullus subtus terram dignus inuentus est, quia neque animae corpore exutae 10
aperire nobis praeter Dominum sacri eloquii secreta potuerunt. Cum ergo ad
soluendum librum nullus sub terra inuentus dignus dicitur, quid obstet non uideo,
ut sub terra infernus esse credatur. Petr. Quaeso te, unus esse gehennae ignis
credendus est, an quanta peccatorum diuersitas fuerit, tanta quoque aestimanda
sunt et ipsa incendia esse praeparata? 15

XLV. Vtrum unus gehennae ignis sit an diuersi.

Gregor. Vnus quidem est gehennae ignis, sed non uno modo omnes cruciat
peccatores. Vniuscuiusque etenim quantum exigit culpa, tantum illic sentietur
poena. Nam sicut in hoc mundo sub uno sole multi consistunt nec tamen eius-

engueilment lo chalor d'un meisme soloilh, car li altres at plus chalt, e[t]
li altres moins: ensi illokes en un fou n'est pas une maniere del ars[in]
car ce ke fait ici la diuersiteiz des cors, ce fait illokes la diuersiteiz de[s]
pechiez, par ke il aient et fou nient dissemblant, et nekedent cascun[s]
5 d'eaz brullet dissemblanment. **Pirres.** Disons nos dunkes, ge te proi, ce[az]
ki illokes une fie seront plonchiet toz tens deuoir ardoir?

XLVI. Se les choses ardent toz tens, ki al arsin d'infer sont demises.

Gregoires. Mult certe chose est et nient dotanment uoirs est, ke a[lsi]
10 com fins n'est pas a la ioie des bons, ensi ne serat pas fins al torme[nt]
des maluais. Quar quant le ueriteiz dist: Icist iront el torment parmanable, et li iuste en la uie parmanable, par tant ke uoirs est c[e]
ke il promist, poruec loinz de dotance ne serat pas false chose ce k[e]
deus at manaciet. [165ʳ] **Pirres.** Ke se alcuns dist: Por ice manazat a[s]
15 pechanz la poine parmanable, par tant ke il les apaisenteroit de faire l[es]
pechiez? **Gregoires.** Se ce false chose est, cui il at manaciet par ke [il]
emenderoit de la iniustise, dunkes promist alsiment falses choses par k[e]
il prouocheroit a la iustise. Mais cez choses ki presumerat a dire n[e]
forseneiz? Et se il manazat ce ke il ne deuoit pas emplir, quant no[s l]
20 uolons dire estre merciable, dunkes sumes destraint lui preechier estr[e]
deciuable, ke felonie est a dire. **Pirres.** Ge uoldroie sauoir, coment c[e]
soit iuste chose, ke la culpe ki fut faite auoc fin, soit uengie senz fi[n.]
Gregoires. Ce seroit dit a droit, se li destroiz iugieres pensast nient l[es]
cuers des hommes, mais les faiz. Quar li felon poruec pechierent auo[c]

---

dem solis ardorem aequaliter sentiunt, quia alius plus aestuat, atque alius minus;
ita illic in uno igne non unus est modus incendii; quia quod hic diuersita[s]
corporum, hoc illic agit diuersitas peccatorum, ut et ignem non dissimile[m]
habeant, et tamen eosdem singulos dissimiliter exurat. **Petr.** Num quidnam, quaes[o]
5 te, dicimus eos qui semel illic mersi fuerint semper arsuros?

XLVI. Si semper ardeant qui gehonnae incendiis deputantur.

Gregor. Constat nimis et incunctanter uerum est quia sicut finis non e[st]
gaudio bonorum, ita finis non erit tormento malorum. Nam cum ueritas dica[t:]
Ibunt ii in supplicium aeternum, iusti autem in uitam aeternam, quia uerum e[st]
10 quod promisit, falsum procul dubio non erit quod minatus est Deus. **Petr.** Qui[d]
si quis dicat: Idcirco peccantibus aeternam poenam ninatus est, ut eos a peccatorum perpetratione compesceret? **Gregor.** Si falsum est quod minatus est, ut a[b]
iniustitia corrigeret, etiam falsum est pollicitus, ut ad iustitiam prouocaret. Se[d]
quis hoc dicere uel insanus praesumat? Et si minatus est quod non erat imple-
15 turus, dum asserere eum misericordem nolumus, fallacem (quod dici nefas est)[,]
praedicare compellimur. **Petr.** Scire uelim quomodo iustum sit, ut culpa quae cu[m]
fine perpetrata est sine fine puniatur. **Gregor.** Hoc recte diceretur, si districtu[s]
iudex non corda hominum, sed facta pensaret. Iniqui enim ideo cum fine deli[-]

is, quar il ueskirent auoc fin. Quar se il poissent, il uolsissent uoirement uiure senz fin, par ke il poissent pechier senz fin. Quar il demostrent ke il conuoitent toz tens en lur pechiet uiure, ki unkes ne cessent de pechier endementres ke il uiuent. Poruec partient a la grande iustise del iuiant, ke il ia mais ne desaient lo torment, ki en ceste uie ne uolrent 5 unkes desauoir les pechiez. **Pirres. M**ais nuz iustes n'est pauz de crueltait, et li pechanz sers por ice del iuste sanior est comandeiz a batre, par ke il soit emendeiz de la felonie. Gieres poruec est batuz, ke il doinet estre amendeiz. Mais li felon doneit az fous del infer, se il ne pruinent pas a emendise, par queil fin arderont il toz tens? **Gregoires. L**i 10 tot poissanz deus par tant ke il est pius, il n'est mie pauz del cruciement des chaitis, mais par tant ke il est iustes, parmanablement n'est pas apaisenteiz de la ueniance des felons. Mais tot li felon doneit al parmanable torment, uoirement de lur iniquiteit sont tormenteit, et nekedent a alcune chose arderont, ce est par ke tot li iuste et en deu uoient les 15 bies cui il prendent, et en iceaz regardent les tormenz les queiz [165ᵛ] il escaperent, par ke tant plus parmanablement conoissent soi estre detbors a la diuine grasce, en combien il uoient parmanablement estre ungies les malz les queiz il uenkirent par sa aiue. **Pirres.** Et u est ce ke il sont saint, se il por lur anemis ne proiront mie, les queiz il dunkes 20 uerront ardoir? Az queiz uoirement est dit: Oreiz por uoz anemis. **Gregoires.** Il proient por lur anemis en icel tens, quant il puent lur cuers conuertir a fructuouse penitence, et salueir par meisme la conuersion. Quar queile altre chose doit hom proier por les anemis, se ce non ke li

querunt, quia cum fine uixerunt. Nam noluissent utique, si potuissent, sine fine uiuere, ut potuissent sine fine peccare. Ostendunt enim quia in peccato semper uiuere cupiunt, qui nunquam desinunt peccare, dum uiuunt. Ad magnam ergo iustitiam iudicantis pertinet, ut nunquam careant supplicio, qui in hac uita nunquam uoluerunt carere peccato. **Petr.** Sed nullus iustus crudelitate pascitur, et 5 delinquens seruus a iusto dom'no idcirco caedi praecipitur, ut a nequitia corrigatur; ad hoc ergo uapulat, ut emendari debeat. Iniqui autem gehennae ignibus traditi, si ad correctionem non perueniunt, quo fine semper ardebunt? **Gregor.** Omnipotens Deus, quia pius est, miserorum cruciatu non pascitur; quia uero iustus est, ab iniquorum ultione in perpetuum non sedatur. Sed iniqui 10 omnes aeterno supplicio deputati sua quidem iniquitate puniuntur, et tamen ad aliquid ardebunt, scilicet ut iusti omnes et in Deo uideant gaudia quae percipiunt, et in illis respiciant supplicia quae euaserunt, quatenus tanto magis in aeternum gratias diuinae debitores se esse cognoscant, quanto in aeternum mala puniri conspiciunt, quae eius adiutorio uicerunt. **Petr.** Et ubi est quod sancti sint, si 15 pro inimicis suis quos tunc ardere uiderint non orabunt, quibus utique dictum est: *Pro inimicis uestris orate?* **Gregor.** Pro inimicis suis orant eo tempore quo possunt ad fructuosam poenitentiam eorum corda conuertere, atque ipsa conuersione saluare. Quid enim aliud pro inimicis orandum est, nisi hoc quod

apostoles dist: Par ke deus lur doinst repentise a conoistre la ueriteit, et soi repentent des laz del diable de cui il sont tenut pris a la sue uolenteit? Et coment proieront il dunkes por iceax ki or en nule maniere ne puent estre mueit de la iniquiteit az oeures de
5 iustise? Gieres une meisme cause est, por coi hom dunkes ne proieret pas por les hommes dampneiz el parmanable fou, la queile cause et or est ke om ne proiet pas por lo diable et ses angeles, ki doient estre mis el parmanable torment. Queile cause est encor or, ke li saint homme ne proient mie por les hommes mescreanz et felons ki sont mort, se ce non,
10 ke il d'eax uoirement, les queiz il seuent ia estre mis el parmanable torment, refuient en pardons estre lo merite de lur orison deuant cel regard del iuste iugeor? Mais se encor or li uiuant iuste n'ont pas de compassion des morz et des dampneiz nient iustes, quant il encor seuent de lur char alcune chose iuiable, tant regarderont il dunkes plus destroite-
15 ment les tormenz des felons, en combien il despolhiet de tot lo uisce de corruption, ia plus uoisinement et plus estroitement aerderont a la iustise. Quar ensi la force de la distriction ensorbist lur penses par ce ke il aerdent al tresiuste iugeor, ke del tot ne lur plaist mie tot ce ke discordet de la subtiliteit de la deuentriene reule de celui. **Pirres.** N'est ia nule
20 chose cui om doinet respondre a la ouerte raison. Mais [166ʳ] ceste questions moet or ma pense, coment li anrme est dite nient morteile, quant certe chose est qu'ele muert el fou parmanable.

apostolus ait: *Vt det illis Deus poenitentiam ad cognoscendam ueritatem, et resipiscant a diaboli laqueis, a quo capti tenentur ad ipsius uoluntatem?* Et quomodo pro illis tunc orabunt, qui iam nullatenus possunt ad iustitiae opera ab iniquitate commutari? Eadem itaque causa est, cur non oretur tunc pro homini-
5 bus igni aeterno damnatis, quae nunc etiam causa est, ut non oretur pro diabolo angelisque eius aeterno supplicio deputatis. Quae nunc etiam causa est, ut non orent sancti homines pro hominibus infidelibus impiisque defunctis, nisi quia de eis utique, quos aeterno deputatos supplicio iam nouerunt, ante illum iudicis iusti conspectum orationis suae meritum cassari refugiunt? Quod si nunc quoque
10 uiuentes iusti mortuis et damnatis iniustis minime compatiuntur, quando adhuc aliquid iudicabile de sua carne [sese perpeti etiam ipsi] nouerunt; quanto districtius tunc iniquorum tormenta respiciunt, quando ab omni uitio corruptionis exuti ipsi iam iustitiae uicinius atque arctius inhaerebunt! Sic quippe eorum mentes per hoc quod iustissimo iudici inhaerent uis districtionis absorbet, ut omnino eis non
15 libeat quidquid ab illius *aeternae regulae subtilitate discordat. **Petr.** Non est iam quod responderi debeat apertae rationi. Sed haec nunc quaestio mentem mouet, quomodo anima immortalis dicitur, dum constet quod in perpetuo igne moriatur.

XLVII. Coment li anrme est dite nient morteile, se certe chose
est k'ele par la dampnation de la mort est crucie.

Gregoires. Par tant ke en dous manieres uie est dite, par dous
manieres alsiment la morz doit estre entendue. Car altre chose est ke
nos uiuons en deu, altre chose ce ke nos uiuons en ce ke nos sumes 5
fait u creeit; ce est, altre chose est uiure bieneurousement, et altre chose
est uiure essentialment. Gieres li anrme est entendue estre morteile, et
estre nient morteile. Certes ele est morteile, quar ele pert bieneurousement uiure. Ele est nient morteile, car uie ne laisset onkes essentialment uiure, et ele ne puet mie perdre la uie de sa nature, nes quant ele 10
serat en la mort parmanable dampneie. Quar illokes establie pert ele
bieneurousement estre, et ele ne pert pas estre. De la queile chose toz
tens est destrainte, k'ele soffret la mort senz la mort, et lo defailhement
senz defailhement, et lo fin soffret senz fin; par ke et la morz soit a lei
nient morteile, et li defailhemenz nient defalanz, et li fins nient fineiz. 15
Pirres. Li queiz iceste si nient desploiable sentence de dampnation, de
queile oeure ke il onkes soit, a l'eissue uenanz ne cremerat mie, quant
ia soit ce ke il ia seit ce ke il at fait, nekedent encor ne seit mie, com
subtilment sei fait seront iugiet?

XLVIII. D'un saint homme ki uenanz a la mort eut paor. 20

Gregoires. Ensi est com tu affermes. Mais a la fie des petites colpes
sous meismes li paors purget les eissanz anrmes des iustes, alsi com tu
souent ois auoc moi estre raconteit d'un saint homme. Li queiz uenanz

---

XLVII. Quomodo anima immortalis dicitur, si constat quod mortis damnatione puniatur.

Gregor. Quia duobus modis uita dicitur, duobus etiam modis mors debet
intellegi. Aliud namque est quod in Deo uiuimus, aliud uero quod in hoc quod
conditi uel creati sumus; id est, aliud beate uiuere, atque aliud est essentialiter.
Anima itaque et mortalis esse intellegitur et immortalis. Mortalis quippe, quia 5
beate uiuere amittit; immortalis autem, quia essentialiter uiuere nunquam desinit,
et naturae suae uitam perdere non ualet, nec cum in perpetua fuerit morte
damnata. Illic enim posita beate esse perdit, et esse non perdit. Qua ex re
cogitur semper, ut et mortem sine morte, et defectum sine defectu, et finem sine
fine patiatur; quatenus ei mors immortalis sit, et defectus indeficiens, et finis 10
infinitus. **Petr.** Quis hanc tam inexplicabilem damnationis sententiam, cuiuslibet
sit operis, ad exitum ueniens non pertimescat, quando etsi iam nouit quod egit,
adhuc tamen facta illius quam subtiliter iudicentur ignorat?

XLVIII. De quodam sancto uiro qui ad mortem ueniens expauit.

Gregor. Vt asseris ita est, [Petre]. Sed plerumque de culpis minimis ipse 15
solus pauor egredientes iustorum animas purgat, sicut narrari de quodam sancto
uiro mecum frequenter audisti. Qui ad mortem ueniens uehementer timuit, sed

a la mort forment soi cremit, mais apres la mort az disciples en une
blanche uesteure apparuit, et si enseniat com clerement il fut receus.
Mais a la fie li tot poissanz deus les penses des tremblanz confortet anzois par alcunes reuelations, par ke eles ne sei criement en la mort.

II. Ke li alcant par ke il ne criement en la mort par reuelation sont efforciet, et de Antoine, et de Merulo lo moine.

Quar auoc moi el monstier uiuoit uns freres Antoines par nom, li
par pluisors et cotidienes larmes sospiroit az ioies del celeste pais. Et
quant il tres-[166ᵛ]studiousement et par grant feruor de desier penseut
les saintes paroles, il ne queroit pas en eles les paroles de sdience, mais
plorement de compunction, par ke sa pense par cez choses encitoie arde-
roit, et laissanz les basses choses par contemplation uoleroit a la contreie
del celeste pais. A cestui fut dit par une nuiterneile uision: Soies appareilhiez, et par tant ke li sires lo comande trespasse. Et quant cil disoit
soi nient auoir despenses a trespasseir, manes oit un respons disanz: Se
de tes pechiez est parleit, il sont pardoneit. Et quant il ce ot oit une
fie et encor soi cremoit de grand cremor, en l'altre nuit alsiment fut
ammonesteiz de cez meismes paroles, quant apres cinc iors il pris de la
fieure morut deuant toz les freres ploranz et oranz.

Uns altres freres alsiment en cel meisme monstier Merulus astoit
diz, a larmes et a almones mult ententius; mais la psalmodie pres en nul
tens ne soloit cesseir de sa boche, estre quant il donoit mangiers al cors,
u les menbres al somme. A cestui apparut par une nuiterneile uision,

post mortem discipulis in stola alba apparuit et quam praeclare sit susceptus
indicauit.

XLVIIII. Quod quidam ne in morte timeant reuelatione roborantur; et de Antonio et Merulo et Ioanne monachis.

Nonnunquam uero omnipotens Deus trepidantium mentes quibusdam priu
reuelationibus roborat, ut in morte minime pertimescant. Nam quidam mecum in
monasterio frater Antonius nomine uiuebat, qui multis quotidianisque lacrimis
ad gaudia patriae caelestis anhelabat. Cumque studiosissime et cum magno
feruore desiderii sacra eloquia meditaretur, non in eis uerba scientiae, sed fletum
compunctionis inquirebat, quatenus per haec excitata mens eius inardesceret, et
ima deserens ad regionem caelestis patriae per contemplationem uolaret. Huic
per uisionem nocturnam dictum est: Paratus esto, et quia Dominus iussit, migra.
Cumque ille non habere se sumptus ad migrandum diceret, responsum protinus
audiuit dicens: Si de peccatis tuis agitur, dimissa sunt. Quod cum semel audisset
et magno adhuc metu trepidaret, nocte quoque alia eisdem uerbis est admonitus.
Tunc post quinque dies febre correptus, cunctis fratribus orantibus flentibusque,
defunctus est. Alius etiam frater in eodem monasterio Merulus dicebatur, uehementer lacrimis atque eleemosynis intentus: psalmodia uero ex ore illius paene
nullo tempore cessare consueuerat, excepto cum aut alimentum corpori aut
membra dedisset sopori. Huic nocturna uisione apparuit quod ex albis floribus

ke une corone de blanches flors del ciel descendoit en son chief. Li queiz manes del mal del cors porpris, a grande segurteit et haitieteit del corage morut. A cui sepulcre quant Pirres, ki or est dessore lo monstier, apres quatorze ans uolt a soi faire sepulture, si granz odors de suauiteit, alsi com il dist, eissit de cel meisme son sepulcre, alsi com illokes fussent 5
assembleit li odorement de totes flors. Par la quelle chose manifestement fut entendut, com uoir ce fut ke il uit par la nuiterneile uision.

Vns altres essiment fut en cel meisme monstier diz Iohans iouenceax de grande bonteit, ki son eage trespassoit par entendement et par humiliteit, et par dulzor et par grauiteit. Gieres a icestui malade et meneit al 10 fin, par une nuiterneile uision apparut uns uielhars, et cestui tochat d'une uerge, et si dist a lui: Lieue sus. Quar de cest mal or ne mor-[167ʳ] ras tu mie, mais soies appareilhiez, quar tu ne fras pas ici long tens. Li queiz quant ia fut des meides despereiz, enhelement fut saneiz et si guarit. La chose cui il uit racontat, et soi donat par dous ans el seruise 15 de deu, alsi com ge deuant dis, ultre les ans de son eage. Mais deuant cest tens de trois ans quant uns freres fut morz, et el cimiteire de cel meisme monstier de nos enseuelis, nos trestoz eissanz de cel meisme cimiteire, ciz meismes Iohans, alsi com il en apres pallissanz et tremblanz enseniat, quant nos departins de la, illokes troueiz de cel meisme frere 20 ki fut morz fut apeleiz del sepulcre. La quelle chose alsiment li apres siuanz fins enseniat. Quar apres dis iors il assalhiz des fieures fut desloiez de la char. **Pirres.** Ge uoldroie ke l'om moi enseniast, se ce ke par nuiterneiles uisions est demostreit doit estre gardeit.

corona de caelo in caput illius descendebat. Qui mox molestia corporis occupatus cum magna securitate animi atque hilaritate defunctus est. Ad cuius sepulcrum dum Petrus, qui nunc monasterio praeest, sibi sepulturam facere post annos quatuordecim uoluisset, tanta, ut asserit, de eodem sepulcro illius fragrantia suauitatis emanauit, ac si illic florum omnium fuissent odoramenta congregata. 5
Qua ex re manifeste patuit, quam uerum fuit quod per nocturnam uisionem uidit. In eodem quoque monasterio alius quidam Ioannes dictus est, magnae indolis adolescens, qui aetatem suam intellectu et humilitate, dulcedine et grauitate transibat. Huic aegrotanti atque ad extremum deducto per nocturnam uisionem quidam senex apparuit et hunc uirga tetigit eique dixit: Surge, ex hac enim 10 molestia modo minime morieris, sed paratus esto, quia longum tempus hic facturus non eris. Qui dum iam esset a medicis desperatus, repente sanatus est atque conualuit. Rem quam uiderat narrauit, seque per biennium in Dei seruitio, sicut praedixi, ultra aetatis suae annos exhibuit. Ante hoc autem triennium, cum quidam frater fuisset mortuus atque in eiusdem monasterii coemeterio a nobis 15 sepultus, cunctis nobis ab eodem coemeterio exeuntibus, idem Ioannes, sicut postmodum pallens et tremens indicauit, illic nobis discedentibus inuentus ab eodem fratre qui mortuus fuerat de sepulcro uocatus est. Quod mox etiam subsequens finis edocuit. Nam post dies decem inuasus febribus carne solutus est. **Petr.** Doceri uelim, si hoc quod per nocturnas uisiones ostenditur debeat obseruari. 20

L. Se l'om doit prendre garde az songes, et quantes manieres sont de songes.

Gregoires. Pirres, hom doit sauoir, ke par sis manieres tochent lo corage les ymagenes des songes. Quar a la fie sont engenreit li songe
5 de la plenteit del uentre u de la uuidece, a la fie par illusion, ... et a la fie par pense ensemble et par reuelation. Mais les dous choses cui nos promeraines desins trestot conissons par esprouance; mais les quatre iointes apres trouons nos es pagenes de la sainte escriture. Quar se li songe a la fie ne fussent fait par la illusion del repons anemi, ce n'en-
10 seniast pas li sages hom disanz: Li songe fisent les pluisors errer, et cil ki orent sperance en eax chairent. V certes: Vos ne deuinereiz mie et si ne prendereiz pas garde az songes. Par les queiz paroles senz dotance est demostreit, de queil blame sont li songe ki sont ioint az diuinances. Lo pares se li songe n'eississent a la fie de
15 la pense ensemble et de la illusion, li sages hom ne desist mie: Li songe siuent pluisors cures. Et se a la fie li songe ne nasquissent del mysteire de reuelation, Ioseph n'eust pas ueut par songe ke il diut estre plus dessore ses freres, ne li angeles par songe ne somonsist pas [167ᵛ] l'espous Marie ke il presist l'enfant et fuist en Egypte. De rechief
20 se li songe n'eississent a la fie de la pense ensemble et de la reuelation, Daniel li prophetes esponanz la uision Nabugodonosor de la racine de la pense ne comenzast mie disanz: Tu rois comenzas a penseir en ton lit, queile chose deust uenir apres cestes; et cil ki descouret

L. An obseruanda sint somnia, et quot sint modi somniorum.

Gregor. In hoc, Petre, sciendum est quia sex modis tangunt animum imagines somniorum. Aliquando namque somnia uentris plenitudine uel inanitate, aliquando uero illusione, [aliquando cogitatione simul et illusione, aliquando reuela-
5 tione], aliquando autem cogitatione simul et reuelatione generantur. Sed duo quae prima diximus, omnes experimento cognoscimus; subiuncta autem quattuor in sacrae scripturae paginis inuenimus. Somnia etenim nisi plerumque ab occulto hoste per illusionem fierent, nequaquam hoc uir sapiens indicaret dicens: *Multos enim errare fecerunt somnia et exciderunt sperantes in illis.* Vel certe: *Non*
10 *augurabimini nec obseruabitis somnia.* Quibus profecto uerbis cuius sint detestationis ostenditur, quae auguriis coniunguntur. Rursum nisi aliquando ex cogitatione simul et illusione procederent, uir sapiens minime dixisset: *Multas curas sequuntur somnia.* Et nisi aliquando somnia ex mysterio reuelationis orirentur, nec Ioseph praeferendum se fratribus somnio uideret, nec sponsum Mariae,
15 ut ablato puero in Aegyptum fugeret, per somnium angelus admoneret. Rursum nisi aliquando ex cogitatione simul et reuelatione procederent, nequaquam Daniel propheta, Nabuchodonosor uisionem disserens, a radice cogitationis inchoasset dicens: *Tu rex coepisti cogitare in stratu tuo, quid esset futurum post haec, et*

les mysteires, il demostret a toi cez choses ki sont a uenir. Et apres un petit dist il: Tu ueoies, et ellenos alsi com une grande ymagene, cele grande ymagene et cele halte stature steiuet encontre toi. Et les altres choses. Gieres Daniel quant il a reuerence demostret ke li songes doit estre aempliz, et quant il manifestet de queile 5 pense il naskit, ouertement est demostreit, ke ce a la fie est engenreit de la pense ensemble et de la reuelation. Mais senz dotance quant li songe par tantes qualiteiz des choses ki onkes soient entrecangent, tant lur doit hom plus griement croire, en combien de queil bot il uinent legierement n'esclarcist mie. Mais li saint homme entre les illusions et les reuelations 10 meismes les noiz u les ymagenes des uisions entendent par un deuentrien sauoir, par ke il sachent, queile chose il perzoiuent del bon espir, u queile chose il soffrent del escheruissor. Quar se encontre cez choses la pense n'est uisouse, par lo deceueor espir soi emploncet en pluisors uaniteiz, car a la fie suelt il maintes uraies choses deuant dire, par ke il al 15 darrains puisset l'anrme enlacier par alcune falseteit.

LI. De celui a cui par songes long espace de uie furent promis, ki deuoit morir en cort tens.

Alsi com a un des nostres certe chose est nouelement auoir auenut, li queiz quant il mult prendoit garde az songes, par un songe furent 20 promis a lui long espaze de ceste uie. Et quant il ot assembleit mult d'auoir por les despenses de la plus longe uie, il morut ensi sodainement ke il laissat totes ses choses nient atochies, et ke il nient de bone oeure

qui reuelat mysteria ostendit tibi quae uentura sunt. Et paulo post: *Videbas, et ecce quasi statua una grandis, statua illa magna, et statura sublimis stabat contra te*, etc. Daniel itaque dum somnium et implendum reuerenter insinuat, et ex qua ortum sit cogitatione manifestat, patenter ostenditur, quia hoc plerumque ex cogitatione simul et reuelatione generetur. Sed nimirum cum somnia tot rerum 5 qualitatibus alternent, tanto eis credi difficilius debet, quanto et ex quo impulsu ueniant, facilius non elucet. Sancti autem uiri inter illusiones atque reuelationes ipsas uisionum uoces aut imagines quodam intimo sapore discernunt, ut sciant uel quid a bono spiritu percipiant uel quid ab illusore patiantur. Nam si erga haec mens cauta non fuerit, per deceptorem spiritum multis se uanitatibus im- 10 mergit, qui nonnunquam solet multa uera praedicere, ut ad extremum ualeat animam ex aliqua falsitate laqueare.

LI. De quodam uiro cui per somnium longa uitae spatia promissa sunt et in breui tempore morte resecata.

Sicut cuidam nostrum nuper certum est contigisse, qui dum somnia uehe- 15 menter attenderet, ei per somnium longa spatia huius uitae promissa sunt. Cumque multas pecunias pro longioris uitae stipendiis collegisset, ita repente defunctus est, ut intactas omnes relinqueret, et ipse secum nihil ex bono opere portaret.

ne portat auoc soi. **Pirres.** Moi souient ki fut icil, mais ge te proi pursiuons les choses cui nos [168ʳ] auons comencies. Quidons nos alcune chose aidier az anrmes, se li cors des morz es glises sont enseuelit?

LII. Se ce aiuet les anrmes, se li cors des morz en la glise sont enseuelit.

Gregoires. Cil les queiz li grief pechiet ne depressent mie, ce aiuet az morz, se il en la glise sont enseuelit, ke lur proime quantes fies il uinent a ceaz meismes sains lius, ke lur souient de lur amis cui fosses il uoient, et si espandent por eaz proieres al sanior. Quar cil cui depressent li plus grief pechiet, nient miez a absolution lur cors sont mis es glises, ke al comble de la plus grande dampnation. Ceste chose miez demostrons, se nos les choses ki en noz iors furent faites briement racontons.

LIII. D'une femme sainte nonain en la glise del bieneurous Laurent lo martre enseuelie, ki apparuit demeie brulleie.

Li honorables hom Feliz, li uesker Portuenses, il fut neiz et norriz en la contreie Sabinense, li queiz tesmongieuet une femme sainte nonain auoir esteit en cel meisme liu, la queile noirement ot la continence de la char, mais la folie de la lengue et la fole parole n'eschiuat mie. Gieres iceste morut, et en la glise fut enseuelie. Mais en cele meisme nuit li costres de cele glise uit par reuelation, ke ele meneie deuant lo saint alteil fut soie par mei, et la une partie de celei fut arse de fou, et l'altre partie remeist nient atochie. Et quant il soi leuanz par matin

---

LII. An prosit animabus, si mortuorum corpora in ecclesia fuerint sepulta.

Petr. Quis ille sit memini: sed, quaeso te, ea quae coepimus, exsequamur. Putamusne animabus aliquid prodesse, si mortuorum corpora fuerint in ecclesiis sepulta? Greger. Quos grauia peccata non deprimunt, hoc prodest mortuis, si in ecclesia sepeliantur, quod eorum proximi quotiens ad eadem sacra loca conueniunt, suorum quorum sepulcra conspiciunt recordantur, et pro eis Domino preces fundunt. Nam quos peccata *grauia deprimunt, non ad absolutionem potius quam ad maiorem damnationis cumulum eorum corpora in ecclesiis ponuntur. Quod melius ostendimus, si ea quae diebus nostris gesta sunt breuiter enarremus.

LIII. De quadam sanctimoniali femina in ecclesia sancti Laurentii sepulta, quae dimidia apparuit incensa.

Vir namque uitae uenerabilis Felix, Portuensis episcopus, in Sabinensi prouincia ortus atque nutritus est. Qui quandam sanctimonialem feminam in loco eodem fuisse testatur, quae carnis quidem continentiam habuit, sed linguae procacitatem atque stultiloquium non declinauit. Haec igitur defuncta atque in ecclesia sepulta est. Eadem autem nocte custos eiusdem ecclesiae per reuelationem uidit, quia deducta ante sacrum altare per medium secabatur et pars una illius igne cremabatur et pars altera intacta remanebat. Cumque hoc surgens

ce racontoit az freres et uoloit demostreir lo liu el queil ele fut consumie del fou, meismes li araîns de la flamme ensi apparut deuant l'alteil es marbres, alsi com illokes cele meisme femme par fou corporeil fust arse. Par la queile chose ouertement est doneit a entendre, ke cil az queiz ne sont mie pardoneit li pechiet, a eschiueir lo iugement par les sainz lius 5 apres la mort ne puent pas estre aidiet.

LIIII. De la sepulture Valerien lo prouost.

Iohans alsiment, li honorables hom, en cest borc gardanz lo liu des prouoz, nos sauons de queile ueriteit et de queile grauiteit il est; li queiz tesmoniat a moi Valerien lo patrice en la citeit ki Brixa est dite 10 auoir esteit mort. A cui li ueskes de cele meisme citeit por pris louier donat liu en la glise, el queil il deust estre enseueliz. Li queiz [168ᵛ] loist a sauoir Valeriens ioakes a son darrain eage fut legiers et louerianz, et il despitat mettre mesure a ses maluaisticz. Mais en cele meisme nuit, quant il fut enseueliz, li bieneurous Faustins li martres, en cui glise li 15 cors de celui fut entereiz, il apparut a son costor disanz: Va, et si di al ueske, ke il gettet fors de ci les puanz chars les queiz il at mis ici; car se il ce ne fait, el trentisme ior il meismes morrat. La queile uision li costres cremit a regehir al ueske, et lo pares somonz l'eschiuat. Mais el trentisme ior li ueskes de cele meisme citeit, quant il a l'oure de uespres 20 sains et haliegres al lit fut repairiez, dunkes morut par sodaine mort et nient porquidie.

mane fratribus narrasset et locum uellet ostendere, in quo fuerat igne consumpta, ipsa flammae combustio ita ante altare in marmoribus apparuit, ac si illic eadem femina igne corporeo fuisset concremata. Qua ex re aperte datur intellegi quia hi quibus peccata dimissa non fuerint ad euitandum iudicium sacris locis post mortem non ualeant adiuuari. 5

LIIII. De Valeriani *patricii sepultura.

Ioannes quoque uir magnificus, in hac urbe locum praefectorum seruans, cuius grauitatis atque ueritatis sit nouimus, qui mihi testatus est Valerianum patricium in ciuitate quae Brixa dicitur fuisse defunctum. Cui eiusdem ciuitatis episcopus accepto pretio locum in ecclesia praebuit, in quo sepeliri debuisset. 10 Qui uidelicet Valerianus usque ad aetatem decrepitam leuis ac lubricus exstitit, modumque suis prauitatibus ponere contempsit. Eadem uero nocte qua sepultus est, beatus Faustinus martyr, in cuius ecclesia corpus illius fuerat humatum, custodi suo apparuit dicens: Vade, et dic episcopo ut proiiciat hinc has fetentes carnes quas hic posuit; quod si non fecerit, die trigesimo ipse morietur. Quam 15 uisionem custos episcopo timuit confiteri et rursus admonitus declinauit. Die autem trigesimo eiusdem ciuitatis episcopus, cum uespertina hora sanus atque incolumis ad lectum redisset, subita et inopinata morte defunctus est.

LV. Del cors Valentin lo defendeor ki apres la mort fut getteiz de la glise.

Ici est alsiment en present li honorables freres Venantius, li ueskes Lunensis, et li granz Liberius, li tresnobles heirs et li treshonorables, li
5 queil tesmongent soi sauoir et lur hommes auoir esteit presenz a cele chose la queile il racontent nouelement estre auenue el bore de Gennes. Quar illokes, alsi com il dient, morut li defenderes de la glise de Moilanz, Valentins par nom, uns hom mult louerianz et porpris de totes legerics, cui cors fut enseueliz en la glise del bieneurous Syron lo martre. Mais
10 a meie nuit faites furent uoiz en cele meisme glise, alsi com se alcuns par force fust boteiz fors et traiz fors de celei. Az queiz uoiz senz dotance corurent li costor, et si uirent dous tresnoirs espirs ki auoient les piez de cel meisme Valentin estrainz d'une loiure, et si lo traoient fors de la glise criant et mult huchant. Li queil espauenteit soi retor-
15 nerent a lur li(z). Mais quant faite fut la matineie, il ourirent lo sepulcre el queil cil meismes Valentins fut mis, et ne trouerent pas lo cors de celui. Et quant il queroient defors la glise, u il astoit getteiz, il lo trouerent mis en un altre sepulcre encor a loiez piez, alsi com il fut traiz fors de la glise. Par la queile chose, Pirres, entent, ke cil cui apressent
20 li grief pechiet, se il soi font [169ʳ] enseuelir en un saint liu, il couient ke il soient dampneit encor de lur presumption, par ke li saint liu ne les deliurent mie, mais encor la culpe de lur folie les accuset.

LV. De corpore Valentini ab ecclesia post mortem proiecto.

Adest quoque in praesenti uenerabilis frater Venantius Lunensis episcopus et magnificus Liberius, uir nobilissimus atque ueracissimus, qui se scire suosque homines interfuisse testantur ei rei quam narrant nuper in Genuensi urbe conti-
5 gisse. Ibi namque, ut dicunt, Valentinus nomine, ecclesiae Mediolanensis defensor, defunctus est, uir ualde lubricus et cunctis leuitatibus occupatus, cuius corpus in ecclesia beati martyris Syri sepultum est. Nocte autem media in eadem ecclesia factae sunt uoces, ac si quis uiolenter ex ea expelleretur atque traheretur foras. Ad quas nimirum uoces cucurrerunt custodes et uiderunt duos quosdam taeterri-
10 mos spiritus, qui eiusdem Valentini pedes quadam ligatura strinxerant et eum ab ecclesia clamantem ac nimium uociferantem foras trahebant; qui uidelicet exterriti ad sua strata reuersi sunt. Mane autem facto aperientes sepulcrum in quo idem Valentinus positus fuerat, eius corpus non inuenerunt. Cumque extra ecclesiam quaererent, ubi proiectum esset, inuenerunt hoc in sepulcro alio positum,
15 ligatis adhuc pedibus, sicut ab ecclesia fuerat abstractum. Ex qua re, Petre, collige quia hi quos peccata grauia deprimunt, si in sacro loco sepeliri se faciant, restat ut etiam de sua praesumptione iudicentur, quatenus eos sacra loca non liberent, sed etiam culpa temeritatis accuset.

LVI. Del cors del (tindeor) ki fut enseueliz en la glise, et en apres nient troueiz.

Certes alsiment ce ke en cest bore auint, tesmongent li pluisor des tindeors ki ici habitent, ke quant uns maistres de lur art fut morz, il fut enseueliz de sa femme en la glise del bieneurous Ianuaire lo martre daleis la porte saint Laurent. Mais en la nuit siuant de cele meisme sepulture oant lo costor comenzat ses espirs a crieïr: Ge ard, ge ard. Et quant il cez uoiz longement fors mettoit, li costres nunzat ceste chose a sa femme. Et la femme de celui enuoiat hommes de cele meisme art a la glise, li queil diligentement preïssent garde, uoilhans sauoir coment ses cors astoit el sepulcre, dont il crieuet teiz choses. Li queil ourirent son sepulcre, et trouerent uoirement ses uestimenz nient atochiez, li queil iaskes a or en cele meisme glise sont gardeit por lo tesmoin de cele chose, mais lo cors de celui del tot ne trouerent mie, alsi com il ne fust pas mis en cel meisme sepulcre. Par la queile chose puet om entendre, de queile ueniance li anrme de celui est dampneie, cui chars de la glise fut fors getteie. Gieres queile chose aiuent li saint liu az enseueliz, quant icil ki ne sont pas digne de ceas meismes sains lius de par deu sont fors getteit? Pirres. Queile chose porat dunkes estre, ki az anrmes des morz porat aidier?

LVI. De tinctoris corpore in ecclesia sepulto et postmodum non inuento.

Nam quid quoque in hac urbe contigerit, tinctorum qui hic habitant plurimi testantur, quod quidam artis eorum primus, cum defunctus fuisset, in ecclesia beati Ianuarii martyris iuxta portam sancti Laurentii a coniuge sua sepultus est. Sequenti autem nocte ex eadem sepultura, audiente custode, eius spiritus coepit clamare: Ardeo, ardeo. Cum uero diu has uoces emisisset, custos hoc eius nuntiauit uxori. Vxor uero illius eos qui diligenter inspicerent artis eiusdem uiros transmisit ad ecclesiam, uolens cognoscere qualiter eius corpus esset in sepulcro, de quo talia clamaret. Qui aperientes sepulcrum uestimenta quidem intacta reppererunt, quae nunc usque in eadem ecclesia pro eiusdem causae testimonio seruantur, corpus uero illius omnino non inuenerunt, ac si in sepulcro eodem positum non fuisset. Qua ex re colligendum est, qua ultione anima eius damnata sit, cuius [et] caro est ab ecclesia proiecta. Quid igitur sacra loca sepultis prosunt, quando hi qui indigni sunt ab eisdem sacris locis diuinitus proiciuntur?

LVII. Quid sit quod post mortem ualeat ad absolutionem animas adiuuare, et de Centumcellensi presbytero, ac de anima iusti monachi.

Petr. Quidnam ergo esse poterit, quod mortuorum ualeat animabus prodesse? Gregor. Si culpae post mortem insolubiles non sunt, multum solet

LVII. Quelle chose est, ki apres la mort puet les anrmes aidier a absolution, et del preste de Cent Celes, ki fut proiez del espir d'un homme, ke il poist apres la mort estre aidiez par la sainte offrande, et de l'anrme Iuste lo moine.

5 **Gregoires.** Se les culpes apres la mort ne sont mie nient solubles, mult suelt aidier les anrmes encor apres la mort la sainte oblations de la saluable offrande, si ke a la fie meismes les anrmes des morz sont ueues ceste chose demandeir. Quar li deuant diz Feliz li ueskes d'un preste d'onorable uie, ki ioskes deuant dous (ans) ueskit, et meist en la ueschiet
10 del boro de Cent Celes, et fut dessore la glise del bieneurous Iohan, ki est mise en cel liu ki Tauriana est diz, affermet soi [169ᵛ] auoir conut, ke cil prestes meismes en cel liu u les chaldes aigues font grandes fumieres auoit acconstumeit soi laueir, quantes fies la necessiteiz del cors lo demandoit. En queil liu quant il par un ior fut entreiz, dunkes trouat
15 un nient conut homme appareilhiet a son seruise, ki des piez li traroit les chalcemenz, ki reciueroit les uestimenz, et douroit les sabains al eissant des chalors, et ki parferoit a lui tot lo ministeire a grand seruise. Et quant ceste chose souentes fies fut faite, cil meismes prestes par un ior, quant il deuoit aleir az bains, pensanz deuenz soi meisme dist: Ge
20 ne doi pas hainous aparoir a cel homme ki suelt a moi si tresdeuotement seruir a laueir, mais moi couient alcune chose por don porteir a lui. Dunkes aportat auoc soi dous corones des oblations. Li queiz manes ke il paruint al liu, trouat l'omme, et solunc sa constume en totes choses prist lo seruise de celui. Gieres soi lauat, et quant il ia uestiz uolt eissir,
25 dunkes offrit por benizon ce ke il aportat auoc soi al homme ki seruit a

animas etiam post mortem sacra oblatio hostiae salutaris adiuuare, ita ut hane nonnunquam ipsae defunctorum animae expetere uideantur. Nam praedictus Felix episcopus a quodam uitae uenerabilis presbytero, qui usque ante biennium uixit et in dioecesi Centumcellensis urbis habitabat, atque ecclesiae beati Ioannis,
5 quae in loco qui Tauriana dicitur sita est, praeerat, cognouisse se asserit quod idem presbyter in eodem loco in quo aquae calidae uapores nimios faciunt, quotiens corporis necessitas exigebat, lauari consueuerat. Vbi dum die quadam fuisset ingressus, inuenit quendam incognitum uirum ad suum obsequium praeparatum, qui sibi de pedibus calceamenta abstraheret, uestimenta susciperet, et
10 exeunti de caloribus sabana praeberet, atque omne ministerium cum magno famulatu perageret. Cumque hoc saepius fieret, idem presbyter die quadam ad balnes iturus intra semet ipsum cogitans dixit: Viro illi qui mihi solet tam deuotissime ad lauandum obsequi ingratus apparere non debeo, sed aliquid me necesse est ei pro munere portare. Tunc duas secum oblationum coronas detulit. Qui mox ut
15 peruenit ad locum, hominem inuenit atque ex more eius obsequio in omnibus usus est. Lauit itaque et cum iam uestitus uoluisset egredi, hoc quod secum detulerat obsequenti sibi uiro pro benedictione obtulit petens ut benigne susci-

soi, proianz ke il bonement receust ce ke il li offroit par cariteit. A cui
respondit icil dolanz et affliz: Pere, por coi dones tu a moi cez choses?
Cis pains est sains, ge non puis pas cestui mangier. Quar ge cui tu
uois fui ia diz sires de cest liu, mais por mes pechiez apres la mort ici
mi mis. Mais se tu uuez doneir a moi, dunkes offre por moi cest pain 5
al tot poissant deu, par ke tu proies por mes pechiez. Et dunkes saches
toi estre oit, quant tu ci uenras por laueir, et moi ne troueras mie. Es
queiz paroles il desparut, et cil ki sembloit estre hom en enuanisant fist
conoistre ke il astoit espirs. Et cil meismes prestes par une continueie
setmaine soi afflit en larmes por lui, par cascun ior offrit la saluable 10
offrande, et en apres soi retornat al bain, et ne trouat pas celui. En
ceste chose est demostreit, combien aiuet az anrmes li sacrefices de la
sainte [170ʳ] offrande, quant et meisme li espir des morz celei proient
les uiuanz, et demostrent ensenges es queiz il soient ueut parmei celei
estre desloiet. 15

Mais encor ce quide ge ke l'om ne doit pas taisir, ke moi ramenbret
deuant cest tens de trois ans estre fait en mon monstier. Certes uns
moines Iustes par nom fut enbeureiz de l'art de medicine, li queiz a moi
establit en cel meisme monstier soniousement soloit seruir, et uelhier en
nes assidueies maladies. Gieres iciz porpris par lo langor del cors, al 20
fin fut meneiz. A cui en meisme son mal seruoit ses germains freres
Copious par nom, li queiz meismes alsiment or en cest bore par l'art de
cele meisme medicine siut la guarison de la uie temporeile. Mais li
deuant diz Iustes quant il conut soi estre uenut al fin, dunkes acointat

peret quod ei gratia caritatis offerret. Cui ille maerens afflictusque respondit:
Mihi ista quare das, pater? Iste panis sanctus est, ego hunc manducare non
possum. Ego etenim quem uides, huius loci dominus aliquando fui, sed pro
culpis meis hic post mortem deputatus sum. Si autem mihi praestare uis, omnipotenti Deo pro me offer hunc panem, ut pro peccatis meis interuenias. Et tunc 5
exauditum te esse cognosce, cum huc ad lauandum ueneris et me minime reppe-
reris. In quibus uerbis disparuit, et is qui homo esse uidebatur, euanescendo
innotuit quia spiritus fuit. Idem uero presbyter hebdomada continua se pro eo
in lacrimis afflixit, salutarem hostiam quotidie obtulit et reuersus post ad balneum eum iam minime inuenit. Qua ex re quantum prosit animabus immolatio 10
sacrae oblationis ostenditur, quando hanc et ipsi mortuorum spiritus a uiuentibus
petunt et signa indicant, quibus per eam absoluti uideantur. Sed neque hoc
silendum existimo quod actum in meo monasterio ante hoc triennium reminiscor.
Quidam namque monachus, Iustus nomine, medicinali arte fuerat imbutus, qui
mihi in eodem monasterio constituto sedule obsequi atque in assiduis aegritudini- 15
bus meis excubare consueuerat. Hic itaque languore corporis praeuentus ad extremum deductus est. Cui in ipsa sua molestia frater germanus, nomine Copiosus,
seruiebat, qui ipse quoque nunc in hac urbe per eandem medicinae artem temporalis uitae stipendia sectatur. Sed praedictus Iustus cum iam se ad extremum
peruenisse cognouisset, eidem Copioso fratri suo quia occultos tres aureos haberet 20

a col meisme Copious son frere, ke il auoit trois besanz. La queile
chose uoirement az freres ne pot pas estre celeie, mais il subtilment
porchazant et totes les medicines de celui parquerant, ceaz meismes trois
besanz trouerent repons en la medicine. Iciz si granz malz quant a moi
fut nunciez del frere ki auoc nos communement auoit uescut, ge nel pou
pas soffrir par engueil corage, par droit quar toz tens fut la reule de
cel meisme nostre monstier, ke tot li frere ensi uiueroient communement,
ke az cascuns d'eaz ne leroit pas auoir alcunes propres choses. Dunkes
ge feruz de grand dolor comenzai a penseir, queile chose ge feroie u a
la purgation del morant, u queile chose ge poruerroie az uiuanz freres
en exemple. Gieres apelai a moi Precious, lo prouost de cel meisme
monstier, et se li dis: Voi, ke nuz des freres ne soi aiostet a lui morant,
et ke il ne prendet sermon de confort de la boche de nului d'eaz; mais
quant il establiz en la mort querrat les freres, dunkes li diet ses freres
charneiz, ke por les sauz les queiz il auoit reponsement de toz les freres
[170ᵛ] est escomengiez, par ke ueaz en sa mort por son pechiet li amertume trespercet la pense de celui, et si la purget del pechiet cui il fist.
Et quant il serat morz, dunkes ne soit pas li cors de celui mis . . . les
cors des freres, mais el femier la u il plaist faites une fosse et en celei
getteiz son cors, et la getteiz sor lui les trois deniers d'or les queiz il
laissat, tot ensemble criant: Tes auoirs soit auoc toi en la perdition,
et ensi lo coureiz. Es queiz ambesdous choses ge uolg ke li une aidast
al morant et li altre az uiuanz freres, par ke et celui li amertume de la
mort feroit desloiable de sa culpe, et icez la si grande dampnations d'aua-

innotuit. Quod nimirum fratribus non potuit celari, sed subtiliter indagantes
atque illius omnia medicamenta perscrutantes eosdem tres aureos inuenerunt ab-
sconsos in medicamine. Quod mox ut mihi nuntiatum est, tantum malum de
fratre qui nobiscum communiter uixerat aequanimiter ferre non ualui, quippe
quia eiusdem nostri monasterii semper regula fuerat, ut cuncti fratres ita communiter uiuerent, quatenus eis singulis nulla habere propria liceret. Tunc nimio
maerore perculsus cogitare coepi, uel quid ad purgationem morientis facerem, uel
quid ad exemplum uiuentibus fratribus prouiderem. Pretioso igitur, eiusdem
monasterii praeposito, ad me accersito dixi: Vide, ut nullus ex fratribus se ad
eum morientem iungat nec sermonem consolationis ex cuiuslibet eorum ore per-
cipiat; sed cum in morte constitutus fratres exquisierit, ei suus carnalis frater
dicat, quia pro solidis quos occulte habuit a cunctis fratribus abominatus sit, ut
saltem in morte de culpa sua mentem ipsius amaritudo transuerberet atque a
peccato quod perpetrauit purget. Cum uero mortuus fuerit, corpus illius cum
fratrum corporibus non ponatur, sed quolibet in sterquilinio fossam facito, in ea
corpus eius proiicite ibique super eum tres aureos, quos reliquit, iactate, omnes
simul clamantes: *Pecunia tua tecum sit in perditionem;* et sic eum [terra] operite.
In quibus utrisque rebus unam morienti, alteram uero uolui prodesse fratribus
uiuentibus, ut et illum amaritudo mortis a culpa solubilem faceret, et istos auari-

risce defenderoit soi melleir en culpe. Et ce fut fait ensi. Quar quant
cil moismes moines fut uenuz a la mort, et angoissousement desiroit soi
comandeir az freres, et quant nuz des freres ne deniat soi aiosteir a lui
et parleir, dunkes li enseniat ses charneiz freres, por coi il astoit escomengiez de toz. Li queiz manes forment ot duel de sa culpe, et en cele 5
tristece eissit del cors. Li queiz ensi fut enseueliz com ge dis. Mais
tot li frere de cele meisme sentence de celui parturbleit, comenc(i)erent
cascuns trespetites choses et uiles et celes cui singuleirment toz tens lur
liut auoir a porteir en mei, et mult a cremir ke alcune chose ne fust
sier soi, dont il poissent estre repris. Et quant apres sa mort trente ior 10
li furent trespassoit, dunkes comenzat mes corages auoir compassion del
mort frere, et a penseir a dolor les gries tormenz de celui, et a querre,
se alcune fust mecine de son deliurement. Dunkes apelai a moi cel
meisme Precious, lo prouost de mon monstier, et dolanz dis a lui: Longement est, ke cil freres ki morz est, est cruciez el fou. Nos li deuons 15
alcune chose de cariteit doneir, et lui aidier en combien nos poons ke il
soit deliureiz. Gieres ua, et des lo ior d'ui par trente iors continueiz
studoie por lui offrir sacrifice, et nuz iors del tot en tot ne soit en-[171ʳ]
trelaissiez, en cui por sa absolution la saluable offrande ne soit sacrifie.
Li queiz manes s'en alat, et si obeit. Mais nos porsonianz altres choses 20
et nient contanz les trespasseiz iors, cil meismes freres ki fut morz en
une nuit a son germain frere Copious par uision apparut, lo queil cant
cil ot ueut, il demandat a lui disanz: Ke est ce, frere? Coment es tu?
A cui respondit icil: Ioskes a or fui ge malement, mais ia or sui ge

tise tanta damnatio misceri in culpa prohiberet, quod ita factum est. Nam cum
idem monachus peruenisset ad mortem atque anxie se quaereret commendare
fratribus, et nullus e fratribus ei applicari et loqui dignaretur, ei carnalis frater
eur ab omnibus esset abominatus indicauit. Qui protinus de reatu suo uehementer ingemuit atque in ipsa sua tristitia e corpore exiuit, qui ita est sepultus 5
ut dixeram. Sed fratres omnes eadem eius sententia conturbati coeperunt singuli
extrema quaeque et uilia et quae eis habere *regulariter semper licuerat ad
medium proferre uehementerque formidare, ne quid apud se esset, unde repre-
hendi potuissent. Cum uero post mortem eius triginta iam essent dies euoluti,
coepit animus meus defuncto fratri compati eiusque cum dolore *graui supplicia 10
pensare et si quod esset ereptionis eius remedium quaerere. Tunc euocato ad
me eodem Pretioso monasterii nostri praeposito tristis dixi: Diu est quod frater
ille qui defunctus est in igne cruciatur, debemus ei aliquid caritatis impendere,
et eum in quantum possumus, ut eripiatur, adiuuare. Vade itaque et ab hodierna
die diebus triginta continuis offerre pro eo sacrificium stude, ut nullus omnino 15
praetermittatur dies quo pro absolutione illius hostia salutaris non immoletur.
Qui protinus abscessit et dictis paruit. Nobis autem alia curantibus atque dies
euolutos non numerantibus, idem frater qui defunctus fuerat nocte quadam fratri
suo germano Copioso per uisionem apparuit. Quem ille cum uidisset, inquisiuit
dicens: Quid est, frater, quomodo es? Cui respondit: Nunc usque male fui, sed 20

bien, quar hui pris ge communion. Dunkes s'en alat enhelement cil
meismes Copious, si enseniat ceste az freres el monstier. Et li frere
conterent soniousement les iors, et ce fut cil meismes iors en cui la
trentisme offrande por lui fut aemplie. Et quant Copious ne sauoit mie
5 ce ke li frere faisoient por lui, et li frere ne sauoient mie ce ke Copious
ot ueut de lui, en un meisme tens quant icil conut ce ke icist auoient
fait, et quant icist conurent ce ke cil auoit ueut, concordant ensemble la
uision et lo sacrefice, la chose ouertement fut desclarcie, ke li freres ki
fut morz eschapat lo torment par la saluable offrande. **Pirres.** Mult sont
10 meruellhouses cez choses cui ge oi et nient moienement lies.

LVIII. De la uie et del trespassement Cassii lo ueske.

Gregoires. Par ke les paroles des morz ne uengent a nos en dotance,
li fait des uiuanz les conferment. Quar li hom d'onorable uie Cassius, li
ueskes de Narnes, ki auoit acconstumeit offrir a deu cascuniornal sacre-
15 fice, et entre meismes les secreiz des sacrefices soi en larmes afflioit, il
prist lo mandement del sanior par la uision d'un sien preste disant: Fai
ce ke tu fais, oeure ce ke tu oeures, tes piez ne cesset mie, ne cesset
pas ta mains, el noeil des aposteles uenras a moi, et ge renderai a toi
ton lowier. Li queiz apres set ans el meisme ior noeil des aposteles,
20 quant il ot parfait les sollempniteiz des messes, et quant il ot pris les
mysteires de la sainte communion, dunkes eissit del cors.

iam modo bene sum, quia hodie communionem recepi. Quod idem Copiosus
pergens protinus indicauit fratribus in monasterio. Fratres uero sollicite com-
putauerunt dies, et ipse dies exstiterat, quo pro eo tricesima oblatio fuerat im-
pleta. Cumque Copiosus nesciret quid pro eo fratres agerent, et fratres igno-
5 rassent quid de illo Copiosus uidisset, uno eodemque tempore dum cognoscit ille
quid isti egerant, atque isti cognoscunt quid ille uiderat, concordante simul
uisione et sacrificio, res aperte claruit quia frater qui defunctus fuerat per
salutarem hostiam euasit supplicium.

LVIII. De uita et transitu Cassii Narniensis episcopi.

10 **Petr.** Mira sunt ualde quae audio et non mediocriter laeta. **Gregor.** Ne
nobis in dubium ueniant uerba mortuorum, confirmant haec facta uiuentium.
Nam uir uitae uenerabilis Cassius Narniensis episcopus, qui quotidianum offerre
consueuerat Deo sacrificium seque in lacrimis inter ipsa sacrificiorum arcana
mactabat, mandatum Domini per cuiusdam sui presbyteri uisionem suscepit
15 dicens: Age quod agis, operare quod operaris, non cesset pes tuus, non cesset
manus tua, natali apostolorum uenies ad me, et retribuam tibi mercedem tuam.
Qui post annos septem ipso natalitio apostolorum die cum missarum sollemnia
peregisset et mysteria sacrae communionis accepisset, e corpore exiuit.

LVIIII. D'un homme ki fut pris des enemis, cui loien a l'oure del sacrefice astoient desloiet, et de Vatraca lo nauier ki parmi la saluable offrande del perilh fut deliureiz.

Ce alsiment ke nos oins un homme [171ᵛ] aier les anemis estre establiit en prison et loiet de loiens, por cui sa femme par certains iors acconstumat offrir lo sacrefice, li queiz apres long tens retorneiz a sa femme acointat, par queiz iors sei loien astoient desloiet, et sa femme reconut ke ce furent cil ior es queiz ele offroit por lui lo sacrefice, par une altre chose ki deuant set ans fut faite certainement a nos est confermeit. Quar Agatho li ueskes Panormitans, alsi com pluisor homme feol et religious ont tesmongict a moi et tesmongent, quant il el tens de mon deuantalor ki est de bieneurouse ramenbrance fut comandeiz ke il uenist a Romme, il soffrit la force d'une grande tempeste, si ke il ne fioit pas soi pooir eschapeir de si grant perilh des aigues. Mais li maroniers de celui, Viaracca par nom, ki or at l'office de clergie de cele meisme glise, il gouernoit lo batel apres la neif, li queiz quant li funs fut rumpuz auoc cel meisme batel cui il gouernoit entre les monceaz des undes sodainement disparut. Mais la neiz dessore cui astoit li ueskes, a la pardefin apres pluisors periz quaissie des fluez paruint al ihle Ostike. Et quant el tierc ior li ueskes en nule partie de la meir ne uit aparoir lo maronier ki de lui fut toloix el batel, il mult affliz lo creit estre mort, mais por lo seruise de cariteit une chose donat, cui il deuoit, al mort, ke il coman-

LVIIII. De quodam ab hostibus capto, cuius uincula oblationis hora soluebantur; et de Varaca nauta per salutarem hostiam a naufragio liberato.

Hoc quoque quod audiuimus, quendam apud hostes in captiuitate positum et in uinculis religatum fuisse, pro quo sua coniux diebus certis sacrificium offerre consueuerat: qui longo post tempore ad coniugem reuersus, quibus diebus eius uincula soluerentur innotuit, eiusque coniux illos fuisse dies in quibus pro eo sacrificium offerebat recognouit, ex alia nobis re quae ante annos septem gesta est certissime confirmatur. Agatho enim Panormitanus episcopus, sicut fideles mihi ac religiosi uiri multi testati sunt atque testantur, cum beatae memoriae antecessoris mei tempore iussus esset ut Romam ueniret, uim nimiae tempestatis pertulit, ita ut se ex tanto undarum periculo euadere posse diffideret. Nauta uero illius, Varaca nomine, qui nunc eiusdem ecclesiae clericatus officio fungitur, post nauem carabum regebat, ruptoque fune cum eodem carabo quem regebat inter undarum cumulos repente disparuit. Nauis autem cui episcopus praeerat tandem post multa pericula ad Osticam insulam fluctibus quassata peruenit. Cumque die tertio episcopus nautam qui ab eo abreptus in carabo fuerat in nulla maris parte uideret apparere, uehementer afflictus mortuum credidit, sed per obsequium caritatis unum quod mortuo debebat impendit, ut [omnipotenti Deo]

dat offrir lo sacrefice de la saluable offrande por lo desloiement de l'anrme
de celui. Et quant li sacrefices fut offerz, rapareilhie la neif s'en alat en
Lumbardie. Et quant il fut uenuz al Romain port, illokes trouat lo
maronier, lo queil il quidat estre mort. Dunkes fut li ueskes esioiz de
5 nient porquidie leeee, et si demandat celui coment il pot uiure par tant
de iors en si grant perilh de la meir. Li quelz enseniat, quantes fies il
uersat auoc cel meisme batel lo queil il gouernoit es fluez de cele tempeste, coment il naulat auoc celui plain d'aigues, et quantes fies il [172ʳ]
auoit sis sor lo funz de celui, quant il fut ius uerseiz de la souraine
10 partie, aioindanz auoc ke quant il ce faisoit par iors et par nuiz sens
entreecessement, et quant ia sa force por la famine et por lo trauailh del
tot astoit chaue: dunkes enseniat par queil ordene la diuine mereiz lo
gardat. Quar ce ke il et ioakes or tesmonget disanz: Ge traueilhanz es
fluez et defailhanz sodainement par lo fais de la pense fui apeseiz, ensi
15 ke ge ne fui pas depresseiz par somme, et ne creole pas moi uelhier,
quant ellenos a moi establit enmei cele meir uns hom apparut, ki un
pain aportat a moi a refection. Manes cant ge celui eu mangiet, si repris
mes forces. Et nient apres long tens fut presenz une neiz trespassanz,
la queile moi prist de cel perilh des undes et menat a terre. La queile
20 chose li ueskes oanz soniousement demandat lo ior, et si trouat ke ce fut
cil iors en cui li prestes el ihle al tot poissant deu por lui sacrefiat la
offrande de la sainte oblation. **Pirres.** Les choses cui tu racontes et ge
conu estisanz en Sicile. **Gregoires.** Ge croi ke por ice ceste chose si
ouertement est faite auoc les uiuanz et les nient sachanz, par ke a toz

pro absolutione eius animae offerre sacrificium uictimae salutaris iuberet. Quo
oblato restaurata naue perrexit ad Italiam. Cumque ad Romanum portum
uenisset, illic nautam repperit quem mortuum putabat. Tunc inopinata exsulta-
tione gauisus est et eum qualiter tot diebus in illo tanto maris periculo uiuere
5 potuisset inquisiuit. Qui uidelicet indicauit quotiens in illius tempestatis fluctibus
cum eodem quem regebat fuisset carabo uersatus, qualiter cum illo undis pleno
natauerat et quotiens eo a superiori parte deorsum uerso ipse carinae eius super-
sederat, adiungens, cum diebus ac noctibus hoc incessanter faceret iamque eius
uirtus funditus ex fame simul et labore cecidisset, quo eum ordine diuina miseri-
10 cordia seruauerit, indicauit. Etenim quod etiam nunc usque testatur dicens:
Laborans in fluctibus atque deficiens subito mentis pondere sum grauatus, ita
ut neque uigilare me crederem neque depressus somno essem; et ecce in eodem
medio mari me posito quidam apparuit, qui mihi panem ad refectionem detulit.
Quem mox ut comedi, uires recepi, nec longe post nauis transiens adfuit, quae
15 me ab illo undarum periculo suscepit atque ad terram deduxit. Quod scilicet
episcopus audiens requisiuit diem atque illum fuisse diem repperit, quo pro eo
presbyter in [Ostica] insula Deo omnipotenti hostiam sacrae oblationis immolauit.
Petr. Ea quae narras, ipse quoque in Sicilia positus agnoui. **Gregor.** Idcirco credo,
quia hoc tam aperte cum uiuentibus ac nescientibus agitur, ut cunctis haec agen-

ceaz ki font cez choses et az nient sachanz soit demostreit, ke se les
culpes ne sont pas nient desloiables, ke la offrande de la sainte obla!ion
puet aidier encor az morz a absolution. Mais om doit sauoir, ke a ceaz
morz aiuet la sainte offrande, li queil ici uiuant deseruirent ke les aiuent
apres la mort li bien ki por eaz ici sont fait des altres.

LX. De la uertut et del misteire de la saluable offrande.

Mais entre cez choses doit l'om penseir, ke plus segure uoie est,
ke cascuns il meismes endementres ke il uit facet por soi lo bien, lo
queil apres la mort espoiret estre fait parmei altrui. Quar plus bieneurouse chose est franc eissir, ke franchise querre apres les loiens. Gieres
deuons lo present seele ueaz par tant ke nos lo ueons ia auoir decorut,
de tote nostre pense despitier, sacrifier a deu cascuniornaz sacrifices
[172ʳ] des larmes, sacrifier a deu cascuniornales offrandes de sa char et
de son sanc. Quar singuleirment ceste offrande saluet l'anrme de la
mort parmanable, la queile restoret a nos par lo mysteire cele mort del
unengenreit. Li queiz ia soit ce ke il soi leuanz de la mort ia mais ne
morrat mie, et la morz n'aurat pas sengerie sor lui, nekedent en soi
meisme nient morteilment et nient corrumpablement uiuanz, lo pares por
nos est sacrifiez en cest mysteire de la sainte oblation; et la est pris ses
cors, la est sa chars departie al saluement del pople, la est ses sanz
espanduz nient ia es mains des mescreanz, mais es boches des feoz.
Gieres de ce pensons, queiz est por nos ciz sacrifices, ki por la nostre
absolution toz tens resemblet la passion del filh unengenreit. Quar li

tibus ac nescientibus ostendatur, quia si insolubiles culpae non fuerint, ad absolutionem prodesse etiam mortuis uictima sacrae oblationis possit. Sed sciendum
est, quia illis sacrae uictimae mortuis prosint, qui hic uiuendo obtinuerunt, ut eos
etiam post mortem bona adiuuent, quae hic pro ipsis ab aliis fiunt.

LX. De uirtute ac mysterio uictimae salutaris.

Inter haec autem pensandum est, quod tutior sit uia, ut bonum quod quisque post mortem suam sperat agi per alios agat, dum uiuit ipse pro se. Beatius
quippe est liberum exire, quam post uincula libertatem quaerere. Debemus
itaque praesens saeculum uel quia iam conspicimus defluxisse tota mente con-
temnere, quotidiana Deo lacrimarum sacrificia, quotidianas carnis eius et sanguinis
hostias immolare. Haec namque singulariter uictima ab aeterno interitu animam
saluat, quae illam nobis mortem unigeniti per mysterium reparat, qui licet
resurgens a mortuis iam non moritur, et mors ei ultra non dominabitur, tamen
in semet ipso immortaliter atque incorruptibiliter uiuens pro nobis iterum in hoc
mysterio sacrae oblationis immolatur. Eius quippe ibi corpus sumitur, eius caro
in populi salutem partitur, eius sanguis non iam in manus infidelium, sed in ora
fidelium funditur. Hinc ergo pensemus quale sit pro nobis hoc sacrificium, quod
pro absolutione nostra passionem unigeniti filii semper imitatur. Quis enim

queiz des feoz puet auoir en dotance en meisme l'oure del sacrefice a la
uoiz del preste estre ouerz les ciez, en cel mysteire de Ihesu Crist les
rengies des angeles estre presenz, les basses choses estre accompangies
az souraines, les terrienes choses az celestes estre iointes, une chose
uoirement estre faite des choses ueables et des non ueables?

LXI. Del cuer cui om doit afflire entre les sainz misteires, et de la gardance de la pense apres la compunction.

Mais mestiers est ke quant nos cez choses faisons, ke nos afflions
nos meismes en la contricion del cuer, car il celebrons les mysteires de
la passion del saulor, nos deuons resembleir a ce ke nos faisons. Gieres
dunkes serat uraie offrande por nos a deu, quant il nos meismes aurat
fait offrande. Mais nos deuons studoier, ke nos aisiment apres les tens
de la orison, en combien nos poons donant deu, ke nos gardons nostre
corage en meisme son fais et sa uigor, par ke en apres ne nos desloiet
la fluissanz pense, ke uaine leece ne soprendet la pense, et li anrme
perdet la gaange de la compunction par lo non caloir de la fluissant
cogitation. Quar ensi deseruit Anna teuir ce ke ele auoit proiet, quar
apres les larmes soi gardat en cele meisme uigor de la pense. De [173ʳ]
cui senz dotance est escrit: Et sei uiaire ne furent mais changiet
en diuerses choses. Gieres ki n'obliat pas ce ke ele proiat, ele ne
fut pas damagie del don cui ele demandat.

fidelium habere dubium possit, in ipsa immolationis hora ad sacerdotis uocem
caelos aperiri, in illo Iesu Christi mysterio angelorum choros adesse, summis
ima sociari, terrena caelestibus iungi, unumque ex uisibilibus atque inuisibilibus fieri?

LXI. De affligendo corde inter sacra mysteria, et de mentis custodia post compunctionem.

Sed necesse est, ut cum haec agimus, nosmet ipsos [Deo] in cordis contritione mactemus, quia qui passionis dominicae mysteria celebramus, debemus
imitari quod agimus. Tunc ergo uere pro nobis hostia erit Deo, cum nos ipsos
hostiam *fecerimus. Sed studendum nobis est, ut etiam post orationis tempora,
in quantum Deo largiente possumus, in ipso animam suo pondere et uigore
seruemus, ne post cogitatio fluxa dissoluat, ne uana menti laetitia subrepat, et
lucrum compunctionis anima per incuriam fluxae cogitationis perdat. Sic quippe
quod poposcerat Anna obtinere meruit, quia post lacrimas in eodem mentis
uigore permansit. De qua nimirum scriptum est: *Vultusque eius non sunt amplius in diuersa mutati.* Quae igitur non est oblita quod petiit, non est priuata
munere quod poposcit.

LXII. Des colpes d'altrui cui om doit alaschir, par ke les nostres soient relaschies.

Mais entre cez choses doit om sauoir, ke cil proiet a droit pardon de son pechiet, ki anzois relaschet ce ke om mesfait enuers lui. Quar n'est mie pris li dons, se anzois la discorde n'est boteie del corage, 5 disant la ueriteit: Se tu offres ton don al alteil et toi souient, ke tes freres at alcune chose enuers toi, laisse la ton don deuant l'alteil et ua anzois racordeir a ton frere, et dunkes uenanz offeras ton don. Par la queile chose doit l'om penseir, quant tote culpe est desloie par lo don, com griés est la culpe de discorde 10 por cui n'est mie pris li dons. Gieres deuons al proime ia soit ce ke lons establit et lons desioint aleir par pense et nostre corage mettre dessus lui, celui apaisenteir par humiliteit et par beniuolence, et nostres faitres quant il aurat ueut teil plaisement de nostre pense, nos desloiet de pechiet, quar il prent lo don por la culpe. Mais tesmoniant la noiz 15 de la ueriteit auons apris, ke li sers ki deuoit dis mile talentes, quant il fist repentise, il prist del sanior desloiement de sa dette; mais par tant ke il ne pardonat pas a son peir serf ki deuoit a soi cent deniers, et ce fut comandeiz a rendre ke ia li fut pardoneit. Des queiz dis certe chose est, se nos del cuer ne pardonons ce ke hom mesfait enuers nos, 20 et cele chose lo pares nos est demandeie, de cui auiens ioie k'ele par la repentise ia fut pardoneie a nos. Gieres endementres ke nos loist par lo space del otroiet tens, endementres ke li iugieres atent, endementres

LXII. De relaxandis culpis alienis, ut nostras nobis relaxentur.

Sed inter haec sciendum est, quia ille recte sui delicti ueniam postulat, qui prius hoc quod in ipso delinquitur relaxat. Munus enim non accipitur, nisi ante discordia ab animo repellatur, dicente ueritate: *Si offers munus tuum ad altare et ibi recordatus fueris quia frater tuus habet aliquid aduersum te, relinque ibi* 5 *munus tuum ante altare et uade prius reconciliari fratri tuo, et tunc ueniens offeres munus tuum.* Qua in re pensandum est, cum omnis culpa munere soluitur, quam grauis est culpa discordiae, pro qua nec munus accipitur. Debemus itaque ad proximum quamuis longe positum longeque disiunctum mente ire, eique animum subdere, humilitate illum ac beneuolentia placare, *ut scilicet 10 conditor noster, dum tale placitum nostrae mentis aspexerit, a peccato nos soluat, qui munus pro culpa sumit. Veritatis autem uoce attestante didicimus quia seruus qui decem millia talenta debebat, cum paenitentiam ageret, absolutionem debiti a Domino accepit; sed quia conseruo suo centum sibi denarios debenti debitum non dimisit, et hoc est iussus exigi, quod ei fuerat iam dimissum. Ex 15 quibus uidelicet dictis constat, quia si hoc quod in nos delinquitur ex corde non dimittimus, et illud rursus a nobis exigitur, quod nobis iam per paenitentiam dimissum fuisse gaudebamus. Igitur dum per indulti temporis spatium licet, dum index sustinet, dum conuersionem nostram is qui culpas examinat exspectat,

ke oil agardet nostre conuersion, ki juget les colpes, ardons par larmes la durteit de nostre pense, formons en nos proimes la grasce de benigniteit; et ge di fianment ke nos apres la mort n'aurons pas mestier de la saluable offrande, se nos meisme deuant la mort sumes offrande a deu.

5   Ici finet li quarz liures des dialoges saint Gregoire lo pape del berc de Romme.

confiemus in lacrimis duritiam mentis, formemus in proximis gratiam benignitatis. Et fidenter dico quia salutari hostia post mortem non indigebimus, si ante mortem Deo ipsi hostia fuerimus.

Sermo de sapientia.

I.

Initium sapientie timor domini. Ce dist Salomons: Li comencemens de sauoir, ce est la cremors de deu. Esgardons dont, sanior, ke soit la cremors de deu et coment om doit deu cremir. Om doit cremir lo pechiet a faire, por la iustise de deu, ki aspremnt lo frat compareir es tormenz d'infer. Mais or sont li alcant, ki lo pechiet dotent a faire 5
por la poine k'il en atenderoient, et ke deus lor feroit compareir, et ce est alouz chose; mais a ce k'il se puist salueir, li estuet il altre chose sauoir. Car ki nul pechiet ne fait, por ce k'il dotet deu, ne nul bien ne uuet faire por l'amor de deu, il ne se saluet mie. Dont nos couient sauoir ensemble la cremor de deu et l'amor. La cremor par cui nos 10
dotons lo mal a faire, et l'amor ki nos atraiet al desier de bien oureir. Car ki deu crient, ne ameir nel uuet, il at la constume al deable, ki deu crient por la posteit k'il at sor lui, mais il nel ameroit en nule fin; car il ne uuet bien oureir, et souentes foiz dist li sages hom: Icil me crient ki m'aimet. Cremons dont et amons celui ki est de si grant beal- 15
teit, de si grant suauiteit, ke li angele ki set tanz sont cleir plus del soleilh, ne se puent asaisier de lui a esgardeir. Mais ki est cil ki si est +2
beaz, cui om doit seruir et cremir et ameir? Ce est li tot poissanz deus, ki maint en trois persones, et est uns deus. Et coment puet om entendre +3
trois persones en un deu? Bien les i puet om entendre, se creance ne 20
nos falt. Esgardeiz lo soleilh ki en lui at trois choses, lo fou et la splendor et la chalor, et cez trois choses sont si ensemble iointes, ke s'om uoloit la chalor partir des altres, li soloz faroit, u s'om la splendor uoloit osteir, n'auroit li soloz point de clarteit. Esgardeiz dont, li fous et la chalurs et la splendors sont el soleilh. Par cez trois choses si puet 25
om entendre les trois persones. Car en la substance del fou doit om entendre la persone del pere, [174^r] en la splendor la persone del filh; car ensi ke la splendors del soleilh enluminet lo munde, ensi faitoment li

filz del pere, Ihesus Criz nostre sire, est lumiere et saluemenz de tot lo munde, et nuz ne puet senz s'aie auoir saluement ne uraie lumiere. Dont il dist en l'ewangele: Et nemo uenit ad patrem nisi per me. Ce est: Nuz ne uient al pere, se par moi non. Dont doit om entendre en
5 la splendor la persone del filh, en la chalor la persone del saint espir. Car ensi faitierement ke la chalors rechalfet les refreidies choses par la ialeie del iuer tens, alsi faitierement rechalfet li sainz espirs les refroidies cuers ki sont refroidiet par la negligence de bones oeures. Ensi. auons lo pere, et lo filh, et lo saint espir en un deu. Ensi com lo fou, et la
10 splendor, et la chalor enz el soleilh. Icele sainte triniteiz, icele grans diuiniteiz, u at ele habitacion? . Voirement ia soit ce ke la posteiz de deu soit en toz les lius, si est sa maisons enz el sourain ciel. Ce dist sainz Augustins, ke troi ciel sont: li uns est corporeiz, si ke nos ueoir le poons. Li altres est spiritueiz, enz el queil li angele habitent. Li
15 tiers est li sourains ciez, enz el queil iceste sainte triniteit, iceste grant diuiniteit face a face esgardent li bieneureit. Et ia soit ce ke la l'esgardent face a face li bieneureit, se est il trestoz ensemble en toz les lius. Et cant il est en un liu, ne falt il mie por ce en un altre. Car sa posteiz est si granz en un liu, com en un altre. Et alsi grant posteit
20 ke il at en ciel, si at il en infer, et en terre; et toz ensemble est il totens; car en cele mimes hore ke sa posteiz oeuret en orient, en cele mimes hore puet ele oureir en occident. Et cant sa posteiz est si espandue ke ele est par tot lo secle, seit il dont bien totes les choses? Vraiement, si a certes seit il totes les choses, ke trestot ce ke passeit
25 est, et ke or est a present, et ke a uenir est, soit deuant ses oels, et anzois k'il creast lo munde, sout il expressement de totes [174ᵛ] les choses, et des angeles et des hommes, les nons et les constumes, les uolenteiz et les faiz, les diz et les penseies, alsi com s'eles fuissent maintenant. Et coment parolet deus az hommes et az angeles? Az
30 angeles parolet il par la diuine inspiration et par sa grasce, et az hommes parolet il parmi les angeles, et par les hommes mimes parolet il souentes foiz az hommes. Car quantes foiz li ministres deu uos anuncet la parole deu, ce est li sainz espirs ki a uos parolet. Dont nos trouons en l'ewangele: Non enim uos estis qui loquimini, sed
35 spiritus patris uestri qui loquitur in uobis. Ce est: Ce n'estes uos mie ki parleiz, mais li sainz espirs de uostre pere, ki en uos parolet. Deus, com fait a gardeir, com fait a honoreir li messages ki deu aportet! Voirement deu aportet il, car se c'est li espirs del pere, ki en lui parolet, dont est ce deus ki en lui parolet. Et Dauid dist de ce meismes:
40 Audiam quid loquatur in me dominus deus. Ce est: Ge orai ke parlerat en moi li sires deus. Honorons dont lo sanior, ki el message deu parolet, ce est li sainz espirs. Honorons lo message por l'amor del

sanior, et souent dist li sages: Icil ki aimet lo message, ne heit mie lo saniorage. Dont poeiz entendre en ceste parole, se uos ameiz deu, dont uos son message, ce est ses ministres, ce est uostre prestre, par cui conselh uos deueiz l'amor de uostre sanior conquerre, et se uos l'aueiz perdue, ki uos i doit racordeir. Altres messages i at encor, car 5 li spiritueil poure ki mestier ont des bienfaiz et des almones, et ki por l'amor deu les uos demandent, icil sont uoirement message deu, mais non mie si haltement com li altre. Car alsi com li riches hom at ses messages, k'il enuoiet par les terres a ses negosces, ensi at nostre sires ses messages. Li riches hom ki ses messages at, il enuoiet les uns al piet 10 sols, come curliers; les altres enuoiet il teil hore est a grant barnage et a grant saniorie, et charge l(or) grant cheualchie et or et argent a ban-[175ʳ] don; et cant il ont fait lor message, si lor donet om por l'amor de lor sanior mult granz dons, solunc ce k'il est uenuz a plus grant saniorie ke uns curliers. Or esgardeiz les poures, ki del un uis al altre uos uont 15 cascun ior somonant, ke uos lor faites bien, por ke uos aiez deu, et s'esgardeiz lor petiz dons ke uos lor doneiz. Et esgardeiz alsi les ministres de sainte glise, ki del patrimone Ihesu Crist sont plus riche d'auoir, ce est des almones, c'om done por Ihesu Crist. Et s'esgardeiz ke li don ke uos lor doneiz por l'amor deu, k'il sont plus grant ke les petites almones 20 des poures, si poreiz conoistre ces dous manieres des messagiers. Et ia soit ce ke li uns soit plus halz del altre, si comande nostre sires a honoreir et l'un et l'altre. Honoreiz dont les messagiers de sainte glise, honoreiz dont les poures damredeu, k'il puissent a lor sanior de uos porteir teil message, dont uos puissiez auoir fiement la grasce et l'amor 25 de deu et k'il uos uuelhet doneir la ioie celeste, icil ki uit et regnet senz fin. Per omnia secula seculorum. AMEN.

II.

Venite, filii, audite me, timorem domini docebo uos. Ce dist li sainz espirs par la boche Dauid lo prophete: Veneiz, fait il, filh, oiez moi, ge uos aprenderai la cremor deu. Voirement par la boche de 30 Dauid lo dist li sainz espirs, car ia Dauid n'osast prometre lo cremor de deu a aprendre, se li sainz espirs ne fuist en sa boche. Et bien poons dire ke li sainz espirs dist: Veneiz, filh, oiez moi, ge uos aprenderai lo cremor de deu; car il est aprenderes et ensengieres de toz les biens. En ceste parole nos fait il entendre, ke nos sumes filh de deu, car il 35 nos somont alsi com li bons peres fait son enfant, cant il l'aprent et ensenge a faire sa uolenteit. Alsi dist li sainz espirs: Veneiz, ge uos aprenderai la cremor de deu. Alsi com il diroit: Veneiz, filh, oiez moi, ge uos aprenderai a faire la uolenteit uostre pere. Et cant nos sumes

filh de deu apeleit, dont est il droiz ke nos les oeures et les faiz aprendons [175ᵛ] de nostre pere. Aprendons les en tant, ke nostre floiue conscience en puet comprendre. Ensiuons ses faiz en tant, ke nostre fragiliteiz en puet soffrir. Mais es oeures nostre pere at teis oeures, en
5 cui nos nel poons ensiure, car si sont haltes, ke nuz ne poroit si haltes oureir. Si com de la creation del munde, car cant nule chose n'eret, si creat il al comencement lo ciel et la terre, et deuisat les quatre elemenz. Mais tres ke deus eret, anzois ke li monz fuist creeiz, donne eret il mult soltains, cant nule chose n'astoit s'il non? Non il uraiement, car sainz
10 Iohans dist enz el comencement de sue euuangile: Quod factum est, in ipso uita erat. Ce est: Ice ke fait est, astoit uie en lui. Ce est ke tote la creature ki faite est astoit ensemble lui, en la disposition del secle. Visible astoit tote la creature en la disposition del secle, alsi com il la ueist, et ensi ke il disposat tote creature deuant la creation, tot ensi
15 apparut ele, cant ele fut creeie. Et ensi k'il le uoloit faire, ensi le desposeuet il en sa pense. Ensi com li bons engeingieres ki uuet faire une riche maison, promiers trait ses lignes et ses compas, et mesuret coment il cascunes choses deuiserat, et cant il l'at edifiie et elleueie, si la noit, et conoist tote ensi com il l'auoit en son cuer porpenseie. Et auoit deus
20 mestier k'il creast lo monde? Vraiement non il. Mais Ysidorus nos dist: Bonitas dei fuit, ut haberet quibus gratiam suam impertiret. Ce est: Ce fut la bonteiz de deu, k'il creat lo munde, par ke alcun fuissent, cui il poist repartir de sa grasce. Coment fut faiz li mundes? Dauid dist, li psalmistes: Quia ipse dixit et facta sunt, ipse man-
25 dauit et creata sunt omnia. Ce est: Il lo dist, se furent faites, il lo comandat, se furent creeies. totes les choses. Dist l'ilh par parole? Ce dist Augustins: Dei dicere est uerbo. Ce est: Li dires de deu est par parole, ce est creeir totes choses enz el filh. Si com dist Dauid: Omnia in sapientia fecisti. Ce est: Tu as faites totes choses [176ʳ]
30 en sauoir, ce est enz el filh; car li filz est apeleiz sapience del pere. Mist long tens nostre sires el munde formeir? Non ilh, car ce dist Ysidorus: In ictu oculi. Ce est: En tant com om puet un oelh clore u ourir. Tot ensemble creat deus lo munde, et non par parties. Et totes les choses deuisat par parties en sis iors, il deuisat les elemenz et
35 les choses ki sont desoz les elemenz. Et conoissent deu totes les creatures, k'il at creeies? Oilh uoirement, car teiz choses sont a nos mortes solunc nostre sens, ki uiuent a deu, et totes les choses conoissent lor creator. Li ciez lo sent, car par son comandement ne finet il onkes de mouoir par assidueies reuolutions. Dont Dauid dist: Qui fecit celos in in-
40 tellectu. Ce est: Ki fist les ciez en entendement, ce est, ki teiz fist les ciez k'il l'entendent; li soloz et la lune et les estoiles le conoissent; car eles gardent bien lo liu de lor cuers, et si parfont senz mesprisure lor

comandeit mestier, ce est de rendre lumiere al munde. La terre conoist son creator, car ele rent a son droit terme ses fruiz. Li fluiue le conoissent, car il repairent par son comandement al liu dont uinent. La meirs et li uent lo conoissent, car il aquoisent lor tempesteiz par son comandement. Li mort lo sentent, car il relieuent par son comandement. Li enfers lo conut, car ceaz k'il tenoit en tenebres et en umbre de mort, rendit il par son comant, cant il combrisat les portes d'infer empres sa passion, et il en gettat les siens amis ki l'atendoient. Totes les mues bestes conoissent lor creator, car teile loi ki lor est doneie, gardent eles fortement. Mais li hom, a nes cui deus at faites totes les choses, et ki est la plus digne creature de totes les creatures ke deus at creeies, conoist floiblement lo sien creator, et com il deust totes choses radrecier a la conissance de lur creator, solunc ce k'il est plus sachanz de totes les altres choses, si auroit il mult souentes foiz mestier d'ensengement, ki lo fesist reuenir [176ᵛ] et fer esteir en la sue loi. En sa loi di ge, car sue ele est et deu. Sue ele est, en ce k'il l'at a gardeir par lo comandement de son creator, et deu est ele, car il li at doneie et enioint por son seruise a faire. Mais kantes foiz uoit om l'omme aleir fors de la loi deu? Kantes foiz il forsot ses comandemenz, et kantes foiz il fait chose ke deus heit. Ei, deus! cant est ce dont, ke li hom maint en la loi damredeu? Ia n'i maint il onkes nes une sole hore el ior. Esgardeiz nos mimes, se uos ueeiz onkes nului estre u senz orguelh, ki est racine de toz malz, u senz auarisce, u senz enuie, u senz iuretonge, u senz aleune chose ke deus heit! Et por coi nel fait deus al homme maintenant compareir lo trespassement de son comant? Por ce ke dous choses sont en deu, car il est merciz et iustise, et par sa mercit respeit'il la iustise a prendre del pecheor par k'il uolroit k'il soi repentist, solunc l'escriture ki dist de lui mimes: Viuo ego, dicit dominus, nolo mortem peccatoris, sed magis conuertatur et uiuat. Ce est: Ce dist nostre sires: uiue ge, ge ne uuilh mie la mort del pecheor, mais pluisemes soi conuertisset et si uiuet. Car maint homme sont pecheor, se la iustise del pechiet eret maintenant prise, k'il seroient dampneit, et par la grasce et par la mercit deu, ki lor respitet la paine del pechiet, s'en mealdrent puis, et si sont salueit. Or retornons a nostre mateire, dont nos sumes eissut, car n'est mie sages, ki tant eslonget sa uoie k'il ne seit repairier. Nos auons dit ke totes choses ke deus at faites conoissent son creator, chascune solunc teile loi et solunc teil mestier k'il li est comandeiz. Et teiles les creat nostre sires, k'eles lo seuent conoistre. Mais nostre sires si come toz poissanz rois primes fist a son ues un roial palais, c'om apelet regne del ciel. Apres fist une chartre, ce est cest munde. Voirement chartre est ciz mondes, car tant com li hom est en cest monde, coment k'il oukes uiuet, il n'est onkes senz paines et senz

tormenz, dont est ciz [177ʳ] mondes a droit apeleiz chartre. Et en cest
monde mimes fist nostre aires une morteil fosse, ce est infer. A icel
roial palais determinat et deuisat nostre aires un cert conte d'esliz cheualiers. Icel numbre determinat il en dis: en nuef ordenes d'angeles et lo
5 dime d'ommes. En nuef ordenes d'angeles, por la triniteit, car trois foiz
trois, ce sont nuef. Lo dime d'ommes fist il por l'uniteit, por ke li uni-
teiz en la triniteit fuist loee et aoreie par les angeles et par les hommes.
Por coi ne fist il trestot lo numbre des elliz d'angeles? Deus fist dous
principalz creatures, l'une spiritueil et l'altre charneil, et uolt nostre sires
10 et del un et del altre estre loeiz. De la spiritueil uolt il estre loeiz par
les angeles, de la corporeil u de la charneil uolt il estre loeiz par les
hommes. Coment furent fait li angele? Cant nostre sire dist: Fiat lux,
ce est: Soit faite la lumiere. K'est li angelicalz nature? Ce est spiritueiz fous, si c'om troeuet en escrit: Qui facit angelos suos de
15 flamma ignis, ce est: Ki fait les angeles de la flamme del fou. Ont
li angele nons en ciel? Non il, car il sont si sage, k'il n'ont mestier
de nons. Gabriel, Michael, Raphael, donne sont ce nons d'angeles? Ne
sont mie propre non d'angeles, mais li homme lor ont par auenture
doneiz teiz nons. Ensi ke li promiers angeles ot nom Sathael, Sathael
20 signefiet altretant ke contraires a deu. Voirement contraires fut il a deu,
car cant il soi uit si bel et si glorious, k'il sormonteuet par sa bealteit
et par sa glore toz les ordenes des angeles, si comenzat a despitier les
altres, et dist k'il uoloit estre engueis, mais encores plus halz de son
creator. Ce est k'il uolt estre mieldres ke deus nel eust fait, senz lo
25 greit de son creator, et uolt estre aires et comanderes des toz altres.
Mais il nel soffrit mie, li trespoteiz rois, anzois l'abatit ius de son palais,
et si lo mist en sa chartre, ce est en infer. Et ensi com il eret beas
deuant a merueilhes, si fut il apres la plus laide creature ke deus onkes
[177ᵛ] fesist, et alsi oleirs com il auoit deuant esteit, si fut il apres tres-
30 noirs et trestenebrous. Et com longement estiut il el ciel? Il n'i estiut
pas une hore planierement, il n'i estiut mie en ueriteit, car maintenant
k'il fut creeiz chait il. Et ke mesfisent li altre ki auec lui chairent?
Asseiz pecharent, car il lo consentirent, ce est: ses orgues lor plot, et
penserent s'il pooit estre plus halz del creator, il seroient desor les altres.
35 Il en orent ensemble lui lor guerredon, car lor prince furent abatu en la
morteil fosse, ce est en infer, li altre en cest tenebrous air, enz el quel
il ardent alsi com en infer. Et por coi ne furent il tuit en infer abatut?
Por ke li bon soient par eaz esproueit, et k'il soient plus haltement
coroneit par lor temptation ke il sostinent, et li maluais soient par eas
40 sorduit et enginguiet, et a derrains ensemble eaz dampneit el fou parmanable. Gardeiz uos dont, sanior, des lax al deable, car il ne uos finet
d'agaitier, et si uos uuelt soduire, car il ne uuet mie ke nos deserueis

par oeures d'umiliteit l'iretage k'il at perdut par son orguelh. Ne il ne porent onkes repairier; car ensi k'il chairent sens nule destrenzon, ensi ne diurent il mie par nule aie estre releueit. Et altre chose encor lor misoit al repairier; car por ce k'il eslierent de lor greit lo mal, si lor fut a droit tolue tote uolenteiz de bien a faire. Et por ce ne uuelent il, et por ce k'il ne uuelent, ne poront il. Por coi nes rachetat nostre sires, si com il fist les hommes? Por ce ke li angele furent tot ensemble creeit, et nient d'un sol angele, si com li homme sont tuit d'un soul homme neit; et por ce se deus presist nature d'angele en lui, si com il fist d'omme, il ne poist morir; car li angele n'erent mie morteil, et deus ne uoit por l'enmiedrance del pechiet se la mort non. Et li angele ne sont mie morteil, por ce se ne porent estre rachateit. Por coi nes fist deus teiz k'il ne poissent pechier, cant il ne poroient estre recoureit, s'il pechiuent? Por ke deus [178ʳ] lor rendist par droit alcun merite por alcune deserte, ce est k'il eussent de lor greit lo bien elliut. Car s'il fuissent ensi creeit k'il ne poissent pechier, il fuissent alsi com loiet, et si n'eussent nul merite de ce k'il fesissent lo bien alsi com a force. Or lor donat deus linrateit, ke il de lor greit et uolsissent et poissent lo bien ellire, et s'il l'eslisoient de lor greit, deus lor en donroit teil guerredon k'il ne poroient ia mais pechier. Mais cant deus sauoit k'il seroient si fait, por coi les creat il, cant lor creations lor tornat a dampnation? Por sue oeure aorneir et aordineir, les creat nostre sires. Car alsi-tutierement ke li bons poinderes assiet la noire color desoz la blanke, u desoz la uermeilhe, por k'ele soit plus preciouse, alsi par l'aiostement des maluais sont li bon plus iustifiiet. Et cil ki dampneit furent seuent il totes les choses? Non il ne seuent mie totes les choses, mais de par l'angelical nature ont il grande science, et tant com lor nature est plus subtiz de la nature des hommes, en tant sont il en toz les arz plus sage ke nulz hom. Et cant deus amat tant l'omme, k'il lo deniat formeir a sa semblance, por coi at il dont encontre lui mis si postiu anemis por lui a greueir? Por ce ke nostre sires uuet ke li hom racurret ades a s'aie, et k'il sachet ke senz l'aie de son creator ne puet mie contresteir a si granz arz, et tant kom del deable. Ei, deus! com granz amors at dont li creatres enuers sa creature, ke por ce k'il uolt l'omme auoir auoc lui l'at teil creeit, ke li hom at ades mestier de s'aie! Car il sembloit al creator ke se li hom pooit a son anemis contresteir senz s'aie, il ne recurroit mie si tost a son creator, ne si sonent. Et deus! com il en at k(an)t el seole, s'il pooient senz le conseilh deu et eussent asseiz de la substance del seole, dont il acomplissent largemenz les fuianz deleis del seole, ki si l'oblieroient, ke mult resement lo requerroient ne por aie ne por conseilh. Io di ke por ce ke damredeus uolt ke li hom [178ᵛ] repairaist souent a lui, et a lui ades s'atendist, si fist il l'omme plus

floible de son anemis, ce est del deable; et cant li hom est teiz, k'il
requiert uluement aie a son creator por son anemis uencre, adont est il
plus forz de son anemis, car plus sont fort li homme et deus, ke ne soit
li deables. Et coment aiuet nostre sires son homme ki s'aie li demandet?
5 Esgardeiz lo riche homme, u roi, u prince de terre, cant il doit une
batailhe encontre un sien morteil anemis, cui il a certes uust destruire,
et fait un sien homme cui il mult aimet encontre lui combatre, il lo fait
armeir de ses armes demaines, por ce k'eles li semblent meilhors ke nules
altres, et il uat entor, si le somont, et ensenget [et] ses colz a geteir, et
10 si le confortet par lui et par ses barons. Tot ensifaitierement fait li
trespies aidieres de cel homme ki aie li requiert, por soi defendre del
deable. Car il l'adobet et garnist de ses plus chieres armes, et des plus
forz, por k'il ne uuet mie k'il le puist greueir. Iceles chieres armes
dont il adobet son champion, uraiement ce est foiz et creance, humiliteiz
15 et patience, casteiz et abstinence, cariteiz, obedience, et les altres uertuz.
Et ki de cez armes est armeiz, segurement puet contresteir a son morteil
anemis. Ne ne li puet greueir compange de diables, ia tant en i ait,
par nul engien ne par nule science k'il onkes aient. Mais cant il sont
si scientous et si engenious, seuent il ce k'a uenir est? Il ne seuent nule
20 chose de ce k'a auenir est, se ce non k'il puent conoistre parmi les choses
ki sont trespasseies, et tant com deus lor en consent a sauoir; car les
penses et les uolenteiz ne seit nuz se deus non, et cil a cui il les uuet
manifesteir. Puent il faire tot ce k'il uuelent? Non il, car lo bien ne
il le puent faire, ne il (uuel)ent en nule maniere, mais a(l) mal sont mult
25 faisant et isnel, et n'en font mie encor tant com il uoiroient, mais tant
com li bon angele lor en soffrent a faire. Or auons dit asseiz des
maluais angeles. Ma[179ʳ]is or sachons, ke fut des bons ki ne pecharent
mie. Maintenant ke li mal furent chaut, si furent li bon si confermeit,
ke d'enki en auant ne il porent chaoir, ne il porent pechier. Il ne
30 porent pechier, por ce k'il ne uolrent. Et por coi ne furent cil confermeit en bien ki dampneit furent? Por k'il n'atendirent mie si longement com li bon fisent, car maintenant k'il furent creeit si pecharent il.
Et ce ke li mal chairent, ne fut mie okisons de lur confirmation, mais li
merites k'il ne uolrent pechier. Queil figure et queil forme ont li angele?
35 Il ont figure en part alsi comme de deu. Car alsifaitierement com li
ymagene pert en la cire, cant ele est empresseie enz el sael, alsifaitierement est en eax empresseie la semblance de deu. La semblance ont il
uoirement de deu, car il sont lumiere, si com deus est lumiere; il sont
spiritueiz substance, si com il est; il sont enbelit de tota bealteit, et ont
40 si grant science, k'en la nature de totes les choses n'at rien ki lor puist
estre celeie; car il esgardent et conoissent de tot ce ko est, et si puent
do tant k'il uuelent faire senz nul trauailh. Et de ce ke li mal chairent,

den' apetitit lo numbre des bons? Non il. Mais por ce ke li numbres des elliz fuist empliz, si fut creeiz li hom de spiritueil et de corporeil substance. La corporeiz substance si fut traite des quatre elemenz, car de la terre at il la char, si com dist en l'escrit: Formauit dominus hominem de limo terre. Ce est: Li aires formet l'omme del limon de 5 la terre. Et croire et sauoir lo deueiz ke li hom est faiz de la terre. Et tres ce ke uos saueiz ke cele chars, cui uos si laueiz et ueteiz et aisies, k'ele est de terre, por coi ne prendeiz uos garde des orguez, dont uos porpenseiz tant por uostre char enuoisier? Car cant li foz iouenceas detrenchet et aligotet ses draz, s'il les laissoit entiers, il seroient alsi chalt 10 a plus com detrenchiet. Et donne est ce granz deruerie de go-[179ᵛ] lir pelices et manteaz, en teil maniere, ke une damme portet a son col, ki ne li fait ne chalt ne froit, la ranzon d'un prodome, et dont cent poure ki muerent de fain et de soit, seroient assaziiet; mais bien uos semblet, sanior et dammes, „ke manteaz ne uos siet, s'il n'est aligoteiz, 15 Pelice n'est pas chalde, s'ele n'est engoleie, Ne seeiz fer en sele, s'ele n'est dioreie"; mais certes de la plus poure maniere, ke uos onkes poriez uostre char ne uestir ne aisier, ne seroit ele merite. Car esgardeiz quanteal l'ele soit bele, en tant com li espirs ke deus i at mis la gobernet, com tost ele repairet a la nature de la terre, cant li espirs s'en est partiz, et 20 deuient terre en si laide maniere, ke ele se tornet en uermine si laide et si flairant, ke oelh uiuant ne la dengent esgardeir. Et dont uient li corages al homme, ke il mainet orguelh en si chaitiue substance, com en sa char, ki fut faite del limon de la terre, ensi com nos auons dit? Nos deuons dire, si uos en souient, ke des quatre elemenz, ce est de la terre, 25 et de l'aigue, et del air, et del fou, fut faite la corporeiz substance del homme. Et s'aueiz oit ke de la terre fut faite la chars, de l'aigue apres nos disons nos prist il lo sanc, del air prist il lo sofflement, ce est ke il puet aleneir, del fou trast il la chalor. Or esgardeiz coment li hom est formeiz. Il at lo chief assis enz en son plus halt liu, et si est ronz. Li 30 chies si signefie lo firmament ki est plus halz de totes les choses, et si est toz ronz. Enz el chief si at dous lumieres, ce sont li dui oelh, alsi com il at dous lumieres el firmament, ce est la lune et le soloilh. Li piz dont li sofflement et li tossement eissent signefiet l'air, en cui li uent et les tonoires se commueuent. Li uentres signefiet la meir, car ensi ke la 35 meirs rezoit totes les aigues, ensi rezoit li uentres totes les liquors. Li piet signefient la terre, car ensi ke la terre sostient totes les choses, ensi sostinent li piet tot lo fais del homme. Ce uos ai dit ke de la terre [180ʳ] ot li hom la char, de l'aigue lo sanc, del air lo sofflement, et del fou trast il la chalor. Et or sachiez dont furent fait li cinc sens del 40 homme. Les cinc sens del homme apelons nos la ueue, l'oue, l'odorement, lo gostement, et l'atochement. Del celeste fou trast li hom la ueue,

del sourain air la oue, del desotrain air l'odorement. ce est sentir odor, de l'aigue trast lo gostement, ce est k'il sot sentir sauo[i]r, et de la terre prist il l'atochement, ce est k'il sot sentir. Esgardeiz, sanior, com riche ourier, com riche oeure sor si poure matere! com il amat l'omme ki si
5 dignement lo format! De la terre lo format il, por k'il uolt ke li hom soi ramenbraist de sa floibleteit, ne n'osaist ia mais auoir orguelh, mais tote at om ceste uolenteit de deu trespasseie. Si dignement lo format il, por k'il uolt ke li hom seust, et entendist parmi sa formation, ke il le uoloit ameir. Nos uos auons dit, s'il uos en souient, ke de dous sub-
10 stances creat deus l'omme, de corporeil et de spirituell, si uos auons dit, queiz est la substance corporeiz, et coment ele est prise des elemenz; mais or uoions de la spirituell substance. La spiritueiz substance ce est la sainte anrme, ke deus i at mise, icele est traite del spirituell fou; icele substance si at la semblance et li ymagene de deu, dont il est escrit:
15 **Faciamus hominem ad ymaginem et similitudinem nostram**, ce est: Faisons l'omme a l'ymagene et a la semblance de nos. Et coment at li anrme semblance auoc deu? Tote la diuiniteiz si est en triniteit, l'imagene de la triniteit at li anrme, car ele at memore, por cui ele recordet les trespasseies choses, et les choses ki sont a uenir. Ele at
20 entendement par cui ele parzoit et entent les presenz choses, et celes c'om ne puet ueoir. Ele at alsi uolenteit par cui ele refuset lo mal et ellist lo bien. Solunc ce ke ele at memore, et entendement, et uolenteit, ce sont trois choses, at li anrme l'imagene deu, ce est triniteit. Et lo pares, totes les uertuz sont en deu. Iceste semblance at li anrme, car
25 ele [180ᵛ] puet comprendre totes les uertuz, ce est une altre semblance ke li anrme at auoc deu. Iteiz est la substance spiritueiz, et de ces dous choses, si est li hom formeiz. Format lo dont deus a ses mains? Non il, mais tant solement par son comandement. Mais ke est ce a dire: Il fist l'omme del limon de la terre? Par icez paroles nos est signifiie
30 la fragele nature del homme, et por ce fist deus l'omme de si uilhe matere, ke li deables en eust tant plus grant honte, ke cil ki astoit de fragele et de uilhe matere faiz conquerroit la glore, de cui il ki si glorious astoit par son orguilh astoit chauz. Et de ce at encor li hom semblance auoc deu, ke ensi ke deus est sor toz en ciel, ensi est li hom
35 en terre sor totes les choses ki i sont. Et por coi creat deus les bestes, cant li hom n'en auoit mestier, s'il ne pechast? Nostre sire sauoit bien, ke li hom pecheroit, et s'auroit mestier de tot ce ke deus auroit fait. Mais creat dont deus les mosches et les altres sifaites choses, ki ne sont l'omme s'a nuisement non et a contraire? Par si grant diligensce et par
40 si grant entente format nostre sires les mosches et les fromis, com il fist les angeles; car totes les choses sont faites a la glore, et a la loenge de deu. Car les mosches et les fromis et sifaites choses si furent cre(ei)es

por l'orguelh del homme, ke cant li uermissias point l'omme, ke il se penset ke il est, ki si floible chose et si lasse est, k'il ne se puet defendre de cel uermissial, ke il nel mordet. Dont uos aueis oit de Pharaon, ke nostre sires ne li enuoiat ne urs ne leons, por lui a tormenteir, cant il ne uoloit son pople laissier, mais raines et chalues sorris. Mais or esgardeiz la fromis et l'aranhie ki entendant sont a oeure, com grant exemple nos i poons prendre de piu labor. Trestot de cant ke deus at creeit, est toz grans deliz a celui ki bien i esgardet; car il n'i at nule sens raison, car es herbes puet om esgardeir les medicines, enz es fruiz puet om esgardeir [181ʳ] nostre pasture, enz es oiseax et es uermissias poons esgardeir grant signefiance. Et ke nomeroie totes les choses? De cant ke deus at fait est trestot bon, et trestot est fait a ues l'omme. V fut formeiz li hom? En Hebron, et si fut mis en paradis. Ke est ce paradis, et u est paradis? Paradis ce est uns tresdelitables lius en orient. Enz sont li arbre mis de diuerse maniere encontre les diuers defailhemenz, car se li hom maniaist del fruit del un arbre par couenable tens, ce est al tens ke mangier en deust, ia mais n'eust fain, et s'il del altre mainiaist par otroiet tens, mais n'eust soit. Et apres del altre, ia mais ne fuist lasseiz. A derrains mainiaist del fruit de uie, ia mais n'enuielhist, ia mais n'enfermaist, ia mais ne morust. La femme u fut ele creeie? En paradis, de la coste Adam ki dormoit. Por ce le format deus de la coste del homme, ke ensi k'il astoient d'une char, ensi fuissent il auoc par dilection d'une pense. Et de ce ot Adam encor semblance auoc nostre sanior, ke ensi ke par lui erent faites totes les choses, ensi furent neit tot li home d'Adam soul; car Eue fut de lui. Por coi nes fist deus teiz k'il ne poissent pechier? Por ce k'il eussent plus grant merite, car s'il ne fuissent asentit al conseilh lo deable ki les temptat, il fuissent maintenant si confermeit, ke ne il ne si our ne poissent mais pechier; et por (ce) uolt deus k'il ellisissent lo bien de lor greit, et ce presissent en guerredon, k'il ne poroient ia mais pechier. Et coment engenrassent il, s'il remasissent en paradis? Tot aisifaitierement com ploiet l'une main en l'altre senz conuoitise, et senz delectacion; et la femme enfantaist senz tote dolor, et li enfes cant il fuist neiz, ne fuist pas si floibles com il or est; mais maintenant com il fuist neiz, alaist il et parlaist deliurement, et unsist et des fruis par deuiseit et astablit tens encontre les defailhemenz, et a derrains si com deus l'auoit establit presist del fruit de uie. Et tant diut li hom [181ᵛ] esteir en paradis, ke li numbres des angeles fuist empliz, ki erent chaut, et cil altres numbres des elliz ki astoit a complir, se li angele ne fuissent mie chaut. Astoient il uestut, cant il dist: Apres lo pechiet se regarderent nuz, alsi com il eussent deuant esteit uestut? Voirement il n'erent pas uestit de nule corporeil uesture, ne nient altrement ne se hontienent il en lor natures a regardeir, com nos ne hon-

tolons de noz uiaires, ne de noz altres menbres; mais maintenant apres
lo pechiet se regarderent nuz, car il se comenzarent a conuoitier entr'eas,
et en cel menbre dont li humaine lingie est eissue, uint confusions. Et
por ce en cel menbre uint pluisemes confusions ke enz es altres, ke
5 trestuit li oir, ki de cel menbre naistroient, seussent k'il astoient culpable
d'icel mimes pechiet. Ei, deus! queil dolor, queil tribulation! de nostre
morteil anemis lo deable lor uint cele seductions, par sa grant felonie et
par sa grant enuie les trast il a perdition. Car grant enuie ot, ke li
hom deuoit paruenir a cel grant honor, ke il auoit perdue par son
10 orguelh. Mais li tot poissanz deus il soffrit l'omme a tempteir, et si
sauoit endont bien, ke il seroit uencuz, por k'il sauoit bien lo tresgrant
bien ke il auoit a faire por lo pechiet del homme. En traison assalhit
li deables l'omme, car il l'assailhit parmi lo serpent, si k'il parmi la boche
del serpent parleuet a Euain, ia fuist ce ke li serpenz ne seust parleir;
15 mais ensi ke il encor a la foiz parolet parmi la boche del homme cui il
est entreiz el cors, ensi parleuet il a Euain, couerz el serpent. Et deus!
com il fut lerres et traitres, et desiranz de sa perdition, cant il en teil
maniere l'assailhit; et assi engeniousement, et alsi couertement nos assalt
il cascun ior, car il nos ablandist par la dolzor des charneiz deseiers,
20 cant il les nos met deuant, u enz la morz gist et li amertonde del
pechiet (est) enclose. [182ʳ] Ensi blandissoit il Euain, cant il li disoit,
ke s'ele prendoit le defendut fruit, ele seroit semblanz al creator. Et
cant ele en ot pris, si fut entechie del pechiet d'inobedience, car ele fut
deciute par lo blandissement des paroles lo deable. Et com longement
25 furent il en paradis? Set hores tant solement, car a la tierce hore fut
li hom creeiz, et donat nous a totes les bestes, et a la siste fut la femme
creeie et formeie. Et maintenant si prist le defendut fruit, et si en donat
al homme, et li hom por amor de li en maniat, et maintenant a la seteime
hore les gettat nostre sires de paradis. Et cant Adam fut geteiz de
30 paradis, si s'en alat en Hebron, la u il fut creeiz, et la engenrat il dous
filz, ce fut Cain et Abel; mais cant Cain ot ocis son frere Abel por
l'enuie, si lo maldist nostre sires; mais Adam ki mult en fut dolanz
empres la mort Abel plorat cent ans, ne ne uoloit mais auoir compangie
ensemble Euain. Mais por ce ke nostre sire Ihesus Criz ne uolt mie
35 naistre de la maldite semence Cain, si fut Adam somons par l'angele, ke
il s'acompaniaist a Euain. Adam n'osat trespasseir lo mandement ke li
angeles li auoit aporteit, si ot compangie a sa molhier, et por lo restor
d'Abel engenrat il un filh, ki ot a non Seth, de cui lingie Criz fut
neiz. Et ce sachiez uos ke del tens Adam de ci k'a Noe ne plut il
40 onkes, ne ne fist iuer, ne li homme ne mangieuent char, ne ne beuoient
uin, mais tot li tens erent tempreit et plantiuous de toz les biens; mais
totes les choses sont puis mueies, por lo pechiet del pople. Mais fut ce

si granz pechiez k'Adam maniat cel pom? En cel mangement ot il si grant pechiet? Voirement si grant pechiet ot en cele pome mangier, c'om nel poist mie rachateir de tot lo munde. Car or esgardeiz, se ce est raisons, ke li hom obeisset a la uolenteit de son creator, et la uolenteiz de deu (se) ele est plus grande ke toz li mundes. [182ᵛ] Or entendeiz a cest tant de parole, coment la uolenteiz de deu est plus grande ke toz li mundes. Se alcuns hom estisoit deuant deu, se li desist om: Regarde derrier toi, et se tu n'i regardes, toz li monz irat en perdicion, et deus desist: N'i regardes mie, car ie nel uuelh mie, se n'i deuroit il mie esgardeir, por k'il garesist lo trespassant munde, et si[l] despitaist la uolenteit de deu, ki est creatres de totes les choses, et ki est la ioie des angeles. Mais ce fist Adam. Il estiut deuant deu, et par laor lo deable regardat derrier lui, et si fist plus grant pechiet ke toz li mundes ne soit, car en cest sol pechiet acomplit il les set crimineiz. Li promiers crimineiz pechiez ce fut orguez, cant il uolt estre peirs al creator, et por ce k'il se uolt plus exalcier ke deus ne uolsist, si fut abaissiez. De ce troeuet om escrit: Inmundus est coram deo omnis qui exaltat cor suum. Ce est: Il n'est mie nez deuant deu icil ki exalce son cuer. Et en l'euuangele trouons nos: Omnis qui se exaltat humiliabitur, et qui se humiliat exaltabitur. Ce est: Cil ki s'ensalce, il serat abaissiez; et ki s'abaisset de son greit, il serat essalciez. Li secunz ce fut obedience k'il embrisat, cant il trespassat lo comant, et por ce totes les choses li furent inobedienz, ki deuant li auoient porteit obedience. Li tierz ce fut auarisce. Auaricious fut il, cant il plus conuoitat, ke doneit li astoit, et por ce perdit il a droit tot ce ke doneit li astoit. De cest pechiet dist om: Auaricia est ydolorum seruitus. Ce est: Auarisce ce est li seruises des ydles, ce est des deables. Li quarz crimineiz pechiez ce fut sacrileges, cant il enz el saint liu ce ke defendut li astoit rauit alsi com en larr..ein, et por ce perdit il a droit lo saint liu de paradis. Li ciemes pechiez ce fut spiritueiz fornications, car li anrme de lui fut a deu coniointe; mais cant il ot deu despitiet, si se conioinst al [183ʳ] deable, et alsi com a un estrange fist adultere et por ce perdit il a droit l'amor del urai espous. Dont om dist: Fornicatores et adulteros iudicabit deus. Ce est: Les fornicators et les awoltres iugerat deus. Deus, com dolenz ceaz sor cui li iugemenz damredeu cherat! Li sistes crimineiz pechiez ce fut homecides k'il fist, cant il enbatit en la mort lui et tote l'umaine lingie. Dont om dist: Ki occirat, il morrat de mort, de mort doit om entendre parmanable. Qui occiderit morte morietur. Dont il auint ke maintenant fut morz li deuentriens hom, ce est li anrme, et si fut sepeliz el sepulcre del cors. Mais or dist alcuns: Dene fist ce li deables, ki cel chaitif homme soduist, et engenhiat si malemeut? Oilh ce fist li deables. Mais por ce ke li deables l'engenhiat, ne fut il mie moins culpables. Car or esgardeis un homme ki at un serf, icil comandet a son serf a faire une oeure, et se li mostret une fosse por ke il enz ne chaiet; car s'il i chaoit, mais n'en releueroit; et cant li sires li at bien l'oeure ensengie a faire, et la fosse 5 mostreie, adont despitet son sanior, et de son greit chiet enz en la fosse, n'est il mie culpables? Vraiement si est, car il fut culpables de ce k'il despitat son sanior, et de ce ke li oeure remeist ki fut comandeie a faire. Ensi fist Adam. Il despitat damredeu, et si deguerpit l'oeure d'obedience, et si chait en la fosse de mort. Mais coment lo couint repairier de la 10 fosse de mort? Il diut a deu rendre l'onor k'il li et tolue, et si dint faire satisfaction del pechiet, k'il ne pot faire. Car mult granz droiz est, ki altrui tolt la sue chose, ke ce ke il li at tolut li rendet, et se li enmieldret lo torfait. Mais uos ne saueiz ke li hom tolit a deu. Li hom tolit a deu tot ce k'il auoit proposeit a faire de sa generation. Et 15 coment li diut il rendre l'onor k'il li auoit tolue? Adam diut lo deable uencre, ensi ke li deables auoit lui uencut, et toz ceas ki [183ᵛ] deuoient paruenir a la uie parmanable eust teiz refaiz ke il i fuissent, s'il n'eussent pechiet. Et coment diut il lo pechiet enmiedreir? Por ce ke ses pechiez fut plus granz, ke ne fuist toz li monz, si diut il paier a deu une chose, 20 ki fuist plus grande de tot le munde, et nule de cez dous choses ne pot Adam faire, et por ce remeist il en la mort. Mais por coi ne perit il toz Adam? Ce ke deus ot astablit ne pot trespasseir, car nostre sires proposat, ke il de la lingie Adam acompliroit lo numbre des ellix. Mais por k'il ne paiat a deu l'onor k'il li deuoit, si le prist il senz le greit 25 d'Adam, cant il li enioinst les paines a soffrir; car il sentit enz es tormenz si come rebelles sers deu estre son sanior, oui il despitat a auoir come dolz pere en la glore. Mais cant deus est plains de pitiet et de merciet, et com Adam uolist amendeir lo pechiet, ne ne poist, por coi ne li pardonat il, u il l'eust teil com il eret en sa glore recoilhoit? Se deus li 30 laissaist s'onor por ce k'il n'en poist mie auoir, il semblaist k'il ne fuist mie toz poissanz, et s'il lo pecheor homme eust en sa glore senz amendise recoilhoit, dont il auoit l'angele por une cogitation trebuchiet, ce ne semblaist mie droiz; et se li pechiez remasist a compareir, ce ne fuist mie li ordenes del regne del ciel; car el regne del ciel ne remaint nule 35 chose a amendeir, et por ce diut estre li pechiez compareiz. Ki seroit ce ki une gemme troueroit enz el fimmier conchie de fiens et de terre, et si ne la forberoit anzois k'il la metist en son tresor? Nulz nel deuroit faire. Deus! a queil fin diut dont uenir Adam de son pechiet? Or entendeiz a ceste desireie parole ke nos dirons. Por ce ke li fuitis sers 40 a tot lo larrecin son sanior en astoit fuiz a un tres felon tyrant et un felon roboor, si fut enuoiez li filz demaines lo roi del palais son pere en la chartre apres lo fuitif serf, u il astoit en exilh, por k'il destruis(is)t lo robeor, u li [184ʳ] sers en aseit fu'z, et lo fuitif serf ramenaist a la grasce del roi. Oi deus! a com bele fin uint Adam de son pechiet! Li fuitis sers ki a tot lo larrecin son sanior s'en fuit al felon tyrant, ce fut Adam ki s'en fuit al deable, cant il obeit a son comant plus k'a deu. Li filz le roi fut enuoiez apres lo fuitif serf del palais son pere en la chartre u li sers eret exiliez, cant Ihesus Criz nostre sires li filz del haltisme deu et tot poiant roi fut enuoiez en terre del ciel lassus, ce est del palais lo roi, et char prist en la uirgene Marie, por k'il poist estre ueuz par terriens oez, et por k'il poist lo fuitif serf raconduire a la grasce lo roi. Dont il auint ke de la uirgene nasquit Ihesus Criz, li filz de deu, ki por nos paiat al posteis roi tot ce k'Adam ne pot rendre; car il uenkit lo deable, ensi com li diables auoit Adam uencut, cant il fut es desers, et il li dist: Si tu es filius dei, dic ut lapides isti panes fiant. Ce est: Se tu es filz de deu, di ke cez pieres soient faites pains, et s'en maniu. Et nostre sire li respondit: Non in solo pane uiuit homo, sed in omni uerbo quod procedit ab ore dei. Ce est: Li hom ne uit mie tan solement en pain, mais en tote la parole ki eist de la boche damredeu. Et lo pares li dist li deables, cant il li mostrat totes les diuisces del monde: Hec omnia dabo tibi, si procidens adoraueris me. Ce est: Totes cez choses te donrai ie, se tu uiens auant, et si m'aore. Adont li respondit nostre sires: Vade Sathanas, scriptum est enim: Dominum deum tuum adorabis, et illi soli seruies. Ce est: Va t'en Sathanas, il est escrit: Ton sanior aorras tu, et a celui soul seruiras. Ensi uenkit nostre sires la temptation del diable, par cui il auoit Adam uencut. Or auons nos (ueut) k'ensi (com) Adam uencuz fut par lo diable, si fut en cest liu li deables uencuz par Ihesum Crist, et il ourit lo ciel a toz ceaz ki deuoient paruenir a la uie parmanable, et il les fist engueiz az angeles. Ice ne pot [184ᵛ] nuz faire se deus solz non, car ce f(i)st il en la nature de deu. En la nature ke il fut hom por le tort k'Adam fist plus de tot lo munde, paiat il plus grant chose, ke toz li monz ne fuist, cant il la mort receut, k'il n'auoit mie deseruie. La mort di ge si dolerouse, k'onkes plus dolerouse morz ne pot estre, car il meïsmes la tesmonget sa mort, cant il dist en sa passion: O uos omnes qui transitis per uiam, attendite et uidete si est dolor similis sicut dolor meus. Ce est: O uos ki trespasseiz par la uoie, attendeiz et si uoiez se nule dolors est semblanz a ma dolor. Li filz de deu, li filz de la uirgene, il reciut la mort k'Adam auoit deseruie, por k'il uolt ce k'il auoit creeit ne remasist en dampnation, tempteiz fut del deable, parseuz fut, traiz fut par Iudam, batuz fut et colliez, et a mort por nos iugiez; et nient por lui mis fut en la croiz si angoissousement, k'il en ot parmi perciez les piez et les mains, la corone de spines ot el chief, plaiet et lo costeit a glaiue, et cant il dist: Consummatum est, si s'en alat li

espirs az enfers por ceaz deliureir, ki l'atendoient es tenebres d'infer. Puis apparut en maintes manieres a ses disciples, cant il fut al tierc ior releueiz de mort. Al quaranteime ior remontat a son pere en ciel, si siet a sa dextre. De la uenrat il iugier les morz et les uis. 5 Cui uirtus et imperium, per infinita secula seculorum.
AMEN.

Moralium in Iob fragmenta.

[1ᵛ] I, 1. *Vns hom astoit en la terre Vs, ki out nom Iob.* Par ce est dit u li sainz hom demoroit, ke li merjtes de sa uertut soit expresseiz. Quar ki ne sachet ke Vs est terre de paiens? Et la paienie fut en tant plus enloie des uisces, ke ele n'out la conissance de son faiteor. Dunkes diet l'om u il demorat, par ke ses los creisset, cant il 5 fut bons entre les maluais. Quar estre bon entre les bons n'est mie chose ki mult facet a loeir, mais estre bon entre les malz. Alsi com ce est greualz pechiez nient estre bon entre les bons, alsi est ce granz los estre bon entre les malz. De ce est ke li bieneurous Iob de lui mimes (teamonget) et si dist: G(e) fui freres des dragons et compains des os(tru)sces. 10 De ce loet sainz Pieres Loth, par ce ke il lo trouat bon entre les maluais: Deus deliurat, fait il, lo iuste Loth apresseit de la maluaise conuersation des excommenies. Par ueue et par oie eret il iustes, si manoit entre ceaz, ki de ior en ior afflient l'anrme del iuste par lor maluaises oeures. Et il n'en poist estre crucies, se 15 il ne ueist et oist les males oeures de ses proimes. Et nequedent est dit ke il eret iustes, quar la uie des felons n'atochieuet mie en delitant, mais en naurant les oreilhes et les [2ʳ] oez del iuste. De ce dist Paules a ses disciples: Enmei la maluaise et peruerse gen(t) entre cui uos luisiez si com lumieres el munde. De ce dist li angeles a la glise 20 de Pergami: Ge sai ke tu mains la u li sieges est de Sathane, et si tiens mon nom, et n'as mie denoie ma foid. De ce est loeie sainte glise par la uoiz del espous, cant il li dist en la chanson d'amor: Si cum li liz est entre les espines, ensi est m'amie entre les filhes. Dunkes bien est demostreit, quand la terre des paiens est ramen- 25 breie, ke li bieneurous Iob uiscat entre les felons, que solunc la loenge del espous soit demostreit ke li liz eret creuz entre les espines. Dont manes uient apres: *Simples e droituriers.* 2. Li alquand sunt si simple, ke il ne seuent queilz chose est droiture; mais en tant guerpissent il plus

l'innocensee de la uraie simpliciteit, en combien il moins soi ellieuent a la
uertut de droiture; car il unkes ne puent innocent parmanir, quand il ne
seuent uoisous estre en droiture. De ce est ke sainz Paules somunt ses
disciples, si dist: Ge uuilh fait il, ke uos soiez sage en bien, et
5 simple en mal. Lo pares: Ne soiez enfant de sens, mais de
malisce soiez petit. De ce commandet la ueriteiz ses disciples par
lei mimes, si dist: Soiez, fait ele, uoisous si com li serpent, et simple
si com li colon. Et mestiers fut ke ele andous cez choses conioinsist
ensemble, ke la uoisdie del serpent enseniaist la simpliciteit del colon, et
10 la simpliciteiz del colun atempraist la uoisdie del serpent. De ce est ke
li sains espirs n'aourit mie sa presence az hommes tant solement parmi
lo colun, mais alsi parmi [2ᵛ] lo fou. Par le colun est demostreie la
simpliciteiz, et par lo fou la chalors; car ki ki unkes sunt plain de lui,
ensi seruent a la suauiteit de simpliciteit, ke il alsi sunt enspris de charror
15 de droiture encontre les culpes des forfaisanz. Or uient apres: *Crenmanz
deu et repairanz en sus del mal.* 3. Crenmoir deu est nul bien ki a
faire soit trespasseir. De ce est dit parmi Salomon: Oil ki crient deu
ne met rien en negligence; mais por ce ke li alkant font ensi alcuns
biens ke il ne soi ostent mie d'alcuns malz, si est bien apres deu cren-
20 manz, repairanz en sus del mal dit, car escrit est: Repaire del mal,
et si fai lo bien; car li bien ne sont mie plaisant a deu, ki deuant ses
oez enboeit (sont) de la mellance des malz. De ce est dit parmi Salomon: Qui
en un forfait, pluisors biens perderat. Et ce mimes tesmonget sainz
Iakemes: Qui en un forfait, culpables est de toz, mimes se il
25 auoit gardeie tote la loi. De ce dist sainz Paules: Vn pau de
leuain[s] mainet tote la masse. Dunkes par ce ke mostreit soit com
nez et li bieneurous Iob fut es biens, est soniousement ensengiet, cum
estranges il fut des malz. 4. Constume suet estre des reconteors, ke cant
il descrient la batailhe de la palestre, promiers descrient les menbres des
30 luiteors: cum larges soit li piz, et com forz et sains; com soient plain et
gros li braz, et com li uentres desoz soit teiz ke il ne soit pesanz de
groissece, ne floibes de tenneuece. Et cant il ont les menbres couenables
mostreiz a la batailhe, dont primes recontent les cols de lur grand force.
Dunkes par ce ke nostre champions soi deuoit combatre encontre lo
35 deable, [3ʳ] si recontet alsi com a ceaz ki en la grauelle sunt por esgardeir, l(l) reconteres de la sainte hystoire les spiritueiz forces de cest
champion, alsi com uns menbres de la pense, quand il dist: Oil hom
astoit simples et crenmanz deu, et repairanz en sus del mal,
ke cant on conoist le grant ateirement de ses menbres, de la fortrece des
40 menbres puist l'om deuant conoistre la uictore ki apres uient. Or siut
apres: *Neit li furent set filh et trois filhes.* 5. Maintes foiz atrait a
auarisce lo cuer del pere et de le mere li habundance des enfanz; quar

tant com il at plus d'oirs, s'ensprent il a la conuoitise d'amasseir
heritage. Dunkes par ce ke mostreit soit com fut sainte la pense del
bieneurous Iob, si est dit ke il fut iustes et ke il fut peres de pluisors
enfanz. Ki si com li commencemenz de son liure dist, fut deuos en
sacrefices, et apres si com il mimes tesmonget, appareilhies en largeces. 5
Prendons garde de com grant force il fut, cui li amors de tant oir n'enclinat a auarisce d'eritage. Apres siut: ...... *Et main leuanz, offrit sacrefices por chascun*. 48. Dont nos leuons nos matin, cant nos auironeit de le
lumiere de compunction laissons la nuit de nostre humaniteit, et ourons
les oez de nostre pense as raiz del urai soloilh. Et dont offrons nos 10
sacrefices por cascun, cant nos sacreflons a deu sacrefice de proiere por
cascune uertut; ke la sapience ne nos ellieuet; ke li entendemenz ne
foruoiet, ki subtilment cuert; ke li conselz ne soit confus, cant il soi
multepliet; ke la force ne moint a trebuchement, cant ele donet fiance;
ke la science, cant ele conoist et n'aimet mie, n'enflet: [3ᵛ] ke la picteiz 5
ne uoist fors mesure, cant ele plus ke droit soi abaisset; ke la crenmors,
cant ele dotet plus ke ele ne deust, ne chaiet en la fosse de desperation.
Dunkes cant nos offrons proieres a nostre sanior por cascune, ke ele
pure soit, ke faisons altre chose se ce non, ke nos solunc lo numbre des
lis offrons sacrefice cascun ior por cascuns? Et cele maniere de sacre- 20
fice ke Iob offrit, si auoit nom holocaustes. Holocaustes dist altant com
tuz ars. Giers doneir holocaustes, ce est tote la pense del fou de compunction espendre, ke li cuers ardet en l'alteir d'amor, et si ardet les
hideces des penseirs, alsi cum les pechiez de sa propre esclate. 49. Mais
ce ne seuent faire se cil non, ki bien esgardent et rapressent lur deuen- 25
tiens mouemenz, ainz ke il eissent fors a l'oeure; ce ne seuent faire ce
cil non, ki de barni guarde seuent guarnir lur cuers. De ce est ke a
druit est dit, ke Hysboseth fut morz de non parueue mort, de cui la
scriture tesmonget, ke il n'auoit mie en sa maison portier, mais portiere,
li dist ensi: Recha et Banaia li filh Renmor ui(n)rent, si entront 30
en la chalor del ior en la maison Hysboseth ki dormoit sor son
lit en meidi. Il i entront et la chambriere ki portiere eret et lo
frument purgieuet dormit, et il prisent les (es)pie(s) del frument,
s'entrunt enz atapisanment, si lo naurunt el aine. La portiere
purget lo frument, cant la guarde de la pense deuiset les uisces des 35
uertuz; mais se ele dort, ele rezoit a la mort de son propre sanior les
aguaiteors; car cant la songe de la discretion cesset, si aoeuret az malignes espirs la uoie par lo corage a ocire. Et cil cant il sunt entreit,
prendent les (es)pie(s); car [4ʳ] manes tolent tot ce ke les bones penses ont
garneit. Il naurent en l'aine, car la uertut del cuer ocient il par lo delit 40
de la char; en l'aine ferir est la uie de la pense naureir par lo delit de
la char. Et cil Hysboseth ne morust ia de ceste mort, se il n'oust une

femme mise a la porte de sa maison, ce est a l'entreie de son cuer mole
guarde assise. Fort et barnit sens doit l'om mettre az portes del cuer,
cui ne li songes de perece n'apresset, ne li errors d'ignorance ne dezoiuet.
Et bien est apeleiz Hysboseth cil ki parmi la guarde d'une femme est
5 denueiz az espeies de ses anemis, car Hysboseth dist altant com hom de
confusion. Et cil est hom de confusion, ki n'est mie guarniz de forte
guarde de pense; car cant il quidet faire ke uertuz soit, si l'ocient non
sachant li uisce sorentrant. Dunkes de tote uertut fait a guarnir li entreie
del cuer, ke li aguaitant anemi ne la trespercent parmi lo pertuihs de le
10 neglicie pense. De ce dist Salomons: De tote guarde guarde ton
cuer; car de lui eist la uie. Dunkes digne chose est ke nos a la
naissence de le intencion prendons soniousement guarde az uertuz ke nos
faisons, ke de male racine ne uengent, mimes se droites choses semblent
ce ke eles mostrent. Dont ci apres siut: *Quar il disoit: Ke mei filh par*
15 *auenture n'aient pechiet, et si aient deu benit en lor cuers*. 50. Dont
maldient li filh en lor cuers, (cant) nos droites oeures ne uinent mie de
droites penses, quant il les biens mostrent en aouert, et les malz atemprent
dedenz en repuns. Vraiement dont maldient il deu, (cant) il quident auoir
d'eaz ce ke il sunt. [4ᵛ] Dont maldient il deu, cant il entendent ke il de
20 lui ont prises les forces ke il ont, et de ses dones nekedent quierent
propres loenges. A sauoir fait ke li anciens anemis porsiut nos biens en
trois manieres, ke ce ke droit semblet deuant les hommes, soit mal mis
deuant l'esguard del deuentrien iugeor. Quar a la foiz nauret il l'entencion
en la bone oeure, ke tote li oeure ki apres siut eisset fors en tant moins
25 pure et moins nette, ke ele est corrumpue en la naiscance. A la foiz ne
puet en la bone oeure mal mettre l'entencion; mais en la uoie de le
oeure tend ses laz, ke cant cascuns uat par lo bon proposement de la
pense plus segurs, soit par aguait ocis, cant li nisces i entret atapissan-
ment. A la foiz ne il mal met l'entencion ne il engingnet en la uoie,
30 mais la fin de la bone oeure enlacet; ke il en tant ke plus lons soi foint
estre aleit de la maison del cuer u de la uoie de le oeure, en tant plus
uoisousement (uuet) dezoiure la fin de la bone oeure. Et com il cascun[s]
maluoisous arat ensi cum en repairant plus segur fait, tant lo trespercet
a la foiz plus durement de plaie ki ne puist estre saneie. 51. L'entencion
35 nauret il en la bone oeure; car cant il uoit les cuers des hommes estre
legiers a deciuoir, si met deuant a lor deseiers lo uenceal del trespassant
los, ke il en ce ke il (bien) font s'enclinent par une cuerbece de pense a
desireir les basses choses. Dont li prophetes dist bien en la semblance
de le Inerie de cascune anrme ki prise est del laz de sa chaitiue inten-
40 cion: Sei anemi li furent fait el chief; alsi com se il disoit ouertement: Quant l'om fait la bone oeure par male entencion, si ont li ad-[5ʳ]
nersaire espir sengerie sor lei des lo comencement de la pense; et

en tant la possient plus plainement ke il l'ont saisie parmi lo comencement.
12. Et quant il ne puent mal mettre l'entencion, si repunent les laz cui il
ont tenduz en la uoie; ke cant li cuers soi essalcet de ce ke il bien fait,
trebuchet en uisce alsi com del costeit, quant il l'oeure fait de lonz altrement ke il n'oust proposeit. Quar maintes foiz li humains los, quand il 5
encontret la bone oeure, changet lo corage de celui ki l(a) fait: et se (il)
n'astoit mie quis[e], nekedent delittet, cant (il) est offer(z). Et quant la
pense del bien ourant est deloie el delit, si depece tote la force de la
deuentriene intencion. Maintes foiz soi aiostet li irors a nostre iustice ki
bien est comencie, et quant ele mal atempreiement turbet la pense par 10
une ardor de droiture, si nauret tote la sainteit del deuentrien repous.
A la foiz si(u)t la tristece la maurteit de leuer, et aumbret par un uoil de
dolor tote la bone oeure ke la pense auoit comenciet par bone entencion;
et maintes foiz la puet om tant plus tardiement deboteir, ke ele plus longement est en l'appresseie pense. A la foiz soi aportet une mal tempreie 15
leis a nostre bone oeure; et cant ele fait la pense plus estre haitie ke
ne couenget, si debotet eh sus de la bone oeure tot lo faihs de la maurteit.
Et par tant ke li prophetes auoit ueus les repuns laz en la uoie de ceaz
li bien comencent, si disoit il a droit, plains del espir de prophetie: En
ceste uoie u ge aleue moi repunsent il les laz. Et ce demostret 20
Ieremies bien et subtilment, quant il nos uolt ensengnier queiz choses
suenoient en nos, parmi ce ke il recon-[5ᵛ]tat cez choses ki defors
estoient faites, quand il dist: Oitante homme uinrent de Sichen et
de Sylo et de Samaire, a reseies barbes et a depaneies uestures,
palle, et si auoient dones et encens en lor mains, por offrir en 25
la maison del sanior. Mais Hismael li filz Nathanie astoit fors
eissus encontre eaz, et quant il les out encontreiz, si lor dist:
Venciz a Godoliam le filh Aicham. Et quant cil uinrent enmi
la citeit, si les ocist. Cil ras[ar]ent lor barbes, ki tolent a soi la fiance
de lor propres forces. Et cil depanent lor uestures, ki ne soi espargnent 30
mie el deschirement de la deforiene bealteit. Et cil aportent encens et
dones por offrir en la maison deu, ki el sacrefice deu offrent l'orison
auoc les bones oeures. Mais nequedent en la uoie de la sainte deuocion
se il soniousement ne soi seuent guardeir, uient encontre eaz Hismael li
filz Nathanie; car alcuns malignes espirs neiz en error d'orguelh par 35
l'exemple de son premier pere Sathan soi met encontre al laz de
deception. De cui est bien dit ke il aloit plorant, car par ce ke il
puist ferir et ocire les deuotes penses, s'atapist il desoz la coureture de
dolor; car quant il soi foint concordeir az uraiement ploranz, si est plus
segurement receuz az deuentrienes choses del cuer, et ensi ocit tot ce ke 40
deuenz s'atapissoit de uertut. Et a la foiz promet ke il moinrat auant a
plus haltes choses. Et par tant est tesmongiet ke il dist: Venciz a

Godoliam le filh Aicham. Mais cant il promet les plus granz choses, si tolt il mimes les plus petites; dont a droit est dit: Quand il uinrent enmi la citeit, si les ocist. Dunkes les hommes ki uenoient et aportoient [6ʳ] dones por offrir a deu, ocist il enmi la citeit; car les penses
5 ki doneies sunt az diuines oeures, se eles par grand songe ne soi gardent, cant eles portent l'offrande de deuocion, et li anemis les assalt, perdent en la uoie la uie. Et de le main de cel anemi n'escapet l'om mie, se om tost ne recuert a repentance; dont a droit uient la apres: Mais dis homme furent trouelt entre ceaz ki dissent a Ismael: Ne nos
10 ocire mie, car nos auons el champ tresors de frument, d'orge, de uin, et de oile, et de miel; et cil nes ocist mie. Li tresors el champ ce est la sperance e(n) la repentance; car cant l'om ne la uoit, si est ele alsi com enfooite en la terre del cuer. Dunkes cil ki orent les tresors el champ furent gardeit; car cil ki apres lo uisce de lor maluois-
15 die repairent az ploremenz, ia soit ce ke il pris soient, nequedent ne muerent mie. 53. Et quant li anciens anemis ne nauret en lo commencement de le intencion et ne dezoit en la uoie de le oeure, si tend il en la fin plus durs laz. Et tant assalt il plus durement la fin, ke il uoit ke cis lius solement li est remeiz a dezoiure. Cez laz esgardeuet li prophetes
20 estre mis a sa fin, cant il disoit: Il aguaiter(o)nt mon talun. Que est par lo talun en cui li fins est del cors signefliet, se li termes non de l'oeure? Dunkes dont agaitent u li maligne espir u keil ke soient mal homme ki ensiwor sont de lor orguilh lo talun, cant il desirent corrumpre la fin de la bone oeure. Par ce fut dit al serpent: Ele penrat
25 garde a ton chief, et tu aguaiteras son talun. Penre garde al chief est esgardeir les comenzailhes de son enhortement et erragier del tot fors de l'entreie del cuer [6ᵛ] par la main del sonious esgard. Nequedent ia soit ce ke il soit apareouz al comencement, si atempret il ke il a talun puist ferir; car se il ne nauret l'entencion par son promier enhorte-
30 ment, si tend il a la fin dezoiure. Et se li cuers est une foiz corrumpuz el entencion, dont possiet segurement li uoisous anemis la moleneteit et la fin de tote l'oeure ki apres uient; car il uoit ke toz li arbres li portet fruit, cui il at uiolei(t) en la racine par lo dent de son uenin. Giers par ce ke par grant songe doit l'om penre garde, ke la pense ki a bones
35 oeures sert, ne soit emboeie par maluaise entencion, dist il a droit: Que mei filh par auenture n'aient pechiet, si aient deu benit en lor cuers. Biens ki defors soit faiz ne ualt riens, se li sacrefices d'innocensce n'est par dedenz deuant les oez deu par lui sacrefiez en l'alteir del cuer. De tote uertut fait a esgardeir li fluiues de l'oeure, se il uient
40 purs fors de la fontaine de la pense. Par grant garde fait a gardeir li oez del cuer de purriere de malisce, ke il dedenz lui n'enpiret par lo uisce de maluaise entencion ce ke il par oeure demostret az hommes

estre droituriere chose. 54. Giers mult deuons estre sonious, ke pau ne soit de noz biens, et ke il ne soient senz discussion, ke nos (ne) soiens u terre lechange se pau en est, u senz sauoir se nos les laissons senz discussion; car une uertuz ne puet estre, se ele n'est mellele az altres. Et par ce est bien dit a Moysen: Prend espezes, stacten et onica et gal- 5
banen de bone odor et tresceleir encens,... si en feras un tymiame, confit solunc l'oeure de ceaz (k)i les ungemenz funt, soniouse-
ment mel-[7ᵛ]leit et pur. Dont faisons nos lo tymiame confit de plui-
sors espezes, quand nos donons odor de pluisors uertuz en l'alteir de
bone oeure. Et il doit estre melleiz et purs, car com plus est iointe 10
l'une uertuz a l'autre, tant est li encens de le bone oeure plus purs. Et
bien est dit apres: Quant tu aras tot triubleit en trestenue purriere, s'en metteras deuant lo tabernacle del tesmoing. Dont
trieblons nos les espezes en trestenue purriere, cant nos alsi com el mortier
del cuer blezons nos biens par repunse discussion, et ueons subtilment, se 15
il bon sont. Dunkes faire purriere de diuerses espezes est triubleir en
repensant les uertuz et ramenbreir iuske a la subtiliteit de repunse balance.
Et si fait a noteir ce ke dit est de cele purriere mimes: Si en met
deuant lo tabernacle de tesmoing, car dont plaisent uraiement nostre
bien en l'esgard de nostre iugeor, quand la pense en ramenbrant les 20
triublet subtilment, et fait alsi com de pluisors espezes purriere; ke li
biens cui l'om fait ne soit gros et durs, ke se la mains de destroit
encerchement nel atrieblet, ne rend mie subtil odor. De ce est ke la
uertuz de le espouse est loeie es cantikes par la uoiz del espous, quant
il dist: Qui est ceste ki montet par lo desert, si com uergele de 25
fum des espezes de myrre et d'encens, et de tote purriere de
pigment? Vraiement sainte glise montet si com une uergele de fum de
spezes; car ele esploitet cascun ior par les uertuz de sa uie el esdrece-
ment de deuentrien encens, et ne cuert mie esparse par diuerses penses,
mas soi rastrent en rigor de uerge dedenz les secreies choses de son 30
cuer; car quand ele ne cesset unkes de [7ᵛ] repenseir et de retraitier ce
ke ele fait, si at ele uraiement myrre et encens en l'oeure, mais la purriere
est en la pense. De ce est ke dit fut a Moysen de ceaz ki doiuent
offrir les sacrefices: Quand il aront del sacrefice la peal osteie, si
trencheront les menbres en pieces. Dont ostons nos la peal del 35
sacrefice, cant nos ostons la superfice de uertut des oes de nostre pense.
Et les menbres trenchons nos en pieces, cant nos subtilment depiezons ses
deuentrienes choses, et demenuisons en repensant alsi com par pieces
detrenchant. Dunkes a penseir fait ke la enuoisure des biens ne nos
sorplantet cant nos uenquons les malz, ke [il] li bien ne issent fors dissolut, 40
ke il ne soient reciut anz ke il soient regardeit, ke il ne laissent la uoie
par error, u brisiet par lassement perdent la deserte del trauallh ki deuant

est aleiz. La pense soi doit en totes choses soniousement esgardeir et en cel esgard perseuereir. Et de ce siut couenablement apres: *Ensi faisoit Iob toz les iors.* 55. En uain fait l'om la bone oeure, se om la lait deuant la fin de la uie; car en uain cuert..., ki laisset lo curre anzois ke il uenget al bone. De ce dist la scriture des dampneiz: Gual a ceaz ki ont perdue la soffrance. De ce dist la ueriteiz a ses ealiz: Vos estes ki parmanistes auoc moi en mes temptations. De ce est ke la scriture tesmonget, ke solement Ioseph ki iuske en la fin parmannt iustes entre ses freres, out sa cotte iuske al talun. Que est auoir cotte iuske al talun, se auoir non esperance iuske a la fin? Car alsi com la longe cotte cueuret lo cors iuske al talun, alsi nos coeuret deuant les oez deu la bone oe-[8ʳ]ure ki duret iuske a la fin. De ce est ke Moyses comandet, ke la cowe del sacrefice soit (off)erte en l'alteir, ke nos tot lo bien ke nos comenzons aemplissons par fin de perseuerance. Giers ce ke l'om at de bien comenclet doit om toz iors faire, ke la uictore des biens soit, cant l'om par batailhe renfuset les malz, fermement par lo main de constance tenue. 56. Ce auons nos dit par treble entendement, ke nos a l'anoiouse anrme metissiens deuant diuerses drecies, et ele ce ke miez li sembleroit en elluist. Mais ce proions nos soniousement, ke cil ki ellieuet sa pense al spiritueil entendement, ne uoist mie en sus del honor del hystoire......

III, 57. *Elleuos en ta main est, mais nequedent l'anrme de lui garde.* Ensi nos guerpist il, ke il nos guardet, et ensi nos gardet il, ke il en article de la temptacion nos mostret l'estage de nostre floibeteit. Cil manes eissit fors de la face nostre sanior, et celui ki otroiez li fut ferit [de] en naurant de la plante del piet iuske al chief; car quant il st congiet, si lo comencet as menors choses, et paruient as plus granz, et ensi trespercet en deschirant par ses temptacions tot lo cors de la pense, mais nequedent ne paruient mie en ferant iuske a l'anrme; car ele ki est plus deuentriene ke totes les penses, contrestat parmi l'entencion de son secreit proposement entre les deleitemenz cui ele rezoit, si ke ia soit ce ke li deleiz mordet la pense, nequedent ne flechet mie iuske a la molece del assentement lo proposement de la sainte droiture. Nequedent les plaies des deleiz deuons nos terdre par l'asperiteit de penitence, et par roide destrenzon laueir tot ce ke de molece naist en la pense. De ce siut bien apres: [8ᵛ] *Ki a un test raoit ius le uenin.* 58. Que entent om par lo test, se la uigor non de destrenzon, et par lo uenin la male pense? Dont raons nos lo uenin a un test, quant nos sumes naureit, com nos apres les pollutions des males penses nos lauons parmi ce ke nos asprement nos reprendons. Non par huec par lo test puet l'om entendre la fragiliteit de nostre mortaliteit. Dunkes terdre a un test lo uenin, ce est penseir souent lo cuers et la fragiliteit de ceste mortaliteit,

et ensi forbir la purreture de la chaitiue pense; car quant cascuns esgardet, cum tost la chars repairet a purriere, si sormontet tost tote la bataílhe ke il laidement soffret de sa char dedenz sei. Dunkes cant icune pense de male temptacion uient al cuer, si curt alsi com fors de la plaie li uenins. Mais dont forbons nos tost cele purreture, se nos taisons en nostre cuer nostre fragiliteit alsi com lo test en la main. 49. Quar l'om ne doit mie en por uilh tenir cez choses ki malement soi turnoient en nostre pense, ia soit ce ke eles ne partraient mie iuske a l'oeure. De ce est ke nostre rachateres astoit uenuz rere la purreture, dsi com fors des plaies, quand il disoit: Vos aueiz oit ke az anciens fut dit: Tu ne feras mie auoltierge; mais ie uos di: S'alcuns uoit une femme por li a conuoitier, cil at ia fait auoltierge en son cuer. Dont terd l'om lo uenin fors, quand l'om trenchet fors la culpe ne mie solement de le oeure, mais mimes de la pense. De ce est ke Ierobaal uit l'angle, cant il batoit lo frument fors de la pailhe, et selunc son comant cost manes un boch, si lo mist sor la piere, et lo ius de la char espandit par desor; et li [9ʳ] angeles l'atochat de sa uerge, si dsait li fous fors, si consumat tot. Que est batre al flael lo frument, se par la droiture non de iugement descureir les grains des uertuz fors de la pailhe des uisces? Mais a ceaz ki ce funt apeirt li angles; car en tant plus annoncet nostre aires les deuentrienes choses, ke li homme soi purgent soniousement des deforienes. Il comandet lo boch a ocire, car tot lo charneil desier comandet il a sacrefiier. Et si comandet la char mettre sor la piere, et lo ius espandre desor... Dont mettons nos la char sor la piere, cant nos Cristum ensiwant crucions nostre cors. Et cil espant lo ius desor, ki en la conuersation de Crist esuanist en sus de sui mimes ses charneiz penses. Dont est li ius de la char en la piere espanduz, cant li cuers est uoidiez de tote la molece des charneiz penses, et li angeles l'atochet de sa uerge; car la posteiz de la diuine aiue ne laisset nostre entencion. De la piere eist li fous, et si deguastet lo ius de la char; car li espirs cui nostre rachateres donet art par si grant flamme de compunction nostre cuer, ke il tot ce de mal ke en lui at, et de oeure et de pense deguastet il. Dunkes ce ke la est lo ius espandre sor la piere, ce mimes est ci la purreture ius rere al test. Quar la parfite pense est mult soniouse ne mie solement ke ele ne facet mal, mais mimes ke ele terdet tot ce ke en lei at decorut par laiz penseirs. Mais maintes foiz naist bataílhe de le uictore, ke cant la male pense est uencue, si est li corages del uenqueor hurteiz d'orguelh. Par tant couient ke la pense soi ellieuet ensi de sa sainteteit, ke ele soniousement soi abaisset en humiliteit. Et par tant cant [9ᵛ] il disoit del saint home ke il a un test raoit la purreture, si sieut bien apres: *Seanz el fembrier*.
50. Cil siet el fembrier, ki uiz choses et despitcs sent de soi mimes. El

fembrier seons, quant nos les oes de la pense ramenons en repentant a
tot ce ke nos mal auons fait, ke nos rabaissons tot ce ke d'orguilh soi
elleuoit el corage, quant nos ueons deuant nos lo fiens de pechiet. Et
fembrier siet ki soniousement regardet sa floibeteit, et ne soi ellieuet mie
5 des biens cui il at pris parmi la grasce. Ne sooit dunkes Abraham
dedenz soi mimes el fembrier, quant il disoit? Ge parlerai a mon
sanior ia soit ce ke ie soie purriere et cendre. Ouertement ueons
en queil liu il soi auoit mis dedenz (soi), ki soi aesmenet estre purriere et
cendre, mimes quand il a deu parloit. Dunkes par soniouse entencion
10 fait a penseir, se cil si soi despitet, qui montet iuske a l'onor de parleir
a deu, de com grant paine cil seront flaeleit, ki ne paruinent mie iuske
az haltes choses, et nekedent soi orguelhent de petites choses. Li alkant
sunt, ki grandes choses quident d'eaz mimes, ia soit ce ke il petites choses
facent, en halt lieuent lor penses, et deuant les altres quident estre de
15 merites de uertuz. Cist uraiement laissent dedenz eaz lo fembrier d'umiliteit, si montent en halteces d'orguilh, si ensiwent celui ... cui asseiz ne fut
mie la saniorie de sa faiture, anz dist: Ge monterai el ciel et si
exalcerai mon palais desur les estoiles del ciel. De ce est ke
Babylone ce est la hontouse assembleie des pecheors, ki malement est a
20 lui coniointe, dist: Ge seiz roine, et si ne sui mie ueue. Dunkes ki
[12ʳ] unkes est enfleiz en soi, cil soi at dedenz soi mis en halt. Mais
en tant est il plus graualment apresseiz en bassece, ke il despitet basses
choses sentir uraiement de soi. Et alkant sunt ki riens ne font de uertut,
mais nekedent cant il uoient les altres pechier, en l'esgard de ceaz aesment
25 ke il soient iuste. Quar une culpe ne trespercet mie les cuers des
hommes. Cestui enlacet orguez, cestui puescelestre sorplantet irors.
Cestui cruciet auarisce, celui enflammet luxure. Et a la foiz auient ke
cil cui orguez apresset, esgardet coment irors esprendet un altre, et par
ce ke ire nel tariet mie si tost, quidet ke il mieldres soit ke li irous, et
30 dedenz soi s'ellieuet de sa false iustice, quand il ne penset del uisce ki
graualment lo tient. A la foiz auient ke cil cui auarisce nauret, uoit un
altre plonchier el uoragine de luxure. Et cant il soi uoit estrange de la
charneil pollution, ne prend mie garde, queiz sordeilhes de spiritueil uisce
il ait dedenz soi. Et quant il en altrui penset lo mal cui il n'at mie, si
35 laisset a esgardeir celui cui il at. Et ensi auient ke la lumiere de son
propre iugement est toloite a la pense, cant ele eist fors por deiugier les
altrui choses. Et com plus en non chaloir gettet les siens malz, plus durement est orgailhouse encontre les altrui. 61. Mais d'altre part cil ki
uraiement soi uuelent esdrecier az halteces des uertuz, cant il les altrui
40 pechiez oient, manes ramoinent az lor cuers lur malz, et com plus uraiment sont dolent des lur, plus droitement blament les altrui. Dunkes
cant cascuns ellis soi rapresset et rabaisset par l'esgard de sa floibeteit,

uilt dit a droit del saint homme, ke il do-[12ʳ]lenz siet el fembrier; car
cil ki uraiement soi humilliet esgardet continuelement, de quels sordeilhes
de pechiez il soit auironeiz. A sauoir fait ke la pense est a la foiz
greueie d'engresse temptacion es prosperiteiz; et a la foiz soffrons nos
aduersiteiz par defors, et dedenz nos lasset li assalz de temptacion, si 5
ke la char crucient li flael, et li charneis enhortemenz essaiet la pense
dedenz. De ce est ke apres les plaies del bieneurous Iob uinrent les
paroles de la mal enhortant femme, ki dist: *Permains tu encor en ta
simpliciteit? beni deu, e si muer.* 62. La femme mal enhortanz ce est li
charneis deliz, la pense tarianz. Quar maintes foiz si com nos auons dit, 10
soffrons nos defors greualz flaiaz, et dedenz nos lasset la charneiz suggestions. De ce est ke Iheremias soi deplaint, cant il dist: Defors ocit
li espeie, et en maison at semblant mort. Defors ocit li espeie,
cant la feranz ueniance nos afflit par defors. Et en maison at cil la
mort semblant, ki par defors soffret les flaiaz, et nequedent n'est mie sa 15
conscience nette de sordeilhes de temptacion. De ce dist Dauid: Soient
alsi com la purriere deuant la face del uent, et li angeles lo
sanior les affliet. Cil cui li orages de temptacion rauist en son cuer,
cil est elleueiz si com la purriere deuant la face del uent. Et nel afflit
mie li angeles deu, cant la diuine ueniance lo fiert? 63. Mais altrement 20
font cez choses li ellieut et altrement li renfuseit. Li cuer des renfuseiz
sont ensi tempteit ke il i consentent. Mais li cuer des iustes soffrent
uoirement les temptacions, mais il i contrestont. La pense des dampneiz
est uencue parmi lo delit, et ia [13ʳ] soit ce ke (ce ke) la temptacions enhortet
lur desplaiset a tens, nequedent en apres lur plaist par assentement. 25
Mais li iuste soffrent ensi les darz de temptacions, ke il el contresteir a
eles soi lassent toz iors. Et se la temptacions rauist alcune foiz la pense
iuske al delit, isnelement sont hontous del engin del delit, et par forte
ueniance destrendent tot ce ke de carnaliteit soi leuoit en eaz. De ce
dieut bien apres: *Tu as parleit si com une des foles femmes. Se nos* 30
auons les biens recieuz de la main lo sanior, por coi ne sostenriens nos
les malz? 64. Droiz est ke la sainte pense rapresset par spiritueil
chastiement tot ce ke ele sent charneilment elleueir en soi, ke la chars
se ele dist aspres choses, nel atraiet a impatience, u se ele dist losenges,
nel amollisset a luxure. Dunkes la roidors del homme doit chastoier 35
l'enhortement de la male pense, et rapresseir la dissolue molece de
laideciet et dire: Tu as parleit alsi com une des foles femmes. Et
lo pares la ramenbrance des dones doit refreneir l'impatience de le aspre
pense et dire: Se nos auons les biens recieuz de la main lo
sanior, por coi ne sostenriens nos les malz? Mais ki ki onkes 40
uult uencre les uisces, et par les alemenz de uraie entencion tend az
permanables halteces del deuentrien guerredon, com plus soi uoit de totes

pars aulroneit des uisces, tant soi garnist plus fortement d'armes de
uertuz, et tant dotet moins les darz ki encontre lui uinent, ke il son
peiz at fortement armeit. 65. Mais maintes foiz quant nos nos uolons
stanconeir de granz uertuz encontre ceste batailhe [13ʳ] de temptacions,
5 si soi atapissent a nos li uisce desoz la semblance de uertuz, et alsi com
par amiable face nos uinent deuant; mais cant l'om les descout, si seit
l'om, com anemis il erent. De ce est ke li amis del bieneurous Iob uinrent a lui por conforteir, mais nekedent chairent en ramponnes; car il
aguaitant uisce prendent la face des uertuz, mais anemiablement nos
10 fierent. Quar a la foiz uult demesureie irors sembleir iustice, et dissolue
remissions pieteit. Maintes foiz uult malnoisouse crenmors sembleir humiliteit et effreneiz orguez franchise. Gieres par conforteir uinrent li amis,
mais il chairent en paroles de chosemenz; car li uisce ki couert sont de
semblance de uertuz ont al commencement beal semblant, mais en la fin
15 nos parturbent d'aspre contrarieteit. Et bien sieut apres: *Quar il soi
astoient entrafieit ke il ensemble uenroient et si lo conforteroient.* 66. Li
uisce s'entrafient desoz la semblance des uertuz; car li alkant sont ki par
une concordance soi conioindent encontre nos, si com orguelz et irors,
remissions et crenmors; car irors si est uoisine a orguelh et crenmors a
20 remission. Dunkes uinent il a nos par entrafiement, quant il soi acom-
pangnent encontre nos par une uoisineteit de malisce. Mais se nos
conissons la chaitiuiteit de nostre exilh, se nos dedenz nos dolons de
l'amor del parmanable pais, li uisce ki nos roubent, se nos malement
somes liet, ne nos puent uencre, se nos bonement somes dolent. De ce
25 sieut apres: *Quant il elleuarent lur oez, nel conurent mie.* 67. Li uisce
ne nos conoissent, se nos su-[14ʳ]mes afflit; car manes ke il hurtent lo
dolent cuer, si resailhent. Et il ki nos auoient conuz, cant nos astiemes
liet, quant il nos auoient tresfichiet, ne nos puent conoistre, quand nos
sumes dolent; car nostre durece les briset. Mais li anciens anemis, com
30 plus uoit ke il en eaz est aparceguz, plus parfunt repunt ses uisces desoz
l'ymagene de uertuz. Et de ce siut apres: *Et escriant plorarent, et o
detrenchies uestures sparsent purriere sor lur chief en ciel, et si sirent
auoc lui en terre set iors et set nuiz.* 68. Parmi lo plorement est
demostreie la pieteiz, et la discretions parmi lo detrenchement des
35 uestures, li deseiers des oeures par la purriere del chief, et la humiliteis
parmi la session. Quar li aguaitanz anemis fait a la foiz alcun semblant
de pieteit, par ke il a la fin de creduliteit puist paruenir, si com ce ke
il a la foiz defent la culpe estre uengie par discipline, ke ce ke ci n'est
amendeit soit cruciet del fou d'infer. A la foiz gettet deuant nos oez
40 l'ymagene de discretion, et si parmainet a laz d'indiscretion; si com ce
com nos par son enhortement nos otroions a la foiz alsi com par flohbe-
teit plus uiandes ke mestiers ne soit, et parmi ce esmouons encontre nos

les batailhes de la char. A la foiz nos fait estre semblant de desoier de
bones oeures, ce dont il nos met en trauailh de labors, si com ce ke
alcuns ne puet estre quoiz, si crient ke il par usdie ne soit dampneiz.
A la foiz nos mostret l'ymagene d'umiliteit, par ke il nos ostet lo desoier
d'utiliteit, si com ce ke il fait croire les alkanz que il soient plus floibe 5
d maluais ke il ne sont, ke cant il trop soi uoient estre [14ᵛ] mal
dignes, laissent administreir a lur proimes choses ki prout lor pois(sen)t faire.
69. Mais cez uisces cui li anciens anemis repunt desoz la semblance des
uertuz, purget soniousement la mains de compunction; car cil ki uraiement soi duelt dedenz, paruoit fortement ke l'om doit par defors faire u 10
laissier. Quar se la uertuz de compunction nos destrent par dedenz, si
amuist tote la frinte de la maluaise suggestion. Et de ce sieut bien
apres: *Et nulz ne disoit a lui parole, car il ueoient la dolor estre forte.*
70. Se li cuers soi duelt uraiement, li uisce n'ont encontre (nos) point de
langue; car quant l'om quiert plainement la uoie de droiture, si est 15
adurcie tote la uaine suggestions de maluaistiet. Maintes foiz turnons
nos mimes les uisces el usage de uertuz, se nos nos astraindons encontre
eus par fort estude. Car les alkanz possiet irors, mais quand il la
mettent desoz raison, si l'aturnent el seruise de sainte ardor. Les alkanz
elieuet orguez, mais cant il enclinent lor corage desoz la diuine crenmor, 20
si lo tuernent il par lo defendement de iustice en uoiz de franche auctoriteit. Les alkanz somunt a folie la force del cors, mais cant il l'abaissent
a faire les pies oeures, si achatent guaangnes de pieteit de ce dont il
uoient soffert l'aguilhon de felonie. De ce est ke li bieneurous Iob
offret sacrefice apres tante batailhe por ses amis. Et ceaz cui il auoit 25
longement soffert anemis parmi la tenzon, rendit a derriens citains parmi
lo sacrefice. Quar cant nos tornons les uitiouses penses es uertuz, si
cha(n)gons noa parmi lo sacrefice de le en-[15ʳ]tencion les anemiables batailhes des temptacions, et si en faisons alsi com cuers de noz amis.
Asseiz soit ke nos cez choses auons dit en trois liures. El comencement 30
de ceste oeure plantons nos la racine de le lengue en la pesantume del
arbre ki deuoit naistre, par ke nos en apres gettons fors les rains de le
exposition, si com cascuns lieus lo requerrat......

III, 24. *Perisset li iors en cui ie fui neiz, et la nuiz en cui fut
dit: Conciez est li hom.* Dont est alsi com uns iors, quand la prosperi- 35
teiz del munde nos blandist. Mais ciz iors finet en nuit, car la temporeiz
prosperiteiz moinet maintes foiz az tenebres de tribulation. C'est ior de
prosperiteit auoit ciz prophetes despeitiet, quand il disoit: Tu seis ke ie
ne connuoitai mie le ior del homme. Ceste nuit de tribulation non-
deuet nostre sire ke il la deuoit soffrir el dairien tens de sa incarnation, 40
quant il parmi le prophete alsi com ce fuist ia passeit disoit: Iuske a
la nuit moi chosarent mes rains. Par lo ior puet l'om alsi lo deleit

del pechiet, et par la nuit l'auoglement de la pense entendre, par cui li hom soi soffret audir la prosperiteit de l'oeure del pechiet. Dunkes li sainz hom proieuet ke li iors perisset, ke tot ce ke de pechiet ablandist soit destruit par uigor de iustice. Il proieuet alsi ke la nuiz perisset, ce
5 est ke la pense estaindet par penitence tot ce ke ele auogle fist par consentement. 25. Mais a demandeir fait por coi il dist, ke li hom fut neiz el ior et conciez en la nuit. En trois manieres nomet la sainte escriture l'omme: a la fois par la nature, a la fois par lo pechiet, a la fois par la floibeteit. Solunc la nature l'apelet ele homme, la u ele [15ᵛ] dist:
10 Faisons un homme a nostre ymagene et a nostre semblant; solunc lo pechiet la u ele dist: Ge dis ke uos estes deu, et filh del altisme tuit; mais uos morreiz si com homme, alsi com se ele ouertement disoit „si com pecheor". De ce dist sainz Paules: Quant entre uos at enuie et tenzon, n'estes uos dont charneil, et aleiz
15 solunc homme? Alsi com se il disoit: Quand uos encor aueiz discordanz penses, ne pechiez uos dont de cele humaniteit ki a blahmeir fait? Solunc floibeteit la u ele dist: Maleoiz soit ki sa sperance met en l'omme, ce est en floibeteit. Dunkes li hom naist el ior, mais en la nuit est conciez; car nuz n'est onkes rauiz el delit del pechiet, se les uolen-
20 tries tenebres de sa pense nel ont promiers afloibit. Car promiers deuient li hom auogles en la pense, et puis soi met al dampnable deleit de pechiet. Soit dont dit: Perisset li iors en cui ie fui neiz, et la nuiz en cui fut dit: Conciez est li hom. Ce est, perisset li deleiz ki l'omme rauit el pechiet, et perisset la malnoisouse floibeteiz de le pense,
25 ki l'omme auoglat iuske az tenebres de maluais consentement; car cant li hom se parzoit les blandissemenz del maluais delit, si chiet il en la nuit de la tresfelenesse oeure. Par tant doit l'om soniousement penseir, quand li pechiez comencet a blandir, a com grant mort il traiet la pense. Et de ce siut bien apres: *Cil iors soit torneiz en tenebres.* 26. Dont est
30 li iors torneiz en tenebres, quant l'om uoit el comencement de la delectation, a queil fin de perdition li pechiez traiet. Dont tornons nos le ior en tenebres, cum nos chasti-[16ʳ]ons nos mimes destroitement, et crucions les blandissemenz del maluais delit par destroiz ploremenz de penitence, quand nos lauons par plurs tot ce ke nos el cuer auons taisieblement
35 pechiet el deleit. Quar par tant ke cascuns creanz seit ke ses penses seront subtilment requises el ior del destroit iugement, si com tesmonget sainz Paules ki dist, ke les penses soi entracuseront u defenderont, si descout il et finet soi mimes par dedenz deuant le iugement, ke li destroiz iugieres uenget en tant plus paisieblement, ke il nerrat ke li
40 pechiez de celui cui il uenoit descoure est ia uengiez. Et de ce siut bien apres: *Nel requeret mie deus de desor.* 37. Celui requiert deus, cui il en iugeant descout, et ne requiert mie ce ke il pardonet et ke il

laisset senz ueniance en son iugement. Dunkes cest ior ce est cest deleit
de pechiet ne requiert mie deus, se nos par uolentrie penance lo uengeons,
si com tesmonget sainz Pols ki dist: Se nos deiugiens nos mimes,
nostre sire ne nos iugeroit mie. Dont requiert deus nostre ior, cant
il encontre noz penses encerchet subtilment en son iugement tot ce ke en 5
nos at [de] delitement de pechiet; et en cel requerrement fiert il celui
plus greualment, ki ci soi at espargniet plus molement. Et bien sieut
apres: *Et si nel esclarisset de lumiere*. Tot ce ke nostre sire cant il
al iugement aparrat, blahmerat, esclarcistrat il de lumiere. Quar alsi com
en une obscurteit est dont repuns tot ce ke li iugieres ne rapelet mie a 10
sa ramenbrance; car la scriture dist: Totes les choses ki blameies
sont [16ᵛ] sont aouertes par lumiere. Li pechiet des repentanz
sont alsi com (en) tenebres repuns, quand li prophetes dist: Bieneurous cil
cui felenies sont relaissies, et cui pechiet sont couert. Dunkes
quand la chose ki est couerte, est alsi com repunse en tenebres, si est 15
dit, ke ce ke n'est mie el ior del dairien iugement descos par ueniance,
n'est mie esclarcit par lumiere. Quar la diuine pieteis repunrat dont noz
faiz, ia soit ce ke ele bien les sachet, quant ele nes uolrat uengier. Et
alsi com a lumiere serat mostreit tot ce ke dont aparrat el esgard de
uz. Cest ior tornons nos en tenebres, se nos tot ce ke nos forfaisons 20
destruions par penitence. Cest ior ne requieret mie deus, et ne alume
mie de lumiere, quand il en la ueniance del dairien iugement nel choset
mie par tant ke nos l'auomes uengiet par repentance. 28. Il uenrat li
iugieres ki totes choses astrainderat, et totes choses trespercerat. Et
quand il est par tot, si n'est lius u l'om puist fuir en sus de lui. Mais 25
par tant ke li plorement de nostre amendise l'apaisentent, si trueuet cil
solement liu u il fuiet, ki apres lo pechiet cui il at fait soi repunt en
penitence. De ce est ke a droit sieut apres de cest ior de delitement:
Tenebres l'obscurent et umbres de mort. 29. Vraiement dont obscurent
tenebres lo ior, cant li plorement de penitence trespercent lo delit de la 30
pense. Non por hueo par les tenebres puent estre signifiiet li repuns
iugement. Car ce ke nos ueons en lumiere, ce conissons nos; mais en
tenebres u nos riens ne ueons u nos dotons de ce ke nos i ueons.
Dunkes li repuns iugement sont [17ʳ] deuant noz oes alsi com tenebres,
car l'om nes puet encerchier. De ce est ke la scriture dist de deu: Il 35
mist en tenebres son repunailh. Bien sauons ke nos n'auons mie
deseruit ke nos soiens deliureit, mais la diuine grasce ki nos auancet nos
deliuret par ses repuns iugemenz. Giers dont obscurent les tenebres le
ior, cant li iugement deu cui l'om ne puet encerchier repunent merciablement en sus de cele droite ueniance noz pechiez, parmei ce ke nos 40
plorons la ioie de nostre deleitement. Et bien est dit: umbres de mort.
30. En la sainte escriture entent l'om a la fois par l'umbre de mort

l'obliance de pense, a la foiz l'ensiwance del deable, a la foiz la mort
de la char. Par tant si com nos la desor auons dit, entend l'om par
l'uumbre de mort l'obliance, ke alsi ke la morz fait ke ce ke ele ocit ne
soit mie en uie, alsi li obliance fait ke ce ke ele entreprent ne soit mie
5 en la memore. De ce dist bien Zacharias, quand sainz Iohans uenoit
preechier al pople des Iudeus deu cui il auoient obliet: Por alumeir
ceaz ki en tenebres et en umbre de mort sient. En umbre de
mort seir, ce est en obliance auoir la conissance del amor deu. Li
umbres de mort, si est li ensiwance del ancien anemis, car il ki la mort
10 nos donat est morz apeleiz, si com tesmonget sainz Iohans ki dist: Et
il at nom morz. Dunkes par l'umbre de mort entend l'om sa ensiwance;
car alsi com li umbres est solunc la qualiteit del cors, alsi sont les
oeures des felons de la semblance al deable. De ce est ke Ysaies cant
il uit ke li paien pople defaloient en l'ensiwement del ancien ane-[17ᵛ]
15 mis et releuoient al naissement del urai soleilh, dist des choses ki erent
a uenir alsi com eles fuissent ia trespasseies: A ceaz qui en tenebres
et en umbre de mort seoient, est lumiere neie. Par l'umbre de
mort alsi entend l'om la mort de la char; car alsi com la uraie morz
depart l'anrme de deu, alsi depart li umbres de la mort la char de
20 l'anrme. De ce dist bien li prophetes en la uoiz des martres: Tu nos as
abaissiet el liu d'affliction, si nos at couerz li umbres de mort;
car cil de cui ferme chose est ke il solunc la char, ne mie solunc l'espir
morurent, ne dient mie ke il soient couert de uraie mort, mais d'umbre
de mort. 31. Dunkes ke est ce ke li bieneurous Iob proiet l'umbre de
25 mort por obscureir lo ior de la maluaise delectacion, se ce non ke il
demandet lo moien de deu et des hommes, por osteir noz pechiez en sus
des oez deu, ki receust por nos solement la mort de la char, et par
l'umbre de la sue mort ostaist la uraie mort des pecheors? Vraiement
il uint a nos ki astiens en la mort del espir et de la char. Vne sole
30 mort aportat a nos, et si ostat les noz dous cui il trouat. Se il andous
les oust prises, ne nos oust de nule deliureie. Mais merciablement prist
l'une, si dampnat les noz dous. La sue simple mist leiz la nostre doble,
et si la uenquit moranz. De ce est ke il a droit giut un ior et dous
nuiz el sepulcre, car il aioinst az tenebres de nostre doble mort la
35 lumiere de la sue simple. Dunkes cil ki une sole mort prist por nos
soffrit l'umbre de mort, et si repunst deuant les oez deu lo pechiet cui
nos auiens fait. Soit dont dit a droit: Tenebres l'obscu-[18ʳ]rent,
et umbres de mort. Alsi com se ouertement astoit dit: Cil uenget ki
ceaz ki dettheor sunt de la mort et de la char et del espir, delluret
40 parmi la mort de la char, cui il ne doit mie. Mais quand nostre sires
ne laisset nul pechiet senz ueniance, car u nos lo uengeons en plorant
u il en iugeant, si couient ke cascuns uoilet soniousement por lui a

amendeir. Dunkes terdet cascuns en gehissant ce ke il uoit ke mestiers est, ke merciablement li soit pardoneit. Et de ce sieut apres: *Fumeie lo parprendet.* 32. kar. ce ke la fumeie tuerblet l'oelh, si at nom la confusions de nostre pense fumeie. Car alsi com la fumeie obscuret par la nulleuse assembleie lo ior az enfers oez, alsi ennullet lo cuer la confusions par ses desturbeiz penseirs. Oeste confusions de desturbance suoit santieblement apresseit lo cuer de ceaz a cui sainz Paules disoit: Queil fruit oustes uos dont en cez choses dont uos aueis or honte? De ce dist uns sages: Vns hontes est ki glore amoinet. Quar quand nos ramenons a nostre cuer les malz cui nos auons faiz, manes en somes hontous et griement dolent. Manes frintet el corage la turbe des penses, si nos atriublet la dolors, et deguastet li angoisse, en affliction soi turnet la pense, et si obscuret alsi com une nuleie de fumee. Et de ce sieut apres: *Enuolepeiz soit d'amertume.* 33. Dont est li lors enuolepeiz d'amertume, quand li cuers recerchet ses penseirs, et si blecet par cruciemens de penitence les blandissemenz de pechiet. Lo ior de la maluaise delectation enuolepons nos d'amer-[18ᵛ]tume, cant nos esgardons queil torment siwent la ioie del delit, et nos d'aspres ploremenz l'auironons. Et por ce ke la chose ki est enuolepeie est de toz costeiz couerte, proiet il ke li iors soit enuolepeiz d'amertume, si ke cascuns esgard de totes parz les malz ke cil aront ki ne soi chastient, et si leuent par ploremenz de dolor l'enuoisure de lor deleit. 34. Mais se nos auons oit, de quantes proieres il at lo ior cui nos apelons deleit de pechiet maldit, si ke li plantif plorement purgent tot ce ke li corages at par sa negligence out del delit de pechiet, par com grant ueniance de penitence doit l'om parsiure la nuit de cest ior, ce est lo consentement al pechiet? Car alsi com menres pechiez est, quand la pense est charneilment rauie en alcun delit, mais nekedent par espir i luitet et contrestat, alsi est ce plus greualz et plaine felonie, quand li hom n'est mie solement par deleiz atraiz al blandissement de pechiet, mais mimes par consentement i sert. Dunkes en tant soi doit la pense par plus aigre main de penitence terdre, ke ele plus soi uoit parmi lo consentement enboeie de sordeilhes. De ce est ke apres sieut: *Celle nuit possecet tenebrous turbilhons.* 35. Li commuz espirs de dolor, si est alsi com uns turbilhons de tempest. Quar quand cascuns entend lo pechiet cui il at fait, quand il subtilment penset de la felonie de sa maluaistiet, si obscuret il sa pense de dolor, et commuet alsi com l'air de sa clere ioie, quant il del turbilhon de penitence deguastet en soi tote la paiz de son cuer. Se ciz turbilhons n'atriublaist lo corage ki [19ʳ] soi reconoist, li prophetes ne desist mie: En fort espir contriebleras tu les neis de Tharse. Altant dist Tharse com despiemenz de ioie. Quar quand li forz espirs de penitence parprent la pense, si parturbet tot ce ke il puet en lei de ioie ki a blameir fait

espiier, ke nule chose ne li plaiset ia se ploreirs non, ke nule riens ne
redotet ki la puist espourir. Car ele met deuant ses oez d'une part lo
destroit de iustice, et d'altre la deserte de son pechiet. Ele esgardet de
queiz tormenz ele soit digne, se [la pieteiz de iugeor li defalt, ki at
5 aconstumeit deliureir de la parmanant paine parmi les trespassables
ploremenz. Gfers dont contrieblet li forz espirs les neis de Tharse, quant
la granz force de compunction fait les penses ki a cest munde alsi com
a la meir sont doneies hontouses de saintieble paur. Soit dont dit:
Ceste nuit possecet tenebrous turbilhons. Ce est, l'oeure de
10 pechiet n'assuagent mie blandiment de segur repous, anz l'affliet li amertume de penitence piement forsenanz. 36. A sauoir fait ke dont nos
possiet la nuiz, quand nos laissons noz pechiez senz ueniance. Et quand
nos les blezons par ueniance de penitence, si posseons nos la nuit cui
nos auons fait. Mais dont est li pechiez ameneiz desoz nostre sengnerie,
15 se nos lo rapressons, cant il comencet. De ce est ke la diuine uoiz dist
a Cain ki mal pensoit: Es portes serat tes pechiez, et desoz toi
serat ses talenz, et tu aras saniorie sor lui. Dont est li pechiez
es portes, quant il hurtet en la pense. Et dont est ses talenz desoz, et
si at li hom sengnerie sor [19ᵛ] lui, se l'om isnelement uoit et rapresset
20 la felenie del cuer, et anzois ke ele creisset et endurisset, la met desoz
la pense ki encontre luitet. Dunkes par tant ke li anrme sentet tost
son pechiet, et restrendet en repentant sa tyrannie desoz sa sengnerie,
soit dit a droit: Cele nuit possecet tenebrous turbilhons. Alsi com se
ouertement eret dit: Ne laisset mie la pense la culpe estre senz peni-
25 tence, ke ele ne seruet a lei. Et par tant ke ce ke nos lauons par
ploremenz ne nos remetterat mie deuant li iugieres ki a uenir est, sieut
bien apres: *Ne soit mie numbreie es iors del an, ne conteie es mois.*
37. Dont serat parfaiz li ans de nostre alumement, quand li parmanables
iugieres aparrat, et la uie del exilh de sainte glise serat acomplie. Dont
30 reciurat ele lo guerredon de son trauail, cant ele apres lo tens d'iceste
bataille repairrat en son pais. De ce dist bien li prophetes: Tu
benistras la corone del an de ta benigniteit. Dont serat benite
alsi com la corone del an, cant li tens de cest trauailh serat fineiz, et li
guerredons des trauals doneiz. Li ior de cest an, ce sunt cascunes
35 uertuz, et li mois ce sunt les assembleies oeures des uertuz. Mais elleuos
quand la pense soi ellieuet par sa fiance, ke ele at sperance ke li
iugieres cant il uenrat li renderat guerredon de ses uertuz, se li uinent
a ramenbrance li mal cui ele at faiz, et forment dotet ke li iugieres ki
uenir doit por guerredoneir les uertuz, ne poiset subtilment les mals ki
40 fait sont, et si guerredonet la nuit, quant il uult acomplir l'an. Diet
dont de la nuit: Ne soit mie num-[10ʳ]breie es iors del an, ne
conteie es mois. Alsi com il proiet lo destroit iugeor, et si diet:

Quand li tens de sainte glise serat acompliz, et tu toi feras conissable en la dairiene esprouance, guerredone ensi les biens cui tu nos aras doneiz, ke tu ne requeres mie les malz cui nos arons faiz. Car se cele nuiz eret numbreie es iors del an, tot ce ke nos ariens fait seroit de noz malz corrumput. Et dont ne luirat mie li iors de uertut, se la tenebrouse confusions de nostre nuit l'obscuret, quand ele serat en ton esgard contele. 38. Mais se nos uoluns ke nule questions ne soit dont de nostre nuit, mult deuons estre sonious ke nos la descoons, ke alcuns pechiez ne remanget en nos senz ueniance, ke nos ce ke nos mal auons fait n'osons defendre; car ensi aiosteriens nos l'une felonie a l'autre. Et de ce sieut apres: *Celle nuiz soit soltaine, et nient digne de loenge.* 39. Alkant sont ki solement ne laissent mie a ploreir ce ke il ont fait, anz lo loent et defendent. Mais uraiement l'om doblet la culpe, cant l'om la defent. Encontre ce dist a droit uns sages: Se tu as pechiet, tu n'i aioste riens. Car cil ki ses malz defent, met l'un pechiet al altre. Et cil ne laisset mie la nuit estre soltaine, ki az tenebres de sa culpe aioint l'aiue de defension. De ce est ke li promiers hom quant deus li demandoit de la nuit de sue error, ne uolt mie ke ele fuist soltaine; car quand deus par cele demandise lo rapeloit a penitence, si aioinst il paroles d'escusation, et si dist: La femme cui tu moi donas a compangne, m'en donat, si en maniai; et par ce uolt lo uisce de sue error [10ᵛ] repostement mettre en son faiteor. Alsi com se il ouertement desist: Tu moi liuras l'occaison de pechiet, cant tu moi donas la femme. De ce est ke de cele raeine est encor en l'umaine lingnie li rains d'error, si ke li homme defendent les malz k'il font. Soit dont dit: Cele nuiz soit soltaine, et nient digne de loenge. Alsi com se il ouertement proieuet et si desist: La culpe cui nos faite auons remanget sole, ke ele el esgard de nostre iugeor ne nos estraindet de pluisors loiens, se nos la defendons et loons. Vraiement nos ne duins mie pechier; mais car fuist ce ke nos az malz cui nos auons faiz n'aiostissiens altres, mais solz laisseissiens ceaz cui nos auiens faiz. 40. Entre cez choses fait a sauoir, ke cil laisset uraiement son pechiet, ki par nul desier de prosperiteit n'at talent del amor de cest present siecle, ki esgardet com li blandiement de cest siecle sont deciuable, ki ses fauors tient a persecutions. Et de ce siut bien apres: *Maldient la cil ki maldient lo ior.* 41. Alsi com se il disoit ouertement: Cil ferent les tenebres de ceste nuit par uraie repentance, ki descolchent et despitent la lumiere de la prosperiteit del siecle. Se nos par lo ior entendons la ioie del delit, a droit est dit de ceste nuit: Maldient la cil ki maldient lo ior, car cil amendent uraiement lor malz par amendise de penitence, cui nuz deliz ne trait az deciuables biens. Car n'est mie uoirs ke cil plorent les malz cui il ont faiz, cui altres nuisables choses delitent. Et se nos, si com nos la desor auons dit, entendons par

lo ior lo uolsous enhortement del ancien anemis, dont maldient [11ʳ] cil
la nuit ki maldient lo ior. Car cil soi repentent uraiement de lor trespasseiz forfaiz, ki el blandissant enhortement aparsoiuent les aguaiz del
maltime enginior. De ce siut: ......

  V, 1. Cum mult soient repuns li deuin iugement, por coi en
ceste uie aient li bon homme mal, e li mal homme bien, dont sont
il plus repuns, cum li bon ont ci bien, et li mal mal. Quar quand li bon
ont mal, et li mal bien, puescelestre l'om entent ke ce soit por ce ke li
bon, se il ont alcun mal fait, en rezoiuent ci la paine, par ke il plus
plainement soient deliureit de la parmanable dampnation; et li mal truisent
ci lur biens cui il font por ceste uie, par ke il en l'altre soient plus
deliurement trait az tormenz. De ce est ke dit fut al riche homme ki
ardoit en infer: Ramenbre toi, filz, ke tu receus les biens en ta
uie, et Lazarus les malz. Mais cant li bon ont ci bien, et li mal
mal, si est mult dotouse chose, se li bon ont ci bien par ce ke il creissent
a alcun miez, u il par un repuns et droit iugement rezoiuent ci lo guerredon de lor oeures, par ke il faillent az lowiers de la uie ki a uenir est;
et se par ce ont li mal ci les aduersiteiz, ke eles les defendent des parmanables tormenz, u lur paine comencet ci, ki les parmaint kanke soit sa
dairiens termenz del fou d'infer. Dunkes par ce ke la humaine pense
est entre les diuins iugemenz d'obscurteit de dotance apresseie, si ont
grant paur et mult sunt turbeit li saint homme, cant il uoient ke la
prositeriteiz de cest munde lur creist. Vraiement il dotent ke il ci ne
rezoiuent les fruiz de lur traualz, il dotent ke la diuine iustice ne uoist
en eaz alcune atapissant [11ᵛ] plaie, et ke ele nes ostet des deuentriens
biens, quant ele lur donet planteit des deferiens. Mais cant il taisieblement pensent ke il les biens ne font se par ce non solement ke il a deu
plaisent, et ke il ne sont mie trop liet del habundance de lur prosperiteit,
uoirement moins dotent les repuns iugemenz estre encontre eaz par lur
prosperiteit; mais nekedent a malaise la soffrent par ce ke ele les encombret et retrait de le deuentriene entencion, et griement portent les blan-
diemenz de la present uie, car il seuent bien ke il coment ke soit les
atargent del deuentrien deseier. Car plus encombret li honors de cest
munde ke li despiz, et plus essalcet la prosperiteiz ke n'abaisset li aduersiteiz de le necessiteit. Maintes foiz auient ke cant ceste apresset
l'omme par defors, ke il plus deliurement s'estent a conuoitier ces choses
ki dedenz sont. Et quant cele destrent lo corage obeir az pluisors afaires,
se li retient lo cuers de son deseier. De ce auient ke li saint homme
dotent plus en cest munde les prosperiteiz ke les aduersiteiz. Il seuent
ke la pense cant ele est par defors apresseie del blandiant ensongement,
soi deriuet alcune foiz uolentiers az deforaines choses... Il esgardent ke li
parmanable bien cui il desirent soient, et si conoissent cum soit niens tot

ce ke temporeilment les losenget. Totes les prosperiteiz de cest munde soffrent tant plus griement, ke lur pense est naureie del amor de la parmanable bieneurteit, et en tant plus soi ellieuent el renfusement de le present dulzor, ke il uoient ke ele les blandist larrecenousement el respit de la parmanable glore. De ce est ke li bieneurous Iob cant il esgardoit lo [20ʳ] sourain repous, et il disoit: Li granz et li petiz sont la, et li sers deliures de son sanior, manes dist apres: *Por coi est doneie la lumiere al dolent?* 2. En la sainte escriture signefiet a la fois la lumiere la prosperiteit, et la nuiz l'aduersiteit de cest munde. Dont li psalmistes dist: Si cum ses tenebres, ensi et sa lumiere. Car li saint homme alsi descolchent et despitent la prosperiteit del munde, com il en soffrance portent sa aduersiteit; et par grant haltece de cuer sterzissent et les biens et les malz del munde desoz lor piez, et si dient: Si com ses tenebres, ensi et sa lumiere. Alsi com se il disoient ouertement: Nient plus ke ses greuances n'apressent la force de nostre entencion, ne le corrumpent assuagement. Mais par tant si com nos auons dit ke il desturbent les penses des bons, ia soit ce ke il nes ellieuent, si fuient li saint homme ki chaitif soi conoissent en la dolor de cest exil, estre cleir en la prosperiteit de cest munde. Et de ce est a droit dit: Por coi est la lumiere doneie al dolent? Dont est la lumiere doneie al dolent, cant cil ki esgardent les souraines choses et chaitif soi conoissent en cest exilh, rezoinent la clarteit de la tresplaisant prosperitait. Et cant il mult plorent de ce ke il tardiement repairent al pais, si lur destrent l'om soffrir les fais d'onor. Li amors des parmanables choses les contrieblet, et la glore des temporeiz les losenget. Et quant il pensent queiles cez choses sont cui il tinent es basseces, et queilz celes cui il encor ne uoient es halteces, queilz celes sont ki ci les stancennent en terre, et queilz celes cui il ont perdues es cielz, si les remort la dolors de lur prosperiteit; car ia soit ce ke il ne uoient mie, ke ele [20ᵛ] del tot les ociet, nekedent soniousement pensent, ke lur pense est en eles et en l'amor deu departie. De ce est, ke cant il at dit: Por coi est doneie la lumiere al dolent, manes dist apres: *Et uie a ceaz ki en amertume d'anrmes sont?* 3. Vraiement en amertume d'anrme sont tuit li ellit; car u il ne cessent de uengier en plorant ce ke il ont forfait u il soi afflient de greual dolor de ce ke il sont lonz getteit de la face de lor faiteor et encor ne sont mie es ioies del parmanable pais. Des cuers d'iceaz dist Salomons: Li cuers ki conoist l'amertume de s'anrme, en sa ioie ne serat mie estranges melleiz. Li cuer des renfuseiz sont alsi en amertume, car lur maluais deseier les afflient; mais il ne conoissent lur amertume, car il auogleit ne seuent esgardeir ce ke il de lor greit soffrent. Mais d'altre part li cuers des bons conoist sa amertume, car il entent la chaitiueteit del exilh en cui il est getteiz; et si

sent en com grant paix ces choses soient, cui il at perdues, et en cum
grant confusion celes en cui il est chauz. Mais ciz cuers ki teile amertume at serat kanke soit rameneiz a sa ioie, en cui nus estranges ne
serat melleiz, car cil ki or soi gettet parmei ses deseiers de ceste
5 dolor de cuer, remanrat dont fors enclous de cele sue deuentriene feste.
4. Dunkes cil ki sont en amertume d'anrme conuoitent del tot morir al
munde, ke alsi ke il riens ne quierent el munde, alsi nes ait li secles
dont tenir. Et a la foiz auient, ke li hom ne tenget mie lo munde par
pense; mais li mundes tient lui par ensongemenz. Vraiement il est morz
10 al munde, mais [21ʳ] li mundes n'est encor mie morz a lui. Quar li
mundes alsi com uis lo uoit encor, quand il soi painet de lui, ki entendus
est en altre chose, rauir en ses afaires. De ce est ke sainz Paules quant
il uit ke il parfitement auoit despitiet lo secle, et teil fait ke li siecles
nel poist ia mie conuoitier, deliures et delloiez des loiens de ceste uie
15 disoit: Li mundes est a moi cruciez, et ge al munde. Vraiement li
mundes eret a lui cruciez; car il ia eret en son cuer alsi com morz, et
si nel amoit mie. Et soi mimes auoit il crucefiiet al munde; car teil rai
uolt il faire en lui, ke li mundes nel poust alsi com mort ameir. Se uns
morz et uns uis astoient en un liu, ia soit ce ke li morz ne ueist lo uif,
20 si uerroit li uis lo mort; mais se il andui astoient mort, li uns ne poroit
l'altre ueir: alsi cil ki n'aimet mie lo munde, mais nekedent li mundes ia
soit ce ke a son enuis aimet lui, il si com morz ne uoit mie lo munde,
mais li mundes ki encor n'est mie morz uoit lui. Mais se il ne retient
mie lo munde en s'amor, et il n'est mie retenuz el amor del munde, mort
25 sont andui li uns al altre; quar quant li uns n'aimet l'altre, si ne uoit li
uns morz l'altre. Dunkes par tant ke ne sainz Polz queroit la glore del
munde, ne la glore del munde queroit lui, si soi gloriet et lui estre
crucefiiet al munde, et lo munde a lui. Et por ce ke pluisor lo desirent,
et nekedent ne paruinent mie de ci ke a la haltece de cele perfection, si
30 dient il en complaindant a droit: Por coi est donc̨eie la lumiere al
dolent, et uie a ceaz ki en amertume d'anrme sont? Dont est la
uie donc̨eie a ceaz ki en amertume sont, quand [21ᵛ] la glore de cest
munde ... az genmanz et az dolenz. En cele uie soi afflient il de paine de
forte crenmor; car ia soit ce ke il ne tengent lo munde encor, nekedent
35 si dotent il de ce ke il teil sont ke li mundes les tient; car se il cum
pau ke soit ne uiuoient a lui, senz failhe il nes amaist mie a son oes.
Li meirs retient en soi les uis cors, car les morz gettet ele manes fors.
Apres sieut: *Ki agardent la mort et si ne uient mie.* 5. Il soi nuelent
mortefiier del tot, et estre senz tote temporeil glore, mais par repuns
40 iugemenz deu les destrent l'om u estre desor les altres por eaz a gouerneir, u estre ensongiet des honors cui l'om lur enioint; et entre ces
choses atendent senz entrecessement lo mortefiement. Et cele morz longe-

ment atendue ne uient mie, quar lui mimes non uolanz (uit) a la temporeil
glore, oui il par la diuine crenmor soffrent. Et par dedenz uraiement
ardent il lo desoier de pieteit, et par defors font l'offisce del ordne, si
ke il par entencion ne uoisent mie en sus de perfection, ne par orguelh
ne contredient al ateirement de lur faiteor. Quar il auient par une 5
meruilhouse pieteit de la diuine bonteit, ke cil ki tent par parfit cuer a
contemplation est ensongiez d'umains seruices, si ke la parfite pense tenget
prout as pluisors plus floibes, et de ce (soi) elliet plus parfiz a la haltece
d'umiliteit, dont il soi uoit estre moins parfit. Li saint homme a la fois
de ce dont il soffrent amenuissement de lur desciers, ont plus granz 10
guains parmei ce ke li altre en conuertissent; car cant il ne lur loist mie
entendre a eaz, ... si lur plaist rauir auoc eaz ceaz a cui il sont acom-
pangniet. Dunkes par une meruilhouse di[22ʳ]spensation auient, ke de
ce dont il soi aesment estre plus destruiz, soi ellieuent plus riche a la
construction del celeste pais. 6. Et a la foiz por ce ne paruinent mie az 15
desciers cui il ont concieuz, ke parmi l'atariance uengent plus amplement
a ceaz mimes desiers; et ensi auient par grant dispensation, ke li bien
ki poissent estre atenneuit, se il fuissent acomplit, creissent parmi ce ke il
sont arier mis. Vraiement ensi desirent il estre mortifiiet, ke il parfitement, se estre pooit, esgardaissent la face de lur faiteor. Mais par ce est 20
lur desiers atargiez ke il creisset... De ce dist bien li espouse ki sospiroit
el desier de son espous: En mon lit par nuit quis ge celui cui mi
anrme desiret. Ge lo quis, et si n'en trouai mie. Li espous soi
repunt cant l'om le quiert, par ke l'om le queret plus ardanment quant l'om
nel at troueit. Et la spouse ki lo quiert soffret atariance del troueir, ke 25
de par sa atariance deuenget plus granz, et plus plantiuement truist
lunke soit ce ke ele queroit. De ce est ke quand li bieneurous Iob
uoit dit: Ki aguardent la mort et si ne uient mie, nos acomplit
plus subtilment cest deseier, si dist: *Si com cil ki foent lo tresor*.
7. Cascuns de ceaz ki en foant quiert tresor, enard plus enchaloeanment 30
al trauailh, quant il plus parfont comencet a foir; car com plus aesment
ke il plus aprochent al tresor, plus fortement trauailhent al foir. Gieres
par tant ke il plainement quierent lor mortefiement, si quierent il alsi
com foant lo tresor; car com il plus aprochent a la fin, plus sont ardant
en oeure, et ne defalent mie en trauailh, anz i creissent; car com plus 35
[22ᵛ] uoient lor guerredons, plus delitousement soi painent del trauilhier.
De ce est ke sainz Paules disoit az alkanz, ki queroient lo repuns tresor
del celeste pais: Ne laissiez mie nostre assembleie si com con-
tume est az alkanz, mais conforteiz la, et tant plus com uos
ueeiz lo ior aprochier. Conforteir lo trauilhant ce est esteir auoc lui 40
en trauailh, car aligemenz est del trauailh la ueue del trauilhant com-
panion; si com quant alcuns soi acompangnet a altrui en la uoie, la uoie

uraiement n'en est mie plus bries, mais li trauals de la uoie en est
alegiez par la compangnie de celui. Dunkes cant sainz Paules queroit
iceax ki lo confortaissent el trauailh, si dist il: Cum plus uerreiz lo
lor aprochier. Alsi com se il disoit: En tant creisset plus li trauals
5 ke li lowier del trauailh aprochent. Alsi com se il ouertement disoit:
Vos quereiz lo tresor, mais tant deueiz plus ardanment foir, ke nos en
foant estes paruenut pres de l'or cui uos quereiz. 8. Nekedent ce ke il
dist: Ki agardent la mort et si ne uient mie, si com cil ki foent
lo tresor, puet l'om altrement entendre. Par tant ke nos parfitement
10 ne poons morir al munde, se nos dedenz lo secreit de nostre pense ne
nos repunons en sus des ueables choses: si sont a droit cil ki lur mortefiement desirent semblant a ceaz ki foent lo tresor; car al munde morens
nos parmi lo nient ueable sauoir, de cui Salomons dist: Se tu la quiers
si com pecune, et se tu la fues si com tresor. La sapience ne gist
15 mie en la deforaineteit des choses, anz s'atapist es choses nient ueables.
Et dont atochons [23ʳ] nos par sapience et consiewons nostre mortifica-
tion, se nos laissons les ueables choses, si nos repunons es nient ueables,
se nos par la fossion del cuer la querons, si ke li cuers gettet en sus
de soi tot ce ke il penset de terriene chose, et si conoisset lo tresor de
20 uertut ki li eret repuns. Legierement troeuet en soi la pense lo tresor
cui ele quiert, se ele lo faiht des terriens penseirs ki l'apresset gettet
en sus de soi; et par tant ke il la quise mort apelet si com tresor, dist
il a droit apres: *Et mult sont liet quant il troeuent lo sepulcre.* 9. Alsi
com li sepulcres est lius u li cors est repuns, si est la diuine contempla-
25 tions uns sepulcres de le pense, u enz li anrme est repunse. Alsi com
uif astons encor al munde, cant nos en lui eissons fors par pense. Mais
dont sumes nos mort repuns el sepulcre, com nos mortefiiet par defors
nos celons el secreit de contemplation par dedenz. Dunkes li saint
homme ne cessent de mortifiier soi mimes par l'espeie de la sainte parole,
30 en sus de l'engresserie des temporeiz desiers, en sus de le noise des
songes ki prout ne tinent, en sus de le crior des frintanz desturbances;
et si soi repunent par dedenz deuant la face deu el escuerz de la pense.
Dont li psalmistes dist a droit: Tu les repunras el repunailh de ta
face, en sus de la desturbance des hommes. Et ia soit ce ke ce
35 parfitement serat en altre uie, si auient il or en grant partie, quant nos
deuentraineteiz sont par deleit rauies en sus des noises des temporeis
desiers, si ke nulz d'eaz ne deschiret par alcune maluaise desturbance la
pense ki tote s'estent en l'amur de deu. De ce est ke sainz [23ᵛ] Paules
auoit les disciples mors, et alsi com repuns el sepulcre neuz, a cui il
40 disoit: Vos estes mort et uostre uie est auoc Crist repunse en
deu. Dunkes cil ki la mort quiert s'esioist, quant il at troueit lo sepulcre;
car cil ki soi uult mortefiier s'elleecet mult, cant il troeuet lo paus de

contemplation, ke il morz al munde soi atapisset, et si soi repugnet dedenz l'escuerz de la deuentriene amor, en sus de totes les desturbances des deforienes choses. 10. Et par tant ke il de le troeue del sepulcre parolet apres ce ke il at dit del tresor foir, si fait a sauoir ke li ancien enfooient lur morz od lur richeces. Gieres cil ki quiert lo tresor est liez 5
com il at troueit lo sepulcre; car quand nos querons sapience, si returnons nos les pagines de la sainte escriture, et quand nos encerchons les exemples des anciens, si prendons nos ioie alsi com del sepulcre; car entor les morz trouons nos les richeces de le pense; car cil ki parfitement sont mort a cest munde, soi reposent en repuns liu od lur richeces. 10
Dunkes parmi lo sepulcre deuient cil riches, ki par l'exemple des iustes hommes soi lieuet en la uertut de contemplation. Mais cant il demandet: **Par coi la lumiere est doneie al dolent,** ensenget nos par coi il lo demandet, et si dit ce ke apres siut: *Al homme a cui la uoie est repunse, et cui deus at auironeit de tenebres.* 11. Al homme est sa uoie repunse; 15
car la soit ce ke il sachet en queil estage de uie il soit, il ne seit a queil fin il uenrat. la soit ce ke il ia desiret les souraines choses, la soit ce ke il par granz desiers les requeret, ne seit il se il en cez desiers parmanrat. Quant nos [24ʳ] les pechiez laissons, et a iustice tendons, si sauons nos dont nos uenons, mais nos ne sauons u nos paruenons. Bien 20
sauons queil nos fumes hier, mais nos ne sauons queil nos serons demain. Giers al homme est la uoie repunse; car ensi met il commencement a sue oeure, ke il ne puet sauoir l'eissue de le fin. 12. Nekedent uns altres repunemenz de nostre uoie est; car mimes ce ke nos creons droitement faire, ne sauons nos se droiz est solunc l'esgard del destroit iugeor. 25
Maintes foiz si com nos auons la desor dit, est nostre oeure occaisons de dampnation, et si quidons ke ele soit creissemenz de uertut. Maintes foiz tariet li hom lo paisieble iugeor a iror, dont il l'iriet quidoit apaiseneir, si com tesmonget Salomons ki dist: **Vne uoie est ki semblet l'omme bone, mais ses finalhes moinent a mort.** De ce est ke li 30
saint homme cant il sormontent les malz, redotent mimes lur biens, ke la semblance de le oeure nes dezoiuet, quant il les biens uuelent faire, ke li morteiz uenins de purreture (ne) soi atapisset desoz la bealteit de bone color. Il seuent ke li faihs de lor corruption les apoiset, si ke il ne seuent subtilment deuiseir les biens. Et quant il la regle de lor dairiene 35
balance ramoinent deuant lor oez, si dotent il en eax les biens cui il alcune foiz auoient loeiz, de tote lur pense desirent les deuentrienes choses; mais crenmetous par la non certeit des oeures, ne seuent u il uont. Et par tant sieut bien apres ce ke il at dit: **Por coi est doneie la lumiere al dolent? Al homme a cui la uoie est repunse.** Alsi 40
com se il disoit ouertement: Por coi est la prosperiteiz de ceste uie doneie a celui [24ᵛ] ki solunc la esmance del iugeor ne seit la uoie de

sue oeure? Et bien sieut apres: Cui deus at auironeit de tenebres.
De tenebres est li hom auironeiz; car ia soit ce ke il soit boilhanz del
celeste deseier, nekedent ne seit il ke de lui est ateiriet. Et mult dote
ke alcune chose ne uenget encontre lui al iudisce, ki or li est repunse
5 mimes el desier de la sainte ardour. De tenebres est li hom auironeiz,
car il est apresseiz de le obscurteit de son non sauoir. N'est dunkes
cil auironeiz de tenebres, ki a la foiz ne soi ramenbret mie des choses
ki passeies sont, ne trueuet mie celes ki a uenir sont, neis anisunkes
conoist celes ki presenz li sont? De tenebres soi uoit auironeit uns sages
10 ki disoit: Cez choses ki en nostre esgard sont trouons nos a
trauailh, et celes ki sont en ciel ki encer(ch)erat? De cez tenebres
soi uit auironeit li prophetes, ki ne pout trespercier les deuentrainoteiz
de la diuine disposition, si dist: Il mist tenebres son repuñailh. Car
par ce ke nostre sires at toloit a nos ki en cest exilh astons chaut la
15 lumiere de sa uision, soi at il en un repuñailh de tenebres deuant les
oez de nostre pense mis. 13. Et quant nos cez tenebres de nostre
auoglement esgardons soniousement, si somunons nostre pense a ploremenz. Car cil ki humlement soi ramenbret de le deuentriene lumiere cui
il at perdue, cil ploret l'auoglement cui il par defors soffret. Et cant il
20 uoit des queilz tenebres il est auironeiz, si soi afflit del deseier de le
deuentriene splendor, et la pense soi esmuet par tote la force de sa
entencion, et ele renfuseie quiert la souraine lumiere, cui ele de son
[25ʳ] greit, quant ele faite fut, deguerpit. De ce auient a la foiz ke en
cez pius ploremenz salt fors la clarteiz de la deuentriene ioie, et la pense
25 ki promiers gisoit auogle el cors, nurrie par sospirs deuient forte por
esgardeir la deuentriene fulgor. Et de ce siut bien apres: *Anzois ke ie*
manioise sospire ie. 14. Mangiers a l'anrme est estre poute des esgars
de la souraine lumiere. Gieres anzois ke ele manioust sospiret ele, car
promiers gemist ele es tribulations, et apres est sauleie del mangier de
30 contemplation; se ele ne sospiret, ne maniout mie, car ki ne soi abaisset
en cest exil par les ploremenz des celestes desiers, il ne gostet des ioies
de le deuentriene paiz. Car cil ki liet sont en ceste poureteit, sont ieun
de la pasture de ueriteit. Mais cil sospiret ki maniout; car ceaz ki ont
l'amor de ueriteit paist la uiande de contemplation. Sospiranz mangieuet
35 li prophetes cant il disoit: Mes larmes furent a moi pains. De son
plorement soi paist li anrme, cant ele en plorant soi lieuet az parmanables ioies. Et uraiement dedenz soffret ele les gemissemenz de sa
dolor; mais de ce rezoit ele la pasture de refection, ke la force del amor
eist fors parmei les larmes. Et cele force de larmes nos ensenget encor
40 li bieneurous Iob cant il dist: *Et mes ruiemenz est alsi com aiwes enun-*
danz. 15. Quant les aiwes enfundent, si uinent burissanment et si creissent parmi lo multepliement des undes. Et li ellieut quant il mettent

les diuins iugemenz deuant les oez de lur pense, quant il redotent de le
repunse sentence k! sor eaz est, quant il ont fiance ke [25ᵛ] il a deu
poront paruenir, mais nekedent ont paur ke il n'i paruengent, quant eaz
amenbret de lor trespasseiz malz cui il deplorent, quant il dotent de ce
ke il encor ne seuent ke a uenir les est: si soi assemblent en eaz soluno 5
la cdustume des aiwes pluisors undes, ki cuerent es complaintes de dolor,
alsi com les aiwes en lur chenalz. Dunkes li sainz hom uit com grant
assembleie des penses auoit es ploremenz de repentance, si apelet oez
eploiemenz de dolor alsi com aiwes enundanz, si dist: Mes ruiemenz
est si com les aiwes enundanz. Mimes a la foiz si com nos lassus 10
auons dit tremblent li iuste en lur bones oeures, et plorent continueilment ke il par alcune repunse error ne desplaisent a deu. Et quant li
deuin flael les chastient sodainement, manes aesment ke il correcie aient
la grasce de lor faiteor, por ce ke il u encombreit d'enferteit, u apresseit
de dolor, ne soi puent leueir por pies oeures faire a lur proimes. Et li 15
cuers soi turnet al ploreir, cant li cors soi atarget del seruice de sa
deuocion. Et cant il uoient ke il n'acreissent mie lor lowier, si ont paur
ke les trespasseies oeures ne desploussent a deu. De ce est ke cant Iob
d son ruiement apeleit si com les aiwes enundanz, dist manes apres:
Quar la crenmors cui ie crenmoi moi est uenue, et ce que ge redotoi 20
soi est chaut. 16. Li iuste homme sont en dolor et en paur, et de
granz plors soi crucient ke il ne soient deguerpit. Et ia soit ce ke il de
lur chastiement soient ioious, nekedent si parturbet mimes li chastiemenz
lur paurouse pense, ke li mal ke il soffrent ne soient mie pie bature de
chastiement, mais durs [26ʳ] flaeaz de droite ueniance. Ce esgardat bien 25
li psalmistes quant il dist: Ki conut la posteit de ta iror? Vraiement nostre pense ne puet mie compenre la posteit de la diuine iror;
car sa pieteiz at si repuns ateiremenz sor nos, ke maintes foiz quidons
nos ke ele de ce nos laist, dont ele nos rezoit, et de ce nos guerpist,
dont nos creons ke ele nos prendet; et a la foiz ce ke nos quidons ke 30
irors soit, est grasce, et ce ke nos quidons maintes foiz ke grasce soit, est
irors. Quar les alkanz chastient li flaial, les alkanz amoinent a forsenerie
d'impatience; et les altres ostent de forsenerie les prosperiteiz, car eles
les assuagent, les altres ragent del tot fors de le esperance de conuersion,
car eles les ellieuent. Li uisce traient toz les hommes en bas, mais neke- 35
dent li alkant s'en relieuent tant plus legierement, ke il grant honte ont
de ce ke il sont en eaz parfundement chaut. Et les uertuz lieuent toz
iors az souraineteiz, mais nekedent chient a la foiz li alkant eu la uoie
de montement, car il conzoiuent orguilh de le uertut. Dunkes par tant
ke l'om ne puet conoistre la posteit de le diuine iror, si est besoins ke 40
l'om dotet senz entrecessement en totes choses. Apres sieut: *Ne fis*
dunkes dissemblant? ne moi tou ge dunkes, ne moi cessaige dunkes, et si

uint sor moi tes dedeins? 17. Ia soit ce ke nos pres en toz lius pechons en pensant, en parlant, en ourant, dont nekedent est maement li corages defreneis en cez trois choses, quant la prosperiteiz de cest munde l'ellieuet. Quar quant il uoit ke il par posteit est deuant les
5 altres, manes [26ᵛ] sent en pensant orguilhousement de soi. Et quant nule riens ne contrestat a l'auctoriteit de sa uoiz, si uat plus legier la lengue en trebuchemenz; et quant lui loist faire ce ke li plaist, si penset ke bien loiset kanke lui plaist. Mais li saint homme com plus sont stanceneit de la posteit de cest munde, tant soi mettent plus desoz grant
10 magistere de pense, car il seuent ke la impatience de le posteit lur enhortet legierement maintes choses, cui il ne loist mie faire, si rapressent lur cuers del esgard de sa glore, et rastrendent la lengue de mal ordineie parole, et gardent la main de male oeure. Maintes foiz perdent cil ki en posteit sont ce ke il droitement font, par ce ke il orguilhouse-
15 ment en pensent. Et quand il soi quident estre bon en totes choses, si perdent lo merite de la bonteit cui il auoient. Car besoins est cascun se il uult ke sei fait soient digne, ke il toz iors li semblent nient digne, ke la bone oeure n'ellieuet lo cuer de celui ki la fait, et en elleuant (ne) ruiset plus a soi mimes, ke il n'aiuet a ceaz a cui il la fait. De ce est ke li
20 rois de Babylone cant il par orguilhouse pense disoit en soi mime: N'est ce dunkes Babylone cui ie ai faite, fut manes turneiz en beste ki point n'ont de raison. Quar par ce ke il humlement ne uolt alsi com non sauoir ce ke il auoit fait, perdit il ce ke il astoit faiz; et por ce ke il desor homme soi elleuat par orguilh de pense, si perdit il lo sens cui
25 il auoit commun auoc les hommes. Maintes foiz cil ki en posteit sont sailhent en ramponnes de lur sogez, et ce ke il uo(i)lanment seruoient al gouernement, perdent par l'engresserie de lur lengue; car il n'ont [26ᵇˡᵃ ʳ] mie si grand paur com il deussent des paroles del iugeor ki dist: Cil ki a son frere dist senz cause ‚folz‘, cil soi met es fous d'infer. Maintes
30 foiz cil ki sont es posteiz louergent es choses cui il ne loist mie, quand il soi ne seuent retenir des choses cui bien loist; car cil solement ne chiet mie en ce ke ne loist, ki a la foiz soi restraint uoisousement de ce ke bien loist. De cest restrendement soi demostret sainz Paules estre loiet quant il dist: Totes choses loisent a moi, mais totes choses ne moi
35 sont mie besoniables. Et par ce ke il demostraist en com grant franchise de pense il astoit parmi cel rastrendement, si dist il manes apres: Totes choses loisent a moi, mais ie ne serai mie rameneiz desoz la posteit de nule d'eles. Quar cant la pense siut les deseiers cui ele at concieuz, si est ferme chose ke ele sert a cez choses cui amors
40 l'at sormonteie. Mais sainz Paules a cui totes choses loisent ne soi met desoz la posteit de nule d'eles; car parmi ce ke il rastrent soi mimes de ce ke lui loist, trespasset il cez choses en despitant, ki l'apressent en

delitant. 18. Dunkes facet nos sages li bieneurous Iob, et si nos ensenget queilz il fut en la posteit, et si dist: Ne fis ge dunkes dissemblant? Quant l'om at la posteit, si la doit l'om faire por ke ele tenget prout, et si en doit l'omme faire dissemblant por enflour d'orguilh, si ke cil ki l'at, sachet por prout ? faire ke il pooir at, et par orguilh ne sachet ke il fait. En apres nos mostrat il queilz il fut en la boche quant il dist: Ne moi tou ge dunkes? Et queilz il fut cnuers les males oeures, quant il dist: Ne moi cessai ge dunkes? Nequedent ‚taisir' et ‚ces-[26$^{bis\ v}$]soir' poons nos encor plus subtilment encerchier. Quar taisirs est rastrendre la pense en sus de la uoiz des terriens desiers, car la noise del cuer si est une force de grant crior. 19. Et cil cessent ki bien sont es posteiz, ki par la diuine amor mettent arier et entrelaissent les penses des terriens plais, ke li cuers ne chaiet ius des souraines choses, quant il est ensongiez es basses. Il seuent ke la pense ne soi ellieuet mie az souraines choses, se ele est en cez basses ensongie continueilment es frintes des songes. Car quelle chose poroit la pense ki ensongie est continueilment entendre de deu, qui mimes cant ele en est deliureie soi trauailhet, anz ke ele alcune chose en puist compenre? Et bien dist li psalmistes: Soiez oisous, et si uoiez ke ge sui deus, car cil ki (ne) uult estre desongiez a ces deu, cil soi repunt par son iugement la lumiere de sa uision. De ce dist Moyses, ke l'om ne gostet de peissons ki scrafes n'ont. Li peisson ki scrafes ont suelent sailhir desor les aiwes. Dunkes cil solement passent es cors des elliz alsi com peisson, ki en ce ke il seruent az basses choses seuent a la foiz par uns salz de pense monteir az souraines, ke il toz iors ne s'atapissent es parfundeces des cures, ke il unkes n'atochent alcune chose de la souraine amor, alsi com l'ore d'un pur air. Giers cil ki ensongiet sont des temporeiz choses, dont ateirent il bien les deforienes, cant il soniousement soi relieuent az deuentrienes, cant il n'aiment mie les noises des desturbances par defors, anz soi repausent en eaz mimes par dedenz el escuerz de tranquilliteit. 20. Les maluaises penses ne cessent de turnoier dedenz [27^{r}] eles les noises des temporeiz choses, mimes cant eles oisouses sont; car eles gardent en soi la pointure de cez choses cui eles aiment. Et ia soit ce ke eles defors ne facent riens, nekedent si trauailhent eles dedenz soi mimes desoz lo faihs de lassant repous. Et se li aministrations de cez mimes choses lur est doneie, manes laissent soi mimes, et siwent cez fuianz temporeiz choses par cuers d'entencion, et par continueiz pas de penseirs. Mais les pies penses ne quierent mie cant eles lur falent, et griement les portent cant eles les ont; car eles eriement ke eles parmi la cure des choses deforienes n'eissent fors de soi mimes. Et ce signefiet bien la uie de ceaz dous freres dont la scriture dist: Esau deuint hom sages de ueneir, et hom ahaneres, et Iacob simples hom manoit es taber-

nacles, u si com il at en la (ai)tre translatio(n) en maison. Que signefiet li ueneres Esau, se la uie non de ceaz ki ensongiet es deforiens deleiz aiwent la char? Ahaneres fut Esau, car cil ki aiment cest siecle ahanent tant plus lur deforaineteiz, com plus laissent lur deuentraineteiz
5 desahaneies. Mais Iacob li simples manoit es tabernacles u en maison; car cascuns de ceaz ki ne soi uult espardre es deforaines cures est simples es penses, et si maint en la maison de sa conscience. Manoir en maison est restrendre soi dedenz les secreiz de la pense, et nient depaneir soi es deforiens desiers, ke li hom ne uoist en sus de soi mimes
10 par estranges penses, se il par defors entent az pluisors choses. Diet dont li hom ki trauilhiez et porueuz est es prosperiteiz: Ne fis ge dont dissemblant? Ne moi tou ge? Ne (ces)sai ge? Quar [27ᵛ] li saint homme, si com nos auons la desor dit, caut la trespassanz prosperiteiz lur creist, et font dissemblant, alsi com il ne sachent ke il aient la
15 fauor del munde, et dedenz descholchent fortement ce dont il sont elleueit defors. Il soi taisent, car il ne frintent de nule crior de maluaise oeure. Vraiement chascune felonie si at ses uoiz az repuns iugemenz deu. De ce dist la scriture: La criors de ceaz de Sodome et de Gemorre est multeplie. Il cessent ne mie dont solement, com nulz turbilhous
20 desiers des terrienes conuoitises nes rauist, mais cant il ne soi uuelent trop destempreiement ensongier des besoniables cures de ceste present uie. 21. Mais cil ki ce font sentent encor les paterneiz flaialz, ke il en tat uengent plus parfit al heritage, ke la discipline ki cascun ior les affit les purget mimes des menors choses. Il font droites choses senz entre-
25 cessement, et a la foiz soffrent dures; car nostre droiture est maintes foiz torz, se ele (est) ameneie a la balance de la diuine iustice, et ce ke splendoiet en la esmance del ourant, at sordeilhes el destroit del iugeant. De ce est ke cant sainz Paules disoit: Ge ne sui de riens consachables a moi, manes dist apres: mais en ce ne sui ge mie iuste-
30 fiiez. Et lues apres mostret la cause, por coi il n'eret mie iustifiiez, si dist: Mais cil ki moi iuget ce est nostre sires. Alsi com se il disoit ouertement: Par ce ke ie de riens ne sui consachables a moi, ne moi croi ie mie estre iustifiiet; car ie sai ke cil ki moi doit iugier, moi prouerat plus subtilment. Dunkes dissemblant doit l'om faire de cez
35 choses ki par defors essalcent, et rapresseir celes ki par dedenz noisent, et eschiweir celes ki alsi com necessaires enloient; et nekedent en totes choses font a doteir li flaial de le droite prouance; car nostre perfections n'est mie senz culpe, se li seuers (iugieres) ne le poiset merciablement en la balance de son destroit iugement. Et a droit sieut apres: *Et tes*
40 *dedeins uint sor moi*. 22. Par grant art d'ensengement dist denant les bienfaiz, cant il deuoit conteir les batures, ke parmi ce esgard cascuns, queil torment atendent les pecheors, si si [28ʳ] fort flaial chastient ci

mimes les iustes. De ce dist sainz Pieres: Tens est ke li iugemenz commencet a la maison deu. Et se li iustes serat auisunkes salz, u apparront li fel et li pecheor? De ce ke cant sainz Paules ot mult dit de la loenge de ceaz de Thessalonica, dist apres: Si ke et nos aiens glore en uos es eglises deu, por uostre patience et uostre foit en totes noz persecutions et uoz tribulations, cui uos soffreiz el exemple del droit iugement deu. Alsi com se il disoit: Quand uos faites si droites choses, et si dures soffreiz, ke faites uos se doneir non exemples del droit iugement deu? Car parmi uostre paine doit l'om penseir, comment il ferrat ceaz a cui il soi correcerat, se il soffret ke cil en cui il at ioie soient ci si durement afflit; u coment ferrat il ceaz a cui il ferat iuste iugement, se il si cruciet ci mimes ceaz cui il nurrist piement chastiant. 23. Quand la premiere parole del bieneurous Iob fut termineie, si comencent sei ami ki por lui a conforteir erent uenut respondre a foies a son piu chosement. Et cant il sailhent en paroles de ramponnes, si perdent la cause de pieteit par cui il erent la uenut. Et nekedent ce ne font il mie par male entention, ... mais cant la uoisouse parole ne sieut la bone entention, si est li proposemenz de pieteit turneiz en uisce de transgression. Vraiement il deussent penseir, a cui et quant il parleuent. Cil a cui il astoient uenut eret iustes, et auironeiz de diuines plaies. Dunkes solunc sa dauant aleie uie deussent il ses paroles cui il ne pooient entendre penseir, et nel deussent mie por les presenz flaialz blameir, mais por sa uie redoteir, et ne deussent mie encontre lo flaeleit iuste elloueir, mais soi a lui acompangier en plorant, si ke il par paroles ne mostraissent mie lur science, anz apreist lur dolors, si com maistre, la lengue de ceaz ki por lui conforteir erent uenut droitement parleir. Car et se il sentoient alcunes diuerses choses, droiz rust senz failhe ke il humiliment les desissent, ke il par lur destempreies paroles ne creussent les plaies al naureit. 24. Car maintes (foiz) desplaisent az peiors par ce ke il entendre nes puent li fait u li dit des meilhors. Mais [28ᵛ] par tant ne doient il mie folement repenre, ke il nes puent uraiement entendre. Maintes foiz font li plus grant alcune chose par dispensation, dont li menor quident ke ce soit errors. Maintes foiz dient li fort pluisors choses, cui li floibe par ce ke il nes conoissent blament. Et ce nos mostrat bien cele arche del testament, ki s'enclinat cant li buef scancelhieuent, et cant li dyacones creoit k'ele chaist (et) la uolt elloueir, manes perdit la uie. Que est la pense del iuste se li arche non del testament, ki s'enclinet cant li boef ki la portent scancilhent? Car a la foiz mimes cil ki bien est desor les altres, cant la confusions des soges poples lo hurtet, soi commuet solement del amor al descendement de pieteit. Mais en ce ke li sage piement font, quident li mal sage l'enclengement de force estre trebuchement. De ce auient ke li alcant soget mettent

encontre la main de reprehension, mais par lur folie perdent manes la
uie. Gieres alsi com aidans estent li dyacones la main, mais forfaisanz
pert la uie; car cant li floibe blament les faiz des fors, si sont il osteit
de la compangie des uiuanz. Alcune foiz dient li saint homme alcune
chose dont il descendent az petiz; alcune foiz alcune chose, cant il esgardent les souraineteiz. Et cant li moins sage n'entendent la force de le
haltsce u del descendement, si blament hardiement ce ke cil font. Et
ke est lo iuste uoloir blameir de son descendement, se releueir non par
orgailhouse main de reprehension l'arche abaissie? Que est blameir lo
iuste de sa parole ki n'est mie conute, se quidier non del abaissement de
sa force estre trebuchement d'error? Mais cil (ki) orgailhousement ellieuent
l'arche perdent la uie; car il n'oseroient mie les droites choses d'altrui
blameir, se il de soi ne sentoient meilhors. De ce est ke cil mimes
dyagones at nom Oza, ki altant dist com „forz nostre sanior"; car se
chascuns orgailhous ne soi creoit estre fort en deu par hardie pense, il
ne tenroient mie les faiz u les diz des meilhors a floibles. Dunkes li ami
del bieneurous Iob, cant il sailbent encontre lui alsi com par la defension
deu, eissent par lor orguilh fors de le regle del diuin comant. 25. Nekedent cant [29ʳ] alcun fait des meilhors desplaisent az peiors, ce ke must
la pense ne fait mie a taisir, mais a dire par grant humiliteit, ke la
entencions de celui ki piement sent gardet en tant plus uraiement la
forme de droiture, ke ele uat par la uoie d'umiliteit. Gieres et liurement
deuons dire ce ke nos sentons, et humiliteit gardeir en ce ke nos disons,
ke nos mal droitement ne faisons ce ke nos droitement uolons, se nos
orgailhousement li disons. Sainz Paules auoit pluisors choses humiliment
dit a ses oors; mais del humle enhortement les uoloit il plus humlement
apaisenteir cant il disoit: Ge uos proi, sanior frere, ke uos soffreiz
la parole de confort, car a mult pau de paroles uos ai ge escrit.
Et a Milete rapelat il a la ramenbrance ceaz d'Epheson, cant il ploranz
et gemanz les comandat a deu et il dist: Voilhiez, et si teneiz en
ramenbrance coment ge par trois ans ne cessai ior et nuit de
somunre chascun de uos en larmes. A ceaz mimes dist il par sue
epistle: Sanior frere, ge loiez en deu uos proi ke uos dignement
aleiz soluno l'apelement ke uos estes apeleit. Parmi cez choses
entendet cil ki alcune foiz sent droitement, par com grant humiliteit li
disciples doit parleir a son maistre, se il, li maistres des paiens, proieuet
si humlement ses disciples de ce ke il par auctoriteit lur preechieuet.
De ce penset chascuns, (com) humlement il doit ce ke il bien entent dire a
ceaz de cui il prent exemple de bien uiure, se sainz Paules soi mist par
humle uoix desoz ceaz cui il auoit elleueiz a uie. 26. Elyphas ki premiers
entre les amis Iob parolet, ia soit ce ke il par pieteit uenist par lui a
conforteir, ne sot la regle de conforteir, cant il laissat l'umiliteit de

parleir. Et cant il ne gardet la droiture de parleir, si foruat iuske al rampónnement del afflit, et si dist: ...... *Mais a moi fut dite une repunse parole.* 50. Vraiement repunse parole est apeleiz li filz deu cui l'om ne puet ueir. De cui sainz Iohans dist: El comencement astoit parole; et si mostret ke ceste parole astoit repunse cant il dist apres: Et la parole astoit a deu, et deus eret parole. Mais dont est ceste repunse parole dite az [29ᵛ] penses des caliz, cant la posteiz del filh est aouerte az creanz. Nekedent par la repunse parole puet l'om entendre l'aparlement de la diuine aspiration, de cui sainz Iohans dist: Sa unctions uos ensenget de totes choses. Et ceste aspirations ellieuet l'umaine pense, cant ele l'atochet, et rapresset les temporeiz penses, et enflammet de parmanables desiers, ke nules riens se les souraines non ne li plaisent, et despitet tot ce ke de le humaine corruption frinte za desoz. Dunkes oir la repunse parole, ce est conciuoir el cuer l'aparlement del saint espir, cui senz failhe nuz ne puet sauoir se cil non ki l'at. De ceste repunse parole dist la ueriteiz: Ge rouerai le pere, et il uos donrat un altre conforteor, ki auoc uos manget parmanablement, l'espir de ueriteit, cui li mundes ne puet penre; car si com cil mimes conforteres, ki apres lo remontement de nostre rachateor confortat l'umaine lignie, est nient ueables en soi, alsi ensprent il al desceir des nient ueables choses toz ceas cui il enspiret... Vraiement com plus soi ellaissent les seculeirs penses es deforiens desciers, tant astrecent plus l'escuerz de lur cuer encontre son reciuement. Et par ce ke mult at pau en l'umaine lignie de ceaz ki soient purgiet de le sordeilhe des temporeiz desiers, et par cest purgement soient ellaissiet a oez la perception del saint espir, si est ceste parole clameie repunse; car senz failhe ce k'un pau d'elliz reciuent en lur cuers, ne scit la tresgranz partie des hommes. V par ce est ciz aspiremenz del saint espir repunse parole, ke l'om lo puet sentir, mais nel puet l'om mie espresseir par noise de paroles. Dunkes cant la diuine aspirations ellieuet la pense senz frinte, si est la repunse parole ooite; car la parole del espir sonet taisanment en l'orcilhe del cuer. Et de ce siut apres: *Et alsi com larrecenousement reciut ma oreilhe les uoines de son runement.* 51. Les uoines del sourain runement rezoit larrecenousement li oreilhe del cuer; car li enspireie pense conoist repunsement et en trespassant la suptiliteit de la deuentriene parole; car ele ne puet mie tresperceir les deuen-[30ʳ]trienes choses, se ele ne soi repunt en sus des deforiens desiers. Dunkes et par ce ke ele oiet soi atapist ele, et ot par ke ele soi atapisset; car cant ele est sostraite az ueables choses, si uoit ele les nient ueables; et cant ele est raemplie des non ueables, si despitet ele parfitement les ueables. A noteir fait ke il ne dist mie „son runement‚, mais les uoines de son runement. Li runemenz de le repunse parole, ce est li aparlemenz de

la deuentriene enspiration; mais les uoines del runement, si sont les naiscances des causes, parmi cui cele inspirations est a la pense ameneie. Dont nos souret deus les uoines de son runement, com il nos ensenget, par queiz manieres il uenget a l'oreilhe de nostre entendement; car a la
5 foiz nos donet compunction d'amor, a la foiz de paur; a la foiz nos mostret com nules soient les presenz choses, et si esdrecet lo desoier al amor des parmenables; a la foiz demostret promiers les parmanables, par ke les temporeiz deuengent uilhes en apres. A la foiz nos aoeuret noz malz, et si nos extent iuske a la dolor des altrui malz; a la foiz nos
10 gettet deuant les oez les altrui malz, et parmi la compunction ke nos en auons, nos chastiet meruilhousement des nostres. Dunkes oir larrecenousement les uoines del diuin runement, ce est conoistre teneuement et repostement les atapissanz manieres de la diuine inspiration. 52. Nequedent altrement poons nos encor entendre lo runement u les uoines del
15 runement. Cil ki runet parolet priueiement, et n'expresset mie la uoiz, anz fait semblant de parleir. Et nos tant com la corruptions de la char nos apresset, ne poons en nule maniere la clarteit de la diuine poance ueir, ensi com ele est en soi senz muance; car li aguece de nostre floibeteit ne puet sostenir ce ke sor nos splendoiet del rait de sa parmanable-
20 teit. Dunkes cant li toz poanz deus soi demostret a nos parmi les craueures de contemplation, ne parolet mie a nos, anz runet; car ia soit ce ke il plainement ne soi demostret mie al humaine pense, nekedent se li aoeuret il alcune chose de soi. Mais dont ne runerat il mie, anz parlerat, cant il sa certe bealteit nos demosterrat. De ce (est) ke la ueriteis
25 [30ᵛ] dist el euuangile: Ge uos annuncerai en aouert del pere. De cē dist sainz Iohans: Nos lo uerrons ensi com il est; de ce dist sainz Paules: Dont conistrai ge ensi com ie sui conuz. Mais or en dementres at li diuins runemenz tante uoine, sor quantes creeies oeures la diuiniteiz at sengerie. Car cant nos esgardons totes cez choses ki
30 creeies sont, si nos elleuons al esmeruilhement de nostre creator. Car alsi com a l'aigue ki sueif cuert quiert l'om uoines et craueures por lei a creistre, et ele tant plus soi espant fortement, com plus troeuet ouertes uoines: alsi nos com par l'esgard de le creature concoilhons la conissance de la diuiniteit, se nos aourons nos alsi com les uoines de son runement;
35 et par ce ke nos ueons ce ke fait est, nos meruilhons nos de le force del faiteor. Et parmi cez choses ki sont en aouert decuert a nos ce ke en repuns liu soi atapissoit. Car alsi com par un son eist il fors a nos, cant il nos mostret ses oeures por eles a esgardeir. Et parmi ce nos ensenget il soi mimes coment ke soit, car il nos aoeuret com nient com-
40 prendables il soit. Dunkes cant nos nel poons dignement esgardeir, si n'oons nos mie sa uoiz, mais son runement. Et par ce ke nos neas cez choses ki creeies sont ne poons plainement entendre, si est a droit dit:

Et alsi com larrecenousement reciut mi oreilhe les uoines de son runement. Car a poines entendons nos les uoines de son runement, ki gettet somes fors des ioies de paradys, et bleciet en la paine de nostre auoglement; car de ses meruilhoses oeures pensons nos petit et teneuement. Et si fait a sauoir ke com plus esgardet la pense elleueie sa uertut, plus dotet rappresseie sa force. Dont apres siut: *En l'orror de le nuitreneil uision.* 53. Li horrors de le nuitreneil uision, ce est la paurs de le reposte contemplation. Car la humaine pense com plus halt elleueie esgardet cez choses ki parmanables sont, plus griement dotet tremblose des temporeiz faiz; car en tant soi uoit ele plus uraiement culpable, ke ele soi esgardet auoir esteit discordable de cele lumiere ki desor lei splendoiet. Et ensi auient ke ele alumeie [31ʳ] crient plus; car ele uoit miez en quantes choses ele astoit discordeie de le regle de ueriteit; et ke lei ki promiers alsi com segurement ne ueoit riens, blecet or de greual paur mimes ses esploiz. Et ia soit ce ke ele esploitet par mult grant uertut, nekedent ne comprent ele encor riens ouertement de la parmanableteit, anz la uoit encor alsi com desoz une obscuriteit d'ymagination. De ce est ke ceste uisions est apeleie nocturneiz. En la nuit si com nos la desor auons dit, ueons nos dotousement, et enz el ior fermement. Dunkes par tant ke la nue de nostre corruption soi met dauant al esgardement del rait del deuentrien sololih, et cele lumiere ne uient mie, ensi com ele senz muance est, az floibles oez de nostre pense: si ueons nos encor deu alsi com en nocturneil uision, car nos senz dote sumes en obscurteit et desoz dotous esgard. Et ia soit ce ke la pense ait alcune poie chose comprise de lui, nekedent si at ele paur en l'esgard de sa grandece, et mult soi dotet, par ce ke ele soi sent despareilhe az traces de lui a esgardeir, et ele repairie en soi aime celui plus estroitement, cui meruilhouse dulceor ele ne puet porter, mais auisunkes l'at essaie desoz dotouse uision. Mais par tant ke l'om ne paruient mie a ceste haltece, se la turbe des charneiz desiers ki engressement noiset n'est promiers rappresseie, si siut a droit apres: *Quant li songes suet les hommes parpenre.* 54. Tuit cil ki desirent faire ce ke al munde atient, font alsi com uoilier; et tuit cil ki quierent lo deuentrien repaus et par pense fuient la noise del munde, font alsi com dormir. Mais promiers fait a sauoir, ke trois signifiances at ciz moz „songes" en la sainte escriture. A la foiz signifiet li songes la mort de la char, a la foiz la perece de negligence, a la foiz parmi lo descolchement des terriens desiers lo repaus de uie. La mort de la char, si com dist sainz Paules: Nos ne uolons mie, frere, ke uos soiez non sachant des dormanz. Et un pau apres: Alsi amoinrat deus auoc Ihesu ceaz ki dormit aront. La perece de negligence signifiet li songes la u sainz Paules dist: [31ᵛ] Ia est hore ke nos nos leuons del songe. Et lo pares:

Esuoilliez, li iuste et si ne pechiez mie. Par lo songe est signefiiet li repaus de uie, ki est del descolchement des terriens desiers, la u li espous(e) dist es cantikes: Ge dor et mes cuers uoilet; car com plus soi ostet la sainte pense del frinte de la terriene conuoitise, plus uraie-
5 ment conoist les deuentrienes choses, et tant uoilet en eles plus haitle-ment ke ele soi ostet del deforien trauailh. Et ce est bien figureit par Iacob, ki en la uoie dormit, ki une piere mist desoz son chief, si dormit sus, et uit une eschiele des la terre iuske al ciel, et nostre sanior apoiet sor l'eschiele, et les angeles montanz et descendanz. Dormir en la piere
10 est cesseir el trespassement de ceste temporeil uie del amor des temporeis choses. Dormir en la uoie est clore les oez de la pense en sus del deseier des ueables choses enz el cuers de cez louergeanz iors; cui li soduieres aourit az promiers hommes cant il dist: Deus seit ke uostre oelh seront aouert, keil unkes ior ke uos en mangereiz. De ce
15 est ke un pau apres siut: Ele en portat del fruit, si en mangeat, et si en donat a son baron et cil en maniat; si furent aouert li oelh d'ambedous. Vraiement la culpe li ourit les oez a la conuoitise, cui li innocence tenoit clos. Et ueir les angeles montanz et descendanz, est esgardeir les citains del sourain pais, et aparzoiure u par com grant
20 amor il soi aioindent a lur faite(or) desor [c]eaz, u par com grant com-passion de cariteit il descendent a noz floibeteiz. 55. Et mult fait a noteir ke cil uoit dormanz les angeles, ki en la piere met son chief; car uraiement cil cessanz des deforienes oeures, trespercet les deuentrienes choses, ki par ententiue pense, ki est la principalz partie del homme,
25 gardet les traces de son rachateor. Mettre lo chief en la piere est, estre acompangiet par pense a Crist. Cil ki sont en sus de le oeure de ceste present uie, mais ne sont mie par alcune amor az souraines choses rauit, cil puent dormir, mais il ne puent ueir les angeles, car il despitent tenir lur chief en la piere. Car li alcant sont ki fuient les oeures del munde,
30 mais ne soi trauailhent mie en alcune uertut: [32ʳ] cist uraiement dor-ment de perece, et par ce ne uoient mie les deuentrienes choses, ke il n'ont mie lur chief mis en la piere, mais en la terre. Ceaz auient a la fois ke com plus segurement cessent des deforienes oeures, tant amontent plus largement en soi par l'usdie la noise des males penses. De ce est
35 ke Iheremie ploret desoz la semblance de la Iuerie l'anrme ki perezouse est en usdie, cant il dist: Li anemi la uirent, si eschernirent les sabbaz. Par lo comant de la loi cessoit l'om el sabbat de deforiene oeure: dunkes li anemi ki uoient les sabbaz eschernissent, cant li maligne espir atraient les usdies et les cessemenz d'oeures a males penses, si ke
40 chascune anrme de cui l'om creoit, ke ele par ce ke ele astoit osteie des deforienes oeures seruist plus a deu, soit plus sogette a lur tyrannie par maluaises penses. Mais li saint homme ki endormit sont encontre les

oeures del munde, ne mie par peresce, mais par uertut, dorment plus
trauilhousement ke il ne poissent uoilier; car en ce ke il chascun ior
sormontent et laissent les oeures de cest secle, soi combatent il chascun
ior par fort conflit encontre eaz mimes, ke la pense ne soit perezouse en
negligence u ke ele en sa usdie ne repairet az maluais desiers, ke ele
plus ke mestiers ne soit ne soit feruenz es bons desiers, ke ele se ele
soi esparg(n)et ne languisset en sus de perfection desoz la semblance de
discretion. Cez choses fait ele, et si soi sotrait del tot de le uoisouse
conuoitise del munde, et laischet la frinte des terriens faiz et si dort
uollanz; car ele est entendue az uertuz par estude de repous. Car ele
n'est mie parmencie al esgard des deuentrienes choses, se ele soniousement n'est sortraite des choses ki par defors l'enlacent. De ce est ke la
ueriteiz dist: Nuz ne puet a dous saniors seruir. De ce dist sainz
Paules: Nuz ki seruet a deu, ne soi emploiet es seculeirs
negosces... De ce nos somunt deus par lo prophete, si dist: Soiez
oisous, et si uoiez ke ie sui deus. Dunkes par tant ke la diuine
conissance n'est unkes esgardeie, se l'om ne cesset des deforiens ensongemenz, si est a droit espresseiz li tens de le repun-[32ᵛ]se parole et del
diuin runement, cant dit est: El horror de la nocturneil uision
cant li songes suet parprenre les hommes; car uraiement nostre
pense ne puet en nule maniere estre rauie en la force de la deuentriene
contemplation, se ele promiers n'est soniousement endormie en sus del
frinte des temporeiz desiers. Mais li humains corages ki elleueiz est en
soi parmi la force de sa contemplation, com plus uoit desor soi haltes
choses, plus paurousement tremblet en soi mimes. De ce est ke couenablement siut apres: *Paurs moi tinuet et tremblors, et totes mes osses
furent espauries.* 56. Que signefient les osses se les for(z) faiz non? De
cez osses dist li prophetes: Li sires gardet totes lur osses. Et
maintes foiz aesment li homme ce ke il sont estre d'alcune ualor; car il
ne seuent, com soit suptiz li iugemenz de la deuentriene destrenzon. Mais
cant il rauit en contemplation esgardent les souraines choses, si remettent
en alcune maniere en sus de le segurance de lur presumption, et en
tant tremblent plus el diuin esgard, ke il uoient ke lur bien ne soient
mie digne a sa balance. De ce est ke cil ki mult auoit esploitiet parmi
ce ke il fortes choses auoit faites, elleueiz en espir disoit: Totes mes
osses diront: sire, ki est semblanz a toi? Alsi com se il disoit:
Ma chars n'at nule parole, car mes floibeteiz soi taisent del tot deuant
toi. Mais mes osses dient loenge a ta grandece; car mimes les fortes
choses cui ge creoi estre en moi, tremblent en ton esgard. De ce est ke
Manue dotat cant il ot ueut l'angele, si dist: Nos morrons de mort,
car nos auons ueut nostre sanior. Mais sa femme l'aconfortat
manes, si dist: Se nostre sire nos uolsist ocire, il n'oust mie

receut lo sacrefice de noz mains. Que est ce ke li hom est paurous
a la uision del angele, et la femme hardie, se ce non ke li espirs soi
commuet de paur, et la sperance at fiance totes les foiz ke les celestes
choses nos sont demostreies? Quar de ce dont li espirs est turbeiz, soi
drecet la sperance, par plus granz choses enhardir; car ele uoit prome-
raine cez choses ki souraines sont. Dunkes la pense elleueie com plus
uoit haltes choses des celestes secreiz, plus [33ʳ] tremblet tote la fermeteiz des humaines forces; et par tant dist a droit: Paurs moi tinuet
et tremblors, et totes mes osses furent espouries, alsi com se il
disoit ouertement: Quant ge parzoi les secrei(e)s choses de le deuentriene
suptiliteit, si moi troeue ie de ce floible el esgard del iugeor, dont ie moi
quidai fort. Car mimes des oeures cui nos quidiens fortes auoir faites,
dotons nos a droit, se nos esgardons lo destroit de la diuine droiture.
Car nostre droiture mimes point des boices de ses tortures en la deuentriene droiture, se ele meneie a la deuentriene regle troeuet destroit
iugeor. De ce est ke sainz Paules cant il soi ueoit auoir osses de
uertuz, et nekedent cez osses mimes trembleuent desoz la destroite balance
disoit: A moi est petite chose ke ie de uos u d'umain ior soie
iugiez; mais neas moi mimes ne iuge ie, car ie ne moi sai con-
sachable de riens. Et par tant ke cez soes osses trembloient, cant il
auoit ooit les uoines de diuin runement, se dist il manes apres: Mais ce
ce ne sui ie mie iustifiez, mais cil ki moi iuget ce est nostre
sires. Alsi com se il disoit ouertement: Et bien moi ramenbret ke le
droites choses ai fait, et nekedent ne moi fi mie de mes merites; car
nostre uie serat meneie al iugement de celui desoz cui les osses de nostre
force seront turbeies. 57. Mais cant la pense est elleueie en contemplation, cant ele sormontanz les estreces de la char, encerchet alcune chose
de la deuentriene franchise parmi la force de son esgard, lues ne puet
longuement esteir par soi; car se li espirs l'ellieuet az haltes choses, se
l'appresset la chars contreual parmi lo fais de sa corruption. Et de ce
siut bien apres: *Et quant li espirs moi present trespasseuet, si enherdirent li poil de ma char.* 58. Dont passet li espirs deuant nos, quant
nos conissons les nient ueables choses, et nekedent nes ueons mie fermement, mais en trescorant. Car uraiement la pense n'est mie longement
fichie en la suauiteit de la contemplation; car ele est rapeleie en soi
mimes par la grandece de le lumiere ki la rebat. Et quant ele essaiet
la deuentriene dulzor, [33ᵛ] si soi eschalfet en amor, desor soi s'enforcet,
mais manes brisie relouerget az tenebres de sa floibeteit. Et com plus
esploitet en granz uertuz, miez uoit ke l'om ne puet ueoir ce ke ele
ardanment aimet, et nekedent nel ameroit mie ardanment, se ele nel
ueoit alcunement. Dunkes n'estat mie, anz trespasset li espirs; car
nostre contemplations aouret a noz desiers la souraine lumiere, et manes

la repunt a nos floibeteis. Et par ce ke chascuns combien ke il unkes ait en ceste uie esploitiet, sent ancor l'aguilhon de sa corruption; car li cors ki est corrumpus, apoiset l'anrme, et si apresset li terriens manages lo sens ki pluisors choses penset: si sieut a droit apres: *Li poil de ma char enherdirent.* 59. Li poil de la char sont queiz ke plaist superfluiteiz de le humaine corruption. Li poil de la char sont les penses de le anciene conuersation, cui nos trenchons ensi en sus de la pense, ke nule dolors de lur perde ne nos grieuet. A droit dist Moyses ke cil de la sclate Leui rasassent toz les polz de lur char. Altant dist „Leui" com „pris". Dunkes couient toz ceaz del linage Leui raseir toz les polz de le char; car cil ki est pris al deuin seruice doit deuant les oez deu nes des carneiz penses aparir, ke li cuers n'ait nule sale pense ki la polie bealteit de l'anrme rende laide et polhue. Mais chascuns si com nos auons dit ia soit ce ke com granz ke soit de sainte conuersation uertuz l'ait elleueit, nekedent li naist encor de le ancieneteit de uie ce ke il soffret. De ce est ke li poil de ceaz de le sclate Leui sont comandeit a raseir, et ne mie a erragier. Quant li poil sont raseit, il remanent les racines en la char, et si recreissent si ke a retrenchier font; car par grant estude doit l'om trenchier fors les sorcreissans penses, mais del tot ne puent estre deracineies. Toz iors engenret la chars superfluiteiz, ki toz iors font a retrenchier par lo fer de cuisenzon, et ces deuentraineteiz ueons nos plus subtilment, com nos tresperzons les parfundeces de contemplation. Par tant est a droit dit: *Quant li espirs moi present trespasseuet, si enherdirent li poil de ma char.* 60. Vraiement la humaine pense [34ʳ] elleueie en la tuer de contemplation cruciet soi mimes tant plus durement des superfluiteis, com plus suptil chose ele uoit estre ce ke ele aimet; et quant ele uoit estre beal ce ke ele desor soi desiret si iuget destroitement la floibeteit cui ele deuant soffroit paisieblement. Dunkes cant li espirs passet, si ont li poil paur, cant deuant la force de compunction s'en fuient les uilaines penses, que nule superfluiteiz, nule molece ne plaiset, cant la seueriteiz de le deuentriene uisitation enflammet l'afflite pense encontre soi mimes. Et quant ce de mal ke el cuer naist est par continueie destranzon retrenchiet, il auient a la fois ke la pense plus haitie soi ioindet un pau plus largement al rait de son esgardement, et bien pres facet esteir l'espir ki trespasseuet. Et nekedent ceste demorance de contemplation n'ouret mie plainement la force de la diuiniteit; car sa grandece sormontet les humaines penses, mimes celes ki awoites sont et elleueies. Et de ce sieut bien apres: *Alcuns estieut cui uiaire ge ne conissoi.* 61. „Alcuns" ne disons nos se de celui non cui nos ne uolons u ne poons expresseir; mais ci exposet il par queile entention il dist „alcuns", … *cui uiaire ge ne conissoi.* La humaine anrme ki par lo uisce des premiers hommes est

22

fors boteie des ioies de paradys, at perdut la lumiere des nient ueable
choses, et si soi at tote espandue en l'amur des ueables, et tant plus e[st]
auogleie del deuentrien esgard, com plus laidement est defors esparse. D[e]
ce äuient ke ele riens ne conoisset, se ce non ke ele or dirai enai tanste
5 az corporeiz oez. Car li hom ki mimes par char fust spiritueiz, se il uolsist
gardeir lo comant denin, parmi ce ke il pechat mimes par pense (est tan[t]
charneiz, si ke il solement penset ces choses oui il trait al corage par[mi]
les ymagenes des cors. Cors est li ciez, et la terre, et la meirs, ... et to[tes]
les ueables choses, en oui cant la pense soi gettet et delitet, lues deuie[nt]
10 grosse encontre la deventraine suptiliteit d'entendement. Et quant ele a
soi puet elleueir az haltes choses, si gist en celes uolentiers. [34ᵛ] E[t]
quant ele par meruilhous trauals soi enforcet de leueir, si est granz chos[e]
se li anrme puet rappresseir ses corporeiz semblances, et paruenir ius[k']
a la conissance de soi, si ke ele senz corporeil semblance penset s[oi]
15 mimes; et en pensant aouret a soi la uoie d'esgardeir la substance d[e]
parmanableteit. 62. En ceste maniere fait ele a soi une eschiele de s[oi]
mimes, parmi cüi ele montans fors des deforienes choses, trespasset s[oi]
soi, et de soi tendet en son faiteor; car ne montet mie pau la pens[e]
quant ele guerpist les corporeiz ymagenes, et uient en soi. Mais ia so[it]
20 ce ke li anrme ne soit mie corporeiz, nekedent por ce ke ele al cor e[st]
aiointe, si est ele teile, ke ele en liu puet estre enclose, quant ele e[n]
charneil liu est retenue. Et quant ele obliet ce ke ele sauoit, et consi[dere]
ce ke ele ne conissoit, et soi ramenbret de ce ke ele auoit obliet, et e[st]
lie apres le dolor, et dolente apres la ioie; si mostret ele par sa diuers[ete]
25 telt, com granment ele est dissemblanz de le substance de le parmanabl[e]
nient muableteit, ki toz iors si com ele est, est une mimes chose parto[t]
presens, partot nient ueable, partot tote, partot nient comprendable. Sen[z]
esgard la uoit la desiranz pense, sens son l'out, senz mouement la rezoi[t]
senz cors l'atoichet, senz liu la retient. Et quant li corages ki aconstu[mez]
30 meiz est es corporeiz choses, penset de cele substance, si soffret le[s]
fantasies de diuerses ymagenes. Mais cant il ce met arrier par la main
de discrecion, et por lei ostet totes choses en sus des oez de sa entention,
si comencet ia a esgardeir coment ke soit. Et se il n'entent encor queil[e]
chose ele soit, si conoist il queilz chose ele ne soit. Et par tant ke l[a]
35 pense est az nient constumeies choses rauie, tant ele encerchet l'essence
de la diuiniteit, si est or dit a droit: Alcuns estient oui uiaire ge n[e]
conissoi. 63. Et a droit est dit „estieut". Nule creature n'estat, an[z]
decuert par ce ke ele de nient est faite, et par soi mimes tent a nient.
Mais la raihnable creature par ce ke ele est faite a l'ymagene de son
40 faiteor, est gardeie ke ele a nient ne trespasset. Et la non raihnable
n'est mie gardeie, ainz est atargie [35ʳ] de ci ke ele ait aemplit son
seruice. Quar ia soit ce ke li ciez et la terre parmanront en apres par-

manablement, nekedent ... soi hastent il or d'aleir a nient, mais por l'us de
cez choses a cui il seruent perseuerent iuske a tant ke il seront mueit
en miez. Dunkes esteirs atient solement al creator, par cui ia soit ce ke
il ne passet trespassent totes choses, et en cui ke eles ne passent sont
alcunes choses retenues. De ce est ke nostre rachateres parmi ce ke il 5
uint a nos, neiz, et morz, et enseueliz, et releuanz et az cies remontanz,
nos mostrat alsi com trespassanz, ke la humaine pense ne pooit entendre
son estaige. Et ce demostrat il bien par son euuangele al alumeit auogle
cui il rendit en trespassant l'oie, et en estant raparilhat les oez. Vraiement par la dispensation de le humaniteit couint a lui trespasseirs, et par 10
la poissance de la diuiniteit, solunc cui il est partot presens, esteirs. Les
uoiz de nostre auoglement ot nostre sires trespassanz, car il deuint hom,
et si ot mercit de le humaine miseire. Mais en estant rap(areilh)et il la
lumiere, car par la force de la diuiniteit alumet il les tenebres de nostre
floibeteit. Dunkes a droit cant il ot dit: Quant li espirs trespasseuet 15
moi present, dist apres: Alcuns estiut cui uiaire ge ne conissoi.
Alsi com se il disoit ouertement: De celui cui ge senti, en trespassant
senti ge ke il ne trespasseuet mie. Dunkes ce est il ki trespasset, cil
ki estat. Il trespasset, car cant il est conuz, ne puet estre tenuz. Et il
estat, car com plus lo conoist l'om, plus apeirt nient muables. Giers par, 20
ce ke l'om esgardet en trescorant celui ki toz iors est une mimes chose,
si apert deus et trespassanz et stisanz ensemble. V certes ses esteirs est
ke il en nule muance ne soi uariet, si com il dist a Moysen: Ge sui ki
sui; et si com sainz Iakemes l'ensenget, ki dist: A cui n'est nuz tres-
muemenz ne aumbremenz de foie. Dunkes cant chascuns ki alcune 25
chose at compris de la contemplation de la parmanableteit, la uoit parmi
sa semblance, ki d'une parmanableteit est auoc lui; si est a droit dit
apres: *Vne ymagene deuant mes oez.* 64. Li filz si est la ymagene del
pere, [35ᵛ] si com Moyses ensenget quant il dist del promier homme:
Deus creat l'omme a sa ymagene, a l'ymagene deu le fist. Et si 30
com uns sages dist de cel filh mimes, el espressement de sapience: Il
est blanchors de le lumiere parmanable. Et sainz Paules: Qui
com il soit splendors de glore et figure de substance. Dunkes
cant sa parmanableteiz nos apert solunc ce ke li pooirs de nostre floibeteit lo rezoit, si est sa ymagene aporteie deuant les oez de nostre pense; 35
car uraiement cant nos entendons el pere, tant com nos de lui reciuons,
ueons nos par sa ymagene, ce est le filh, et si nos enforzons de ueir
celui en alcune maniere, ki ne comenzat ne ne fairat, parmi sa bealteit ki
de lui est neie senz comencement. De ce est ke ceste mimes ueriteis
dist el euuangele: Nulz ne uient al pere se par moi non. Apres 40
siut: *Et si oi la uoiz alsi com d'une suee ore.* 65. Que est signifiiet par
la uoiz de le suee ore, se la conissance non del saint espir, ki fors

eissanz del pere et del filh est teneuement espanduz a la conissance
de nostre floibeteit? Et nekedent fut il, cant il uint sor les apostles,
demostreiz par un deforien son, alsi com par uehement espir, si com dist
l'escriture: Sodainement fut faiz uns sons del ciel, alsi com d'un
5 uehement espir auenant. Li sains espirs, quant il soi demostret a la
conissance de le humaine floibeteit, si est espresseiz par lo son del fort
espir, et par la uoiz de la suee ore; car cant il uient, si est il et forz
et sueiz. Sueiz, car il atempret sa conissance a noz sens, ke nos coment
ke soit lo puissiens conoistre. Forz, car ia soit ce ke il mult granment
10 la nos atempret, nekedent parturbet il en alumant parmi son auenement
l'auoglement de nostre floibeteit. Sueif nos atochet parmi son auenement,
mais nostre poureteit dehurtet il granment. 66. Dunkes alsi com d'une
suee ore ot l'om la uoiz deu; car la diuiniteiz ne soi demostret mie teile
com ele est a ses contemplors en ceste uie, anz demostret teneuement sa
15 clarteit az chetiuous oez de nostre pense. Et ce fut bien demostreit en
la prise de la loi, la u la scriture dist que Moyses montat el mont et
nostre sires i descendit. Li monz si est nostre contemplations en cui nos
mon-[36ʳ]tons par ke nos soiens elleueit por ueir cez choses ki sont desor
nostre floibeteit. Mais en lei descent nostre sires; car cant nos mult
20 esploitons, si aoeuret il a noz senz un pau de soi; se l'om nekedent pau
puet de celui dire, ki toz iors parmananz uns et une mimes chose ne
puet estre entenduz par parties; et nekedent si dist l'om ke sei creant
lo partent, ia soit ce ke en sa substance n'ait nule partie. Mais par ce
ke nos par parfite parole nel poons espresseir, si lo sonons coment ke
25 soit solunc la maniere de nostre humaniteit barbotant et encombreit d'en-
fantine floibeteit. Les paroles de la sainte ystoire en cui li nobles prophetes deu Helyas est ensengiez de le conissance deu, demostrent ke nos
alcune suptil chose atochons de le conissance de le parmanableteit, quant
nos en grant contemplation sumes elleueit. A cui cant nostre sires li
30 promist ke il passeroit deuant lui et si dist: Elleuos li sires passet,
granz espirs et forz, abatanz les monz, contrieblanz les pieres
deuant lo sanior; manes dist apres: En l'espir n'est mie li sires.
Et apres l'espir commotions, et en la commotion n'est mie li
sires. Et apres la commotion fous, et el fou n'est mie li sires.
35 Et apres lo fou un schieulement d'une tenue ore. Vraiement li
espirs abat deuant lo sanior les monz, et contrieblet les pieres; car la
paurs ki de son auenement burist sor nos abat la halteee, et remet la
durece de nostre cuer. Mais il dist ke en l'espir de commotion et de
fou n'est mie li sires, et nel noiet mie estre el eschielement de le tenue
40 ore; car la pense cant ele est enleueie en la halteee de contemplation, tot
ce ke ele parfitement puet esgardeir n'est mie deus. Mais cant ele uoit
alcune suptil chose, ce est ce ke ele ot de la nient comprendable sub-

stance de parmanableteit. Dont oons nos alsi com lo schielement d'une
tenue ore, cant nos essaions suptilment par sodaine contemplation la sauor
de la ueriteit ki par tot est. Dont est uraie chose ke nos de deu conissons alcune chose, com nos sentons ke nos ne poons plainement riens
sentir de lui, et de ce sieut la bien apres: *Quand ce oit Helyas, si* 5
courit son uiai-[36ᵛ]*re de son mantel, si entrat et estieut en*
l'uis de la cauerne. Apres lo schielement de le tenue ore coeuret li
prophetes son uiaire de son mantel, car il conoist de com grant ignorance
li hom est couers en la tressuptil contemplation de le ueriteit. Lo mantel
mettre sor lo uiaire, est courir la pense de le consideration de sa floibe- 10
teit, ke ele haltes choses n'oset encerchier; ke ele n'aoeuret mie desor soi
esdouiement les oez de son entendement, mais od reuerence cloet (a) ce ke
ele ne puet ateindre. Et quant il ce (faisoit), si cum dist la scriture, si
estisoit il en l'uis de la cauerne. Que est nostre cauerne, se li manoirs
non de nostre corruption, en cui nos de le anciene netteit sumes encor 15
retenut? Mais cant nos comenzons alcune chose a parzoiure de la
conissance de la diuiniteit, si estisons nos ia alsi com en l'uis de nostre
cauerne. Quar encor ne poiens nos parfitement eissir, nekedent cant nos
tendons a la conissance de ueriteit, si prendons nos ia alcune chose de
l'ore de franchise. Esteir en l'entreie de la cauerne, est rapresseir lo 20
contretenail de nostre corruption, comencier fors a eissir a la conissance
de ueriteit. De ce est ke li filh Israel estieurent en l'uis de lur pawilhons,
cant il de lonz uirent la nue descendant. Quar cil ki coment ke soit
asgardent l'auenement de la diuiniteit, eissent ia alsi com fors del habitacle
de la char. Et par ce ke la humaine pense par com grant uertut ke 25
unkes soit soi ait estendue, conoist auisunkes poies choses des deuentrienes; si est or a droit dit: *Et si oï une uoiz de suee ore.* Mais
tant la diuine conissance nos ensenget parfitement l'ignorance de nostre
foibeteit, quant ele un pau soi otroiet a nos, diet nos cil ki la uoiz de
la suee ore oit, queil chose il ait apris de cele oie. Apres sieut: *Serat* 30
dunkes li hom en la semblance de deu iustifiez? u serat li hom plus
purs de son faiteor? 67. Se la humaine iustice est assembleie a la
diuine, si est iniustice; car ia soit ce ke la lumiere splendoiet es tenebres,
si est ele tenebrouse el rait del soleilh. Dunkes queil chose conut [37ʳ]
Eliphaz quant il fut rauiz en contemplation, se ce non ke li hom ne puet 35
estre iustifiiez a la semblance de deu? Ce ke nos faisons defors creons
nos droitement estre fait. Mais par tant ke nos ne conissons les deuentraineteiz, si somes nos tenebrous mis el rait del soleilh. Mais com nos
com pau ke soit parciuons les deuentraineteiz, lues ne iugeons mie coment
ke soit les deforienes choses; car en tant iuget chascuns plus subtilment 40
des tenebres, en combien il conoist plus uraiement la clarteit de lumiere;
car cil ki uoit la lumiere seit queil chose il aesmet des tenebres, et cil

ki ne conoist la blanchor de lumiere loet les obscures choses en liu de
cleres. Et a droit est dit: V serat li hom plus purs de son faiteor?
Ki ki unkes murmuret del flael deu, ke fait altre chose ke accuseir la
iustice de celui ki flaelet? Dunt quidet li hom k'il soit plus purs de son
5 faiteor, se il soi complaint del flael. Et celui senz dote met il desoz soi,
cui iugement de sa affliction il blamet. Dunkes, par ce ke li hom n'oset
mais repenre lo iugeor de sa culpe, penset humiliment de lui ke il est
faitres de sa nature; car cil ki l'omme fist meruilhousement de nient, ne
l'afflit mie felenescement quant il l'at fait. Et ce aprist Eliphaz quant il
10 oit la uoiz de la suee ore; quar el esgardement de la diuine grandece
aprent l'om com humlement l'om doit crenmoir sa ueniance. Et cil ki
essaiet les souraines choses, soffret humiliment les basses; car il uoit
plainement dedenz coment il doit aesmeir ce ke il soffret defors. Quar
malement soi quidet droit cil ki ne seit la regle de la souraine droiture...
15 Mais cant il soi aioint a la regle, si uoit il com de grant torture il soit
bocheus; quar la fors trenchanz droiture chose ce ke li deceuz oez loeuet.
Dunkes par tant ke Eliphaz zuoit les souraines choses esgardeies, si dist
il destroit iugement des basses. Et ia soit ce ke il a droit ne blamast
mie lo bieneurous Iob, nekedent si descrist il droitement la mesure de le
20 creature enuers lo creator de totes choses, quant il dist apres......

XXXIII, 35. *Ramenbre toi de le batailhe, et se n'i aioste* [37ᵛ] *en
auant parleir*. La haute pieteiz des iugemenz deu encombret a la fois
ses bienouranz serianz par manaces, u apresset par flaeaz, u ensonget
d'alcun fais dont il les charget, u enploiet d'alcunes trauilhouses songes;
25 por ce ke il par sa meruilhouse poance at poruout, ke il se il longement
estisoient en paiz et en repaus, ne poroient soffrir les temptations, anz
charoient abatut des plaies de le pense. Dunkes cant il par defors les
ensonget u de flaeaz u d'altres fais, si les repunt il en sus des darz de
deuenz. Constume est de mecine, ke ele la chalor des entrailhes trait
30 par defors el cuir, et de ce dont ele nauret par defors, sanet ele par
dedenz. Ensi fait maintes foiz la mecine de le souraine pieteit, ke ele la
deuentriene plaie ostet par les deforaines dolors, et ke la deuentraine
purreture ki la pense poist parpenre, soit fors trenchie parmi lo sente-
ment des flaeaz. Et nekedent maintes foiz auient, ke li homme ki en
35 eaz ne seuent nule aouerte culpe, quant il se sentent cruciiet de dolors
u de traualz, manes sailhent en deplainte encontre lo iuste et lo tot poant
iugeor, si com cil ki ne prendent mie bien garde encontre com fort aduersaire il ont batailhe. Quar se il prendoient garde de com grant force
il est, il ne murmuroient mie de ce ke il soffrent par defors. 36. Mais
40 par tant nos semblent cez choses greualz, ke nos ne uolons penseir com
plus sont greualz les batailhes del repuns aduersaire, de cui si com nos
auons dit nos sumes defendut quant nos sumes flaeleit... Car nostre chars

ançois ke ele soit confermeie de le incorruption del releuement, si est ele
s'alcune dolors nel afflit deffrenee es temptations. Et ki ne saichet ke
mult est miez ardoir de le flamme de fieure, ke de flamme des uisces?
Et nekedent cant la fleure nos tient, si ne uolons esgardeir la chalur des
uisces, ki parpenre nos poust, si murmurons de le bature. Ki ne sachet 5
ke mult est mieldre chose estre sogez al seruice de durs hommes, ke az
blandimenz des malignes espirs? Et nequedent cant nos par lo parfont
conseil deu sumes [38ʳ] desoz lo iou des hommes, si sailhons en com-
plainte, par tant ke nos ne prendons mie garde, ke nostre pense ki
puescelestre se nuz seruices ne nos apressaist fust malement franche, 10
seruist a pluisors felenies. Gieres par tant nos semblent greualz cex
choses cui nos soffrons, ke nos ne ueons com sont dures les batailhes del
ancien anemi encontre nos. Totes les greuances seroient uilhes a nostre
pense, se ele pensoit des batailhes del ancien anemi ki la poroient
scrauenteir. Et quoi, se li tot poanz deus aligieuet les fais cui nos 15
soffrons, et si nos sortrasist s'aiue, et se nos laist es temptations de cest
Leuiathan, quant il forseneroit encontre nos, u irons nos, se li aiue de
nostre faiteor ne nos defent? Dunkes par tant ke li bieneurous Iob ne
sauoit en soi nule culpe, et nekedent si soffroit durs flaeaz, ke il par
auenture ne chaiet el uisce de murmure, se li est ramenbreit ce ke il 20
crieme[n]t, et se li est dit: Ramenbre toi de le batailhe, et se n'i
aiostes en auant parole. Alsi com se ouertement li astoit dit: Se tu
esgardes encontre toi la batailhe del repuns anemi, n'acuseras de riens
tot ce ke tu soffres de par moi. Se tu esgardes l'espee de ton anemi ki
toi enuaist, n'aras mie paur del flael de ton pere. Tu uois bien de queil 25
flael ie te fier, mais tu ne uues esgardeir de com grant anemi ie toi
garde parmi mon flael. Gieres ramenbre toi de le batailhe, et se n'i
aiostes en auant parole. Ce est: Tant soffre plus taisanment lo chastiement del pere, com tu te uoies floibe encontre les batailhes del anemi.
Dunkes por ke tu puisses engueilement soffrir ce ke ie en chastiant te 30
ba, rapele a ta memore ton anemi, et ne toi semblerat mie dure chose
ce ke tu soffres, quand tu par les deforiens cruciemens es deliureiz de
la deuentriene passion. Mais puies ke il out conteie la paur de le force
de cest Leuiathan, et il out lo corage del bieneurous Iob esueilhiet por
gardeir soi de lui, la u il dist: Ramenbre toi de le batailhe, et se 35
n'i aiostes en auant parole, manes apres mostrat com par false promesse il losenget soi mimes de le diuine [38ᵛ] mercit, et mostret ke ses
pechiez n'est mie pardonables, quant il manes apres dist: *Elleuos sa
sperance lo deciuerat.* 37. Et ce doit l'om ensi entendre de lui ke l'om
lo puist alsi reporteir a son cors; car tuit li felon ki ne dotent lo destroit 40
de le diuine iustice, se losengent en uain de le mercit. Mais cant il at
ce dit, si repairet a nostre confort, et si anuncet la mort de cest Leuiathan,

ki al derrain ior del iuise serat, quant il dist lues apres: *Et ueanz to(z) serat trebuchiez.* Veanz toz serat il trebuchiez; quar dont quant li parmanables iugieres aparrat paurosement, et les legions des angeles seront presenz a cest spectacle, et toz li seruices des celestes posteiz, et tuit li
5 ellit ensemble, si serat ceste beste ameneie auant, et si serat a to(t) son cors ce est toz les renfuseiz liureie az parmanables flammes quant dit li serat: **Aleiz en sus de moi, maleoit, el fou parmanable, ki aparilhiez est al deable et a ses angeles.** Ohi! queiz serat ciz spectacles, cant cele tres granz beste serat mostreie az oez de toz les
10 elliz, ki or el tens de batailhe les poist trop espourir, se il la ueissent. Mais den? par son meruilhous et repuns iugement fait ke sei ellit par sa grasce la uenquent, cant il encontre lei soi combatent, et si ne le uoient. Et dont cant ele serat prise et loie la uerront liet et ioious. Dont conistront plus plainement li iuste com il soient detteor de grasce rendre
15 a la diuine aiue, quant il si forte beste uerront, cui il si floible aront uencue. Et en la grandece de lur anemi uerront il com bien de grasce il doiuent a lur defendeor. Quar dont repairront nostre cheualier de la batailhe, si raporteront loenges de uertuz. Dont repenront il lur cors ki ci les aidont uencre, et en cel iugement aquerront l'entreie del celeste
20 regne. Promiers esgarderont il les grandes forces de cel ancien serpent, ke il ne tengent a uil chose ce dont il sont escapeit. Par tant est bien dit: **Et ueanz toz serat trebuchiez**; quar la morz de celui donrat dont ioie az iustes ki la uerront, cui uie cant il la soffrirent lur mut batailhe et cruciemenz. Mais alsi [39ʳ] com nos nos complaindons a
25 nostre sanior quant nos cez choses auons oies, et nos li disons: Sire ki seiz ke ciz Leuiathan at si grant force, por coi l'esuoilhes tu por combatre encontre nostre floibeteit? si respont il manes et si dist apres......

I, 30. *Et quant li ior ... astoient entur passeit, si enuoieuet Iob, et si les saintefieuet. Et main leuanz offroit sacrefice por chascun.* Dont
30 sont li ior del conuiue entor passeit, cant les predications sont parfaites. Cant li conuiue furent fineit, si offrit Iob sacrefices por ses filz; car Cris proiat son pere por ses apostles, cant il de la predication repairront. Et bien est dit ke il enuoieuet, si les saintefieuet; car tot ce ke de culpe pot estre en eaz, nettoiat il quant il lo saint espir ki de lui uient donat
35 az cuers de ses disciples. Et couenablement est dit ke por offrir les sacrefices soi leueuet main; car por ce ke il offrit por nos sa proiere, alumat il la nuit de nostre pense et chazat fors l'obscuriteit d'error, ke la pense ne soit enboee d'alcune tache de pechiet, de le grasce de predication, ke ele ne doinst a soi ce ke ele fait, et perdet ce ke ele fait
40 quant ele a soi lo donet. Apres uient: *Quar il disoit: Ke mei filh par auenture n'aient pechiet, et si aient deu benit en lur cuers.* 31. Deu benir, ce est deu malir, ce est de son don penre glore a soi. Par tant

lauat nostres sires apres la predication les piez de ses apostles, par ke il ouertement mostraist ke de le bone oeure contrait l'om a la foiz la purriere de pechiet, et de ce sont entachies les traces des parlanz, dont li cuer des oianz sont mundeit. Quar a la foiz li alcant cant il font paroles d'exhortation, soi ellieuent com teneuement ke soit par dedenz, de ce ke la grasce de predication est parmi eax deriuee. Et quant il leuent altrui oeures parmi lur parole, si prendent il en la bone uoie la purriere de la male pense. Giers ke fut apres lo preechement laueir les piez des disciples, se forbir non la purriere des penses apres la glore de le predication, et nettoier les alemenz del cuer de la deuentriene elation? Et n'est mie del tot [39ᵛ] encontre la science de nostre sanior ce ke il dist: Que par auenture n'aient pechiet. Encor soit ce ke il totes choses sachet, nekedent si rezoit il en sa parole nostre ignorance, et si nos mostret cant il la rezoit, ke il de la nostre ne mie de la sue dotance parolet, si com la u il dist: Li filz de la uirgene cant il uenrat, quides tu ke il trouerat foit sor terre? Dunkes Iob offranz sacrefice por ses filz, apres les conuiues disoit: Que mei filh par auenture n'aient pechiet, et si aient deu benit en lur cuers. Quar nostre rachateres puis ke il ses preecheors ot deliureit des malz assalz, les defendit alsi entre les biens ke il auoient faiz des temptations. *Ensi faisoit Iob toz les iors.* 32. Toz les iors ne cesset Iob de sacrefice offrir; car nostre rachateres offret senz entrecessement por nos sacrefice, cant il demostret chascun ior por nos al pere sa incarnation; car uraiement sa incarnations est offrande de nostre nettoiement. Et en ce ke il soi mostret homme al pere, tert il alsi com en proiant les pechiez del homme. Par lo mi[ni]stere de sa humaniteit offret il parmanable sacrefice, car cez choses cui il en purget sont parmanables. 33. Dunkes cant nos el comencement de nostre exposition desimes, ke la persone del bieneurous Iob signefieuet ensi nostre sanior, ke nos par lui entendissiens lo chief et lo cors, ce est Cristum et sa glise; quant nos auons demostreit coment il lo chief signifiet, or ensengnons coment il lo cors ki nos somes expresse[i]t, ke cant nos auons (o)it del hystoire ce ke nos merulhons, et conuimes del chief ce ke nos creons, prendons alsi garde el cors ce ke nos en uiuant tenons. Quar en nos mimes deuons nos tresformeir ce ke nos lisons, ke la uie soi hastet de faire ce ke ele at oit, quant li corages soi esuoilet parmi l'oie. *Vns hom astoit en la terre Vs, ki auoit nom Iob.* 34. Se Iob dist altant com ‚dolanz‘, et Hus altant com ‚conseilhiers‘, a droit est par l'un et l'altre nom chascuns ellis signifiez; car uoirement en conseilhiet corage maint cil ki dolenz des presenz choses soi hastet d'aleir az parmanables. Quar li alcant sont ki de lur [40ʳ] uie n'ont cure; et cant il desirent les trespassables choses et despitent les parmanables u nes entendent, ne il dolor sentent, ne conseil seuent auoir.

Et quant il ne prendent guarde az souraines choses cui il ont perdues, si quident li chaitif ke il es biens soient. Il ne lieuent mie les oes de le pense a la lumiere de la ueriteit, a ces cui il furent fait, et n'enten- dent mie lur deseier al esgardement del sourain pais: soi mimes laissent
5 gesir en cez choses u il sont fors getteit, et el liu del pais aiment l'exilh cui il soffrent, et en l'auoglement ke il ont, s'enleecent alsi com en la clarteit de lumiere. Mais d'altre part les penses des ellis cant eles uoient com nules sont totes les trespassanz choses, cascun ior soi trauailhent d'esquerre celes *ki sont. Et quant a lur enquerement n'est fors deu
10 riens asseiz, lur pense trauailhie del anui del enquerre, soi reposet en la bealteit et en l'esgard de lur rachateor, mult desiret estre melleie az sourains citains, et chascuns d'eaz ia soit ce ke il par cors soit encor el munde, s'ellieue ia par pense fors del munde, (ploret) la chaitiueit del exil, cui il soffret, et al halt pais soi somont par uns aguilhons de dolor ki unkes
15 ne cessent. Donkes cant il dolenz uoit com soit parmanable chose ce ke il at perdut, si troeuet saintieble conseil, despitier tot ce ke temporeilment trescuert. Et com plus creist la science del conseil, ke il les choses ki perir couient deguerpisset, plus est awoite la dolurs de ce ke il encor n'atochet a celes ki parmanir doiuent. De ce dist bien Salomons: Cil
20 ki met science met dolor. Car cil ki ia seit les souraines choses cui il encor n'at mie, se duelt tant plus des basses u il encor est retenuz. 35. Dunkes a droit est dit ke Iob maint en la terre Vs, car el conseil de science est li dolenz corages de chascun ellit retenuz. Et a regardeir fait ke en l'oeure de burissement n'at nule dolor de pense. Quar cil ki
25 uiuent senz conseil, ki eaz mimes laissent trebuchables es auentures des choses, cil ne sont lasseit de nule dolor de pense. Vraiement cil ki soniousement fichet [40ᵛ] son porpens el conseil de uie, cil soi regardet uoisousement en totes ses oeures; et promiers en la chose cui il fait, met sueif lo piet de la pense por tansteir, ke alcune auerse fins n'en uenget
30 sodainement. Il penset ke paurs nel encombret por laissier cez choses ki a faire sont, et ke burissemenz nel enbotet en cez ki a laissier font, ke les maluaises nel sormontent parmi la connoitise par aouerte batailhe, u ke les droites nel sorplantent en aguaitant parmi la uaine glore. Dunkes Iob maint en la terre Vs, cant la pense del ellieut com plus soi
35 efforcet de uiure par conseilh, plus la destrent la dolors de la stroite uoie. Apres sieut: *Simples et droituriers, et cremanz deu, et repairanz en sus del mal.* 36. Ki ki unkes desiret lo sourain pais, senz failhe cil uit simples et droituriers. Simples par oeure, et droituriers par foit. Simples es biens cui il defors fait, droituriers es souraines choses, cui il
40 par dedenz sent. Li alcant sont ki ne sont mie simple es biens cui il font, quant il ne quierent mie deuentrien guerredon, mais deforien los. Dont uns sages dist bien: Guai al pecheor entrant en la terre par

dous uoies! Vraiement par dous uoies entret li pechieres en la terre, quant et deu est ce ke il fait par oeure, et lo munde ce ke il quiert par pense. 37. Et bien est dit: Cremanz deu, et repairanz en sus del mal, quar la sainte glise des elliz comencet les uoies de sa simpliciteit et de sa droiture en cremor, mais ele les consumet en amor. Et dont repairet ele del tot en sus del mal, cant ele ia par l'amur deu comencet non uoloir a pechier. Mais cant ele encor fait les biens par cremor, ce n'est mie del tot repairier en sus del mal; car de ce mimes pechet il ke il uolroit pechier, se il lo pooit faire senz ueniance. Dunkes apres ce ke dit est ke Iob cremoit deu, est bien tesmongiet ke il repairieuet del mal; car cant la cariteiz uient apres lo cremor, si est la culpe ki promiers eret relenquie par cremor, en apres descalchie par lo proposement de la pense; et par ce ke par cremor est chascuns uisces apresseiz, et de cariteit naissent [41ʳ] les uertuz, sieut a droit apres: *Neit li furent set filh et trois filhes.* 38. Dont nos naissent set filh, quant les set uertuz del saint espir nos naissent par la conception de le bone pense; ceste deuentriene esclate reconte li prophetes, et fait alsi comportant la pense quant il dist: Sor lui soi repauserat li espirs del sanior, li espirs de sauoir et d'entendement, li espirs de conseilh et de force, li espirs de science et de pieteit; et si lo raemplirat li espirs de le cremor deu. Dunkes cant par l'auenement del saint espir uient el corage de chascun de nos sauoirs et entendemenz, conselz et force, science et pieteiz, et la cremora nostre sanior, si est la pense enfantee la parmananz lingie, ki en tant garde plus longement a uie lo paraige de nostre soueraine franchise, ke il l'acompagnet al amor de parmanableteit. Et cist set frere ont en lor biens trois serors; car tot ce ke cist senz de uertuz font fortement, conioindent il a la foid et esperance et cariteit. Car li set filh ne puent paruenir a la perfection del numbre de dis, se tot ce ke il font n'est en foid, et en sperance, et en cariteit. Et par ce ke cest habundance de uertuz ki deuant s'en uat, siet plantiue pense des bones oeures, uient a droit apres: *Et sa possessions fut set milhier[s] de berbiz, et troi milhier[s] de chamoz.* 39. Quant nos la ueriteit del hystoire auons gardee, ce ke nos oons charnellment, poons nos ensieure spirituellment. Dont possecons nos set mil berbiz, quant par parfite netteit de cuer paissons dedenz nos mimes les nient nuisables penses de le pasture de ueriteit cui nos auons enquise. 40. Et dont nos seront troi mil chamoilh en possession, se tot ce ke halte chose est et tortuouse sozmettons a la raison de la foit, et s'enclinet de greit par lo desier d'umiliteit desoz la conissance de la triniteit. Car uraiement les chamoz posseons nos, se nos tot ce ke nos sauons haltement, mettons ius humilement. Vraiement les chamoz posseons nos, se noz penses fleichons a la compassion de la floibeteit de nostre frere; ke nos portant [41ᵛ] li

uns lo fais del altre, sachiens par compassion descendre a altrui floibeteit. Nequedent par les chamoz ki l'ongle ont fendue mais ne rungent mie, puet l'om entendre les bones dispensations des terrienes choses.... Quar la terriene amministrations, la soit ce ke ele seruet a la parmanable utiliteit,
5 nekedent ne puet estre fait(e) senz desturbement de pense. Dunkes cant par lei est or en present la pense desturbeie, et nekedent si l'en est parmanans lowiers appareilhiez, si est cil ki la fait alsi com commune beste, ki alcune chose at de la loi, et alcune chose n'en at mie. Il n'at mie l'ungle fendue, car li anrme ne soi depart mie del tot de tote terriene
10 oeure. Mais nekedent il runget, car en ce ke il bien despenset les temporeiz choses, spoiret il les celestes par certe fiance. Dunkes les terrienes dispensations soi acordent solunc la constume des chamoz a la loi del chief, et del piet s'en discordent; car et del ciel sont céz choses cui il desirent iustement uiuant, et del munde celes en cui il soi turnoient
15 par oeure. Et quant nos cez dispensations mettons desoz la conissance de la triniteit, si posseons parmi la foit alsi com les chamoz dedenz lo numbre cui l'om ne puet deuiseir. Apres sieut: *Et cinc cenz tous de boes, et cinc cenz ahnesses*. 41. Dont sont li iou[s] des boes en l'us de nostre possession, cant les concordanz uertuz erent la durece de nostre
20 pense. Cinc cenz alsi ahnesses posseons nos, quant nos restrendons noz enuoisiez mouemenz, et refrenons par une spiritueil sengerie do cuer tot ce charneil ke leueir soi uoloit en nos. V certes les ahnesses posseir, est les simples penses ki dedenz nos sont gouerneir, ki cant eles ne puent curre es plus suptiz entendemens, en ce ke eles uont alsi com par
25 l'us perezousement, portent plus sueif les fais de lur freres. Li alcant sont ki cant il n'entendent les haltes choses, si soi pressent en tant plus humlement az deforienes oeures. Et bien entendons par les ahnesses ki perezouses bestes sont, mais nekedent apparilhies al fais porteir, les simples penses; [42ʳ] car a la foiz cant nos conissons nostre ignorance,
30 si soffrons plus legierement les altrui faihs. Et cant la haltece alsi com d'un singuleir sauoir ne nos ellieuet mie, si soi enclinet de legier nostre pense a soffrir la perece d'altrui cuer. Et a droit sont reconteit cinc cent de ious de boes, u cinc cent ahnesses; car quant nos requerons lo repaus de la parmanable pais, u en ce ke nos entendons uoisousement,
35 u en ce ke nos ne sauons humiliment, si somes nos alsi com el numbre del iubileu. Apres sieut: *Et multe maihnie trop*. 42. Pluisor maihnie trop posseons nos, quant nos pluisors penses rastrendons desoz la seniorie de la pense, ke eles par lur assembleie ne sormontent le corage, ke eles ne descalchent la saniorie de lur discretion par paruers ordene. Et bien
40 est ensengie la turbe des penses par l'appellation de pluisor maihnie. Nos sauons ke les lengues des anceles fremissent, quant la damme n'i est mie, silence guerpissent, les offices de lur comandeie oeure gettent ius,

et tot l'ordene de ule confundent en eles mimes. Mais se la damme uient sodainement, manes soi taisent les lengues ki deuant noisieuent, manes resailhent az offices de chascune oeure, et ensi repairent a lur propres afaires, com eles unkes ne s'en partissent. Dunkes se la raisons eist par alcun moment fors de la maison del cuer, manes alsi com défalant la damme soi multipliet la criors des penses, alsi com la burderesse turbe des anceles; mais manes ke la raisons repairet al cuer, manes soi rapaisentet la granz noise; et alsi com anceles soi rapressent taisieblement a lur comandeie oeure, quant les penses soi atornent a alcun prout. Dont posseons nos grant maihnie, quant nos par droite posteit auons sanlorie sor pluisors penses, parmi discretion de raison. Et quant nos ce faisons soniousement, si nos enforzons nos ke nos parmi celei discretion solens aioint az angeles. Dont a droit uient apres: *Et cil hom astoit granz entre toz ceaz d'Orient.* 43. Dont deuons nos grant estre entre toz ceaz d'Orient, quant nos [42ᵛ] apresseie la nuiece de la charneil corruption, en tant com nos poons, nos acompangnons par les raiz de nostre discretion a ceax enspireiz ki sont ioint a la lumiere del urai orient. De ce dist bien sainz Paules: Noz manages est en ciel. Ki ki unkes desiret les temporeiz et les defailhanz choses, cil uat uers occident. Et ki ki unkes desiret les souraines choses, bien demostret ke il maint en orient. Dunkes entre ceax d'orient, ne mie ceax d'occident deuinent grant cil ki ne uuelent esploitier entre ceax ki en lur oeures quierent les basses et les fuianz choses, mais entre les rengies des sourains citains. Apres sieut: *Et sei filh aleuent, si faisoient conuiues par les maisons, chascuns en son ior.* 44. Dont font li filh conuiues par les maisons, cant chascune uertuz solunc son pooir paist la pense. Et bien est diz chascuns en son ior. Li iors de chascun filh, ce est li enluminemenz de chascune uertut. Quar par ke nos briement reploions cez dones de la grasce de set manieres, altre ior at la sapience, et altre li entendemenz, et altre li conselz, et altre la force, et altre la science, et altre la pieteiz, et altre la cremors. Vraiement n'est mie tot un sauoir et entendre. Quar pluisor sont ki seuent les parmanables choses, mais nes puent mie entendre. Dont fait li sauoirs en son ior conuiue, quant il paist la pense de le sperance et de le certeit des parmananz choses. Et li entendemenz appareilhet alsi en son ior conuiue, car en ce ke il trespercet ce ke il at oit, refait il lo cuer et alumet ses tenebres. Li conselz alsi donet conuiue en son ior, car il raemplist lo corage de raison, quant il burissant lo defent a estre. La force alsi donet conuiue en son ior, car cant ele ne dotet mie les aduersiteiz, si met ele deuant a la tremblant pense les mangiers de hardement. Science alsi appareilhet en son ior conuiue, quant ele sormontet la ieune d'ignorance el uentre de la pense. Et pieteiz en son ior, quant ele raemplist les entrailhes del cuer

par oeures de mercit. Et la cremors alsi, quant ele [43ʳ] rapresset la
pense, ke ele ne soit orgailhouse des presenz choses, et la confortet de
celes ki a uenir sont parmi lo mangier de sperance. 45. Mais ie uoi ke
a esgardeir fait ke en cel conuiue de cez freres paist li uns l'altre; car
5 mult est floibe chascune uertuz par soi, se l'une n'aiuet l'altre. Quar la
sapience se li entendemenz li falt menre en est, et li entendemenz ne
ualt riens, se il n'est en la sapience; car cant il trespercet les haltes
choses senz lo faihs de sapience, si lo lieuet sa legierteiz en halt, par ke
ele plus griement lo trebuichet. *Li conselz est bons, car la ualors de la
10 force est auoc; car ce ke il troeuet encerchant, ne parmoinet il mie a
perfection d'oeure, se force li falt. Et ne ualt riens la force, se ele n'est
stanceneie par conseil; car com plus soi uoit pooir, tant trebuchet plus
malement, se la temprance de raison li falt. Et la science ne ulat, se ele
n'at pieteit; car cant ele ne fait les biens ke ele conoist, se soi loiet ele
15 plus estroit a sa dampnation. Et mult est senz prout la pieteiz senz la
science, car se la discretions de science nel alumet, ele ne seit quant u
coment ele doit auoir pieteit. Et la cremors se ele n'at cez uertuz, ele
ne soi ellieuet a nule bone oeure; car cant ele tremblet a totes choses,
si remaint ele par sa cremor perezouse et oisouse de toz biens. Dunkes
20 a droit est dit ke li filh font conuiues li uns al altre, quant li une
uertuz paist l'altre. Et quant l'une ki a sostenir fait sostient l'altre, si
appareilhet alsi com chascun ior la sainte esclate conuiue, par lei a
paistre. Apres sieut: *Et il enuoieuent, si apeleuent lor trois serors, ke
ele maniaissent et buissent auoc eaz.* 46. Quant noz uertuz seuent en
25 tot ce ke eles font foit et esperance et cariteit, si apelent eles alsi com
li ourier fil lur trois serors al conuiue, ke la foiz et la sperance et la
cariteiz s'esioisset en tote la bone oeure, ke chascune uertuz fait. Et alsi
com par lo mangier prendent eles forces, quant eles par lur bones oeures
ont plus grant fiance. Et quant apres lo mangier desirent estre aroseies
30 de le dulzor de contemplation, [43ᵛ] si s'eniurent eles alsi com d'un dulz
beurage. Mais ke est ce ke l'om facet en ceste uie senz taiche se ueas
non d'alcun tenue enboement? Maintes foiz nos aprochons nos al mal
par les biens oui nos faisons; car cant il donent leece a la pense, si
mettent il alcune segurteit. Et quant la pense est segure, si deuient
35 laische et perezouse. A la foiz nos ennoircissent nostre bien d'alcun
orguilh, et en tant nos font plus bas a deu, ke il nos font plus halz a
nos. Par tant sieut a droit ce ke apres uient: *Quant li ior astoient
entor aleit del conuiue, si enuoieuet Iob, si les saintefieuet.* 47. Apres
lo trespassement des iors del conuiue, enuoier az filz et eaz saintefier,
40 est esdrecier l'entention del cuer apres les uertuz, et nettoier par destroite
discussion de rencerchement tot ce ke l'om fait: ke l'om cez choses ki
males sont ne tenget mie par bones, u se ueas non ke li bien soient

asselz ki parfit ne sont mie. Quar a la fois est ensi la pense engengie ke ele (est) decieute u par la qualiteit del mal, u par la quantiteit del bien. Mais cez senz de uertuz troeuent les proieres miex ke les discussions. Car ce ke nos uolons plainement descoure en nos, tresperzons nos miex maintes foiz en proiant ke en recerchant; car cant la pense est par un enginh de compunction elleueie az haltes choses, si uoit ele et iuget tot ce ke de lei at desoz lei. De ce siut apres......

II, 71. *Vn ior quant sei filh et ses filhes mangieuent et beuoient uin en la maison de lur aneit frere, uint uns messages a Iob, ki dist: Li boef aroient, et les ahnesses paissoient deleiz eaz, si corurent li Sabeu, si en menarent tot, et les enfanz ferirent de le espee.* Es cuers des elliz naist li promiers des biens ki apres sieuent, li sauoirs. Et ciz uient par lo don del saint espir auant, si com li promiers filz. Et uraiement cil sauoirs ce est nostre foiz, si com tesmonget li prophetes ki dist: Se uos ne creeiz, uos n'entendereiz. Quar dont entendons nos uraiement, quant nos donons la foit de nostre creance a tot ce ke nostre rachateres dist. Giers dont font conuiue li filh en la maison del anneit frere, [44ʳ] quant les altres uertuz soi refont en la foit. Et se ele promiers ne naist el cuer, ke ke apres uient ne puet estre biens, ia soit ce ke il lo semblet. Li filh font conuiue en la maison del anneit frere, quant les uertuz soi saulent del mangier de la sainte parole en l'abitacle de la foit. Car escrit est: Senz foit ne puet l'om plaisir a deu. Dont prendent noz uertuz mangier de uie, quant eles soi comencent a nurrir des sacramenz de nostre foit. En la maison del anneit frere mangieuent li filh; car se les altres uertuz ne sont raemplies des drecies de sauoir, si ke eles facent sagement ce ke eles ont en talant, ne puent estre uertuz. 72. Mais elleuos quant li bien cui nos faisons soi paissent des drecies de foid et de sauoir, si tolt nostre enemis les boes aranz, et les aihnesses paissanz, et si fiert les enfanz de le espeie. Que entendons nos par les boes aranz se les maures penses non, ki rendent plantis fruiz d'esploiz, cant eles trauailhent lo cuer par studiose songe? Et ke entendons par les ahnesses paissanz, se les simples mouemenz non del cuer, cui nos nurrissons el camp de liure purteit, quant nos les apaisentons soniousement del error de tote dobierie? Mais a la foiz li uoisous anemis cant il uoit en nostre cuer maures penses, amoinet alcune uaniteit de deleit dont il les empiret. Et quant il uoit les simples mouemenz del cuer, si amoinet plus granz subtiliteiz de controueures, ke l'om perdet la simpliciteit de le purteit, quant om quiert loenge de le suptiliteit. Et se il ne puet straire iuske a la male oeure, nekedent si nuist il az penses des biens, ke il lur semblet quant il conturbet les biens de le pense, ke il del tot les aient perduz. Par les boes aranz puet l'om alsi penre les penses de cariteit, dont nos uolons az altres prout faire, cant nos en

preechant uolons detrenchier la durece del cuer de nostre frere. Et par les ahnesses ki par nule crudeliteit ne contrestont a ceas ki les chargent, puet l'om entendre la quoieteit de patience. Et maintes foiz lo plonchet li anciens anemis en une perece de pense, quant [44ᵛ] il uoit ke nos en
5 parlant faisiens esploitier les altres, si ke il ne nos plaiset mie faire altrui esploit, mimes cant nos somes oisous al nostre. Dont nos tolt il les boes, quant il les penses ki donees astoient az fruiz del prout de noz freres, alaischet en perece de negligence. Et ia soit ce ke li cuer des ellis uoilent soniousement dedenz les secreiz de lur penses, et uenquant uoient
10 tot ce ke li tempteres les fait soffrir, nekedent si soi esioist li malignes enemis de ce ke il les at alcune chose toloit, quant il se ueaz non en un moment ot uictore sor les penses des bon[e]s. 78. Et maintes foiz cant il uoit l'anrme apparilhie a soffrance, quiert cele chose ke ele plus aimet, et la met les laz de scandele, ke la patience soit plus legierement turbee,
15 com plus fortement astoit la chose ameie. Et uraiement li cuer des ellis repairent toz iors soniousement a eaz, et griement soi afflient por un legier mouement de forfait; et quant il dehurteit aprendent coment il doussent esteir, alcune foiz en sont plus fer, cant il resont dehurteit. Mais li anciens anemis quant il se ueaz non un moment turbet les penses
20 de patience, si soi elleecet alsi com il del camp del cuer ait les ahnesses rauies. En ce ke nos uolons faire denons par raihnable garde soniousement penseir, coment chascune chose couenget a chascune. Mais a la foiz cant li enemis nos enuaist par un sodain desturbement de temptation, et auancet senz nostre aesmance les escherguaitemenz del cuer, si ocit
25 les enfanz ki gardes erent a l'espeie. Mais nekedent uns s'en fuit, ki anuncet ke li altre sont perit; car en ce ke li enemis fait soffrir la pense, repairet toz iors la discretions al corage; et si nuncet ke ele soule est scapee, quant ele uoit ke ele at forment soffert tot ce ke ses anemis li at fait. Dunkes cant li altre perissent, si repairet uns a hosteil, com la
30 discretions, quant li altre mouement sont turbeit en la temptation, recuért a la conscience: ke la pense afflite par l'estude de compunction rezoiust ce ke ele soi ramenbret auoir perdut, quant ele fut parprise de sodains enchacemenz. [45ʳ] *Quant cil encore parleuet, si uint uns altres, si dist: Li fous deu chait del ciel, si degastat les berbiz et les enfanz; et ie
35 sous en fui por ke ie le toi nunzaisse.* 74. Ke entent om par les berbiz, se l'innocensce non des penses? et par les enfanz, se la netteit non des bons cuers? Anzois desimes nos ke l'om deuoit par lo ciel entendre l'air, de ce est ke nos disons: Li oiseal del ciel. Et nos sauons ke li maligne espir ki del secunt ciel sont chaut, uaient en cest moien ciel, ki
40 est entre celui et la terre, ce est l'air. Et en tant ont il plus grant enuie des cuers des hommes, ki uuelent monteir az cielz, ke il s'en uoient fors getteit par la maluaistiet de lur orguelh. Dunkes par tant ke des aeriences

poesteiz uient la flamme d'enuie encontre la netteit de noz penses, si
uient li fous del ciel az berbiz; car il ensprendent souentes foiz del ardor
de luxure les nettes penses de noz cuers. Et dont ardent il alsi com les
berbiz, quant il parturbent par la temptation de luxure les castes mouemenz del corage. Et cil fous est apeleiz fous deu, car se deus nel fait, 5
si lo soffret il. Et les enfanz ki gardes sont ocient il a la foiz de l'espee,
quant il par sodain assalt acrauentent mimes les eschergaitemenz de la
pense. Mais nekedent uns s'en part sains, quant la perseueranz discretions
regardet suptilment tot ce ke la pense soffret, (et) ele sole eschapet de le
mort de le espeie; car cant les penses sont parturbees, n'est pas uencue 10
la discretions, anz annuncet al sanior ses damages, et apelet lo corage az
ploremenz. *Mais encor cehui parlant, uint uns altres et si dist: Li
Caldeu fistrent trois tuerbes, si enuairent les chamoz, si les en menont,
et les enfanz ferirent de l'espee; et ie souls en fui, par ke ie le toi
nunzaisse.* . 75. Par les chamoz ki alcune chose ont de netteeit en ce 15
ke il rungent, et alcune chose ki nette n'est mie en ce ke il n'ont mie
l'ungle fendue, si com nos auons dit la dessor, doit l'om entendre les
bones dispensations des temporeiz choses. Quar en ce ke la cure i est
plus destendue, nos i guaitet plus plantiuement li enemis. Cil ki mis est
az dispensations des terrienes choses, est plus legierement [45ᵛ] descouers 20
az saettes del repuns enemis. A la foiz uult faire ce ke il at porueut;
et maintes foiz quant il uoisous uoit suptilment coment il les choses ki a
uenir sont ferat, maluoisous ne uoit mie les damages ki present li sont.
Maintes foiz someilhet es choses ki a uenir sont, quant il uoilet [et] a
celes ki presen(z) sont; a la foiz fait perezousement ce ke il doit faire 25
soniousement. A la foiz quant il plus ke droit soi traualhet el oureir,
mimes par son trauailh nuist az choses ki sogettes li sont. A la foiz uult
mettre mesure a sa lengue, mais li faihs de la dispensation li defent a
taisir. A la foiz cant il soi restrent par trop grant destroit, soi taist
quant il doust parleir. A la foiz quant il soi alaischet trop largement 30
por dire les necessaires choses, dist ce ke il ne deust mie dire. Maintes
foiz s'enlacet de tanz enloiemenz de penses, ke il ne puet porteir ce ke
il turnoiet dedenz lui. Et ia soit ce ke il riens ne facet en oeure, si
met il asprement desoz lo grant faihs de son cuer. Quar par tant ke
cez choses ke il soffret dedenz lui mimes sont dures, encor soit il defors 35
quois et oisous, si soi lasset il dedenz. A la foiz uoit li corages cez
choses ki a uenir sont, et encontre ce met tote s'entention. Dont li uient
granz ardors de tenzon[s], li songes li fuit, la nuiz est torneie en ior. Et
ia soit ce ke li leiz en repos tenget les menbres par defors, nekedent si
at grant tence dedenz el marchiet del cuer. Et a la foiz auient ke nule 40
de cez choses n'auient, ke il auoit deuant porueut, et dont cesset sodainement uoide tote cele pense, cui il apparilhieuet par grant entention. Et

23

en tant cesset plus longement la pense des choses necessaires, ke ele penset de celes ki mestier n'ont. Giers par tant ke li maligne espir na[oe]urent les estuides des terrienes dispensations a la foiz par perezouse u par burissant oeure, a la foiz (les confondent) par tardie u par trop hastant parole, et
5 pres toz iors les apressent de trop grant faihs de penses: si rauissent li Caldeu les chamoz a trois turbes. Quar ce est alsi com trois turbes faire encontre les chamoz, guasteir les estuides des ter-[46ʳ]rienes (dispens)ations a la foiz par malnaise oeure, a la foiz par male ordineie pense, a la foiz par oisouse parole: ke la pense uoist en tant plus en sus de soi a esgar-
10 deir, ke ele s'enforcet extendre par amministreir esploitablement les deforienes choses; et en tant ne saichet les damages ke ele soffret dedenz soi, ke ele plus ke ne couenget trauailhet par fort estuide a altrui prout. Mais la droite pense cant ele rezoit les cures de la dispensation, penset ke ele doit a soi et ke a ses proimes; et n'en(tre)laisset par la trop grant
15 cure d'altrui la songe de soi, ne por lo sien prout met arrier l'altrui. Mais nekedent a la foiz cant la pense est soniose d'ambes parz, et ele par grand esgart soi donet a soi et a altrui, sodainement est si turbee d'alcun afaire ki li naist, … ke tuit sei eschergaitement perissent sodainement. De ce est ke li Caldeu fierent les enfanz ki garde sont des
20 chamoz de l'espee. Mais uns escapet; car entre cez choses repairet as oez la pense la raisons de discretion, et li anrme soniouse de soi mimes entent queil chose ele at perdut el hurtement de la temptation. *Encor parleuet cil, et elleuos uns altres entranz enz et si dist: Tei filh et tes filhes mangieuent et beuo.ent uin en la maison de lur anneit frere, si*
25 *uint uns forz uens de le contreie del desert, si hurtat les quatre angles de la maison, et cele chait, si apressat tes enfanz, si sont mort; et ie souls en fui, par ke ie le toi nunzaisse.* 76. Si com nos auons dit, la contreie des deserz, ce est la degerpie assembleie des malignes espirs; car cant ele laissat la bieneurteit de son faiteor, si perdit ele alsi com
30 la main de son ahanor. De cele contreie uient li forz uenz, car des malignes espirs eist la forz temptations, ki alsi com li uenz la maison abat, ostet la pense del estaige de sa paiz. En quatre angles estat cele maisons, car la ferme *chastece de nostre pense sostient sauoirs et temprance, force et iustice. En quatre angles estat ceste maisons, car en
35 cez quatre uertuz soi ellieuet tote la *chastece de le bone oeure. De ce est ke li quatre fluiue de [46ᵛ] paradys arrosent tote la terre; car cant li cuers est aroseiz de cez quatre uertuz, si est il atempreiz encontre la chalor de toz charneiz deleiz. Mais a la foiz cant perece uient a la pense, si refroidet li sauoirs; car ele est anoie, si ne poruoit mie les
40 choses ki a uenir sont. A la foiz cant alcuns deleiz entret en la pense, si marchist nostre temprance; car en tant com nos reciuons les deleiz, si nos temprons nos moins des choses ke il ne loist. A la foiz soi mostret

cremors al cuer, et si turbet la uigor de nostre force. Et en tant somes
nos moins fort encontre les aduersiteiz, ke nos trop redotons perdre ce
ke nos amiens. A la foiz soi enportet li amurs de soi mimes a la pense,
si l'ostet par uns repuns mouemenz de la droiture de iustice; car en
ce ke ele est perezouse de soi tote rendre a son faiteor, contredist ele a 5
la droiture de iustice. Giers li forz uenz dehurtet les quatre angles de
la maison, quant la forz temptations loget par repuns mouemenz les
quatre uertuz. Et dont fait alsi com chair la maisons, quant li quatre
angle sont bleciet, com la conscience est turbeie por les quatre uertuz ki
sont comutes. 77. Entre cez quatre angles de ceste maison font conuiue 10
li filh; car dedenz lo secret de le pense, ki parmei cez quatre uertuz
uient a la haltece de perfection, soi paissent les altres uertuz, alsi com
la maihnie del cuer. Quar li dons del saint espir ki deuant totes choses
uient en la pense ki sogette li est, prudence et force, iustice et temprance, l'enformet manes, por encontre totes temptations faire sage, de set 15
uertuz, si ke il li donet encontre folie sauoir, encontre reboissement
entendement, encontre burissement conseil, encontre cremor force, encontre
ignorance sauoir, encontre durece pieteit, encontre orguil cremor. 78. Mais
a la foiz quant nostre force est stanconee de si grant planteit de grasce,
se ele est continueilment segure en cez choses, si obliet celui de cui eles 20
il sont, et si quidet auoir de soi, ce ke ele unkes ne soi uoit falir.
De ce auient a la foiz ke la grasce soi sostrait ..., et si mostret a
[47ʳ] l'orgailhose pense com floible ele soit de soi. Quar dont conissons
nos uraiement, de cui nostre bien sont, quant nos en perdant sentons ke
nos nes poiens guardeir. Por cest magistere d'umiliteit auient a la foiz 25
ke al tens de temptation fiert si gran(z) folie nostre sauoir, ke la pense
conturbee ne seit, coment ele uoist encontre les uenanz malz, et coment
ele soi appareilhet encontre les temptations. Mais parmi ceste folie est li
cuers sagement apris; car de ce dont il foliet a un moment, est il plus
uraiement et plus humlement sages; et de ce dont il semblet ke l'om 30
perdet lo sauoir, lo possiet l'om plus uraiement. A la foiz quant li
corages ki haltes choses entent soi ellieuet en orguilh, si deuient pesanz
et reboihs es basses et es uis choses, si ke il sodainement soi uoiet les
basses choses estre encloses, ki promiers trespercieuet continueilment les
touraines. Mais ciz reboissemenz nos gardet l'entendement, quant il lo 35
nos tolt; car cant il abaisset lo cuer en un moment, si lo confermet il
plus uraiement por entendre les haltes choses. A la foiz quant nos
somes liet de ce ke nos faisons totes choses solunc maurteit de conseil,
si nos rauist alcuns sodains trebuchemenz par alcune chose ki nos auient,
et nos ki croions ke toz iors oussiens uiakcit ateiriement, somes sodaine- 40
ment deguasteit de deuentriene confusion. Mais cele confusions nos
aprent, ke nos ne comandons mie noz conselz a noz forces. Et en tant

23*

nos rastrendons plus fortement a la maurteit, ke nos repairons a lei alsi com a celei ke nos auiens perdue. A la foiz despitet la pense fortement les aduersiteiz, mais cant eles uinent sodainement, si la hurtet granz paurs. Mais parmi ce aprent ele quant ele est dehurtee, cui ele doit
5 loeir de ce ke ele estiut fortement en alcunes choses.... A la foiz cant nos sauons haltes choses, nos enloiet uns auoglemenz de grant non sauoir. Mais de ce ke li oez de le pense est a la foiz enclos par ignorance, de ce est il en apres plus uraiement aouerz a science, ke il apris par lo flael de sa ignorance, saichet sauoir celui de cui il at soi mimes. A la
10 foiz quant [47ᵛ] nos ateirons totes choses religiousement, quant nos sumes liet de ce ke nos auons plainement entrailhes de pieteit, si nos fiert sodainement une durece de pense. Mais cant nos sumes endureit, si conissons a cui nos deuons reporteir lo don de le pieteit cui nos auiens deuant oue; et la pieteiz ki eret alsi com morte, est plus uraiement
15 reciete, quant l'om l'aimet plus apres ce ke l'om l'auoit perdue. A la foiz quant li corages s'esioist soi estre soget a la diuine cremor, refroidet sodainement, quant orguez lo temptet. Mais nekedent mult cremanz de ce ke il ne crient hastanment soi flechet a humiliteit; et tant la rezoit plus fermement, ke il en perdant at peseit lo faihs de sa force. 79. Dunkes
20 cant la maisons est abatue, si muerent li filh; car cant la conscience est turbee, si muerent sodainement et en un moment les uertuz ki nees erent el cuer, si ke eles ne puent lur prout conoistre. Et cist filh uiuent dedenz par espir, ki defors muerent par char; car se noz uertuz turbees el tens de temptation defalent del estaige de lur sainteit, nekedent si
25 estont eles entieres en la racine de la pense par la (per)seuerance de le entention. Et auoc eaz muerent lur trois serors, car a la foie est par les flaieaz turbee la cariteiz, par la cremor la sperance, par les questions la foiz. Quar maintes foiz refroidons nos del amor de nostre faiteor, quant nos sumes plus flaeleit ke nos ne couenist si com nos creons.
30 Maintes foiz cant la pense crient plus ke mestiers ne soit, si soi tolt et affloiblist la fiance d'esperance. Maintes foiz cant li corages est extenduz de granz questions, si lasset parturbee la foiz, alsi com ele doiet falir. Mais nekedent les filhes ki muerent quant la maisons chiet uiuent; car se il semblet ke la parturbance ociet dedenz la conissance, la foid et la
35 sperance et la cariteit, nekedent la perseuerance de la droite entention les gardet niues deuant les oez deu. De ce est ke solement li enfes ki ce nuncet en eschapet, car la discretions de la pense parmaint sole entre les temptations saine. Li enfes fait ke Iob en plorant rezoiuet ses fils, [48ʳ] quant li dolanz corages parmi la discretion ki li nuncet gardet en
40 repentant ses forces cui il auoit comenciet a perdre. Et par mcruilhose pieteit auient ce en nos ke nostre pense soit a la foiz ferue d'alcun ahurtement de culpe. Quar li hom creroit ke il fust de granz forces, se

il ne sentoit a la foiz lo defalement de cez mimes forces. Mais cant la temptations l'enuaist et hurtet, et il est lasseiz ultre ce ke asseiz est, se li est mostreie la forterece d'umiliteit encontre les aguaiz del anemi. Et de ce dont il crient ke il floibement ne chaiet, (de ce recoit) il ke il fortement estoit. Et cil ki tempteiz est n'aprent mie solement de cui il ait les forces, mais par com grant cure il les doit gardeir. Quar maintes foiz ocit mult peihs sa segurteiz celui cui la bataihe de la temptation ne pot sormonteir. Quar cant chascuns laisset sa pense floibe en ousdie, si met il desoz celui ki lo corront son dissolut coraige. Mais se la temptations par la dispensation de la souraine pieteit ne soit trop sodaine u trop fors, quant ele l'enuaist, mais tele ke ele essaianz l'entree dehurtet en somonant, manes soi esuoilet cil a porueir les aguaiz, ke il uoisousement soi appareilhet par combatre encontre son anemi. Par ce siut bien apres: ......

XXXIII, 22. *V a un bou parforras sa masselle?* Li bou ne soi descordet mie del entendement del cercle, car li bous alsi constrent auironant la u li hom lo met. Mais par tant ke li bous est plus largement estenduz, si est signifiie par lo bou sa plus large protections entor nos de son repuns iugement. De bou parforet nostre sires la massele de cest Leuiathan; car il uat si encontre lo malisce del ancien anemi par le meruilhose merci de sa poance, ke a la foiz perde[n]t mimes ceaz cui il auoit pris, cant cil ki apres les pechiez cui il ont faiz repairent a l'innocensce, chient alsi com fors de sa boche. Quar cui il aueroit une foiz pris n'escaperoit de sa boche, se sa massele n'astoit parforee. Ne tint il dunkes saint Piere en la boche, quant il renoiat? Ne tint il dunkes Dauid en sa boche, quant il se plonchat en si grant parfundece [48ᵛ] de luxure? Mais cant il repairont a penitence, si les perdit Leuiathan, alsi com parmi lo pertuihs de sa massele. Dunkes parmi lo pertuihs de le massele li furent cil sostraint, ki apres l'oeure de si grant felonie repairarent a penance. Ki escapet de le boiche de cest Leuiathan, si ke il ne facet chose cui il faire ne loist? Mais en ce conissons nos, com granment nos sumes redeuable al rachator del humaine lingie, ki ne nos defendit mie tant solement aleir en la boche de cest Leuiathan, anz nos otriat ke nos repairier en poons; ki ne tolit mie la sperance al pecheor, anz forat la massele de cest Leuiathan, par ke il li donaist uoie por escapeir, ke cil se ueaz non apres lo mordement fuiet, ki promiers maluoisous ne redotat mie ke il ne fuist mor(s). Gieres de totes parz nos uient deuant la souraine mezine, car et ele at doneit al home ses comanz, ke il ne pechet, et se il pechet conforz, ke il ne despoiret. Certes mult fait a eschiweir, ke alcuns ne soit rauiz par lo deleit de pechiet en la boche de cest Leuiathan; et nekedent se il est rauiz, gard ke il ne despoiret; car se il parfitement ploret son pechiet, encor at pertuihs en la

massele, par cui il escaperat. Il est la en la boche, si sent l'atrieblement
des denz, mais nekedent se il quiert la uoie d'escapeir, si troeuet il lo
pertuihs en la massele. Et cil ki ne se uult porueir ke il ne soit pris,
at par u il puet prisons eschapeir. Dunkes cil ki encor n'est pris fuiet
5 sa massele, et ki ia est pris, quieret lo pertuihs en la massele. Vraiement noz faitres est pius et iustes. 23. Mais ne diet nuz: Par tant ke il
est pius peche ie, car il lo moi pardonrat; et nuz par ce ke il est iustes
ne despoiret del pardon del pechiet. Deus pardonet lo pechiet ki dignement est ploreiz; mais cascuns doit redoteir a faire ce ke il ne seit, se il
10 porat dignement ploreir. Deuant lo pechiet doit l'om doteir la iustice,
apres lo pechiet auoir sperance de le pieteit. Ne criemet mie si la
iustice, ke il nen ait alcun confort de le sperance de mercit; et ne se fist
mie si de le mercit, ke il ne soit sonious de metre [49'] a ses plaies la
mezine de digne repentance; mais de celui de cui il espoiret ke il piue-
15 ment l'espargnerat, penset toz iors ke il destroitement lo iugerat. Dunkes
desoz sa pieteit soit li esperance del pecheor, mais desoz son destroit
tremblet li amendise del repentant. Gieres ait li esperance de nostre
confort lo mordement de cremor, si ke la iustice del iugeor nos espoue-
risse al amendement des pechiez, cui la grasce del espargnant enuiet a
20 fiance. De ce dist uns sages: Ne di mie, les merciz nostre sanior
sunt multes, ne soi ramenberrat mie de mes pechiez. Et lues
apres si dist ‚sa pieteit' et ‚sa iustice'. Quar merciz, fait il, et irors uint
de lui. Dunkes la diuine pieteiz parforanz la massele de cest Behemot,
de totes (parz uat) merciablement et poanment encontre l'umaine lingie; car et
25 a celui ki frans est ne soi taist mie ke il nel somunget de non pechier,
et a celui qui pris est ne sostrait lo confort de fuir. Car por ce sont en
la sainte escriture li pechiet de teix hommes com est sainz Pieres et
Dauid demostreit, ke li trebuchemenz des plus granz soit uoisdie des
menors. Et par ce i est ensengie et la penitence et li parduns del un
30 et del altre, ke li recouremenz des perduz soit esperance des perissanz.
Ne soit dunkes nuz ki de son estage soit orgailhous, cant Dauid chait
del sien. E ne soit nuz ki soi despoiret de son trebuchement, quant
Dauid releuat del sien. Elleuos com meruilhousement la sainte escriture
ocist par une mimes parole les orgailhous, et elleuat les humles. Elle
35 recontat une chose, et par diuerse maniere rapelat les orgailhous a la
force d'umiliteit, et les humles a la fiance d'esperance. Ohi! mezine de
halte et de nouele maniere, ki mise en une mimes maniere, seichet les
enflees choses en rapressant, et arroset les seiches en sorleuant! Del
trebuchement des plus granz nos espourit, et de lur rappareilhement nos
40 confortet. 24. Ensi certes, ensi nos rapresset toz iors, se nos somes
orgailhous, la merciz de le diuine pieteit, et lo pares sostient ke nos ne
chaons en desperation. De ce est ke nostre sires dist parmi Moysen:

Tu ne penras mie en liu de [49ᵛ] guaige la desoraine u la desortraine muele. Penre disons nos a la foiz por tolir, dont cil oiseal ki les altres rauissent ont non soluno lo latin „prendeor'. Dont sainz Paules dist: Vos soffreiz s'alcuns deuoret, s'alcuns prend, (alsi com se il disoit) „s'alcuns rauist'. Li guaiges del detteor, ce est li confessions del 5 pecheor. Dont est pris li guaiges al detteor, quant la confessions est oie del pecheor. La desoraine et la desortraine muele, ce est sperance et cremors. L'esperance ellieuet lo cuer az haltes choses, et la cremors l'abaisset contreual. Mais la desoraine et la desortraine muele sont si par necessiteit iointes ensemble, ke l'une senz l'altre ne ualt riens. Gieres 10 el cuer del pecheor doit toz iors la sperance estre iointe a la cremor, car en uain at esperance de le mercit cil ki ne dotet la iustice. En uain alsi dotet la iustice cil ki n'at fiance de le mercit. Dunkes defendut est, ke la desoraine u la desortraine muele ne soit prise en guaige; car cil ki preechet al pecheor doit si ateirier son sermon, ke il senz esperance 15 nel laist en la cremor, ne senz la cremor en la sperance. Dont est la desoraine u la desortraine muele toloite, se la cremors senz l'esperance, u l'esperance senz la cremor, est parmi la lengue del preecheor departie el cuer del pecheor. 25. Mais par tant ke nos si com mestier fut auons de Dauit parleit, et rameneit a memoire son grant pechiet, si muet par 20 auenture lo corage del leisor, por coi li tot poanz deus n(e) gardet senz ashenement de corporeiz uisces ceaz cui il ellist parmanablement et prent a la haltece des spiritueiz dons. Par tant respondons nos briement. Li alquant par les dones des uertuz cui il ont prises, por la grasce des bones oeures ki lur est otroie, chient el uisce d'orguilh, et ne conoissent 25 dont il sont chaut. Et par tant ke li anciens anemis at sengerie sor ceaz par dedenz, si li est soffert ke il en eaz forsennet par defors, ke cil ki halt sont en lur cuer, soient abatuz parmi la luxure de le char. Et nos sauons ke maintes foiz est moins de pechiet, chair en la corruption de le char, ke par taisieble pense pechier en parpen-[50ʳ]seit orguelh; mais 30 par tant ke l'om ne tient mie l'orguelh a si lait, si l'eschiwet l'om moins. Mais de luxure ont par tant tuit honte, ke tuit ensemble conoissent ke ele est laide. Et de ce auient a la foiz, ke li homme ki apres l'orguelh chient en luxure, ont parmi l'aouert trebuchement honte del repuns pechiet. Et dont amendent il les plus granz choses, quant il trebuichiet 35 es menors ont plus grant honte. Quar il soi uoient culpable es plus legieres choses, ki soi quidoient deliure les plus greualz. Dunkes a la foiz laichet la piewe dispensations nostre sanior cest Behemot, por ke il alcunui traiet de (pechiet en) pechiet, ke il celui cui il auoit pris de ce perdet, dont il plus lo nauret. Et de ce soit uencuz, dont il sembloit ke il oust 40 uencut. A esgardeir moi plaist, coment la merciz deu nos tient dedenz sa grasce. Elleuos cil ki de sa uertut soi exalcet, repairet parmi lo uisce

a humiliteit. Et cil ki de ses uertuz est orgailhous, ne muert mie d'espee, mais de mezine. Quar ke est la uertuz se mezine non, et li uisces se plaie non? Et par tant ke nos de le mezine faisons plaie, si fait cil de le plaie mezine, ke nos ki de le uertut sumes naureit soiens saneit del
5 uisce. Nos refleichons les dones des uertuz en us des uisces; et cil prend les enuoisures des uisces en l'enforcement des uertuz, et nauret la sainteit por lei a guardeir, ke nos ki en corant fuiens l'umiliteit, se neaz non trebuichant remanons en li. Mais entre cez choses fait a sauoir, ke li alcant des hommes com plus trebuichent en pluisors choses, plus forte-
10 ment sont loiet. Et quant ciz Behemot les fiert d'un uisce por ke il trebuichent, si les loiet il d'un altre ke il ne relieuent. Esgard dunkes li hom encontre queil anemi il soi combat, et se il (apercoit) ke il ia en alcune chose at forfait, redotet se ueaz non ke il del un pechiet ne soit traiz al altre, ke il soniousement soi gart se ueaz non des plaies ki
15 ocient; car mult est rere chose, ke noz anemis seruet de plaies al salut des elliz. 26. Nekedent altrement puet l'om entendre, ke la massele de cest Behemot est parforee, [50ᵛ] si ke il ceaz tenget en sa boiche, ne mie cui il enlacet parfitement de pechiet, mais cui il essaiet d'enhortement de pechiet... Il auoit pris saint Paule por macier, ne mie por englotre, quant
20 il apres tante halte reuelation lo demenoit par les aguilhons de le char. Dunkes cant il prist encontre lui lo congiet de lui essaier, si lo tient la maissele, mais nekedent parforee; et cil ki par orguelh puet perir, fut essaiez ke il ne peresist. Gieres cele temptations ne fut mie deuoremenz de uisces, mais guarde de uertuz; car ciz Leuiathan lo contrieblat en
25 affliction lu[i]ssant, mais nel prist mie en culpe deuorant...... Gieres a droit est dit ke la massele de cest Behemot est parforee; car de ce dont ele atrieblet les elliz deu, de ce les pert ele, et de ce dont ele les essaiet por perdre, de ce fait ele ce ke il ne perissent mie. Dunkes li anciens anemis, ki sert az dispensations de deu, essaiet uolentrius les anrmes des
30 sainz a la mort, mais en essaiant les guardet a son enuis al regne. Sa massele si est parforee, car ceaz pert il quant il les alsi com englot, cui il ensaiant ce est en ma[ne]zant atrieblet. Et par ce ke ce n'est mie fait par humaine, mais par d'uine porueance, ke la noisdie del ancien anemi seruet al prout des iustes, si ke il quant il les iustes essaiet, en essaiant
35 les *perdet, si est a droit dit al bieneurous Iob: V de bou parforras sa massele? Si fait a entendre, si com ie, ki totes choses ateiranz porueablement, guarde mes elliz de ce plus fortement a entierteit, dont ic soffre ke il parmi la massele de cest Leuiathan louergent en une maniere en sus d'entierteit. Et de ce sieut bien apres: ......
40 V, 70. *Des la matinee iuske a la uespree seront fors trenchiet.* De la matinee iuske a la uespree est li pechieres fors trenchiez; quar des lo commencement iuske a la fin de sa uie lo naurent les oeures de sa

felonie. Par totens doblent li felon encontre eax mimes parmi l'aoisement
.. lur malisce les cols dont il bleciet chaent en la parfundece d'enfer.
De ce dist bien li psalmistes: Li homme pecheor et boiseor ne
moitieront mie lur iors. Les iors moitier est, lo tens [51ʳ] de male
uie ki meneiz est en deleiz departir az ploremenz de penance, et rapa- 5
reilhier en departant en bons us. Mais li felon ne moitient mie lur iors,
quar neas el dairien tens ne changent il lur peruerse pense. Encontre
ce somunt sainz Paules, si dist: Rachateiz lo tens, quar li ior sont
mal. Dont rachatons nos lo tens, quand nos la uie cui nos auons menee
et perdue par ennoisure rapareilhons par ploremenz. Apres sieut: *Et par* 10
tant que nuls n'entent, periront senz fin. 71. Nuls de ceax ki de la
matinee iuske a la uespree seront fors trenchiet n'entent. Nuls n'entent,
u de ceas ki perissent u de ceaz ki ensieuent les perdues constumes des
perissauz. De ce est en altre liu escrit: Li iustes perist, et nulz
n'est ki lo rapenset par cuer. Et li homme de uertut sont con- 15
coilhoit, quar il n'est ki l'entendet. Dunkes li felon quand il les
temporeiz choses desirent despitent a sauoir queil bien atendent les ellieuz.
Et quant il esgardent l'affliction des iustes, mais ne conoissent queilz soit
li gueredons de le affliction, si extendent lo piet de lur oeures plus parfunt, quar il de lur greit cloent lur oez encontre la lumiere d'entende- 20
ment. Quar quant il decieut des folz deleiz aiment ce que il uoient
temporeilment, estrangiet d'eas mimes ne uoient la fosse en cui il trebuichent parmanablement. Nequedent par lo main puet la prosperiteiz,
et par lo uespre li aduersiteiz de cest munde estre signifiie. Dunkes des
la matinee iusque a la uespree sont li felon fors trenchiet, quar et il soi 25
delitent es prosperiteiz, si perissent, et sont impatient es auersiteiz, si soi
ellieuent es forseneries. Et uraiement lur culpe nes trencheroit mie fors
des la matinee iuske a la uespree, se il creoient, u ke la prosperiteiz lur
fust nurrissemenz, u que li auersiteiz lur fust chastiemenz de lur malz.
72. Mais par tant ke deus n'at mie si deguerpit la multitudine de le 30
humaine lingie, que il soffret ke totes choses tendent a mort, si sont li
alquant ki despitent les deleiz de la present uie, mimes quand il les ont;
quar il esgardent que il sont trespassable, si les dechachent par l'amor
de la parmanableteit. Et quand il lo piet de iugement mettent en cest
premier greit, si paruinent plus fort az plus haltes choses, [51ᵛ] si ke il 35
totes les temporeiz choses despitent, et ne mie solement por ce que l'om
les doit tost perdre, mais ne s'i uuelent aherdre, mimes se eles astoient
parmanables, et lur amor soztraient de cez choses ki belement sont faites,
quar il tendent par alemenz de cuer el faiteor de bealteit. Et li alquant
sunt ki les biens de ceste uie aiment, mais unkes n'i paruinent. De toz 40
lur deseiers tendent az temporeiz choses, la glore del munde quierent, et
nequedent ne la puent auoir. Ces trait li cuers al munde, mais li mundes

les rebutet al oner. Quar maintes foiz aulent, que il brislet par lur
auersiteit, returnent a lur pensee, et repairiet en eas mimes esgardent
cum astoient uaines choses cui il queroient, et manes sol turnent al
ploreir par lo fol deseier cui il auoient; et tant desirent plus fortement
5 les parmanables choses, que il sol doelent folement auoir trauilhiet por
les temporeiz. Et de ce sieut bien apres: *Mais cil ki seront remeis
seront toloit fors d'eas.* 73. Queilz altres entendons nos estre remeis, se
les despiz non de cest munde? Cui quand li presenz secles n'ellist a nul
us de glore, deguerpist alsi cum petiz et nient dignes. Mais les remeis
10 del munde tolt nostre sires; quar les despeiz de cest secle denget il ellire,
si com tesmonget sainz Paules ki dist: Ne mie pluisor (sage) solunc
la char, ne mie pluisor poant, ne mie pluisor noble, mais les
foles choses del munde ellieut deus, par ke il facet hontous
les sages, et les floibes choses del munde ellieut deus par ke
15 il facet hontouses les fortes. Ce est bien signifiet el liure des Rois
parmi l'egyptiien enfant cui li Amalechite laissont floibe et malade en la
uoie, et Dauid lo trouat et donat a mangier, et fist duior de sa uoie, et
parsewit les Amalechites, si les trouat mangeanz, si les ocist. Que est ce
que li egyptiens enfes des Amalechites est laissiez en la uoie, se ce non
20 ke li ameres del present secle couerz par la noirour de ses pechiez est
souent relenquiz floibes et despitiez al secle, si que il cuerre ne puist
auoc lui, anz remanget par auersiteiz lasseiz? Mais cestui troeuet Dauid;
quar nostre rachateres ki uraiement est forz par main, tornet a la foiz a
son amor [52ʳ] ceaz cui il uoit despitiez de la glore del munde. Il li
25 donet a mangier, quar il lo paist de la science de sa parole. En duior
de sa uoie l'ellist, quar mimes son preecheor en fait il. Et cil ki ne
pout les Amalechites ensieure est duieres Dauid deuenuz; car cil cui li
mundes guerpist alsi cum nient digne, ne rezoit mie tant solement deu en
sa pense quand il est conuertiz, anz lo moinet en preechant iuske as
30 cuers d'altrui. A tal duior troeuet Dauid les Amalechites mangeanz, si
les ocit; quar ceaz preechanz cui li mundes despitat auoir a companions,
destruit Criz la ioie del munde. Dunkes par ce ke nostre sires ellist a
la foiz ceaz cui li mundes despitet, si est or a droit dit: Cil ki seront
remeis seront toloit fors d'eas. Apres: *Il morrunt, et ne mie en
35 sapience.* 74. Qu'est ce ke il desor descrist lo *merite des renfuseiz
quand il dist: Par ce ke nuz n'entent perirunt senz fin, et manes
dist apres des elliz deu: Cil ki seront remeis, seront toloit fors
d'eas, et manes ce ke no couient mie az elliz, dist apres: Il morront,
et ne mie en sapience? Se deus les ostet del tot fors des renfuseiz,
40 en queil maniere est dit ke il morront, et ne mie en sapience? Mais ce
est la constume de la sainte escriture, que quand ele recontet alcune
chose, se ele entreprent alcune altre sentence, manes la laisset, et repairet

a ce ke ele dauant disoit. Quar puis que ele out dit: Et par tant ke
nulz n'est ki entendet, peristrunt senz fin, manes dist apres de la
partie des bons: Et cil ki seront remeis, seront toloit fors d'eaz.
Et lo pares renuolet l'oelh de sa sentence en la mort des renfuseiz, dont
ele auoit dauant parleit, si dist sodainement: Il morrunt, et ne mie en 5
sapience. Alsi cum se ele disoit: Cist de cui ge ai dit que nuls
n'entent, peristeront senz fin, senz dote morront et ne mie en sapience.
Mais dont mostrerons nos miez que ceste constume at la sainte escriture,
se nos alcune semblance en disons. Quand sains Paules enstruioit son
chier disciple del establissement des offices de le glise, que il nului ne 10
promouist desordineement az saintes ordenes, (si) dist: Ne met sor nului
tost [52ᵛ] tes mains, et n'aies communion a altrui pechiez. Toi
mimes guarde caste. Et manes tornat ses paroles a la floibeteit de
celui cors, si dist: Ne boi mie encor aiwe, mais use petitement
del uin por tun bonnen et tes souentiues enferteiz. Et manes 15
apres dist: Des alquanz hommes sont li pechiet aouert, et ki
dauant s'en uont al iugement, et des alquanz siwent. Que atient
ce ke il dist des repuns pechiez des alquanz hommes et des aouerz a ce
ke il auoit defendut lo malade ke il ne bewist aiwe, se ce non ke quand
il out entremellee la sentence de le enferteit repairat en la fin a ce ke il 20
auoit desor dit: Ne met sor nului tost tes mains, et n'aies communion az pechiez d'altrui? Manes ke il out entremelleit de l'agrauance
de le enferteit, si mostrat il par sormonte de discretion, par com grand
songe l'om doit enquerre les pechiez, si dist, que il es alquanz soi atapis-
soient, et es alquanz erent aouert, quand il dist: Des alquanz hommes 25
sont li pechiet aouert, si en uont dauant al iugement, et des alquanz sieuent. Dunkes alsi com sains Paules ne soi acordet mie par ceste
sentence az paroles cui il auoit deuant dites de l'enferteit Thimotheu, anz
repairet a ce ke il auoit entrelaissiet, alsi fait Eliphaz en cest lieu; quar
quand il disoit des elliz: Cil ki seront remeis serunt toloit fors 30
d'eaz, manes recorut a ce que il auoit dit des renfuseiz: Par tant que
nuls n'entent periront senz fin. 75. Mais par tant despitent li renfuseit les elliz, que li ellient tendent a la nient ueable uie parmei la ueable
mort. De ceas est or a droit dit: Il morront et ne mie en sapience.
Alsi com se ouertement astoit dit: Vraiement il fuient la mort et la 35
sapience ensemble; mais la sapience perdent il del tot, et les laiz de la
mort ne puent il eschapeir. Et quand cil ki kanke soit morront, et en
morant poissent uiure, criement la mort·ki senz dote uenrat, si perdent
ensemble et la uie et la sapience. Mais d'altre part li iuste muerent en
sapience; quar quand la morz cui il en nule maniere ne poroient eschiueir 40
lur uient dauant par ueriteit, ne la renfusent mie; et quard [53ʳ] il
patienment la soffrent, si tornent la paine de *pechiet en estrument de

nertut, si que de ce lur comencet la uie, dont ele par lo merite de la premiere culpe est destrainte a finir. Mais ia soit ce ke Eliphaz ait ces choses uraiement dites encontre les felons, nequedent si fut il enfleiz d'orguilh, quand il lo bieneurous Iob cruiet estre digne de blahme. De ce est ke il apres les paroles de si grant droiture gettat fors paroles d'eschernement, si dist: *Apele dunkes, se il est ki toi respondet.* 76. Maintes foiz degettet li tos poanz deus en la parturbance les proieres de celui ki ses comanz ne uolt gardeir en la paix. De ce est escrit: Li orisons de celui serat escomminie ki tornet sa oreilhe ke ele n'oiet la loi. Dunkes nostres apeleirs est deu proier par humle proiere. Et li respondres deu est, faire ce ke nos li prolons. Gieres dist: Apele, se il est ki toi respondet. Alsi com se il disoit ouertement: Com granment que tu unkes affliz cries a deu, nel aras mie respondeor; quar la uoiz ne troeuet mie en la tribulation celui, cui la pense despitat en la paiz. Et encor dist apres eschernissant: *Et si toi torne a alcun des sainz.* 77. Alsi com se il disoit en despitant: Les sainz ne poras tu trouer en aiue en ta tribulation, cui tu ne uolsis auoir companions en ta ioie. Manes apres l'eschernissement met sa sentence, si dist: *Le fol homme ocit irors, et le petit ocit enuie.* 78. La sentence fust uraie, se ele ne fust dite encontre la patience de si halt homme. Mais nequedent prendons garde a ce ke dit est, ia soit ce ke droitement ne soit mie dit, por ke nos demostrons, com est droite chose ki dite est; ia soit ce ke a tort soit dit encontre lo bieneurous Iob. A sauoir nos est que nos quand la scriture dist: Tu sire iuges totes choses en paiz, tantes foiz nos enforceons de repairier a la semblance de nostre faiteor, quantes foiz nos rastrendons les turbilhous mouemenz del corage desoz la uertut de mansuetudine. Quar quand li irors debat la paix de la pense, si la parturbet en une maniere depanee et detrenchie, si que ele [53ᵛ] a soi ne soit mie couenable, et ke ele perdet la force de la deuentriene semblance. Esgardons dunkes, com soit grande la culpe de iror, parmei cui la semblance de la souraine ymagene est corrumpue, quand la mansuetudine est perdue. La irors tolt lo sauoir, si que l'om ne seit u queil chose u par queil ordene il doit riens faire. La scriture dist: La ire soi repauset el soin del fol; quar ele ostet la lumiere d'entendement, quand ele fait la pense confuse. Par iror perd l'om la uie, ia soit ce ke il semblet que l'om retenget la sapience, si com la scriture dist: La ire perd mimes les saiges; quar li commuz corages ne fait riens, mimes se il alcune chose puet sagement entendre. Par iror est deguerpie iustice, si com escrit est: La ire del homme ne fait mie la iustice deu; quar quand la parturbee pense enasprist lo iugement de sa raison, si quidet que tot ce que la forsenerie li enhortet, soit droite chose. Par iror perd l'om la grasce de compangeable uie si com escrit est: Ne soies mie

assidueis al homme irous, que tu par auenture n'aprendes ses
uoles, et si prendes scandele a ta anrme; ... quar il conient que
cil sols uiuet bestialment, ki par humaine raison ne soi atempret. Par
iror est la concorde derote, si com escrit est: Li corageous hom
enfantet tences, et li irous hom espand pechiez. Vraiement li
irous hom espand les pechiez; quar mimes les maluais cui il mal sagement prouochet a discorde, fait il peiors. Par iror perd l'om la lumiere
de ueriteit, si com escrit est: Li solez ne obaiet mie sor uostre
iror, quar quand li irors met en la pense les tenebres de confusion, se
li repunt deus les rais de sa conissance. Par iror est la splendors del
saint espir fors esclose. Encontre ce est en l'anciene translation escrit:
Sor cui soi repauserat mes espirs, se sor l'umle non et lo quoit
et lo tremblant de mes paroles? Quand il ot dit ‚l'umle', si dist il
manes apres ‚lo quoit'. Dunkes se la irors tolt la quoeteit a la pense,
si clout son osteil al saint espir. Et se cil s'en uat, manes est li corages
meneiz a ouerte forsenerie, et est des lo deuentrien fundement de [34ᵣ]
penses iusque a la deforaineteit toz depaneiz. 79. Quar li cuers enspris
des aguilhons de sa iror fremist, li cors tremblet, ... la face enfouist, li oelh
enasprissent, et ne sont reconut cil ki dauant erent conut. Voirement
la boche fait une crior, mais li sens ne seit que la boche dist. En queil
chose est cilz lonz d'un forseneit, ki nes ne seit ke il fait? De ce est
ke a la foiz auient que li irours sailhet iuske as mains, et com plus s'en
est raisons lonz alee, plus hardiement soi ellieuet li corages, et ne puet
soi mimes retenir; quar il est desoz altrui poesteit: et tant trauailhet plus
la forsenerie les menbres en cols par defors, que ele lo corage ki sires
est des menbres tient en prison par dedenz. A la foiz ne muet mie les
mains, anz tornet la lengue en darz de maldiement, si que li irous hom
proiet en sa orison la mort de son frere, et uult que deus ce facet, dont
mimes uns paruers hom seroit hontous u doteroit a faire. Et ensi auient
que il par desier et par parole est homicides, ia soit ce que la mains
cesset del asenement de son proime. A la foiz comandet la irors silence
al desturbeit corago ..., et com moins soi espresset defors parmei la lengue,
plus ard dedenz, si que li iriez sortraiet sa parole a son frere, et en
taisant lo dist, com contraires il li soit. Et a la foiz est (menee) ceste roidors
de silence par une dispensation de discipline, nekedent se la forme de
discrecion est soniousement gardee par dedenz. Et a la foiz auient que
li corages quand il cesset de sa acostumee parole, soi desoiuret par la
longece del tens del amor del proime. Et dont uinent plus aigre aguilhon
a la pense, et naissent causes ki plus griement l'enasprissent, et ensi
deuient li festuz terastres el oelh del iriet, quand li irours tornet en
haenge. A la foiz auient que la ire ki est close par silence, bult plus
forment dedenz la pense, et ele taisanz formet criouses uoiz, paroles

dont ele soi enasprist soi met dauant, et enasprie respond alsi com se
ele a la prouance de la cause astoit plus durement. Et ce nos ensenget
briement Salomons quand il dist: Li atariance des felons est forsenerie. Ensi auient que li desturbeiz corages sentet plus grand frinte
5 par son silence, et plus griement l'ardet la flamme de le enclose iror. De
ce dist bien dauant nos uns sages hom: [54ᵛ] Les irouses penses
sont engenreures de guiures ki maniouent lur mere lo coraige.
80. A sauoir fait ke les alkanz ensprent tost irors et tost les guerpist, et
les alkanz commuet tardiement et longement les tient. Quar li alquand
10 sont semblant as enspris roseas, si frutent par paroles, et rendent alsi
com uns sons de lur ensprendement. Vraiement tost font flamme, mais
plus tost refroident en flammasche. Li altre sont semblant a la pesant et
a la dure lenge, ki tardiement ensprendent, mais se il une fois sont
enspris, griement les puet l'om estaindre. Et par ce que il plus tardie-
15 ment soi commueuent en asperiteit, plus fortement gardent lo fou de lur
forsenerie. Li altre, que plus felenesce chose est, prendent tost les
flammes d'iror, et tardiement les mettent ius. Et li alquand les prendent
tardiement, et tost les laissent. En ces quatre manieres conoist li leisieres
clerement, que la dairiene aprochet plus al bien de tranquilliteit que la
20 premiere, et la tierce uoint la secunde en mal. Mais que aiuet ce ke
nos auons dit coment li irors parprent la pense, se nos ne disons coment
l'om la doit apaisenteir? 81. En dous manieres desaconstumet li irors
blocie lo corage a posseir: la promiere est que li corages soit sonious
anzois que il alcune chose comencet a faire, que il dauant soi mettet
25 totes les laidenges que il i puet soffrir, que il soi aparelhet encontre les
auersiteiz parmi ce que il rapenset les hontages de son rachateor. Et
tant les rezoit plus fortement quand eles uinent, que il uoisousement s'en
at dauant armeit. Quar celui cui li aduersiteiz entreprent desporueut,
troeuet alsi com dormant ses anemis. Et tant l'ocit plus tost li anemis,
30 que cil ne soi combat encontre. Quar cil ki dauant notet soniousement
les malz ki auenir li puent, atend uoilanz en aguaiz les assalz de son
anemi. Et de ce soi aparelhet il fortement a la uictore, dont ses anemis
lo quidoit non saichant entreprendre. Dunkes doit li corages soniousement penseir dauant les comenzailhes de sa oeure totes les auersiteiz,
35 que il parmei ce que il toz iors les rapenset, soit toz iors guarniz
encontre par l'auber de patience, si que il porueuz sormontet quand ke
li auient, et quand ke ne li auient quidet auoir gaangiet. La secunde
ma-[55ʳ]niere de guardeir mansuetudine est, ke nos cant nos esgardons
les altrui forfaiz, rapensons les noz dont nos en altrui auons forfait.
40 Quar nostre propre floibeteiz quand nos l'esgardons, nos excuset les
altrui malz. Vraiement cil soffret patiennent les altrui malz, ki piement
ramenbret que il puescelestre at encor alcune chose dont il at mestier

que altres lo soffret. Et alsi com li aiwe estaint lo fou, est estainte la irors, quand chascuns ramoinet a sa pense sa culpe, com li irors li lieuet el corage; quar cil at honte, se il altrui pechiet n'espa*g*net, ki soi ramenbret, que il u en deu u en son proime at fait, dont il a spargnier fis. 82. Mais entre cez choses fait soniousement a sauoir, que altre est li ire*r*s cui impatience somunt, et altre cele cui feruors formet. Cele uient de uisce, et ceste de uertut. Quar se nule irors ne naiscoit de uertut, Phinees n'ouist mie a l'espee la roidor de la diuine ueniance apaisanteit. Et par ce ke Hely n'ot mie ceste iror, si commut il encontre soi. nient apaisentablement la diuine ueniance. Quar ce ke il encontre les uisces de ses soges fut teddes, enarst sor lui la destrenzons del parmanable gouerneor. De ceste iror dist li psalmistes: Coreciez uos, et si ne pechiez mie. Et cest uer n'entendent mie droitement cil ki uoelent que nos tant solement a nos, et ne mie a noz proimes se il pechent nos corezons. Quar se comandeit nos est que nos amons noz proimes si com nos mimes, dont couient ke nos nos corezons a lur uisces alsi com a noz. De cestei dist Salomons: Mieldre est irors que ris, quar par la tristece del uiaire est amendeiz li corages del forfaisant. De cestei dist lo pares li psalmistes: Mes oez est turbeiz d'iror. Li ire ki est de uisce auoglet l'oelh, mais cele ki est de feruor de droiture lo turbet; quar quand li hom est commuz, ia soit ce que ce soit d'amor de droiture, nequedent si est cele contemplations depanee, cui cuers ne puet parzoiure, se cil non ki en paix est. Mimes li amors de droiture obscuret l'oelh de la pense quand ele la turbet, si que ele ne uoiet les haltes choses quand ele est en commotion, cui ele (ue)oit anzois quand ele eret en paix. Mais de ce est ele plus subtilment ramenee as haltes choses, dont ele est a tens si turbee que ele nes puist ueoir. Quar li amors [55ᵛ] de droiture aoeuret un pau apres plus largement les parmanables choses en la paix, cui ele dauant clooit en la commotion. Et de ce dont la pense est turbee que ele ne uoiet, de ce esploitet ele, que ele clere deuenget a plus uraiement ueoir; si com la lumiere est del tot denoie al malade oilh, quand li collires i est mis, mais de ce la rezoit il un pau apres uraiement, dont il a tens la perd saintieblement. A la commotion ne soi ioint unkes la contemplations; quar la pense turbee n'est mie soffianz de ce a esgardeir, a cui ele puet auisunkes paisieble sospireir; quar ne l'om uoit lo rait del soleilh, quand les commutes nues coeurent la face del ciel, ne la fontaine turbee demostret l'ymagene de celui ki en lei esgardet, cui ele rendoit proprement, quand ele eret quoie; quar com plus fremist li unde, plus obscuret en soi la bealteit de la semblance. 83. Mais mult fait a gardeir que li irors ki est prise en estrument de uertut, quand li corages est del amor de droiture commuz, n'ait sengerie sor la pense, que ele ne uoist auant si

com dame, mais toz iors apareilhie si com ancele al seruice ne soi
departet unkes del dos de raison. Quar dont soi ellieuet ele plus fortement encontre les uisces, quand ele sogette sert a raison. Quar de com
grand unkes amor de ueriteit li irors soi elliet, se ele demesuree uoint
5 la pense, manes ne denget seruir a raison; et tant plus soi ellaiset plus
baldement, que ele quidet lo uisce de impatience estre uertut. Et par
ce est besoins ke cil cui la feruors de droiture esmuet soit dauant totes
choses sonious, que la ire ne passet fors de la sengerie de la pense,
mais subtilment esgard en la ueniance del pechiet lo tens et la maniere,
10 et rastrendet soniousement le leuant [de] desturbance del corage, rapresset
les hardemenz, ateiret desoz equaliteit les chauz mouemenz; ke il en tant
soit plus droiz altrui uengieres que il premiers est uenqueres de soi, si
que il ensi amendet les culpes des forfaisanz, que il par patience treisset,
si que il sormontanz sa feruor atempret si soi mimes que il par l'amor
15 de droiture ne uoist marissant lonz de droiture. Et par ce ke li amors
de bien, mimes cele ki a loeir fait, turbet l'oilh de le pense, si est a
droit dit: Lo fol homme ocit irors. Alsi com se il disoit ouertement:
La irors [56ʳ] de uertut turbet les sages, li irors de uisce ocit les fols;
quar cele de uertut est rastrainte desoz raison, et cele de uisce at mal-
20 raihnablement sengerie a la uencue pense. Et bien sieut apres: *Et lo
petit ocit enuie.* 84. Nos ne poons auoir enuie, se sor ceas non, cui
nos estre quidons en alcune chose meilhor de nos. Dunkes petiz est
cil cui li enuie ocit; quar il tesmonget que il menres est de celui, cui il
portet enuie. De ce est que li uisous anemis enginiat par enuie le
25 premier homme; quar il quidat puis ke il la bieneurteit ot perdue que il
fust menres de le immortaliteit de celui. De ce est ke Cayn chait en
fratrecide a faire; quar quand il uit son sacrefice estre despitiet, si
enfremit encontre celui cui sacrefice deus recieut. Et celui de cui il ot
paur que il mieldres ne fust de soi, ocist il coment ke fut que il ne
30 fust. De ce enarst Esau a la persecution de son frere, car il ki anneis
eret soi doloit estre menor de son frere, par la beneizon del ansneit cui
il auoit perdue; et nequedent l'auoit uendue por un mangier de lentilhe.
De ce est ke Ioseph uendirent soi frere as trespassanz paiens; quar quand
il conurent lo mystere de la reuelation, si soi enforzarent d'aleir encontre
35 son esploit... De ce est ke Saul parseuit Dauid ki sogez li eret, et gettat
uers lui sa lance; quar il dotat que cil ne creust desor soi, cui il ueoit
cascun ior estre awoit de granz uertuz. Dunkes petiz est cil cui li enuie
ocit, quar se il n'astoit plus bas, ne soi duelroit mie del bien d'altrui.
85. Mais entre cez choses fait a sauoir, que ia soit ce que li uenins del
40 ancien anemis soit par toz les uisces cui l'om fait espanduz el humain
cuer, nequedent en ceste felenie soi muet li serpenz, et escout totes ses
entrailhes por empresseir la pestilence de son malisce. De ce est escrit:

Par l'enuie lo deable entrat la mors el cercle de la terre. Quar quand la purreture d'enuie corrunt lo uencut cuer, si demostrent les deforaineteiz com granment la forsenerie atisonet lo corage. Quar la colors deuient palle, li oilh abaissiet, la pense ensprise, et li menbre froit; en la pense est la rage, et es denz la strendors; et quand la creissanz 5 haenge soi atapist es repunailhes del cuer, si foret la enclose plaie la conscience d'auogle [56ᵛ] dolor. Nule lie chose des soues propres ne li plaist, quar sa paine nauret la defriant pense, cui altrui prosperiteiz grieuet; et com plus creist en halt la fauarge d'altrui oeure, tant est plus parfundement sorfooiz li fundemenz de le enuiouse pense, que ele 10 de ce chaiet plus greualment, dont li altre creissent en miez. Et par cel chaiement est destruit mimes ce que l'om quidieuet que par parfite oeure fust alleueit es altres faiz. Quar quand li enuie fait la pense remetre, si guastet ele totes les bones oeures cui ele i troeuet. De ce dist Salomons: La uie de la char est la santeiz del cuer, et la purre- 15 ture des osses enuide. Que entend l'om par la uie dᵉ la char, se unes floibes oeures non et tenres? Et que par les osses, se les fortes non? A la foiz auient que li alquant ki uraie innocence de cuer ont, semblent floibe en alcunes de lur oeures; et li alquant facent dauant les humains oes alsi com fortes oeures, ki nequedent remettent dedenz 20 de pestilence d'enuie encontre les biens d'altrui. Dunkes est bien dit: La uie de la char est santeiz del cuer, quar se la innocence del cuer est guardee, s'alcunes floibeteiz at par defors, si seront eles quant ke soit enforcies. Et a droit sieut apres: La purreture des osses enuide, quar par lo uisce d'enuie perissent dauant deu mimes les fortes 25 oeures de uertut.... 86. Mais por coi disons nos ce de l'enuie, se nos n'ensengeons coment l'om l'ostet fors? Greuals chose est que li uns n'ait enuie sor l'altre de ce ke il uolroit auoir; quar tot ce que l'om at temporeilment, est tant menre chose en chascun, que ele est deuisee en pluisors. Et par tant cruciet li enuie la pense del desirant, que 30 uns altres li tolt ce que il desiret, quand il tot lo prent, u aminuiset, se il tot nel prent. Dunkes ki ki unkes desiret falir del tot a la pestilence d'enuie, desiret cel heritage, cui li numbres des oirs n'astrecet mie, ki a toz est un(s), et a chascun to(z), ki tant soi ellaiset, com li assembleie de ceas ki l(o) rezoiuent creist. Dunkes li naiscanz desiers 35 de la deuentriene dulceor si est amminuissemenz d'enui, et sa plaine mors est la parfite amors de le parmanableteit. Quar quand la pense soi retrait del amor de cez choses ki puent estre departies solunc lo numbre de [57ʳ] ceaz ki les puent auoir, si aimet ele tant plus son proime ke (ele) ne crient mie ses amages el esploit de celui. Et se ele est par- 40 fitement rauie el amor del celeste pais, si est confermee en la dilection del proime; quar quand ele ne desiret nule terriene chose, si n'est riens

ki li contrediet al amor del proime. Que est la kariteiz, se uns oez non de pense, ki est aseneiz et obscureiz el esgard de le deuentriene lumiere, manes que la purriere de la terriene amor lo tochet? Dunkes par tant que petiz est cil ki les terrienes choses aimet, et granz cil ki les par-
5 mananz, si puet l'om ensi couenablement entendre que lo petit ocit enuie, quar de le enferteit de ceste languor ne muert nulz, se cil non ki en ses deseiers est encor floibes......

Homiliae fragmentum.

(II, xxxviii, 16. vgl. Dial. IIII, 38.)

[57ʳ] Dous ans deuant ores uint uns hom par conuerseir en nostre mostier, ki est deleiz la glise des bieneurous martres saint Iohan et saint Paule, et si fut receuz. Cui ses freres sewit non par estude de conuersion, mais par charneil amor. Cil ki astoit deuant uenuz a la conuersion plaisoit mult a ses freres, mais ses freres astoit mult departiz de lui par uie et par constumes. Nequedent uiuoit il el mostier, mais plus par necessiteit ke par uolenteit. Et ancore fuist il maluais et paruers en toz ses faiz, sel soffroient li altre engueilment par son frere. Car il astoit legiers en paroles, paruerz en faiz, aorneiz en uesteure, desaorneiz en constumes. Il ne pooit soffrir, se aleuns parlaist a lui de la conuersation del saint habit. Sa uie astoit pesanz a toz les freres, mais si com nos auons dit, par l'amor del frere lo soffroient tuit. Mult haoit celui ki parleuet a lui de chastoiement de sa maluaistiet. Les biens ne pooit nient solement faire, mais nes oir. Et iurant et correzant et gabant disoit ke ia ne uenroit al abit de sainte conuersation. Mais en ceste pestilence ki nouelement deguastat en grant partie lo poeble de ceste citeit, fut feruz en l'enguine et meneiz a la mort. Cant uint al hore de la mort, si s'asemblerent li frere par ke il en la fin li aidaissent par lor orisons. [57ᵛ] Que ia li estoit la derriene partie del cors morte, tant solement manoit el piz la chalors de uie. Com plus tost lo ueoient morir li frere, tant comenzoient plus efforciement par lui a oreir. Et il cant li frere seoient entor lui, comenzat a entrerumpir lur orisons, et a crieir a teil pooir com il out: Aleiz uos en, car ge sui doneiz par deuoreir a un dragon, ki par uostre presence nel oset faire. Il at ia asorbit mon chief en sa boche. Doneiz li liu, ke il plus ne moi cruciet, anz facet ce ke il doit faire. Se ge li sui ia doneiz par deuoreir, par coi soffre ge demorance par uos? Dont se li comenzont li frere a dire: Frere, ke est ce ke tu dis? fai sor toi la signe de la sainte croiz. Et cil respondit

si com il pot: Ge moi uulh segnier, mais ge ne puis; car li dragons m'apresset. Com ce oirent li frere, lues soi misent a terre et comenzont en larmes a proier par la deliurance de lui. Elleuos li malades soi comenzat a esioir, et dire a teile uoiz com il pot: Gratiez en soit deus!
5 li dragons ki m'auoit pris a deuoreir s'en fuit, et il en est chaciez par uoz orisons, n'i puet esteir. Or proiez par mes pechiez, car ge sui appareilhiez par conuertir, et de laissier del tot la seculeir uie. Al homme ki ia eret morz en la dairiene partie de son cors, si com nos auons dit, fut longie la uie,. si soi conuertit a deu de tot son cuer. Et
10 cant il fut chastoiez en la conuersation par continueiz flaealz, si s'enforzat li enferteiz, si fut morz. Et cant il morut, ne uit mie del dragon, car il l'ot uencut par la (mu)ance del cuer.

Veeiz, chier frere! Gordiane dont ge ai dit la dessoure, ki auoit l'abit de nonain cheit en paine, et cil freres dont ge ai parleit repairat
15 del article de la mort a la uie parmauable. Nuz hom ne seit ke li repuns iugement de deu iugent de lui, car mult i at des uochiez et pau des elliz. Et par tant ke nuz n'est certains, se il est elliz, couient il ke tuit tremblent, et tuit dotent de lur faiz, si soi elleecent de la soule merceit (de deu). nuz ne soit orgailhous de ses forces. Car il est
20 ki nostre fiance pariacet, cil ki deniat penre nostre nature, ki uit et ki regnet ensemble lo pere, deus en l'uniteit del saint espir senz fin. Amen.

Varia lectio.

Vorbemerkung. Die runden Klammern ( ) bezeichnen addenda, die eckigen [ ] dagegen delenda. Mit „lies" wird die richtige Lesart der Handschrift eingeführt. „Aendere" ist Emendation. — Die zahlreichen Fälle, in denen die Handschrift gegen das Geschlecht fehlt und die ich besser nicht hätte corrigiren sollen, werden in der Einleitung gesammelt und besprochen. Dasselbe gilt von der Angleichung bei tant.

Gregors Dialogen.

Seite 3, Zeile 8. subpentoma — 5, 2. solre (s *von 1. Hand auf Rasur*) — 6, 21. *lies* haltece — 7, 13. *Cod. getrennt* des semblanz — 20. *Cod. zusammen* auenir — 9, 4. *lies* (h)omme — 10. del cel — 17. la — 12, 1. Franzois (*darüber 1. Hand* v frans) — 5. Franzois (*darüber 1. Hand* v franc) — 15, 13. *Aufschrift fehlt* — 16, 1. le soif — 18, 1. presteir (*darüber 1. Hand* v doneir) — 17. baisile — 18, 22. Gregoires. Mais (*da derselbe ohne Gegenrede fortspricht, habe ich hier und in der Folge derlei Namen ausgelassen*) — 21, 22:23. *theile ab* defai- lhant — 23, 7. *lies* appareilhaist — 22. do'uiez — 24, 12. ha'oir — 25, 15. moz — 22. coster. Gregoires. — 24. antieche — 26, 8 soules az celestienes. *Kommt auch sonst vor; konnte daher bleiben* — 20. *setze Komma nach* Constance — 27, 2. *tilge die Klammern in* r(a)parelhier — 6. dele (*so immer ohne Ausnahme*) — 13. oi] *lies* oit — 16. *lies* braz — 28, 17 le — 24. Ge uoisin — 29, 3. nepesme — 4. subpentoma — 30, 5. siuat. *Ich habe mit Unrecht diese monstruöse Form, die ich richtig copirt hatte, angezweifelt, s. Einleitung* — 20. colhier — 31, 1. il (*vor* auoient) *1. Hand über die Zeile* — 13. subpentoma — 33, 10. *lies* brahainge — 34, 8. poureteit lo — 13 *Cod. getrennt* sor espandue — 35, 7 guarnie — 23. *Cod. getrennt* uns engenreiz — 36, 10. *Komma nach* faite — 19. sollempniteit — 37, 23. *der Punkt nach* lui *ist beim Drucke abgesprungen.* — 39, 12. liu. Li — 40, 24. non *ist abgekürzt* n (*öfter*) — *lies* mangier — 41, 11. *Ueberschrift fehlt.* — 42, 1. 2. tant — 3. *lies* sa senfegerie, — 10. Gregoires. En — 44, 5. tote *zweimal, das anderemal durchgestrichen.* — 24. unkes *1. Hand über die Zeile* — 47, 7. *lies* enfançons — 20. tarz (*konnte bleiben, s. Einleitung*) — 49, 5. tant — 14. .XV. *und Aufschrift fehlt* — 50, 5. *Aufschrift fehlt* — 7. interrocrina — 52, 14:15. murs del bore de romme ki furent *1. Hand auf Rasur* — 54, 5. de lefant!e. — 55, 7. rome — 9. foffes — 56, 5. refermeit. Greg. — 17. *lies* conute — 58, 16. que] *Im Cod. ist auf dem Wort ein brauner Fleck; es scheint* fe, *vielleicht* ke *geschrieben zu sein.* — 59, 6. char. Gregoires. — 14. lies grant — 60, 16. chalces — 21. *Aufschrift fehlt* — 61, 8. fleckir] *Unter* ee *scheinen Punkte gesetzt zu sein; doch ist das Pergament an der ganzen Stelle sehr gelb und fleckig.* — 62, 23. (baron) *tilge die Klammern.* — 64, 2. Cristus] *Cod.* xp̄c, *was ich später mit der französischen Form* Criz *auflöse.* — 65, 4. sanior. Gregoires. — 11 : 12. de lomme — 21. ki *1. Hand auf Rasur* — 66, 8. roche. Gregoires. — 14. deu *1. Hand auf Rasur* — 67, 10. *Nach* Et *folgt* quant, *durchstrichen.* — 68, 3. Benoit. Gregoires. — 6. par (*st.* por) *ist der Handschrift eigenthümlich, daher nicht zu ändern.* — 69, 7. uenin. Gregoires. — 14. anemis *findet sich öfter in unserer Handschrift, daher nicht zu ändern.* — 70, 15. 71, 7. de lomme — 71, 18. 7 (*d. h.* et) la uoie. — 72, 22. demoreuent — 73, 6. trestot. Quar — 14. alegie. Gregoires. — 17. celui — 22. a lomme — 74, 3. colsine. Greg. — 4. de lomme — 17. saneiz. Greg. — 75, 3. ours — 13. cele . ki — 20. reule. Greg. — 76, 4. demandat disanz, *letzteres durchstrichen.* — 15. moine. Gregoires. — 19. cascun an — 77, 9. ki k aloit — 14 Al houre — 78, 9. 21. a lomme — 10. porsiwance (*darüber 1. Hand* v serujse) — 12. 13. de lomme — 79, 1. faite. Greg. — 2. a lomme — 16. turbeilhon. Gḡ. — 81, 15. enspira de lomme — 83, 3. parleit *1. Hand auf Rasur.* — 7. monstier. Greg. *Die Kapitelnummer fehlt.* — 84, 1. tenut] *Cod.* cremut — 4. lespir. Gḡ. XVIII. — 6. a lomme — 13. de lomme — 18. prist. Greg. XIX. — 85, 6. dont il il — 11. lespir. Greg. XX. — 12. al houre — 16. torneil — 86, 4. troueit. Gḡ. XXI. — 87, 13. monstier. Gregoires. XXII. — 89, 8. dev. Gregoires. XXIII. — 90, 9. *tilge* [s] *mit Klammern von* ele[s] — 91, 13. morut. XXIIII. Greg. — 18. geteiz. Lo — 92, 8. monstier. Greg. XXV. — 93, 1. de lefantie. Gregoires. XXVI. — 4. de lefantie — 5. 11. a lomme — 8. savs. Gḡ. XXVII. — 9. tairaige — 94, 5. a lomme — 7. ueire. Greg. XXVIII. — 11. en un un, *letzteres durchstrichen.* — 16. mais] *Cod.* manes — 17. aemplir (*so Cod.*) *ist zu trennen.* — 7. uuld. XXIX. Gḡ. — 16. leement] *Cod.* lement — 96, 1. diable. Gregoires. — 97, 7. leiez. Greg. XXXI. — 99, 1. resusciteiz. XXXII. Greg. — 20 : 21. sodrez..nz — 100, 1. tremblat ki — 9. soror. Greg. XXXIII. — 21 : 22. tardius *vgl.* 47, 20. — 102, 1. loeleirent — 4. parmanoir (a *1. Hand auf Rasur*) — 11. *Aufschrift fehlt; bloss:* Gregoires. XXXIIII. — 103, 2. oez. XXXV. Gḡ. — 10. tor] toi — 105, 16. moines. Gregoires. XXXVI. — 18. studiouses — 106, 3. freres. XXXVII. Greg. — 15. sorleueiz (*s. den Abschnitt „Geschlecht" in der Einleitung*) — 107, 7. santeit. XXXVIII. Greg. — 108, 10. andere see[h]oient — 16. se (*1. Hand über die Zeile*) — 109, 8. ueske de la citeit (*die zwei letzten Worte durchstrichen*) — 12. les morz. — 111, 1. del dialoge — 13. ueske. I. Gḡ. — 113, 21. apele[l]t — 22. lies secreit — 115, 13. pape. Gregoires. — 19. lui] *Cod.* liv — 116, 2. apres] *Cod.* aps (*d. h.* apris) — 5. *Nach* uis *ist beim Druck das Trennungszeichen abgesprungen.* — 13. pape. Gregoires. III. — 117, 9. De datio io pape. Gḡ. — 118, 2. *lies* serpens, — 16. Gregoires. — 119, 10. uielhece *1. Hand auf Rasur* — 121, 5. cors *von mir ergänzt* — 122, 10. ice] *Cod.* ici — 123, 30. celui *über der Zeile* — 124, 6. Greg. — 20. ce[s]te — 125, 2. de lomme — 4. Gḡ. — 126, 1. Greg. — 127, 3. Greg. — 128, 14. cil respondit. — 23. a[l]hv — 129, 6. Gregoires. — 16. a[s]preteit — 17. cant il — 18. *lies* liu, et il li — 130, 8. ell[l]euent — 10. Gregoires. — 131, 8. *Komma nach* espars — 12. deute] *Cod.* deuni — 133, 3. ke li fainderes alsi com de — 12. trauielherent — 134, 20. *lies* paisieblement, — 24. Gregoires. — 135, 4. celei — 12. Gregoires. — 15. a lomme — 136, 6. estre. alaskissoit — 137, 23. esgareiz (*1. Hand über die Zeile*) — 138, 6. qiz (*falsch statt* q̄iz) — 11. sanior. et — 13. por uee (*sehr häufig getrennt*) — 19. de lomme — 139, 22. de co (*statt* cō) — 140, 15. *lies* cele (*statt* ceste) — 141, 9. nos *1. Hand über die Zeile* — 142, 19. Gregoires. — 144, 12. Gregoires. — 146, 15. de lomme — 19. ᵃᵘˢ diakenes (aus *von 1. Hand über der Zeile und fast ausradirt*) — 148, 10. ih'c xp̄c — 18. creons. Mais — 149, 7. xp̄m ih'm — 16. xp̄c — 20. *bessere* remeneiz — 23. or] oi — 150, 3. trestudious — 8 *lies* fortement — 151, 1. zenon. Greg. XIX. — 19. *lies* uiz (*es findet sich auch ohne* h) — 152, 8. *lies* esploitiet. — 15. preste. Greg. XX. — 15. 8. *lies* bataiihe — 15. conuertie. XXI. Gregoires. — 17. ouij co — 155, 6. ualeire. XXII. Greg. — 10. loenge(s) (*tilge die Klammern*) — 156, 5. de lomne — 157, 13. tot *von 1. Hand über der Zeile* — 158, 1. De colibert le coster — 159, 14. retraire — 160, 6. halte. Gregoires. XXVI. — 11. chose *von 1. Hand über der Zeile* — 161, 11. a lomme — 12. pechanz. il — 162, 21. falt. Greg. XXVII. — 163, 10. chieure. Greg. XXVIII. — 165, 12. consecreie. XXX. Greg. — 166, 24. *lies* destrainz — 171, 19. miracle. Loist — 174, 22. *fehlt im Cod.* — 180, 22. Gregoires. A — 186, 5. *lies* remananz — 188, 12. scorz] scroz — 189, 6. de lomme — 19. regne del reg (*dieses durchstrichen*) ciel — 190, 6. de lomme — 11. mort *fehlt im Cod.* — 191, 7. *Komma nach* anrmes — 21. (tindeor)] tintenir (*sollte bleiben, s. Anm.*) — 192, 8. .LXVII. — 193, 1. del dialoge — 2. 3. 4. *die Aufschrift fehlt und so im ganzen vierten Buche* — 16. angeles. mais — 19. *lies* des ioies — 195, 3. la (*ist notwendig*) — 13. deu. la — 19. *Kein Absatz* — 197, 5. *lies* fors mise — 18. *lies* oir lo fin — 198, 10. celef — 16. Gierᵒs — 199, 2. et les iumenz — 11. ice] ici — 22. demostreie — 203, 18. tant — 204, 1. .VIII. — 10. *Jeder neue Absatz und die Zahl fehlt.* — 18. Gregoires. .IX. — 205, 12. Gregoires. .X. — 19. Gregoires. .XI. — 207, 12. Gregoires. .XIII. — 20. *bessere* (del) tot (*sonst müsste* tote *stehen*) — 208, 6. uiale chose (*letzteres durchstrichen*) — 209, 1. Greg. .XIIII. — 10. ior astroit — 16. a lomme — 210, 5. Gregoires. .XV. — 212, 1. Gregoires. .XVI. — 18. aprist] aps — 213, 3. *lies* grand — 13. Gregoires. .XVII. 215, 18. *lies* sa maistre. — 216, 5. Gregoires. .XVIII. — 14. fiᵉvre — 21. cors. et — 217, 5. Gregoires. .XIX. — 9. *lies* uirgene — 218, 7. .XX. — 12. *lies* puent — 219, 13. Gregoires. .XXI. — 221, 1. Gregoires. .XXII. — 9. Gregoires. .XXIII. — 222, 1. Gregoires. .XXIIII. — 14. honorable baron (*dieses durchstrichen*) — 17. Gregoires. *Zahl fehlt* — 223, 3. *Zahl und Aufschrift fehlen* — 5. li vor est deuanciez *passt nicht; entweder im treuen Anlehnen an das Latein zu streichen oder dem Sinne nach* quan. il *zu schreiben.* — 15. Gregoires. XXV. — 224, 10. *lies* parfite — 16. lies Paules — 24. Greg. XXVI. — 225, 14. *kein neues Capitel.* — 229, 4. en lui — 19. *Cod. kein neues Capitel, ebenso* 231, 11. 232, 1. — 7. *das rothe* P *von* Pirres *fehlt; ebenso fehlt* D 233, 1. — 13. *fehlt* — 234, 5. Az queiz li hom (*letzteres durchstrichen*) — 14. Gregoires. — 235, 1. Gregoires. — 2. *Rothes* E *fehlt* — 238, 24. queiz] qiz *statt* q̃iz) — 239, 9. Gregoires. — 11. tesmongerent — 240, 1. *Cod. kein neues Capitel und keinen rothen Anfangsbuchstaben.* — 242, 10. a lomme — 13. tesmongat ke — 244, 1. *kein neues Capitel* — 245, 18. Gregoires. — 247, 10 : 11. les malz] *bessere* li mal — 248, 13. Gregoires. — 249, 8. niuleie] niuleoe — 250, 3. soˡphre — 22. al abit (*konnte bleiben*) — 252, 3. Gregoires. — 21. regard. Il — 253, 1. de labitacle — 3. encor *von 1. Hand über der Zeile* — 6. Gregoires. — 255, 16. queiz *über der Zeile* — 20. Gregoires. — 257, 19. spiritueiles.] s̄pueiles. — 261, 21. rement est dit. oreiz por uoz anemis *am Rand nachgetragen* — 264, 2. blancʰe — 5. Gregoires. — 20. Gregoires., *ebenso* 265, 8. — 266, 1. *kein neues Capitel* — 267, 17. Gregoires., *ebenso* 268, 14. 269, 7. 270, 1. 271, 1. — 270, 15. lit. — 272, 5. solubles, *darüber schrieb erste Hand:* v desloiables — 25. a lomme — 273, 16. Gregoires. — 276, 11. *Zahl fehlt* — 277, 1. Gregoires. .LVIII. — 278, 19. la queile] *Cod.* la qile (*statt* q̃ile) — 23. Gregoires. .LVIIII. — 279, 6. Gregoires., *ebenso* 280, 6. 281, 1. — 282, 5. del dialoge.

Sermo de Sapientia.

284, 14. spiritueiz] aṗueiz — **285**, 5. racordeir? — 12. l(or)] li — **286**, 8. *die Fragepartikel* donne, *später* dene *wird in der Handschrift bald getrennt, bald zusammengeschrieben.* — **287**, 26. respeiṡ il] respeit il. *Die Ellision ist zwar möglich, doch wahrt unser Text meistens auslautendes t, daher* respeitet il *zu schreiben wäre.* — **288**, 13. dem Latein gemäss wol ses angeles *zu bessern.* — **289**, 38. t(an)t] tot — 39. bessere largement — **290**, 5. zu doit *fehlt der Infinitiv, vielleicht* faire — 11. ki aie li] ki aie ll — 24. (uuel)ent] puent — **291**, 15. 16. 17. *unverkennbar drei Alexandriner (wobei nur merkwürdig, dass der 2. und 3. mitsammen reimen). Dies spräche für Originalabfassung, allein* **289**, 34 *ist offenbar* tot *direct aus dem Latein hergesetzt worden, statt dass es übersetzt worden wäre; ebenso steht* **293**, 28 si our *statt* lor, *vielleicht auf lateinisches* cum suis heredibus *hinweisend.* — **292**, 26. anrme at] anrme est — **293**, 6. la ranhie, *vgl. ital.* — com] co (*statt* co) — 11. choses. de — 35 : 36. defailhemenz. Et — **294**, 21. enclose. ensi — 41. toz] tot — **297**, 11. posteis] posteit — 12. ensi] n *ist von einem Fleck verdeckt.* — 29. fist] fust — 35. attendeiz] at *ist verwischt; es könnte auch* entendeiz *heissen.*

Hiob.

(C. *bezeichnet die Handschrift,* L. *die bei Le Roux stehende Leseart; wo meiner Lesung bloss* L. *gegenüber steht, stimmt* C. *mit mir.*)

299, 1. nom] num L. — 3. paenie — 10. G(e) *und* os(tru)sces. *Das Eingeklammerte ist durch ein Loch verschwunden.* — fui] sui C. L. — 19. genz C. L. — 23. amor] amour L. anī C. *Solche Abweichungen vom Le Roux'schen Texte, die sich durch verschiedene Auflösung von Abbreviaturen erklären, werden nicht angeführt.* — **300**, 13. plain] paien C. L. — luj] luj C. liu L. — 16. et] ȝ C. e L. (*wird nicht weiter angeführt*). — 26. par ce ke mostreit] por ce que mostriet L. — 27. li *über der Zeile* — 28. Constume] Coustume L. — 29. promiers] premiers L. — 34. par] por L. — 36. l(i)] les C. L. — 42. de le] *Handschrift immer* dele — **301**, 4. deuos] de uos L. — 7 : 8. sacrefices] sacrefises L. — 9. laissons] faissons L. — 11. proiere] priere L. — 15. pieteiz] pietiez L. — 18. proieres] prieres L. — 19. non] n'est L. n̄ C. — 28. parueue] preueue L. — 33. 39. les (es)pie(s)] les piez C. L. — 40. 41. par] por L. — **302**, 7. pense] pensée L. — 8. uisce] iuste C. L. — 16. 18. (cant)] com C. L. *Allein diese merkwürdige Uebersetzung eines lateinischen* cum *mit* com *kehrt noch sehr oft wieder (s. Anm.), daher zu belassen. Offenbar leitete der Uebersetzer das franz. Wort aus dem Lateinischen.* — 18. il (*vor* deu) *über der Zeile* — 19. il *vor* sunt] ils L. — 30. foint] doint L. — 32. (uuet)] uoiz C. L. — 42. des lo] des al C. L. — **303**, 1. la possient] lapoisent C. L. — 6. l(a)] lo C. L. — (il)] ele C. L. — 6. ebenso — ofre(z)] offerte. C. L. — 12. si(u)t] siet C. L. *Es steht statt* sieut, *dialectisch für* siut, *und konnte, da ein ähnlicher Ausfall sich wiederholt, bleiben.* — 15. soi] soit L. — 24. uestures] nesture L. — 37. par] por L. — 39. foint] doint L. — **304**, 2. Quand] Quant L. — 12. e(n)] et C. L. — 20. aguaiter(o)nt] aguaiterent C.(?) L. — 24. Par] Por L. — 27. le main C. L. (*kommt noch einigemal vor und konnte bleiben*). — 29. promier] premier L. — 33. uiolei(t)] uioleie C. L. — 35. Que] Ke L. — 38. par lui] por lui L. — **305**, 2. ke nos (ne) soiens u terre] u ke nos soiens terre C. L. —

5. stacton] scacten L. — 7. (k)i] li C. — 26. espezes] especes L. — 41. *das erste* soient] soit L. — anz ke] anz que L. — **306**, 7. auoc] auec L. — 10. non] n'est L. — 13. (off)erte] couerte C. L. — 18. ele] de L. — 19. proiouns] prions L. — 24. mostret] monstret. L. — 26. [de]] de L. de C. (*es sollte auch unter* d *ein Punct stehen*) — plante] plaie C. L. — 29. paruient] prouient L. — 34. l'asperiteit] la spiriteit L. laspiteit C. — 40. par huec par] por huec por L. — **307**, 8. partraient] portraient L. — 25. Cristum] Christiem L. xp̄m C. — 38. si] li C. L. uenqueor] uenquor L. uenqor C. — 39. sainteteit] sam°teit C. (m = in) — **308**, 4. sa] la C. L. — 15. dedenz] dedens L. — 20. ueue] veve L. ueïe C. (*vielleicht* veveie *zu lesen*). — 28. esprendet] espendet L. espr̄ndet C. — par] por L. *ebenso* 42. — **309**, 9. enhortanz] enhortant C. L. — 11. defors *über der Zeile* — **310**, 12. par] por L. — 21. acompangnent] acompaignent L. — 22. se nos] se noz L. — 30. est aparceguz] en a perceguz L. — 37. par] por L. *ebenso* **311**, 4. — 12. frinte] fruite L. — **312**, 2. soi soffret auoir la prosperiteit de l'oeure del pechiet] *ist barer Unsinn. Bessere ungefähr* soi soffret estre prosterneit en *u. s. f.* — 7. nomet] moinet C. L. — 14. entre nos] entre uos L. — 19: 20. uolentries] uolenties L. uolentes C. — 20. promiers] premiers L. *beidemal*. — **313**, 7. soi] soit L. — 9. aparrat blah *auf Rasur von 1. Hand* — 16. mie] mis C. L. — 26. trueuet] troueuet C. L. — **314**, 6. preechier] prechier L. p̄echier C. — 14. li] le L. — 25. non] n'est L. — **315**, 11. frintet] fruitet L. — 21. les] le L. — leuent] lauent L. — 26. parsiure] porsiure L. — **316**, 5. aconstumeit] acoustumeit L. — 12. nuis] nuit L. — 16. desoz] desor L. — 40. guerredonet *ist Unsinn. Der Uebersetzer las in seiner latein. Vorlage statt des richtigen* numeret *jedenfalls* remuneret. — **317**, 5. luirat] livrat L. lujrat C. — 9. mal auons] ma avons L. — 14. n'i *habe ich ergänzt.* — 17. promiers] premiers L. — 21. par] por L. — 30. cui nos] cui noz L. — 33. esgardet] esgardent C. L. — 34. tient] tinent C. L. — **318**, 9. par] por L. *ebenso* 11. 15. 18. 20. — **319**, 22. tresplaisant] *bessere* trespassant. — **320**, 24. s'amor] sanior C. L. — 27. et lui] en lui C. L. — **321**, 7. pense tenget] pense se tenget L. — 8. pluisors] pluisor L. — 18. atenneuit] atennueit L. — 24. par] por L. — 38. nostre] uostre C. L. — constume] coustume L. — **322**, 4. aprochier] aprocheir L. — 18. la querons] lo querons C. L. — **323**, 13. par] por L. *beidemal* — 14. dit] diet C. L. — **324**, 8. auisunkes] à ui, s'unkes L. — 11. encer(ch)erat] enchergerat C. L. — 14. par] por L. — 24. cez] ces L. — 25. promiers] premiers L. *ebenso* 29. — 25. el cors. *Der Uebersetzer hat in seiner Vorlage statt* in torpore *falsch* in corpore *gelesen*. — 30. maniout (*statt* maniuet) *ist nicht etwa anzutasten, s. Anm.* — 31. par] por L. — 33. sospiret] sospireit L. — **325**, 6. *lies* constume *mit* C. *gegen* L. — **326**, 12. cuers] *das lat.* cor *und das folgende* la lengue *räth* cuer *zu schreiben*. — 13. male] mal. L. — 19. n'aiuet] n'aieut L. — 22. par] por L. — 30. louergent] lo uergent L. — 35. par] por L. — **327**, 4. l'omme] *bessere in* l'om — 13. ius] ujs C. — 18. anz que ele alcune chose en puist compenre *ist falsch übersetzt aus* de eo aliquid apprehendere. aus *ist jedenfalls zu streichen*. — 25. parfundeces] profundeces L. — des cuers] des cuers C. L. — 28. relieuent *wahrscheinlich verderbt*. — **328**, 1. (al)tre translatio(n)] lettre translatio C. L. — 6. soi] soit L. — 19. turbilhous] turbilhons L. — 25. entrecessement] enfrecessemenz L. — 28. sui] soi C. L. — 35. noisent] noisent C. L. — **329**, 2. auisunkes] ainsunkes L. aujsunkes C. — 5. uostre] nostre C. L. — 6. totes] tote L. — tribulations] tribulation L. — 13. promiere] premiere L. — 30. par] por L. — 32. fois *von erster Hand über der Zeile.* — 34. floibe] floibes L. — **330**, 4. compangie] compangnie L. — 10. non] n'est L. — 14. forz] fois C. L. — 21. sent] sen^t — 22. liurement] librement L. — 37. preechieuet]

prechisvet L. — **331**, 10. uos] nos C. L. — 13. za desoz] et a desoz L. — 27. recoiuent] recoujent C. — 38. ce] [ce] L. — **332**, 7. promiers] premiers L. — par] por L. — 26. lo] lo L. — 33. concoilhons] connissons L. *In der Handschrift schliesst die eine Zeile mit* con-, *der Anfang der nächsten ist vollständig abgewetzt und daher vor* ns *nichts zu sehen.* — 35. meruilhons] merveilhons L. — de le] del L. — 42. creeies] creeis L. — **333**, 14. promiers] premiers L. *ebenso* 31. 34. — 26. par] por L. — 28. auisunkes] ainsunkes L. — 40. Ihesu] Iherusalem L. — **334**, 1. *Setze ein Komma nach* iuste, — 9. piere] *lat.* itinere — 13. promiers] premiers L. — 20. faite(or)] fatte L. fait° (*d. h.* faitre) C. — **335**, 6. ne soit ne soit] ne soit ne soit C. — 12. sortraite] soztraite L. — 16. sui] suis L. — 22. promiers] premiers L. — 25. couenablement] conuenablement L. — 27. for(s) faiz] forfaiz C. L. — 41. l'aconfortat] la confortat C. *Ich kann das Compositum nicht belegen. Sonst müsste* lo *gebessert werden.* — **336**, 2. non] n'est L. — 5. par] por L. — promeraine] premeraine L. — 10. secrei(e)s] *tilge die Klammern.* — 16. soi] soit L. — 17. cez] ces L. — **337**, 1. par] por L. — 14. *Setze ein Komma nach* dit. — *Das Folgende bis* vertuz *scheint verderbt zu sein.* — 18. recreissent] receissent L. — 42. promiers] premiers L. — **338**, 4. non] n'est L. — tanstet] tan°tet — 5. spiritueiz] spreveiz L. spueiz C. — 24. mostret] monstret L. — 26. est, est] en est L. e est C. — 29. aconstumeiz] acoustumeiz L. *ebenso* 35. — 42. parmanront] permanrent L. pmanr't C. — **339**, 5. ke] ki L. — 13. rap(areilh)et] rapelet C. L. *Der Fehler entstand durch falsches Lösen der Abkürzung* rapellet. — 29. promier] premier L. — 40. non] n'est L. — **340**, 18. par] por L. — **341**, 13. (faisoit)] faudit C. L. — 25. par] por L. — 35. Eliphaz] Eliphas L. — **342**, 6. par] por L. — 11. humloment] humiliment L. — 29. Constume] Coustume L. — 30. par dzfors el cuir] *lat.* in pruriginem cutis — 33. sentement] *lat.* sectionibus — 40. cez] ces L. — **343**, 4. Et] *fehlt* L. — 16. sortrasist] sostrasist L. — 21. crieme[n]t] criemeut L. criemit C. — 33. 34. out] ont C. — **344**, 1. to(z)] *tilge die Klammern.* tot L. — 5. a to(t)] a toz C. L. — 19. aidont] aidout L. — aquerront] aequerront L. — 20. Promiers] Premiers L. — 31. Cris] Christ L. xpc C. — 32. repairont] repairout L. — **345**, 1. apostles] apostoles L. apost'les C. *Ich hätte daher, wenn auch das* e *rein graphisch ist,* aposteles *schreiben sollen;* cf. angele, = C. ang'le *u. s. f.* — 5. teneuement] teneument L. — 8. preechement] prechement L. — 17. sacreüce] sacrefices L. — 19. preecheors] precheors L. — assalz] *bessere* assaïllanz — 32. (o)it] dit C. L. — 36. astoit] estoit L. — **346**, 11. bealteit] *Im Latein steht* spe; *also las der Uebersetzer in der Vorlage* specie. — 28. promiers] premiers L. *ebenso* **347**, 12. — 30. cest] *statt* ceste. *Ich hätte auch früher derlei Formen nicht ändern sollen.* — 31. plantiue] plaintiue L. — 41. noz] nos L. — **348**, 5. fait(e)] *tilge die Klammern.* fait L. — 6. pense] pensée L. — 12. constume] coustume L. — 14. desiront] destrent C. L. — 33. u] et L. — 34. entendons] n'entendons L. — 36. iubileu] robileu L. — multe] mult L. — 37. la] lo L. — 41. damme] dame C. L. — **349**, 2. noisieuent] noisieunent L. — 8. multipliet] multipleit L. — 11. discretion] discrecion L. — 13. hom] homme L. — 18. Noz] Nos L. — 22. esploitier] exploitier L. — 23. fuians] finanz C. L. — 26. paist] plaist — 28. par] por L. — **350**, 22. sainte] *lat.* numerosa — 31. neaz] neaz L. — 33. pense] pensée L. — 42. ueaz] neaz L. — **351**, 5. proiant] parlant L. plant C. — 12. promiers] premiers L. *ebenso* 18. — 22. foit] foi L. — 31. d'esploiz] deploiz L. — **352**, 1. preechant] prechant L. — 11. ueaz] neaz L. *ebenso* 19. — 29. hosteil] hosteit C. L. — **353**, 14. par] por L. — 25. foiz] fois L. — 36. lasset] laisset — 39. leiz] leis L. — **354**, 7. (dispens)ations] temptations C. L. — 22. Encor] Encore L. — 27. par] por L. — dit] dist L. — 33. 35. °chastece] *entspricht ein-*

mal lateinischem aedificium, *das anderemal* structura. *Das Wort ist hier nicht anzuzweifeln, wenn es auch sonst im Französ. (nur pikardisch?) bloss vom „Damm" (gleichgiltig ob eines Teiches oder einer Strasse) gebraucht wird; doch wird das mlat. Wort* castitia *ohne weiteres in diesem allgemeinen Sinne „Bau, Bauwerk" gebraucht, und scheint derselbe vielmehr der ursprüngliche zu sein.* — **355**, 9. angle] angles L. — 14. *uient] *lat.* format. *Bessere entweder* met *oder schreibe* (par) ki... uient. — *Für* metre = formare *vgl.* **350**, 34 mettent = gignunt. — 21. sont,] sont uenues. C. sont uenues L. — 26. gran(s)] grant C. L. — 34. promiers] premiers L. — 35. reboissemens] reboissemens L. — 42. en tant] enfant L. — **356**, 23. par] por L. — 31. affloiblist] affloibist L. — 32. doiet] doeit L. — 37. discretions] discrecions L. — **357**, 4. (de ce recoit)] *fehlt in der Handschrift, doch hat der Schreiber dafür leeren Raum gelassen. Vergl. dazu das in der Vorrede über den Zustand der Vorlage, die sehr verderbt und schwer lesbar sein musste, Gesagte.* — 13. par] por L. *ebenso* 35. — 15. V a] Va L. — 22. ki] *von erster Hand über der Zeile.* — 26. parfundece] profundece L. — 36. ueaz] neaz L. — promiers] premiers L. — 37. mor(s)] mora C. L. — **358**, 7. par] por L. *ebenso* 29. — 24. de totes (parz uat)] de totes unlt C. L. — 32. soi] soit C. L. — **359**, 15. preechet] prechet L. *ebenso* 18. — 16. nel] ne L. — 20. *lies* Dauid — 21. n(e)] nos C. L. — 22. prent] présent L. p̄nt C. — 26. chaut] chaite L. — 39. alcunui] alcun ui L. — **360**, 12. (aparcoit)] at por ce oit L. at p ce oit C. — 13. ueaz] neaz L. *ebenso* 14. — soi gart] soit, gart L. — 22. parforce] perforrée L. — 32. par] por L. — 35. *perdet] *sinnlos* = *lat.* custodiat. *Bessere* guardet. — **361**, 4. moitieront] moitierent L. moitiert C. — 8. sains] saint L. .s. C. — 13. constumes] coustumes L. — 24. signifie] signifie L. signifije C. — 38. sostraient] sostraient L. — **362**, 11. *tilge die Klammern bei* sage. — *Dasselbe fehlt* L. — 13. hontous] hontouses L. — 14. floibes] foibles L. — 15. hontouses] honteuses L. — 16. laissont] laissout L. — 26. preecheor] prechéor L. *denselben Fehler noch* 29. 31. — 32. Cris] Christ L. xp̄c C. — 35. *merite] *verderbt,* = *lat.* interitum. *Das einfachste wäre* interite *zu schreiben, wenn das Wort irgendwie zu belegen wäre. Gegen die Gewohnheiten des Uebersetzers würde es nicht verstossen, der ohne Zögern ein lat. Wort, für das er kein franz. zur Hand hat, in den Text nimmt. Doch übersetzt derselbe* interitum *sonst mit* mort. *Graphisch wäre der Lesefehler zu erklären:* iteritum, *was wohl auch in der lat. Vorlage stand und fälschlich für* meritum *gelesen wurde.* — 41. constume] coustume L. *ebenso* **363**, 8. — 19. non] n'est L. — **364**, 2. premiere *steht wirklich in der Handschrift* (p̄miere), *ebenso* **368**, 12. — 4. cruiet so = credidit. credere, *als halbstarkes Verb behandelt, gibt im Perf.* criut *und dieses dialectisch* (iu = ieu) crieut, *vgl.* estiut = estieut. *Doch vgl.* tinuet (= tenuit), *dem ein* criuet *entsprechen könnte. Doch ist* tinuet *selbst unklar. Es scheint mit seinem* u *ein schwaches (oder halbstarkes) Perfect zu sein; aber dann müsste der Ton auf* u *sein, das unmöglich diphthongiren kann, dann ist* i *in der dem Tone vorausgehenden Silbe sinnlos (daher im Bernhard das schwache Perfect richtig* tenúit). *Ich für meinen Theil halte es daher für stark:* tinuet (*sprich* tínvet) *und in dem* ue *den Rest des lat.* ui *in* ténuit, *das sich gerade so erhielt, wie* ui *in* ténuis = ténves; *vgl. ital.* dolve, parve. — 5. granz] granz C. L. — 9. escomminie] escommunie L. — 17. aiue] aiwe L. aive C. — 21. dit] dist C.(?) L. — 40. pense] pensée L. — **365**, 8. uostre] nostre C. L. — 37. aconstumee] acoustumée L. — **366**, 16. que] qui L. q̄ C. — 23. promiere] premiere L. — **367**, 4. spargnier] espargnier L. — 25. (ue)oit] tenoit C. L. — 35. auisunkes] ainsunkes L. — **368**, 18. uisce] uisces L. uisces C. — 35. parseuit] porseuit L. — 42. pestilence] pstilence C. — 369, 3. la colors] lo c. L. — 34. un(s)] une C. L. — te(s)] tote C. L. — 35. l(o)] la C. L. — 40. (ele)] ll C. L. — 370, 5. couenablement] convenablement L.

Homilienfragment.

372, 12. (mu)ance] nuisance — *Von Zeile 13. zum Schluss ist die Schrift stark abgewetzt und bei manchen Wörtern unleserlich, so* 16. repuns — 17. ell von ellis — couilent il ke (coui *schliesst die Zeile und ist erhalten*) — 19. soule — 20. fiance.

Halle. Druck von E. Karras.

www.ingramcontent.com/pod-product-compliance
Lightning Source LLC
Chambersburg PA
CBHW050429170426
43201CB00008B/593